Die Auflösung des abendländischen Subjekts und das Schicksal Europas

Mit Nietzsche denken

Publikationen des Nietzsche-Forums München e.V.

BAND 3

Die Auflösung des abendländischen Subjekts und das Schicksal Europas

Symposion 2000 des Nietzsche-Forums München
Vorträge aus den Jahren 2000–2002

Herausgegeben von Beatrix Vogel und Harald Seubert
Mit einem Geleitwort von Annemarie Pieper

Weitere Informationen über den Verlag und sein Programm unter:
www.allitera.de

Bibliographische Information der Deutschen Bibliothek

Die Deutsche Bibliothek verzeichnet diese Publikation in der Deutschen Nationalbibliographie; detaillierte bibliographische Daten sind im Internet über <http://dnb.ddb.de> abrufbar.

Juli 2005
Allitera Verlag
Ein Books on Demand-Verlag der Buch&media GmbH, München
© 2005 Nietzsche-Forum München
Umschlaggestaltung: Kay Fretwurst, Spreeau
Herstellung: Books on Demand GmbH, Norderstedt
Printed in Germany · ISBN 3-86520-120-2

Inhalt

ANNEMARIE PIEPER
Zum Geleit 11

BEATRIX VOGEL
Vorwort 15

HARALD SEUBERT
Einführung 21

Teil I
Die Auflösung des abendländischen Subjekts und das Schicksal Europas
Nietzsche-Symposium, München 11./12.11.2000

EBERHARD SIMONS (†)
Die Notwendigkeit der Konstitution des Subjektbegriffs in
der Neuzeit, die Auflösung des Subjekts in der Moderne und
die Frage nach dem Neuanfang 35

HARALD SEUBERT
Grund und Abgrund der Subjektivität
Zu Ontologie und Dialektik des Selbstbewusstseins im
Ausgang von Schleiermacher und Nietzsche 49

ELKE WACHENDORFF
Die Frage nach der Person in der Philosophie Friedrich Nietzsches
Ein (post-)moderner Paradigmenwechsel aus interdisziplinärem Ansatz   81

KARL HAHN
Die Genese des westlichen Differenzparadigmas in
Entgegensetzung zum östlichen Einheitsparadigma 111

MANFRED GÖRG
Die Entdeckung der Individualität in der Religionsgeschichte 121

Ram Adhar Mall
Nietzsches Lehre von der ewigen Wiederkunft oder
das tragische Schicksal der kleinen Subjekte in der Geschichte –
eine interkulturelle Sicht 133

Michael von Brück
Bewusstsein und Subjektivität im Buddhismus
Antithese zur europäischen Ich-Identität? 147

Gianni Vattimo
Die Weisheit des Übermenschen
(übersetzt von E. Wachendorff) 167

Teil II
Denken mit Friedrich Nietzsche
Vorträge aus den Jahren 2000–2002

Albert von Schirnding
Die Propheten von der Martiusstraße
Ein München-Kapitel aus Thomas Manns »Doktor Faustus« 179

Hans-Joachim Becker
Fichte und das Judentum – Das Judentum und Fichte 195

Margaretha Huber
Eikon – das Bild 215

Hans-Joachim Koch
Zur Nietzsche-Rezeption in Indien und Japan 239

Dieter Borchmeyer
»Dichtung der Zukunft«? Goethe – der Überdeutsche,
im Bilde Nietzsches 269

Andreas Urs Sommer
Zur Genealogie der genealogischen Methode
Macht und Ohnmacht der Ursprünge bei
Franz Overbeck und Friedrich Nietzsche 289

Miriam Ommeln
Perspektivenwechsel als Methode:
Die Verkörperung von Nietzsches Ästhetik ist der Surrealismus 311

ANNEMARIE PIEPER
Das stille Auge der Ewigkeit
Nietzsches dionysische Rechtfertigung der Kunst 335

LOTHAR BLUHM
Adnoten zur Nietzsche-Rezeption in
der Literatur der Klassischen Moderne
Eine problemorientierte Skizze 349

RENATE RESCHKE
»Die Sklaven der 3 M« (Momente, Meinungen, Moden)
Nietzsches Kritik des Kulturverhaltens in der Moderne 377

INGEBORG SZÖLLÖSI
Schopenhauers Lebensethos, Nietzsches Lebensumwertung und
Batailles Lebensphilosophie 397

HARALD SEUBERT
Heidegger und Nietzsche – noch einmal 425

EDITH DÜSING
Im Labyrinth des Zwischenmenschlichen
Nietzsches negative Dialektik der Anerkennung 471

NORBERT RATH
Thomas Manns Nietzsche-Deutungen 487

HEINZ FRIEDRICH (†)
Ecce homo?
Nietzsches »Übermensch« im Zwielicht unserer Erfahrung 509

HANS-RÜDIGER SCHWAB
Der Sieg über den Panther
Karl Mays Auseinandersetzung mit Nietzsche 529

ANHANG

Personenregister 575
Sachregister 581

Die Autoren 590

Gefördert mit den Mitteln der Bayerischen Sparkassen

»Auf die ewige Lebendigkeit kommt es an ...«
Werner Ross (1912–2002) zum Gedenken

Geleitwort

Annemarie Pieper

»Also begann Zarathustra's Untergang.« Mit dieser Sentenz endet das erste und das zehnte Kapitel der Vorrede zu Nietzsches »Also sprach Zarathustra«. Dieser Untergang ist nicht als ein negatives Ereignis zu verstehen, das Zarathustras Tod ankündigt, sondern positiv als Anfang und Übergang zu einem neuen Lebensabschnitt. Mit dem Abstieg vom Berg, auf dem er zehn Jahre lang allein gelebt hat um zu philosophieren, lässt Zarathustra die Lebensform des nach Weisheit Suchenden hinter sich und verwandelt sich in einen mitteilsamen Lehrer, der andere an seiner Weisheit teilhaben lassen möchte. Der schweigsame Zarathustra ist untergegangen und in dem sprechenden Zarathustra aufgegangen, was am Ende seiner Reden mit der Sentenz »Also sprach Zarathustra« bekräftigt wird.

Für Nietzsche gibt es keine absoluten, sondern nur polare Gegensätze. Beide Pole sind aufeinander bezogen und existieren nur aufgrund der Spannung zwischen ihnen. Ohne Sonnenuntergang kein Sonnenaufgang und umgekehrt. Ohne Höhe keine Tiefe. Der Mensch als das Zwischenwesen schlechthin verhält sich zu den Gegensätzen dialektisch, indem er sich wie ein Seiltänzer zwischen ihnen bewegt und die Spannung ausbalanciert. Der Pol, welchem er sich zuwendet, geht vor seinen Augen auf, während jener, den er im Rücken hat, aus seinem Blick verschwunden, mithin untergegangen ist.

Die postmoderne Rede vom Verschwinden oder Untergang des Subjekts bekommt vor dem Hintergrund der von Zarathustra exemplarisch vorgeführten existentiellen Seiltänzerkunst eine andere, angemessenere Bedeutung als in den Stellungnahmen der von Verlustängsten heimgesuchten Kritiker, die mit der Auflösung des Subjekts die Vorstellung des Weltuntergangs verbinden. Man könnte die Geschichte der Philosophie, sofern man sich Nietzsches Optik zu eigen macht, als fortwährende Suche nach einem Subjektverständnis lesen, das paradigmatisch artikuliert und wieder dekonstruiert wird, sobald der Skeptiker im Philosophen die Oberhand gewinnt und Zweifel an der jeweiligen Position auftauchen.

Für die griechischen Denker gibt es »das Subjekt« nicht. Es ist untergegangen in den metaphysischen Systemen einer alles umfassenden Einheit des Seins, die dem Gott ebenso wie der Seele und dem Kosmos ihre gemeinsame Struktur, die des Logos, aufprägt. Der mit Kants Kopernikanischer Wende vom ontologischen zum mentalistischen Paradigma verbundene Wechsel brachte das Subjekt als jenes Ich hervor, das alles, was ist und was sein soll, denkend erfasst und damit den Strukturen des Bewusstseins unterwirft. Das seiner selbst und seiner Leistungen bewusste Subjekt begreift sich als Konstrukteur der Wirklichkeit, und außerhalb dieser Wirklichkeit gibt es nichts – nur jenes als Ding an sich bezeichnete unbestimmte Etwas, das als Stellvertreter für eine vom menschlichen Bewusstsein unabhängige Realität konstruiert ist, die jedoch als solche nicht »für uns« ist und entsprechend in ihrem »an sich« unerkennbar bleibt.

Das Subjekt hat keine andere als seine – menschliche – Perspektive. Es kann sich, wie Nietzsche in seinem frühen Aufsatz »Ueber Wahrheit und Lüge im aussermoralischen Sinne« gezeigt hat, nicht die Perspektive eines Steins zu eigen machen um herauszufinden, ob der Stein sich selbst Härte zuschreiben würde. Der Stein ist hart für uns, was er für sich wäre, darüber können wir nichts in Erfahrung bringen, ohne wieder die menschliche Perspektive als unhintergehbares subjektives Apriori in Anschlag zu bringen. Wenn Nietzsche trotzdem für einen Perspektivismus eintrat, so deshalb, weil die subjektive Perspektive nicht eine einzige, absolute ist, sondern eine Vielfalt an Differenzierungsmöglichkeiten erlaubt. Schon wenn man um einen Gegenstand herum geht und ihn von verschiedenen Standorten aus betrachtet, vermehrt sich das Wissen über ihn aufgrund der verschiedenen Hinsichten. Betrachtet man überdies diesen Gegenstand als Physiker, als Biologe, als Historiker oder als Künstler, kommen weitere Gesichtspunkte hinzu. Je mehr Perspektiven, desto größer der Horizont, der durch Verabsolutierung einer bestimmten Perspektive metaphysisch, ideologisch, dogmatisch verschlossen wird.

Mit den eingenommenen Perspektiven vervielfältigt sich auch das beobachtende Subjekt, das zwar nach wie vor als Konstrukteur von Wirklichkeit agiert, sich handelnd aber immer mehr in seine eigenen Konstrukte verstrickt und darin aufgeht. Die postmodernen Bilder des Netzes, des Rhizoms, des Systems ohne Zentrum, des Militärs ohne General deuten in der Nachfolge Nietzsches darauf hin, dass das Subjekt nicht mehr der Archimedische Punkt ist, von welchem aus Welt und Selbst als Konstrukte entworfen werden. Vielmehr hat im Zuge der Enthierarchisierung und Pluralisierung der Seh- und Denkweisen eine Veränderung im Umgang mit Differentem stattgefunden, dessen Aufwertung mit einer Selbsteinschränkung des Subjekts als autonomer Person einschließlich ihres imperialen Gestus einher geht.

Der Gewinn dieser Selbstüberwindung des Subjekts liegt darin, dass der

Blick frei wird für Anderes, Fremdes, Verschiedenes, das durch die Scheuklappenperspektive einer binären Logik ausgeblendet und als unwesentlich deklariert wurde. Der Vorgang der Selbstauflösung oder Selbstzersetzung des Subjekts bringt nur die Denkfigur des sub-iectum – des »Generals«, der alles, einschließlich sich selbst, seinem Kommando unterwirft – zum Verschwinden. An ihre Stelle wird ein neues Subjektverständnis treten: der Übermensch oder Übereuropäer, wobei das »über« ein Hinweis darauf ist, dass der Schritt vom Alten zum Neuen ins Offene geht, ins nicht Festgelegte. Der Mensch als das »nicht festgestellte Thier« erweitert seinen Horizont, indem er seine Sicht der Dinge immer wieder überschreitet und experimentell über die gezogenen Grenzen hinaus treibt. Auch der Übermensch wird nicht endgültig angekommen sein, sondern untergehen und sich auf eine Weise neu erfinden, die wir uns heute noch gar nicht vorstellen können.

Vorwort

Beatrix Vogel

> Gesetzt nämlich, dass nicht gerade der
> Mensch das »Maass der Dinge« ist ...
> (Friedrich Nietzsche, KSA 5/18)*

Ob das Jahr des Gedenkens des 100. Todestages Friedrich Nietzsches mit dem gleichzeitigen Eintritt in das neue Millennium und einem entsprechenden »Wirbel« hochrangiger, die kulturelle Grundsituation reflektierender Veranstaltungsereignisse einen »Wendepunkt« markiert, indem uns in den uns betreffenden wesentlichen Fragen und Diskursen hinsichtlich des tiefgreifenden Gestaltwandels der Kultur und der Erfahrung ein Licht aufgeht – der Weichenstellung einer »Umwertung der Werte« vergleichbar, wie sie Nietzsche durch Sokrates (bzw. den Sokratismus) als Widersacher des Dionysos gegeben sah, nur in wiederum umgekehrtem Sinne –, dies zu beantworten ist gewiss ebenso schwierig wie die Frage nach dem Stand oder Verbleib dieser wesentlichen Diskurse selbst. Wie steht es um Vernunft und Rationalität nach dem Scheitern der Metaphysik, der informationstechnologischen Rationalisierung und Systemisierung in der Spätmoderne?, wie steht es nach dem Sturz, dem Tod Gottes um einen Bezugspunkt der Ideale und Entwürfe unserer selbst über uns selbst hinaus?, wie nach der Dekonstruktion des Subjekts um die Bestimmung des Menschseins und die Mitgestaltung einer Welt unserer Erfahrung aus selbstbewusster Teilhabe an gesetzgebender Vernunft? Was bedeutet der »Tod des Humanismus«? Wie definieren und begreifen wir unsere Freiheit und unsere Verantwortung in einem labyrinthartigen Netz von Veränderungen, einer für uns längst nicht mehr überschaubaren, prognostizierbaren und steuerbaren Komplexität von Wirkungszusammenhängen, in denen wir uns mehr als je zuvor als beteiligte Akteure bewusst sein müssen? Wo ist der Einsatzpunkt des spezifisch-Menschlichen, um Veränderungen in positive Impulse umsetzen? Und wie, im Koordinatensystem welcher Bezugsgrößen, wäre solche Positivität zu bestimmen? Was dient uns als Leitstern des Bewusstseins? Was bedeuten heute, im Zeichen des Rückzugs aus jeglicher Transzendenz, »Welt« und »Realität«?

Aber schon diese Fragen selbst scheinen eher Stichworte eines Nachrufs auf neuzeitliche Denkhorizonte als Signale eines Neuanfangs, des Aufblitzens eines »Vorscheins«, um Zukunft wenigstens partiell vorauszudenken, vorauszuformulieren, vorauszuspüren. Sie scheinen das, was »ist«, das Geschehen der emportauchenden postmodernen Denkart und Praxis, die Situation in der Verunsicherung des Überrolltwerdens von schwer zu beherrschenden technischen, medialen und wissenschaftlichen Prozessen – der beginnenden »Rationalisierung zweiter Stufe« im kybernetisch-systemtheoretischen Paradigma – nicht mehr zu erfassen. Was uns beschäftigt und in Spannung hält, ist weniger »das ungeheure Ereignis«, das Nietzsche durch den Mund des »tollen Menschen« verkünden lässt, die geistigen und seelischen Kosten dieses Verlustes des Bezugs zu einem konstitutiven Einen – sei es Gott, das Subjekt oder die Begründetheit des Wissens. Irritierender scheint der Verlust aller historisch mitbedingten Konturen, ihr Verschwimmen, Zerfließen, ihre Auflösung im System einer universalen quantitativen Gleichwertigkeit, die die Perspektive solchen Fragens »aufhebt«, überflüssig macht. Fortschreitende Kommerzialisierung, Virtualisierung und Globalisierung führten zur Auflösung unserer vertrauten Welt. Ein Schwindelgefühl scheint uns zu ergreifen.

In der Tat erfolgen die tiefgreifenden, alle Bereiche des menschlichen Lebens und der Gesellschaft erfassenden Veränderungen der »reflexiven Modernisierung« (Ulrich Beck) in einem derartigen Tempo und gleichsam autonom, dass für eine Standpunkte und Sichtweisen erwägende Ortsbestimmung und Orientierung »keine Zeit« zu bleiben scheint – kaum eine Veranlassung: zu viel an »Realem«, eine Unendlichkeit von Signalen und Zeichen, stürmt auf uns ein. Nicht die »Leere« oder das »Nichts« irritiert uns, sondern das explodierende »Zuviel an Realität«: der Exzess des Realen. »Das Hyperreale tötet das Reale«, sagt Jean Baudrillard.

>»In dem System von Vernetzungen, Datenfluten, Verbindungen, Kommunikationen und Interfaces, mit denen wir es zu tun haben, beginnt das Ich, die Individualität, beginnt das gute alte Subjekt zu verschwinden. Es löst sich auf, zerstreut sich. Zwar kann es unendlich viele Dinge entwerfen – es kann so viel ›Reales‹ schaffen, wie es will –, aber es hat nicht mehr die Integrität eines Ichs. Hat es denn jemals existiert? Es gab jedenfalls so etwas wie ein Identitätsprinzip; doch das Ich ist jetzt durch sein Abtauchen in die Netzwerke, in die Datenfluten, bedroht. Das System selbst macht Schluss mit dem Ich und der Individualität, obwohl es gleichzeitig die Differenz kultiviert und ständig betont: ›Sei du selbst!‹, ›Verwirkliche dich!‹ – die ganze Ideologie geht in die Richtung einer Verherrlichung des Individuums. Aber in Wirklichkeit ist es längst heimlich dekonstruiert. Es verflüchtigt sich.«[1]

Das Realitätsprinzip selbst verflüchtigt sich mit der Aufhebung der Trennung von Subjekt und Objekt, Innen und Außen, Bild und Ding, Fiktion und Realität. In der Zeichenwelt der Bildschirme gibt es kein Außen mehr. Wenn wir in einer integralen Realität gefangen sind, wird das Realitätsprinzip hinfällig.

In der wachsenden Komplexität von Lebensverhältnissen, der unermesslichen Vielfalt und Komplexität der Zeichen, der Relativität der Unterscheidungen und Interpunktionen werden die Erfahrungen immer wieder »verwirbelt«! Aber der Wirbel, in dem sich unsere Erfahrungen zersplittern und in die Irrelevanz verflüchtigen, ist ganz und gar nicht der Ort eines »Wendepunkts«; das Rad bzw. der Fortlauf des Geschehens scheint sich weder anhalten noch wenden zu lassen. Das »Get alife« immer neuer Erlebnisse und die neue Art des Sich-Treiben-Lassens, des Drifting (Richard Sennett) scheinen dafür keinen Anhaltspunkt – nicht die erforderliche Zeitstruktur zu besitzen. In der Verschmelzung von Rezeptivität und Spontaneität ist der Einzelne seinen Handlungen und Bildern ausgeliefert und als Akteur eliminiert. Er ist »im Dickicht der Netze« gefangen.

Als Erbe seiner real gewordenen Kulturkritik lohnt es sich für die Heutigen, zu Nietzsche zurückzukehren – um im Spiegel seiner Voraus-Sichten die Tiefendimension der heutigen Bewusstseinslage zu vergegenwärtigen. Als Protagonist der Wahrnehmung und des Erlebens der Verhältnisse der Spätmoderne, hat Nietzsche den modernen Menschen, »unser ganzes modernes Sein« kritisch durchleuchtet: seine Hybris in seiner Stellung zur nicht-menschlichen Wirklichkeit wie zu sich selbst in der Maßlosigkeit einer Gewaltherrschaft über die Natur und sich selbst; der Maßlosigkeit einer blinden Selbstüberschätzung des Subjekts – den »Ecxeß von Muth und Übermuth« –, das doch zugleich im Fortgang des Nihilismus seine »kulturelle Selbst-Demontage« (Heinz Friedrich) betreibt. Gerade weil er seine Situation als ein »Leben *nach* dem Tode Gottes«, das zugleich das Ende des Menschen bedeutet, nicht wirklich durchlebt und durchdenkt, findet er in dieser End-Situation der »progredienten Kulturlosigkeit« (R. Reschke) nicht zu einem »Leben danach«, zum Anfang eines neuen Verständnisses der ihm innewohnenden Möglichkeiten von Selbsterfahrung und Selbstbestimmung und zu der erforderlichen Motivation aus der (schmerzlichen) Einsicht, dass die Gestaltung des Lebens im Verantwortungsbereich des Menschen liegt.

In Kontrapunktierung der konstatierten Hybris einerseits und Selbstentwertung (in den Betäubungs- und Anpassungsstrategien des »letzten Menschen«) andererseits fordert Nietzsche die Zeitgenossen dazu auf, angesichts der Botschaft vom Tod Gottes und der »Unrettbarkeit des Ichs« (E. Mach) konsequent den Weg der Individualisierung einzuschlagen und in der Sinngebung des eigenen Lebens ein je menschliches Maß zu entwickeln, das, gerade indem dieses Bemühen keine Fundierung findet und, im Bewusshalten des Vakuums, der Bodenlosigkeit des »Übermenschlichen« ausgesetzt bleibt, die Chance bedeutet, sich der Destruktivität zu enthalten.

Nietzsches Versuch einer Platzierung des Menschen im Zentrum, in einer »Mitte«, »die er nicht ist und zu der er nicht taugt« (R. Reschke), ist ein schwieriges Unterfangen: in seiner gewissermaßen unspektakulären Spezifität (eben gerade nicht in dem Sinn, den modernen Menschen als Maß der Dinge und autonom sich selbstbestimmend zu re-etablieren) schwierig zu erfassen und schwierig durchzuführen. Doch ist der Mensch, nach Nietzsche insbesondere der einzelne Mensch, der einzig verbleibende mögliche Lichtblick und Hoffnungsträger; und nachdem es in der Analyse Nietzsches keinen legitimierenden extramundanen Standpunkt geben kann und ohne die Mitte alle Individualität und Kultur identitätslos wird, hat er – nicht ganz unähnlich dem Platonischen Sokrates – seine Erwägungen zur Stellung des Menschen und zu einem möglichen nicht-destruktiven Sinn der Auflösung des Subjekts in der Spannung gegensätzlicher Blickrichtungen austariert. Daraus ergibt sich kein neuer Standpunkt, keine affirmativ zu lesende Orientierung, aber, im Feuer der doppelten Verneinung – indem die jeweilige menschliche Konkretion der Mitte diese durch ihr Nichtsein, dem sie sich positiv aussetzt, offenhält – eine »Zwischenebene« als ein Ort, wo, ohne falsch verstandene Hinwendung zu dem ewig alten Neuen, Verneintes als Ver-gangenes in den Erfahrungsfragmenten und Begrifflichkeiten unseres jetzigen Lebens fruchtbar werden kann.

Nietzsches Versuch ist – wie seine Einschätzung des Menschen – »Brücke« zu einem »Übergang«. Er ermöglicht in einer sehr bedenkenswerten Weise, in der durch den Verlust der Mitte und des Maßes gekennzeichneten »Situation danach«, zwischen warnendem Zukunftspessimismus und naiv-optimistischer Doktrin, den Faden der Entwicklung wieder aufzunehmen, das »Überrollende« neu zu denken und uns mit ihm auseinanderzusetzen und neuen Erfahrungen, neuen Begriffen auf die Spur zu kommen.

*

Das Nietzsche-Forum München, in der Tradition der 1919 in München gegründeten Nietzsche-Gesellschaft, versucht die Chance einer solchen »Zwischenebene« zu ergreifen und im Denken mit Nietzsche jenen Ort offen und lebendig zu erhalten, den Nietzsche der genuin menschlichen Tätigkeit zuweist. Im denkenden Mitvollzug dessen, was Nietzsche dachte – in all seinen Beziehungen zu den Schatzkammern der Tradition wie zu den Rezeptionen und Anverwandlungen, die die unendlich vielfältigen, harten

Vorwort

und heißen Auseinandersetzungen, die er entfachte, hervorbrachten – sowie im Weiterdenken mit Nietzsche auf der Linie seiner grundlegenden Topoi, insbesondere seiner anthropologischen Erkenntnisperspektive, soll sich ein Kommunikationsfeld herausbilden, das jener Mitte einen Ort bietet, die als uneinnehmbare den so notwendigen freien Geistes-Austausch beflügelt und zugleich vor Substanzverlust schützt. Dies ist insbesondere auch das Anliegen der Symposien und Kolloquien, deren Fragestellungen die Lebenspraxis direkter berühren, ohne »neue Praxis« agierend anzuvisieren.

So sei an dieser Stelle allen gedankt, die mit ihren Vorträgen und Diskussionsbeiträgen dieses Forum als Ort einer »offenen Mitte« ermöglichen und lebendig erhalten. Besonderer Dank geht auch an das Kulturreferat der Landeshauptstadt München, das uns die Seidlvilla als äußeren Ort der Mitte zur Verfügung stellt. Das Fachgebiet Wissenschaft, unter besonderem Einsatz von Frau Dr. Daniela Rippl, hat das Symposion anlässlich des 100. Todestages Friedrich Nietzsches mitveranstaltet und gefördert. Frau Dr. Rippl verdanken wir überdies die Formulierung des Titels: »Die Auflösung des abendländischen Subjekts und das Schicksal Europas«, den wir auch als Titel dieses Bandes übernehmen durften. Mein besonderer Dank gilt sodann den Autoren, die ihre Beiträge für diesen Band zur Verfügung gestellt haben, dessen Herausgabe jedoch ohne den durch die Liebe zur Sache motivierten ungeheuren Arbeitseinsatz von Herrn Professor Dr. Harald Seubert undenkbar gewesen wäre. Möge seine Mühe wie die aller Beteiligten in der Bewegung der Entwicklung, der sie dient, fruchtbar werden.

Otterfing, im Januar 2005   Beatrix Vogel

Anmerkungen

* Friedrich Nietzsches Texte werden im Folgenden aus der »Kritischen Studienausgabe der Werke in 15 Einzelbänden« (= KSA), herausgegeben von Giorgio Colli und Mazzino Montinari, Berlin/NY ²1988, zitiert, mit Angabe von Bandnummer/Seitenzahl.
1 Jean Baudrillard in »Das Ich im Dickicht der Netze«, Film von Peter Kemper und Ruthard Stöblein, gesendet in »Kulturzeit extra«, 3sat/ZDF am 10.1.2004

Einführung

Harald Seubert

Europa ist seit seinen Anfängen ein Denk-Rätsel, seit seiner griechischen ersten Nennung war es eher ein Kulturbegriff als eine geografische Größe. Dieser Grundzug hält sich bis hin zu Husserls Wort im Jahr 1933, Europa sei Einsicht. Politisch wie philosophisch ist die Frage nach dem europäischen Schicksal, jenem insulären, aus östlicher Ferne kommenden Lebenszusammenhang, heute besonders akut. Die Einigung und der Versuch einer para-staatlichen Konstitution Europas können nicht darüber hinwegtäuschen, dass seine alten Ordnungsformen im planetarischen Weltbürgerkrieg des 20. Jahrhunderts zerborsten sind. Was an Gewalttätigkeit und imperialer Suppression in der europäischen Geschichte seinen Ausgang nahm, hat längst anderwärts Raum gegriffen.

Heute indessen steht trotz aller bürokratischen und ökonomischen Umtriebe keineswegs fest, ob es zukünftig in der globalisierten Welt eine genuin europäische Signatur geben wird, und diese »Schicksalsfrage« ist in der Sache eng verknüpft mit dem abendländischen Subjektbegriff, der sich als Prinzip der Erkenntnis und letzte Gewissheit, als »ego cogito« erst in der Neuzeit, mit Descartes, figurierte.

Das griechische Grundwort »hypokeimenon« wäre die authentische Rückübersetzung von »subiectum«. Es meint nichts anderes als »das Unterliegende« und hat seinen Ort in der Frühgeschichte der logisch ontologischen Sprache. »Hypokeimenon« ist nach Aristoteles das »Etwas«, das all unserem Sagen zugrunde liegen muss, gemäß der Platonisch Sokratischen Festlegung, alles Sagen müsse Sagen von Etwas (legein ti) sein, die sich gegen die sophistische Logos-Willkür wandte, wonach jede Aussage ihre eigene Wahrheit ist und Falsches nicht gesagt werden kann. In der lateinischen philosophischen Sprachprägung zwischen Cicero und Boethius ist eine Unterscheidung zwischen »subiectum« und »obiectum« allerdings nicht zu treffen: Beide Begriffe geben den Wortsinn von »hypokeimenon« wieder.

Die neuzeitlich konstituierte Subjektivität könnte der Nukleus europäischer

Einsicht sein, zugleich hat sie Teil an der Selbstdestruktion dialogisch dialektischer Vernünftigkeit. Denn die Fiktion einer Trennung zweier »Dinge«, der »res cogitans« und der »res extensa«, von Subjekt und Objekt, verliert die griechische Grundeinsicht aus dem Blick, dass die Seele in sich ein geeintes Vielfaches ist und darin der Welt gleicht, die sie zu denken sucht. Denken, ja Wahrnehmen im weiteren Sinn ist Anähnlichung (homoiosis), Weckung einer Entsprechung, die in der Subjekt-Objekt-Differenz nicht mehr ausgesagt werden kann.

Die Prägekraft der neuzeitlichen Subjektivität wird in jüngerer Philosophie und Kunst, nicht zuletzt als Reaktion auf die seismischen Beben der Erfahrung der eigenen Zeit, in Frage gestellt. Wittgenstein sprach um den Ersten Weltkrieg von der fürchterlichen Atmosphäre im Bereich des »Ich«, und Heidegger wies auf die ontologisch defizitäre Fixierung des »in-der-Welt-Seins« menschlichen Daseins in einem isolierbaren Ichpol hin. Die Rede vom »Tod des Subjektes« ist nur die Spitze eines Gefüges von Denk-Verständigungen. Doch wie wäre ein Weltverhältnis jenseits des Subjektseins, das bewusstes Leben und zu sich selbst Distanz nehmende wesentliche Orientierung im Fluss der Zeit verbürgt, zu denken – zumal in der zerrissenen Welt der Spätmoderne, die sich das täuschende Aussehen geeinter Globalität gibt?

»Die Auflösung des abendländischen Subjekts und das Schicksal Europas« war also keinesfalls zufällig das Thema der Tagung, die das Nietzsche-Forum im November 2000, als seinen Beitrag zu den vielfachen Veranstaltungen anlässlich von Nietzsches 100. Todestag, ausrichtete. Nietzsche sann lebenslang über Europa und dessen kulturelle Behausungen nach: Die griechische Tragödie, die der Doppelgestalt von Dionysos und Apoll opfert und das maßlose Leiden darstellbar macht, erkannte er als Urstiftung europäischer Kultur. Die Suche nach dem »guten Europäer« wechselt in harter Fügung mit der Moralgenealogie, die die asketischen Ideale als europäische Verzeichnung des Humanum durch Christentum und Platonismus begreift. Doch so sehr Nietzsche alteuropäische Lebensformen, wie etwa den Kleriker, vor einen »psychologischen« Blick zieht und entlarvt, weiß er sich doch als ihr später Nachkomme. Vor diesem Horizont fragt er dem Problematon des Selbst nach: seiner Vielstimmigkeit in der großen Vernunft des Leibes, der Fiktion des »Ich«, dem Dividuum, das wir, uns als In-dividua begreifend, stets bleiben.

I.

Gemäß der Maxime des Forums, »mit Nietzsche zu denken«, was bei dem Philosophen des »vieläugigen Blickes« und der Perspektiven heißen muss: immer auch gegen ihn zu denken, waren die Perspektiven keinesfalls nur auf Nietzsche bezogen. Dies können die Bemühungen einer Agora, die jenseits akademischer Zwänge auf vielfachen symphilosophischen Beziehungen, Freundschaften im Widerspruch, beruht, niemals sein. Alle Beiträge allerdings nahmen aus unterschiedlichen Interessen und Weisen der Welterfahrung Nietzschesche Impulse auf. Über den Reichtum und die Spannungen des Gesprächs kann sich der Leser im ersten Teil des vorliegenden Bandes ein Urteil bilden.

Die Tagung wurde durch einen furiosen Beitrag von *Eberhard Simons* eröffnet, der zeigte, dass der emphatische Subjektbegriff eine Findung der Neuzeit ohne antike Übersetzbarkeit ist, die nur in weniger bekannten Schattenlinien (Simons hebt zurecht die Renaissancephilosophie hervor) sich von den Ambivalenzen des subiectum gegenüber dem obiectum Rechenschaft ablegte. Simons begreift es als eine der wesentlichsten Leistungen solcher emphatischen Subjektivität, Bürgerlichkeit, Rechtsstaat und Demokratie in gewaltenteiligen Formen der bürgerlichen Gesellschaft fundiert zu haben: ein Habitus, zu dem die Antike keine Entsprechung kennt. Nichts desto weniger macht Simons in einer Auslotung der modernen Subjektivitätskritik (im Blick auf Nietzsche und auf die französische Philosophie des 20. Jahrhunderts) die Gegenbilanz auf und fragt nach dem Preis der auf das Subjekt gestellten und das heißt zugleich: rationalisierten Moderne. Jener Preis ist hoch. Sank doch ein ungeheurer Fundus von Lebens- und Denkformen ins Vergessen herab. Intrige und Verdrängung, Modi jenes Vergessens, sind Simons zufolge als geschichtliche Kategorien in ihr Recht zu setzen. Antike und vormoderne Weltbezüge wieder zu erinnern (paradigmatisch skizziert Simons das Verhältnis verschiedener »Welten« zueinander: die Welt der Sterblichen und der Götter und die reale Bedeutung von Fluch, Segen und Bund), bleibt in der gegenwärtigen Situation aufgegeben. Jener weitreichende »Vorschlag« legt Wert darauf, das Niveau neuzeitlicher Reflexionsphilosophie keinesfalls zu unterschreiten. Dabei scheint ihm die Fixierung auf die »Dialektik der Aufklärung« nicht der Weg für ein Denken, das an der Zeit ist.

Besondere Hervorhebung verdienen Simons' Verortungen der Kantischen Philosophie, deren transzendentale, Welt und Gott auf das Subjekt beziehende Konstitution und deren Postulatorik als eine Weise, die Weltseele zu exponieren, erscheint: ein Weg, der im deutschen Idealismus bei Hegel und Schelling fortgesetzt wird.

Wie seine Freunde und Hörer wissen – und hoch schätzen, ist Eberhard Simons einer der wenigen Meister der freien philosophischen Rede, des sich im gesprochenen Wort erzeugenden Gedankens. Die Wiedergabe seines Vortrags folgt deshalb einer Tonbandtranskription, die so nahe wie möglich am originalen Wortlaut bleibt und auch die Lautmalereien und Sprechbewegungen andeutungsweise wiederzugeben versucht: kann doch die Schrift, wie Simons mit Platon weiß, nur Nachbildung des Gedankens sein, Partitur, die dazu anregen will, ihm nachzudenken.

Mit dieser Intrade war ein weiter und anspruchsvoller Horizont skizziert, in den sich die verschiedenen Beiträge des Symposions einzufügen versuchten. Mein eigener Vortrag unternahm es, die Dialektik des neuzeitlichen Selbstbewusstseins vor dem Kontrast ihrer mit ihrem Höhepunkt bei Fichte etwa gleichzeitigen ersten Krisis (Novalis, Jean Paul, Platner) zu erörtern und von hier aus die Frage nach der Subjektivität in einer Verflechtung verschiedener Sinnlinien zu thematisieren, die von Schleiermacher und Hegel bis zur analytischen Philosophie reicht, die aber zugleich, bei Schleiermacher, auf den göttlichen Grund (das sich-selbst-nicht-gesetzt-haben) des Subjektes und noch einmal auf eine dialektische Selbstvergewisserung stößt. Die Unvertretbarkeit des Ich zu denken, bleibt eine Crux jenes europäischen Ethos, das sich nicht der bloßen Faktizität des Existierenden unterwirft. Gleichwohl ist die »Identität« des Subjektes das Korrelat aller skizzierten Selbstauslotungen an der Grenze des Nicht-Bewussten. – Nietzsches Befragungen von Selbst, Leibvernunft und der Fiktion des »Ich« stellen die skizzierte Traditionslinie in Frage. *Elke Wachendorff* geht deshalb in einem innovativen Forschungsbeitrag Nietzsches Erörterung der Person im Einzelnen nach. Sie zeigt (in einer so scharf bislang kaum konturierten Weise), wie Nietzsches Annäherungen an das Phänomen oder Phantom der Persona mit der Aneignung naturwissenschaftlicher und -philosophischer Erkenntnisse einhergeht, vor allem dem Einblick in die Komplementarität von Entropie und Extropie.

Den zweiten Tag des Symposions eröffnete der Philosoph und Politologe *Karl Hahn* mit einem ebenfalls frei gehaltenen und hier in vom Verfasser redigierter Abschrift gebotenen Vortrag über die Entstehung des westlichen Differenz- und des östlichen Einheitsparadigmas. Hahn zeigte, wie das Wechselverhältnis von Identität und Differenz »Pros Allelas« in der griechischen Philosophie und der frühchristlichen Geschichte vorgezeichnet war und wie mit dem Schisma von 1054 beide Seiten dramatisch auseinander treten. Die innerkirchliche Spaltung findet ihre Entsprechung in einer weltgeschichtlich oikoumenischen Trennung zwischen abendländischer technischer Differenz- und Technikkultur einerseits und östlicher, auf die Suche nach der Einheit orientierter Weisheit andrerseits. In dem Vortrag wird indessen deutlich, dass der Antagonismus in eine transversale Verflechtung zu überführen ist –, wovon zuletzt das Überleben der Menschheit abhängen könnte. Dies hat einerseits Konsequenzen für das Verhältnis Deutschlands und Europas zu Amerika und Russland und andrerseits für die Tektonik des Weltzusammenhangs, nicht zuletzt den Bezug auf Asien.

Hahns engagiertes Plädoyer legt (ein knappes Jahr vor dem Schicksalstag des 11. September 2001) dar, dass es nicht angehen kann, dass das Tochterland Europas, Amerika, jenes alte Europa zur Kolonie erklärt.

Ram Adhar Malls Einlassung antwortete auf Hahns Beitrag – im Blick auf ein Grundproblem des Nietzsche-Verständnisses, das Verhältnis zwischen dem Gedanken der »Ewigen Wiederkehr des Gleichen« und dem »Willen zur Macht«. Mall konfrontiert die Nietzschesche Konstellation mit der buddhistischen Einstimmung in das All-Leben des Kosmos, woraus er einerseits, kontrapunktisch zu allen verzeichnenden Nietzsche-Deutungen im totalitären Weltalter, die Konsequenz zieht, dass die Wiederkehr und der ihr benachbarte »Amor fati«-Gedanke ins Relief zu treiben seien. Auch der »Übermensch«, die Transzendenz über das bisherige Menschentum hinaus, ist letztlich nur auf die Wiederkehr hin sinnvoll zu exponieren, die Nietzsche freilich nicht konsequent habe zu Ende denken können. Als charakteristisch für das Defizit erkennt Mall Nietzsches Hochschätzung für das hinduistische Manu-Gesetz, bei weitgehendem Unverständnis für buddhistische Denk- und Lebensformen – unerachtet der in sich ambivalenten Rede vom »europäischen Buddhismus«. Mall bleibt dabei aber nicht stehen. Er deutet an, dass es eine Verbindung zwischen dem Gedanken der ewigen Wiederkehr und dem »letzten Faktum« des Willens zur Macht geben könne, die diesen Gedanken als die (an sich haltende) Kraft fassen lässt, deren wir bedürfen, um der Einsicht in die Wiederkehr standzuhalten. Malls Deutungen sind einerseits transversale Beiträge zu einem europäischen Nietzsche-Gespräch, zudem wissen sie sich der Perspektive verpflichtet, dass Europa, das jahrhundertelang nicht-europäische Weltkulturen interpretierte, nun seinerseits von anderen Weltkulturen aus zu lesen sei.

Es sind die Geschichte, mit ihren Blutspuren und Gewalttaten, ihrer zernichtenden Macht und die Rettung des Individuums aus ihrem Strom, denen Malls besonderes Augenmerk gilt; gerade der Versuch einer behutsamen »Verwindung« der Geschichtsphilosophie durch den Fingerzeig, dass die behauptete menschliche Singularität sich in den Naturkreislauf zurückzunehmen habe, zeichnet Malls Überlegungen als ein bedeutsames Stück der von Karl Hahn eingeforderten Ergänzung von Einheits- und Differenzparadigma aus.

In ähnlicher Intention geht der Religionswissenschaftler *Michael von Brück* den Zeugnissen von Subjektivität und Bewusstsein im Buddhismus nach, in denen er nicht die Antithese, wohl aber Antidota und Kontrapunkte zu europäischer, neuzeitlicher Ich-Identität bemerkt. Malls und von Brücks Vorträge bilden sich ihrerseits komplementär aufeinander hin ab: hier der in Indien geborene Philosoph (in Deutschland Schüler des einstigen Husserl-Assistenten Ludwig Landgebe), der sich tief, wenngleich nie ohne eine kritische Distanz, in der deutschen philosophischen Tradition auskennt und sein

25

Lebensthema in einer hermeneutisch phänomenologischen interkulturellen Philosophie findet, dort der Religionswissenschaftler, der aus den (etwa von Max Müller geprägten) Traditionen seines Faches die östlichen Quellen auslotet, und die Signatur des Unübersetzbaren nicht verkennt.

Der renommierte Alttestamentler und Ägyptologe *Manfred Görg* führte das Auditorium ad fontes: in die Entdeckung von Individualität und ihrer Prädizierungsformen in der altisraelischen Religionsgeschichte, wobei eindrücklich deutlich wird, wie sehr Individualität und Gottesverhältnis, die Standnahme in der Todeserfahrung und die Einfügung in den Bund JHWS mit seinem Volk in genetischem Zusammenhang miteinander stehen.

Kurt Weis verdankt sich ein bemerkenswertes Ergänzungsstück: Weis analysierte auf dem Symposion, in einer losen Anknüpfung an Nietzsche und gesättigt von Beispielen, den Leib als den mittleren Ort, von dem her eine Selbsterfahrung als Subjekt und Objekt möglich ist.

Das Symposion wurde durch einen Vortrag des Turiner Philosophen, maßgeblichen Vertreters postmoderner Diskurse und Lehrers eines »schwachen Denkens«, *Gianni Vattimo*, abgeschlossen.

Vattimo fragt der »Weisheit des Übermenschen« nach und stellt, jenseits aller dogmatischen Fixierungen des »versuchenden« und »versucherischen« Denkens, die Nietzsches vieläugiges Denken nie wirklich treffen können, die Überlegung an, ob der sein-lassende Zug des »über« den bisherigen Menschen hinauszielenden Menschentums der Zukunft nicht, contre cœur, als Vorgestalt des demokratischen Zeitalters verstanden werden könne; eine tiefschürfende Überlegung, die ihre Abgründigkeit, mit Nietzsche, an der Oberfläche verbirgt und Geleit gibt für eine Nietzsche-Deutung, die jenseits der Rechtfertigungen und Anklagen die »Fingerzeige zu einem neuen Leben« auch politisch ethisch sich anzueignen hätte.

II.

Der zweite Teil dieses Bandes (wie schon der beiden vorhergehenden Bände der Reihe) dokumentiert in der Folge, in der sie gehalten wurden, Vorträge vor dem Nietzsche-Forum in den vergangenen drei Jahren. Es könnte reizvoll sein, die vielfachen Entsprechungen zwischen den Texten ans Licht zu fördern. Es begegnen vielgestaltige Themen und Zugangsweisen: Beiträge zur genealogischen und problembezogenen Nietzsche-Forschung stehen neben Untersuchungen sachlicher und historischer Fragen, die zu Nietzsches Denken eine, wie immer geartete, Affinität aufweisen.

Albert von Schirnding liefert ein Stück Archäologie der Münchener Geisteskultur und einen Beitrag zur Vorgeschichte eines Nietzsche-Gesprächs, das seit seinen Anfängen vom genius loci Münchens geprägt war – und es bis heute, schon durch den Schwabinger Ort der Zusammenkünfte in der Seidlvilla, bleibt.

Hans-Joachim Beckers Vortrag geht mit einem wahrhaft an Nietzsches Moralgenealogie geschulten Blick dem Verhältnis eines der bedeutendsten Exponenten der klassischen deutschen Philosophie, J. G. Fichte, zum Judentum nach und befragt auch umgekehrt die jüdische Fichte-Rezeption: Dabei tritt im Sinn von Eberhard Simons durch Intrige »Vergessenes« plastisch ans Licht. Fichte wurde, nicht zuletzt aufgrund seiner »Reden an die deutsche Nation«, von Zionisten ebenso wie von assimilierten jüdischen Gelehrten als ihr Philosoph par excellence rezipiert, so wie umgekehrt Fichtes Philosophie, zumal in ihren praktischen Zweigen, ohne die Orientierung an der Apodiktizität des jüdischen Gesetzesbegriffes schwer denkbar ist: Beckers Beitrag zeigt an diesem Exempel eindrücklich, welches Reflexions- und Verständigungsniveau mit dem Niederbruch des Jahres 1945 verloren ging. Für das »Schicksal Europas« wird es darauf ankommen, die Deutungsdimensionen wiederzugewinnen, die in der Begegnung klassischer deutscher Philosophie mit jüdischer Selbstverständigung verborgen sind. Eine »Hermeneutik des Verdachts«, die die Wissenschaft vom Judentum gegen die klassische deutsche Philosophie ausspielt, kann, wie Beckers Beitrag in seiner stupenden Quellenkenntnis und Nüchternheit eindrücklich zeigt, das letzte Wort nicht haben.

Margaretha Huber wendet sich in ihrem Beitrag zur Genese des Bildbegriffes, ausgehend von der antiken Pygmalion- und Narziß-Überlieferung, der Statuierung des »sehen lassenden«, zugleich aber Erkenntnis sistierenden Bildes in der griechischen Plastik und Malerei zu. Sie eröffnet, in Mitteilung langjähriger eingehender Forschungen zum Platonischen *Timaios*, Ausblicke auf die innere Affinität zwischen Bild und Logos-Philosophie, die am Sinnfälligen ihr Paradigma fand (die sprachliche Genesis von »idea« aus »Eidos« ist sprechend). Zugleich deutet sie aber, ebenfalls im Blick auf die Selbstbeschreibung des *Timaios* als einer »wahrscheinlichen Rede«, Konturen eines Bildverständnisses an, das sein Bild-sein nicht zu verschleiern sucht, und gerade dadurch Wahrheit zu verstehen gibt. M. Huber geht von Heideggers Epitheton über Nietzsche als den »zügellosesten Platoniker« aus, dem weiter nachzudenken ist, was zugleich Anlass sein kann, die abendländische Philosophie als eine Gigantomacheia zwischen Platon und Nietzsche zu verstehen.

Hans-Joachim Koch verdeutlicht sodann den transversalen, die Tiefendimension der Kulturen vergleichenden Gesprächszusammenhang bei Iqbal, Aurobindo und Tanabe in einem eindrücklichen Beitrag über die Nietzsche-Rezeption in Indien und Japan. Seine Erwägungen halten zugleich die Waage zwischen Dichten und Denken. Dabei wird auch das Problematon der interkulturellen Hermeneutik des Internationalen Symposions, namentlich aus dem Beitrag von R.A. Mall weitergeführt.

Dieter Borchmeyer wendet sich Nietzsches Goethe-Bild, dem Entwurf von Goethe als Über-Deutschem zu, was zugleich bedeutet, dass am Leitfaden Goethes über die Begrenzung des décadence-Jahrhunderts und seiner Rankünen hinausgesehen werden kann. Goethe ist für Nietzsche großes Exemplum und Pfadfinder in eine Dichtung und Weisheit der Zukunft. Die Zwiesprache endet allerdings am Bild von der griechischen Antike. Borchmeyer zeigt indessen auch, dass Nietzsches harsches Urteil, Goethe habe die Griechen nicht verstehen können (KSA 2/419f.), weil er den Orgiasmus »aus der griechischen Seele ausgeschlossen hätte«, im Fokus auf den zweiten Teil des »Faust« zu modifizieren wäre.

Andreas Urs Sommer legt sodann wesentliche, durch neuere editorische Entwicklungen sichtbar gewordene Zusammenhänge zwischen Nietzsche und Franz Overbeck offen. Dabei erfährt, wie schon in anderen Arbeiten des Verfassers, der spätere Overbeck eine Neugewichtung: Er wird nicht mehr, wie es lange Zeit Usus der Forschung war, als philosophisch nichtssagender patristischer Einzelforscher und Baseler Pfahlbürger verstanden; vielmehr wird deutlich, dass er auch in seinen späteren Publikationen, seinen Aufzeichnungssplittern und dem »Lexicon« der Alten Kirchengeschichte ein Problem weiterverfolgt, das in der frühen Zwiesprache mit Nietzsche schon eine entscheidende Rolle spielte: die Frage, inwiefern der historische Ursprung, sei es des Christentums oder der griechischen Kultur, Maß setzende Kraft für eine Kultur der Zukunft beanspruchen darf. Der junge Overbeck war in diesem Punkt sehr viel skeptischer als sein Philologen-Freund. Er hielt das urchristliche, eschatologische Weltverständnis mit den ersten Jahrhunderten der Kirchengeschichte für verloren, als Nietzsche noch das tragische Zeitalter bei den Griechen als Maßstab für Wagners »deutsches Delos« entwarf. Sommer kann darlegen, dass Nietzsches Philosophie des Vormittags sich zunehmend die Ursprungsskepsis von Overbeck aneignet und eingehend Anteil an seinen Forschungen nimmt. Dass sich vor solchen Horizonten erst die philosophische Suche nach Ausgang von einem Anfang und Rückkehr abzeichnet, die dem Parmenideischen Lehrgedicht zufolge dasselbe sind, deutet sich am Ende von Sommers Beitrag an.

Miriam Ommeln widmet sich in einem auf monographisch dokumentierten Forschungen beruhenden innovativen Beitrag dem inneren Zusammenhang zwischen Nietzsches »Ästhetik«, als die sein Denken bis in die Spätzeit weit jenseits der Aristenmetaphysik verfasst bleibt, und dem Surrealismus. Sie legt schlagende Entsprechungen zwischen dem »schwersten Gedanken« ewiger Wiederkehr und der surrealistischen »kritisch-paranoischen« Methode offen – in einem Text, der selbst Spiegelungen und Gegenbildlichkeiten vollzieht.

Einführung

Eine weitere Variation auf das durch Margaretha Huber angeschlagene ästhetische Thema entfaltet *Annemarie Pieper*: Sie zeigt, dass Nietzsches dionysische Rechtfertigung der Kunst nicht auf eine Fixierung des Dargestellten zielt. Obgleich Nietzsche zufolge im in sich vollendeten Werk, wie durch das Auge der Ewigkeit hindurch, der Betrachtende seinerseits angeblickt wird, begleitet jener Ewigkeitsblick den Lebensgang und verweist auf Möglichkeiten eines »höheren Lebens«; sie sind in dem die Zeiten sammelnden Kairos des großen Kunstwerkes gleichsam versammelt. Auch bei Annemarie Pieper zeichnet sich eine Grunddifferenz zwischen der Eidos-Lehre Platons und Nietzsche ab, der weiter nachzugehen wäre.

Lothar Bluhm expliziert die ästhetische Problematik in ganz anderer, rezeptionsgeschichtlicher Linie weiter: in einer topologisch und motivgeschichtlich verfahrenden eindrucksvollen tour d' horizon zur literarischen Nietzsche-Rezeption der klassischen Moderne, die nicht nur die klassischen Topoi zwischen Thomas Mann und Stefan George oder Rilke, sondern auch eine radikale Moderne zwischen Döblin und Hans Henny Jahn angemessen gewichtet.

Nietzsches Gegenwärtigkeit als Diagnostiker der Moderne wird in virtuoser Weise von *Renate Reschke* auf die Probe gestellt. Die Sklaverei, die Nietzsche zufolge von den drei »M«: dem Moment, den Meinungen und den Moden ausgeht, verfolgt sie in kulturphilosophischer Perspektive auf die Konfigurationen gegenwärtiger Medien- und Cyberspace-Realitäten. Ihr eigenständiges Denken mit Nietzsche verhilft dazu, ein Maß des Humanum zu erkennen und eine Distanznahme zu gewinnen, die allererst sehen lässt, was »heute ist«, jenseits anachronistischer Kulturkritik und dumpfer Affirmation des Faktischen. Die Situation ist ohnedies längst schon so verfasst, dass sie weder pessimistischen noch optimistischen Kommentaren zugänglich ist.

Auch *Ingeborg Szöllösis* Interesse ist, bei ganz anderem Duktus ihres Textes, auf die Gegenwart bezogen. Sie liest Nietzsche unter Setzung eines Akut, im Zusammenhang von Schopenhauer und Bataille, als Anzeige einer Lebens-Ökonomie, die aus dem »Mehr an Kraft«, dem griech. »agan« oder der »Sonnenökonomie« heraus denkt, nicht aus der neuzeitliche Wirtschaftslehren bestimmenden Mängelverteilung.

Mein eigener Beitrag in diesem zweiten Teil des Bandes wendet noch einmal, nach anderen und eigenen einschlägigen Forschungen der letzten Jahre, den Blick auf das Grundverhältnis zwischen Heidegger und Nietzsche. In jener Konstellation können Vorzeichnungen eines Denkens am Ende der Metaphysik, in Rückbezug auf die metaphysischen Grundstellungen und im Übergang in ein Offenes, gefunden werden, die gleichermaßen tief reichen, aber – schon in der Form des Gedankens – im letzten nicht ineinander zu übersetzen sind. Umso stärker bleibt ihre (im Sinne Heinrich Rombachs) hermetische Verfasstheit einem denkenden Gespräch aufgegeben.

Edith Düsing bezieht Nietzschesche Motive der Gegenseitigkeit und des Bezuges von Selbst und Anderem auf die mit dem frühen Idealismus, zumal zwischen Hölderlin und Hegel, auf ihre Bahn geführte Vereinigungsphilosophie. Ihre These ist es, dass Nietzsche zunehmend jene Vereinigung aus dem Blick verlor, wiewohl er »im Labyrinth des Zwischenmenschlichen« auf der Suche nach jener Verständigungsdimension blieb. Düsings Vortrag ist ein veritables Stück der Freilegung von Fragekontinuitäten in der Philosophiegeschichte des 19. Jahrhunderts, die mit Nutzen wieder in Betracht gezogen werden.

Die abschließenden vier Beiträge sind schon 2000 oder 2001 als Vorträge gehalten worden. Sie werden, da sie in den vorausgehenden Band »Von der Unmöglichkeit oder Möglichkeit, ein Christ zu sein« nicht mehr Aufnahme finden konnten, gerne hier vorgelegt – umso lieber, als sich darunter Kostbarkeiten ersten Ranges finden. *Norbert Rath* zeichnet in übersichtlicher Darstellung die wechselvolle Genese von Thomas Manns Nietzsche-Deutungen nach, stets bezogen auf die Zeitläufte und nicht ohne Sinn für Dialektik: So legt er dar, dass Mann in Nietzsche Züge seiner selbst in der Zeit der Arbeit am »Faustus«-Romans erkennt, eben als er (wie dann in seinem Nietzsche-Vortrag »Nietzsches Philosophie im Lichte unserer Erfahrung« aus dem Jahr 1947) Nietzsches Denken Mitschuld an den totalitären Verhunzungen gibt. Thomas Manns nicht primär philosophische, sondern aus Lebens- und Kunstbedeutsamkeit begründete lebenslange Nietzsche-Erfahrung kann umgekehrt das Perspektivengeflecht der Nietzscheschen Gedankentextur beleuchten. Dabei akzentuiert Rath in einer diskussionswürdigen Weise auch die Berechtigung von Lesarten, die Nietzsche unter die Exponenten einer »Zerstörung der Vernunft« (Georg Lukács) summieren. Bei aller Überzeichnung hat eine solche Position jedoch in Zeiten einer zunehmenden Domestikation Nietzscheschen Denkens ihr Gewicht und ihre Berechtigung. Auch im Blick auf Thomas Mann wäre dem Zusammenhang von Nietzsche und der Weimarer Klassik, namentlich seiner Beziehung zu Goethe nachzugehen, eine Perspektive, die ich zusammen mit Manfred Riedel an anderer Stelle zu akzentuieren versucht habe (vgl. den Sammelband »Natur und Kunst in Nietzsches Denken«, Weimar 2002, Reihe Collegium Hermeneuticum Band 8) und für die in diesem Sammelband exemplarisch der Beitrag von Dieter Borchmeyer einsteht.

Heinz Friedrich tritt in das »Zwielicht« geschichtlicher Erfahrung selbst ein und lotet am Leitfaden der Nietzscheschen Moralgenealogien die Erschließung des Menschlichen und Übermenschlichen aus, fokussiert auf den Staat. Die Griechen begriffen ihn in seiner nomologischen Verfassung als göttliche Hervorbringung, da die Menschen nicht zur Staatsgründung imstande seien: man liest dies in dem von Nietzsche in seiner »Unheimlichkeit« erkannten, alle spätere Rede vom »zoon politikon« Lügen strafenden Melier-Dialog bei Thukydides. Friedrich weiß um diese Zusammenhänge, wenn er Gottfried Benn als den einzigen kongenialen Nietzsche-Fortsetzer im Delirium des 20. Jahrhunderts begreift, Schlussbild eines großen Essays, den sein Verfasser als »dilettantisch« im – besten – Sinne Jacob Burckhardts und Egon Friedell gelesen wissen will.

Hans-Rüdiger Schwabs Abhandlung schließlich über Karl May und Nietzsche, schon hinsichtlich der verarbeiteten Literatur eine kleine Monographie, ist glänzender Beleg eines Fährtenlesens: Die Nietzsche-Spur bildet bei Karl May einen durchgehenden Subtext, zumal in Mays Spätwerk, so wird deutlich: man mag sich ausmalen, wie sie unterschwellig Generationen von Karl May-Enthusiasten mit prägte.

III.

Im Regelfall sind die hier publizierten Texte Originalbeiträge, für deren freundliche und prompte Redigation und Abgabe ich den Verfassern zu herzlichem Dank verpflichtet bin. So vielfältig wie ein Forum, eine Denk-Agora, ist auch ihre Textur. Deshalb habe ich auf redaktionelle Eingriffe, wie sie in den Disziplinierungszwängen des akademischen Diskurses unabdingbar sind, soweit als möglich verzichtet. Man findet die Abschrift des inspiriert inspirierenden freien Vortrags neben der hochgelehrten, materialreich dokumentierenden Abhandlung und dem eleganten, Assoziation und Umweg nicht scheuenden Essay, der sich aphoristisch verdichten kann. Auch die Zitation ist sehr unterschiedlich: Vereinheitlichungen wurden nur in Rücksicht auf Verständlichkeit und Nachprüfbarkeit vorgenommen. Darunter fällt aber nicht eine Unifizierung der zitierten Nietzsche-Ausgaben. So unstrittig die entsagungsreiche editorische Arbeit von Giorgio Colli und Mazzino Montinari Maßstäbe gesetzt hat, hinter die keine Nietzsche-Deutung mehr zurückfallen darf, und so groß das Verdienst des Verlegers Heinz Friedrich ist, diese Ausgabe als Kritische Studienausgabe im Taschenbuch präsent gemacht zu haben, werden Nietzsche-Deutungen noch immer durch die Krönersche Ausgabe oder durch Schlechta mitbestimmt, wie man besonders sinnfällig an der französischen Nietzschedebatte erkennen kann. Solche Spuren sollen nicht getilgt, sondern dem Leser mitgeteilt werden.

Zum Ende ist zu danken: Frau Dr. Beatrix Vogel, der Musagetin und Symposiarchin des Nietzsche-Forums München, ohne die es seine Gestalt nicht hätte: Ihre Leidenschaft und Askese gehen über jeden Begriff und sind allen, die sie aus der Ferne oder Nähe kennen, unvergesslich. Ich habe in enger Absprache mit B. Vogel die Zusammenstellung und Redaktion der Beiträge vorgenommen. Ihr Vertrauen und eine Denkfreundschaft über Jahre mögen darin dokumentiert sein. Großer Dank gilt Annemarie Pieper, der renommierten Nietzsche-Forscherin, die Fingerzeige auf ein künftiges europäisches Lebensethos zu geben weiß, für ihr Geleitwort; Dank ganz anderer Art sage ich meinem Halleschen Mitarbeiter Jean Ph. Strepp, Wissenschaftliche Hilfskraft der Professur für Praktische Philosophie der Alma mater, die den Namen Luthers trägt, für die Überprüfung von Zitaten, die Anlage der Register und manche philologisch philosophische Detailarbeit. Nicht zuletzt danke ich Frau Heike Barthel, Sekretärin am selben Ort, für Schreib- und Übertragungsarbeiten, die normale Dienstpflichten weit überschritten haben. Frau Baumgartner sei gedankt für ihre ausgezeichneten Transkriptionen, die kostbare, schriftlich nicht fixierte Beiträge erst zur Verfügung gestellt haben und Voraussetzung der Herausgebertätigkeit waren. Auch Parerga wie diese Herausgabe wären so nicht denkbar ohne das gemeinsame Leben und Denken mit meiner geliebten Frau Chris.

Das Nietzsche-Forum sollte in seiner heute einzigartigen Signatur, die Vielheit mit dem fragend angelegten Ariadnefaden Nietzscheschen Denkens im Weltlabyrinth verbindet und freundschaftliches Philosophieren auf der Agora mit dem Streit in der Sache zusammenführt, mit diesem Band weiter kenntlich geworden sein. Kleine »Feste des Denkens«, die sich in den regen Aussprachen nach den Vorträgen fortsetzten, mögen im Gehäuse der Schrift Dauer gewinnen – vor allem aber Anlass weiteren Denkens sein.

Nürnberg und Halle/Saale zum Jahreswechsel 2004/05
Harald Seubert

Teil I

Die Auflösung des abendländischen
Subjekts und das Schicksal Europas

Die Notwendigkeit der Konstitution des Subjektbegriffs in der Neuzeit, die Auflösung des Subjekts in der Moderne und die Frage nach dem Neuanfang

Eberhard Simons

Meine sehr verehrten Damen und Herren,

Ich begrüße Sie zu dieser nachmittäglichen Stunde und diesem Beitrag, der uns in die Thematik einführen soll.

Sie haben das Thema schon gehört: Die Notwendigkeit der Konstitution des Subjektbegriffes in der Neuzeit – die Auflösung des Subjekts in der Moderne –, also der späten Neuzeit und die Frage nach dem »Was nun?« – dem Neuanfang.

Meine Damen und Herren, Subjekt und Objekt sind uns ganz geläufige Begriffe, grundlegend für unsere Spätepoche. Sie hat es in der Antike nicht gegeben. Im Griechischen finden Sie weder ein Wort noch eine Übersetzungsmöglichkeit für das, was Subjekt und Objekt ist. Das ist immer etwas ganz anderes, wenn man es dann transponieren will. Es sind neuzeitliche Begriffe: Sub-jekt und Ob-jekt. In der griechischen Sprache, in der griechischen Philosophie kommen diese Begriffe auffälligerweise nicht vor. Für die Neuzeit allerdings sind Subjekt und Objekt von einer ganz eigentümlichen Dominanz, und es wird von diesen beiden Begriffen eine Grundstruktur neuzeitlicher Erkenntnis- und Welt-Konstitution gebildet.

Die Aufhebung, ja Auflösung (unser Thema hier) des Subjekts, und damit zusammenhängend des Subjekt-Begriffs, ist notwendig geworden, weil erkannt wurde, welchen Preis diese Weltkonstruktion und Erkenntnis-Konstruktion hat. Einerseits ist die herrschende Ordnung und Einteilung von Welt und Erkenntnis in der Neuzeit durch diese Begriffe und ihren Zusammenhang gebildet. Andererseits wird eben durch diese Herrschaft, wie spätneuzeitlich erst erkannt wurde, eine Weltdeformation, eine Naturdeformation und eine Menschendeformation eingerichtet und zur Normalität, die ihre höchsten Preise verlangt und einfordert. Und darum ist dieses Paradigma Subjekt und Objekt in den Strudel einer großen Frage und Infragestellung getrieben worden. Die bis zur Absolutheit getriebene Subjektivität des Subjekts ist in einer Weise herrschend geworden, sodass die Objektivität des Objekts absolut unterdrückt und beherrscht wird, mehr noch: Es gibt eine eigentümliche, umschlagende Dialektik zwischen beiden; die absolute Subjekt-Herrschaft und Selbstbehauptungs-Herrschaft, die sozusagen die verknechtetste, unterdrückteste Objektbeherrschung bedeutet, kehrt sich um, sodass es zu einer absoluten Beherrschung durch die Objektivität der Objekte kommt und das Subjekt zu einem geradezu sklavischen Nichts deformiert wird.

Das sind natürlich im Zuge einer Emanzipationskultur, wie sie die Moderne gerade darstellt, hinter- und untergründig schlimmste Zusammenhänge – allerschlimmste Zusammenhänge. Sie sind nicht allen bekannt. Das ist nicht etwas, was sich herumgesprochen hat, in unseren Tagen und überall. Aber es ist mittlerweile doch sehr bekannt geworden innerhalb einer bestimmten philosophischen Diskussion und innerhalb bestimmter wissenschaftlicher und praktischer Diskussionen – und zwar in allen europäischen Ländern, insbesondere natürlich in den westeuropäischen Ländern, also in Frankreich und in Italien, in Deutschland, aber auch in England und in Amerika.

Was aber heißt oder hieß das?

Die erstrebte Weltbeherrschung – jenes neuzeitliche Programm – schlug um in ein Beherrscht-Werden durch die Welt. Im Einzelnen: die erstrebte Naturbeherrschung schlug um in ein Beherrschtwerden durch die Natur. Die totale Instrumentalisierung aller praktischen Verhältnisse, möglichst aller praktischen Verhältnisse, schlug um in ein totales Instrumentalisiert-Werden. Die Mittel der Instrumentalisierung wurden zum Selbstzweck und der Zweck verkam zum Mittel. Und man konnte oft gar nicht mehr unterscheiden, was eigentlich Zweck und was Mittel ist. Dies verwechselte sich.

Solche Kritik der Instrumentalisierung und totalen Verobjektivierung wurde, wie gesagt, nicht überall sogleich erkannt und nur in einer bestimmten Philosophie und Wissenschaftstheorie wahrgenommen und vollzogen, in anderen Wissenschaften zum Teil, zum Teil auch nicht, entweder, weil man die Verobjektivierung und die ihr entsprechende Selbstbehauptung für unumgänglich hielt, wenn man denn ein solches Programm, wie die Neuzeit es verfolgt, realisieren will. Unter dieser Voraussetzung schien es unumgänglich, dies ins Werk setzen zu müssen. Ob man das gut findet oder nicht,

Die Notwendigkeit der Konstitution des Subjektbegriffs in der Neuzeit

schön oder unschön, ganz egal, man muss es bitter hinnehmen. Es geht nicht anders. So die Einstellung mancher dazu. Andere Einstellungen lassen etwa sagen:

»Ach das ist ja im Grunde doch ein harmloses Unternehmen. Wir instrumentalisieren natürlich den Menschen und den menschlichen Leib, aber irgendwie bleibt der schon übrig. Da müssen wir uns keine Sorgen machen, der Rest ist nicht wirklich instrumentalisiert, auch wenn sämtliche medizinischen Systeme das tun, aber der Leib bleibt doch übrig. Im Grunde ist das ein harmloses Unternehmen.«

Diese Einstellung gibt es auch.

Philosophisch wurde die Kritik der Instrumentalisierung besonders durch die Kritische Theorie artikuliert, man denke vor allem an Adorno und seine Arbeiten zur Kritik der instrumentellen Vernunft. In einem weiteren philosophischen Blickkreis ist die Kritik natürlich von Heidegger ausgegangen, die Kritik des Subjektbegriffs der Moderne. Aber auch schon der deutsche Idealismus, der so genannte, also Kant, Fichte, Schelling, Hegel bieten genügend Ansatz, um zu einer solchen Kritik zu gelangen. Auf die Konstellation bei Kant werde ich noch zu sprechen kommen. Und die Philosophie der Renaissance, die in Deutschland nicht so bekannt ist, wohl aber in Italien, hat schon in ihren bedeutenden Vertretern, etwa bei Vico und anderen, jene Kritik eindrücklich vollzogen und artikuliert.

In Fortführung nun und im Anschluss an die Kritische Theorie von Adorno und aller derer, die im weitesten Sinne dazugehören wie Bloch und Horkheimer u.a. kam es insbesondere in der französischen Rezeption der Kritischen Theorie, nicht so sehr in der deutschen Rezeption, zu einer Auflösung des Subjekts und des Subjektbegriffs zu Gunsten von – was eigentlich? Zu Gunsten eines offenen und unbestimmt gelassenen – wie man sich ausdrückt –, eines bunten prinzipienfreien, prinzipienlosen Wagens. Auf jeden Fall wollte man sich nicht mehr durch das, was die Subjektivität des Subjekts bestimmte, nämlich eine bestimmte Identitätsvoraussetzung, bestimmen lassen. In dem allgemeinen Diskurs der Kultur ist heute noch immer der Schrei nach der Identität das höchst Moderne und damit zugleich das Allerbeste. Das ist ein alter Hut. Es ist so gesehen ein alter Hut, weil es gar nicht auf dem Niveau der Zeit ist. Aber es ist im Umlauf, da man im Angesicht aller Entfremdungen und Enteignungen usw. immerhin zu etwas kommt. Und deshalb schreit noch immer alle Welt nach Identität und Selbst und Selbstverwirklichung.

Für die Franzosen ist Identität wirklich eine Fortsetzung, die es nicht besser, sondern schlimmer macht. Darauf muss man erst kommen, wie sie das meinen. Was sie verstehen und gesehen haben. Vielleicht kommen wir ja in diesen Tagen dazu, das genauer zu klären. Bleiben Sie erst einmal ruhig bei der Meinung, die sicher viele haben, Identität sei doch schon etwas vom Tollsten. Da kann man zunächst dabei bleiben und dann sehen, was denn da nun vielleicht auch Problematisches ist.

Jedenfalls von einer bestimmten Philosophie der Franzosen wurde dieses Identische zum Nicht-Identischen entwickelt, weiterentwickelt. Und da ist nun das Andere das Gültige, um das es geht. Wie das Andere zum Nicht-Anderen steht und das Nicht-Andere zum Anderen, das lasse ich hier zunächst offen. Das Identische, also scheinbar wirklich die zutreffende Idee fürs Subjektive und Objektive in ihrer innersten Bestimmung, ist in der Tat neuzeitlich zum beherrschenden Paradigma geworden, in der Erkenntnis wie in der Wissenschaft, in der Praxis wie in der Organisation, in der Technik, Wirtschaft und Politik, ja in dem ganzen europäischen nationalen Kulturbetrieb.

War das denn nun eigentlich gänzlich ein Irrtum?

Dieses Paradigma kommt schon im Mittelalter auf, auch dann und besonders in der Renaissance. Zu fragen ist freilich, ob dies denn wirklich so verfehlt gewesen ist. Wie anders, muss man fragen, wäre denn eine Naturbeherrschung zum Wohle der Menschen möglich gewesen, ohne derartige Instrumentalisierung? Wie anders wäre denn ein solches Gesundheitswesen und seine Entwicklung zu Stande gekommen, medizinisch, wissenschaftlich, klinisch, ohne eine solche Instrumentalisierung? Selbstverständlich kann man sagen, hier wird nicht gleich der Mensch neu geboren und kommt mit neuem Leibe zur Welt, er wird »repariert«. Das ist doch auch schon etwas wert. Unter Umständen wird er freilich erheblich repariert, so dass er überhaupt weiterleben kann. Ist das nichts? Nun ja, das ist doch etwas wert. Es ist nicht gleich alles, aber es ist doch sehr viel wert. Und ohne solche Instrumentalisierung sind solche Wirkungen nicht zu erreichen. Das ist der Preis, den man zahlen muss, aber der Gewinn liegt doch auch auf der Hand.

Wie hätte es in der Neuzeit eine Rechtsentwicklung geben können, die in einem Vertragsdenken und Vertragshandeln resultierte, aus der so etwas wie die Autonomie des Menschen und die Autonomie von Institutionen hervorgegangen ist? Und was wären wir heute ohne solche Autonomie von Institutionen? Z.B. die Universität ist eine autonome Institution, was doch wunderbar ist. Zum Beispiel kann eben nicht ein Ministerpräsident kommen und sagen: »Was der Simons da erzählt, das passt mir nicht, ich verbiete das.« Das kann er nicht. – Sie meinen: »Noch nicht«. – Aber bislang noch nicht. Zuerst, am Beginn der Universität, war es aber so. Und das ist doch etwas wert, denn stellen Sie sich einmal vor, wir hätten nie solche goldenen Zeiten gehabt.

Wenn im Mittelalter in Paris einige Professoren auf der Seite von Averroes

Die Notwendigkeit der Konstitution des Subjektbegriffs in der Neuzeit

standen, der sozusagen einer islamischen Philosophie anhing, dann griff der König ein und sagte: »Das passt mir nicht. Zu mit der Universität, ich schließe sie.« Hier konnte man nur froh sein, wenn die Universitäten wie in Paris die Sorbonne päpstliche Gründung waren, denn der Papst saß weit weg und wenn der König eingreifen wollte, dann wischte der Papst dem König eins aus und dies war wiederum günstig für die Universität, denn dann hat er denen erlaubt, was gerade der König verbieten wollte. Sie sehen also die emanzipatorische Bedeutung des Papsttums im Mittelalter. Aber immerhin, eine Autonomie gab es nicht. Der die Universität gegründet hat, der hatte auch das Sagen: Das war ganz selbstverständlich. Wo bleibt denn dann die Freiheit der Erkenntnis, die Freiheit der Wissenschaft usw.? Sie sehen, das wollen wir doch alles nicht missen, von der Autonomie der Kunst gar nicht zu reden, die die Hochschulen der Bildenden Kunst und der anderen Künste heute haben; und von der Autonomie individuellerer Art auch nicht zu schweigen, bitte schön. Das sind uns doch kostbare Werte, auf die wir nicht verzichten wollten.

Wie anders wäre ein moderner Staat als rechtlich verfasster, freiheitlich liberaler und sogar demokratisch parlamentarischer Staat möglich geworden, angesichts der überkommenen monarchischen Staatlichkeit und Reichsfürstlichkeit, die gewiss ihre ganz großen Verdienste hatte, aber die sich um so etwas wie Recht und Verfassung ja überhaupt nicht geschert hat? Noch auf dem Wiener Kongress 1815 traten alle europäischen Fürsten zusammen, die vier Hauptmächte hatten das Hauptsagen, das waren Preußen, Österreich, England und Russland und man wollte die Neuordnung Europas so regeln, dass man sich gütlich verständigte, gleichsam wie beim Kaffee und sagte: »Na, was habt ihr für Wünsche, was habt ihr für Wünsche? Wie können wir das denn zu so einem schönen Wunschausgleich bringen?« – im vertraulichen Gespräche, über ganz Europa. Man hatte vor, dies so einzufädeln – und so ging das auch. Da gab es keine Instanz, die sagen konnte: »Na hört mal also, wie ihr hier Polen verramschen wollt oder auch Sachsen« – Preußen wollte nämlich Sachsen haben und die Russen, die wollten Polen haben –, »wie ihr die verramscht, das geht nicht.« Sie hätten eine solche Einrede auch gar nicht begriffen. Der preußische König, der noch dazu vertreten war durch Hardenberg, der konnte es vielleicht hören, als dann wieder Wilhelm von Humboldt derjenige war, der ihn vertrat. An dieser Stelle aber muss man wieder einmal die Franzosen loben. ... Als einer auftrat, der gar nicht dazu hätte gehören dürfen, nämlich Talleyrand. Talleyrand war unter Napoleon Außenminister, auch zuvor schon war er ganz oben in der Diplomatie. Nachdem Napoleon gerade besiegt war, tauchte er wieder auf. Dies hätte er eigentlich gar nicht tun dürfen. Er hat sich sofort neben Metternich gesetzt, der eigentlich dem Kongress in Wien vorsaß, und er hat in einem Satz die ganze Sache an sich gezogen und gewendet. Ja, also, er verstehe das, was hier verhandelt werde, das seien vertrauliche Gespräche, die wären für einen Kaffeeplausch und am Kamin äußerst interessant, aber es gehe hier ja um völkerrechtliche Fragen und er hätte da überhaupt noch kein Argument gehört!

Und nun leitete Talleyrand den Kongress. Ich sage noch ein kleines Schmankerl dazu: denn die Hauptaufgabe des Wiener Kongresses (wir sind hier immer noch beim Thema!) war die, nicht nur Europa neu zu ordnen, sondern die Hauptaufgabe war, zu fragen: »Wie können wir denn das alte Europa so formen, dass es der Zukunft standhält?« Und diese Frage hat man übersehen, denn der Wiener Kongress war eigentlich der Anfang vom Ende des Alten Europa, weil die alten Mächte es nicht fertig gebracht haben, die Probleme der Erhaltung der Monarchie und die neuaufkommenden Autonomiebestrebungen irgendwie in Zusammenhang zu bringen. Der Einzige, der das hätte fertig bringen können, den hat man beschimpft, er sei nicht richtig im Oberstübchen, er ticke wohl nicht richtig – es war der Zar von Russland. Der Zar von Russland war überhaupt einer der wunderbarsten Kongressteilnehmer, denn der Kongress, der kam instrumentell nicht weiter, der tanzte ja nur. Und er war ein fantastischer Tänzer, ein fantastischer Liebhaber. Er war ein fantastischer Mann und Mensch und von daher hat er also die tollsten Ideen gehabt hinsichtlich einer Heiligen Allianz; von ihm stammt überhaupt dieser Begriff. Dies war nicht die Heilige Allianz, die sie dann später wurde, dieser reaktionäre Verein, der Zar hat vielmehr gefragt, wie es denn einen göttlichen Zusammenhang geben könnte zwischen den Untersten und den Obersten in einem gemeinen Staatswesen, so dass es zu einem gerechten Staatswesen kommen könne. Das ist ein toller Gedanke gewesen. Hätte er sich durchgesetzt, hätten wir keinen Sozialismus bekommen. Aber er hat sich bekanntlich nicht durchgesetzt, weil der König von Preußen, der Kaiser von Österreich und die anderen alle sagten: »Der tickt nicht richtig. Der hat zu viel getanzt und zu viel gehurt. Er ist nicht mehr richtig im Kopfe.«

Also dieses kleine Zwischenstückchen soll nur sagen, wir sind bei einem heiklen Thema: einerseits die Emanzipations- und Autonomiebewegung der Moderne und andererseits ihr hoher Preis. Und wie ist denn das eine mit dem anderen zusammenzubringen? Das ist eine heikle, prekäre Frage – noch immer. Denn wir würden, wie schon gesagt, auch umgekehrt nicht missen wollen, dass es so etwas wie eine Autonomie, einen Rechtsstaat, einen parlamentarischen Rechtsstaat oder gar eine Demokratie gibt.

Die Kantische Lösung, die Lösung am Höhepunkt der Vernunftaufklärung, darf auch hier erwähnt werden, kannte ja die ganze Problematik des Subjektivismus und Objektivismus aus dem englischen Empirismus, bzw. aus dem französischen Rationalismus und nahm diese Probleme auf, versuchte sie aber

Die Notwendigkeit der Konstitution des Subjektbegriffs in der Neuzeit

doch in einer Art kritischen Begrenzung und Anerkennung zu einer Lösung zu bringen. Eben dies ist das Geniale an Kant, dass er das Instrumentelle sehr wohl anerkannte, es aber nicht zu größerer Verallgemeinerung brachte, sondern es begrenzte. Das war die transzendentale Wendung nicht nur in der theoretischen Vernunft, sondern auch in der praktischen. Die transzendentale Einheit war nicht mehr instrumentalisierbar und instrumentalisiert, sie konnte nicht mehr »verobjektiviert« werden, sondern es war ein *denkbarer* Weltzusammenhang, ein denkbarer Erkenntnis- und Lebenszusammenhang, ja eine Idee von Weltseele. Und Gott lag nicht mehr offen vor Augen, wie er noch dem Mittelalter erschienen war, sondern es war nurmehr zu denken und zu hoffen, dass Gott als Ursprung der Welt sei, zu hoffen, weil die Hoffnung ein Vernunftpostulat ist, das nur von Gott einzulösen ist. Die Versöhnung also soll sein, aber sie ist nicht in dieser Welt möglich, sondern erst in einer anderen Welt, aber in dieser Welt geht immerhin dieses, dass sich die Subjektivität und Selbstbehauptung nicht verabsolutieren und verallgemeinern, wie sich auch die Verobjektivierung nicht verallgemeinern kann. Daher kann der Vernunft eine Grenze gezogen werden. Das ist das nicht ungeniale Unternehmen von Kant, der also sich weder im Sinne der Romantik von aller Art von Instrumentalisierung und Versubjektivierung und Objektivierung abwandte, aber auch nicht jener neuzeitlichen Grundtendenz völlig verfiel. Kants Vernunftkritik zeichnet natürlich die Fragestellung vor, an der dann die anderen anknüpften, die Fichtes und die Hegels und die Schellings und so fort.

Fragen wir also noch einmal: Wo wären wir, wenn es nicht diese Bewegung zur Autonomie und Freiheit des Wissens, der Selbstbehauptung und der Unabhängigkeit gegeben hätte? Die Autonomie kam auf, sie war vorher nicht selbstverständlich, sie war keine allgemein anerkannte, weder kirchlich noch staatliche anerkannte Selbst-Behauptungs-Voraussetzung. Gleichwohl, meine Damen und Herren, trotz dieser Errungenschaft war der Preis der Autonomie des Selbstbewusstseins und des Bewusstwerdens der Subjektivität sehr hoch: gesellschaftlich, politisch, wirtschaftlich, organisatorisch, auch familiär, unser Körper entkörpert individuell, schließlich auch naturhaft, denn die schöpferischen, seelischen und künstlerisch poetischen Lebensbezüge fielen doch ziemlich flach, auch schon bei Kant.

Ja, meine Damen und Herren, das war die Lage. Das ist in gewisser Weise noch die Lage und nun ist zu fragen:

Welche Antworten nun gibt es auf diese Situation?

Die erste ist die, dass es nicht mehr, wie um die Jahrhundertwende üblich und verbreitet, einen Glauben an den Fortschritt gibt. Diesen Glauben haben wir nicht mehr, wir haben ihn fast nirgends mehr. Einen Glauben an den Fortschritt und zwar einen generellen Glauben an den Fortschritt. Einen

Glauben an den Fortschritt hie und da mögen wir ihn noch haben, aber der generelle Glaube an den Fortschritt ist fundamental in Frage gestellt. Auch der Optimismus in die Besserung der Zustände ist nicht einfach sozusagen die felsenfeste Überzeugung der Massen und der Menge. Nun ja, aber was denn nun? Bleibt dann einzig noch die Verzweiflung oder was?

Es sind unterschiedliche Antworten auf die Frage nach dieser heute geforderten Art der Vermittlung oder Entmittlung möglich. Ich will nicht eine einzelne bestimmte Antwort darstellen oder einer den Vorzug geben, denn damit beschäftigt sich ja unsere ganze Tagung. Es gibt verschiedene Referate, die verschiedene Antworten hier offerieren werden, auf die ich auch selber sehr gespannt bin. Das Gespräch ist eröffnet; und wir werden sehen, dass es unterschiedliche Antworten gibt, über die Sie ja dann eben auch diskutieren können.

Ich möchte aber einige Bedingungen nennen, ohne die eine Antwort wenig Überzeugung hat, wie mir scheint, ja gar nicht möglich ist. Die Antwort also auf die Infragestellung des Subjekts oder der Selbstbehauptung, sogar der absoluten Selbstbehauptung, kann nicht sich so ins Unverbindliche, nicht identische Bunte herumtreiben, dass Wissenschaftlichkeit des Wissens oder eine Philosophie als argumentativer Zusammenhang unmöglich wird, wenn man nur noch ein paar Aperçus zur jeweiligen Lage von sich gibt, ein paar Witze zur Situation und damit hat es sich. Das glaube ich, ist bei manchen Franzosen der Fall, dort wird es so exerziert, in Deutschland nicht so sehr, wie sich versteht. Das ist, so glaube ich, keine Möglichkeit, mit der eine Gesellschaft oder auch ein Einzelner leben kann. Ich glaube, dass solche Antworten nicht das neuzeitliche Niveau kommunikativer Verständigung unterschreiten dürfen, welche kommunikative Verständigung heißt: Rechtsstaatlichkeit, Parlamentarismus und Öffentlichkeit und welches Niveau heißt: Freiheit auch im Sinne von autonomer Freiheit. Wenn man diese Höhe unterschreiten würde, so würde man in vorneuzeitliche Zustände regredieren: und eben dies halte ich für keinen gangbaren Weg.

Mein Vorschlag nun allerdings – ich bin gespannt, was andere an Vorschlägen machen – auf die Frage »Was nun, nach der Auflösung des Subjekts?« ist *nicht*, nach dem Vorschlag der Kritischen Theorie, die Dialektik der Aufklärung weiterzubestimmen. Wir haben die Dialektik der Aufklärung schon allzu sehr und nach allen Richtungen vollzogen. Also noch einmal eine Dialektik von Aufklärung, dies halte ich nicht für die Lösung. Das ist aber jetzt hier nur einfach ein simples Bekenntnis.

Ich meine, wir könnten und dürften neue Dimensionen des Denkens erschließen, Dimensionen des Denkens, die wir nämlich neuzeitlich schlicht vergessen haben. Und diese Vergessenheit zu ent-gessen, das wäre m.E. etwas, das sehr viel ans Licht bringen könnte.

Die Notwendigkeit der Konstitution des Subjektbegriffs in der Neuzeit

Und was haben wir schlichtweg vergessen? Und was bedeutet es, dass wir es vergessen haben? Sie sehen, meine Damen und Herren, eine Kritik, die angesichts von bestimmten Problemen sich artikuliert, ist auf einem ganz anderen Niveau angesiedelt, als eine Kritik, die sagt: »Worum es hier geht, das wissen wir doch überhaupt noch gar nicht. Wir haben das vergessen und zwar wirklich. Wir können überhaupt noch nicht darüber reden, worüber wir reden möchten, weil wir es vergessen haben!«

(Im Flüsterton:) Ja Moment, also das ist ja peinlich, das ist sehr peinlich – jawohl, sehr peinlich. Und dieses ist ein neuer Ansatz, die Entdeckung der Vergessenheit. (Weiter in normaler Tonlage:) Mit dieser Artikulation, mit dieser These des Vergessens – ich könnte Ihnen das z.B. so thematisieren, dass ich unter Wirtschaftsleuten Vorträge halte und Ihnen sage: »Ihr redet ständig von Geld, ihr wisst nicht, wovon ihr redet, denn ihr habt vergessen, was Geld ist. Ihr wisst es gar nicht.« Zunächst ist die Reaktion: »Das ist doch eine Unverschämtheit, dieser Kerl usw. usw. usw. ...« ... und dann kommen sie drauf und dann sagen sie: »Stimmt, wir wissen nicht, worum es sich handelt. Das haben wir nicht gehört, das haben wir nicht gesehen, ... poh, das sind ja die Sachen!« Und dann geht es neu los. Die ent-gessen nichts gerne. Aber sehen Sie, es ist doch ein großer Unterschied, ob man sagt: Also ihr müsst wirklich hier und da dies und jenes neu berechnen und zwar so und so – als wenn man sagt: Eure ganzen Bereiche haben eine ganze Dimension von zu Berechnendem »vergessen«. Und ihr kommt nicht drauf und weil ihr nicht draufkommt, sind die Rechnungen alle für die Katz!

Diese Vergessenheit ist es. Man könnte sie geradezu theologisch als die Erbsünde bezeichnen. Die Erbsünde wäre dadurch einmal qualifiziert bestimmt. Theologen mystifizieren das ja immer und sagen, wenn man nachfragt, was ist denn nun das eigentlich? – »Ja, das ist eben mystisch, ist ein Mysterium.« Also könnte ja nun mal die Erbsünde z.B. in einer Art von Vergessenheit bestehen. So unwissend durch die Welt zu laufen, das ist sündhaft. Und die Leute wissen gar nicht, dass es sündhaft ist.

Die Alten, meine Damen und Herren, haben noch unterschieden, was wir nicht unterscheiden. Die Unterscheidung haben wir auch schon vergessen. Die Alten haben unterschieden: Es gibt überhaupt nicht nur die eine Welt. Wir reden immer von der einen Welt. Das gibt es aber gar nicht. Es gibt die Unterwelt, es gibt die normale und es gibt die Oberwelt – die olympische. Die Moderne verweist nun alles auf eine Welt und ein Weltniveau. Was sie für Diskurse führt, es sind Unterweltsdiskurse, weiter nichts. ... Wir müssen fragen: Wollt ihr bei der Unterwelt bleiben? Wie wäre es denn, wir würden einmal olympische Diskurse einführen? Da hört man z.B. gerade wieder von einer gewissen Seite her einen Aufschrei, die sagen: »Unerhört, das können wir doch gar nicht formulieren, das können wir doch nicht sagen, das ist doch nicht mehr zu sagen in der Neuzeit. Solche Mysterien kann man nicht mehr zur Sprache bringen.«

Doch: das kann man sagen, das kann man zur Sprache bringen. Was ist denn z.B. Delphi für ein Wissen? Was für ein Wissen haben sie denn dort produziert? Die Neuzeit meint, sie haben nur zweideutiges Wissen hervorgebracht. Wenn Delphi sagt: »Wenn du diesen Fluss überschreitest, dann wirst du ein großes Reich vernichten«, kommt der Krösus, beschwert sich beim Orakel von Delphi und sagt: »Hier, ich habe vor ...« »Ja sicher, das haben wir ja auch gesagt.« Der meinte natürlich ein Großreich, aber nicht das andere Reich. Er hat sein eigenes Reich vernichtet. Haben die gesagt: »Ja, du hast dein eigenes vernichtet.« Das ist, für die Neuzeit, Zweideutigkeit und Zweideutigkeitsmissverständnis von Eindeutigkeit. Die Neuzeitler sind immer eindeutig. Die ganze Neuzeit ist aber zugleich die Epoche der totalen Zweideutigkeit. Eitel ist der Mensch. Man kann sich auf nichts verlassen, was Menschen tun. Man muss die Zweideutigkeit sehen – die Zweideutigkeit, in der Attitüde der strengen Eindeutigkeit.

So, meine Damen und Herren. Es ginge ja vielleicht darum zu merken, dass Delphi weder zweideutig noch einfach eindeutig, sondern mehrsinnig ist, in dieser Mehrsinnigkeit deutet es etwas an, was die Menschen als Lebensspruch, den sie übernehmen, führen und weiterbringen kann. Dann ist Delphi weder ein Ort, wo die Definition von Begriffen geschieht, noch ist Delphi ein Ort, wo Urteile gefällt werden, noch ist es Delphi, wo Schlüsse gezogen werden, sondern, wo *erinnert* wird, so dass Zukunft sich eröffnet. Und Erinnern wird mehrsinnig erwogen. Und da – ich nenne Ihnen nur eines – haben wir auch vollständig etwas weiteres vergessen: Wir glauben rational, aufgeklärt wie wir sind, so etwas wie Bann und Fluch, wie Segen und Eröffnung, wie Verhexung oder Ent-Hexung, dies seien alles abergläubische Dinge, die es nicht gebe.

Ich mache Sie darauf aufmerksam, dass Friedrich Nietzsche eine Schrift geschrieben hat, »Der Antichrist«, und dass die Unterüberschrift heißt: »Verfluchung des Christentums«. Nun schlagen wir das einmal nicht, wie so oft, als ganz dicken Hammer auf das Christentum, sondern man stelle einem solchen Philosophen einmal die Frage: Was hat denn Fluchen als philosophische Kategorie zu sagen? Was ist denn das eigentlich? Und was ist Bannen? Und was ist Hexen? Das sind ja alles keine Realitäten mehr, angesichts der üblichen rationalen Selbstaufklärung, die jeder so mit sich schleppt. Und jetzt können Sie zugleich fragen: Was heißt Fluchen, was heißt Segnen? Die ganze alteuropäische Geschichte ist voll von Fluch, aber auch von Segen. Wie hängt denn das zusammen? Ja, da würden die einen sagen: »Ja, das ist eben typisch dieses abergläubische, voraufklärerische, religiöse, jüdische und christliche Getue und Gemache. Sie sind schuldig geworden mit ihrem

Die Notwendigkeit der Konstitution des Subjektbegriffs in der Neuzeit

ewigen Fluchen und Verfluchen. Das war ja Hauptgeschäft: auszuschließen aus dem Reichsverband und Lehensverband und in die Hölle zu stecken. Das ist genau das, warum Christentum eine Sache von vorgestern ist, das Judentum noch vorgestriger.« Oder man könnte sagen: »Das mag ja alles so sein, aber wie halten wir es denn eigentlich mit dem Fluchen oder mit dem Segnen? Was bedeutet denn das sonst noch?«

Wenn man, meine Damen und Herren, diese Phänomene einmal nicht auf die großen kulturellen Themen bezieht, sondern sich eingesteht, dass dies Dinge sind, die, wie z.B. Ehe, täglich stattfindet. Ehe findet doch täglich statt, nicht so, dass da sich rational verständigt wird, was ist die Frau, was ist der Mann, was wollen wir gemeinsam, sondern hier werden Flüche verhexend eingebaut und damit ist klar, wer die Hosen an hat und wer das Sagen hat und wie das abläuft. Kein Wort wird darüber verloren, und doch funktioniert es so. Ist es nichts, wenn man auf diese Verhältnisse sieht? Die Ehe ist das familiärste Verhältnis von der ganz normalen Art. Kann man sagen, hier sind im Grunde überhaupt keine rationalen Prinzipien im Gange? Das ist ja alles etwas ganz anderes, was abläuft. Wenn man das entdeckt, wird einem anders und dann sagt man sich: Ja Moment, dann ist das Segnen und Fluchen ja ein ganz modernes psychologisches, soziologisches Aufklärungsthema, aber leider haben wir das vergessen. Es gibt weder philosophisch noch soziologisch noch psychologisch eine wirkliche Sinnbestimmung von Verfluchen und wie man das macht und wie es funktioniert und sich auswirkt. Alles vergessen.

Das sind wirklich tiefgreifende Dimensionen, die wir vergessen haben. Und ich bin der Meinung, dass wir eine Aufklärung von der Art, wie wir sie hatten, nicht weiterzutreiben brauchen, die noch genauer und noch präziser ist, sondern eine, die solche Dimensionen einbezieht. Und deshalb ist Nietzsche so wichtig, weil er nämlich diese Dimensionen aufnimmt. Nur bemerken die Nietzsche-Leute und -Interpreten dies gar nicht. Sie meinen eben, der Fluch auf das Christentum heißt: »Der Hammer drauf und nun ist es erledigt.« Sie stellen sich gar nicht dem philosophischen Thema des Fluches und dem Verwandeln des Fluches, das Nietzsches Schrift auch enthält. Sie fragen auch gar nicht, wie sich eigentlich Fluchen als männliches Bannen von weiblichem Hexen unterscheidet. Dieses Problem stellen sie sich nicht als Nietzsche-Thema. Ich schlage vor, das einmal auf einer Nietzsche-Tagung zu tun. Einer der ganz wenigen, der das tut – Sie werden erstaunt sein –, ist Theodor W. Adorno. Er hat in seiner »Negativen Dialektik« zum ersten Mal von der verhexenden Vernunft gesprochen und vom Hexenwesen im Denken – »Die verhexte Vernunft« und die verhexende Vernunft. Adorno also ist draufgekommen und Bloch auch. Denn sie wussten, wem sie erlegen sind in ihren ganzen Gottgläubigkeiten und Orthodoxie-Gläubigkeiten. Sie waren viel gescheiter als all die Aufklärer. Blicken Sie einmal auf das Ende der Aufklärungszeit. Da kann man sagen, das ist Regression, also das dunkelste Mittelalter.

Ich denke, meine Damen und Herren, das sind Themen, die wir – auch in Deutschland – haben, obgleich wir uns ihnen nicht stellen. Die Deutschen haben damit viel zu viel zu tun, als dass sie darüber nachdenken möchten. Wir haben mit Fluchgeschichten zu tun. Der Nationalsozialismus ist ohne das m.E. gar nicht zu denken, er wäre gar nicht zur Aufführung gekommen. Aber wer da offener ist, meine Damen und Herren, das sind die Franzosen.
  Die Franzosen reden in vielen ihrer Beiträge zuweilen vom *séduire* – vom Verführen, vom Verhexen, von den Obsessionen, usw. und so fort. Ihre Literatur ist in einem enormen Ausmaß voll von solchen Themen ...
  Die Vernunft bleibt eben gerade nicht nur oben, sie kommt auch mit ins Getrudel, aber sie wollen sie natürlich auch retten. Und wie nun, das ist ja das Interessante. Wir haben einen Deutschen – und das ist nun wieder mal deutsch –, der auf die Vergessenheit aufmerksam gemacht hat: Heidegger. Die Seinsvergessenheit ist schon ernst gemeint. Die Franzosen haben das verteidigt. Und dann haben sie gesagt: Ja, nun lassen wir es nicht nur bei der Seinsvergessenheit, und sie kommen auf eine Vergessenheit, die hierzulande zu unangenehm ist: Damit vollzieht sich ein Bruch. Den Franzosen ist das angenehm. Das kommt auf den Lebensstandpunkt an. Für die einen ist es unangenehm, für die anderen ist das angenehm. Das ist doch ganz klar. – Also die Seinsvergessenheit ist der originäre Beitrag Heideggers. Er bedeutete aber eben auch Weltvergessenheit, er bedeutete Geschichtsvergessenheit, er bedeutete Politikvergessenheit. *Und Vergessenheit ist etwas anderes als nur ein falsches Argument oder ein Irrtum.*
  Und deshalb denke ich – und das war mein Beitrag als Vorschlag, der aber offen lässt, was die anderen beitragen und vorschlagen –, *das Thema der Vergessenheit nicht ganz zu vergessen und es auf diesem Niveau zu behandeln und nicht nur vor dem Fragehorizont der Aufklärung, Neuaufklärung, Weiteraufklärung, Emanzipation, weiteren Emanzipation und noch weiteren Emanzipation.* Und dadurch kommen neue Dimensionen auf: Einige habe ich Ihnen angedeutet, die Ihnen vielleicht doch wirklich neu waren, nämlich zum Beispiel die Dimensionen durch Vernunft, Verhexung zu betreiben – durch Vernunft zu bannen. Das wäre einmal für eine Universität hervorragend zu merken, wie sie selbst eine Bann-Institution ist und dass nicht nur die Päpste in vergangener Zeit einmal gebannt haben – heute bannen sie ja auch nicht mehr ganz so. Sie nehmen sich in acht. Diese Bannverhältnisse geben zugleich zu verstehen, *dass zum Beispiel keiner andere*

bannt, ohne sich selbst zu bannen. Da können Sie sich doch einmal vorstellen, wie gebannt die Kirche ist, wenn sie so viel gebannt haben!

Wie kommen sie aus der Bannung je heraus? Durch viel Segen, muss man sagen. Aber wir sind mitten in diesem Netz. Wir haben auch schon ganz schön gebannt und verhext. Wir haben es vielleicht nicht so sehr gemerkt und dadurch uns selbst verhext. Wie kommen wir denn da nun heraus? Mit welcher Art der Aufklärung, mit welcher Art der Neuschaffung unseres Selbstwesens? *Und ist nicht vielleicht gerade manche Ideologie oder manche Vorstellung von Selbstverwirklichung nichts als ein Bann unter Männern?* Unter dem Bann zu stehen, den man sich selber schafft.

Wenn man die Fragen einmal so stellt, wird es anders und dann kommt man auf andere Gedanken. Und das, denke ich, kann man auch und gerade von Nietzsche lernen – wie weit, das werden wir ja nun sehen.

Ich jedenfalls danke Ihnen mit diesem Vorschlag fürs Mitgehen zu nachmittäglicher Stunde. Wir werden ja sehen, wie es weitergeht. Jedenfalls schließe ich hier erst und sage so weit.

(10.11.2000)

Grund und Abgrund der Subjektivität

Zu Ontologie und Dialektik des Selbstbewusstseins im Ausgang von Schleiermacher und Nietzsche[*]

Harald Seubert

Die Epiphanien der späten Moderne, in denen die vielfach konstatierte Auflösung des abendländischen Subjekts ihren Ort hat, sind nach einer treffenden Diagnose von Charles Taylor eng mit den Konflikten dieser selben Moderne verflochten.[1] Und beide, die Epiphanien und die Konflikte, »zeigen« die Subjektivität in Gestalten, die zuvor nicht aufgedeckt, also: »enthüllt« wurden. Dies gibt Anlass, die *Auflösung* des Subjektseins als eine Weise der »Erhellung« (apokalypsis) zu verstehen: In ihr prägen sich die Konturen der Subjektivität besonders prägnant aus.

Die innere Ambivalenz der Subjektivität, der gemäß sie auf ihren Grund und ihren Abgrund hin zu durchdenken ist, wird besonders prägnant freigelegt, wenn Jean Paul seine bildmächtigen Gegen-Welten zu dem »Ersten Grundsatz der Fichteschen Wissenschaftslehre« von 1794 im »inneren Afrika« seines späten »Selina«-Romans kulminieren lässt. Bei Jean Paul öffnen sich in der Durchforschung des Unbewussten »Bergwerke«, die wie ein umgekehrter Ideenhimmel erscheinen. Jenes »innere Afrika« ist ein Reich des Unergründlichen und Unermesslichen, das den Dürftigen »reich« macht und »ihm die Grenzen ins Unsichtbare« rückt. Es gebiert Monstren und zieht doch nicht einfach in einen Schlaf der Vernunft hinein, sondern lotet deren Tiefendimension aus. Jean Paul hat fast im selben Atemzug vor diesem Ausgriff in ein »Apeiron« gewarnt. In der »Vorschule der Ästhetik« notiert er: »Wenn man die Kühnheit hat, über das Unbewusste und Unergründliche zu sprechen: so kann man nur dessen Dasein, nicht (seine) Tiefe bestimmen wollen.«[2] Jean Pauls Tiefen-Philosophie begleitet den Höhenweg neuzeitlicher Subjektivität dort, wo er bei Fichte an einen Gipfelpunkt vordringt, und sie schöpft mitunter aus denselben Quellen, aus Platners Kollegs, die die Platonische Seelenlehre erstmals wieder in ihrem Gewicht deutlich machen. Indes: Jean Pauls Entdeckung des Inneren des Ich führt zugleich auf die abgründige Traum-Wirklichkeit, die in der »Rede des toten Christus vom Weltgebäude herab, dass kein Gott ist« figuriert wird. In dieser Verbindung wird jählings die »conditio moderna religiosa« sichtbar.³

Die untergründige Ich-Realität, welche die Vision eines Schicksals Europas Gestalt gewinnen lässt (und als Unterton in Nietzsches Wort »Gott ist tot« nachschwingt!), beginnt mit der Evokation einer Kindheitserinnerung: »Ich lag einmal an einem Sommerabende vor der Sonne auf einem Berge und entschlief. Da träumte mir, ich erwachte auf dem Gottesacker.« Die Zeit, die später, nämlich bei Heidegger, als Horizont der Daseinserfahrung aufgewiesen werden wird, begegnet im Modus einer leeren Ewigkeit. »Die abrollenden Räder der Turmuhr, die elf Uhr schlug, hatten mich erweckt.« Doch das den Akkord setzende Grundmotiv jener Dichtung, die ihr Ziel als »die Entschuldigung ihrer Kühnheit« fixiert, der Ton, der der Gestalt von Christus entspricht, in dessen Brust anstelle des Herzens eine offene Wunde klafft, ist die Schwankung zweier »ungeheurer Misstöne«, »die [...] miteinander kämpften und vergeblich zu einem Wohllaut zusammenfließen wollten.«⁴ In diesen Misstönen, die die trinitarische Confessio *und* zugleich die Selbst-Identität in ein gedoppeltes Ich und Ich zerreißen, zeigt sich, dass kein Gott ist. »Aber ich hörte nur den ewigen Sturm, den niemand regiert, und der schimmernde Regenbogen [...] stand ohne eine Sonne, die ihn schuf, über dem Abgrunde und tropfte hinunter. Und als ich aufblickte zur unermesslichen Welt nach dem göttlichen *Auge*, starrte sie mich mit einer leeren bodenlosen *Augenhöhle* an.« Der Schlusspunkt des dornenverwachsenen Blumenstücks aus dem »Siebenkäs«-Roman besteht darin, dass sich das »neue Unendliche« einer Welt, in deren Mitte der Tod Gottes sichtbar wird, zu einer alteuropäischen Idyllik kontrahiert; in der beengenden Hinsicht auf eine Welt, in der die Verehrung Gottes noch möglich war. Hier klingen die Dissonanzen noch einmal voll auf, deshalb sei der fragliche Passus ohne Kürzungen in Erinnerung gebracht: »Und als ich niederfiel und ins leuchtende Weltgebäude blickte: sah ich die emporgehobenen Ringe der Riesenschlange der Ewigkeit, die sich um das Welten-All gelagert hatte – und die Ringe fielen nieder, und sie umfasste das All doppelt – dann wand sie sich tausendfach um die Natur – und quetschte die Welten aneinander – und drückte zermalmend den unendlichen Tempel zu einer Gottesacker-Kirche zusammen – und alles wurde eng, düster, bang – und ein unermesslich ausgedehnter Glockenhammer sollte die letzte Stunde der Zeit schlagen und das Weltgebäude zersplittern ... als ich erwachte.« Es ist ein »frohes Erwachen«, denn die Seele kann wieder Gott verehren. Sie träumt, im Sinn Nietzsches so, dass sie weiß, *dass* sie träumt.

Grund und Abgrund der Subjektivität

Die Auslotungen des Selbstseins, die sich der ästhetischen Moderne verdanken, gehen einen Schritt weiter. Das sich bewusste Subjekt wird eingeklammert, es zergeht zu nichts. Allenfalls bleibt, wo Ich gewesen war, die Stelle einer komponierten Pause. Deshalb sind die Epiphanien nicht Erscheinungen des großen Augenblicks, sondern der Zwischenräume, des Bildes von einem in der Unbefragtheit des Raumes seienden Ding. Dieser Grundzug führt in die Nähe der im Sinn Celans »jenseits der Menschen« zu singenden Lieder. Als ein Paradigma hat Ezra Pound den Satz überliefert: »In einer Station der Métro. Das Erscheinen dieser Gesichter in der Menge: Blütenblätter auf einem nassen, schwarzen Ast.«[5] Die Schrittfolge von Rilkes Dichtung von den Dinggedichten über den »reinen Bezug« der »Sonette an Orpheus« bis zu dessen vollständiger Rücknahme in den Raum in letzten Gedichten wie »Gong« wäre dem an die Seite zu stellen: »Nicht mehr für Ohren …: Klang, / der, wie ein tieferes Ohr, / uns, scheinbar Hörende, hört. / Umkehr der Räume, Entwurf / innerer Welten im Frein …«.

Man erlaube mir an diesem Punkt einen kurzen methodischen Halt: Die Frage nach Ontologie und Dialektik der sich wissenden Subjektivität verstehe ich als eine Abbreviatur, gleichsam als Zeichenschrift, für das aufgegebene doppelte Problem der »conditio religiosa« und der »conditio moderna«. In solchen Verdichtungen kann sich philosophische Reflexion welthaft, zu der Welt, in der sie einen Ort finden muss, verhalten. In den Epiphanien einer konfligierenden Moderne ist das Fenster aus dem begrenzten Raum des »Ich denke« geöffnet worden – auf die Abgründe, über denen wir uns nach Nietzsche wiederfinden, wenn wir erwachen: auf dem Rücken eines Tigers in Träumen hängend (vgl. KSA 1/760). Nietzsche verhielt sich dazu als Moralist aus dem Geist Montaignes – er wagte den Blick in den Abgrund derart, dass nicht die großen und letzten Welthypothesen von »Gott« oder »Freiheit« der beobachteten Einsicht überstülpt werden.

Zeitsignaturen sind Kürzel; sie lassen ein Drama aus dem Abstand betrachten. Um nicht zu verdecken, dass es gleichwohl ein Drama bleibt, empfiehlt sich eine Perspektive, welche die »Hermeneutik« des Subjekts« zugleich als dessen »Crisis« beschreibt.[6] Ihre Geschichtsfigur ist »wiederholend« und darin phänomenologisch, aufweisend. Sie wird sich in einem weitgefassten Feld des Zugespielten aufhalten. Neuzeitliche Blickverengungen aufzureißen, bedeutet allerdings nicht schon, die Subjektivitätsfrage zu suspendieren, was sich bereits im Blick auf die Platonischen Erwägungen über die Verfasstheit und Vertrautheit der Seele mit sich verbieten müsste. Auch ist zu bedenken, dass dem punktuellen Subjektivitäts-Prinzip stets, zumal in der frühen Neuzeit, Gegenstimmen geantwortet haben: es sei nur an Spinoza und die Renaissancephilosophen erinnert. Subjektivität gehört zum europäischen Ethos.

Europa blickt immer wieder in andere Weltgegenden hinüber; ist Europa doch im Sinn des alten Husserl »Einsicht«; ein Gedächtnis, das letztlich nie territorial definiert war, sondern seinen Anfängen nach auf der Nadelspitze einer Polis sein Drama entwickelt hat. Und wenn es Land des Abends ist, so hat Europa vielleicht in seinen besten Stunden nach Morgen geblickt.[7]

I. Grund und Abgrund: Experimente der Mitte

(1) Es lohnt sich vor diesem Hintergrund auf Schleiermachers Auslotung der Subjektivität zurückzugreifen; hält sie doch in bemerkenswerter Weise die Mitte zwischen Grund und Abgrund des Subjekts. Der Ursprungspunkt von Selbstsein und Selbstwissen ist für Schleiermacher nicht »unmittelbar« oder konstituierend. Er ist erst an einer vergleichsweise späten Stelle in der Reflexion aufzuweisen, wobei Re-flexion jene »visio interior« meint, die nach Augustinus den Menschen als »experimentum medietatis« (als Experiment seiner eigenen Mitte) ausmacht.[8] Schleiermacher bestimmt das zeitliche Leben als »Wechsel von Denken und Wollen« (nach M. Frank [Hrsg.], Selbstbewusstseinstheorien von Fichte bis Sartre, S. 118).[9] Es ist das raumzeitliche Kontinuum, nach Leibniz: eines der beiden Labyrinthe der Philosophie, das diesen Wechsel als fortgesetzten und pausenlosen Übergang erscheinen lässt. »Denn zwischen zwei Tätigkeiten, die sich aufeinander beziehen, können wir unmöglich eine Null setzen« (ibid.). Diesen Übergang denkt er als Gefühl »reinen unmittelbaren Selbstbewusstseins« (ibid.), das nicht die Form eines Bewusstseins hat. Schon gar nicht kommt es ihm zu, »Selbstzuschreibungen zu treffen.«[10] Wohl aber ist es als nicht aufgehellte Grundverfassung des Ich sich selbst unmittelbar inne. Im Blick auf den Epochenhorizont der Empfindsamkeit und bezogen auf seine romantischen Zeitgenossen unterstreicht Schleiermacher, dass Gefühl nicht mit »Empfindung« gleichzusetzen sei. »Das Gefühl ist durchaus nichts subjektives, wie man gewöhnlich annimmt, sondern geht ebenso wohl auf das allgemeine wie auf das individuelle Selbstbewusstsein« (ibid., S. 119). Dies ist der Ursprungsort der von Schleiermacher aufgewiesenen hermeneutischen Grundfigur des »individuellen Allgemeinen«.

Das individuelle Selbstbewusstsein endet nicht am allgemeinen Bewusstsein; das Gefühl mag zurücktreten, es hört aber nicht auf zu sein. Es ist eine fluide Begleitstimme von Handlungen und Verständigungen, ein unendlicher Strom in der Zeit. Da es selbst nicht auf Endlichkeit, als gliedernde Zeitpunkte bezogen bleibt, Zeit insofern transzendiert, verweist es auf das religiöse Gefühl als den schlechthinnigen »Repräsentanten des transzendenten Grundes«. Das Gefühl des »Ich« als »Allgemeine Form des Sich-selbst-habens« führt dann freilich im Sinn eines *dialegesthai*, eines sich mit sich durchsprechenden Verständigungsvorgangs, zu einer – scharfen – Unterscheidung zwischen dem nicht zu seiner Bewusstheit erwachten Ich und dem »reflektierten Selbstbewusstsein« (nicht ganz unähnlich der Jean Paulesken Trennung von Ich und Ich).[11] Erst das *reflektierte Selbstbewusstsein* weiß um sich; allerdings um den Preis, dass es sich selbst »zum Gegenstande« geworden ist. Und nur in seiner Gegenständlichkeit ist es »welthaft«. An dieser Stelle wird von Schleiermacher her offensichtlich, wie in einem gewagten Versuch, in die *philosophische* »querelle des anciens et des modernes« einzutreten, die Innenseite des Platonischen Grundsatzes, wonach alles »legein« ein »legein ti« ist, also: das Sein der denkenden Seele bei den Dingen der Welt, in die Selbstbewusstseinsproblematik eingeschrieben wird. Indes: wenn man die Struktur jenes Selbstbewusstsein seinerseits ausdeutet, ist dort, wo anfänglich ein Übergang zu konstatieren war, ein Riss zu erkennen. Schleiermacher hat ihn als *Differenz* zwischen Denken und Wollen umschrieben. »Das Denken setzt das Sein der Dinge in uns [...]. Die Willenstätigkeit macht unser Sein zum Sein der Dinge, weil wir unsere Zweckbegriffe in ihm realisieren« (ibid.). Die Folgerung ist offensichtlich: Sein ist nur im Selbstbewusstsein; doch darin ist es immer schon »zerrissen«. Dies meint umgekehrt, dass die Bewahrung des »Seins« im »einen, ab-soluten (und unverletzlichen) Sinne« – Hölderlins mit Pindar bedichtetes »Asylon« ist in enger sachlicher Nachbarschaft des Impetus dieser Erörterungen angesiedelt! –, nur in den beiden entgegengesetzten Funktionen bewahrt »ist«. Deshalb entzieht sich nach Schleiermacher jenes absolute Sein einer Thematisierung. Wenn man von ihm ausgehen wollte, zeigte sich, dass das absolute Sein nur in Spiegelungen, im Konnex mit anderem, endlichem Selbstbewusstsein begegnet. Schleiermacher verfährt aber gerade entgegensetzt. In der Ausmittelung des »individuellen Allgemeinen« wird er in einem dialektischen Denkgang auf den transzendenten Grund geführt. Dies erst, also ein systematisch zweiter, hermeneutisch rekonstruierender Schritt, bringt auf die Bestimmung des Verhältnisses von Philosophie und Religion. Schleiermacher setzt sich gleichermaßen scharf von Hegel und von jedem Typus einer Aufreißung des vermeintlichen *Hiatus irrationalis* zwischen Glauben und Wissen um der »unmittelbaren« Glaubenserfahrung willen ab. Denn er hält fest, dass das Gefühl *deshalb* »nie etwas bloß Vergangenes sein« kann, »weil es in uns selbst die Identität des Entgegengesetzten ist« (ibid., S. 125). Die Reflexion, über deren duplexe Grundverfasstheit die Hegelsche »Spekulation« Schleiermacher zufolge nie »hinauskomme«, wiederhole nur in einem »untergeordneten Sinne« gegebene Formeln. Dieser Einwand ist aufschlussreich, wenn er, wie es Schleiermachers Intention zu sein scheint, auf Hegels »spekulativen Karfreitag« bezogen wird oder auf die Hegelsche »Flucht in den Begriff«, die als unabdingbare Momente einer »vera religio«, die auch philosophisch Bestand haben könnte, das Kreuz und die von ihm her gedeutete Trinität erkennt.[12] Derart »parochiale« Grundinhalte möchte Schleiermacher gerade nicht in die Kondition des Gefühls schlechthinniger Abhängigkeit aufnehmen. Sie sind »*anthropoeide*«. Wenn er in der »Dialektik« über »das religiöse Gefühl als Repräsentation des transzendenten Grundes« nachsinnt, kommt er vielmehr zu der folgenden formalen Bestimmung: »Diese Aufhebung der Gegensätze könnte aber nicht *unser* Bewusstsein sein, wenn wir uns selbst darin nicht ein Bedingtes und Bestimmtes wären und würde. Aber nicht bedingt und bestimmt durch etwas selbst im Gegensatz Begriffenes; denn insofern sind darin die Gegensätze nicht aufgehoben, sondern durch dasjenige, worin allein das Denkend-wollende und das Wollend-denkende mit seiner Beziehung auf alles übrige Eins sein kann, also durch den transzendenten Grund selbst« (ibid., S. 120f., FN.).[13] *Dies* hat Schleiermacher in den ersten Paragraphen seiner Glaubenslehre weiter ausbuchstabiert; und zwar zunächst in einer ausschließlich philosophischen Lesart, die sich von jeder Positivität christlicher Dogmen oder Lebenslehren distanziert. Die bildhafte Entgegensetzung von Denken und Wollen wird als »*Empfänglichkeit*« und »*Selbsttätigkeit*« expliziert (ibid., S. 100).[14] Sich nur »als sich nicht gesetzt habend« setzen zu können, oder: das Freiheitsgefühl kraft Abhängigkeit zu entwickeln, bedeutet, dass Selbstbewusstsein und sein Weltbegriff nur »aus der *Wechselwirkung* des Subjektes mit dem mitgesetzten Anderen« hervorgehen, dessen Grund freilich, worüber man sich schon von dem Kusaner belehren lassen könnte, das »Nicht-Andere«, eben das Eine, Absolute, ist.

Damit wird die Frage nach der Transparenz des transzendenten Grundes akut. Schleiermacher hebt hervor, dass das hier in Rede stehende »Gefühl« nicht »dunkel« oder »verworren« sein dürfe; und er macht den Richtungssinn von Selbsttätigkeit und Selbst-Empfänglichkeit als Frage nach dem mit dem Selbstbewusstsein mitgesetzten »Woher« namhaft, die sich bei näherem Zusehen freilich als eine Aristotelische »hou heneka«-Frage, also eine Zweckfrage, erweist und auf die »Bestimmung des Menschen«, nach Kant die Grundfrage der Philosophie, geht. Dabei geht Schleiermacher davon aus, dass das Woher in dem »Ursinn« des Wortes »Gott« – in seiner größtmöglichen Voraussetzungslosigkeit gebraucht – ausgesprochen werde (ibid., S. 105).[15] Der Gottesbegriff ist nicht anthropomorph zu fassen, wohl aber »*anthropopathisch*«. In einem handschriftlichen Zusatz macht Schleiermacher klar, was dies besagt: »Das Wort ›Gott‹ wird hier dargestellt als in unserem Sprachgebiet nicht anderes bedeutend, als das in dem ursprünglichen, schlechthinnigen Abhängigkeitsgefühl Mitgesetzte« (ibid., S. 104).

Und in vollständigem Bewusstsein, damit gegenüber der Tradition Neues zu sagen, setzt er hinzu, Ursprungspunkt könne nicht ein anderswoher rührendes »Wissen um Gott« sein (resultiere es auch aus der formalen Struktur des Selbstbewusstseins). Durchgehend *philosophisch* bleibt diese Erwägung insofern, als sie, indem sie den Grund transparent macht, nicht aus ihrem dialogisch-dialektischen Erörterungszusammenhang heraustritt. Schleiermacher hält nämlich für das Verhältnis des »schlechthinnigen Abhängigkeitsgefühls« zu dem Bewusstsein von Freiheit, das nicht schlechthinnig sein kann, fest, dass der Horizont einer nicht nur bedingten, sondern eben schlechthinnigen Abhängigkeit an der Negativitätssigniertheit unserer selbst aufgehe, insofern jederzeit deutlich ist, dass uns schlechthinnige Freiheit versagt bleibt. Umgekehrt ist aber auch Freiheit der Horizont schlechthinniger Abhängigkeit. Denn »ohne alles Freiheitsgefühl wäre ein schlechthinniges Abhängigkeitsgefühl nicht möglich«. Beide treten in eine wechselbegriffliche Relation zueinander ein.

Schleiermacher fasst das »Gefühl schlechthinniger Abhängigkeit« zwar formal als »höchste Stufe« des menschlichen Selbstbewusstseins auf, die aber in jedem Selbstbewusstseinszustand, wie verborgen auch immer, widerscheint. Er geht so weit, das Grundverhältnis von Freiheit und Abhängigkeit auch auf den Gegensatz des »Angenehmen« und »Unangenehmen« zu beziehen, der im Sinn der Platonischen Ethik im »Philebos« im Bereich der »hedoné« spielt und sich sensual mitteilt. In Aufzeichnungen seines handschriftlichen Nachlasses hat Schleiermacher eine »Deduktion« dieses Logos des Selbstbewusstseins in der Empfindung unter der leitenden Frage versucht, *»wie das transcendente wirklich gesezt ist im Gefühl«* (ibid., S. 85). Diese »Deduktion« scheint auf den ersten Blick auf den Zusammenhang zwischen einer Metaphysik der Natur und der (Kantischen) Metaphysik der Sitten zu verweisen. In der Sache geht es Schleiermacher freilich um eine tiefer liegende Frage, die sich um eine spezifisch mythische Gestalt des »Theodizee«-Problems gruppiert; wie die »negative«, dezidiert nicht-philosophische Formel Schicksal und die physische Formel »natura naturans« zu Gott und Vorsehung in ein Identitätsverhältnis gebracht werden können.

Mit diesen Überlegungen geht Schleiermacher in Spuren, nicht nur in Platonischen, sondern, wie schon anzudeuten war, auch in Augustinischen: denn Augustinus hat das *experimentum medietatis* des abendländischen Menschen bildhaft expliziert; da es ihm notwendig schien, in den »Confessiones« ein autorisiertes und sich doch selbst nicht autorisierendes »Ich« aller erst zum Einklang mit sich zusammenzuschließen. Entscheidend dafür, dass dies gelingt und eine, überdies: eigene Vita in den »Confessiones« erzählt werden kann, ist es, dass die Introspektion auf Sinnbilder eines »Aufstiegs« übersetzt werden kann. »Ist denn die Wahrheit nichts, weil sie weder im begrenzten, noch im unbegrenzten Raum ausgegossen ist? Und (doch) hast du gerufen von ferne: Ich bin der ich bin« (Conf. VII 10,16). Das Selbst wird also in dem »experimentum« als transzendierende Mitte begriffen, die auf einen höchsten Punkt zielt, der nicht als Ort zu fassen ist, sondern als der »Übergang«, welcher »die Grenze der Analogie von Ähnlichkeit und Unähnlichkeit setzt«.[16] Im Aufstieg wird der Transzendenzpunkt erreicht, der das menschliche Selbst sich mit seinem Grund in der Relation einer »inseparabilis distinctio« (unscheidbaren Unterschiedenheit) vorfinden lässt, wobei ein späteres Explikat schon im Blick auf Augustinus akzentuierend hinzugesetzt werden muss, dass die Unterschiedenheit immer noch größer bleibe: »et tamen distinctio«. Bei Augustin wird dies welthaft weiter ausfiguriert. In jener Unterschiedenheit begreift sich das Selbst inmitten des All. »Denn der Alles schuf, schuf uns inmitten von Allem« (en. in psalm. 144,7). Der Weltbezug teilt sich als eine Selbsterkenntnis mit, die Genuss an sich selbst ist (frui se ipso; mit klarem Vorrang gegenüber den hervorgebrachten Werken) und Teilhabe an dem Einen Sein haben möchte (uti).

Indes geht Schleiermacher nicht einfach in Spuren; derartige Bilder, die Momente einer »Mythologie der Vernunft« hätten werden können, lässt er hinter sich; ebenso die (neu)platonische Aufstiegsmetaphorik. Er folgt in der Sache nur dem Grundgedanken, wonach Aufstieg zum Grund und Rückstieg in sich ein Vollzugszusammenhang des Selbstverhältnisses sind; nach Rudolph Berlinger »ein Suchen, das wohl in innerlichem Wissen (intima scientia) um sein Ziel weiß, es dennoch aber nie ganz in den Blick zu bringen vermag. Weil die durch das Nichts der Gewordenheit signierte Gegenläufigkeit der transzendierenden Selbsterkenntnis Seele und Ursprung in der Zeit nur als Abgrund fassen kann«.[17] An dieser Stelle erkennen wir die Crux, den ungewälzten Problemstein bei Schleiermacher: dass »Grund« und »Abgrund« des Bewusstseins unlöslich ineinander verschränkt bleiben: Sie sind im unmittelbaren Selbstgefühl vorgezeichnet, und sie sind der Grund der Differenz zwischen Ich und Ich.

(2) Nietzsches wiederholte Spiegelungen des »Ich«-Problems und die in Abhebung davon gewonnene Durchdringung des opaken Selbst sollen nicht als Antidota des mit Schleiermacher umrissenen Problems, sondern als erneute Punktierung und Vermessung der Landkarte des Selbst aufgefasst werden. Das Misstrauen am Philologen Schleiermacher, das Nietzsche mit dessen Hallenser Lehrer Friedrich August Wolf teilte, und manche Antipathie gegen die Schleiermacher-Ikone ändert an diesem sachlichen Befund nichts.[18]

Nietzsches Frageweise möchten wir in einem zweifachen Sinn verstehen: zum einen als »aphorizein«, das meint: als ein Abgrenzen, wodurch die Formationen und Deutungen des abendländischen Subjekts deutliche Konturen

Grund und Abgrund der Subjektivität

gewinnen. Nietzsche versetzt sie im Sinn des rhizomatischen »Systems in Aphorismen« auch in ungewohntes Erdreich und geht ihren Verflechtungen bis in die Schrift des »homo natura« hinein nach. Zum anderen sind Nietzsches Umkreisungen der »Ich«-Fiktion ein »krinein«, ein Scheiden und Unterscheiden von Anschein und Illusion und Selbst-Gefühl. Scharfe Schnitte legte der, der seine eigene Vita in immer wieder neuen Brechungen seit seinem 19. Lebensjahr ausgelegt hat, und gewann damit Einsicht in die Fiktionalität des »Ich«-Punktes, das »sogenannte »Ich« als ein Sprach-Vorurteil, das »in der Ergründung innerer Vorgänge und Triebe hindert« (KSA 3/107).

Dies ist freilich nur eine Grundmelodie, die erst von ihren Phrasierungen und Instrumentierungen her vollsinnig gehört werden kann: Die Freilegung der »unbekannte(n) Welt des Subjekts« geht, wenn man den Erörterungen im Zweiten Buch der »Morgenröthe« nachdenkt, davon aus, dass »selbst das mässigste uns bewusste Wohlgefallen oder Missfallen« das Gespinst zerreißen kann (ibid.). Freilich sind die Irritationen der Normal-Schrift keine Lehr- und Lebensmeister unserer selbst. »Wir sind alle nicht das, als was wir nach den Zuständen erscheinen, für die wir allein Bewusstsein und Worte – und folglich Lob und Tadel – haben« (ibid., S. 107f.). Die deutlichste Buchstabenschrift, der auch die moralischen Vorurteile abgelesen werden können, führt zu »Verlesungen«. Indes, und hier gerät der Gedanke, im Sinn des »Systems in Aphorismen« in weitere Verzweigungen und Labyrinthe des Selbst: »unsere Meinung über uns aber, die wir auf diesem falschen Wege gefunden haben [...], arbeitet fürderhin an unserem Charakter und Schicksal« (ibid., S. 108). Der Skeptiker wird sich bei dem Nicht-Wissen beruhigen. Ihm entgegnet der Aphoristiker: »Du hast Recht, aber zweifel nicht daran: du wirst gethan! in jedem Augenblick! Die Menschheit hat zu allen Zeiten das Activum und das Passivum verwechselt, es ist ihr ewiger grammatikalischer Schnitzer« (ibid., S. 115).

Über die Schwierigkeit in der Verwendung von Begriffen personaler Identität als des bei aller analytischen Anstrengung bis heute ungelösten Rätsels, was es denn bedeutet, dass eine Person zu ihrem Körper als einer raum-zeitlichen Entität sagt, er sei der ihre,[19] ist damit Grundsätzliches angedeutet. An den Vexierbildern des Personseins haftet der weitere »trompe-l'œil«, der sich in den großen Kategorien, der Moral- und der Naturmetaphysik zeigt – unter anderem an dem Ursache-Wirkungszusammenhang, der Teleologie-Annahme, der Zuschreibung von Moralbegriffen und -differenzen. Spät, in seinen Nachlassnotizen Ende 1887, kommt Nietzsche wieder darauf zurück – mit der Frage: »wie erlaubte uns diese Winkelperspektive des Bewusstseins irgendwie über ›Subjekt‹ und ›Objekt‹ Aussagen, mit denen die Realität berührt würde« (KSA 12/57). Indes führt die nämliche Analytik des

Ichpunktes, die zugleich Analytik des eigenen Daseins (Selbst) ist, auf einen gegenläufigen Gedankenzusammenhang, der ausgelotet werden muss, wenn der Mangel der »Farbenblindheit« der Denker auf der *innersten Netzhaut* korrigiert werden soll. Einerseits ist mit Nietzsche zu erkennen, dass wir in unserem eigenen Netz versponnene Spinnen sind; »und was wir auch darin fangen, wir können gar Nichts fangen, als was sich eben in u n s e r e m Netze fangen lässt« (ibid., S. 110). Dem antwortet in einer nicht auszugleichenden Kontrapunktik Aphorismus 119 der »Morgenröthe«: »Was sind denn unsere Erlebnisse? Viel m e h r das, was wir hineinlegen, als Das, was darin liegt! Oder muss es gar heißen: an sich liegt Nichts darin? Erleben ist ein Erdichten? –« Die Fixierung des Eingesponnenen und das »ich«, das – zu erdichten meint; auf beiden Wegstrahlen wird ein »Nichts« berührt. Dies ist »i m H o r i z o n t d e s U n e n d l i c h e n« (ibid., S. 480) der Punkt auf der Ausfahrt, an dem nur geklagt werden kann: »Wehe, wenn das Land-Heimweh dich befällt«.

Und damit kommt ein weiterer vielfacher Ton zum Aufklingen: der große Schauder über die »unendlichen Interpretationen«, die die Welt »noch einmal« eröffnen. Nietzsches Grund-Satz des Perspektivismus (in FW, Aphorismus Nr. 374) spricht von »der hoffnungslose(n) Neugierde, wissen zu wollen, was es noch für andre Arten Intellect und Perspektive geben k ö n n t e« (ibid., S. 626). Bleibt doch auch der »gewissenhaftesten Analysis und Selbstprüfung des Intellekts« eben dies verborgen, »wie weit der perspektivische Charakter des Daseins« reicht oder gar ob es irgend einen andren Charakter gibt; ob nicht ein Dasein ohne Auslegung, ohne (immer schon augentäuscherischen) »Sinn« eben zum »Unsinn« wird (sc. die Position des Lenzer Heide Fragments aus dem Juni 1887),[20] da alles Dasein »essentiell« *auslegend* ist (die Grundintention der Willen-zur-Macht-und Interpretationswelten in den späten Nachlassaufzeichnungen wird dies weiter verdeutlichen). Auf das damit benannte Fragenrhizom kann es in der Begrenztheit der Welt-Ecken keine Antwort geben.[21]

Man könnte den verschiedenen Figuren und ihren Transfigurationen im Einzelnen nachgehen; und die Doppelfrage nach dem perspektivischen Selbst und der auf je ihre Welt gebannten »Ich«-Fiktion könnte ein Schlüssel zu Nietzsches Balancierung zwischen Dichten und Denken sein, oder, am Ende von »Jenseits von Gut und Böse«, zu seinem Misstrauen gegen den Glanz der Worte am Vormittag, die von dem ursprünglichen (tastenden) Impetus der Gedanken kaum mehr etwas erkennen lassen (KSA 5/239f.). Gegenüber Stefan Georges, ein Selbstbild Nietzsches in der kritischen Vorrede zum Tragödienbuch nach sechzehn Jahren aufnehmendem Wunsch, sie hätte singen sollen, diese Seele, und nicht reden, bleibt zu konstatieren, dass sie sang

Grund und Abgrund der Subjektivität

und dass ihr dies doch nicht genug war. Auch wäre es aufschlussreich zu fragen, wie die Explikation des »sogenannten Ich« auch Nietzsches »Selberlebensbeschreibungen« (Jean Paul) durchzieht und die Begegnungen mit eigensten »tiefsten Tiefen« und schimmerndsten Oberflächen durchstimmt. Dieser Grundfigur wegen geht, meine ich, mit der »Wiedergewinnung des ›antiken Bodens‹« eine wiederholte Reflexion auf die »Fremde« der Griechen gegenüber »uns« einher, die wir nur scheinbar Hyperboreer und Epikur-Jünger sein können. Davon ist hier nicht zu sprechen. Es geht vielmehr um die Präparation eines sachlichen Kernproblems, dessen Ort zunächst anzuzeigen ist: die Gegenläufigkeit in Nietzsches Frage nach dem »Ich« verweist auf ein »Diesseits« und zugleich »Jenseits« des abendländischen Subjektivitätsbegriffs. Eine wie immer auch ex-zentrische Orientierung an ihm kann auf diese Weise nicht gedacht werden. Die Überkreuzung der Diesseits- und Jenseitsperspektive deutet aber zugleich darauf hin, dass Subjektivität opak bleibt, ein Monolith, mit dem das Denken nicht zu Ende sein kann.

Dabei ist in einer zunächst vielleicht befremdlichen Nähe zu heutigen analytischen Diskussionen zu konstatieren, dass sich mit Nietzsche die Frage des Selbstbewusstseins konsequent *sachverhaltlich, also: propositional* aufwerfen lässt. Sie ist nur Kondensation des Problems von Differenz und Identität, Vielem und Einem in der Selbsterfahrung, die sich, insofern sie zu Bewusstheit kommt, zugleich selbst verliert. Nietzsche revidiert von vorneherein jenes Erörterungsfeld, in dem im frühen Idealismus die Selbstbewusstseinsproblematik bedacht worden ist: die Subjekt-Objekt-Differenz. Er zeigt, dass sie unverankert auf der Nadelspitze des fingierten »Ichpunktes« schwebt. Das, freilich dilemmatische, Ausgangsaxiom einer *propositionalen* Frage nach dem Selbstbewusstsein hat Hermann Schmitz einmal so formuliert: »Für jegliches Selbstbewusstsein ist es zureichend und notwendig, dass jemand etwas mit etwas, das er für sich selber hält, identifiziert.« In dieser neutralisierenden Perspektive liegt offensichtlich phänomenal betrachtet eine nicht wegzutilgende Differenz.[22] In Spiegel- und Doppelgängergeschichten ist ihr Aufbrechen dokumentiert. Man erinnert sich an Ernst Machs berühmte Beschreibung: »Ich stieg einmal nach einer anstrengenden nächtlichen Eisenbahnfahrt sehr ermüdet in einen Omnibus, als eben von der anderen Seite ein Mann herein kam. ›Was steigt da doch für ein herabgekommener Schulmeister ein?‹, dachte ich. Ich war es selbst, denn mir gegenüber befand sich ein großer Spiegel.« Husserl hat in tiefdringenden Analysen immer wieder darauf verwiesen, dass jenes Identitäts-Wissen entgleiten kann, wenn gleichsam E.T.A. Hoffmannesk die Außenwahrnehmung entgleitet. Husserls Beispiele, die sich ihm offenbar in seiner Berliner Studentenzeit tief eingeprägt haben, sind Zwittererscheinungen: die Unentschiedenheit, ob eine Dame oder eine Attrappe im Panoptikum, die Dekorateurin oder eine Puppe in der

Auslage eines Kleidergeschäftes zu sehen ist.²³ In systematischer Kondensierung solcher Phänomenzusammenhänge lässt sich (wiederum in Anschluss an Hermann Schmitz) festhalten, dass der Selbstbewusstseinsdom auf der versuchten Überdeckung zweier unvereinbarer Rollen errichtet ist. »Ich« als Milieu affektiven Betroffenseins, ehe überhaupt explizite Zuschreibungen sinnvoll sein können, *und* »Ich« als Subjekt-Sache, der Eigenschaften und Zustände (von mir und anderen) zugeschrieben werden können. Es ist die Auslotung dieses Widerspruchs, die sich in Nietzsches Nachsinnen über das »sogenannte Ich« finden lässt und die, wie er dem Skeptiker ins Stammbuch schreibt, ihrerseits ein »inneres Ich« erst ausmacht.

Der Sachverhalt der Subjektivität lässt sich dann nicht mehr in der dialektischen Selbstbefragung klären wie bei Schleiermacher – umso mehr führt er auf die Frage nach dem »Sein« des »Bewusstseins«. »Ex-zentrizität«, Gegenstrebung in einem fragilen Gleichgewicht wäre wohl eine adäquate Umschreibung dieser ontologischen Grundstruktur. Jean-Paul Sartre umschrieb denselben phänomenalen Sachverhalt treffend in der folgenden Weise: »Das Sein des Bewusstseins als Bewusstsein besteht darin, auf Distanz von sich als Anwesenheit bei sich zu existieren [...]. Dieses ›Sich‹ bedeutet also eine ideale Distanz in der Immanenz des Subjekts bezüglich seiner selbst, eine Weise, nicht sein eigener Zusammenfall zu sein, die Identität als Einheit zu setzen und ihr eben damit zu entgehen, kurz: in unablässig instabilem Gleichgewicht zwischen der Identität als [...] Kohärenz ohne Spur von Verschiedenheit und der Einheit als Synthese einer Vielfalt zu sein. Das ist das, was wir nennen: Anwesenheit bei sich.«²⁴ Das Sein jenes Bewusstseins (mit Sartre von ontologischem »Fundament« zu sprechen, scheint der spezifischen, nämlich nicht-substrathaften Seinsweise, die hier in Rede steht, nicht gerecht zu werden) bestehe darin,²⁵ »es selbst unter der Form der Anwesenheit bei sich zu sein«.

Der Abgrund der Subjektivität gewinnt bei Nietzsche ein Gesicht, das dem »Abgrund für die Vernunft« am Ende von Kants Aufweis der schlechthinnigen Unmöglichkeit eines ontologischen (und damit eines jeden) Beweises vom Dasein Gottes ähnlich ist. Dieses, nach Hegel, »*Höchste*, was der Mensch besitzen kann, das *Selbstbewusstsein seines Wesens*«, das nicht erlöschen noch untergehen solle, kann, wie sich bei Nietzsche zeigt, sehr wohl weggedacht werden. Im Sinn von Nietzsches philosophischer Selbstgesetzgebung, der Frage, ob wir das »Da capo« ewiger Wiederkehr ad infinitum bejahen würden, wird nicht von einem punktuell mit sich identischen »Ich« ausgegangen, das in der Kantischen Moralmetaphysik noch ganz unfraglich ist: das Selbst fasst sich in der Wiederkehr einer Zeit auf, »die, wie in Antizipation der Proustschen ›Temps perdu‹« sowohl vergeudet als auch unwiederbringlich – keiner Erinnerung mehr zugänglich – verloren ist; einer Zeit, in die wir eingehen, als hätte es uns nie gegeben; und die nicht mit uns, mit der vielmehr wir wiederkehren.[26] In eine Identität ist das Kontinuum der Zeit, und ist zumal sein geschichtlicher Riss nicht zurückzuübersetzen. Zeitlichkeit als eine Art von Selbst-gleichheit zu denken, die »in jedem Moment als ein auf einen anderen Zustand hin tendierendes mit sich identisch bleibt«, dies hat allenfalls einen postulatorischen Sinn. Die Postulatorik wäre aber der Geschichte gewordenen Schicksals- und Kalvarienlandschaft Europas nicht angemessen, vor deren Hintergrund jede Selbstverständigung ein Drama ist (darin gehe ich mit Eberhard Simons Rückgängen auf Hegel und Nietzsche einig).[27]

Die dramatische, in Nietzsches »schwerstem Gedanken« von der ewigen Wiederkehr aufgedeckte Zeiterfahrung spielt offensichtlich am Grund der Frage nach möglichen Selbstzuschreibungen. Dieser »gründet« nicht, er macht eine Abgründigkeit deutlich, die man propositional als eine unauflösliche Zirkularität umschrieben (und damit das am Grunde bewegende Problem semantisch domestiziert) hat. Mit Dieter Henrichs Formulierung: »Schreibt einer sich selbst etwas zu, so muss er den, dem er etwas zuschreiben will, bereits als den, der sich selbst etwas zuschreibt, im Sinn haben, so dass also jede solche Zuschreibung bei einem bereits bestehenden Selbstverhältnis ankommt«.[28] Die Crux ist, dass dieses Wissen als Wissen »authentisch« sein muss, wenn es denn ein Selbst-wissen sein soll. Es ist, wie Henrich (freilich, worauf es hier ankäme, in weitgehender Ignorierung der Problematik der verfließenden Zeit!) anmerkt, zwar propositional, aber es ist nicht aus seinen einzelnen Komponenten aufzubauen. Vielmehr tritt Subjektivität instantan ein. Henrich spricht in einem Gestus, der nahe legt, auf den großen Anstoß bezogen zu werden, den Nietzsche einem Subjekt-Denken setzt, nämlich, dass wir, im Nachdenken über eigene Subjektivität, nicht zu dem Fehlschluss verführt werden dürften, »das Grundlegende zu identifizieren«.[29] Nur unter diesem Vorbehalt sei von Subjektivität als »Prinzip« (arché) überhaupt zu sprechen. Weltbeschreibungen sind mithin, wenn Selbstbewusstsein als Mitgewusstes erkannt wird, vor dessen Horizont sich ein Wissen allererst abzeichnet, unter eine Limitation gestellt, so dass »Wirklichkeit« »nicht nur ein (Quasi-)Prädikat ist, das einzig der Gliederung von Gedankeninhalten dient«.[30] Um jedwede Gliederung wissen wir aufgrund unseres Selbstwissens, das nicht als ein »Für-Sich-Sein«, sondern als »Für-mich-Sein« zu begreifen ist.[31]

Von hier her ist nicht einfach von einem »Tod« oder einer »Wiederkehr« des Subjektes zu sprechen. Jedenfalls würde eine leichtfertige Übertragung der Metapher auf eine Zeitdiagnostik die Spuren des Rätsels verwischen, als welches das abendländische Subjekt zu begreifen bleibt. Derart wurde freilich auch kaum je gedacht, wenn es einem Denken, das Nietzsches Spuren zu lesen versucht, ernst war. Der Hinweis auf den »Tod des Subjektes« kann für die verschwiegene, sachlich sinnfällig gemachte Auslotung des eigenen Selbst allerdings eine Maske sein. Man denke an Jacques Derridas späte Aufdeckung des Gesetzes, unter das seine neue Wissenschaft von der Schrift gestellt ist: den Hinweis auf das aus dem jüdischen Beschneidungsritus gewonnene Wissen um eine Schrift, die in den eigenen Leib eingesenkt ist.[32]

Sind die damit von Nietzsche her freigelegten Implikationen abendländischer Subjektivität aber im Sinn einer »Hermeneutik des Selbst« zu erwägen?

II. Hermetik welchen Textes? Sein des Selbst

(1) Eine solche »Hermeneutik des Selbst« hat Paul Ricoeur unter der Perspektive des *Selbst als eines Anderen* skizzieren wollen; behelfsweise suchte er den Ansatzpunkt in einer Mitte zwischen Nietzsches »Zersplitterung« der Ego cogito-Perspektive und deren Cartesischer Fundierung zu verankern. Dies ist ein Behelf, um einen nur schwer zu gewinnenden sachlichen Mittelbegriff zumindest durch eine philosophiehistorische Verortung einzuholen.

Doch auch Nietzsche hat durchaus eine »Hermeneutik des Selbst« skizziert. Sie formt sich aus, wenn immer ein Selbst sich bis in seine Affekte und Nervenreize zur Auslegung bringt. Eben so ist Nietzsche bis zum Gespräch des Wanderers mit dem Schatten, in Hinwendung zur kleinen Schrift der nächsten Dinge, verfahren. Darin liest er sich selbst als Text; und bringt auf diese Weise all-menschliche Züge zur Sprache. Der nach-denkende, langsam wiederkäuende Leser ist in demselben Text auf andere Weise versponnen und kann mithin nicht Zuschauer seines Welttheaters sein. Er erfährt in den Auslotungen, wie mit dem Stolz zugleich sein Schaden kommt, wie sich, mit Pascal gesagt, Grandeur und Misere berühren.

Um den Sachzusammenhang einer »Hermeneutik des Selbst« weiter aufzuhellen, ist es trivial in mehrfachem Wortsinn, dass das Selbstbewusstsein zunächst als ein gewusstes Sein zu begreifen bleibt; wobei dieses Sein sich aussagt. Damit ist die Anfangsproblematik der Frage nach der Kopula »ist« instantiiert, die in Hegels »Logik« in Bewegung gebracht wird. Denn Sein ist nicht etwas Bestimmtes, und daher dem reinen Nichts in Unbestimmtheit und Relationslosigkeit gleichzusetzen. Die Fortbestimmungen, die alle die »unendliche Differenz«, die zwischen beiden besteht, durchmessen, kommen letztendlich, wie uneingestanden auch immer, am Leitfaden von Subjektivität in Bewegung, wenn nicht zudem noch am Leitfaden des Leibes.

Der Grund, der damit in Anspruch genommen wird, kann selbst nicht zum möglichen Gegenstand von logischen Bestimmungen gemacht werden.

Damit stellt sich die Frage, wie Sein und Selbstsein zusammenzuführen sind. Mit Spinoza formulierte Ricoeur, »dass das Selbstbewusstsein, weit entfernt davon, wie bei Descartes ein Ausgangspunkt der philosophischen Reflexion zu sein, im Gegenteil einen langen Umweg voraussetzt«. Spinoza handelte von einem »Vorrang« des »conatus perseverandi« vor dem Bewusstsein, oder der jeweiligen Aktuosität vor der Potenzialität.[33] Die Einsicht in diesen Vorrang bringt Ricoeur dazu, das Sartresche Gleichgewicht in seiner Fragilität aufzudecken und damit zu durchbrechen. Er spricht »von der Arbeit der Andersheit im Zentrum der Selbstheit«. Wir haben sie uns ähnlich den Unterwühlungen des Hegelschen Maulwurfs zu denken. Aufschlussreich neben vielen Einzelzügen ist vor allem, dass sich jene Unterminierung im Sinne Ricoeurs vor allem in der Andersheit – ja Passivität – des Gewissens zeigt.

Diese Pointierung wird umso sprechender, als Ricoeur mit Heidegger davon auszugehen scheint, dass die Aristotelische Klugheit (phronesis) und der Begriff des Gewissens sich aufeinander abbilden lassen. Das phronesis-Gewissen lässt eine Handlung erst als das »erscheinen«, was sie ist. So hatte Heidegger schon 1924/25 festgehalten: »Die phronesis ist [...] das in Bewegung gesetzte Gewissen, das eine Handlung durchsichtig macht« (Heidegger, GA 19, S. 56). Für Ricoeur ist das Gewissen die Meta-Kategorie von Selbstbewusstsein; wir treffen auf sie in der Frage nach uns selbst wie von selbst.

Hegel hat in dem von Ricoeur zu Recht in seiner zentralen Gewichtung in Erinnerung gerufenen »Verzeihungs«-Kapitel der »Phänomenologie des Geistes« die Struktur des Bezugszusammenhangs von Sein und Selbstsein deutlich punktiert: Versöhnung ist »hervorgelockt in das bekennende Dasein durch die Anschauung seiner selbst im Andern«.[34] Und: »Das Wort Versöhnung ist der *daseiende* Geist, der das reine Wissen seiner selbst als *allgemeinen* Wesens in seinem Gegenteile, in dem reinen Wissen seiner als der absolut in sich seienden Einzelheit anschaut.«[35] Die Andersheit selbst aber, die dem Sein des Selbst notwendig eigen ist, ist gerade nicht als mit sich »identisch« aufzufassen: Nur eine Rede, die in ihrer eigenen Innenstruktur »anders« (»allelon«) als sie selbst ist, könnte ihr nahe kommen. Damit wird ganz offensichtlich das Gleichgewicht wieder austariert; ohne dass anders als nur metaphorisch gesagt werden könnte, wie Selbstsein und Anderssein aufeinander bezogen sind. Und darauf, dieses Wie-Sein phänomenal sichtbar zu machen, käme es gerade an.

Es mag sein, dass Ricoeur dorthin tendiert, wo Heideggers fundamentalontologische Wendung der Frage nach dem Seinssinn des Daseins immer schon ist. Ricoeur möchte freilich den Bruch der Andersheit gerade nicht schließen, der bei Heidegger gar nicht erst aufklafft, da doch das Da-Sein »immer schon« auf den Sinn seines zeitlichen Seins hin ausgelegt ist. Im Schlussabschnitt von »Sein und Zeit« hat Heidegger, in Vorbereitung der Umkehrung der Seinsfrage auf die Frage nach der Zeit als möglichem Horizont von Sein, das Grundverhältnis, als das wir das Da-sein zu verstehen haben, so erläutert: »Die Aufgabe der bisherigen Betrachtungen war, das *ursprüngliche Ganze* des faktischen Daseins hinsichtlich der Möglichkeiten des eigentlichen und uneigentlichen Existierens existenzial-ontologisch *aus seinem Grunde* zu interpretieren« (Heidegger, Sein und Zeit, E.A.S. 436).[36] Von hier her gelangt Heidegger in seiner stets auf Hegel bezogenen Abarbeitung an Zeit (als »abstrakter Negativität«) und Geschichte zu der Entgegensetzung: »Der »Geist« fällt nicht erst in die Zeit, sondern *existiert* als ursprüngliche *Zeitigung* der Zeitlichkeit« (ibid., S. 435).

Erst wenn die Zeitlichkeit als der »ursprüngliche« Ermöglichungshorizont von faktisch gewordenem Dasein begriffen wird, ist punktgenau die Frage nach der Andersheit aufzuwerfen. »Der ›Geist‹ fällt nicht *in* die Zeit, sondern die faktische Existenz ›fällt‹ als verfallende *aus* der ursprünglichen, eigentlichen Zeitlichkeit. Dieses ›Fallen‹ aber hat selbst seine existenziale Möglichkeit in einem zur Zeitlichkeit gehörenden Modus ihrer Zeitigung« (ibid., S. 436).[37] Was es erst einzuholen gälte, wären das Ethos, der Widerhalt in diesem Fallen und dessen Geschichtlichkeit, die nicht nur als augenblickliche Geschichte des Torweg-Augenblicks in der Entgegnung und Verbindung seiner Zeit-Ekstasen begriffen werden dürfte, wie es in »Sein und Zeit« noch geschieht.[38]

(2) Ricoeurs Orientierung an dem Selbst findet eine aufschlussreiche Ergänzung in Robert Brandoms jüngst auf deutsch erschienenem Opus magnum über »Expressive Vernunft«.[39]

Hier wie dort sind die Fragen in einem Durchgang durch das Nadelöhr analytischer Philosophie gewonnen. Wenn Brandom auch vordergründig dem pragmatistischen Dogma »semantics answers to pragmatics« anhängt, liegt der eigentliche Reiz seiner Erwägungen in einer Unterhöhlung der Differenz zwischen praktischer und theoretischer Vernunft. Sich Gründe zu geben und Rede zu stehen, ist, als Vollzug des Subjektes, die eigentliche Urszene von Semantik und normativen, ethikfundierenden Akten gleichermaßen. Brandom zeigt, dass Grundfragen europäischer Überlieferung in formaler Semantik rekonstruierbar sind, ohne dass sie dabei reduziert werden müssen. Was »exaiphnès« (jäh wie in einem Blitz) aufscheint, kann und muss Schritt für Schritt rekonstruiert werden. Daher ist seine Semantik nicht auf Repräsentation von Seiendem oder von Sachverhalten, sondern auf Inferenzen, und in zweiter Linie auf die Rekonstruktion der Repräsentation durch Inferenz konzentriert. Sie folgt in der Sache der Tradition einer Semiose, die sich in der aus dem Renaissancehumanismus resultierenden Kehrseite der neuzeitlich Cartesische »Ego cogito«- Philosophie, der Orientierung an rhetorischer »ars vivendi«, Bahn brach. Giordano Bruno hat, als später und bedeutender Exponent dieses weitgehend vergessenen Überlieferungsstranges festgehalten: »Wir denken ausschließlich in Zeichen. Diese geistigen Zeichen sind gemischter Natur, ihren symbolischen Anteil bezeichnet man als Begriff.«[40] Und Charles S. Peirce hat das Grundproblem der Inferenz in der folgenden Weise umschrieben: »Symbole wachsen. Sie entstehen aus der Entwicklung anderer Zeichen.«[41]

Der Ausgang vom Inferenzproblem verweist auf das zu einem großen Teil inexplizit bleibende Bedeutungsspektrum, das in jeder Aussage, gerade wenn wir meinen, sie sei voraussetzungslos, mitschwingt. Dass sich dieser Ausgangspunkt eng mit dem Hegels in der »Phänomenologie des Geistes« berührt, ist Brandom wohl bewusst. Zu vermitteln heißt, Voraussetzungen aufzuweisen und einen Begriff aus seiner vermeintlichen Isolierung zu lösen: »Die Inhalte von Begriffen werden durch ihre funktionale Rolle in sich historisch entfaltenden Netzen von Vermittlungen und bestimmten Negationen identifiziert.«[42] Begriffe haben ihren Ort immer in Zusammenhängen, die oftmals implizit von Normen bestimmt werden. Wie solche impliziten Normen explizit werden können und wie dieser Weg auch in umgekehrter Richtung verläuft, eben dies ist Brandoms Frage.[43] Dabei ist es ihm evident, dass Normativität nicht auf ein »Regelfolgen« oder eine »Lebenspraxis« zurückgeführt werden kann. Diesen Wittgensteinianischen Fundamental-Auffassungen misstraut Brandom von Grund auf. Denn es ist für ihn die grundlegende Problematik, wie sich überhaupt die Perspektive des »wir«-Sagens einstellen kann. Sie kann eigentlich nur aus der »Ich-Du-Perspektive gewonnen werden. Dies entlastet das Augenmerk nicht von der Klärung der Frage, wie sich Selbst-*sein*, was offensichtlich wird, wenn Brandom schließlich den weitesten Horizont andeutet, in dem er seine Explikationen verortet sehen möchte. »Diese expressive Theorie von Sprache, Geist und Logik (ist) eine Theorie darüber, wer *wir* sind. Denn es ist eine Analyse der Art von Ding, das sich selbst als ein expressives Wesen konstituiert – als ein Geschöpf, das explizit macht und sich selbst explizit macht. Wir sind Verstandesfähige: rationale, expressive – das heißt, diskursive – Wesen. Aber wir sind auch mehr als das. Wir sind auch *logische, uns selbst* ausdrückende Wesen. Wir machen nicht nur *es* explizit, wir machen *uns selbst* explizit *als* Explizitmachende.«[44] Und eher am Rand seiner Theoriearchitektur skizziert Brandom (darauf möchte ich hier nur hinweisen) eine Verlängerung des Intentionalitätsproblems auf eine Theorie des Selbstseins: »Jedes psychische Phänomen ist durch das charakterisiert, was die Scholastiker des Mittelalters die intentionale (auch wohl mentale) Inexistenz eines Gegenstandes genannt haben, und was wir [...] die Beziehung auf einen Inhalt, die Richtung auf ein Objekt (worunter hier nicht eine Realität zu verstehen ist), oder die immanente Gegenständlichkeit nennen würden.«[45]

Wir können an dieser Stelle die Problematik von Selbstbewusstsein und seiner propositionalen Gestalt noch einmal aufnehmen. Es scheint keine Lösung der sachlichen Problematik, wenn man den adverbialen Gebrauch des Reflexivums »mich« auf ein Deiktikum in der Art des temporalen »jetzt« oder des lokalen »hier« reduziert.[46] Aufschlussreich daran ist lediglich die Anzeige, dass Subjektivität »ein Unding«,[47] also kein seiendes Einzelding ist. Die Reduktion auf unmittelbar Präsentische Züge, wie sie in der deiktischen Rekonstruktion vorliegt, verhüllt gerade den »vorübergleitenden«, sich zwischen Geklärtheit und erneuten Selbstzweifeln formulierenden Grundzug des Subjektseins und des ihm zugeordneten Wissens. Man denke an Hofmannsthals »Terzinen über Vergänglichkeit«: »Und dass mein eignes Ich, durch nichts gehemmt, / Herüberglitt aus einem kleinen Kind / Mir wie ein Hund, unheimlich, stumm und fremd.« Mit dem Kontrapunkt: »Dann: dass ich auch vor hundert Jahren war«, eine Komposition, die ähnlich wie Nietzsches tiefdringende Auslotungen des »Selbst« zeigt, dass die Grenze zwischen »Ich« und »Nicht-Ich« fließend wird, wenn man sie lange in den Blick nimmt.

Um das Defizit raumzeitlicher Einzelding-Analyse für die Gegebenheit von Subjektivität anzuzeigen, soll auf die Kehrseite der *Cartesisch* bestimmten Neuzeit Bezug genommen werden: namentlich auf einen Gedanken Giordano Brunos. Er spricht, im Gleichklang mit anderen Denkern der Renaissance, vom Bewusstsein im Sinn eines in der memoria verinnerlichten Zeichen- und Bildgedächtnisses, das zwar topologisch geordnet ist, aber gleichwohl »zerrissen« bleibt, eingefügt in eine »Differenz der Schatten«, die in jener abbreviativen Zeichenschrift in ihm eingeprägt sind. Als solches kann sich das Bewusstsein freilich durchaus auf ein »idem« richten, eine »Idee der Identität, die in das endliche Bewusstsein wiederum nur ihren Schatten wirft«, und von der Bruno bemerkt: »Wenn du sie zu fassen bekommst, hast du den äußersten Punkt, an dem du Bilder in der Seele festmachen kannst.« Der Sache nach sind wir hier wieder nahe bei Nietzsche: bei seiner Zwiesprache mit den Dichter-Philologen der Renaissance und dem Studium ihrer Selbstzeugnisse; die ihm mit dem Seneca-Wort zumindest Zeugen einer Philologie sind, die Philosophie werden muss und einer Philosophie, die Philologie bleibt; deren Text ist im Grund das menschliche Selbstsein.

Wie Stephan Otto dargelegt hat, geht es bei dem »idem« des Nolaners nicht um »eine ›Repetition‹ des Unendlichen, sondern (um) dessen Vergegenwärtigung in der figurierenden Sprache.« Von hier her können Reprä-

Grund und Abgrund der Subjektivität

sentations- und Inferenz-Frage auf einander bezogen werden. Denn Brunos Erforschung des Selbstbewusstseins fragt danach, wie sich das Selbst sich selbst »darstellt«, und im Zusammenhang des »idem« seiner Zerrissenheit fragt sie zugleich, wie es sich den unendlichen Gegenstand darstellen könne. Mit Stephan Ottos Beschreibung der Theoriefigur gesprochen: »Selbstpräsentation und Figuration des Unendlichen (sind) als zwei zu differenzierende Modi einer ›Vergegenwärtigung‹ konzipiert [...], deren Binnenstruktur wiederum eine ›reziproke Korrelationalität‹ ist.«[48]

Ich will im Blick auf diese Erwägungen anmerken, dass Brandoms inferentialistische und die auf den Nolaner zurückgreifenden Überlegungen vor der naiven Annahme bewahren können, dass die Narration des einen, eigenen Lebens aus den verschiedenartigen Quellen des Selbst einen Identitätssinn gewinnen lassen könnte. Dieser Zusammenhang ist nicht narrativ zu konstituieren. Denn zuallererst bleibt zu fragen, wie die Erzählung selbst auf ihren Einheitssinn zuzuführen ist. (Für den protestantischen Theologen Rudolf Hermann war die Möglichkeit der Aussage »Ich bin meine Zeit« das assertorische Erkennungszeichen des gerechtfertigten Selbst; sie führte also auf das Wunder einer vorgreifenden »gratia praeveniens«.)[49]

Giordano Brunos auf Darstellung und eine sich vollziehende Semiose gerichtete Thematisierung der Abgründigkeiten der Subjektivität belehrt überdies darüber, dass die ontologische Wendung der Subjektivitätsproblematik ein Gesicht hat, also aisthetisch verfasst ist. *Aisthetik* ist dabei als ein »sich Darstellen« verstanden. Heinrich Rombach hat in der Ausarbeitung seiner phänomenologischen »Hermetik« zur Aufklärung dieser Verhältnisse Wesentliches beigetragen; er hat als »Erhebung« des Daseins dies begriffen, dass in einem Augenblick sich »in genetischer Identität das eine im Konkreten und als dieses begegnet, jedoch nur dann, wenn sich dieses in der Einheit von Vorleistung und Gabe in den Zustand vollständiger Lebendigkeit gehoben und damit bereitgemacht hat, hier und jetzt und in diesem einen das Einzige selbst präsent werden zu lassen«.[50] Dieser Punkt strahlt aus, so »dass nun auch die äußerste Ferne vermeintlich dumpfer Verlorenheit des Naturgeschehens als Geschehensidentität mit dem Identitätsgeschehen deutlich wird«.[51] Ein unverzichtbares Heuristikum in diesem Verständigungsraum ist das »Bild« in einem eminenten Sinn. Denn einer hermetischen Betrachtungsweise geht es eben darum, dass das einzelne Phänomen als »Bild«, nämlich in seiner Einzelheit und Konkretion wahrgenommen wird. Es zeigt sich selbst, insofern zeigt es »etwas«. Doch darin zeigt es »das Eigenartige des Hervorgangs im Ganzen«.[52] Seiendes geht hermetisch in seinem in ihm verschlossenen »So sein« auf – und darin zeigt sich, »wie etwas dann erst voll es selbst ist, wenn es voll das Selbst ist, das das Ein und Alles ist.«[53] Diese welthafte »Identität«, die den Differenzgestus der Dialektik des Selbstbewusstseins, Nietzsches Denkkampf mit dem »sogenannnten Ich« und heutige Versuche einer Antwort auf die europäische Frage zusammenführen könnte, hat Rombach ihrer Wegfolge nach (also methodisch) so umschrieben: »Die unterfangenden und übergreifenden Strukturen zu ›sehen‹ bedeutet immer schon auch sie zu ›sein‹. Phänomenologie wird *Phänopraxie*, nicht eine vergegenständlichende, sondern eine erwirkende. Phänomenologie, das ist die bewegte Wirklichkeit im Sehen ihrer selbst.«[54] Von diesem Fußpunkt einer hermetischen »Ästhetik« aus ist noch einmal die Verflechtung von »conditio moderna« und »conditio religiosa« zu durchdenken.

III. Ethik und Transzendenz des Rätsels »Selbst« (Subjektivität)

(1) Der ethische Gedanke, der aus diesen Erwägungen gezogen werden muss, wenn die Frage nach dem Subjekt als Schicksalsfrage Europas sinnfällig gemacht werden soll, betrifft die »Absolutheit« als Bindung eines viatorischen, werdenden Subjektes.[55] Mit der Absolutheit ist das Problem angezeigt, auf das ein Leben die Antwort sein könnte. Es könnte auf diese Weise in den Horizont der Religion verwiesen sein, zugleich aber auf die unbedingte Forderung des Sittengesetzes, die Kants »kategorischer Imperativ« exemplarisch umschrieben hat. Dies schließt ein, dass die Absolutheitsperspektive als Interpretament des Toleranzgedankens begegnet und ihn ausdeutet, aber auch umgekehrt von ihm gedeutet werden muss. Es ist immer ein Absolutpunkt, den Jean Pauls und jede »Beschwörung« des »Todes Gottes« ins Gedächtnis brennt; zumal dann, wenn man sie von Foucaults Deutung des Aphorismus 125 aus dem Dritten Buch der »Fröhlichen Wissenschaft« her sich vergegenwärtigt (vgl. KSA 3/480ff.). Foucault hört den Gravis heraus, und dies verweist auf ein Jenseits des Menschen; nicht der Humanität. Bestätigt werde »nicht so sehr das Fehlen oder der Tod Gottes [...], sondern das Ende des Menschen [...]. Da er aber im Tod Gottes spricht, denkt und existiert, ist seine (sc. des letzten Menschen) Tötung selber dem Tode geweiht. Neue Götter, die gleichen, wühlen bereits den künftigen Ozean auf. Der Mensch wird verschwinden.«[56]

Über die Gestalt des Absoluten, auf das die Ethik des Subjektes führt, kann Pascals »veritative Differenz« Aufschluss geben, die zwischen wahren Sätzen, die vereinzelte Inseln in einem Meer des Nicht-Gewussten sind und nicht zu endgültiger, klärender Gewissheit führen können, und der Wahrheit unterscheidet, die evident ist, plötzlich aufgeht, gleichsam »gratis« (gratuit) zur Erscheinung kommt.[57]

Grund und Abgrund der Subjektivität

Die zunächst vielleicht überraschende Entgegnung und Begegnung von Toleranz und Absolutheit hält sich indes bei näherem Zusehen auf dem Höhenweg jener Aufklärung, die sich in Lessings »Ringparabel« sedimentiert. So ist in der historisch philologischen Forschung klar konstatiert worden,[58] dass die Quellenüberlieferung die Ringparabel unmittelbar neben dem Traktat von den drei Betrügern (»De tribus impostoribus), nämlich den Religionsstiftern Moses, Jesus und Mohammed, tradierte. Die drei Söhne erscheinen in jenen Quellentexten als (aus Liebe) Betrogene. Anders bei Lessing. Die Last liegt auf dem (sich einmal enthüllenden) Eschaton und damit bei Gott. Eben dadurch kommt der Absolutpunkt in der Überlieferung der Ring-Parabel zum Zuge. Der Leitfaden jener Wahrheitssuche, die von ihm – in der »Duplik« – als Maßverhältnis für die Moralität eines Menschen erkannt wird, (nicht der zumeist nur angemaßte Wahrheitsbesitz!) könnte besagen: »Es eifre jeder seiner unbestochenen von Vorurteilen freien Liebe nach!«.

Doch nicht nur die Religionsgespräche der Aufklärung haben hier ihren Ort, paradigmatisch ist die große Vision des Religionsfriedens, etwa in der Schrift »De pace fidei« des Cusaners. Man könnte auch auf die erst nach 1805 aus verschiedenen Textschichten nach und nach bekannt gewordene »Handschrift von Saragossa« zurückgreifen,[59] die eine große, gleichsam welthistorische Narration der Genesis und des Niedergangs von Religionen im Namen der in ihnen sich enthüllenden Wahrheit entfaltet. Dort heißt es etwa: »Die Religionen sind, wie alles in der Welt, einer stillen und stetigen Kraft unterworfen, die bewirkt, dass ihre Form und Natur sich ununterbrochen ändern, so dass nach einigen Jahrhunderten eine Religion von der man meint, sie sei stets dieselbe, dem Glauben der Menschen ganz neue Ansichten darbietet, Allegorien, deren Sinn sie nicht mehr durchschauen, oder Dogmen, an die sie nur noch zur Hälfte glauben.« Dies schließt ein, dass schon in den antiken Mysterien Stücke vollkommener Religion grundgelegt waren. Um auf den Cusaner zurückzulenken, bedenke man die Perspektive seines 1453 nach dem Fall Konstantinopels fingierten Dialogs. Die Grundambivalenz des Cusaners zeigt sich darin, dass er mit seinem Freund Johannes von Segovia eine Zusammenkunft (contra-ferentia) christlicher und islamischer Gelehrter in der Absicht plante, die Muslime von dem fehlenden Offenbarungscharakter des Koran zu überzeugen und auf diese Weise zumindest ein Moratorium friedlichen Zusammenlebens erreichen zu können. Ort der Handlung von »De pace fidei« ist der himmlische Rat: zuerst spricht ein Erzengel und ruft Gott zum Schiedsrichter; denn in Gottes Namen werde der Religionsstreit geführt. Dann ergreift Christus das Wort. Anders als in dem Religionsgespräch des Petrus Abaelardus geht es nicht um eine letztliche Konvergenz der Religionen in einer »Ethica moralis«. Es ist Christus, der die streitenden Parteien begrüßt, Petrus, der auf die mit dem Exordium des Johannes-Evangeliums aufgeworfene Frage antwortet, wie das Wort Fleisch werden konnte, sodann Paulus als Doctor gentium, der die unstillbare Fragebewegung auf die Einsicht zuführt, dass es nur *eine* Wahrheit und mithin nur *eine* Weisheit geben kann, die ihre Vollkommenheit in der »implicatio« alles Seienden in Gott findet. Alle Religionen als symbolisierende Fragen nach dem Einen sind explicationes Gottes, aber in keiner von ihnen »ist« er als er selbst erkennbar. Sie sind: »quaedam loqutiones verbi Dei sive rationis aeternae«.

Die eine Wahrheit teilt sich »allerdings auf keinem anderen Wege (mit), als durch Staunen über die sichtbaren Werke der Weisheit« (De pace fidei 12,12). Die Frage der Toleranz ist in diesem Textzusammenhang zugleich die Frage einer Teilhabe an dem einen Licht des Nicht-Anderen, des Ursprungs. Es kann in der Vielfalt irdischer Gestalten nur »repräsentiert« werden, die daraus ihr jeweiliges Recht beziehen. Der Vorklang der gesuchten Einheit führt zu dem Finale, wonach die Emissäre vom höchsten himmlischen Rat (Praesidente Cunctipotenti) auf die Erde zurückkehren sollten, in das irdische Jerusalem, wo sie den Religionsfrieden zu verankern hätten. Dies muss ein unverletzlicher, und mithin ein »ewiger Friede« sein, Urbild politischen Friedens.

Kant sprach in der »Grundlegung zur Metaphysik der Sitten« in durchaus vergleichbarer Weise davon, dass es das Höchste an Einsicht sei, das Unbegreifliche zu begreifen; womit – in der Kantischen Begrifflichkeit die Freiheit gemeint ist, wir könnten auch sagen: jenes innere Ich, das als Bürger eines Reiches der Freiheit zu verstehen bleibt.

(2) Es ist diese »äußerste« Perspektive der normativen oder der »Werte«-Problematik, in der in der Begegnung und Entgegnung der Religionen das Schicksal Europas fokusartig sichtbar wird, der Nietzsche entgegenblickt. Denn die scharfe Sonde, gleichsam die »negative Philosophie« der »Genealogie der Moral«, die die »Fröhliche Wissenschaft« und das (vorübergehende) olympische Lachen der wahrhaft freien Geister begleitet, ist eine Frage nach dem Selbst des Moralgenealogen, der sich im Überlieferungszusammenhang mit den Trägern vergangener asketischer Ideale begreifen muss. Damit ist zugleich nach der eigenen Wahrhaftigkeit des Moralgenealogen gefragt, denn erst in dem Horizont einer solchen Selbstbefragung kann die Naturgeschichte der Moral sich aus dem Naturalismus befreien, der (wie Nietzsche im Blick auf Paul Rée konstatierte) sich in der Konstatierung der »condition honteuse humaine« gefällt. Und erst auf dieser Ebene kann auch auf das Grundereignis des »Todes Gottes« vorausgeblickt werden.

Unter dem naturalen Blickwinkel wäre keine »Historie der Moral« zu schreiben. Die Rede von Werten und ihrer Umwertung ist mithin selbst eine Maske. Die nur zu naheliegende Assoziation auf Entwertung dieser Valuta (usura) mag man mithören. Durch sie (als ein prosopon) »tönt« aber in der

Tat das europäische Welt-Problem, in seiner doppelten Gestalt der »conditio moderna« und »conditia religiosa« hindurch. Nietzsche hat diesen Zusammenhang am Ausgangspunkt der »Genealogie der Moral« so umschrieben: »An diesem Sich-bewusst-werden des Willens zur Wahrheit geht von nun an – daran ist kein Zweifel – die Moral zu Grunde: jenes grosse Schauspiel in hundert Akten, das den nächsten zwei Jahrhunderten Europa's aufgespart bleibt, das furchtbarste, fragwürdigste und vielleicht auch hoffnungsreichste aller Schauspiele ...« (KSA 5/410f.). Und Nietzsche fügt, gleichsam kommentierend, hinzu: »lieber will noch der Mensch das Nichts wollen, als nicht wollen ...« (ibid., S. 412). Ohne dass eine Auflösung der Spannung (der Dissonanz) möglich wäre, wird in der »Genealogie« der Contrapunkt dazu exponiert:

> »Den Willen aber überhaupt eliminiren, die Affekte sammt und sonders auszuhängen, gesetzt, dass wir dies vermöchten: hiesse das nicht den Intellekt castriren? ...« (ibid., S. 365)

Und wenn nach seinem Selbstzeugnis Nietzsches »Entdeckung der christlichen Moral« ein Ereignis ist, das nicht seinesgleichen hat, »eine wirkliche Katastrophe« (KSA 6/373), so ist sie dies in *allen* den genannten Auffächerungen, in Klang *und* Gegenklang. Das fragliche »europäische Schicksal« ist unter diesen Auspizien nicht als eine »Umwertung« zu verstehen. Nietzsche hat darauf verwiesen, wenn er dieses Schicksal in seinen nicht endenden Gesprächen mit dem Vergangenen, Platon, Sokrates, den jüdisch-christlichen Zeugnissen, entfaltet. Deshalb greift es zu kurz, wenn man diesen unendlichen Fragezusammenhang als ein »Verstricktsein« oder als einen Bann auffassen möchte, der Nietzsche an die europäische Metaphysik bindet – eine Lesart, die in der Folge von Heidegger zu einer vielgeübten Gewohnheit wurde. Nietzsche nötigt in entgegengesetzter Bewegungsrichtung zu Gedanken, die die »gegenwärtige« (und wohl auch die »zukünftige«) europäische Frage vorskizzieren – wie jenem, dass mit der »wirklichen« Welt auch die »scheinbare« falle. Dieser Gedanke reißt einen Abgrund auf: es bleibt nur die Differenz zwischen Sein und Nichts. »Das Werden und das Sein: es ergibt sich die volle Differenz«; weshalb wohl die Welt tief, »viel tiefer als der Tag« gedacht werden muss.

Harald Seubert

Schluss

Mit einem Ausblick auf die konfligierenden Tendenzen der Moderne des 20. Jahrhunderts hatte ich begonnen. Mit einem Rückblick auf ältere Zeiten der Kunst, auf Dürers Melancholia als eine »Welt-Ethik« möchte ich schließen. In diesem Sinn hat der Würzburger Philosoph Leonhard Richter in einer imponierenden Entzifferungsleistung den Subtext der Melancholie gedeutet.[59]

Eine Aufschrift der »Melencholia« bei Dürer heißt: »Omega Zeit in Lucas Word«. Und die Titulatur von »Melencholia« verweist durch den Flügelschlag auf die Aufschrift »Christus«, wobei die christlichen Attribute im Ensemble sämtlich verhüllt sind. In der letzten Zeit, auf die das Bild verweist, scheint nicht weniger als die Menschwerdung des Menschen durch den Menschen aufgegeben. Entscheidend ist hier die doppelte Grundsignatur des Textes: »In Gott sind alle Dinge« und der Verweis auf den Menschen, dessen Wesen es ist, von dieser Grundwahrheit Zeugnis abzulegen. Auch der Satan ist in einer Apokatastasis eingeschlossen.

Das Rätsel der Freiheit aus Melancholie und Schwermut mag sich von Nietzsche her in das Rätsel des vollständigen Einklangs am See von Silvaplana verschieben, der durch den vorbeigehenden Anderen, an dem sich das Selbst wahrnimmt, jäh durchbrochen wird. Schwermut ist immer in der Rheiazontik der freien Geister. Der Schwermut ist »Zarathustra« nach den Beschreibungen in *Ecce homo* nahe. Und dennoch spricht er dithyrambisch. Der Zeit-Ort des Dithyrambus ist nicht Mittag oder Mitternacht, sondern der frühe Morgen (vgl. KSA 6/345). So redet Zarathustra freilich nur im Sinn seines Selbstverhältnisses mit sich. Und Nietzsche kommentiert: »Die Antwort auf einen solchen Dithyrambus der Sonnen-Vereinsamung im Lichte wäre Ariadne …Von allen solchen Räthseln hatte Niemand bisher die Lösung, ich zweifle, dass Jemand hier auch nur ein Räthsel sah« (ibid., S. 349).[60]

In dem Kairos-Epigramm am See von Silvaplana ist das Rätsel jedenfalls Ereignis geworden:

> »Hier sass ich, wartend, wartend, – doch auf Nichts,
> Jenseits von Gut und Böse, bald des Lichts
> Geniessend, bald des Schattens, ganz nur Spiel,
> Ganz See, ganz Mittag, ganz Zeit ohne Ziel.
>
> Da, plötzlich, Freundin! wurde Eins zu Zwei –
> – Und Zarathustra gieng an mir vorbei.« (KSA 3/649)

Grund und Abgrund der Subjektivität

Am Ende könnte das »Schicksal Europas« in die Sorge um Europa übersetzt werden – im Anschluss an die Analytik der Sorge, die sich Heidegger von einer Fabel Hygins vorausdichten ließ: »Cura cum fluvium transiret.«[61]

Aus Faust II wissen wir, dass es die Sorge ist, die bleibt. Und Saturn, die Zeit, spricht in der wirkmächtigen Hygin-Fabel das Urteil über die conditio humana: »Du, Jupiter, weil du den Geist gegeben hast, sollst bei seinem Tode den Geist, du, Erde, weil du den Körper geschenkt hast, sollst den Körper empfangen. Weil aber die ›Sorge‹ dieses Wesen zuerst gebildet, so möge es ›homo‹ heissen, da es aus humus (Erde) gemacht ist.« Grund und Abgrund der Subjektivität laufen im europäischen Fragezusammenhang auf Hans Blumenbergs Kommentar zu, wonach allenfalls ganz am Ende (und wann wäre dies abgründige tetelesthai?; und wäre dann noch etwas zu sagen?) zu sagen möglich ist: »*Kein Grund mehr zur Sorge.*«[62]

Nachbemerkung:

Der vorliegende Text ist die leicht, vor allem stilistisch, überarbeitete Version des Vortrags, den ich am 10.11.2000 im Rahmen des Symposions »Die Auflösung des abendländischen Subjekts und das Schicksal Europas« in München gehalten habe. Die Subjektivitätsproblematik wird hier in einem Ausschnitt präsent gemacht, der auf die Konstellationen der frühen Neuzeit, aber auch auf die Hegelsche Konstellation von Substanz und Subjekt keinen Ausblick erlaubt. Der dritte Teil, der Subjektivität und Gottesfrage zusammenzuführen versucht, steht unter dieser Einschränkung. Mir ging es freilich auch darum, die Bedeutung Nietzsches für die systematische Frage nach der Subjektivität, nicht zuletzt im analytischen Kontext aufzuweisen, was sich auch aus dem Vorfeld der Tagung und den Urteilen, die zumal in München von einem nachmaligen Staatsminister für Kultur über Nietzsche zu hören waren, erklärt.

Nach einigem Nachdenken entschloss ich mich, den Text so zu belassen, wie er ursprünglich vorgetragen worden war. Über die Grundfragen abendländischer Subjektivität und ihre elementaren Probleme unterrichtet ein größerer Beitrag, den ich derzeit vorbereite und der in meinem Sammelband »Urteil und Subjekt« (Hamburg 2005) erscheinen wird. Meinen Halleschen Studierenden und vor allem Herrn Jean Ph. Strepp danke ich für einen tieflotenden Gesprächszusammenhang zu den Grundfragen der Subjektivität.

(10.11.2000)

Anmerkungen

* Friedrich Nietzsches Texte werden im Vorliegenden aus der »Kritischen Studienausgabe der Werke in 15 Einzelbänden« (= KSA), herausgegeben von Giorgio Colli und Mazzino Montinari, Berlin/NY ²1988, zitiert, mit Angabe von Bandnummer/Seitenzahl.

1. Charles Taylor, Quellen des Selbst. Die Entstehung der neuzeitlichen Identität, Frankfurt/Main 1994, insbes. S. 789ff. und S. 855ff.

2. Die Passage aus »Selina« findet sich bei Jean Paul, Werke, Band 6 (hrsg. von N. Miller. München 1963), S. 1163f.; siehe auch S. 1180ff.; Vorschule der Ästhetik, in: Jean Paul Werke, Band 5, a.a.O., S. 60. Siehe auch die Dokumentation von L. Lütkehaus (Hrsg.), Tiefenphilosophie. Texte zur Entdeckung des Unbewussten vor Freud, Hamburg ²1995. Der Aufweis des Zusammenhangs von Subjektivitätsproblematik und letztem Gott wird im Blick auf neueste Literatur vor dem Fokus des Epiphanie-Problems von H.-R. Schwab im vorliegenden Band geführt.

3. Hinsichtlich der Deutung der »Rede des toten Christus« danke ich manche Hinweise Peter Horst Neumann, Jean Paul nach 200 Jahren – zur Aktualität historischer Texte, in: Dies academicus 2000, Erlanger Universitätsreden 60, 2000, 3. Folge, S. 9ff. Auch unpublizierte Erwägungen von Kurt Wölfel waren von Bedeutung. Dass sich Jean Paul mit Fragen des Bildbewusstseins in Fichtes späterer Philosophie nach der WL von 1794 berührt, verweist auf die Ambivalenz des Ich-Problems. Vgl. dazu J. Drechsler, Fichtes Lehre vom Bild, Stuttgart 1955.

4. Der Text »Rede des toten Christus vom Weltgebäude herab dass kein Gott sei«, hier nach: Jean Paul, Siebenkäs, hrsg. von Carl Pietzcker, Stuttgart 1983, S. 295–302; dem folgt unmittelbar ein »Zweites Blumenstück«, überschrieben »Der Traum im Traum«, S. 303ff. Aufschlussreich für die Verflechtung mit der Urgeschichte neuzeitlicher Individualität ist es, dass Jean Paul diese Worte in der Erstfassung Shakespeare in den Mund legt. Zu der Topologie des Bonmots von Shakespeare als dem, der das Individuum und nächst Gott am meisten geschaffen habe (unter anderem durch James Joyce überliefert), vgl. H. Bloom, Shakespeare. Die Erfindung des Menschlichen, Berlin 2000.

5. Vgl. dazu Taylor, a.a.O., S. 734ff. und S. 850ff.; mit zahlreichen weiteren Belegen auf Frank Kermode, The Romantic Image, London 1961 und M. Hamburger, The Truth of Poetry, London 1969.

6. An diesem entscheidenden Punkt wäre über P. Ricoeur, Das Selbst als ein Anderer, München 1996 hinauszugehen. Es wäre darauf zu verweisen, dass eine Hermeneutik (und Analytik) des Selbst auf den Leitfaden einer »Phänomenologie des Lebens« verweisen könnte. Zu ihrer Aufhellung hat ausgehend von seinen frühen Arbeiten über Maine de Biran (Philosophie et Phénoménologie du corps. Essai sur l'ontologie biranienne, Paris 1965) Michel Henry Wesentliches beigetragen. Vgl. auch ders., Radikale Lebensphänomenologie. Ausgewählte Studien zur Phänomenologie, Freiburg, München 1992; siehe ferner ders., Die Barbarei. Eine phänomenologische Kulturkritik, Freiburg, München 1994.

7. Vgl. dazu die tastenden Erwägungen über den Abend (griech.: »erebs«), der zum Morgen geht, vor der Signatur eines Unterganges, der sein eigenes Aufgehen noch nicht sah, bei Heidegger, Feldweg-Gespräche (1944/45) (GA 77), Frankfurt/Main 1995.

8 Vgl. dazu R. Berlinger, Augustins dialogische Metaphysik, Frankfurt/Main (1962), insbesondere S. 37ff. und S. 196ff.
9 Vgl. zum Folgenden vor allem Friedrich Schleiermacher, Dialektik, hrsg. von R. Odebrecht, Leipzig 1942, S. 286ff. und ders., Literarischer Nachlass. Zur Philosophie. Bd. 2, 2. Abteilung (Sämmtliche Werke, Band 4.2), Berlin 1939, S. 423ff. Zur leichteren Nachvollziehbarkeit weisen die in Klammern angegebenen Seitenzahlen auf die Passagen, die in M. Frank (Hrsg.), Selbstbewusstseinstheorien von Fichte bis Sartre, Frankfurt/Main 1991 aufgenommen worden sind. Siehe zum Problem auch: K. Cramer, Die subjektivitätstheoretischen Prämissen von Schleiermachers Bestimmung des religiösen Bewusstseins, in: D. Lange (Hrsg.), Friedrich Schleiermacher 1768–1834. Theologe – Philosoph – Pädagoge, Göttingen 1985, S. 129ff. sowie die Replik von U. Barth, Bewusstsein schlechthinniger Abhängigkeit. Anmerkungen zu K. Cramers Schleiermacher-Interpretation, in: J. Stolzenberg (Hrsg.), Festschrift für Konrad Cramer, Göttingen 2001, S. 41ff.
10 Vgl. dazu P. Rohs, Selbstbewusstsein und direkte Referenz im Anschluss an Fichte, in: S. Krämer (Hrsg.), Bewusstsein. Philosophische Beiträge, Frankfurt/Main 1996, S. 91ff. und: H. Schmitz, Die entfremdete Subjektivität. Von Fichte zu Hegel, Bonn 1992, sowie ders., System der Philosophie. Band 1: Die Gegenwart, Bonn 1964.
11 Jene Trennung ist auch vielfach in der Lyrik der Moderne zu finden. Ich denke nur an besonders einlässliche Differenzaufweise zwischen »Ich und ich« bei der späten Else Lasker-Schüler (»Mein blaues Klavier«). Vgl. auch die Auslotungen von H.-R. Schwab in diesem Band, insbesondere zu Rolf Dieter Brinkmanns Lyriksammlung »Westwärts«.
12 Hier ist einschlägig: Schleiermacher, Der christliche Glaube. Nach den Grundsätzen der Evangelischen Kirche im Zusammenhange dargestellt, hrsg. von M. Redeker, Berlin ⁷1960, Band 1, S. 12ff. und Band 2, S. 458ff., das Schlussstück der Schleiermacherschen Glaubenslehre »Von der göttlichen Dreiheit«. In der folgenden, notwendigerweise verknappten Darlegung soll nicht die Symbolisationsmacht, an der Hegel entlang denkt, gegen Schleiermacher ausgespielt werden. In beider Konfrontation geht es lediglich darum, eine sachliche Crisis deutlich zu machen.
13 Vgl. zur näheren Verortung: Schleiermacher, Dialektik (1811); hrsg. von A. Arndt, Hamburg 1986, S. 22ff.; siehe auch: A. Arndt, Unmittelbarkeit als Reflexion. Voraussetzungen der Dialektik Friedrich Schleiermachers, in: Internationaler Schleiermacher-Kongress, Berlin 1984, hrsg. von K.-V. Selge, Band 1, Berlin, New York 1985, S. 469ff. und: H. Kimmerle, Schleiermachers Dialektik als Grundlegung theologisch-philosophischer Systematik und als Ausgangspunkt offener Wechselseitigkeit, in: ebd., S. 39ff. Ferner H.-R. Reuter, Die Einheit der Dialektik Friedrich Schleiermachers. Eine systematische Interpretation, München 1979.
14 Dies ist die entscheidende Erwägung in § 5 der Glaubenslehre, vgl. Schleiermacher, Der christliche Glaube, hrsg. von M. Redeker, a.a.O., S. 27ff.; ferner wäre auch die Erstfassung Schleiermacher, Der christliche Glaube 1821/22, hrsg. von H. Peiter, Berlin, New York 1984, S. 11ff. zu vergleichen. Siehe im Hintergrund: U. Barth, Christentum und Selbstbewusstsein. Versuch einer rationalen Rekon-

struktion des systematischen Zusammenhanges von Schleiermachers subjektivitätstheoretischer Deutung der christlichen Religion, Göttingen 1983.
[15] Siehe dazu U. Barth, op. cit.; vgl. auch F. Wagner, Schleiermachers Dialektik. Eine kritische Interpretation, Gütersloh 1974, S. 23ff. u.ö. Vgl. auch den Sammelband U. Barth und C.-D. Osthövener (Hrsg.), 200 Jahre »Reden über die Religion«. Akten des 1. Internationalen Kongresses der Schleiermacher-Gesellschaft, Berlin, New York 2000 pass.
[16] So die glänzende Formulierung von R. Berlinger, Augustins dialogische Metaphysik, a.a.O., S. 197. Vgl. W. Schrader, Zur philosophischen Topologie des Glaubens. Eine systematische Erörterung, in: Philosophische Perspektiven 5 (1973), S. 236ff.; dies., Die Erprobung der Mitte. Abbreviatur zu einem augustinischen Topos, in: Perspektiven der Philosophie 4 (1978), S. 215ff. und: dies., Wie kommt Gott in das Denken? Ein Problemaufriss, in: Perspektiven der Philosophie 18 (1984), S. 335ff.
[17] Berlinger, Augustins dialogische Metaphysik, a.a.O., S. 205. Siehe auch ders., Das Nichts und der Tod, Würzburg ³1996, S. 191ff. und S. 273ff.; insbesondere hinsichtlich der Verflechtung von Licht und Tod.
[18] Dazu mit weiteren Hinweisen: M. Riedel, Die Erfindung des Philologen. Friedrich August Wolf und Friedrich Nietzsche, und: A. Neschke, Hermeneutik von Halle: Wolf und Schleiermacher, in: H. J. Adriaanse und R. Enskat (Hrsg.), Fremdheit und Vertrautheit. Hermeneutik im europäischen Kontext, Leuven 2000, S. 97ff. bzw. S. 283ff.
[19] Dazu: M. Frank, Ist Subjektivität ein »Unding«? Über einige Schwierigkeiten der naturalistischen Reduktion von Selbstbewusstsein, und: K. Cramer, Das cartesianische Paradigma und seine Folgelasten, beide in: S. Krämer (Hrsg.), Bewusstsein, a.a.O., S. 66ff. und S. 105ff.
[20] Vgl. dazu die subtilen Interpretationsversuche des in sich oszillierenden Lenzer Heide Fragments: W. Müller-Lauter, Über den Nihilismus und die Möglichkeit seiner Überwindung, in: H.-H. Gander (Hrsg.), »Verwechselt mich vor Allem nicht!« Heidegger und Nietzsche, Frankfurt/Main 1994 (= Schriftenreihe der Martin-Heidegger-Gesellschaft; Band 3), S. 43ff.; und Manfred Riedel, Europäischer Buddhismus. Nietzsches Lenzer Heide-Fragment, Chur, Zürich 1999.
[21] Für den grundsätzlichen Aufweis propositionalen Selbstbewusstseins wichtig: H. Schmitz, Bewusstsein als instabiles Mannigfaltiges, in: Krämer (Hrsg.), Bewusstsein, a.a.O., S. 167ff., hier insbes. S. 170. Mit gleichem Ausgangspunkt aber dem gegenläufigen Ziel, die Freilegung einer unmittelbaren Vertrautheit mit sich selbst zu führen: D. Henrich, Fichtes ursprüngliche Einsicht, in: H. Wagner und D. Henrich (Hrsg.), Subjektivität und Metaphysik. Festschrift für Wolfgang Cramer, Frankfurt/Main 1966, S. 188ff. Die hier angerissenen Beispiele werden auch bei Schmitz erörtert; jenes zu Mach war überdies eine favorisierte Geschichte bei Ernst Bloch, im Blick auf das seiende, sich aber nicht habende »Ich«. Sie findet sich bei Ernst Mach, Die Analyse der Empfindungen, Jena ⁷1919, S. 3.
[22] Vgl. H. Schmitz, Bewusstsein als instabiles Mannigfaltiges, a.a.O., S. 170.
[23] Zu der Problemfigur bei Husserl vgl. Husserl, Bildbewusstsein, Erinnerung (Husserliana Band XXIII), Den Haag, Boston, London 1980, sowie ders., Analysen zur passiven Synthesis. Husserliana Band XI, Den Haag 1966.

24 Jean Paul Sartre, L'être et le néant, Paris 1943, S. 119f. Ich folge hier der scharfen Übersetzung bei Schmitz, Bewusstsein als instabiles Mannigfaltiges, a.a.O., S. 182f.
25 Vgl. dazu die eindringenden Meditationen bei Berlinger, Sartres Existenzerfahrung. Ein Anlass zu philosophischer Nachdenklichkeit, Würzburg 1982, und: ders., Das Gegenbild. Zwei Analysen, in: Tomes Band 1. Nr. 6, Athen 1975, S. 20ff. (Übersetzung G. Farandos).
26 Vgl. Gerhard Seel, Sartres Dialektik, Bonn 1971, S. 170ff. Aspekte einer sehr scharfsichtigen Kritik finden sich bei Manfred Frank, Zeitbewusstsein, Pfullingen 1990, S. 105f. Vgl. auch ders., Die Unhintergehbarkeit von Individualität. Reflexionen über Subjekt, Person und Individuum aus Anlass ihrer »postmodernen« Toderklärung, Frankfurt/Main 1986 (Tübinger Ernst Bloch-Vorlesungen).
27 Vgl. den Beitrag von Eberhard Simons im hier vorliegenden Band.
28 Dieter Henrich, Bewusstes Leben. Untersuchungen zum Verhältnis von Subjektivität und Metaphysik, Stuttgart 1999, S. 57.
29 Ibid., S. 77.
30 Ibid., S. 69. Vgl. auch ders., Grund und Gang spekulativen Denkens, in: D. Henrich und R.-P. Horstmann (Hrsg.), Metaphysik nach Kant?, Stuttgart 1988, S. 83ff. Die Abschattungen gegenüber den früheren, vor allem in dem Sammelband: Selbstverhältnisse, Stuttgart 1982 gesammelten Abhandlungen werden bei Henrich, Bewusstes Leben, a.a.O., S. 111ff. deutlich. Zur Ligatur des Problems der Subjektivität mit Grundfragen der Ontologie, namentlich auch dem Gottesbegriff, vgl.: D. Henrich, Ding an sich. Ein Prolegomenon zur Metaphysik des Endlichen, in: J. Rohls und G. Wenz (Hrsg.), Vernunft des Glaubens. Wissenschaftliche Theologie und kirchliche Lehre. Festschrift W. Pannenberg, Göttingen 1988, S. 42ff.
31 Bei diesen Einsichten, die in Henrichs späteren Reflexionen (vgl. Fußnote 30) die Rede von einem prinzipiierenden unmittelbaren Vertrautsein mit sich verschatten, ist es verwunderlich, wenn er den Ich-Gedanken doch sachhaltig nach der Art eines Einzeldings begreift, dessen Sein ihm die Möglichkeit anderer Subjekte und einer Ordnung von Welt erst erschließt.
32 Vgl. dazu Derrida, Gesetzeskraft. Der »mythische Grund der Autorität«, Frankfurt/Main 1991 und ders., Politik der Freundschaft, Frankfurt/Main 2000 (das französische Original erschien bereits 1994).
33 Vgl. Paul Ricoeur, Das Selbst als ein Anderer, a.a.O., S. 382, siehe im Blick auf die bei Ricoeur erörterten Überlegungen von Aristoteles zu Akt und Potenz auch ibid., S. 370ff., wo Ricoeur auf ein berühmtes Scholion zu Met. IX, 6 verweist (1048b18–35), dem gemäß Akt und Bewegung voneinander unterschieden wird. Vgl zu dieser Frage auch R. Brague, Aristote et la question du monde, Paris 1988; zu Spinoza vgl. S. Zac, L'Idée de vie dans la philosophie de Spinoza, Paris 1963. Siehe zum heutigen Stand der Forschung auch: W. Bartuschat, Spinozas Theorie des Menschen, Hamburg 1992.
34 Vgl. Hegel, Phänomenologie des Geistes, nach: Theorie-Werkausgabe, Band 3, Frankfurt/Main 1971, S. 442ff. Dazu auch Ricoeur, Das Selbst, a.a.O., S. 411ff.
35 Ibid.

36 Die Stellen aus »Sein und Zeit« werden im folgendem nach der Ausgabe Tübingen 1984 (15. Auflage, 2. Druck) nachgewiesen.
37 Dies ist im Zusammenhang des Welt- und Weltgeschichtsbegriffs Heideggers in Absetzung von Hegel zu verstehen, vgl. Sein und Zeit, a.a.O., S. 420ff. Auf jenen Ankerpunkt seiner Auseinandersetzung mit Hegel ist Heidegger später bedauerlicherweise nicht zurückgekommen. Ihr Sachanliegen wäre in einer synkritischen Lesart der »PhdG« und von »SuZ« aufzunehmen.
38 Dies ist wohl das sachliche Zentrum von Ernst Tugendhats Heidegger-Kritik: E. T., Gedanken über den Tod, in: M. Stamm (Hrsg.), Philosophie in synthetischer Absicht. Festschrift Henrich, Stuttgart 1998, S. 487ff.
39 Vgl. R. Brandom, Expressive Vernunft. Begründung, Repräsentation und diskursive Festlegung, Frankfurt/Main 2000 (amerikanische Erstausgabe 1994), hier insbes. S. 154.
40 Vgl. Stephan Otto, Die Augen und das Herz. Der philosophische Gedanke und seine sprachliche Darstellung in Giordano Brunos »Heroischen Leidenschaften«, in: Scientia Poetica 4 (2000), S. 1ff., insbesondere S. 14. Dort finden sich auch die näheren Nachweise zu dieser Stelle. Siehe auch ders., Das verspielte Darstellbare, in: Kunstforum 100 (1989), S. 364ff. und: Rekonstruktion der Geschichte, Band 2, a.a.O., S. 245ff.
41 Ch. S. Peirce, Semiotische Schriften. Band 1; hrsg. und übersetzt von Chr. Kloesel und Helmut Pape, Frankfurt/Main 1986, S. 199f.
42 Brandom, a.a.O., S. 156f.
43 Brandom, a.a.O., S. 154.
44 Ibid., S. 901.
45 So am locus classicus der neueren Intentionalitäts-Diskussion bei F. Brentano, Psychologie vom empirischen Standpunkt. Band 1, 2, 1, § 5. Dazu auch die Erwägungen bei Brandom, a.a.O., S. 121ff.
46 Dies wäre eine Zuschreibung, die sich am Begriffssinn von Indivuum als »Einzelding« orientiert. Vgl. P. Strawson, Individuals, London 1959 (deutsch: Einzelding und logisches Subjekt. Ein Beitrag zur deskriptiven Metaphysik, Stuttgart 1972).
47 Vgl. Manfred Frank, Ist Subjektivität ein »Unding«? und: H. Schmitz, Bewusstsein als instabiles Mannigfaltiges, in: Krämer, Bewusstsein, a.a.O., S. 66ff. und S. 167ff. Siehe auch: M. Frank, Selbstbewusstsein und Selbsterkenntnis oder über einige Schwierigkeiten bei der Reduktion von Subjektivität, in: Was heißt »wirklich«? Unsere Erkenntnis zwischen Wahrnehmung und Wissenschaft, München 2000, S. 35ff.
48 S. Otto, Die Augen und das Herz, a.a.O., S. 26f. Hier steht mit in Rede, dass Repräsentation nicht als eine in sich kreisende, sondern als eine freie Wiederholung zu denken ist.
49 Vgl. die ausgehend von Schleiermachers »Gefühl der schlechthinnigen Abhängigkeit« und von Luthers Rechtfertigungslehre in der Folge Karl Holls aufgewiesenen Zusammenhänge bei R. Hermann, Religionsphilosophie. Mit einer Einleitung herausgegeben von Heinrich Assel, Göttingen 1995, S. 127ff. Näheres dazu in meinem Sammelband »Prototypon transcendentale. Beiträge zur Religionsphilosophie, Freiburg i. Br. 2004.
50 H. Rombach, Strukturontologie. Eine Phänomenologie der Freiheit, Freiburg, München ²1988, S. 358.

Grund und Abgrund der Subjektivität

51 Ibid.
52 Ibid., S. 372. Hinsichtlich der hermetischen Bildauslegung siehe unter anderem: H. Rombach, Leben des Geistes. Ein Buch der Bilder zur Fundamentalgeschichte der Menschheit. Freiburg 1977 und: Welt und Gegenwelt. Umdenken über die Wirklichkeit: Die philosophische Hermetik, Basel 1983.
53 H. Rombach, Phänomenologie des gegenwärtigen Bewusstseins, Freiburg, München 1980, S. 332.
54 Diesem Problemzusammenhang bin ich in einem größeren Buchmanuskript vor der Frage nach Andersheit und Nicht-Andersheit des Absolutheitsgedankens, ausgehend von der Heraklitischen und Parmendeitschen Wegformel des »Hen Kai Pan« nachgegangen, die unter dem Titel »Das Andere Absolute« in Athen 2003 (übers. von V. Gaitanis) erschienen ist. Eine deutsche Edition ist in Vorbereitung.
55 So der Schlussbefund bei Foucault, Die Ordnung der Dinge (frz.: Les mots et les choses), Frankfurt/Main 1974, S. 460f.
56 Ibid.
57 Vgl. dazu unter anderem Pascal, Pensées, Frg. 92, 93, 233; hinsichtlich des Nicht-Wissens auch das zentrale Fragment 72. Zu den Implikationen der veritativen Differenz im Zusammenhang von Pascals Reflexionen der drei Ordnungen siehe die herausragende Erörterung bei H. Rombach, Substanz, System, Struktur. Die Ontologie des Funktionalismus und der philosophische Hintergrund des modernen Funktionalismus, München 1966, insbes. S. 135ff. und S. 190ff. Der gratuite Wahrheitssinn geht in der Ordnung des Herzens auf, er weist aber auf den Strukturzusammenhang der »Ordnung der Ordnungen« voraus. Insofern ist die Wahrheit Pascals im Sinn von Eberhard Simons »kyklisch«, da auf sie wieder zurückgekommen werden kann. Diese Verfasstheit einer freien, nicht reproduzierenden »Wiederholung« ist übrigens auch im Aufweis der Verborgenheit von Wahrheit (Aletheia) bei Heidegger erkennbar. Insofern bleibt die Aletheia-Wahrheit Entdeckung.
58 Vgl. dazu H. R. Jauss, Das Religionsgespräch, oder: The last things before the last, in: K. Stierle und R. Warning (Hrsg.), Das Ende. Figuren einer Denkform, München 1996, S. 384ff.; vgl. ferner F. Niewöhner, Veritas sive Varieta. Lessings Toleranzparabel und das Buch von den drei Betrügern, Heidelberg 1988.
59 Vgl. die Hinweise bei Jauss, a.a.O., S. 404ff.
60 L. G. Richter, Omega-Zeit. Endzeit oder letzte Chance? Metaphysische Reflexionen zu Dürers »Melencolia I«, in: Perspektiven der Philosophie 25 (1999), S. 63ff.; mit einer ingeniösen Deutung. Siehe auch ders., Dürers Weltethik. Eine philosophische Deutung der »Melencolia § I«, in: Perspektiven der Philosophie 24 (1998); dabei werden auch Verweise auf Carolus Bovillus, Liber de Sapiente (bei Cassirer, Individuum und Kosmos in der Philosophie der Renaissance, Darmstadt 1977, S. 299–412) und: G. Pico della Mirandola, De hominis dignitate (Hamburg 1990) aufgeführt. Siehe zum kunsthistorischen Hintergrund, über den Richter freilich weit hinausgeht, auch: P.-K. Schuster, Melencolia I. Dürers Denkbild, 2 Bde, Berlin 1991; W. Funk, Das rechte Maß bei Albrecht Dürer und bei den alten Meistern, Nürnberg 1955, sowie: H. Böhme, Albrecht Dürer, Melencolia I. Im Labyrinth der Deutung, Frankfurt/Main 1993.
61 Vgl. dazu grundlegend, vor allem mit Verweisen auf Pico della Mirandola und Carolus Bovillus W. Schrader, Die Dringlichkeit der Frage nach dem Indivi-

duum. Ein Problemaufriss, in: Perspektiven der Philosophie 8 (1982), S. 29ff. Siehe auch die Erörterungen zum Buch Ijob bei M. Görg im vorliegenden Band und die Abrahams-Perspektive am Ende des Beitrags von G. Vattimo.

[62] Hier nach Heidegger, Sein und Zeit, a.a.O., S. 197f. Vgl. auch K. Burdach, Faust und die Sorge, in: DVJS 1 (1923), S. 1ff.

[63] Die Abgründigkeit des »tetelesthai« besteht darin, dass es Ziel und Ende (auch im Sinn eines bloßen Verendens) bedeuten kann. Vgl. H. Blumenberg, Die Sorge geht über den Fluss, Frankfurt/Main 1987, S. 222.

Die Frage nach der »Person« in der Philosophie Friedrich Nietzsches

Ein (post-)moderner Paradigmenwechsel aus interdisziplinärem Ansatz

Elke Wachendorff

Mit der Frage nach dem Nietzscheschen Begriff »Person« und seinem Bedeutungsfeld lade ich hier zunächst dazu ein, einem Gedanken-Gang zu folgen in einen Kontext, welcher in der Nietzsche-Literatur im allgemeinen nicht besonders große Beachtung findet, jedoch m. E. zu Unrecht: Nietzsches intensive Beschäftigung mit den Naturwissenschaften.

Ich werde im Folgenden meine Darlegungen in vier Abschnitte gliedern und zunächst die aufgeworfene Fragestellung präzisieren, sodann in einem Exkurs Nietzsches Lektüre und Auseinandersetzung mit naturwissenschaftlichen Problemen und Texten im Hinblick auf die Fragestellung untersuchen, um anschließend in einem dritten Teil der Frage nach einer philosophischen Umsetzung dieser Lektüre nachzugehen. Zum Abschluss wird sodann der Versuch unternommen werden, die Entwicklung des Gedankens in seiner Bedeutung für das philosophische Projekt Friedrich Nietzsches zu beleuchten.

Zur Fragestellung

Die in letzter Zeit viel geführte Rede von der Auflösung des Subjektes klingt spektakulär und reiht sich doch in die nunmehr bald zwei Jahrhunderte währende Mode der Reden vom Ende der unterschiedlichsten Sujets ein. Und doch kennen wir alle beispielsweise Phänomene, denen wir bis an den heutigen Tag die Bezeichnung »Kunst« zusprechen; dennoch haben wir alle, auch wenn wir, diesbezüglich kritisch vorbelastet, Künstler, Wissenschaftler, Philosophen sind, einen Erfahrungshorizont, dem wir die Bezeichnung »Subjekt« und »Subjektivität« zuordnen können und möchten. Auflösungen und Jenseitigkeiten werden sich immer nur, dies aber unter Umständen durchaus revolutionär, auf die jeweilige Bedeutung, die jeweilige Interpretation eines durch das Wort intendierten Phänomens thematisieren lassen. Solange wir – und dies auch hier – von »Subjektivität« reden und Verständigung suchen, setzen wir ein zumindest sprachliches, wenn nicht existentielles Vorverständnis dessen, wovon die Rede ist, voraus, um Variationen, Veränderungen bis hin zu Auflösungen bestimmter Konnotationen überhaupt artikulieren zu können. Veränderungen, wie sie z.B. zwischen Descartes' Garantie existentieller Selbstversicherung zu Maurice Blanchots Garant der Auflösung und Nichtigkeit eben dieser Sicherheit (um nur ein Beispiel zu nennen), zwischen Determinismus- und Autonomiemodellen stattfinden können – und wie sie im Laufe der Entwicklung des abendländischen Geistes auch stattgefunden haben.

Mit der Rede von der unhintergehbaren radikalen Perspektivität des Lebens, die damit immer und unausweichlich zugleich als radikal anthropomorphe Perspektivität unseres Soseins zu verstehen ist, wird in und durch die Philosophie Friedrich Nietzsches die Rede vom Subjekt (jeweiliger Perspektive) wie vom Objekt (jeweiliger Betrachtung) durch ihre wechselseitige konstitutive Bestimmung und Bestimmtheit zugleich obsolet, zumindest dergestalt, wie wir sie in unserer alltäglichen Unschärfe zu begreifen gewohnt waren. Nur die Gewohntheit und Vertrautheit vermittelte das beruhigende Gefühl einer Sicherheit in der Selbstversicherung subjektiven Tuns, um dessentwillen uns diese Gewohnheitsbildung so vorteilhaft erschien. Doch bedeutet die Radikalisierung der Erkenntnis unhintergehbarer Perspektivität die Auflösung des Sicherheitsgaranten: auch das Subjekt erweist sich als ein der Perspektive, dem Focus nur Hinzugedichtetes:

> »Gegen den Positivismus, welcher bei dem Phänomen stehen bleibt ›es giebt nur Thatsachen‹, würde ich sagen: nein, gerade Thatsachen giebt es nicht, nur Interpretationen. Wir können kein Factum ›an sich‹ feststellen: vielleicht ist es ein Unsinn, so etwas zu wollen. ›Es ist alles subjektiv‹ sagt ihr: aber schon das ist *Auslegung*, das ›Subjekt‹ ist nichts Gegebenes, sondern etwas Hinzu-Erdichtetes, Dahinter-Gestecktes. – Ist es zuletzt nötig, den Interpreten noch hinter die Interpretation zu setzen? Schon das ist Dichtung, Hypothese«,[1]

eine bloß fiktive Gegebenheit, die in der Vielfalt möglicher Perspektiven, Hypothesen, Interpretationen und Entwürfe sich in eine ebensolche »Vielfachheit« der Iche² kaleidoskopisch auflöst. Das alte Paradigma der »Selbsterhaltung«, eines Subjektes, das es im Laufe der vergangenen zwei Jahrhunderte fast schon beschwörend zu erhalten galt, ist hinfällig geworden: das »Selbst«, das es zu erhalten gäbe, oszilliert und schillert zunehmend in ständiger Ambiguität und Verwandlung,³ ist als ein Bleibendes, das es zu erhalten gäbe, nicht mehr haltbar in der Vielfalt seiner Gestalten. Letztlich alles Lügen in Hinblick auf einen nurmehr fiktiv zu denkenden frommen Wahrheitswunsch: gleich gültig, und: gleichgültig somit?

Nietzsche war jedoch gerade daran gelegen, gegen die nivellierenden, vergleichgültigenden und banalisierenden Elemente menschlich-allzumenschlicher Selbst- wie Weltentwürfe vehement zu opponieren,⁴ so vornehmlich gegen die »gleichmacherische Ideologie«, in der sich für ihn Christentum und Sozialismus treffen.⁵ Das Kriterium der Wahrheit im metaphysischen Seins- wie Erkenntnisbezug war ihm hinfällig geworden: so galt es, neue Kriterien zu einer interpretativen Neubestimmung zu finden. Dabei kann es ihm jedoch kaum um »eine Horizonterweiterung« und »Relativierung ihres totalitären Anspruchs auf einer bestimmten historischen Stufe«⁶ gegangen sein, sofern diese vorgestellt werden als bloße Erweiterung und funktionale Maximierung tradierter Vernunftbegriffe und Perspektiven, welche damit ihren totalitären Anspruch doch nur neuerlich perpetuieren würden.

Mit Nietzsche wird vielmehr ein gegenläufiges Denken eröffnet, welches einer traditionellen, aufklärerischen Philosophie in ihrer Gläubigkeit an den Fortschritt im sukzessiven Gewinn von substantiellen Wahrheitswerten seine Einsicht in die grundsätzliche Unhintergehbarkeit der perspektivischen Relativität dieser ihrer Horizonte überhaupt wie ihres Vernunftbegriffes insbesondere entgegenhält, ja deren Status als Mythos und Magie archaischer Selbst- wie Weltversicherungs-Strategien decouvriert.⁷

Die Frage nach der Person

Neue Kriterien werden nun für Nietzsche ohne metaphysische Verankerung auskommen müssen: Perspektiven, Hypothesen verweisen ihm nicht mehr auf ein gesichertes Objekt noch Subjekt, das Objekt des praedizierenden Subjektes ist vielmehr in dieses mit hineingenommen, die Rede von diesem wie von jenem insofern so sinnvoll wie sinnlos zugleich geworden. Oder, andersherum formuliert:

> »Das Subjekt allein ist beweisbar: Hypothese, daß es nur Subjekte giebt – daß ›Objekt‹ nur eine Wirkung von Subjekt auf Subjekt ist ... ein modus des Subjekts.«⁸

Doch kann, ja muss damit nicht wohl auf einen Autor, eine entwerfende Person im Zentrum ihrer jeweiligen Hypothesen, Bilder und Projektionen verwiesen werden können? Und wenn ja, wie ist dieser Verweis dann noch zu denken? Diese Fragestellung scheint von Anbeginn im Zentrum Nietzschescher Betrachtungen zu stehen.

»In der Kritik als der Vertiefung alles bisherigen Pessimismus –, [...] glaubte [ich] bereits ›an gar nichts mehr‹, wie das Volk sagt«,[9] so Nietzsche in der Vorrede zu »Menschliches, Allzumenschliches II« von 1886. Und in der zweiten Vorstufe zu dessen erstem Vorwort notiert er dazu weiter:

> »damals führte ich mit mir einen langwierig-geduldigen Feldzug gegen den grund-unwissenschaftlichen Hang jedes Pessimismus, der einzelne persönliche Erfahrungen zu allgemeinen Werthschätzungen aufbauscht, ausdeutet, mißhandelt ... kurz, damals drehte ich meinen Blick *herum*«[10]

»*Herum*«: nicht mehr ins Allgemeine bloßer verallgemeinerter Subjektivität, sondern von eben jenem hybriden Anspruch zurück auf die je ihre Hypothesen und Weltbilder entwerfende und projizierende persönliche Weise ihrer personalen kreativen Akte.

> »Ich greife nie Personen an, – ich bediene mich der Person nur wie eines starken Vergrösserungsglases, mit dem man einen allgemeinen, aber schleichenden, aber wenig greifbaren Nothstand sichtbar machen«

und wahrnehmend begreifen kann: so beschreibt Nietzsche selbst seine »Methode« in »Ecce homo« und nennt als Beispiele David Strauss und Richard Wagner:

> »So griff ich Wagnern an, genauer die Falschheit, die Instinkt-Halbschlächtigkeit unsrer ›Cultur‹, welche die Raffinirten mit den Reichen, die Späten mit den Grossen verwechselt«.[11]

Denn nicht mehr in einer – sich als nicht nur illusorisch, sondern in dieser Illusion als höchst gefährlich, da totalitär und gewaltsam sich erweisenden – Absehung *von* der Person kann nun ein – nurmehr vermeintlich – sachlicher und objektiver Diskurs und ein Verstehen erfolgen; sondern ganz im Gegenteil, es kann nur im dezidierten Hinblick *auf* die jeweilige Person, als des Urhebers und Eigners jeweiliger Denk- und Handlungsentwürfe, deren jeweilige Sicht und Perspektive in der Weise ihres jeweiligen Entwerfens zu erschließen versucht werden. Die Weise einer solcherart »dramatischen«, »zentripetal-zentrifugal«[12] pulsierenden schöpferischen Identifikationsbewegung nennt Nietzsche bereits in der »Geburt der Tragödie« »aesthetische Thätigkeit«, und setzt sie entschieden von bloß verallgemeinernder »unaesthetischer« Identifizierung ab.[13]

»Es sind die Personen zu schildern«,[14] um »von der Art der Befriedigung auf die Art der Noth zu schliessen«[15]: und so »entwirft« Nietzsche sich den »Schopenhauerischen Menschen«[16] wie den »Mensch[en] Rousseau's«, den »Mensch[en] Goethe's«[17] wie auch den Menschen Wagners, sowie, in vielleicht geringerem Ausmaße, die Menschen Straussens und Dührings. Die »Unzeitgemäßen Betrachtungen« können vornehmlich auch als Zeugnisse dieser schöpferischen Vergegenwärtigungstätigkeit gelesen werden.[18]

Der kreative – identifikatorische und nicht identifizierende – Entwurf des je anderen und neuen dient solcherart zunächst der Erweiterung und Vertiefung von Erfahrungshorizont und Perspektive: »Der, welcher über die inneren Motive des Menschen schreibt«, sie wahrzunehmen, zu denken und zu interpretieren versucht, hat es »nöthig, daß er alle diese Affekte aus Erfahrung kennt [...]. Daher muss er die wichtigsten Stufen der Menschheit durchgemacht haben [...] er muss religiös, künstlerisch [...] *gewesen* sein«,[19] und so »werden wir« z.B. »erst von diesem Wagnerischen Blick aus [...] seine grosse That selber verstehen können«,[20] können wir erst von einer nihilistischen Perspektive aus erfahren, was diese überhaupt ausmacht und bedeutet.

Diese Besonderheit ist im Übrigen schon beim jungen Nietzsche zu beobachten – auch C. P. Janz hebt in seiner monumentalen Biographie immer wieder dieses spezifische Moment hervor.[21]

Aus dieser pointierten Eigenheit resultiert wohl die in der Literatur häufig vertretene Auffassung einer besonderen »Einheit von Leben und Werk« bei Friedrich Nietzsche, eine Einheit jedoch welche – wie hier bereits wahrnehmbar wird – nicht biographisch-reduktiv mißverstanden und verharmlost werden darf.[22] Es ist wohl die spürbare Gefährdung durch diese Besonderheit, welche G. Colli dazu bewegt, die »gegenseitige Durchdringung von Denken und Person«[23] bei Nietzsche für eine »pathologische Struktur«[24] zu halten, eine Auffassung, welche bereits Lou Andreas-Salomé als »persönliche Selbstverschmelzung« mit der eigenen Erkenntnis bezeichnet, die Nietzsche dazu führe, »dass er sein geistiges Selbst mit ihrem Inhalt dermaßen identifiziert, dass er sie nahezu mit sich verwechselt«.[25] Das wiederholte »Mihi ipsi scripsi!«[26] muss vielmehr in der Tat als essentieller Grundstein der eben darin neuen Philosophie Friedrich Nietzsches verstanden werden, welche von der Voraussetzung eines Gegensatzes von Person und Denken und deren solcherart versuchter »Durchdringung« sich abzuheben unternimmt – eine Charakterisierung, welche die Nietzschesche Denkbewegung schon hierin verfehlen muss.

Nietzsche jedoch geht es um die Eröffnung einer spezifischen Ganzheitlichkeit, welche gerade die Frage nach dem jeweiligen Denken untrennbar *als* Frage nach der Person im Modus ihrer je personalen Denktätigkeit philosophisch begründet, dezidiert praktiziert und ausdrücklich fordert.[27]

> »Und wer da fragt: ›aber zur Fiktion gehört ein Urheber?‹ – dürfte dem nicht rund geantwortet werden: Warum? Gehört dieses ›Gehört‹ nicht vielleicht mit zur Fiktion? [...] aber wäre es nicht an der Zeit, dass die Philosophie dem Gouvernanten-Glauben absagte?«[28]

So ist die Frage nach der »Person« im Zentrum jeweiliger Selbst- wie Weltenschöpfungen auch nicht allein um deren bloßer Individualität willen und um solcherart bloß individueller Perspektivenerhellung willen gestellt, sondern vornehmlich um der stiftenden Eröffnung willen der je spezifischen *Weise*, des *Charakters* und *Typus*' einer jeweiligen Vergegenwärtigungstätigkeit selbst.[29] Es ist diese Fragestellung, welche Nietzsche zum Entwurf differierender »Modi« und »Typen« personaler Selbst- wie Weltgestaltung führt,[30] Entwürfe für welche darüber hinaus gelten wird:

> »Der Vorzug unserer Cultur ist die *Vergleichung*. Wir bringen die verschiedensten Erzeugnisse älterer Culturen zusammen und schätzen ab; *dies* gut zu machen ist unsere Aufgabe. Unsere Kraft soll sich zeigen, wie wir *wählen*; wir sollen Richter sein«.[31]

So steht bei Nietzsche der Autor und Urheber jedweden Selbst- wie Weltentwurfs zugleich auch immer schon im Zuspruch von Rechtfertigungsfähigkeit und -anspruch wie von Verantwortungsfähigkeit, -pflicht und -not für seine jeweilige Perspektive, seine Hypothese, seine Entwürfe und Projekte. Doch: wie weit und inwiefern kann der Einzelne dies überhaupt noch oder vielleicht überhaupt erst leisten?

Zweifellos tut hier Aufklärung not zur Befreiung des Bewusstseins aus der entmündigenden »Gebundenheit des Geistes« in Unwissenheit – eine Aufklärung von der Nietzsche sagt: »ich *kann* erst entscheiden. Wie als ob in mir ein *zweites Bewusstsein* gewachsen wäre«?[32]

Um einer Beantwortung dieser Fragestellungen näher zu kommen, scheint es mir nun sehr interessant und hilfreich zu sein, Nietzsche im Studium eines seiner besonderen Interessensgebiete ein wenig zu begleiten, und einen Exkurs zu wagen, der für das hier zu entwickelnde Thema zunächst ein wenig befremdlich erscheinen mag, dann aber, wie ich meine, in der Frage nach den Spuren dieser Studien im philosophischen Werk den Gedanken doch erheblich wird weiterbringen können.

Exkurs: Nietzsche und die Naturwissenschaften

Das brennende naturwissenschaftliche Interesse F. Nietzsches ist in der Literatur hinlänglich bekannt, C. P. Janz nennt eine erste Begegnung mit dem 1859 erschienen Werk Ch. Darwins »Über den Ursprung der Arten« und deren Wirkung auf Nietzsches erste Aufsätze in den Jahren 1862 (»Fatum und Geschichte« sowie »Willensfreiheit und Fatum«).[33] Dass Nietzsche den 1868 mit dem Freund Erwin Rohde gefassten Entschluss, nun noch Naturwissenschaften zu studieren, aufgrund seiner Berufung nach Basel nicht verwirklichen konnte, nennt C. P. Janz »vielleicht die Tragödie seines Lebens«.[34]

Im November 1865 erstand Nietzsche, wie allgemein bekannt, A. Schopenhauers »Die Welt als Wille und Vorstellung«,[35] dessen Lektüre so maßgebliche Bedeutung für ihn erhalten sollte. »Im August 1866 machte er eine neue, schwerwiegende Entdeckung: Friedrich Albert Langes ›Geschichte des Materialismus‹, die sofort nach Erscheinen von ihm erstanden worden war«[36]: nach C. P. Janz' Urteil »ein Buch, das für die Entwicklung des philosophischen Denkens Nietzsches eine ebenso große, wenn nicht größere Bedeutung gehabt hat als ein Jahr zuvor Schopenhauer, wenngleich dieser als auslösende Kraft ungleich stärker wirkt.« So scheint es auch Nietzsche selbst empfunden zu haben: »Das bedeutendste philosophische Werk, was in den letzten Jahrzehnten erschienen ist, ist unzweifelhaft Lange […], über das ich eine bogenlange Lobrede schreiben könnte. Kant, Schopenhauer und das Buch von Lange – mehr brauch ich nicht«, so Nietzsche selbst in einem begeisterten Briefnachtrag 1866 an seinen Freund Hermann Mushacke.[37] In der Neuauflage wurde das Buch Langes 1887 von ihm neuerlich erworben und gelesen, wenngleich nun weniger ausführlich und merklich distanzierter.[38]

Keith Ansell Pearson hat 1988 in seinem Aufsatz »The Question of F.A. Langes Influence on Nietzsche: A Critique of Recent Research from the Standpoint of the Dyonysian«[39] gegen Jörg Salaquarda sowie G. J. Stack[40] die Bedeutung Langes für Nietzsche zwar im Hinblick auf die von ihm gestellte spezifische Frage relativiert (Der Standpunkt des Ideals, S. 540), doch kann diese Relativierung meines Erachtens damit nicht zugleich auch auf andere Fragestellungen ausgedehnt werden. So muss doch erstaunen, wenn Keith Ansell Pearson in seinem einschlägigen Buch »Viroid life: perspectives on Nietzsche and the transhuman condition«[41] wie auch in seinem Paper zu einem Vortrag »Nietzsche, Darwin, and the Politics of Life: Beyond the Human Condition?«[42] Lange dann gar nicht mehr erwähnt, und auch zur Darwinismus-Rezeption in Deutschland nur auf diesbezügliche Titel der Sekundärliteratur verweist.[43] Und dies, obgleich Lange selbst in der ersten Ausgabe seines Buches Darwin immerhin sechs Seiten widmet,[44] deren Überlegungen in der wesentlich erweiterten und umstrukturierten zweiten Fassung sogar in ein ganzes Kapitel – unter dem Thema »Darwinismus und Teleologie« – münden.⁴⁵ Eine für Nietzsche wesentliche Interpretationsquelle Darwins ist also mit Sicherheit hier zu suchen und Keith Ansell Pearson hätte darin doch immerhin eine Begründung für seine eigene Überschätzung der Bedeutung Darwins für Nietzsche finden können.⁴⁶

Mögliche Einflüsse und Rezeptionen sind für die Philosophie Friedrich Nietzsches im übrigen wie bekannt nicht so eindeutig feststellbar, wie dies bei anderen Autoren der Fall sein kann, denn Nietzsche zitiert seine Quellen nicht ausdrücklich, und Hinweise lassen sich am ehesten noch aus den Notizen, Briefen und eigenen Bibliotheksbeständen wie seinen Bibliotheksentleihungen entnehmen. Nietzsche selbst äußert sich im übrigen im »Ecce homo« diesbezüglich wie folgt:

> »In tief arbeitsamen Zeiten sieht man keine Bücher bei mir: ich würde mich hüten, Jemanden in meiner Nähe reden oder gar denken zu lassen [...] Man muss dem Zufall, dem Reiz von aussen her so viel als möglich aus dem Wege gehn; eine Art Selbst-Vermauerung gehört zu den ersten Instinkt-Klugheiten der geistigen Schwangerschaft. Werde ich es erlauben, dass ein fremder Gedanke heimlich über die Mauer steigt?« (KSA 6/284)

In unserem Kontext wird vornehmlich die Freundschaft mit Paul Rée genannt werden müssen. Rée hatte den von Nietzsche so sehnlich gehegten Wunsch nach naturwissenschaftlicher Ergänzung der geisteswissenschaftlichen Studien in die Tat umsetzen können, er hatte sogar, seit Sommer 1872 in Zürich, neben Vorlesungen in Experimentalphysik (Optik und Elektrizität sowie organische Chemie), auch »Philosophische Übungen« bei Friedrich Albert Lange besuchen können, als er und Nietzsche durch Freund Romundt im Frühjahr 1873 einander bekannt gemacht wurden.⁴⁷ Wünsche und Pläne naturwissenschaftlicher Studien führen im Zusammenhang dieser Freundschaft und unter Einschluss Lou von Salomés im Jahre 1882 schließlich zu konkreten Plänen für gemeinsame Studienaufenthalte in Wien, Paris, München oder Berlin.⁴⁸

Obwohl Darwins evolutionistische Gedanken für Nietzsches genealogische Fragestellung naturgemäß von großem Interesse sein mussten, lehnte er dessen mechanistische wie soziologische Reduktionismen einerseits, wie den im Evolutionsgedanken ausgesprochenen Teleologismus und verborgenen eschatologischen Utopismus andererseits als Aufweis metaphysischer Voraussetzungen ganz entschieden ab.⁴⁹ »Nahezu jedes moderne Denken hat ein Realitätsmodell des Gleichgewichts bevorzugt«, so K. Ansell Pearson in seinem Buch »Viroid life«,⁵⁰ so auch der englische Positivismus wie der Deutsche Idealismus des 19. Jahrhunderts. In den auf das Newtonsche, letztendlich harmonistische, Modell zurückgehenden Konzeptionen bergen sich implizit Vorstellungen von göttlicher Harmonie und Ordnung, deren Determiniertheit göttlicher Willenskraft anvertraut ist und die Freiheitsräume menschlichen Handelns somit reduziert, wenn nicht gar annulliert.⁵¹ Die Vorstellungen von »Arterhaltung« und »Selbsterhaltung« rekurrieren für Nietzsche gleichermaßen auf metaphysische Voraussetzungen, welche als implizites Modell auch moderner Realitätsvorstellungen für ihn nicht länger haltbar sind.⁵²

Die Nietzschesche Kritik mechanistischer sowie eschatologisch geprägter Theoriemodelle entspricht in auffallender Weise den kritischen Darstellungen und Interpretationen von F. A. Lange, so z.B. in der Ausgabe von 1866 im ersten Kapitel des zweiten Abschnittes: »Die Naturwissenschaften; Der Materialismus und die exakte Forschung«. Für Nietzsche von besonders großem Interesse muss aber vornehmlich das zweite Kapitel gewesen sein: »Kosmische Fragen«⁵³, in welchem Lange die Geschichte der »Atomistik« – oder Atomtheorie – referiert. Spuren dieser Lektüre wie Reflexionen, die sich meines Erachtens erhellend auf dieses Kapitel beziehen lassen, finden sich in Nietzsches Werk und Nachlass vielfach und auch die neuerlichen Studienpläne von 1882 kreisen um diese Fragestellung.⁵⁴

Erlauben Sie mir daher, hier zunächst in aller gebotenen Kürze aus Langes Buch zu referieren.

Mit Newtons Gravitationsgesetz setzt nach Lange eine neue, die bisherigen »metaphysischen«⁵⁵ Konzeptionen revolutionierende Wende ein: Der »Ausbreitung der mechanischen Weltanschauung« setzt »die transzendente Wende in der Gravitationslehre« ein Ende unter Wiedereinsetzung der »*Affinitas* der Scholastiker« der »Kraft der Attraktion« sowie deren Gegenmoment, der »Kraft der Repulsion«.⁵⁶ Lange beschreibt die weitere Entwicklung der Atomtheorie, d.h. der diskutierten Atommodelle – und von solchen wird in den naturwissenschaftlichen Disziplinen ja auch heute nach wie vor gesprochen – in der zweiten Ausgabe unter expliziter Heraushebung des Jesuiten Ruggiero Giuseppe Boscovich, dessen Name in der ersten Ausgabe von 1866 jedoch noch fehlt. Nietzsche las dessen Buch: »Philosophiae naturalis Theoria redacta ad unicam legem virium in natura existentium«, Wien, 1769,⁵⁷ nachdem er es zum ersten Mal am 28.03.1873 aus der Basler Universitätsbibliothek entlieh.⁵⁸ Die Anregung zu dieser Lektüre geht wahrscheinlich auf den Freund und Lange-Schüler Paul Rée zurück, den Nietzsche im Frühjahr 1873 kennen gelernt hatte⁵⁹. Nietzsches Einschätzung dieser Lektüre äußert sich beispielsweise dann, wenn er Boscovich unter anderem in Aphorismus 12 von »Jenseits von Gut und Böse«⁶⁰ als Pole dem Polen Copernicus zur Seite stellt, als derjenige, welcher eine diesem gleichwertige Wende des Denkens vollzogen habe.[61] Boscovichs kopernikanische Wende benennt Nietzsche im Nachlass kurz: »kein Stoff«,[62] sondern »Kraftquanta«.[63]

Das Studium hinterlässt seine Spuren in einem längeren Text aus dem Nachlass vom Frühjahr 1873, »Bewegung in der Zeit« überschrieben,[64] in welchem Nietzsche eine auch unter dem Aspekt der Relativitätstheorie hochinteressante »Zeitatomenlehre« zu entwickeln versucht. Nach Schlechta/Anders' Interpretation versucht Nietzsche in diesem Text, »seine eigene erkenntnistheoretische Grundposition und die Anregungen aus der Lektüre von Boscovich, Spir und Zöllner in einer einzigen Theorie zusammenzufassen.«[65]

Lange hebt im genannten Kapitel eine – mit Boscovich ansetzende, dann nach einer Verzögerung mit Berzelius,[66] Kekulé,[67] Erkenntnissen auf dem Gebiet der Optik,[68] Gay-Lussac, Ampère, Faraday u.a. fortschreitende – Dynamisierung der Atommodelle hervor: so wären schließlich »mit *Faraday* einfache Kraftzentra[69] vorzuziehen. So wären wir denn durch die bloße Fortbildung des Atomismus mitten in die dynamische Naturauffassung geraten, und zwar nicht durch die spekulative Philosophie, sondern durch die exakten Wissenschaften« und Lange folgert, »daß man eine Konstruktion der Welt aus Kraftmittelpunkten ohne alle Ausdehnung streng genommen zu den *dynamischen* Ansichten rechnen müßte«.[70] Die Vorstellung substantieller Existenz wird von Lange mehrfach auf die Verführungskraft der Sinnlichkeit und ihrer Bilder zurückgeführt[71] – ein Gedanke, den wir bei Nietzsche im Aphorismus 14 aus »Jenseits von Gut und Böse« wiederfinden können.[72] Bei Lange heißt es weiter: »Alles was ihm [dem Physiker von Fach] vorkommt, ist eine Wirkung von Kräften, zu denen der Stoff ein an und für sich ganz leeres Subjekt bildet.«[73] Und weiter: Es ist »unser ›Hang zur Personifikation‹ oder wenn man mit Kant reden will, was auf dasselbe hinauskommt, die *Kategorie der Substanz*« wodurch wir uns immer wieder genötigt sehen, die »Begriffe als Subjekt, den anderen als Prädikat, als Träger und Eigenschaft aufzufassen [...]. Das was am Kraftbegriff anthropomorph ist, gehört im Grunde noch dem Stoffbegriff an, auf den man, wie auf jedes Subjekt, einen Teil seines Ichs überträgt [...]. Das ist aber nie Folge eines zu abstrakten, sondern eines zu sinnlichen Denkens.«[74]

»Sonach liegt in der Atomistik selbst, während sie den Materialismus zu begründen scheint, schon das Prinzip, welches alle Materie auflöst und damit wohl auch dem Materialismus seinen Boden entzieht.«[75] »So werden wir mit dem Fortschritt der Wissenschaft immer sicherer in der Kenntnis der Beziehungen der Dinge und immer unsicherer über das Subjekt der *Beziehungen*«.[76] »*Relationen*«, nicht »*Positionen*« sind zu erweisen.[77]

Ist in der ersten Ausgabe von Langes Werk noch nicht von den Gesetzen der Thermodynamik die Rede, so doch bereits von dem »in neuerer Zeit so bedeutungsvoll hevorgetretenen Gesetz der *Erhaltung der Kraft*«.[78] Allerdings ist auch dieser »Begriff der Erhaltung nur eine bequeme Vorstellungsweise [...]. Das Tatsächliche liegt einzig und allein in den Äquivalenten der Kraft«, welche auch »das einzig Tatsächliche in der Chemie« darstellen.[79] Entsprechend heißt es dann weiter mit Bezug auf Fechner: »Will man die Kraft als den ›Grund der Bewegung‹ definieren, so ist dies eben nur Hilfsausdruck für Hilfsausdruck. Es gibt keinen ›Grund‹ der Bewegung außer den Äquivalenten der lebendigen Kraft und der Spannkräfte, und diese Äquivalente bezeichnen eine bloße *Relation der Erscheinungen*. Nach Fechner liegt der Grund der Bewegungen im Gesetz; aber ist nicht auch das Gesetz schließlich ein ›Hilfsausdruck‹ für die Gesamtheit der Relationen unter einer Gruppe von Erscheinungen?«[80] Und Lange schließt: »daß das ganze Problem von Kraft und Stoff in ein Problem der *Erkenntnistheorie* ausläuft und für die Naturwissenschaften ein sicherer Boden nur in den *Relationen* zu finden ist, wobei immerhin gewisse Träger dieser Relationen wie z.B. die Atome, hypothetisch eingeführt [...] werden dürfen.«[81]

In der ersten Ausgabe fehlt noch die Nennung des Autors des genannten Krafterhaltungssatzes, J. R. Mayer.[82] Lange unternimmt in der Neufassung seiner Materialismusgeschichte von 1873 eine Akzentverlagerung und insofern eine interpretatorische Umgewichtung seiner Darstellung gerade durch die ausführliche Hereinnahme der neu formulierten Gesetze der Thermodynamik. Das hierdurch zentral gewordene dynamische Moment erhält nun eine noch stärkere Betonung, vornehmlich der transformatorische Gedanke wird stärker betont,[83] so die Entdeckung von Carnot und Clausius, dass der Transformierbarkeit keine absoluten Quantitäten, sondern (wiederum!) nur Relationen, Potentialdifferenzen, energetische Differenzen zur Verfügung stehen: So ist es dieser »Verwandlungsinhalt«, welchen Clausius »Entropie«[84] nennt.

Es ist kaum anzunehmen, dass diese Themata nicht (zumindest auch) Inhalt jener Gespräche waren, die Nietzsche zu eben jener Zeit mit seinem neuen Bekannten, Dr. Paul Rée, führen konnte, datiert doch seine erste Boscovich-Lektüre unmittelbar nach dieser Begegnung.

> »Ungefähr zu jener Zeit, als Hegel die Vergöttlichung der Geschichte (die Geschichte von Gottes Gang auf Erden) mit seinen spekulativen Propositionen anstrebte, war ein wenig bekannter, französischer Armee-Ingenieur namens Sadi Carnot damit beschäftigt, Arbeiten an Dampfmaschinen durchzuführen, welche die Wissenschaft der Thermodynamik eröffnen und alle Gleichgewichtsannahmen des Neuen Idealismus beiseite sprengen sollten«,

so beschreibt K. Ansell Pearson den Auftakt für einen hiermit eintretenden »Paradigmenwechsel«.[85] Wenngleich Carnot noch eine Energieerhaltung innerhalb seines geschlossenen Systems annahm, entdeckte er, dass die Energie und umsetzbare Kraft seines Systems keine absolute Größe darstellte, sondern Ergebnis einer Spannung und Differenz (zwischen Boiler und Kondensator), somit eine relative Größe war.

Rudolf Clausius formulierte 1865 das sogenannte »zweite Gesetz der Thermodynamik«, nach welchem es aber eben nicht – wie von K. Ansell Pearson dargestellt[86] – um den »Hitzeverlust eines jeden mechanischen Systems« geht (diese Interpretation würde dem ersten Gesetz der Thermodynamik widersprechen), sondern genauer um den kontinuierlichen Abbau von Energie*differenzen*, also die Abnahme einer *Relation* als der in Arbeit umsetzbaren Energie und Kraft: Transformierbare Kraftpotentiale reduzieren sich aufgrund der Verringerung von Energie-*Differenzen*, von Spannungs-*Gefällen*, also *Relationen* zwischen aktuellen und potentiellen energetischen Situationen.

Die prinzipielle Reversibilität von Newtonschen Prozess-Vorstellungen wandelt sich somit mit Carnot zur Irreversibilität thermodynamischer Prozesse, der Abbau energetischer Potentialdifferenzen führt in der sogenannten *Entropie* insofern zur Vorstellung von Unordnung, Zerfall und Diffusion.[87]

Michael Serres formuliert den Unterschied der Modelle als einen Wechsel von mechanischen Systemen als Statuten, basierend auf Festigkeit und Gleichgewicht zu »Post-Carnot'schen« Systemen als Motoren, die Bewegung (Dynamik) kreieren und über die einfache Relation von Kräften hinausgehen durch die Schöpfung neuer innovativer Energie.[88]

Für K. Ansell Pearson bedeutet dies, dass die Entdeckung des Entropiegesetzes den Kontrast von Moderne und Postmoderne markiert, im Paradigmenwechsel von statischen, equilibrierten hin zu nicht-linearen, dynamischen System-Modellen[89] der Welt- wie Selbstverständigung gleichermaßen, welche damit zugleich deren prinzipielle Offenheit und Unabgeschlossenheit implizieren.[90]

Lassen Sie mich nun in einem weiteren Schritt versuchen, Spuren und Transformationen dieser Studien in der Philosophie Friedrich Nietzsches aufzufinden und zu erläutern am Beispiel der hier aufgeworfenen Fragestellung.

Nietzsches Philosophische Umsetzungen

Auf einen Hinweis seines Freundes Peter Gast (Heinrich Köselitz) hin[91] liest Friedrich Nietzsche Julius Robert Mayers »Mechanik der Wärme« von 1874 im Frühjahr 1881 und äußert sich am 16. April in einem Brief an ihn hellauf begeistert.[92] In einem weiteren Brief an Gast vom 20.03.1882 findet er dann allerdings distanzierter Mayers mechanistischen Stoffbegriff durch Boscovich bereits längst und endgültig widerlegt.⁹³ Interessant ist zu lesen, wie sich Nietzsches Reaktion auf Mayer in folgender Nachlassnotiz dokumentiert:

> »NB. ›Der chemische Prozeß ist stets größer als der Nutzeffekt.‹ ›Durch gute Dampfmaschinen wird ungefähr 1/20, durch Geschütze 1/10, durch Säugethiere 1/5 der Verbrennungswärme in mechanischen Effekt umgesetzt.‹ Zur Verschwendung der Natur! Dann die Sonnenwärme bei Proctor! Der Staat im Verhältniß zu seinem Nutzen! Der große Geist! Unsere intellektuelle Arbeit im Verhältniß zu dem Nutzen, den die Triebe davon haben! Also keine falsche ›Nützlichkeit als Norm‹! Verschwendung ist ohne Weiteres kein Tadel: sie ist vielleicht nothwendig. Auch die Heftigkeit der Triebe gehört hierher.«⁹⁴

Nietzsche übernimmt umgehend die auch von Mayer – im Hinblick auf den chemischen Prozess – formulierte Reihe: »Dampfmaschinen [...] Geschütze [...] Säugethiere« und führt sie weiter in seine eigenen anthropologischen Reflexionen.⁹⁵ Zugleich fällt hier das ganz Besondere und Neue der Nietzscheschen Interpretation ins Auge: der Gedanke der Verschwendung der Naturkräfte, in den Nietzsche die Interpretation des unnütz, unvernützbar, nicht unmittelbar mechanisch umsetzbar erscheinenden Anteiles als *Verlust*, verwandelt in jenes – nur insofern gegenläufige – anarchische, großartige und schöpferisch-transformatorische Grund-Moment des Lebens, welches er andernorts in der Gestalt des Dionysisch-Tragischen versammelt.

Der Paradigmenwechsel von statisch-substantialistischen hin zu dynamisch-energetischen Modellen wird besonders deutlich im Text der Aphorismen 12 und 13 aus »Jenseits von Gut und Böse«, aus denen hier auszugsweise zitiert werden soll:

> »Die Physiologen sollten sich besinnen, den Selbsterhaltungstrieb als kardinalen Trieb eines organischen Wesens anzusetzen. Vor Allem will etwas Lebendiges seine Kraft auslassen – Leben selbst ist Wille zur Macht –: die Selbsterhaltung ist nur eine der indirekten und häufigsten Folgen davon.«⁹⁶

Der Mensch ist für Nietzsche jenes besondere Tier, welches »entgegen jedem Prinzip und Instinkt der Selbsterhaltung [...] gegen sich Stellung beziehen«⁹⁷ kann, denn auch »Selbsterhaltung [ist] nur als eine der Folgen der Selbsterweiterung« zu verstehen⁹⁸, so dass

> »mit der Thatsache einer gegen sich selbst gekehrten, gegen sich selbst Partei nehmenden Thierseele auf Erden etwas so Neues, Tiefes, Unerhörtes, Räthselhaftes, Widerspruchvolles und Zukunftsvolles gegeben war, dass der Aspekt der Erde sich damit wesentlich veränderte,«

so formuliert Nietzsche in der »Genealogie der Moral«[99] die besondere und heraushebende Stellung des Naturwesens Mensch.

Um diese Befähigung zu transformatorischer Gegenwendung und Umwendung sowie deren quantitative (und damit qualitative[100]) Differenzierungen dreht sich offensichtlich das gesamte philosophische Projekt F. Nietzsches: Sie ist ihm Voraussetzung differierender Modi von Reflexivität und Distanz, von Selbst- wie Weltverhältnis, von Kreativität und Kunst, von Verstehen als Prozess im Wechselspiel von Erinnern und Vergessen als »Einverseelung«[101] einerseits, als metaphysische »Seele«[102], »schlechtes Gewissen«[103], Schuld, Ressentiment, Reaktivität der Affekte, dualistisches »Gegendenken«[104] andererseits, welche schließlich in der Forderung nach der Umwertung aller Werte mündet. Und

> »– man muss zunächst auch jener anderen und verhängnissvolleren Atomistik den Garaus machen, welche das Christenthum am besten und längsten gelehrt hat, der Seelen-Atomistik. [...]«

Aber der Weg zu neuen Fassungen und Verfeinerungen der Seelen-Hypothese steht offen: und Begriffe wie »sterbliche Seele« und »Seele als Subjekts-Vielheit« und »Seele als Gesellschaftsbau der Triebe und Affekte« wollen fürderhin in der Wissenschaft Bürgerrecht haben.«[105]

Diese spezifische Befähigung scheint nun von Nietzsche ganz entschieden als Befähigung zur Transformation kosmischer entropischer Tendenzen gedacht zu sein. Leben als Kultur im weitesten Sinne – im gelingenden wie scheiternden Entwurf gleichermaßen – als Spezifikum organischen Lebens und des Naturwesens Mensch insbesondere – entsteht ihm aus der Befähigung zu widerständiger Wendung und Verwandlung entropisch irreversibler kosmischer Naturprozesse, und damit aus einer spezifischen Befähigung zur *Ektropie*, gewissermaßen als der spezifischen Natur organischen Lebens und des Menschen insbesondere. Hier ist das ungeheuerliche Phänomen eines Leibseelenwesens gedacht, das wider eine erste, kosmische Natur Energiepotentiale *aufzubauen*, zu *erzeugen*, zu *steigern* vermag. Organisches Leben, und insbesondere dasjenige des Mikrokosmos Mensch wird von Nietzsche damit – in Widerspruch zur antiken Analogiekonzeption – in Widerstand und schöpferischem Widerspruch und darin Übersteigung des makrokosmischen Modells entropischer Determiniertheit gedacht.

> »Der Wille zur Accumulation von Kraft als spezifisch für das Phänomen des Lebens, für Ernährung, Zeugung, Vererbung, für Gesellschaft, Staat, Sitte, Autorität sollten wir diesen Willen nicht als bewegende Ursache auch in der Chemie annehmen dürfen? und in der kosmischen Ordnung? nicht bloß Con-

stanz der Energie: sondern Maximal-Ökonomie des Verbrauchs: so daß das Stärker-werden-wollen von jedem Kraftcentrum aus die einzige Realität ist, – nicht Selbstbewahrung, sondern Aneignung, Herr-werden-, Mehr-werden-, Stärker-werden-wollen.«[106]

So lautet dann im späten Nachlass vom Frühjahr 1888 schließlich Nietzsches weiterer Versuch, selbst die preisgegebene Analogie von Mikrokosmos und Makrokosmos neu zu denken. Entscheidend ist hier vornehmlich zu sehen, dass Nietzsche hier einen Wechsel vollzieht von Kausalitätsmodellen exogenen Typus zu einem neuen »endogenen Typus«, wie Günter Abel präzisiert.[107] Und damit gerät letzterer zwangsläufig ins Zentrum der philosophischen Arbeit.

»Nihilismus« und »Ressentiment«[108] benennen so eine späte, degenerierte, da geschwächte, Entwicklungsphase menschlicher Kultur, in der die »Schaffung innovativer Energie«[109] auf einen Tiefstand gelangt ist. Das Konzept natürlicher Selektion, wie es von Darwin (für Nietzsche) vorgestellt wird, entspricht für Nietzsche nun genau einer solcherart mechanisch verstandenen entropischen Tendenz: Darwins Interpretation repetiert und bestätigt für ihn nur die reaktiven Kräfte des Ressentiments, sowie auch die Nivellierungstendenzen christlich sklavischer Moralkonzeptionen,[110] welche ihm damit gleichermaßen als Verwirklichung entropischer (anorganischer) Natur-Tendenzen erscheinen. Es ist der Mensch in seinem reduktionistischen Selbst-Missverständnis als *bloßes* Naturwesen, der in seinen Modi der Selbst- und Gesellschaftsorganisation einem solcherart deterministischen mechanischen Modell (reaktiver Druck-Stoß-Motorik, wie jene der Hydraulik entnommene Modelle, so beispielsweise symptomatisch bei S. Freud) aus Irrtum, Schwäche und Erschöpfung meint entsprechen zu müssen. G. Vattimo spricht für *diese* Selektionsmechanik reaktiver und bloß *vermeintlicher* Stärke als von einer »Epoche der Grausamkeit«[111], in der zu Recht die Frage nach der Freiheit negativ beschieden wird.

Für Nietzsches Philosophie aber entscheidend wird natürlich die Frage nach dem entwickelten, »gesunden«, aktiven (versus reaktiven) Typus endogener Kraftentfaltung.

»Was mich angeht, das ist das Problem der Rangordnung innerhalb der Gattung Mensch,« so Nietzsche in einem Fragment von Frühjahr 1888, »zwischen menschlichen Typen, die immer dagewesen sind und immer dasein werden. Ich unterscheide einen Typus des aufsteigenden Lebens und einen anderen des Verfalls, der Zersetzung, der Schwäche«.[112] Andersherum formuliert, lautet die Frage dann:

»Hypothese, daß es nur Subjekte gibt – daß ›Objekt‹ nur eine Wirkung von Subjekt auf Subjekt ist ... ein modus des Subjekts«.[113]

Elke Wachendorff

Der Begriff des Subjektes ist damit jedoch ein ganz neuer und anderer geworden, eine »Vielheit von Willen-zur-Macht-Komplexionen und das mit diesen gegebene Interpretations-Geschehen«.[114] Und damit stehen deren Modi in Frage, welche das Maaß des jeweiligen Persönlichkeitsraumes, seine »Sphäre« je bestimmen: »die Sphäre eines Subjektes, beständig wachsend oder sich vermindernd«[115], dieserart differierende Typen dynamisch-energetischer Ökonomien definierend:

»... jedes Kraftcentrum hat für den ganzen Rest seine Perspektive d.h. seine ganz bestimmte Werthung, seine Aktions-Art, seine Widerstandsart. Die ›scheinbare Welt‹ reduzirt sich also auf eine spezifische Art von Aktion auf die Welt, ausgehend von einem Centrum«.[116]

Der differenzierende Modus also besteht in der Intensität, der Tiefe und Stärke ektropischer Transformationskraft, und es stellt sich damit die Frage: »Wie kommen Menschen zu einer großen Kraft und zu einer großen Aufgabe?«[117] »Dieser stärkere Typus ist oft genug schon dagewesen: aber als ein Glücksfall«[118], eine Ausnahme, so heißt es im späten Nachlass. Nietzsches Reflexionen zu vermeintlich ominösen »Züchtungs«-Gedanken werden von ihm eindeutig in dieser Hinsicht präzisiert. Dieser Gedanke ist im übrigen nicht so abwegig und einzigartig wie es scheint: So wurde der Begriff der »Ektropie« als Gegenentwurf zu jenem der Entropie[119] 1900 von Georg Hirth[120] geprägt. Nach Felix Auerbach, Professor der Physik in Jena um 1900, »wirkt die organische Entwicklung der *Entropie* entgegen, d.h. ›ektropisch‹«.[121] Fritz Mauthner resümiert 1910 die Position Felix Auerbachs folgendermaßen:

»Diesen Gegensatz hat Felix Auerbach in einem kühnen Schriftchen ausgesprochen, dessen Tendenz sich schon im Titel verrät: ›Ektropismus oder die physikalische Theorie des Lebens‹. Auerbach setzt sehr fein für die Entropie drei Ausdrücke gleich: Ausgleich, Zerstreuung, Entwertung. ›Die Tendenz der Energie kann zwiespältig sein, sie kann – rein logisch genommen – eine Wandlung zu verstärkter äußerer Wirksamkeit sein und ist alsdann *ektropisch*, oder sie kehrt sich der äußeren Wirksamkeit ab und ist alsdann *entropisch*‹ (S. 21). Das Leben sei die Organisation, die sich die Welt geschaffen hat, zum Kampfe gegen die Entwertung der Energie (S. 38); Entwicklung sei organisierte Fähigkeit, ektropisch zu werden (S. 40); im Menschengeschlechte sei die ektropische Fähigkeit auf den bisher höchsten Punkt gestiegen (S. 48); es sei die Signatur des Individuellen, alles spezifisch Ektropischen, dass es Unwahrscheinliches leiste, dass es die Statistik über den Haufen renne (S. 68).«[122]

»Nur weil er eine neue Fabel vorzuschlagen hat, enthüllen sich die alten Fabeln als solche«, so lautet eine der bis heute leider nicht ins Deutsche übersetzten »Hypothesen zu Nietzsche« von G. Vattimo.[123] Und so gilt Nietzsches programmatische Frage den Modi, Techniken und Typologien solcherart verstandener – ektropischer – Steigerung und Intensivierung einerseits, wie – entropischer – Schwächung und Lähmung andererseits. Nietzsches gesamte sogenannte Affektenlehre kann im Kontext dieses Gedankens gelesen werden, der »Geist der Rache« und des »Ressentiment« können im Hinblick auf ihre entkräftende, schwächende Wirkung im Widerpart zu dem – mit Auerbach – »spezifisch Ektropischen« verstanden und in eine Konzeption dynamischer Affektökonomien eingetragen werden.

»Der Mensch ist das Zeugniß, welche ungeheuren Kräfte in Bewegung gesetzt werden können, durch ein kleines Wesen vielfachen Inhalts […] Wesen, die mit Gestirnen spielen«,[124]

Wesen mit einer unglaublichen Macht, die gar »einen tanzenden Stern gebären zu können.«[125]
Es ist die Frage nach dieser Befähigung und Selbstmächtigkeit zu maximaler Steigerung und Intensivierung transformatorischer Kräfte[126] bis hin zum Maximalentwurf des »Übermenschen«, welche Nietzsches Spurensuche nach dem jeweiligen Typus solcher Umsetzung in den Gestalten differierender Kulturen leitet, um schließlich die Konzeption von »Cultur« und »Stärke«, »Hoher Heilkunst« und »Ökonomie grossen Stils«[127] zu bestimmen.

»Ich schätze den Menschen nach dem *Quantum Macht und Fülle seines Willens: nicht* nach dessen Schwächung und Auslöschung; ich betrachte eine Philosophie, welche die Verneinung des Willens *lehrt*, als eine Lehre der Herunterbringung und der Verleumdung …
– ich schätze die *Macht* eines *Willens* danach, wie viel von Widerstand, Schmerz, Tortur er aushält und sich zum Vortheil umzuwandeln weiß; nach diesem Maaße muss es mir fern liegen, dem Dasein seinen bösen und schmerzhaften Charakter zum Vorwurf anzurechnen«,

so formuliert Nietzsche sein energetisches Konzept und seine eigene Vorliebe und Wertung in einem Nachlassfragment, aufgezeichnet im Herbst 1887.[128]

Nach dieser Konzeption sieht sich hingegen der »Schwache« (der sich als *bloßer* Naturmensch interpretierende) von seinen Bedürfnissen (als Lust wie Leid) mechanisch nach dem – hydraulischen – Prinzip von Druck und Stoß in der Verzettelung in vielfache reaktive Affekte und Ressentiments einer entropischen Zuständlichkeit und Dissipation getrieben. Der meist schmerzhafte Spannungsbogen zweier affektiver Momente wird nurmehr leidvoll als Gegensatz empfunden, dessen Linderungsbegehren zu erfüllen nur derart vorgestellt werden kann, dass es einem harmonistischen, ausgleichenden Ideal zuzuführen sei, in Nietzsches Worten: durch Strategien der Herrschaftsausübung wie z.B. der »Nivellierung«, »Banalisierung«, »Simplifizierung«, und noch mehr: der Barbarisierung.[129]

Aber »im Schmerz ist soviel Weisheit wie in der Lust [...]; dass er weh thut, ist kein Argument gegen ihn, es ist sein Wesen«[130], so dass Ausweichen wie Linderungspraktiken zum einen den Verzicht auf das Potential der (endogenen) leibessprachlichen Selbstmitteilung »großer Vernunft«[131] bedeuten; zum anderen mit der Einengung der Spannungsbögen die Verringerung von Intensitäten einhergeht, welche zur Minimalisierung bis hin zum Verlust der kreativ umsetzbaren Energie führt und damit wesentlich deren *Enteignung* bedeutet.

Der seiner Optionen und Fähigkeiten maximal mächtige »Cultur«-Mensch jedoch strebt dem Wachstum, der Steigerung seiner energetischen dynamischen Quanta zu, erstrebt ganz anders die Maximierung, Vertiefung wie Erweiterung des Spannungsbogens in der Differenzierung und Verfeinerung seiner Wahrnehmungskompetenzen und vornehmlich -amplituden[132] zu maximaler Steigerung einer potentiellen Energie[133], welche ihm zu kreativer »Transfiguration« zur Disposition stehen kann[134]. Diese schöpferische Verwandlung wird nicht chaotisch, dissoziativ, und in diesem Sinne entropisch sein können, dissipativ also nicht im (lateinischen) Sinne als Zerstreuung, sondern im energetischen, dynamisch-transformatorischen Sinne: Schöpferische Verwandlung setzt Konzentration und gezielte Focussierung voraus, wird doch durch sie, projektiv gestaltend eine neue Ordnung, eine neue Struktur gesetzt. Der solcherart energetisch »starke« Mensch (und in *diesem* Sinne Nietzsches Willensmensch) wird Schmerz und Lust als Sprache leibseelischer Selbstmitteilung zu eröffnen und zu verwandeln wissen. Paradigma ist Nietzsche hier der »dramatische« Künstler, die vollendete Gestaltung die attische Tragödie.

Und so steht für Nietzsche dynamische Transfiguration versus substanzialistische Trostvorstellung, versus Kompensation wie Sublimation gleichermaßen, steht ihm energetisches Ökonomiemodell versus materialistisches Mechanismusmodell, welch letzteres nun, energetisch betrachtet, als Inflations- und Konkurspraxis interpretiert werden kann.

Die vielleicht präziseste Darstellung des Gedankens findet sich im Nachlass aus dem Jahre 1887:

> »– mechanistisch betrachtet, bleibt die Energie des Gesammt-werdens constant; ökonomisch betrachtet, steigt sie bis zu einem Höhepunkt und sinkt von ihm wieder herab in einem ewigen Kreislauf; dieser ›Wille zur Macht‹ drückt sich in der A u s - d e u t u n g, in der A r t d e s K r a f t v e r b r a u c h s aus – Verwandlung der Energie in

Leben und Leben in höchster Potenz erscheint demnach als Ziel. Dasselbe Quantum Energie bedeutet auf den verschiedenen Stufen der Entwicklung Verschiedenes:
– das, was das Wachsthum im Leben ausmacht, ist die immer sparsamer und weiter rechnende Ökonomie, welche mit immer weniger Kraft immer mehr erreicht ... Als Ideal das Princip des kleinsten Aufwandes ...
– daß die Welt n i c h t auf einen Dauerzustand hinaus will, ist das Einzige, w a s b e w i e s e n ist. Folglich m u s s man ihren Höhezustand so ausdenken, daß er kein Gleichgewichtszustand ist ...«[135]

Das lebensstrategische Projekt des »Cultur«-Menschen, dessen, welcher »i m G r u n d e g e s u n d i s t«[136], geht im energetischen Ökonomiemodell »großen Stils«[137] auf Verschwendung, Überfluss und Steigerung der aktiven und transformatorischen Kräfte, auf ektropische Maximierung somit. Hierzu ist ein »weises« Affektmanagement erforderlich, welches bedeutet, einerseits »s o w e n i g a l s m ö g l i c h N e i n z u s a g e n«[138], also: reaktive (entropische) Affekte zu vermeiden, andererseits Fülle, Intensität und Ausmaß aktiver (ektropischer) Affekte zu steigern und zu »cultiviren«: »Wir suchen unsere Ehre darin, B e j a h e n d e zu sein.«[139]

Summa

»Ich greife nie Personen an, – ich bediene mich der Person nur wie eines starken Vergrösserungsglases, mit dem man einen allgemeinen, aber schleichenden, aber wenig greifbaren Nothstand sichtbar machen«[140] kann.

»Es sind die Personen zu schildern«,[141] um »von der Art der Befriedigung auf die Art der Noth zu schliessen«,[142] um die Personen im großen Lebensdrama, wenn nicht mehr auf ihre Darsteller als substantielle Handlungssubjekte, so aber nun auf deren formende, gestaltende, bewegende Kräfte hin zu befragen. Denn durch die Maske, die Oberfläche der Erscheinung klingt das *Wie* des energetischen Entwurfes, klingt die Intensität und Amplitude der gestalterischen Kräfte, oder, nun anders formuliert: klingt ihr entropischer und/oder ektropischer Charakter hindurch. Der Altphilologe und Tragödientheoretiker wird bei der lateinischen Herkunft des Wortes *persona* von *per-sonare* = hindurchklingen, ertönen, widerhallen, mit Sicherheit aufgemerkt haben.

»Wir haben leider keine Worte, um das wirklich Vorhandene, nämlich die Intensitäts-grade auf dem Wege zum Individuum, zur ›Person‹ zu bezeichnen«, notiert Nietzsche im Spätsommer 1885[143], und benennt mit »Person«

jetzt im engeren Sinne den gelingenden kreativ-transformatorischen, also: ektropischen – wie hier nun präzisiert werden kann – Entwurf.
In »Menschliches, Allzumenschliches«, I, Aphorismus 95 bereits, »Moral des reifen Individuums« überschrieben, bezeichnet so die »Reife« gerade die Forderung nach solcherart *persönlichen* Handlungen[144]. Doch meistens begegnen

> »a) [...] Epidermal-Handlungen. Nichts ist seltener als eine Personal-Handlung. Ein Stand, ein Rang, eine Volks-Rasse, eine Umgebung, ein Zufall – Alles drückt sich eher noch in einem Werke oder Thun aus, als eine ›Person‹«,

so Nietzsche, resignierter und hoffnungsloser vielleicht, in einem Nachlassfragment vom Herbst 1887,[145] und er fährt fort:

> »b) man soll überhaupt nicht voraussetzen, daß viele Menschen ›Personen‹ sind. Und dann sind Manche auch mehrere Personen, die Meisten sind keine. Überall, wo die durchschnittlichen Eigenschaften überwiegen, auf die es ankommt, daß ein Typus fortbesteht [also entropische Selbsterhaltung, EW], wäre [ektropisches, EW] Person-Sein eine Vergeudung, ein Luxus, hätte es gar keinen Sinn, nach einer ›Person‹ zu verlangen. Es sind Träger, Transmissions-Werkzeuge.«

um schließlich mit schmerzlicher Ironie zu folgern:

> »c) die ›Person‹ ein relativ isolirtes Faktum; in Hinsicht auf die weit größere Wichtigkeit des Fortflusses und der Durchschnittlichkeit somit beinahe etwas Widernatürliches«,

nein: widernatürlich Gewordenes!
Gerade deshalb steht für Nietzsche im kommenden »Zeitalter der Vergleichung«[146], wie in »Menschliches, Allzumenschliches«, I, Aphorismus 23, bereits gefordert, grundsätzlich das Ergreifen der strategischen *Entscheidung* an, und das Bewußtsein vornehmlich für die in jedem Falle und unausweichlich geschehende Entscheidung. Und diese Forderung findet ihren unmissverständlichen Ausdruck sowohl bereits im frühen Nachlass als auch im letzten veröffentlichten Werk »Ecce homo«:

> »Der Vorzug unserer Cultur ist die *Vergleichung*. Wir bringen die verschiedensten Erzeugnisse älterer Culturen zusammen und schätzen ab; *dies* gut zu machen ist unsere Aufgabe. Unsere Kraft soll sich zeigen, wie wir *wählen*; wir sollen Richter sein«[147],

wir, wie auch Nietzsche selbst:

»ich *kann* erst entscheiden. Wie als ob in mir ein *zweites Bewusstsein* gewachsen wäre«.[148]

Das »*Zeitalter der Vergleichung*«[149] der strategischen Optionen und der rechten Entscheidung ist somit zugleich auch als die »Aufgabe« für eine neuerliche »Cultur«-Entwicklung dem post-nihilistischen Menschen anheimgestellt. Es lassen sich abschließend somit folgende Ergebnisse aus der vorliegenden Untersuchung zusammenstellen:

1   Vollzieht Nietzsches Philosophie in der Tat eben jenen Paradigmenwechsel von mechanistischen hin zu dynamischen Selbst- wie Welt-verhältnismodellen, welchen K. Ansell Pearson mit M. Serres zwar für Carnot und Clausius betonen, auf Nietzsche jedoch noch nicht erweitern möchte;

2. gelingt es Nietzsche darüber hinaus bereits 1873 durch präzise und fundierte Lektüre und Reflexion zur Entwicklung eines kritischen Verständnisses und einer Weiterentwicklung des ihm bei Lange begegnenden »Dynamismus« zu gelangen, welche ihn bis an die Grenzen einer frühzeitigen Vorwegnahme Einsteinscher Einsichten zu führen vermögen (im Fragment »Bewegung in der Zeit«[150]);

3. gelingt Nietzsche mit dem Entwurf des Gedankens »ektropischer« Gegenläufigkeit (mit einem 1900 von Georg Hirth geprägten Ausdruck) im Widerpart zum »Nihilismus« (gedacht als Entropismus) deterministischer Weltentwürfe, dem Denken und Handeln neuerliche Freiheitshorizonte zu eröffnen, und dies nicht nur in spekulativer Hinsicht, sondern in Hinsicht auf eine sowohl physiologische als auch kosmologische naturwissenschaftliche Fundierung;

4. reduziert sich für Nietzsche im Gedanken der »Vergleichung« die ihm einzig wesentliche, nun erst dem Bewußtsein zugängliche, damit der Verantwortung wie Verpflichtung jedoch zugleich auch aufgegebene Entscheidungssituation der Freiheit auf zwei grundsätzlich differierende affekt- und triebökonomische Ansatztypen;

5. stellt Nietzsche in der Frage nach der »Person« explizit den Einzelnen in die Frage nach dem Typus eben dieser seiner je eigenen dynamischen Konstellation *als* Entscheidung, nach dem Typus seiner je eigenen energetischen Bilanzierung, und damit nach seinem je gewählten wie zu verantwortenden dynamischen Freiheitsgrad;

6. eröffnet sich im Gedanken der »Rangordnung« der Bilanzen damit die Unterscheidung der Gegenläufigkeit ihrer als Gestalten des »Willens zur Macht«: zum einen in der (agonalen) Autarkie des schöpferischen Geistes, zum anderen in der »Grausamkeit« der unterschiedlichsten (repressiven) Herrschaftsverhältnisse des »gebundenen Geistes«.

(10.11.2000)

Anmerkungen

[1] FN, Fragmente 1885–1887, in: KSA 12/315. – Friedrich Nietzsches Texte werden im Vorliegenden ausschließlich aus der »Kritischen Studienausgabe der Werke« KSA, herausgegeben von G. Colli und M. Montinari, Berlin/NY ²1988, zitiert unter Angabe von Bandnummer/Seitenzahl. Desgleichen wird aus seinen Briefen zitiert nach der »Kritischen Studienausgabe sämtlicher Briefe Nietzsches« KSB, herausgegeben von G. Colli und M. Montinari, Berlin/NY 1986. Von ihm einmal unterstrichene Worte (in KSA/KSB gesperrt) erscheinen gesperrt gedruckt, von ihm zweimal unterstrichene Worte (in KSA/KSB kursiv) in *kursiv*. – Siehe hierzu auch G. Vattimo, Jenseits vom Subjekt, (1985) 1986, S. 82; G. Vattimo, Nietzsche, 1992, S. 82; sowie E. Wachendorff, Friedrich Nietzsches Strategien der »Noth-wendigkeit«. 1998, S. 57.

[2] G. Vattimo, Nietzsche, 1992, S. 87.

[3] G. Vattimo, Die transparente Gesellschaft (1989) 1992, S. 84; sowie: derselbe, Nietzsche, 1992, S. 84; siehe KSA 9/212, 12/391.

[4] G. Vattimo, Nietzsche, 1992, S. 87.

[5] G. Vattimo, Nietzsche, 1992, S. 83.

[6] R. Knodt, Friedrich Nietzsche, Die ewige Wiederkehr des Leidens, Selbstvernichtung und Freiheit als Problem seiner Ästhetik und Metaphysik, Bonn 1987, S. 191; R. Knodt widerspricht dieser These selbst, wenn er die Leiblichkeit des Schmerzes im Gegenzug (!) zur Intellektualität hierfür in Anspruch nehmen will.

[7] s. z.B. KSA 5/61. Siehe a. E. Wachendorff, 1998, S. 46, sowie S. 116ff.

[8] KSA 12/395.

[9] KSA 2/370.

[10] KSA 14/160, siehe 3/633; Siehe hierzu E. Wachendorff, 1998, S. 125ff.

[11] KSA 6/274, s. E. Wachendorff, 1998, S. 40.

[12] siehe hierzu ausführlich: E. Wachendorff, 1998, S. 176, s. Kap. 5.7. und 5.8.

[13] siehe hierzu: E. Wachendorff, Friedrich Nietzsches Gedanke der »aesthetischen Thätigkeit«, in: V. Gerhardt und R. Reschke (Hrsg.), Nietzscheforschung, Bd. 5/6, Berlin 2000, 501–520, sowie E. Wachendorff 1998, vornehmlich Kap. 6.

[14] KSA 8/106, 8/524, 8/99.

[15] KSA 1/506, 1/149, 3/347.

[16] KSA 8/493, 8/524.

[17] KSA 1/369f., s. hierzu auch J. Mohr, Der Mensch als Schaffender. Nietzsches Grundlegung eines neuen Selbstverständnisses des Menschen, Bern 1977, S. 24: »Die Persönlichkeit, die Denkart steht im Mittelpunkt«, sowie S. 27; siehe auch E. Wachendorff, 1998, S. 127ff.

[18] s. a. E. Wachendorff, 1998, S. 57ff., S. 281ff.; Schopenhauers »Leiden« am »Dasein«, am »Leben«, an »der Welt«, entdeckt als sein »An-sich-selber-Leiden« (KSA 6/374), wird Nietzsche somit zum »Leiden« der Person Schopenhauer an der Metaphysik als eines persönlichen Glaubensaktes und insofern metaphysischem »Leiden« zugleich.

[19] KSA 8/417f.

[20] KSA 1/434, KSA 15/65; s. a. E. Wachendorff, 1998, S. 306.

[21] C. P. Janz, Friedrich Nietzsche, Biographie, 3 Bde, München 1981, Bd. I, in Bezug auf Nietzsches auffallend frühes Verfassen autobiographischer Skizzen:

I., S. 55, S. 63; in Bezug auf Musik: I., S. 91; in Bezug auf Schopenhauer: I., S. 182, S. 196; auf Lange: I., S. 198; auf Demokrit: I., S. 229; auf E. Windisch: I., S. 241; u.s.f.

22 So z.B. a. C. P. Janz, 1981, I., S. 17ff.; Aus diesem Zusammenhang erklärt sich auch die bis heute leider sehr begrenzte Rezeption des unterschätzten Werkes Lou A.-Salomés, s. dazu a. K. Ansell-Pearson, Toward the *Übermensch*, in: Nietzsche-Studien 23, Berlin/NY 1994, S. 123-145, S. 123f.

23 G. Colli in: KSA 6/452.

24 G. Colli in: KSA 6/449ff.

25 L. Andreas-Salomé, Friedrich Nietzsche in seinen Werken, Frankfurt a.M./Leipzig 1994, S. 17, zu einem »ungeheuren Wahn« führend, ebenda, S. 32.

26 »Und gewiß hat es etwas zu bedeuten, wenn der erste lebende Stilist dies von sich selber sagt« so gleich der Auftakt L. Andreas-Salomés in ihrem auffallend diffizil und klar wahrnehmenden Nietzsche-Buch, welches darüber hinaus jedoch an philosophischer Durchdringung und Interpretation leider enttäuschen muss.

27 Wie dieser Zusammenhang ganz anders gedeutet und fruchtbar gemacht werden kann, zeigt beispielsweise A. Nehamas' Studie aus den 80er Jahren, wonach die Nietzsche-Rezeption ganz allgemein in eine neue, kreativere Phase getreten zu sein scheint, A. Nehamas, Life as Literature. Cambridge 1985, Leben als Literatur, Göttingen 1991.

28 Jenseits von Gut und Böse 34, FN, KSA 5/52.

29 L. Andreas-Salomé stellt ihrem Buch die Kopie eines Briefes voran, welchen Nietzsche aus Leipzig, vermutlich am 16.09.1882 an sie sandte, mit folgendem bezeichnenden Beginn: »Meine liebe Lou, Ihr Gedanke einer Reduktion der philosophischen Systeme auf Personal-Acten ihrer Urheber ist recht ein Gedanke aus dem ›Geschwistergehirn‹: ich selbst habe in Basel in d i e s e m Sinne Geschichte der Philosophie erzählt und sagte gerne meinen Zuhörern: ›dies System ist widerlegt und todt – aber die P e r s o n dahinter ist unwiderlegbar, die Person ist gar nicht todt zu machen‹ – zum Beispiel Plato.« L. Andreas-Salomé, 1994, S. 24, S. 298f.

30 Siehe hierzu auch E. Wachendorff, 1998, S. 40; Zum Begriff der *Person* vgl. ferner a. M. Müller, W. Vossenkuhl, Person, in: Handbuch Philosophischer Grundbegriffe, Hrsg. H. Krings, H. M. Baumgartner, Ch. Wild, München 1973, S. 1059-1070.

31 KSA 8/433f. s. a. E. Wachendorff, 1998, S. 263ff.

32 KSA 6/355, s. a. KSA 14/472, 15/195, 6/437.

33 C. P. Janz, 1981, I., S. 23.

34 C. P. Janz, 1981, I., S. 319.

35 C. P. Janz, 1981, I., S. 179f.

36 C. P. Janz, 1981, I., S. 195ff.; in der Anmerkung nennt C. P. Janz allerdings irrtümlich Wiederauflagen von der erheblich restrukturierten und erweiterten zweiten Ausgabe des Buches von 1887, C. P. Janz, 1981, I., S. 201.

37 C. P. Janz, 1981, I., S. 198.

38 C. P. Janz, 1981, I., S. 201; Es handelte sich hierbei um die vierte Auflage der zweiten Version; siehe dazu ausführlicher J. Salaquarda, Nietzsche und Lange, in: Nietzsche-Studien 7, Berlin 1978, S. 240, Anm. 20; sowie W. Müller-Lau-

ter, Der Organismus als innerer Kampf, in: Nietzsche-Studien 7, Berlin 1978, S. 193, Anm. 16.
39 in Nietzsche-Studien 17, Berlin 1988, S. 539–554.
40 G. J. Stack, Lange und Nietzsche, Monographien und Texte zur Nietzsche-Forschung, Bd. 10, Berlin/NY, 1983.
41 London/New York 1997.
42 gehalten in Sils Maria am 2.10.1999.
43 K. Ansell Pearson, 1997, S. 86, und S. 86, Anm. 3.
44 F. A. Lange, Geschichte des Materialismus und Kritik seiner Bedeutung in der Gegenwart, Iserlohn 1866, S. 397–403. Erstaunlicherweise wird Lange auch von G. Abel in seinem ausgezeichneten Aufsatz nicht genannt: G. Abel, Nietzsche contra ›Selbsterhaltung‹. Steigerung der Macht und Ewige Wiederkehr, in: Nietzsche-Studien 10/11, Berlin/NY 1981/82, S. 367–408.
45 Zweites Buch, zweiter Abschnitt, Kapitel IV. Ich werde mich im Folgenden unter Berücksichtigung der ersten Ausgabe auf letztere Ausgabe beziehen, zitiert nach der erweiterten Ausgabe von 1873/75 in: Geschichte der Philosophie, Digitale Bibliothek Bd. 3, Berlin 1998, DB-3.
46 So wenn er z.B. in seinem Paper schreibt: »Indeed, it is evident in *Beyond Good and Evil* (Jenseits von Gut und Böse) that Nietzsches's recognition of his own singular task as a philosopher emerges out of his engagement with ›Englishmen‹, the ›unphilosophical race‹ *par excellence*« und neben Darwin Hobbes, Hume, Locke, Mill und H. Spencer nennt, 1999, S. 7, S. 13.
47 H. Treiber, Paul Rée, in: Ottmann, H. (Hrsg.), Nietzsche-Handbuch, Stuttgart 2000, S. 44ff.
48 Paul Ree und Lou v. Salomé verwirklichten diese Pläne schließlich allein, ohne Nietzsches Beteiligung, siehe u.a. L. Andreas-Salomé 1994, S. 14f., sowie E. Pfeiffer (Hrsg.), F. Nietzsche, P. Rée, L. v. Salomé. Die Dokumente ihrer Begegnung, Frankfurt/Main 1970, S. 156, S. 434f.
49 KSA 8/257ff., 3/585f., 3/598f., 5/254f., 6/120f., 6/298, 10/163, siehe hierzu auch G. Abel 1981/82, S. 372ff.
50 K. Ansell Pearson 1997, S. 179.
51 K. Ansell Pearson 1997, S. 186.
52 »Dass unsre modernen Naturwissenschaften sich dermaassen mit dem Spinozistischen Dogma verwickelt haben (zuletzt noch und am gröbsten im Darwinismus mit seiner unbegreiflich einseitigen Lehre vom ›Kampf um's Dasein‹ –)« in: KSA 3/585. Zu Nietzsche-Spinoza siehe G. Abel, 1981/82, v.a. S. 368, S. 370f. Ganz zu Recht betont G. Abel die eigentlich für Darwin ganz andere maßgebende Fragestellung nach dem *Ursprung* der Arten, nach ihrer Entstehung und Entfaltung (The *Origin* of species!), und somit eine Fragestellung, welche Nietzsche, wohlbedacht, durchaus entsprechen konnte (Abel, 1981/82, S. 373). Auch ist Darwins »Kampf ums Dasein« nicht nur als eine »späte Veranstaltung« bei eingetretener »Stabilität« der internen Herrschaftsverhältnisse« (ebenda, 369) deutbar, sondern durchaus als dynamischer Kampf um Optionen und Chancen des Wachstums.
53 F. A. Lange 1866, S. 357ff.; Dieses Kapitel wurde in der zweiten Ausgabe erweitert und aufgeteilt in die Kapitel II: »Kraft und Stoff«, und III: »Die naturwissenschaftliche Kosmogonie«.

54 »Wir wechselten eine Reihe von Briefen über diesen Gegenstand [die Studienaufenthalte], und immer ging aus Nietzsches Äußerungen die irrthümliche Meinung hervor, als sei es möglich, auf Grund physikalischer Studien und der Atomenlehre, eine wissenschaftlich unverrückbare Basis dafür zu gewinnen«, berichtet L. Andreas-Salomé: der Grund des Nietzscheschen Interesses aber lag – mehr noch denn früher – darin, am Studium seinen Geist zu schärfen und seine Philosophie auf ihre Belastbarkeit hin zu prüfen. L. Andeas-Salomé, in: E. Pfeiffer (Hrsg.), 1970, S. 434f.
55 F. A. Lange, 1998, DB-3, S. 4403ff.
56 F. A. Lange, 1998, DB-3, S. 4408ff.; Der Gedanke findet sich noch ausführlicher in der ersten Ausgabe: »Der Materialismus der Alten führte streng das Prinzip der Anschaulichkeit durch. Nur Empedokles verband die Atome durch *Liebe und Hass*.« Zur Affinität der Scholastiker fügt Lange Lucrez (Magnetismus), Gilberti (Attraktionserscheinungen), und die Mystik der Alchemisten hinzu (affinitas als qualitas occulta) und nennt die Attraktion als »Trieb nach Verbindung«: »amicitia«, Lange 1866, S. 360f. und 1998, DB-3, S. 4410.
57 siehe KSA 14/350.
58 G. Colli/M. Montinari in: KSA 15/48; sowie Zöllner, Natur der Kometen, H. Kopp, Geschichte der Chemie, A. Ladenburg, Vorträge über die Entwicklung der Chemie, C. F. Mohr, Allgemeine Theorie der Bewegung und Kraft, J. H. Mädler, Der Wunderbau des Alls, Pouillet, Eléments de Physique; siehe hierzu: C. P. Janz, I, S. 555.
59 Schlechta/Anders, Friedrich Nietzsche, Über die verborgenen Anfänge seines Philosophierens, Stuttgart/Bad Cannstatt, ²1964, S. 128, führen die Bekanntschaft auf Nietzsches Fechner-Lektüre zurück, doch scheint mir dies weniger plausibel zu sein; s. a.: C. Zittel, Naturwissenschaft, in: Ottmann, H. (Hrsg.), Nietzsche-Handbuch, Stuttgart, 2000, S. 404–409.
60 KSA 5/26; s. a. 9/643.
61 KSA 11/266; Boscovich war allerdings nicht Pole, sondern Dalmatier (siehe KSA 14/654); Nietzsche, der selbst die Groß-kopernikanische Wende der Umwertung aller Werte vollzogen haben wollte, stilisierte sich vielleicht deshalb in späteren Jahren ebenfalls zum Polen. Auch F. Chopin gehörte zu den bewunderten Polen, KSA 2/618, 9/681, 6/290, 6/420, sowie G. Colli/M. Montinari in: 15/208.
62 Sommer–Herbst 1884, KSA 11/231. Entsprechend schreibt Nietzsche auch in einem Brief an P. Gast am 20.03.1882 über das »Vorurtheil vom ›Stoffe‹: »Seit ihm [Boscovich] giebt es keinen Stoff mehr, es sei denn als populäre Erleichterung. Er hat die atomistische Theorie zu Ende gedacht.« In: E. Pfeiffer (Hrsg.), 1970, S. 453.
63 F. A. Lange, 1998, DB-3, S. 4444; siehe auch: KSA 13/260, 13/370, 13/373, 13/374.
64 KSA 7/575–579.
65 Siehe KSA 14/547; Das Buch von African Spir, Denken und Wirklichkeit, Bd. 1, Leipzig 1873, hatte Nietzsche aus der Basler UB am 13.3.1873 ausgeliehen, siehe KSA 14/547; J. C. F. Zöllner, Über die Natur der Kometen, Beiträge zur Geschichte und Theorie der Erkenntnis, Leipzig ²1872, befand sich in Nietzsches Bibliothek seit 1873, siehe KSA 14/549; s. a.: KSA 1/795, 11/89.
66 F. A. Lange, 1998, DB-3, S. 4415.
67 F. A. Lange, 1998, DB-3, S. 4420.

68 F. A. Lange, 1998, DB-3, S. 4421.
69 So auch schon in Lange, 1866, S. 365.
70 F. A. Lange, 1998, DB-3, S. 4424f.
71 F. A. Lange, 1998, DB-3, S. 4432, S. 4413, S. 4445f.
72 KSA 5/28.
73 F. A. Lange, 1998, DB-3, S. 4433, S. 4432, S. 4443ff.
74 F. A. Lange, 1998, DB-3, S. 4445ff., S. 4455f., S. 4463ff.; sowie Lange, 1866, S. 374, S. 366, S. 379f., »sinnlich« hier im Sinne von vermeintlicher Substantialität; »Die Sache ist die, daß in unseren gegenwärtigen Naturwissenschaften überall die Materie das Unbekannte, die Kraft das Bekannte ist.[...] Das ›Ding‹ ist aber in der Tat nur der ersehnte Ruhepunkt für unser Denken. [...] dessen Annahme eine Dichtung unseres Gemütes ist, aber wie es scheint, eine nothwendige, durch unsere Organisation gebotene«, »richtiger durch eine notwendige Dichtung, eine mit psychischem Zwang eintretende Personification«, anstelle einer – mit Lange – von Helmholz gedachten »zweiten Abstraktion«; F. A. Lange, 1998, DB-3, S. 4460f. und S. 4464, sowie Lange, 1866, S. 377 und S. 379.
75 F. A. Lange, 1998, DB-3, S. 4440.
76 F. A. Lange, 1998, DB-3, S. 4449.
77 F. A. Lange, 1998, DB-3, S. 4452.
78 F. A. Lange, 1998, DB-3, S. 4459, und Lange, 1866, S. 377. Die Bewertung, dieser Satz sei »so ungleich wichtiger, als das Gesetz von der Erhaltung der Materie« (DB-3, S. 4460) fehlt in der ersten Ausgabe von 1866 noch.
79 F. A. Lange, 1998, DB-3, S. 4462; gemeint sind die Äquivalentgewichte als nur relative Bezugsgrößen.
80 F. A. Lange, 1998, DB-3, S. 4470.
81 F. A. Lange, 1998, DB-3, S. 4471f.
82 Die von Zittel mit Bauer, 1976, formulierte Brücke von Mayers »Konstanzprinzip« zu Nietzsches Gedanken der Ewigen Wiederkehr kann hier nicht explizit aufgegriffen und thematisiert werden, sie müsste im Kontext des hier Explizierten jedoch als durchaus komplexer und differenzierter angesehen werden, namentlich im Hinblick auf Nietzsches Spinozakritik, die ja im Wesentlichen Kritik des Selbsterhaltungsprinzips ist (siehe z.B.: KSA 9/517), sowie im Hinblick auf den Nietzsche sehr wohl präsenten – wenn auch nicht explizit so benannten – kosmischen Entropie-Gedanken, der ihm bereits durch Lange, 1866, 386ff., 388 z.B. mit Helmholz begegnet war. (z:B.: KSA 9/451). Siehe hierzu vornehmlich KSA 13/370, 13/274. Siehe Zittel, a.a.O., 407, sowie M. Bauer, Zur Genealogie von Nietzsches Kraftbegriff, Nietzsches Auseinandersetzung mit J. Vogt, in: Nietzsche-Studien 13, Berlin 1984, S. 211–227, sowie A. Mittasch, Friedrich Nietzsche als Naturphilosoph, München 1952, S. 102–149.
83 F. A. Lange, 1998, DB-3, S. 4482f. und Anm. 448, S. 4485, S. 5245, Anm. 407, S. 5273, Anm. 450.
84 F. A. Lange, 1998, DB-3, S. 4485; s. a.: S. 4437, S. 4452f., S. 4485, S. 5266, s. Anm. 434, S. 5273 sowie Anm. 451; Lange bemerkt übrigens in Anm. 434, dass Clausius ohne historische Anregung auf seine Idee gekommen sei: die Folgerung lag offensichtlich nahe, und könnte so auch von Nietzsche aus dem, was er in Langes erster Ausgabe lesen konnte, möglicherweise gefolgert worden sein.
85 K. Ansell Pearson, 1997, 179ff.

⁸⁶ K. Ansell Pearson, 1997, 180.
⁸⁷ Das war nach K. Ansell Pearson die große Entdeckung Boltzmanns. Gleichzeitig gehört die Vorstellung des Hitzetodes zu diesem Paradigma. Die Zeit rückt erneut ins Zentrum naturwissenschaftlicher Überlegungen. Auch hier wittert Nietzsche Residuen apokalyptischer – und damit »moral-theologischer« – Visionen; K. Ansell Pearson, 1997, 86f. sowie 180; vgl. hierzu E. v. Hartmann, Entropie als Welterlösung, in: R. Eisler, Philosophen-Lexikon, Leben, Werke und Lehren der Denker, 1912, 598ff., v.a. 605, nach Digitale Bibliothek, Bd. 3, Berlin, 1998, 17530ff., 17537.
⁸⁸ M. Serres, Hermes: Literature, Science, and Philosophy, Baltimore 1982, 71, s. K. Ansell Pearson, 1997, 1980, 180.
⁸⁹ K. Ansell Pearson, 1997, 181.
⁹⁰ Alles Wissen ist umgeben von dem, wovon wir keinerlei Information haben«, so formuliert Serres neu die solcherart neu zu denkende, »neg-entropisch« genannte Situation; M. Serres, a.a.O., 1982, 83; Neg-entropie bezeichnet in der Informationstheorie den mittleren Informationsgehalt einer Nachricht, s. a.: K. Ansell Pearson, 1997, 179f.
⁹¹ Siehe Nietzsche an Heinrich Köselitz 10.4.1881, KSB 6/81ff.
⁹² 16.4.1881, KSB 6/84, benannt als eine »*Harmonie der Sphären*«; s. a. KSA 14/644 und G. Colli/M. Montinari in: KSA 15/116;
⁹³ Siehe C. Zittel, a.a.O., 407, sowie E. Pfeiffer (Hrsg.) 1970, S. 453.
⁹⁴ KSA 9/451, Frühjahr–Herbst 1881.
⁹⁵ »Wenn ich an meine philosophische Genealogie denke, so fühle ich mich im Zusammenhang [...] ebenso mit der mechanistischen Bewegung (Zurückführung aller moralischen und aesthetischen Fragen auf physiologische, aller physiologischen auf chemische, aller chemischen auf mechanische) doch mit dem Unterschied, dass ich nicht an »Materie« glaube und Boscovich für einen der großen Wendepunkte halte, wie Copernicus; dass ich alles Ausgehen von der Selbstbespiegelung des Geistes für unfruchtbar halte und ohne den Leitfaden des Leibes an keine gute Forschung glaube«, KSA 11/266.
⁹⁶ »– Kurz, hier wie überall, Vorsicht vor überflüssigen teleologischen Principien! – wie ein solches der Selbsterhaltungstrieb ist (man dankt ihn der Inconsequenz Spinoza's –)« KSA 5/28 sowie 11/266.
⁹⁷ G. Vattimo, Nietzsche, 1992, 95.
⁹⁸ KSA 12/91.
⁹⁹ GM II, 16, KSA 5/323.
¹⁰⁰ zur Beziehung von Quantität und Qualität bei Nietzsche siehe E. Wachendorff, 1998, Kap. 5. 4. 1., S. 150ff., vornehmlich 146, A. 749 sowie 154, A. 786.
¹⁰¹ GM II, 1, KSA 5/291.
¹⁰² als »*Verinnerlichung*« in der Wendung der Instinkte nach Innen, GM II, 16, KSA 5/322.
¹⁰³ in der »Kriegserklärung gegen die alten Instinkte«, GM II, 16, KSA 5/323.
¹⁰⁴ Erstmals in KSA 8/319f. Siehe hierzu ausführlich auch: E. Wachendorff, 1998, Kap. 4. 3., vornehmlich 124f.
¹⁰⁵ KSA 5/27, s. a.: 12/91.
¹⁰⁶ KSA 13/261; siehe dazu auch G. Abel, 1981/82, 371.
¹⁰⁷ G. Abel, 1981/82, 372ff.; Der formulierten Ablehnung von Modellen einer causa

finalis wie causa efficiens durch Nietzsche setzt Abel jedoch merkwürdigerweise nicht die naheliegende Reflexion auf eine mögliche causa immanens zur Seite. Siehe hierzu jedoch: E. Blondel, Vom Nutzen und Nachteil der Sprache für das Verständnis Nietzsches: Nietzsche und der Französische Strukturalismus, in: Nietzsche-Studien 10/11, Berlin/NY 1981/82, 518–564, 520. Der Gedanke wesentlicher Systemimmanenz sinngebender wie ordnungsstiftender Strukturen für die Gesellschaft wie für die Sprache bei Blondel wird hier nun gerade auf Nietzsches Gedanken der »Person« in der Vorgängigkeit von Sprache wie Gesellschaft zugleich rückbezogen.
108 G. Vattimo, Nietzsche, 1992, 83.
109 M. Serres, 1982, 71, s. K. Ansell Pearson, 1997, 180.
110 K. Ansell Pearson, 1997, 88 sowie 186, 188, allerdings dort nicht mit Nietzsche.
111 G. Vattimo, Nietzsche, 1992, 95.
112 KSA 13/480.
113 KSA 12/395.
114 G. Abel, 1981/82, 381, 374ff.
115 KSA 12/391; s. bereits 9/313: »Ebenso hat jede Kraft ihre Sphäre [...] eine Sphäre der Beschränktheit. [...] Also die Beschränktheit der Kraft, und da immer weiter in Verhältniß Setzen dieser Kraft zu andern ist ›Erkenntniß‹. Nicht Subjekt zu Objekt: sondern etwas Anderes. [...] Erkenntniß ist wesentlich Schein«.
116 KSA 13/370, Frühjahr 1888. Siehe hierzu auch G. Vattimo, 1986, 72 sowie E. Wachendorff, 1998, 107f. A. 539.
117 KSA 11/260.
118 KSA 13/480.
119 »Entropie heißt die (von Clausius u.a.) gelehrte Tendenz der fortschreitenden Verwandlung actueller in potentielle Energie, die schließlich einen Stillstand im Universum herbeiführen soll«, R. Eisler, Wörterbuch der philosophischen Begriffe, ¹1899, ²1904, I, 272, nach Digitale Bibliothek, Bd 3, Berlin, 1998, 757.
120 Die Ektropie der Keimsysteme, 1900, 66, s. R. Eisler, Philosophenlexikon, 1912, S. 877, Nachtrag, nach Digitale Bibliothek, Bd. 3, Berlin, 1998, 2243; sowie F. Mauthner, Wörterbuch der Philosophie, ¹1910/11, Bd. 2, 626, Fn. 1, sowie ²1923, Fn. 102, nach Digitale Bibliothek Bd. 3, Berlin, 1998, 3045; der Begriff jedoch nach F. Mauthner bereits in der Antike gebräuchlich.
121 In »*Ektropismus* oder die physikalische Theorie des Lebens«, um 1900, s.: F. Mauthner, Wörterbuch der Philosophie, ¹1910/11, Bd. 2, 626, ²1923, Bd. 3, 494, nach DB-3, S. 3045; sowie R. Eisler, Philosophenlexikon, 1912, 861, Nachtrag, nach DB-3, S. 2196;
122 F. Mauthner, Wörterbuch der Philosophie, ¹1910/11, Bd. 2, 626ff., ²1923, Bd. 3, 493ff., nach DB-3, S. 3045ff. Auch im allgemeinverbreiteten »dtv-Lexikon« steht im Übrigen unter »Entropie« zu lesen: »In einem *offenen System*, das durch Stoffaustausch mit seiner Umgebung verbunden ist (z.B. ein lebender Organismus), kann die E. sowohl zunehmen wie gleichbleiben oder abnehmen. Trotz der laufenden Aufnahme und Abgabe von Materie und Energie auf mikroskop. Ebene kann der makroskop. Zustand des offenen Systems stationär werden (*Fließgleichgewicht*)«, dtv-Lexikon in 20 Bänden, Mannheim u. München 1982, 1992, Bd. 5, S. 81.
123 G. Vattimo, Ipotesi su Nietzsche, Torino 1967, 78f. zu: »Wie die ›wahre Welt‹

endlich zur Fabel wurde«, *Götzendämmerung* (in: KSA 6/80f.), s. a.: 66ff., 135, 145, 155.
124 KSA 12/40.
125 KSA 4/18.
126 Als der gelingenden Entfaltung ektropischer Potentiale.
127 KSA 6/167, s. a.: 6/436, 12/519, 13/293; s. hierzu: E. Wachendorff, 1998, S. 235ff.
128 KSA 12/524; s. a. G. Vattimo, Nietzsche, 1992, S. 84.
129 KSA 8/306, Machtausübung als der misslingenden Ektropie-Entfaltung; s. a. E. Wachendorff, 1998, S. 254.
130 KSA 3/550, s. a. 13/33f.
131 KSA 4/39ff., s. a. E. Wachendorff, 1998, S. 157ff.
132 Die berühmten »Nuancen«! KSA 8/79; s. a.: E. Wachendorff, 1998, S. 158f.
133 Und in diesem Sinne ist die wohl etwas unglückliche Formel vom »Willen zur Macht« zu verstehen. Nietzsche verwendet in diesem Sinne häufig, vornehmlich aber im »Zarathustra«, die Metapher des Baumes. »Meine Vorstellung ist, daß jeder spezifische Körper danach strebt, über den ganzen Raum Herr zu werden und seine Kraft auszudehnen (– sein Wille zur Macht:) und Alles das zurückzustoßen, was seiner Ausdehnung widerstrebt«, so verdeutlicht Nietzsche in einem späten Nachlass-Fragment den Gedanken (KSA 13/374)
134 KSA 3/349, 2/349, 5/356; s. a.: E. Wachendorff, 1998, 149, 240ff.
135 KSA 12/535; Der Gedanke der »ewigen Wiederkehr« ist hier eindeutig auf die energetische Ökonomie schöpferischer Tätigkeit bezogen: Eine kosmologische Ausdeutung, welche dem nicht Rechnung trägt, muss damit entschieden abgelehnt werden. Siehe hierzu auch E. Wachendorff, 1998, Kap. 7.1., 7.2. S. 237ff. sowie Kap. 7.8., S. 266ff.
136 KSA 6/266.
137 KSA 6/167, s. a.: 6/436, 12/519, 13/293.
138 KSA 6/292, 13/233.
139 KSA 6/87, s. a.: E. Wachendorff, 1998, Kap. 7.1., S. 237ff. – Ich erinnere hier nochmals an die bereits zitierte Stelle aus einem Brief an Lou v. Salomée: »›dieses System ist widerlegt und todt – aber die Person dahinter ist unwiderlegbar, die Person ist gar nicht todt zu machen‹ – zum Beispiel Plato«, zum Beispiel Schopenhauer, zum Beispiel Wagner: unsterblich bleibt ihm die unglaubliche transformatorische Schaffenskraft des Genius in seinen Schöpfungen, selbst wenn diese selbst reaktive Affekten propagieren mögen.
140 KSA 6/274.
141 KSA 8/106, 8/524, 8/99.
142 KSA 1/506, 1/149, 3/347.
143 KSA 11/631.
144 KSA 2/91.
145 KSA 12/491f.
146 KSA 2/44ff., 6/355; siehe auch: 8/115, 8/117 u.a.
In diesem Sinne wird dann die Aussage zur Frage der »Verantwortung« verständlich als mangelnde Verantwortungs-Fähigkeit des bisher noch Entscheidungs-unfähigen Menschen (s. 2/103ff., s. a.: 12/212, 12/125). Diese bedeutet damit zugleich auch die Fähigkeit, »die Entscheidung aussetzen [zu] können« als Erlangung der Souveränität der Entscheidungsbefähigung überhaupt (6/109).

Siehe hierzu auch: G. Vattimo, 1967, S. 76ff., S. 79–81, S. 143 (zum Gedanken der Lebensmöglichkeiten), S. 81–86 (zum Gedanken der Verantwortungsfähigkeit), sowie S. 177.
Siehe a.: E. Wachendorff, 1998, S. 263f., S. 237f.

[147] KSA 8/433f.
[148] KSA 6/355, s. 14/472, 15/195, 6/437.
[149] KSA 2/44f.
[150] KSA 7/575–579.

Die Genese
des westlichen Differenzparadigmas in Entgegensetzung zum östlichen Einheitsparadigma

Karl Hahn

Sehr verehrte, liebe Frau Dr. Vogel,

ich danke Ihnen sehr herzlich für die Einladung zu diesem Symposion, die es mir ermöglicht, hier vor Ihnen, meine sehr geehrten Damen und Herren, zu sprechen.

Meine Ausführungen schließen sich an die Vorträge von gestern an, vor allem an die Diskussionen von gestern Abend, insbesondere an den Eröffnungsvortrag von Herrn Simons. Ich bitte Sie deshalb, den gestrigen Tag wieder im Bewusstsein zu haben. Das Thema meines Vortrages muss ich etwas präzisieren, denn der Orient-Okzident-Antagonismus geht bis zum alten Ägypten und bis auf das antike Israel zurück. Auch das Christentum hat seinen Ursprung im Orient. Erinnern wir uns an die Diskussion von gestern Abend, bei welcher es um die Differenz von christlichem und okzidentalem Universalismus ging. Auf Grund der Fixierung auf das christliche Abendland hat man zumeist vergessen, dass das Christentum orientalischen Ursprungs ist.

Ich möchte mein Thema dahingehend präzisieren, dass es um die Genese und die Eigentümlichkeit des okzidentalen Differenzparadigmas in Entgegensetzung zum östlichen Einheitsparadigma zu tun ist. Der Akzent liegt also auf dem okzidentalen Differenzparadigma, seiner Entstehung und Entwicklung sowie seiner Problematik.

Im Zentrum meiner Ausführungen wird die Bedeutung des Schismas von 1054 stehen, des Schismas zwischen der orthodoxen Ostkirche und der lateinischen Westkirche. Dieses Schisma ist m.E. von weltgeschichtlicher Bedeutung, denn es ist konstitutiv für das okzidentale Differenzparadigma.

Von Bedeutung ist zweitens der Vierte Kreuzzug 1204, der zur Eroberung Konstantinopels und zur Errichtung des lateinischen, d.h. okzidentalen Kaiserreiches im Orient führte.

Zunächst sind zwei Vorbemerkungen zu machen: Jedes politisch-kulturelle Paradigma stellt natürlich eine Synthese von Pluralität und Einheit, von Einheit und Differenz dar. Es ist jedoch zu fragen, welches Prinzip jeweils dominant ist, das Prinzip der Einheit oder das der Differenz. Meine Ausführungen können zweitens als Exposé eines geschichtshermeneutischen Forschungsprojektes verstanden werden. Und das heißt, manches von dem, was ich sagen werde, müsste natürlich noch weiter differenziert und präzisiert werden. Doch ich meine, Wesentliches gesehen zu haben, das für das gegenwärtige und zukünftige Verhältnis des Westens zum Osten wie des Ostens zum Westen von entscheidender Relevanz ist, insbesondere hinsichtlich der Einheit und Identität Europas.

Doch bevor ich zur Bedeutung des Schismas von 1054 komme, muss an die Vorgeschichte erinnert werden, denn dieses entscheidende Schisma ist nicht von heute auf morgen entstanden, sondern hat eine lange Genese. Und dazu möchte ich nur einige Punkte in Erinnerung rufen.

Erstens muss daran erinnert werden, dass es bereits in der Antike einen Ost-West-Antagonismus gab, den Gegensatz zwischen Griechenland als dem damaligen Repräsentanten von Europa und den orientalischen Reichen. Europa war ursprünglich kein geografischer, sondern ein politisch kultureller Begriff. Europa umfasste die Gebiete westlich der altorientalischen Reiche, die griechisch waren, also auch die heutigen vorderasiatischen Inseln und die vorderasiatische Küste. Die Grenze zwischen Asien und Europa wurde also kulturell bestimmt, nicht geografisch.

Zweitens ist an den Antagonismus zwischen Athen und Rom, zwischen Griechenland und dem Römischen Reich zu erinnern, wobei hier zu erwähnen ist, dass die Herrschaft Roms den Sieg über die Phönizier zur Voraussetzung hatte. Wir sehen das immer als eine durchgängige Entwicklung: Alt-Ägypten, die altorientalischen Reiche – Griechenland – Rom. Aber es gab eine Alternative zu dieser Entwicklung. Die Seemacht der Phönizier bzw. der Karthager hätte ja durchaus diesen Entscheidungskampf über die Herrschaft des Mittelmeerraumes für sich entscheiden können; aber die Kontinentalmacht Rom hat gesiegt und dieser Sieg Roms über die phönikische Seemacht war eine Voraussetzung für die Expansion Roms und die Errichtung des Imperium Romanum, in welchem der Antagonismus von hellenistischer Kultur und römischer Herrschaft von konstitutiver Bedeutung war. Vor dem Imperium Romanum sind noch die hellenistischen Reiche der Nachfolger von Alexander dem Großen zu erwähnen, welche bereits eine Orient-Okzident-Synthese darstellten. Das Römische Reich hat nach seinem

Die Genese des westlichen Differenzparadigmas

Sieg über die Seemacht der Phönizier bzw. Karthager die Nachfolge dieser hellenistischen Reiche angetreten und verstand sich insofern auch als eine Okzident-Orient-Synthese. Sicher lag der Akzent auf dem Okzident. Das Orientalische wurde jedoch sehr stark rezipiert und integriert, vor allem war die Herrschaftsauffassung des Römischen Imperiums orientalisch-despotisch geprägt. Als Stichwort sei nur der Übergang vom Prinzipat zum Dominat genannt. Aber wichtig ist nun, dass in diesem Imperium Romanum der hellenistische Osten dem lateinischen Westen hinsichtlich der Bildung und Kultur überlegen war. Die Hauptstadt der Bildung war ja Alexandria, die Hauptstadt der Philosophie war Athen. Diese Überlegenheit führte vor allem zur Hellenisierung des Christentums. Die Evangelien und Paulusbriefe sind nicht zufällig in griechischer Sprache verfasst. Und dieser Tatsache, dass der Schwerpunkt des Reiches sich immer mehr nach Osten verlagerte, hat dann Konstantin der Große Rechnung getragen, indem er die Hauptstadt nach Konstantinopel verlegte. Konstantinopel ist der ideale Mittelpunkt der Ost-West-, Orient-Okzident-Relation.

Der nächste Punkt, an den ich erinnern möchte, ist der, dass das oströmische Reich sich im Kontext der Völkerwanderungszeit behaupten konnte, während das weströmische in ihren Turbulenzen untergegangen ist; an Stelle des weströmischen Reiches sind die germanischen Reiche entstanden, vor allem das Frankenreich als der Kristallisationspunkt des Westens. Und dieses Frankenreich ist bereits unter den Merowingern und dann verstärkt unter den Karolingern ein enges Bündnis mit dem Papst eingegangen. Das war die Grundlage des Okzidents: das christianisierte Frankenreich im Bündnis mit der römisch-katholischen Kirche. Auch Herr Tibi hat gestern bereits darauf hingewiesen, dass sich die Einheit des christlichen, mit Rom verbundenen Abendlandes im Kampf, im Konflikt und in der Auseinandersetzung mit dem Islam konstituiert hat. Für das Selbstbewusstsein des Abendlandes ist konstitutiv, dass es christlich ist und nicht muslimisch. Das Ziel der islamisch-arabischen Expansion war die Wiederherstellung der ökumenischen Einheit rund um das Mittelmeer. Im europäischen Südwesten wurde diese Expansion durch die Franken gestoppt. Im Südosten bildete das Byzantinische Reich eine Barriere und einen Schutzwall für das christliche Abendland. Hier ist noch ein weiterer Punkt zu erwähnen. Das christliche Abendland war damals die Dritte Welt, um moderne Begriffe zu verwenden. Dies wird im Westen immer wieder vergessen. Im frühen Mittelalter war Byzanz die Erste Welt, kulturell, politisch, militärisch – kurz: in jeder Hinsicht. Die Zweite Welt war die islamisch-arabische Welt. Denken Sie an gestern, insbesondere an die Aussage über Cordoba, d.h. die islamisch-arabische Welt war kulturell, philosophisch, politisch und militärisch dem christlichen Abendland überlegen. Und das Frankenreich sowie das ganze Abendland waren die Dritte Welt.

Diese Dritte Welt musste alle Ressourcen, alle ihre Kräfte aufbieten, um sich gegenüber der Zweiten Welt zu behaupten. Und in der Konfrontation mit der islamischen Welt, dies sei noch einmal betont, hat das christliche Abendland sein Identitätsbewusstsein gewonnen. Ich möchte hier auf ein sehr bedeutendes Buch von Henri Pirenne hinweisen: »Mohammed und Karl der Große. Untergang der Antike am Mittelmeer und Aufstieg des germanischen Mittelalters« (Originaltitel: »Mahomet et Charlemagne«). Die Kernthese dieses belgischen Historikers ist, dass erst durch Mohammed und die islamisch-arabische Welt das Frankenreich sich als machtvoller Kristallisationskern des christlichen Abendlandes konstituieren konnte. Die okzidentale Entwicklung ist also nur in ihrem Gegensatz zum Islam verständlich.

Von Bedeutung ist nun in diesem Kontext, dass das Byzantinische Reich, welches ja ebenfalls von der islamischen Expansion bedrängt wurde, sich als die Erste Welt behauptete. Dieses Byzantinische Reich war als christliches Reich eine Orient-Okzident-Synthese. Der Kaiser hatte ein Interesse an der Einheit des Glaubens, denn die Einheit des Glaubens war die Garantie für die Einheit des Reiches. Doch der Bischof in Rom verstand sich ebenfalls als Garant der Einheit. Dies führte natürlich zu Differenzen. Sie beruhten vor allem auf der philosophischen, theologischen, kulturellen und natürlich auch politisch-militärischen Überlegenheit des Ostens. Diese kulturelle, philosophische und theologische Überlegenheit war natürlich mit dem Machtanspruch des byzantinischen Kaisers gegenüber dem ohnmächtigen Papst in Rom verbunden. Dieser hat deswegen, um aus seiner ohnmächtigen Abhängigkeit, aus jener Ohnmacht, herauszukommen, die Errichtung des westlichen Kaiserreiches betrieben und hat den König der Franken dazu bewegen können, sich die Kaiserkrone aufsetzen zu lassen. Jenen Vorgang nennt man die *translatio imperii*. Die Entstehung eines westlichen Kaiserreiches ist das Werk des Papstes. Das war 800. Die Errichtung des westlichen Kaiserreiches führte, wie es kaum anders sein konnte, zu Spannungen politischer und diplomatischer Art zwischen Aachen und Byzanz, die friedlich beigelegt werden konnten. Die Differenzen zwischen Byzanz und Rom verschärften sich bis zum endgültigen Bruch 1054.

Das Schisma von 1054 hat wie gesagt seine Vorgeschichte, ist aber andererseits ein ganz entscheidender neuer Schritt, denn die Einheit zwischen Ost und West wurde jetzt offiziell, formell aufgekündigt und der Westen ging im Gegensatz, in Differenz und im Konflikt mit dem Osten seinen eigenen Weg. Im Westen wirkte sich verstärkt das Differenzparadigma aus, während das Einheitsprinzip im Osten dominant blieb.

Meine erste Kernthese ist im Blick auf diese tiefreichenden geschichtlichen Zusammenhänge nun folgende: *Das Prinzip der Differenz, des Konfliktes,*

Die Genese des westlichen Differenzparadigmas

der Entgegensetzung wurde für den Westen a) in religiös-kirchlicher, b) in politisch-staatlicher und c) in philosophisch-wissenschaftlicher Hinsicht in maßgeblicher Weise bestimmend.

Bedeutsam ist es, dass mit dem Schisma von 1054 gleichzeitig der Investiturstreit verbunden war. Der Investiturstreit bedeutete ja die Aufhebung der Einheit von Kirche und Reich durch die Errichtung einer päpstlichen Herrschaftskirche in Differenz zum Reich. Das frühere Bündnis zwischen Papst und Kaiser wandelte sich zu einem Konfliktverhältnis. Der Kampf zwischen Kirche und Reich, Papst und Kaiser hat nun das ganze Mittelalter durchzogen und hat die Differenziertheit und Vielfältigkeit Europas im Mittelalter zur Folge gehabt.

Eine Konsequenz war auch die Konstitution und Ausbildung einer unabhängigen Wissenschaft und Philosophie. Beide verdanken ihre Unabhängigkeit und Autonomie dem Mittelalter. Sie sind im Mittelalter konstituiert worden. Herr Simons hat gestern die Sorbonne erwähnt, und dies ist durchaus richtig. Aber hier ist das Detail wichtig. Es waren die Kanoniker, die Kirchenrechtler, die in dem Rechtsstreit zwischen Papst und Kaiser, Kirche und Reich für sich das Schiedsgericht beanspruchten. Sie sagten: »Wer hier Recht hat, das haben wir Kirchenrechtler zu entscheiden.« Und da der Papst in Rom saß und der Kaiser in Deutschland war, hat die Sorbonne in Paris als Schiedsrichter fungieren können. Dieser Anspruch hat dazu geführt, dass, was einmalig in der Weltgeschichte ist, sich neben der staatlichen, politischen Macht und neben der kirchlichen Macht eine autonome, unabhängige Philosophie und Wissenschaft etablieren konnten. Dieser Autonomieanspruch hat sich in der Folge auf ganz Europa ausgedehnt. Bis heute konnte jene Unabhängigkeit behauptet werden. Das Differenzprinzip wurde jedoch nicht nur für das Außen-, sondern auch das Binnenverhältnis von Philosophie und Wissenschaft relevant und verstärkt maßgeblich die wissenschaftliche Differenzierung in der Neuzeit bis hin zur Postmoderne. – Ich möchte mir hier eine Nebenbemerkung erlauben. Gerade heute ist die Unabhängigkeit und Autonomie von Wissenschaft und Philosophie in Frage gestellt. Das heißt, im Zeitalter der Globalisierung geht sehr wahrscheinlich die welthistorische Einmaligkeit einer unabhängigen, von staatlicher, kirchlicher und auch ökonomischer Macht unabhängigen Wissenschaft verloren. Im Zuge der finanz- und industriekapitalistischen Globalisierung geraten die Philosophie und Wissenschaft insgesamt immer mehr in Abhängigkeit von diesen globalen Mächten. Eine in ihrer Bedeutung kaum zu überschätzende europäische Errungenschaft droht verloren zu gehen.

Das westliche Differenzparadigma hat sich bereits im Mittelalter, lange vor der konfessionellen Spaltung, nicht nur als Differenz des Papstes zu Kaiser und Reich, sondern auch innerhalb der Kirche ausgewirkt. Es gab einen Papst und Gegenpapst und dann gab es ein Konzil, das schließlich einen dritten

Papst wählte. Eine sehr starke Binnendifferenzierung gab es ferner durch die unterschiedlichen Orden. Auch im politischen Bereich kam es zu verstärkten Differenzierungsprozessen. Durch den Kampf zwischen Kaiser und Papst wurde das Reich als Einheit stiftende Macht geschwächt; und es bildeten sich die Partikularstaaten. Das christliche Abendland hat zwar einen universalen Einheitsanspruch artikuliert, aber Papst und Kaiser konnten sich nicht einigen, wer nun der Repräsentant der Einheit ist. Und das führte dazu, dass sich die Partikularstaaten, allen voran Frankreich, für autonom erklärten. Der König von Frankreich beanspruchte, Kaiser und Papst in seinem Königreich zu binden. Europa differenzierte sich in eine Pluralität von Partikularmächten, die sich zunächst territorialstaatlich und dann nationalstaatlich verfassten.

Den Differenzierungsprozess im philosophisch-wissenschaftlichen Bereich habe ich bereits erwähnt. Nachzutragen ist noch, dass dieser Differenzierungsprozess mit der gesellschaftlichen Differenzierung einherging. Wissenschaft und Philosophie als dritte Macht hatten ihren Ort in den Städten. Das städtische Bürgertum, der dritte Stand, war der natürliche Verbündete dieser dritten Macht, und es entstand in Europa eine in sich differenzierte bürgerliche Gesellschaft zwischen Kirche und Staat, die schließlich dominant geworden ist. Der dritte Stand wurde zum »allgemeinen Stand«, und damit ist eine Differenzierung der okzidentalen Gesellschaften verbunden, die kaum mehr verstärkt werden kann. Das hat ja auch Herr Simons gestern zum Ausdruck gebracht. Dieser Differenzierungsprozess ist mit so vielen Hypotheken, mit so vielen Verlusten verknüpft, dass es heute eine Notwendigkeit darstellt, diese extremen Differenzierungen der Moderne und Postmoderne zu überwinden. In dieser Hinsicht ist die Kommunitarismus-Liberalismus-Debatte in Amerika zu erwähnen. Heute sieht man nicht mehr nur den Chancenreichtum und das Gute dieses Differenzierungsprozesses, heute wird uns vielmehr seine Ambivalenz bewusst. Heute ist die Frage: Wie können wir wieder Einheit und Identität gewinnen? Die Kommunitaristen weisen darauf hin, dass ohne ein Einheit stiftendes Ethos eine politische Gemeinschaft langfristig nicht existenzfähig ist.

Meine zweite Kernthese ist: Mit dem Schisma von 1054 hat sich das konstituiert, was ich das okzidentale Syndrom nennen möchte.

Dieses besteht in folgenden Punkten: Der erste Punkt ist die bereits diskutierte Trennung des Okzident vom Osten und Orient. Zweitens war mit dieser Trennung eine Steigerung der römischen Herrschaftsrationalität verbunden, welche vor allem im Imperium Romanum ihren Ausdruck gefunden hatte. Diese Abkoppelung vom Osten führte, wie bereits gezeigt, zu einer sich zunehmend verstärkenden Differenzierung, welche ungeheure dynamische Kräfte und Energien freisetzte. Die freigesetzte Dynamik im Westen war mit der römischen Herrschaftsrationalität verbunden und führte zu einer ungeheuren Machtsteigerung. Die pluralen Mächte des Westens konnten nur im Kampf gegen den Osten zur Einheit zusammengeschlossen werden. Der geeinte und dadurch übermächtige Westen tendiert seither zur Beherrschung des Ostens. Der erste Fall dieser Beherrschung des Ostens ist die Umlenkung des Vierten Kreuzzuges nach Konstantinopel, die Eroberung Konstantinopels und die Errichtung des lateinischen Kaiserreiches. Dies war vor allem das Werk Venedigs als der führenden finanzkapitalistischen Macht im Bündnis mit den militärischen Kräften des Frankenreiches und im Bündnis mit der päpstlichen Herrschaftskirche. Von dieser Niederlage hat sich das Byzantinische Reich nie wieder erholt. Der Westen war es, der Byzanz so sehr geschwächt hatte, dass es sich gegen die expansive osmanische Macht 1453 nicht mehr behaupten konnte. Der Sieg des Westens über das Byzantinische Reich bedeutete die Zerstörung des *eigenen*, genuin europäischen Schutzwalles gegen den expansiven Islam.

Hinzu kommt, dass die Beherrschung des Ostens durch den Westen kurzfristig war, langfristig bedeutete sie eine Niederlage. Das lateinische Kaiserreich dauerte keine fünfzig Jahre. Die Zeit der Kreuzzüge umfasste zwar einige Jahrhunderte, aber am Ende kam Saladin und bereitete der Herrschaft des Westens im Osten ein Ende.

Im Kontext des Vierten Kreuzzuges hat sich die Trias manifestiert, die den Westen in seiner Eigentümlichkeit konstituiert, die Trias von Kapitalismus, repräsentiert durch die Finanzmacht Venedig, von Etatismus und Militarismus, damals repräsentiert durch die Frankenkönige und fränkischen Fürsten – Gottfried von Bouillon u.a. – und drittens als Repräsentant des okzidentalen Rationalismus der römische Katholizismus.

Diese Trias hat auch die Neuzeit maßgeblich bestimmt. Im Ersten Weltkrieg erfährt sie ihre denkwürdige Niederlage. Aber das erste Mal tritt sie im Vierten Kreuzzug in Erscheinung und im Ersten und Zweiten Weltkrieg werden, wie gesagt, ihre Ambivalenz und ihre selbstzerstörerische Kraft für den Westen offenkundig. Und es ist ernsthaft die Frage zu stellen, ob der gegenwärtige Zug des Westens gegen den Osten und gegen den Orient trotz der Siege des Westens nicht schlussendlich mit einer Schwächung des Westens oder gar einer Niederlage enden wird, denn dieses okzidentale Syndrom ist destruktiv für den Osten und den Orient, es ist aber auch selbst-destruktiv.

Als Folge des Vierten Kreuzzuges verdienen die antiwestlichen Strömungen und Ressentiments in den orthodoxen und von Byzanz kulturell geprägten Völkern besondere Beachtung: Die Historiker sprechen hier von einem Trauma. Denn der lateinische Westen muss in Konstantinopel so gewütet haben, dass die Orthodoxen meinten, die Lateiner seien schlimmer als die Hunnen, und unter türkische Herrschaft zu kommen, sei nicht so verheerend wie unter die Herrschaft des Westens. Dieses Trauma wirkt bis heute nach. Das okzidentale Differenz- und Spaltungsprinzip hat im Westen mit Reformation und Gegenreformation welthistorische Bedeutung erlangt. Hier ist daran zu erinnern, dass die entscheidende welthistorische Figur nicht Luther, sondern Calvin war. Der große Gegensatz in der frühen Neuzeit war der Gegensatz Calvin – Ignatius von Loyola. Calvin ist als französischer Jurist von römischer Herrschaftsrationalität geprägt. Der Calvinismus stellt eine potenzierte Rezeption römischer Rationalität dar. Im konfessionellen Zeitalter hat das okzidentale Syndrom in westlicher Verschiebung eine Wiederholung und Potenzierung erfahren. Die Abspaltung vom Osten war mit einer Steigerung der römischen Herrschaftsrationalität und einer Machtsteigerung im Westen sowie der Beherrschung des Ostens verbunden. Die neuzeitlichen Jahrhunderte können durchaus als calvinistische Jahrhunderte verstanden werden. Der Katholizismus konnte sich nur behaupten, indem er von seinem entschiedensten Feind, dem Calvinismus, bestimmte Herrschaftsprinzipien übernahm. Die Jesuiten sind gewissermaßen »die katholischen Calvinisten«. Der Calvinismus, der seine Hauptstützpunkte in Genf und vor allem in der Nordwest-Ecke Europas hat, führte, wie Max Weber in »Die protestantische (sc. calvinistische) Ethik und der Geist des Kapitalismus« gezeigt hat, von anderen Faktoren wie neuzeitlicher Wissenschaft, Industrie und Technik unterstützt, zur Ausbildung des Kapitalismus und in Preußen zum modernen Macht- und Militärstaat, welch letzterer den katholischen Habsburgerstaat besiegen und aus Deutschland hinausdrängen konnte. In Preußen und den calvinistisch geprägten, modernen nord-westeuropäischen Staaten hat sich das okzidentale Syndrom potenziert wiederholt: Sie haben sich von den östlich oder südöstlich gelegenen Teilen Europas abgespalten und durch die Steigerung des römischen Denkens auch ihre Macht potenziert, wodurch sie sich eine beherrschende Position in Europa sichern konnten. Auch für die französischen Revolutionäre war das Römische Vorbild. Als eine weitere Steigerung ist noch die Säkularisierung zu erwähnen. Die Säkularisierung steht durchaus in der Tradition römischer Rationalität. Auf ihre Ambivalenz wurde gestern Abend bereits hingewiesen; ein Grundzug, der für den hier entfalteten Argumentationsduktus durchaus eine Bestätigung darstellt.

Eine weitere Macht, die sehr stark vom Calvinismus geprägt wurde, ist noch zu erwähnen: Es sind die USA. In der Traditionslinie des okzidentalen Syndroms und in einer erneuten Westverschiebung artikuliert dieser Macht- und Militärstaat als Hegemon des Westens den okzidentalen Herrschaftsanspruch und setzt ihn nicht nur in Bezug auf Europa, sondern weltweit durch.

Bezüglich des hegemonialen Herrschaftsanspruchs der USA stehen die europäischen Staaten meines Erachtens vor folgenden Alternativen:

Erstens können wir Europäer in die umrissenen Zusammenhänge Einsicht gewinnen. Wir können die Einsicht gewinnen, dass die dargestellte destruktive und letztlich selbstdestruktive Entwicklung seit 1054 jetzt an ihr Ende gekommen ist und die Notwendigkeit besteht, das okzidentale Syndrom zu überwinden. Dies impliziert eine kreative Neubestimmung des Verhältnisses des Westens zum Osten und eine gesamteuropäische, in sich differenzierte Einheit als einer Ost-West-Synthese. Dies ist aber nur in Distanz und notfalls im Konflikt mit den USA möglich, denn als Hegemon der westlichen Welt wollen sie die ganze westliche Welt in ihren imperialen Zug gegen den Osten hineinziehen. Und zum Osten gehört nicht nur der europäische Osten, sondern der Nahe, Mittlere und Ferne Osten, ja ganz Asien. Für Europas Zukunft ist von entscheidender Bedeutung, ob wir Europäer mitmachen oder uns verweigern, denn langfristig gesehen – so meine Hypothese oder Prognose – wird der Hegemon des Westens eine Niederlage erleiden, und der europäische Westen wird in erster Linie betroffen sein. Die konfliktreiche Auseinandersetzung mit dem Osten wird nämlich mit verstärkten Migrationsbewegungen verbunden sein. Wenn es zu einem Konflikt der Kulturen kommt, dann werden die Austragungsorte auch in Europa sein, und der europäische Westen wird der Hauptverlierer sein.

Die bereits angedeutete alternative Position hält an der gegen den Osten gerichteten okzidentalen Einheit fest und akzeptiert die USA als die hegemoniale Macht des Westens. Meiner Argumentation wird entgegengehalten: Jetzt haben wir ganz andere Verhältnisse. Der amerikanische Präsident ist kein Napoleon. Das, was Napoleon widerfahren ist, wird Amerika, dieser siegreichen Macht, der einzigen Weltmacht, das wird ihr nicht passieren; des Sieges gewiß machen wir mit.

Die Fortführung des antiöstlichen Imperialismus in dem von Samuel Huntington prognostizierten Kampf der Kulturen könnte jedoch als Resultat Europas Untergang zur Folge haben. Langfristig werden sich der Osten und der Orient, der Nahe, Mittlere und Ferne Osten sowie Indien, China und Japan gegenüber dem Westen behaupten. Doch nach diesen konfliktreichen Auseinandersetzungen außer- und innerhalb Europas wird vom Alten Europa nicht mehr viel übrig sein, weder in religiös-kirchlicher noch in geistiger oder politischer Hinsicht. Man kann diese Befürchtung auch so formulieren: Es wird offenbar werden, dass Europa längst sich selbst zerstört hat. Herr Tibi sprach gestern von der Selbstverleugnung Europas. Politik ist ein Offenbarungsgeschehen. In den nächsten Jahrzehnten könnte offenkundig werden, was bereits Tatsache ist.

Meine Damen und Herrn, für Ihre Aufmerksamkeit danke ich Ihnen sehr.

(11.11.2000)

Die Entdeckung der Individualität in der Religionsgeschichte

Manfred Görg

I. Nietzsche und seine Vorgänger

Auf einer Veranstaltung des Nietzsche-Forums München über »Individualität« zu sprechen, ist wie Eulen nach Athen tragen. Ist nicht Nietzsche die personifizierte Individualität, die gestalthafte und provozierende Subjektivität? Wird er nicht gerade dann als Kontrastbild profiliert und geradezu angebetet, wo es um den Widerstand zu etablierten Systemen und überkommenen Ordnungen geht? Läuft nicht jedes Reden über »Individualität«, was das auch immer sein mag, Gefahr, unter Berufung auf die »Umwertung aller Werte« ein mehr oder weniger billigendes Nachschwatzen dessen vorzunehmen, was immer wieder über die Dominanz des dionysischen Ich bei Nietzsche gedacht, erdacht, dargestellt und entstellt, formuliert und schwadroniert worden ist? Doch nicht Nietzsche soll hier das Thema sein, wenn auch sein Denken inspirierend für unsere Beobachtungen ist und gelegentlich mit einem Seitenblick versehen wird.

Natürlich ist Nietzsches Plädoyer für das Ich und sein Ich nicht ohne Vorgänger. Auf der Suche nach konzeptuellen Anbindungen in der Geistesgeschichte stößt man primär bekanntlich auf S. Kierkegaard, obwohl Nietzsche den Dänen nicht gelesen oder erst zu spät wahrgenommen haben wird. Kierkegaards Reflexionen über die »äußerste Verzweiflung« des Individuums verbinden diesen freilich mit dem alten F. W. Schelling, den Nietzsche wiederum wohl über Umwege rezipieren konnte, wenn ihm zweifellos A. Schopenhauer noch näher lag.[1] Kierkegaard und Schelling sind freilich noch so sehr der christlichen Tradition verbunden, dass deren Ich-Spekulationen mit den exemplarischen Kundgaben in gedanklicher Verbindung stehen, die die christliche Überzeugung vom letztlichen Sich-Einlassen auf Gott in höchster Not bereithält.

Es bedarf keines Beweises, dass für Nietzsches radikale Wendung hin zur Ablösung und Auflösung des Gewesenen und Gewordenen zugunsten einer revolutionären Dynamik emanzipatorischen Denkens letztlich das aufklärerische Prinzip der kantianischen Idee vom Ausstieg aus der »selbstverschuldeten Unmündigkeit« gültig ist, wenn Nietzsche auch um eine über Kant erheblich hinausgreifende »Weiterführung« der Aufklärung besorgt sein will.[2] Diese bildhafte Umschreibung einer zu überwindenden Konstitution mag zwar keineswegs als Diagnose für eine krankhafte Natur in Gestalt einer Organdefizienz oder Sprachbehinderung daherkommen wollen; auch nicht bloß als Ausdruck eines traditions- oder erziehungsbedingten Minus an Artikulationsvermögen, sondern will von vornherein als grundsätzliche und existenzielle Störung der Selbstwahrnehmung aufzufassen sein, die sich allerdings zuallererst in einer substanzlosen Sprachlosigkeit äußert. *Individualität* im Unterschied zur Kollektivität und *Subjektivität* im Kontrast zur sogenannten Objektivität haben ein *tertium comparationis* in der Originalität und Authentizität der sprachlichen Kompetenz zur antithetischen Rede. Auf die Bedeutung der »sensualistischen Sprachtheorie« für die revolutionäre Kraft der Aufklärung sei hier nur am Rande verwiesen.[3] Im Bemühen um die Profilierung des vernunftgemäßen Standorts menschlicher Kritik an überkommenem Offenbarungswissen hat sich vor allem J. G. Fichte hervorgetan, dessen Rekurs auf das erkennende Ich an Deutlichkeit nichts zu wünschen übrig lässt:

> »Ich finde mich frei von allem Einflusse der Sinnenwelt, absolut thätig in mir selbst und durch mich selbst; sonach als eine über alles Sinnliche erhabene Macht. Diese Freiheit aber ist nicht unbestimmt; sie hat ihren Zweck: nur erhält sie denselben nicht von aussen her, sondern sie setzt sich ihn durch sich selbst. Ich selbst und mein nothwendiger Zweck sind das Übersinnliche.«[4]

Entsprechend ist Fichtes Philosophie bestrebt, von jeder Direktion von außen frei sein zu wollen, so dass »in den Umkreis dessen, was ich Philosophie nenne, etwas stehendes, ruhendes und todtes gar nicht eintreten«[5] könne:

> »In ihr ist alles That, Bewegung und Leben; sie findet nichts, sondern sie lässt alles unter ihrem auge entstehen: und das geht so weit, dass ich jenem Umgehen mit todten Begriffen den Namen des Philosophirens ganz abspreche. Das ist, nach mir, blosses Räsonniren für das *wirkliche Leben*, dessen Geschäfte der Speculation gerade entgegengesetzt sind: man geht durch Begriffe hindurch, um sich den weg zu verkürzen und schneller beim Ziele anzugelangen, welches letztere denn doch wieder irgend ein handeln seyn muss, sofern nicht unser ganzes Denken ein leeres Spiel gewesen seyn soll ...«

Die Entdeckung der Individualität in der Religionsgeschichte

Der auf der selbstbezogenen Ebene bei der Religionskritik insistierende und jeder Spekulation abholde Ansatz Fichtes radikalisiert bereits eine Distanzierung von offenbarungsorientierten Prägungen, wie sie kurz zuvor in der aufklärerischen Denkrichtung Lessings zum Ausdruck gekommen ist. Hier ist es bekanntlich die subjektive Vernunft, die den Einzelnen in einen Antagonismus zu überkommenen und gesellschaftlich vermittelten Lehr- und Moralsystemen treibt. In seiner theologiekritischen Programmschrift von 1780 »Erziehung des Menschengeschlechts«[6] hat Lessing indessen eine moralische Erziehung entworfen, die auch ihrerseits ohne religiöse Vorgaben nicht auskommt. Sein Votum für die Autonomie ist von der Beziehung auf eine göttliche Autorität getragen, wenn er von »göttlicher Erziehung« und »ewiger Vorsehung« spricht.

II. Jüdische Anthropologie

In einem charakteristischen Punkt hat sich Lessing mit einem Zeitgenossen angelegt, der uns als Brücke zu den frühesten religionsgeschichtlichen Traditionen um eine Selbstwahrnehmung und Selbstwerdung des Menschen führen soll. Es ist Moses Mendelssohn, der sich entschieden gegen Lessings Engagement für eine »Erziehung des Menschengeschlechts« nach Lessings Muster gewandt hat, weil es seinem jüdischen Selbstverständnis nicht entsprach. Lessing zufolge stellte sich ja die Entwicklung in drei Stufen dar: Zunächst sei ein Modell versucht worden, das sich an das Alte Testament anschließe, eine Erziehungspraxis mit »Strafen und Belohnungen« und einem höchst irdischen Folgezusammenhang »in diesem Leben«. Demgegenüber sei eine weitere Stufe durch Rekurs auf das Neue Testament gekennzeichnet, wobei es nunmehr auf »innere Reinigkeit des Herzens in Hinsicht auf ein anderes Leben« ankomme. Schließlich sei nunmehr ein Stadium zu prognostizieren, in dem die Menschheit lernt, »das Gute zu tun, weil es das Gute ist, nicht weil willkürliche Belohnungen darauf gesetzt sind.« All dies ist noch keine Moral ohne Gott, aber eine Moral, die sich der permanenten Rückversicherung durch direkte Beziehung auf Gott hin allmählich zu entziehen sucht. Es ist nur natürlich, dass sich ein gläubiger, wenn auch unkonventionell denkender Jude wie Mendelssohn widersetzen muss.[7]

In seiner behutsamen, aber unmissverständlichen Kritik an G. E. Lessings theologiekritischer Programmschrift »Die Erziehung des Menschengeschlechts« hat Moses Mendelssohn in seinem Werk »Jerusalem oder über religiöse Macht und Judenthum«[8] den unverwechselbaren Weg des Einzelmenschen zur »Glückseligkeit« bekannt und zugleich dem Fortschrittsvermögen der ganzen »Menschheit hinieden« eine Absage erteilt:

»Ich für meinen Theil habe keinen Begriff von der Erziehung des Menschengeschlechts, die sich mein verewigter Freund Lessing von, ich weis nicht, welchem Geschichtsforscher der Menschheit, hat einbilden lassen. Man stellet sich das collektive Ding, das menschliche Geschlecht, wie eine einzige Person vor, und glaubt, die Vorsehung habe sie hierher gleichsam in die Schule geschickt, um aus einem Kinde zum Manne erzogen zu werden. Im Grunde ist das menschliche Geschlecht fast in allen Jahrhunderten, wenn die Metapher gelten soll, Kind und Mann und Greis zugleich, nur an verschiedenen Orten und Weltgegenden. Hier in der Wiege, saugt an der Brust, oder lebt von Ram und Milch; dort in männlicher Rüstung und verzehrt das Fleisch der Rinder; und an einem andern Ort am Stabe und schon wieder ohne Zähne. Der Fortgang ist für den einzelnen Menschen, dem die Vorsehung beschieden, einen Theil seiner Ewigkeit hier auf Erden zuzubringen. Jeder geht das Leben hindurch seinen eigenen Weg; diesen führt der Weg über Blumen und Wiesen, jenen über wüste Ebenen oder steile Berge und gefahrvolle Klüfte. Aber alle kommen auf der Reise weiter, und gehen ihres Weges zur Glückseligkeit, zu welcher sie beschieden sind. Aber daß auch das Ganze, die Menschheit hienieden, in der Folge der zeiten immer vorwärts rücken, und sich vervollkommnen soll, dieses scheinet mir der zweck der vorsehung nicht gewesen zu seyn; wenigstens ist dieses so ausgemacht, und zur Rettung der Vorsehung Gottes bey weitem so nothwendig nicht, als man sich vorzustellen pflegt.«[9]

Die offenbare Skepsis gegenüber einem umfassenden Progress in der Vervollkommnung der Menschheit[10] scheint aufs Erste mit dem aufklärerischen Trend zu einer universalen Humanität nicht vereinbar zu sein, jedenfalls nicht dem exemplarischen Bild eines Sittenlehrers zu entsprechen, den Mendelssohn unter dem Gewande des weisen Nathan Lessings[11] darstellt. Was bewegt Mendelssohn überdies zu einer derartigen Qualifikation des Individuums, wo doch jüdische Tradition in unverkennbarer Weise mit Geschichte und Geschick des erwählten Volkes verwoben ist, zumal Lessing selbst in seiner Erziehungsschrift gerade die Juden als »die künftigen Erzieher des Menschengeschlechts«[12] angesprochen hat?

Die Antwort muss wohl zunächst in einer Antwort Mendelssohns auf die primitive Einschätzung des frühen Israel durch Lessing zu suchen sein, der einen allmählichen Aufstieg des Judentums aus einer rohen Barbarei erkennen will. Stattdessen darf sich Mendelssohn mit Recht auf die elementare Ausstattung Israels mit einem prägenden Gottesglauben berufen, dessen genuine Individualität auch dann nicht Schaden leidet, wenn man mit der neueren Religionsgeschichte einen allmählichen Weg Israels zu einem monotheistischen Gottesbild annimmt. Schon die vorexilische Religiosität Israels weist sich durch eine im Wachstum begriffene alternative Gottesidee aus, die in der Namensgebung des für Israels Selbstverständnis verbindlichen Bezugsgottes zum Ausdruck kommt. Nach der jüngeren Reflexion konstituiert sich das Volk unter den Völkern in der Verwiesenheit auf diesen sowohl souveränen wie auch begleitenden Gott, dessen Einzigartigkeit und Unvergleichlichkeit im frühen Judentum zum Dogma erhoben wird.

Auch wenn Mendelssohn dieser genetischen Sicht des jüdischen Monotheismus noch fern steht, ist doch sein jüdischer Traditionsglaube von einem Menschenbild inspiriert, das sich nicht einfach kollektiv vereinnahmen lässt und für generell verbindlich erklärt werden könnte. Gerade im Gegenüber zur staatlichen Kompetenz wird zwar festgehalten, dass die beiden Instanzen, der Staat und die Religion, darauf zielen, »die menschliche Glückseligkeit in diesem und jedem Leben, durch öffentliche Vorkehrungen, zu befördern«, doch behandle der Staat den Menschen als »unsterblichen Sohn der Erde«, die Religion dagegen als »Ebenbild seines Schöpfers«.[13] Mit dieser Charakteristik der religiösen Dimension des Menschen bewegt sich Mendelssohn natürlich auf der Ebene, die durch Gen 1,26–28 vorgezeichnet ist, ohne dies eigens verdeutlichen zu müssen. Im unmittelbaren Kontext seines Jerusalem-Buches spielt die Exegese der Schriftstelle keine weitere Rolle.

Fragt man daher nach der näheren Motivation oder gar Funktion der ebenbildlichen Verfassung des Menschen nach Mendelssohn, stößt man erst im zweiten Teil des Werkes auf Beobachtungen zur Menschennatur, die ebenfalls in ihrem jetzigen Kontext nicht ohne Weiteres erklärbar sind. Der Autor legt offenbar großen Wert darauf, einen wesentlichen Unterschied zwischen der menschlichen Befähigung wahrzunehmen, bei der Begriffsbildung zu abstrahieren, und der ebenfalls menschlichen Neigung, Vorstellungsbilder zu nutzen. Die Entwicklung von der visuellen Benennung der geschaffenen Dinge, von Mendelssohn »Hieroglyphik« genannt, bis zur buchstabenorientierten Verschriftlichung und sprachlichen Definition wird als »qualitativer Sprung« bezeichnet, der »mehr als gemeine Menschenkräfte zu erfordern« scheint. Alle Indienstnahme von Objekten, vor allem der tierischen Bilder, bleibt hingegen vertretbar, solange diese im Zeichenhaften verbleiben:

> »Wenn die Menschen die Dinge selbst, oder ihre Bildnisse und Umrisse Zeichen der Begriffe seyn lassen; so können sie zur Bezeichnung moralischer Eigenschaften keine Dinge bequemer und bedeutender finden, als die Thiere. Die ursachen sind eben dieselben, die mein Freund Lessing, in seiner Abhandlung von der Fabel, angibt, warum Aesop die Thiere zu seinen handelnden Wesen in der Apologue gewählt hat ... Noch itzt können in den bildenden Künsten die Personen der Götter und Helden nicht besser angedeutet werden, als vermittelst der thierischen oder leblosen Bilder, die man ihnen zugesellt ... Daher wird man zuerst auch die Eigenschaften des Anbetungswürdigsten durch dergleichen zeichen haben anzudeuten und sinnlich zu machen gesucht. In der Nothwendigkeit diese abgezogensten Begriffe an sinnliche Dinge zu haften, und an solche sinnlichen Dinge die am wenigsten vieldeutig sind, wird man thierische Bilder haben wählen, oder aus ihnen welche zusammensetzen müssen.«

Die Vorzugsstellung des Menschen erweise sich gleichwohl gerade darin, von einer exklusiven Anhänglichkeit an die Bilder Abstand nehmen zu können. In seiner Hand können zwar die »thierischen Bilder« in »Abgötterey übergehen«, zumal »alle ursprüngliche Abgötterey mehr Thierdienst, als Menschendienst« sei. Eben die »priesterliche« Nation Israels ist jedoch nach Mendelssohn dazu ausersehen, »lautere, von aller Abgötterey entfernte Religionsbegriffe« zu bewahren. Die Orientierung am »Thierbild« widerspreche dem wahren Gottesdienst:

> »Schon in den ersten Tagen der so wundervollen Gesetzgebung fiel die Nation in den sündlichen Wahn der Aegyptier zurück, und verlangte ein Thierbild. Ihrem Vorgeben nach, wie es scheinet, nicht eigentlich als eine Gottheit zum Anbeten, hierinn würde der Hohepriester und Bruder des Gesetzgebers nicht gewillfahret haben, und wenn sein Leben noch so sehr in Gefahr gewesen wäre. – Sie sprachen blos von einem göttlichen Wesen, das sie anführen und die Stelle Moses vertreten sollte, von dem sie glaubten, dass er seinen Posten verlassen hätte. Aron vermochte des Andringen des Volks nicht länger zu widerstehen, goß ihnen ein Kalb, und um sie bey dem Vorsatze festzuhalten, dieses Bild nicht, sondern den Ewigen allein göttlich zu verehren, rief er; morgen sey dem Ewigen zu Ehren ein Fest! Aber am Festtage, beim Tanz und Schmause, ließ der Pöbel ganz andere Worte hören: dieses sind deine Götter, Israel, die dich aus Aegypten geführt haben! Nun war das Fundamentalgesetz übertreten, das Band der Nation aufgelöset.«

Gerade das Tierbild verstellt also den Blick auf den unbildbaren Gott, dessen Thora die Darstellung seiner Einzigkeit und Einzigartigkeit ist. Auch hier bewegt sich Mendelssohn auf einer Linie, die von seinen biblischen und jüdischen Wurzeln her vorgezeichnet ist. Die Gottebenbildlichkeit des Menschen kann auf keinen Fall als Möglichkeit verstanden werden, auf dem Wege über den Menschen zu einer Ansichtigkeit Gottes vorzustoßen. Die unendliche und unausschöpfliche Wirklichkeit Gottes lässt es ihrerseits nicht zu, über das Bild, insbesondere das Tierbild, dem Mysterium nahezutreten. Der Mensch kann also nur darin Gottes Ebenbild sein, dass er ebenfalls eine Souveränität in sich trägt, die ihn über alles dominieren lässt, was der Sogkraft der Verbildlichung erliegt. Das Stehen unter der Thora ist mit der Auslieferung an den Weisungsgeber so verbunden, dass es hier keine Konkurrenz geben kann.

III. Biblische Assoziationen

Die Aversion gegenüber dem Tierbild in der Vorstellung Mendelssohns ist demnach die eine Seite der Medaille, deren andere die herausragende Stellung des Menschen signalisiert, der seinerseits das einzig gültige »Bild« seines Schöpfers darstellt. Die dominante Position und Funktion des Menschen gegenüber der Tierwelt überhaupt scheint nun bereits nach dem Kontext von Gen 1,26f. wie selbstverständlich an die Aussage von der Gottebenbildlichkeit geknüpft zu sein. Für unseren Zusammenhang wird zu eruieren sein, wie weit diese Rede von der Sonderstellung des Menschen bereits im biblischen Kontext eine qualitative Singularität insinuiert, die einen Vergleich mit den in der abendländischen Geistesgeschichte entwickelten Vorstellungen von humaner Individualität und Subjektivität rechtfertigen könnte.

Die Erinnerung an den Wortlaut

1,26 a   Und Elohim sagte:
    b   Wir wollen Menschen machen als unser Bild und wie unsere Gestalt,
    c   damit sie herrschen über die Fische des Meeres und über die Vögel des Himmels und über das Vieh und über alles ‹wilde Getier› der Erde und über alles Kriechgetier, das auf der Erde kriecht.
27 a   Und Elohim schuf den Menschen als sein Bild,
    b   als Bild Elohims schuf er ihn,
    c   als Mann und Frau schuf er sie.

soll hier nicht die formalen und semantischen Konditionen des Urtextes beschreiben und reflektieren[14], sondern lediglich die Wortverbindung »Bild Elohims« d.h. »Bild Gottes« (V.27b), die sowohl auf die unmittelbar vorhergehende Aussage V.27a sowie auf die Absichtserklärung V.26b Bezug nimmt, um jetzt aber mit dem Zitat der Fügung »Bild Elohims« aufzuwarten, im Blick auf seine Kompatibilität mit »Individuum« oder »Subjekt« prüfen. Die biblische Sprache bedient sich nicht einer philosophischen Begriffsfindung, sondern eines religionsgeschichtlich geprägten und zugleich dem Spracharsenal einer mythologischen Metaphorik entnommenen Ausdrucks, der bereits in der außerbiblischen Religionswelt des ägyptischen Raums eine lange Tradition hat. Diese Mendelssohn noch unbekannte Vorstufe des biblischen Redens konzentriert sich freilich noch auf die herausragende Position des Königs, dem Pharao, dessen Regierungsgewalt in engster Kooperation mit dem Sonnengott als Schöpfergott verstanden und als unmittelbar abgeleitete und so eigenmächtig gewordene Kompetenz »begriffen«, besser: geschaut wird. Erst die Umsetzung dieser Vorstellung in eine für jeden Menschen gültige Erwählungsposition in der biblischen Rede, hier auf Seiten des sog. priesterschriftlichen Verfassers, lässt den gewaltigen Sprung vor Augen treten, der sich von der ägyptischen, lediglich dem Pharao zukommenden Prädikation hin zur Ausdehnung und Erhebung jedes Menschen auf die Ebene des königlichen Ambiente vollzieht.

Die Gottesbildlichkeit des Menschen besteht nun formal und kontextgebunden in seiner Herrschaft über die Tierwelt, welche Befugnis gleichwohl nicht einer göttlichen Legitimation zu irgendeiner Form von Jagdleidenschaft oder gar willkürlichen Ausbeutung der Tierwelt gleichkommt, sondern die Lebenswelt überhaupt in die Verantwortung des Menschen hineingibt, wie in der altorientalischen und ägyptischen, aber auch in der biblischen Bildsprache immer wieder Tiere das Spektrum der geschöpflichen Welt umfassen und darstellen. Es geht also darum, die ordnende und sichernde Rolle des Menschen im Gesamtgefüge der Lebenswelt von Anfang an festzuschreiben, eine Idee, die mit dem Ausdruck »Bild Gottes« mitten in dem Gottesverständnis des priesterschriftlichen Autors verankert ist. Der der augenscheinlich pluralistischen Gottesbezeichnung »Elohim« und der Gottesrede im »Wir«-Stil entsprechende Aspekt der »Einheit in Vielfalt«, der für die Gottesvorstellung der Priesterschrift geradezu charakteristisch ist, wird auf exquisite Weise dem Menschen inhärent, der nun seinerseits mit einer elementar göttlichen Befugnis ausgestattet ist und mit einer der Autorität des Schöpfergottes vergleichbaren Agilität um der Bewahrung des Gleichgewichts in der Lebenswelt wirken darf und soll.

Der grundlegende Unterschied zu den in der abendländischen Geisteswelt vorgetragenen Konzeptionen von »Individualität« und »Subjektivität« besteht nun freilich darin, dass für den biblischen Autor die schöpfungsgemäße Grundgebundenheit des Menschen an seine von Gott verliehene und an Gott bleibend gebundene Beauftragung bleibend gilt und so sowohl Eigenständigkeit wie auch Relativität umfasst, welch letztere im Fortgang der priesterschriftlichen Demonstration mit dem Versagen des Menschen trotz seiner Würdeposition nur scheinbar in Misskredit gebracht wird. Der mit hoheitlicher Befugnis ausgestattete Mensch erfährt mit der Kreation des noachitischen und des abrahamitischen Menschen eine elementare Erneuerung, die in der innovativen Gestaltung des »priesterlichen Menschen«, d.h. des erwählten Dieners Gottes ihre letzte Zuspitzung findet.[15] Erst hier findet die von und vor Gott inaugurierte »Individualität« und »Subjektivität« des Menschen im biblischen Sinn ihre eigentliche Erfüllung, um freilich auch weiterhin auf die Probe gestellt zu werden.

IV. Würde und Anspruch

Auf dem Boden Israels bietet keineswegs die Priesterschrift den allerersten Ansatz zur bewussten Herausstellung einer Art Individualität oder Subjektivität des Menschen, die zudem bei aller Funktionsbreite und Intensität doch eine abgeleitete Autarkie bleibt und sich in keiner Weise in einer Rebellion gegenüber der göttlichen Suprematie zu bestätigen wagen darf. So bewegt sich

Die Entdeckung der Individualität in der Religionsgeschichte

diese Emanzipation des Menschen weiterhin auf den Bahnen, die von der Königsideologie des pharaonischen Ägypten vorgezeichnet worden sind. Auch die Individualgestalten der klassischen Prophetie, wie vor allem Jesaja, Jeremia und Ezechiel, aber auch nicht zuletzt Amos und Hosea gewinnen ein Eigenprofil, wie auch immer die geschichtliche Rückerinnerung durch deutende Reflexion und Interpretation Modifikationen des Historischen zugelassen und gefördert haben mag. Kennzeichnend für das Auftreten dieser Propheten ist ja stets ein Widerstand gegen etablierte Strukturen und vor allem im sozialen und kultischen Bereich, ohne dass hier immer eine strikte Grenzziehung angemessen erscheint, da es sich um zwei Seiten ein und derselben Verkehrung im Gemeinschaftsleben handelt. Die Opposition richtet sich in erster Linie gegen ein sowohl selbstherrliches wie auch labiles Königtum, dazu aber auch gegen Staatsbeamte, Tempelpriester und Hofpropheten, denen durchweg eine glaubwürdige Parteinahme für »Recht und Gerechtigkeit« abgesprochen wird. Gerade bei Jeremia verspürt man jedoch darüber hinaus einen tiefer greifenden, über den formalen Einwand anlässlich seines Berufungsprozesses hinausgehenden Widerstand, den dieser gegen seinen aufgerufenen und zugleich herausfordernden Gott artikuliert (»Du hast mich betört ...«), um selbst dann als exemplarischer »Knecht Gottes«, der als Unschuldiger dem Leiden ausgesetzt ist, die Folge der biblischen Passionsgeschichten zu begründen, wie sie ihren Höhepunkt in den Liedern vom »Gottesknecht« bei Deuterojesaia und im Hiob Buch finden. Auch bei Ezechiel tritt eine Individualität vor Augen, die sich offenbar nicht nur im Kontrast zum »Prinzip der genealogischen Kollektivhaftung« bewegt[16], sondern auf dem Hintergrund der extrem herausfordernden Beanspruchung und persönlichen Haftung des Propheten selbst verstanden werden muss, wie sie in Kap. 3,16–21 zum Ausdruck gebracht wird.

Während der weise Hiob der so genannten Rahmenerzählung im Hiobbuch allen weisheitlichen Regeln zum Trotz schrecklichen Schicksalsschlägen ausgesetzt wird und sich in Ehrfurcht vor seinem Gott hineinfügt, greift der Hiob des jüngeren Dialogteils im Hiobbuch seine anklagenden Freunde an und dazu auch »seinen« scheinbar quälenden Gott, um ihn letztendlich Auge in Auge zu treffen und direkt zur Verantwortung ziehen zu wollen (vgl. Hiob 19,25). Hier stehen wir vor dem eindrucksvollsten biblischen Beispiel einer Konfrontation von Mensch und Gott, die den Klagenden in eine radikale Subjektivität hineinwirft, wie sie sonst nur noch in Psalm 22 zum Vorschein kommt, dessen Anfang im Neuen Testament auch dem sterbenden Jesus in den Mund gelegt wird: »Mein Gott, mein Gott, warum hast du mich verlassen« (Ps 22,2, vgl. Mt 27,46).

Auch dieser Sonderform radikaler Individualität, die der aufklärerischen Position der Selbsterfahrung in der Distanz zur göttlichen Instanz nicht allzu ferne steht, ja selbst die neuzeitlichen Vertreter der Ausgrenzung Gottes, wie eben Nietzsche oder erst recht Ernst Bloch nachhaltig beeindruckt hat, kommt in der Religionsgeschichte nicht das Erstgeburtsrecht einer Selbstdarstellung von individuellem Widerstand zu. Um wirklich in die frühesten Erscheinungsformen von Individualität und Subjektivität Einblick zu gewinnen, bedarf es einiger Beobachtungen zum Verhältnis des Einzelnen zur »konnektiven Gerechtigkeit«, wie sie Jan Assmann mit gebührender Deutlichkeit an einem literarischen Beispiel aus der Gesellschaft des ägyptischen Alten Reichs demonstriert hat.[17] Die auf das wirtschaftspolitische Desaster zum Ende des Alten Reiches zurückblickende Geschichte vom räuberischen Überfall auf einen »Oasenmann« lässt diesen in Klagen gegenüber seinem Gott ausbrechen, da ihm die scheinbar allgewaltige kollektive Rechtsordnung die individuelle Wahrung des gerechten Anspruchs versagt. In solchem Widerstand gegenüber einer scheinbar von dem Schöpfergott garantierten Rechtsordnung bildet sich allem Anschein nach erstmals die individuelle und subjektive Regsamkeit des Einzelmenschen heraus, die sich sowohl der menschlichen Gesellschaft mit ihrem Anspruch auf »konnektive Gerechtigkeit« wie auch der göttlichen Instanz als Wahrer einer »kosmischen Gerechtigkeit« entgegenstellt. In der Geschichte Ägyptens haben sich immer wieder beide Perspektiven erfassende Stimmen der Kritik zu Wort melden können, wie etwa in Gestalt des Gesprächs des Mannes mit seinem »Ba« als der den Menschen im andern Leben repräsentierenden Wirkkraft oder auch später in der sog. pessimistischen Literatur, die sich skeptisch u.a. zu den überkommenen Vorstellungen zum so genannten »Tun-Ergehens-Zusammenhang« und zur Effizienz der Jenseitserwartungen äußert.

Die Entdeckung der Individualität in der Religionsgeschichte ruht demnach auf einem doppelten Boden: der Profilierung des Königs als der mit und vor dem Sonnengott kooperativ handelnden Herrscherpersönlichkeit auf der kosmischen Ebene einerseits und der Selbstvergewisserung des Einzelnen gegenüber dem göttlichen Garanten des sozialen Rechtsgefüges andererseits. Die Individualität erwächst so aus der kontrastiven Verbindung einer in der kosmischen Ordnung verwurzelten Profilierung des exemplarischen Menschen mit dem im Widerstreit um das eigene Existenzrecht erworbenen Geltungsanspruch. Das »Ich« des Menschen verfügt über eine in ihm angelegte *Individualität von unten*. Beide »Individualitäten« konstituieren ein Menschenbild, das die Dignität der ursprünglichen Ausstattung mit dem Anspruch auf ureigene Identität unauflöslich zusammenführt. Dieses unter dem Eindruck einer transzendenten Wirklichkeit geborene und gewachsene Verständnis darf sich getrost der Auseinandersetzung um eine postmoderne »Individualität« stellen.

(11.11.2000)

Die Entdeckung der Individualität in der Religionsgeschichte

Anmerkungen

1 Zu den geistesgeschichtlichen Ahnen Nietzsches vgl. W. Kaufmann, Nietzsche. Philosoph – Psychologe – Antichrist. Aus dem Amerikanischen übersetzt von Jörg Salaquarda, Darmstadt 1982, S. 144ff.
2 Zur nicht final orientierten »Weiterführung« der Aufklärung bei Nietzsche vgl. etwa J. Simon, Aufklärung im Denken Nietzsches, in: J. Schmidt (Hrsg.), Aufklärung und Gegenaufklärung in der europäischen Literatur, Philosophie und Politik von der Antike bis zur Gegenwart, Darmstadt 1989, S. 459–474, bes. S. 465f.
3 Vgl. dazu u.a. U. Ricken, Sprachtheorie als Aufklärung und Gegenaufklärung, in: J. Schmidt, a.a.o., S. 316–340, bes. 331–333.
4 J. G. Fichte, Ueber den Grund unseres Glaubens an eine göttliche Weltregierung, in: Philosophisches Journal, Bd. VIII, 1798, S. 7; hier zitiert nach J. H. Fichte (Hrsg.), Johann Gottlieb Fichte's religionsphilosophische Schriften, Berlin 1846, S. 177–189, hier S. 179.
5 Aus einem Privatschreiben (im Jänner 1800), Philosophisches Journal, Bd. IX, 1800, S. 358–390, S. 365f.; hier zitiert nach J. H. Fichte, a.a.O., S. 381f.
6 Vgl. G. E. Lessing, Die Erziehung des Menschengeschlechtes, in: Gotthold Ephraim Lessing Werke, Achter Band: Theologiekritische Schriften III. Philosophische Schriften, Lizenzausgabe für die Wissenschaftliche Buchgesellschaft 1996, S. 489–510 mit S. 706–711. – Zur Entstehungsgeschichte dieser vollständig im Frühjahr 1780 in Berlin erschienenen Schrift, deren erste 53 Paragraphen Lessing schon 1777 in seinen »Gegensätzen des Herausgebers« zum Fragment H. S. Reimarus »Dass die Bücher A.T. nicht geschrieben worden, eine Religion zu offenbaren«, veröffentlicht hatte, vgl. H. Göbel, in: Lessings Werke VII, S. 906f., und VIII, S. 706f., I. Strohschneider-Kohrs, Vernunft als Weisheit. Studien zum späten Lessing, Tübingen 1991, S. 148. Nach Göbel, Lessings Werke VIII, S. 707 »darf wohl angenommen werden, dass 1777 bereits die gesamte Schrift mit den 100 Paragraphen fertig war.« – Zu Lessings Begegnung mit der Theologie und den Herausforderungen an die theologische Arbeit, vgl. A. Schilson, Gotthold Ephraim Lessing und die Theologie. Zum Stand der Forschung, Theologie und Philosophie 47, 1972, S. 409–428. Ders., Geschichte im Horizont der Vorsehung, Mainz 1974. Ders., Lessings Kritik der Vernunft. Versuch einer Aufklärung über die Aufklärung, Tübinger Theologische Quartalschrift 162, 1982, S. 24–30. Ders., Kommentar, in: W. Barner u.a. (Hrsg.), Lessing: Theologiekritische Schriften I (1774–1778) VIII: Werke und Briefe, Frankfurt 1989.
7 Ich greife in diesem Abschnitt auf eigene Ausführungen zum Thema: »Ebenbild Gottes« – Ein biblisches Menschenbild zwischen Anspruch und Realität, in: R. Bucher, O. Fuchs und J. Kügler (Hrsg.), In Würde leben. Interdisziplinäre Studien zu Ehren von Ernst Ludwig Grasmück, Luzern 1998, S. 11–23, hier S. 11–14, zurück.
8 M. Mendelssohn, Jerusalem oder über religiöse Macht und Judenthum, Berlin 1783. Jüngste Edition: Moses Mendelssohn: Gesammelte Schriften. Jubiläumsausgabe, VIII, Stuttgart-Bad Cannstadt 1972ff.
9 Hier zitiert nach der Ausgabe: Moses Mendelssohns sämmtliche Werke, Fünfter Band, Ofen 1819, S. 120.

10 Aus einem Brief Mendelssohns 1782 an August Hennings: »Nicht die Vervollkommnung des Menschengeschlechtes ist die Absicht der Natur. Nein! Die Vervollkommnung des Menschen, des Individui. Jeder einzelne Mensch soll seine Anlagen und Fähigkeiten entwickeln, und dadurch immer vollkommener werden, und eben deswegen, weil jedes Individuum dieses soll, muss das ganze Geschlecht immer diesen Kreislauf wiederholen, darüber wir uns so sehr beschweren« (hier nach Zitat bei Strohschneider-Kohrs, Vernunft, S. 151).

11 Vgl. dazu u.a. J. F. Oppenheimer et al. (Hrsg.), Lexikon des Judentums, Gütersloh 1967, S. 419 bzw. 498. Zu Mendelssohns Begleitung des Lessingschen »Nathan« vgl. Strohschneider-Kohrs, Vernunft, S. 161–167.

12 Lessings Werke VII, S. 479 § 18 und VIII, S. 493 § 18.

13 M. Mendelssohn, Jerusalem, a.a.O., S. 72.

14 Vgl. dazu die weiter oben (Anm. 7) genannte Arbeit: M. Görg, »Ebenbild Gottes«. Ein biblisches Menschenbild zwischen Anspruch und Realität, S. 14ff.

15 Näheres hierzu bei M. Görg, Das Menschenbild der Priesterschrift, in: Bibel und Kirche 42, 1987, S. 21–29; ebenso in: M. Görg, Studien zur biblisch-ägyptischen Religionsgeschichte, Stuttgarter Biblische Aufsatzbände/Altes Testament 14, Stuttgart 1992, S. 137–151.

16 So zuletzt J. Assmann, Ma'at. Gerechtigkeit und Unsterblichkeit im Alten Ägypten, München 1990, S. 149f., der freilich in der ägyptischen Idee vom Totengericht eine der Intention von Ez 18 genau entsprechende Konzeption von Individualität sehen will.

17 J. Assmann, a.a.O., S. 283–288.

Nietzsches Lehre von der ewigen Wiederkunft und das Unbehagen der kleinen menschlichen Subjekte in der Geschichte – eine interkulturelle Sicht

Ram Adhar Mall

I. Ein Wort zuvor

Hier geht es um zwei Lesarten Nietzsches: eine intra- und eine interkulturell-philosophische. Im Zentrum steht das spannungsreiche Verhältnis zwischen den Lehren vom Übermenschen und der ewigen Wiederkehr, wenn es darum geht, dass der Übermensch zwischen dem Willen zur Macht und der ewigen Wiederkehr klar Stellung beziehen soll und muss. Bestimmt sich der Übermensch durch den Willen zur Macht und/oder durch die ewige Wiederkehr? Die kleinen allzu menschlichen Subjekte scheinen jedoch dabei auf der Strecke zu bleiben, da sie weder zum Übermenschen werden noch ihren Frieden mit der ewigen Wiederkehr schließen können. Hier zeigt der moderne indische Philosoph und Nietzsche-Kenner Aurobindo einen Ausweg durch die Anwendung seiner Methode des integralen Yoga. In diesem Zusammenhang wird die Frage nach einer anthropologischen Verankerung aufgeworfen: Geht es um das anthropische Prinzip einer unvergleichbaren Sonderstellung des Menschen im Kosmos oder um die kosmozentrische Verankerung? M.a.W. geht es um einen anthropozentrischen Universalismus oder um einen »Universismus«?[1] Im Letzteren wird der Mensch als gleichberechtigt eingebettet in dem großen Haushalt der kosmischen Natur begriffen. Alle Wesen besitzen eine Gleichrangigkeit, weil sie dem großen Gang der Dinge: Entstehen – Bestehen – Vergehen unterliegen. Das Besondere an den jeweiligen Gattungen besteht darin, dass sie alle ihre je spezifische Art und Weise haben, diesen Gang zu gehen.

Man hat oft von zwei Naturen Nietzsches gesprochen: Erstens von dem kränkelnden, leidenden und schwachen Nietzsche und zweitens von dem Freidenker, Übermenschen oder sogar der »Zarathustra«-Gestalt. Auch wenn man die autobiographischen Züge an diesen beiden Subjekten vernachlässigt, lassen sich die zwei Naturen oder Seelen in der »menschlichen Brust« dingfest machen. Es ist zwar richtig, dass wir eines Subjektbegriffs bedürfen, die Frage ist nur, wann sich ein solches Subjekt aus Protest und Machtgier selbst erfindet, anstatt sich einzufinden in den großen Haushalt der kosmischen Natur. Ergibt sich dann das tragische Schicksal der kleinen Subjekte der und in der Geschichte doch nicht aus dem selbstverschuldeten und allzu menschlichen Protest der Menschen, die sich dem ganz großen Gang der Dinge nicht einfügen wollen?

Ist dem Übermenschen Nietzsche ein ähnliches Schicksal beschieden, wenn er nicht durch ein freiwilliges Einfügen in die Lehre der ewigen Wiederkehr findet? Worin ist die Anthropologie des Übermenschen selbst verankert?

II. Nietzsche – interkulturell philosophisch gelesen

Will man heute einen Philosophen, ob einen europäischen oder nicht-europäischen, interkulturell-philosophisch lesen, so darf man das de facto Neue an der heutigen hermeneutischen Situation nicht außer Acht lassen. Die heutige de facto hermeneutische Situation ist von einer zumindest vierdimensionalen hermeneutischen Dialektik gekennzeichnet: erstens der Selbsthermeneutik und zweitens der Fremdhermeneutik Europas. Diese beiden Dimensionen finden sich seit Alexander dem Großen bis zum Ende des europäischen Kolonialismus und Imperialismus. Die beiden neu hinzugekommen Dimensionen sind: drittens die Selbsthermeneutik des nicht-europäischen Geistes und viertens dessen Fremdhermeneutik. Hermeneutik ist heute keine Einbahnstraße mehr, und die Zeit der hermeneutischen Monologe ist zu Ende: Dies ist gut so. Es führt dazu, dass Europa zum ersten Mal seitens der Nichteuropäer interpretierbar geworden ist. In dieser Situation stellt sich die Frage, wer wen, wann, warum besser oder am besten verstehen kann. Dies hat auch zur Folge, dass jede ontologische Traditionsgebundenheit der Hermeneutik brüchig geworden ist. Man kann in der eigenen Tradition bleiben und sehr wohl ein Kritiker derselben sein.

Weder gibt es den einen absoluten Text noch die eine absolute Interpretation. Denn auch wenn es sie gäbe, wäre unser Zugang zu ihnen wiederum durch Interpretationen.

Die zentrale These, die hier vertreten und begründet werden soll, lautet: Nietzsches Lehre von der ewigen Wiederkunft kommt eine alles entscheidende Rolle zu, und die Lehre vom »Willen zur Macht« ist eher eine kompensatorische Projektion und stellt eine ohnmächtige Revolte gegen die ewige Wiederkunft dar. Nietzsches Lehre vom Übermenschen definiert sich zwar durch den Willen zur Macht, besteht m.E. jedoch in der Einsicht und freiwilligen Annahme des gleichberechtigten Eingebettetseins der menschlichen Gattung in den großen Haushalt der unparteiischen kosmischen Natur. Die Frage nach der Sonderstellung des Menschen ist allzumenschlich und stellt daher ein Vorurteil dar.

Nietzsche begreift sich und seine Philosophie, am Ende der langen europäischen Geistesgeschichte (von der Antike bis zu seiner Gegenwart), als radikalen Neubeginn ohne jede Verankerung in den bisherigen Denkkategorien, es sei denn eine ausschließlich negative Anknüpfung. Hierin sieht Heidegger die »Endstellung« der abendländischen Metaphysik. Nietzsche bleibt für das zentrale Anliegen seines Denkens an der Schwelle zu einer außereuropäischen Perspektive, er ergreift sie nicht vollständig und ist ein »uneuropäischer Europäer«.

Nietzsche bricht mit der Lehre, der Mensch sei ein Geschöpf Gottes. Die Zurückweisung eines solchen Gedankens ist in aller Härte und Klarheit in dem Satz Nietzsches artikuliert: Nicht Gott habe die Menschen geschaffen, sondern die Menschen haben Gott geschaffen.[2] So folgt Nietzsche Feuerbach und geht sogar weiter, indem er Gott zu einer Erfindung, ja sogar zu einem Fehler des Menschen macht. Die bekannte Suche des »tollen Menschen« nach Gott auf dem Marktplatz am helllichten Tage mit einer Laterne macht deutlich, dass »Gott tot ist«, dass wir ihn getötet haben, dass der christliche Gott unglaubwürdig geworden ist. Kann man einen erfundenen Gott töten? Auf diese Frage kann mit einem Ja geantwortet werden, denn was gegenstandslos wird, ist der Glaube und nicht der erfundene Gegenstand des Glaubens. Mit dem Gedanken vom Tode Gottes beginnt Nietzsches Denken, und es geht durch den Nihilismus hindurch, um ihn durch die Lehre von der ewigen Wiederkehr zu überwinden. Nietzsches Erklärung betrifft nur den Gott der Theologen mit den allzu menschlichen Vorstellungen und Ansprüchen, durch diesen Gott die in sich ruhende ewige Wiederkehr ersetzen zu wollen. Alles steht für Nietzsche unter der einen, alles relativierenden, aber selbst nicht relativierbaren These von dem ewig rollenden Rad des Seins. Dass sich die Seienden, allen voran die Menschen, mit einem solchen Schicksal nicht zufrieden geben können, mag an dem eigenen Vorurteil liegen, etwas ganz Besonderes zu sein.

Nietzsche begreift den Menschen auch als eine Möglichkeit. Sein Verhältnis zur Zukunft lässt ihn als ein »versprechendes Tier« erscheinen.

Der Mensch als ein zukünftiges Wesen verfügt über sich, denn er kann sich zu dem machen, was er will. Hier kommt der Gedanke von dem Willen zur Macht und jener vom Übermenschen zur Erscheinung. Der Wille zur Macht meint, dass der Mensch sowohl das »Untier« als auch das »Übertier« ist, und der höhere Mensch ist beides zugleich: Unmensch und Übermensch. Der Mensch als ein Weg, als eine Brücke zwischen Tier und Übermensch wird sich selbst in der Gestalt des Übermenschen, des eigentlich höheren Wesens, überwinden. Daher ist nach Nietzsche der Sinn der Geschichte die Erzeugung der »höchsten Exemplare« der Menschheit. Dies ist einer der Gedanken im Weltbild Nietzsches, die politisch leicht missverstanden werden können – und auch tatsächlich missverstanden worden sind.

Der Gedanke einer Überwindung des Menschen in der Gestalt des Übermenschen spielt eine zentrale Rolle in der Philosophie Nietzsches. Der Tod Gottes ist ein Faktum für Nietzsche, und der Ankunft des Nihilismus spricht er Notwendigkeit zu. Hegel nennt er einen bloßen Verzögerer eines aufrichtigen Atheismus. Im Pessimismus Schopenhauers sieht er den Atheismus schon vorgebildet. Im Deutschen Idealismus erblickt er den philosophischen Atheismus der protestantischen Theologie. »Unter den Deutschen«, sagt Nietzsche schonungslos, »versteht man sofort, wenn ich sage, dass die Philosophie durch Theologenblut verderbt ist. Der protestantische Pfarrer ist Großvater der deutschen Philosophie [...]. Man hat nur das Wort »Tübinger Stift« ausgesprochen, um zu begreifen, *was* die deutsche Philosophie im Grunde ist – eine *hinterlistige* Theologie.«[3] Mit Nietzsche kann man daher wohl fragen, ob die Rede von Gott in der Philosophie eine philosophische oder eher eine außerphilosophische Hervorbringung ist. Die Bewegung vom Mythos zum Logos kann sich auch umkehren.

Warum muss der Mensch sich selbst überwinden? Der Auftritt des Übermenschen wird nach Nietzsche notwendig nach dem Tod des christlichen Gottes. Denn gerade dieser Tod eines uns leitenden und lenkenden Gottes verlangt, dass der Mensch sein altes Bild verwerfe. Denn alle alten Bestimmungen des Menschen – Sünde, Buße, Mitleid, Glück, Vernunft, Tugend, Gerechtigkeit, Bildung – sind unverbindlich geworden. Daher ergibt sich auch die Notwendigkeit einer neuen Bestimmung des Menschen. Nietzsche scheint auch aus diesem Grunde seine Idee des Übermenschen als eine Notwendigkeit anzusehen. In der Suche nach dem neuen Menschen ist er sogar bereit, die alten Ideale der Humanität, Einheit, Gleichheit und dgl. aufzugeben. Er geht so weit, dass er die antike Einteilung zwischen Sklaven und Freien lobt und das indische Kastenwesen bewundert.

III. Nietzsches Anthropologie im Spannungsfeld der beiden Lehren von Wiederkehr und Übermenschen

Nietzsches Anthropologie ist gegen den Versuch einer Abkoppelung des Menschen von der Natur gefeit. Die große kosmische Natur subsumiert Glück und Unglück unter den Begriff der »Ordnung«. Daher lobt Nietzsche Homer, bei dem es eine Humanität, eine menschliche Natur gibt, die das Leidenschaftliche, Wilde, Milde, Grausame, Gewaltige kennt. Nietzsche bringt diese Natur, die sowohl tötet als auch Leben spendet, die im Entstehen, Bestehen und Vergehen ihre Selbsterhaltung, Selbstbewahrung und Selbstauflösung zeigt und in diesem ewigen Kreisen uns bittet, unser Genüge und Ziel zu erblicken, auf die kurze Formel vom »Willen zur Macht«. In ihrer Kürze liegt aber auch die Kurzatmigkeit seines Vorhabens einer grundlegenden Erneuerung der Menschheit, die statt in dem ewigen Entstehen – Bestehen – Vergehen unser Genüge finden zu lassen, auf der Geburt des Übermenschen durch den Willen zur Macht insistiert. Nietzsche scheint hin und her gerissen zu sein zwischen der Entscheidung, den ewigen Kreislauf der Natur zu wollen oder ihn zu überwinden. Von dieser Spannung ist Nietzsche nie wirklich losgekommen. In seiner redlichen Suche nach einer illusionslosen Wahrheit findet er zwar den ewig sich bewegenden »Ring des Seins«, aber sein »Wille zur Macht«, ja zur Wahrheit möchte auch hier, an dieser äußersten Grenze, nicht schweigen. In diesem ohnmächtigen Protest zeigt sich in Nietzsche ein doppeltes Erbe: das christliche und das griechische.

In Nietzsches Person manifestieren sich zwei in Spannung befindliche Tendenzen: Zum einen will er die ewige Wahrheit von der Wiederkunft des Gleichen als Ergebnis seiner radikal philosophischen Besinnung ansehen, und zum anderen gibt es bei ihm den ethisch-moralischen Veränderungsdrang im Willen zur Macht bzw. zum Übermenschen. Auch als Antichrist ist und bleibt Nietzsche Christ, denn die Erlösungsidee hält er fest und möchte sie jenseits der ewigen Wiederkunft des Gleichen postieren. Nietzsche hat zwar aufgrund seiner Schopenhauer-Lektüre geahnt, dass die buddhistische Erlösungsidee in diesem Punkt eine derartige Spannung nicht kennt, weil sie wie z.B. bei dem buddhistischen Philosophen Nagarjuna Welt und Nirvana (sansara und Erlösung) zwei Seiten derselben Medaille sein lässt. Er hat sich jedoch nie mit diesen Ideen wirklich auseinandergesetzt. Dazu fehlten ihm auch die erforderlichen gründlichen Kenntnisse der buddhistischen Philosophie und Erlösungslehre. Erlösung scheint ja eigentlich in einer Einstellung zu bestehen, die eher den Betrachter als das Betrachtete verändert.

Der europäische Nihilismus, den Nietzsche in allen Einzelheiten beschreibt, ruft nach Überwindung. Die in »Also sprach Zarathustra« verkündete Lehre von der ewigen Wiederkunft stellt dann die Überwindung des Nihilismus dar – zumindest ist dies ihre Botschaft. Wer jedoch in das ewige Werden und Vergehen einen Willen hineinlegt oder sogar hineinprojiziert, kann nicht vermeiden, selbst nihilistisch zu werden, denn die große Natur in ihrer kosmischen Unparteilichkeit untersagt den Menschen, gegen das Entstehen – Bestehen – Vergehen zu protestieren. Die Frage bleibt offen, wie weit Nietzsche selbst von einem solchen Begehren frei gewesen ist.

Nietzsche will die Historie von der Vorherrschaft der Geschichtsphilosophie à la Hegel befreien und sie weder bloß monumentalisch noch antiquarisch erzählen. Nietzsche will die Historie dem Leben dienstbar machen. Daher ist ihm zufolge die »Hauptaufgabe« der Geschichtsschreibung auch und gerade eine Kritik im Dienste des Lebens. In seiner »Genealogie der Moral« macht Nietzsche dies deutlich. Der Strom der Geschichte ist mächtig, und Philosophen wie Kant, Hegel und Marx haben ihn zu bändigen versucht, indem sie von einer geschichtsphilosophischen Botschaft das Leben zu deuten versuchen, auch wenn das Leben immer wieder dagegen protestiert. Nietzsche klagt eine solche Geschichtsphilosophie an, die das Leben ruiniert, indem sie es von einer übermächtigen Instanz her bestimmt. Ob das souveräne Individuum Nietzsches wirklich dazu in der Lage ist, den starken Strom der Geschichte zu bändigen, ist indes auch keinesfalls sicher, denn selbst die Einsicht in das Ja-Sagen der ewigen Wiederkehr ist ein Geschichtsmodell, das zwar das Teleologische der alten Geschichtsphilosophie zurückweist, jedoch das Unverfügbare nicht domestiziert.[4]

Auch wenn Nietzsche die Menschen aufruft, Geschichte zu formen, das Chaos zu organisieren, übernimmt er sich doch, wenn er den Menschen »übermenschlich« erhöht. Nietzsches Kritik des Subjekts als Aberglauben zu Ende gedacht, muss die ewige Wiederkehr zum eigentlichen Täter, zum Subjekt machen; und dies um so mehr, wenn er davon spricht, dass wir Menschen des Menschen müde geworden sind. Nietzsche scheint in das Gattungswesen Mensch kein Vertrauen zu setzen, und es mag daher nicht ganz abwegig sein, in seiner Theorie des Übermenschen doch eine kompensatorische Projektion zu vermuten. Es ist richtig, dass Nietzsche von jedem geschichtsphilosophischen und theologischen Synergismus frei ist, doch die Spannung zwischen seinen drei Lehren: vom Willen zur Macht, von dem Übermenschen und von der ewigen Wiederkehr bleibt in einer Ambivalenz befangen. In seinem dionysischen Bejahen des Lebens wird die Unverfügbarkeit der ewigen Wiederkehr deutlich.

Nietzsche sieht aber auch eine Antinomie zwischen Wille und Fatum. Durch seine so genannte Willensfreiheit koppelt sich der Mensch von der Bindung an das Ganze der Natur ab, doch das Fatum nötigt ihn wieder in die organische Verbindung mit der Gesamtentwicklung im Kosmos zurück.

Besäße der Mensch eine absolute Freiheit, so würde er Gott gleichen. Wäre er auf der anderen Seite nur dem Schicksal ergeben, so gliche er einem Automaten. Von Zarathustra lernt Nietzsche auch diese Spannung im menschlichen Gestaltungswillen. Der Mensch ist und bleibt Kampfplatz zwischen dem Ideal, wie die Dinge sein sollen, und der Einsicht, wie sie immer wieder sind. Nietzsches Protest ist letzten Endes, so möchte man sagen, ein Protest gegen die Konstitution der menschlichen Natur. Kann man diesen Protest mit der Willensfreiheit in Verbindung bringen? Kann nicht der freie Wille doch in der tiefen Einsicht bestehen, die höchste Potenz des Fatums sei eigentlich der freie Wille? In einer nicht zwanghaften Annahme dieser Einsicht von der ewigen Wiederkunft bestehe die eigentliche Demut und die Würde der Menschen? Denn welche Logik muss es sein, die uns einsichtig machen will, der Mensch verdiene eine unvergleichlich bessere Behandlung in und von der großen Natur – außer jene, dass wir Menschen es gerne so hätten? Nietzsche bewegt sich anscheinend auf eine solche Lösung hin, auch wenn der Wille zur Macht den Übermenschen aus der »großen Uhr des Daseins« herausnehmen möchte. Der Mensch fürchtet sich vor der Vereinnahmung durch die ewige Wiederkehr des Gleichen, doch sein Protest gegen diese allzumenschlich gedeutete Vereinnahmung endet in seiner fantastischen Kompensationswerkstatt.

In der »Fröhlichen Wissenschaft« kündigt Nietzsche eine Lösung des umrissenen Problems unter dem Titel »Das größte Schwergewicht« an. Er plädiert für die Erlösung nicht durch Gott am Kreuze, sondern durch die Zurücknahme des Selbst in die kosmische Ordnung einer notwendigen und unparteiischen Wiederkehr. Eine derartige Erlösungsidee zeigt tief liegende Verwandtschaften mit dem asiatischen Denken, vor allem mit dem taoistischen, das auch die Unparteilichkeit des großen Himmels lobpreist und dem Menschen den Ratschlag gibt, sich ohne Groll mit der Idee eines gleichberechtigten Eingebettetseins in den Haushalt der großen Natur zu befreunden. Zarathustra kostet es viel Mühe, bis er einsieht, dass die eigentliche erlösende Lehre die von der ewigen Wiederkunft ist, die alle Wesen wie in einer großen Demokratie aller Dinge gleich behandelt. Auch wenn Nietzsche den Gedanken vom »Willen zur Macht« nie ganz aufgibt, kommt er der erlösenden Einsicht sehr nahe, dass Übermensch-Werden bzw. Übermensch-Sein in ihrem Wesen eine freiwillige Akzeptanz der Lehre von der ewigen Wiederkunft ist.

Die Lehre von der ewigen Wiederkunft überwindet sowohl Zeitlichkeit als auch Geschichtlichkeit, und sie lässt die Frage nach dem Sinn der Geschichte als eine allzu menschliche Frage erscheinen. Mit Nietzsche nimmt der Mensch sowohl von einer theozentrischen als auch von einer anthropozentrischen Anthropologie und Geschichtsphilosophie Abschied und nähert sich sozusagen einer kosmozentrischen reflexiv-meditativen Besinnung. Es ist in diesem Zusammenhang aufschlussreich zu beobachten, dass Zarathustra, der immer noch nicht mit dem ewig rollenden, aber krummen Pfad des immer wiederkehrenden Seins seinen Frieden schließen will, gerade von seinen Tieren überredet wird, dies zu tun – in einer Weise, die jenseits allen Protests das bedingungslose Ja zum Sein bedeutet und dem zustimmt, was von Natur aus ist und daher auch sein darf und muss. Wenn durch die Umwertung aller Werte das radikale Nein zu allem, was es bis jetzt in der europäischen geistesgeschichtlichen Tradition gegeben hat, gesagt worden ist, gilt es, dieses »Nein-Tun« als eine positive Ja-Stellung zur ewigen Wiederkunft anzunehmen. Dass der Mensch trotz seiner Vernunft oder vielleicht gerade ihretwegen keinen bejahenden Zugang zur Weisheit der ewigen Wiederkehr findet und es die Tiere sind, die Zarathustra diese Einsicht nahelegen, deutet indes auf eine gleichberechtigte Stellung des Menschen im Kosmos hin. Es geht darum, dass die Eitelkeit der menschlichen Sonderstellung aufgegeben werden muss.

Nietzsche vertritt geradezu leidenschaftlich die Ewigkeit des sich wiederholenden Kreislaufs. In einem Brief an Jacob Burckhardt, den Nietzsche hoch schätzte, schreibt er nach dem Ausbruch seiner Krankheit, dass er seine Baseler Professur geopfert habe, um sich selbst zu retten als »Narr der neuen Ewigkeiten«.[5] Zu diesen neuen Ewigkeiten gehört wesentlich die Entdeckung der antiken und der asiatischen Lehre von dem Kreislauf der kosmischen Natur. Es ist wie eine Ironie, dass Nietzsche gerade die heidnische Ideengeschichte nach fast zweitausend Jahren erneuert, die von Augustin und auch von Hegel zurückgewiesen worden ist – im Geiste einer stufentheoretischen Erklärung der Religionen und Philosophien. Für Augustin wandeln die Heiden gottlos im Kreise. Nietzsches Liebe, Bewunderung und Verehrung für die antike Welt (und auch für die asiatische) nimmt in dem Maße kontinuierlich zu, wie er vom Tod des christlichen Gottes immer mehr und tiefer überzeugt ist. Jenseits der christlichen Moral erkennt Nietzsche zum ersten Mal in der Lehre der ewigen Wiederkunft die eigentliche neue Quelle echten Philosophierens. In den Aphorismen der Schrift »Jenseits von Gut und Böse« wird diese ausführlich dargetan.

Nietzsche ist ein durch das Christentum hindurchgegangener Heide. Nicht nur die Lehre von der ewigen Wiederkunft, die von Justinus, Origenes und Augustin polemisch erörtert wird, sondern auch alle Hauptargumente der christlichen Apologeten gegen die heidnischen Philosophen tauchen vom entgegengesetzten Standpunkt her bei Nietzsche wieder auf. Für Nietzsche ist der christliche Glaube zu roh und kleinlich, denn er revoltiert gegen die große Ordnung der kosmischen Natur und möchte sie durch einen göttlichen Eingriff ersetzen.

Nietzsches Lehre von der ewigen Wiederkunft

Nietzsches neue Entdeckung der alten Lehre von der ewigen Wiederkehr zeigt diese aber nicht in ihrer ursprünglichen, unreflektierten, intuitiv sicheren Einfachheit. Fast 2000 Jahre des Christentums liegen dazwischen. Auf dem Boden der christlichen Erfahrung, der christlichen Botschaft und auf Grund der Enttäuschung von ihr »verkündet« Nietzsches Zarathustra seine Lehre. Nietzsches Verkündigung ist auch eine Art Evangelium, ein Evangelium aber, das die Unschuld, die Allmacht und die Unparteilichkeit der ewigen Wiederkunft predigt.

Nietzsche, der über Schopenhauer einen Zugang zum asiatischen, buddhistischen Denken suchte, fand nicht die ersehnte Ruhe des Ja zur ewigen Wiederkunft. Der Gedanke des »Übermenschen« in unheiliger Allianz zum »Willen zur Macht« verhinderte dies. Nietzsche scheint geahnt zu haben, dass Übermensch-Sein bedeutet, sich in die ewige Wiederkehr einzufügen. Das Vorgehen eines ZEN-Meisters hätte Nietzsche hier weiter helfen können. »Bevor man ZEN studiert hat, sind Berge Berge und Flüsse Flüsse; während man ihn studiert, sind Berge nicht mehr Berge und Flüsse nicht mehr Flüsse; sobald man aber eine Erleuchtung gehabt hat, sind Berge wieder Berge und Flüsse Flüsse.«[6]

Die Aporie in der Gesamtlehre Nietzsches besteht eigentlich in seinem Willen zur Macht, zur Gestaltung, Veränderung und Zerstörung, wobei dieser Wille sich nicht im Kreis bewegen will und vielleicht auch nicht kann. Daher entsteht für den Zarathustra Nietzsches das Problem der Erlösung, ein Problem, das nach dem Tod Gottes der Wille allein lösen muss, denn die Stelle eines erlösenden Gottes ist nun leer geworden. Die Tragik einer solchen »Willensmetaphysik« besteht darin, dass der Willensakt sich nicht der ewigen Wiederkehr unterordnen will. Dass eine willentliche Unterordnung unter die ewige Wiederkehr einer erlösenden Einsicht nahe kommt, ist dem Willen zur Macht nur schwer akzeptabel.[7] Die Frage nach der Erlösung bleibt jedoch bestehen, und Nietzsche möchte, dass der Wille sich selbst erlöse, indem er das Ungewollte wollen und akzeptieren lerne. Wenn aber in diesem Lernen der Wille die größten Anstrengungen, die teils seiner Natur zuwiderlaufen, auf sich nehmen muss und nur notgedrungen sein »Ja!« zur ewigen Wiederkehr sagt, dann ist die einfache und alles bestimmende Botschaft aus der Lehre von der ewigen Wiederkunft doch nicht vernommen worden. Der Antichrist Nietzsche ist noch Christ genug, um die Idee eines schöpferischen Willens nicht ganz aufgeben zu können. Löwith meint, dass das Schaffen-Wollen Nietzsches »aus der jüdisch-christlichen Tradition, aus dem Glauben, wonach Welt und Mensch durch Gottes Willen geschaffen sind«, stammt.[8]

Das folgende Trilemma macht m.E. die in Spannung befindlichen Momente in der Philosophie Nietzsches deutlich: Erstens: ist die Tatsache der ewigen Wiederkehr uns Menschen übergeordnet, dann ist die Rede von der Erlösung fast sinnlos. Zweitens: hat die Rede von der Erlösung doch einen Sinn, dann hat die Rede von der ewigen Wiederkehr keinen Sinn. Und drittens: soll sowohl die Rede von der ewigen Wiederkehr als auch die von der Erlösung der Menschen und der Welt doch sinnvoll sein, dann ist die Frage: Woher stammen die Spannung und die Unvereinbarkeit zwischen beiden? Unsere Lesart neigt zu der folgenden Auslegung: Die einseitige Überbetonung der Lehre vom Willen zur Macht in konstitutiver Verbindung mit der Lehre vom Übermenschen macht die Lehre von der ewigen Wiederkehr des Gleichen fast bedeutungslos. Deutet man den Willen zur Macht als den Willen zur Erkenntnis, einen Willen, den der Übermensch besitzt, dann besteht die Erlösung in der willigen Annahme der Lehre von der ewigen Wiederkunft.

IV. Sri Aurobindo und Nietzsche

Nietzsches Vision der ewigen Wiederkehr des Gleichen, soll sie nicht nur eine Erkenntnis, sondern auch eine Weisheit sein, die Ruhe und Einklang mit dem bedeutet, was der großen kosmischen Natur zugrunde liegt, ist mit den asiatischen Weisheitslehren von dem gleichrangigen Eingebettetsein der menschlichen Gattung in den Haushalt der großen Natur enger verwandt als mit jenen Lehren, die von einer qualitativen Sonderstellung des Menschen im Kosmos ausgehen. Das Gedicht »Sils-Maria« legt eine solche Deutung der Lehre von der ewigen Wiederkehr des Gleichen nahe.

In seiner Auseinandersetzung mit Nietzsches Lehre vom Übermenschen und von der ewigen Wiederkehr verbindet der moderne indische Philosoph und Verkünder der Lehre von einer supra-rationalen, supra-mentalen Stufe der Menschen, Sri Aurobindo (1872–1950), Lob und Tadel.[9] Aurobindo lobt, dass Nietzsche die großartigen Ideen des Übermenschen und der ewigen Wiederkehr entwirft, diese jedoch – und hierin wirft er Nietzsche Halbheiten und einseitige vitalistische, titanische Züge vor – durch seine Lehre von dem Willen zur Macht von der eigentlich geistigen und spirituellen Entwicklung des Übermenschen abschneidet. Auch hält er Nietzsche vor, die Lehre von der ewigen Wiederkehr zuweilen als etwas Beunruhigendes, Furchterregendes zu empfinden.

Nietzsches Haltung dem indischen Denken gegenüber ist schillernd, und er findet zwei sich im Widerstreit befindliche Perspektiven im indischen Denken: das große Jasagen und das überlegene Neinsagen gegenüber dieser Welt. Bedauerlicherweise lobt er das heute umstrittene Gesetzbuch des Manu, zumal er die Kasten der Philosophen und der Krieger als die eigentliche Elite ansieht. Für ihn ist die jasagende Religion die »arische Religion«, die sich grundsätzlich unterscheidet von der »Herdenreligion«. Im Buddhismus dagegen findet er das Urmuster der neinsagenden Religionen. Auch wenn nach Nietzsche Christentum und Buddhismus weltverneinende Religionen sind, lobt er dennoch den »größeren Realismus des Buddhismus«, denn bei Buddha findet er den Begriff Gottes schon längst abgetan. Der Buddhismus als Religion der Selbsterlösung sagt ihm zwar zu, und er prophezeit sogar die Unentbehrlichkeit eines »europäischen Buddhismus«. Er kann sich aber mit dem Buddhismus dennoch nicht einverstanden erklären – und hierin bricht er mit seinem Mentor Schopenhauer –, weil er die Weltverneinung des Buddhismus nicht akzeptieren kann. Freilich begreift ein Buddhist seine Religion eher als eine Weltüberwindungsreligion. Nietzsche bejaht die ewige Wiederkehr und meint, der Buddha dringe nicht zu dieser Bejahung hindurch. Hier irrt Nietzsche, denn Nirvana ist nicht so sehr eine Transzendenz, sondern eine Transformation, die Sansara (Welt) und Nirvana als zwei Seiten derselben Medaille begreift.

Aurobindo erkennt in Nietzsche eine Kurzatmigkeit trotz der grandiosen Ideen seines Denkens. Der »Übermensch« Aurobindos ist nicht ein Gegenbild Gottes, sondern eher die Vollendung des Menschen im Sinne einer grundlegenden geistig-spirituellen Veränderung des menschlichen Bewusstseins. Die Methode hierzu ist die bekannte Methode des integralen Yoga. Die durch sie eingeübte Veränderung verwandelt die menschliche Natur dergestalt, dass sie zur Geburt eines neuen Menschen führt. Max Scheler kommt hier Aurobindo näher als Nietzsche.

Der Zarathustra Nietzsches ist eigentlich der kosmische Mensch mit seiner Weisheit, die in seinem Willen zur ewigen Wiederkehr besteht. Nach Aurobindo ist die ewige Wiederkehr im Gegensatz zu der Ansicht Nietzsches nicht bloß das immer gleiche kosmische Spiel, es geht vielmehr um eine Wiederholung in anderen Spielarten, auch wenn das Muster gleich bleibt. Aurobindo vermisst ferner die Idee einer moralisch-spirituellen Entwicklung in der Konzeption des Übermenschen. Ebenso fehle bei Nietzsche der Aufriss einer geeigneten Methode der Transfiguration des Menschen. Der Übermensch als ein Übergeist ist für Aurobindo nicht bloß ein höherer Grad menschlicher Größe, Macht, sondern das höhere, das höchste Bewußtsein, das der menschlichen Natur evolutiv eigen sein kann.

Es geht bei Aurobindo um eine kosmische Evolution, die der spirituellen bedarf. Unter spiritueller Evolution versteht er die stetig steigende Zahl spiritueller Individuen, die in kosmischer Solidarität leben und Vorbildfunktion haben. Die spirituelle Evolution ist die Transformation des moralischen Lebens. Ein bloß moralisches Leben im Sinne Kants besteht in einem bedingungslosen Gesetzesgehorsam (kategorischer Imperativ), ein spirituelles Leben dagegen in der Realisation, dass das moralische Leben nicht Gehorsam, sondern eine transformierte menschliche Natur bedeutet.

V. Nietzsche und sein Zarathustra

Ohne hier auf die endlose Kontroverse einzugehen, ob Nietzsches Gleichnis vom Übermenschen genetisch, rein biologisch, bloß sozialpolitisch und pädagogisch bestimmt ist oder nicht, möchte ich kurz auf eine andere alternative Lesart der Ideen des Übermenschen und der Wiederkehr im interkulturellen philosophischen Kontext hinweisen.

Es ist richtig, dass Nietzsche echten Gedanken eine Verwandlungskraft zuschreibt und sein Gedanke der ewigen Wiederkehr eine Wandlung in ihm bewirken soll – wäre da nicht die Idee des Übermenschen in ihrer unheiligen Allianz mit dem Willen zur Macht, denn der Gedanke vom Willen zur Macht möchte auch bewirken, dass der Übermensch sich selbst und seinen Willen zur Durchsetzung bringt. In dieser Ambivalenz findet der Übermensch keine Ruhe und oszilliert zwischen dem Willen zur Macht und der ewigen Wiederkehr. Auch Nietzsche lebt in diesem Zustand der Unruhe.

Kann der Übermensch mit Hilfe des Willens zur Macht seine »große Politik« gegen die ewige Wiederkehr betreiben? Wohl kaum, denn wäre dem so, dann wäre die ewige Wiederkehr dem Willen zur Macht untergeordnet. Hinzu kommt die ketzerische Frage, wie viele Übermenschen eine Gesellschaft ertragen könnte. Der kurze Hinweis im interkulturellen Kontext auf den Buddhismus, auf Nâgârjèna und Aurobindo hatte zum Ziel nahezulegen, die gegebene Situation ohne Groll zu ertragen und sich in die ewige Wiederkehr zu fügen. Dies käme einer »Kehre« des Willens zur Macht gleich, die den Übermenschen mit der ewigen Wiederkehr versöhnen könnte.

Die Frage nach der eigentlichen Lebensphilosophie Nietzsches wird bis heute kontrovers diskutiert. In seinem lesenswerten und mit neuen Einsichten versehenen Nietzsche-Buch spürt der Trierer Philosoph Josef Werle akribisch genau und wohl begründet dem Lebensgefühl Nietzsches nach und kommt überzeugend zu dem Ergebnis, dass Nietzsche, der Mensch, trotz seines Zarathustra, letzten Endes keine lebensbejahende Philosophie des Lebens hat formulieren können. Und dies trotz der »Tanzlieder«, in denen Nietzsches Zarathustra (wohlgemerkt nicht unbedingt Nietzsche, der Mensch und Philosoph) das Leben bejaht. Zarathustra will das Leben »noch einmal«. Aber die folgenden Worte Nietzsches, die ungefähr zur gleichen Zeit wie die »Tanzlieder« geschrieben wurden, sprechen eher von einem tragisch-traurigen Lebensgefühl. »Ich will das Leben nicht *wieder*. Wie habe ich's ertragen? Schaffend. Was macht mich den Anblick aushalten? der Blick auf den Übermenschen, der das Leben *bejaht*. Ich habe versucht, es *selber* zu bejahen – Ach!«[10] Es mag sein, dass wir die Abgrundtiefe dieses »Ach« niemals werden mit unmittelbarer Gewissheit ausloten können, aber dennoch scheint das diesem »Ach« zugrunde liegende Lebensgefühl eine tief traurige, ja sogar tragische und ohnmächtige Note zu besitzen. So kommentiert Werle sehr zu Recht: »Während der Autor Nietzsche seine literarische Figur Zarathustra ›das Tanzlied‹ singen lässt, kämpft der Mensch Nietzsche gegen Suizidgedanken. Zarathustra ist nicht der Sprecher Nietzsches.«[11]

Die Tiefe des »Wieder« in der Lehre von der ewigen Wiederkehr ist und bleibt wohl unauslotbar, denn weder der Übermensch noch der Wille zur Macht scheinen der ewigen Wiederkehr ihren Stachel zu nehmen. Und der Mensch bleibt ohnmächtig in seinem Protest und empfindet ein Unbehagen angesichts der ewigen Wiederkehr. Ist dieses Unbehagen nicht doch selbstverschuldet, denn wer sagt uns, dass wir Menschen die Mitte des Kosmos sind? Wir selbst sagen es.

(11.11.2000)

Anmerkungen

[1] Vgl. J. J. M. De Groot, Universismus. Die Grundlagen der Religion und Ethik, des Staatswesens und der Wissenschaften Chinas, Berlin 1918.
[2] Vgl. F. Nietzsche, Kröners Ausgabe, Bd. 83, S. 927.
[3] Ebenda, S. 492.
[4] Vgl. H.-D. Kittsteiner, Listen der Vernunft. Motive geschichtsphilosophischen Denkens, Frankfurt a. M. 1998, S. 132ff.
[5] Zit. in: K. Löwith, Weltgeschichte und Heilsgeschehen, S. 201.
[6] D. T. Suzuki, Zen Buddhism: Selected Writings of Suzuki, hrsg. von W. Barrett, New York 1956, S. XVI-XVII. zit. in: K. T. Fann, Die Philosophie Ludwig Wittgensteins, München 1971, S. 99.
[7] Vgl. K. Löwith, Nietzsches Philosophie der ewigen Wiederkehr des Gleichen, Stuttgart 1956.
[8] K. Löwith, Weltgeschichte und Heilsgeschehen, S. 204.
[9] Vgl. Sri Aurobindo, Sri Aurobindo Birth centenary Library, Sri Aurobindo Ashram, Englische Gesamtausgabe Pondicherry, 1972. In deutscher Sprache: Zyklus der menschlichen Entwicklung, München/Wien 1974; Das Ideal einer geeinten Menschheit, Gladenbach 1982; Essays über die Gita, Gladenbach 1977; Die Grundlagen der indischen Kultur und die Renaissance in Indien, Gladenbach 1984; dazu W. Huchzermeyer, Der Übermensch bei Friedrich Nietzsche und Sri Aurobindo, Gladenbach 1986.
[10] F. Nietzsche, KSA 10/137.
[11] J. M. Werle, Nietzsches Projekt »Philosoph des Lebens«. Würzburg 2003, S. 200.

Bewusstsein und Subjektivität im Buddhismus Antithese zur europäischen Ich-Identität?

Michael von Brück

I.

Ist Nietzsches Übermensch ein Fall für die Couch Sigmund Freuds, ein Klient, dem der Teufel auszutreiben wäre, auch wenn er dabei selbst in die Säue fahren sollte? Oder ist dieser Übermensch ein Buddha? Oder gehören beide, der Übermensch und der Buddha, in eine Borderline-Therapie, damit der neurotische Narzissmus beider – im Gewand des *Über*-Selbst hier, des Nicht-Selbst dort – auf ein erträgliches Mittelmaß heruntertherapiert werden könne? Oder vielleicht doch besser in eine Verhaltenstherapie, die beiden den Größenwahn schon austreiben sollte, damit sie wieder arbeitsfähig würden im Sinne des Bürgerlichen Gesetzbuches?

Nietzsche tritt an gegen das entkörperlichte Ideal des Geistes, das auf der realen Seite des Lebens dem kleinbürgerlichen Spießer korreliert ist, gegen eine metaphysisch aufgeladene Subjektivität, die dem genauen Beobachter, wohl nicht nur des Menschen im 19. Jahrhundert, wie eine Seifenblase erscheinen muss. Das Ich, was ist das? Zentrum seiner selbst, autonom und frei, selbstbestimmt und rational gesteuert? Wenn nicht schon zwischen Selbstbestimmung und Rationalität ein Widerspruch läge, so doch zumindest zwischen Anspruch und Wirklichkeit der Anthropologie. Denn Nietzsche wird die Normativität selbst zur Lüge, zur Qual der geheuchelten Divinität, die sich längst selbst gekreuzigt hat. Oder ist das Erhoffte vielleicht noch von der Zukunft zu erwarten? Wenn schon nicht in der Apokalyptik der messianischen Erwartung, so doch vielleicht in der biederen Entwicklung des Geistes à la Hegel, die ausgerechnet im preußischen Staat zu ihrer paradiesischen Verwirklichung gereift sein soll? Nein; Nietzsche spottet nur: Im Zarathustra ist ihm der Staat nur der neue Götze, der »ein Sterben für Viele« ist und jedes freie Leben unmöglich macht. Das Individuum, das sich selbst die Freiheit setzt, ist in Gefahr.

II. Buddhismus

Der Buddhismus drückt das Problem mit der Lehre von der gegenseitigen Abhängigkeit aller Erscheinungen (*prathyasamutpāda*) aus: Alles ist, was es ist, indem es abhängig ist von allem anderen, was es nicht und gerade dadurch doch ist. Dies klingt paradox, doch genau dies ist die Denkfigur des buddhistischen Nicht-Selbst (*anātman*). Nicht-Selbst bedeutet nicht, dass nichts ist, sondern dass das, was ist, nicht es selbst ist im reinen Fürsichsein oder Gegensatz zu anderem. Der Zeitfluss macht diese Form der Identität erst möglich. Sie gilt für das menschliche Selbst bzw. Nicht-Selbst ebenso wie für alle Erscheinungen überhaupt.

Der Buddha hat die brahmanische Idee eines ewigen *ātman*, der vom *karman* der Welt unberührt bleibt, ausdrücklich abgelehnt. Seine *anātman* (Pāli *anatta*)-Lehre hat eine metaphysische und eine ethische Komponente: Metaphysisch geht sie den »mittleren Weg« zwischen den Extremen von Eternalismus (*sassatavāda*) und Nihilismus (*ucchedavāda*); ethisch geht sie den »mittleren Weg« zwischen Weltgenuss und völliger Askese. Denn wenn alles »substanzlos« ist, haben die Wesen keine individuell-getrennte Existenz, sondern sie sind zutiefst miteinander verwoben. Nur durch dieses primäre Netz der Beziehungen ist jedes Wesen, was es ist. Daraus ergibt sich folgerichtig, dass auch *alle* Lebewesen aufeinander angewiesen sind, und das ist das ethische Grundmotiv der *anātman*-Lehre. *Anātman* bedeutet auch, dass *alles* der Veränderung unterworfen ist, die durch *karman* gesteuert wird. Der Mensch und alle anderen Lebewesen sind Produkte des sich immer wandelnden *karmans*, weshalb sich ein Leben niemals in völlig gleicher Weise wiederholen kann. Die Jātakas dokumentieren dies dadurch, dass keines der vergangenen Leben des Buddha dem anderen gleicht.

Wie aber kann die Lehre vom Nicht-Selbst Sinn ergeben, wo wir doch selbstverständlich das Gefühl eines Ich haben? Und wenn es kein Ich oder Selbst gibt, was wird dann eigentlich wiedergeboren? Diese Fragen sind im Buddhismus ständig neu gestellt worden, und sie sind immer eine treibende Kraft für die Kreativität in der Geschichte der buddhistischen Philosophie gewesen. Zunächst allerdings fällt auf, dass sich die erste Predigt des Buddha von Benares kaum um die Frage nach dem Nicht-Ich (*anātman*) kümmert, sondern um die Analyse von *duḥkha* kreist. Ich übersetze den Begriff mit »Frustration« und fasse die Bedeutung kurz zusammen:

Der Mensch leidet, weil er etwas begehrt, das er nicht haben kann, da es nicht so ist, wie er sich wünscht.

Die Erfahrung, dass Leben voller Frustration sei, war in der indischen Religionsgeschichte nicht neu. Das Besondere der Lehre des Buddha besteht darin, dass er auch die Augenblicke eines kurzen Vergnügens für nicht weniger leidvoll hält als den unmittelbaren Schmerz bzw. das Missvergnügen. Kein philosophisches System des Hinduismus stellt alle Aspekte des Lebens unter solch ein universales Verständnis von *duḥkha*:

Dennoch ist die Lehre vom Nicht-Selbst (*anātman*) das auffälligste Merkmal, durch das sich die buddhistische Sicht des Menschen von der übrigen indischen Religions- und Geistesgeschichte abhebt. Freilich müssen wir fragen, was hier eigentlich verneint wird. Und das ist ein komplexes Problem. In den indischen Philosophien kann man im Wesentlichen zwei grundlegend verschiedene Anschauungen über die »Seele« oder das »Selbst« unterscheiden, und beide scheinen von Anfang an als strukturierende Faktoren auf die späteren psychologischen und metaphysischen Systeme, einschließlich des Buddhismus, eingewirkt zu haben:[1]

1. Es gibt ein Selbst, das als reine Bewusstheit oder reines Bewusstsein betrachtet wird. Es ist die Instanz des Erkennens, eine Wesenheit, die aus sich selbst leuchtet, ohne jedes begrenzende Attribut oder einen spezifischen Inhalt und jeder tatsächlichen Wahrnehmung absolut transzendent. Es ist statisch und jenseits jeder Veränderung und allen Wandelns.
2. Es gibt ein Selbst, das durch spezifische Inhalte charakterisiert ist. Es ist ein gestaltetes individuelles Selbst, ja es ist eine Wesenheit, die als Kristallisationspunkt von Individualität gelten kann. Es ist und bleibt unterschieden von ähnlichen anderen Wesen und impliziert damit einen weltanschaulichen realistischen Pluralismus. Dies ist offensichtlich die Grundannahme im Jainismus, allerdings hat dieses zweite Selbst auch beträchtliche Einflüsse und Spuren im hinduistischen und buddhistischen Denken hinterlassen.

Der buddhistische Bewusstseinsbegriff stellt eine spezifische Kombination dieser beiden Anschauungen des Selbst dar und bietet damit die Grundlage für die buddhistische Reinkarnationstheorie.

Für den Buddhismus ist der Glaube an die Reinkarnation über jeden Zweifel erhaben. Denn Reinkarnation ist heilsnotwendig, insofern die geistige Reinigung des Bewusstseins die Voraussetzung für den Eintritt ins *nirvāṇa* ist und nur über viele Leben hinweg verwirklicht werden kann. Die eigene

Vorgeschichte des Buddha, von der die Jātaka-Erzählungen handeln, ist das archetypische Modell für diesen Zusammenhang.

Die Frage ist aber auch hier, *was* eigentlich wiedergeboren wird, da ja ein Selbst (*ātman*), das von Körper zu Körper wandern könnte, abgelehnt wird. Eines der schwer lösbaren Grundprobleme des gesamten buddhistischen Denkens ist genau dieser Widerspruch zwischen *anātman* auf der einen und Reinkarnation auf der anderen Seite.[2] Dieser mögliche, scheinbare oder auch reale Widerspruch – je nachdem, wie man *anātman* versteht – ist die treibende Kraft bei der Entwicklung des Verständnisses von *vijñāna* (Bewusstsein) gewesen. Somit dient die Theorie des Bewusstseins der Lösung dieses Widerspruchs auf einer höheren Ebene, und genau dies ist der Versuch des philosophischen Denkens in den Entwicklungen zum Mahāyāna-Buddhismus, und zwar sowohl im System der *Mādhyamikas* wie auch im *Vijñānavāda (Yogācāra)*.

Wie schon erwähnt, stellt der buddhistische Bewusstseinsbegriff den Versuch dar, die Anschauungen vom Selbst als

a) reinem Bewusstsein (identisch mit sich selbst jenseits konkreter Wahrnehmungen) und

b) einem individuierten Selbst, das durch spezifische Inhalte geprägt ist,

zu verbinden. Das geschieht dadurch, dass man das Bewusstsein als Energie begreift, die jenseits der gewöhnlichen begrifflichen Faktoren eine bloße Kapazität oder Möglichkeit darstellt, welche wiederum von anderen Faktoren abhängt, nämlich den Sinnesorganen und den Sinnesobjekten auf der einen Seite, und einem Prinzip von Kontinuität im Wandel auf der anderen Seite – denn nur durch dieses letztere Prinzip wird ja die Fortsetzung der karmischen Kette möglich, die folgerichtig zur nächsten Inkarnation, mithin also zur Reinkarnation gemäß karmischen Bedingungen, führt.[3] Bereits im frühen Buddhismus wird diese wichtige Funktion des Bewusstseins in vielen Suttas erwähnt,[4] und in späteren Mahāyāna-Entwicklungen – keineswegs nur in der Vijñānavāda-Schule – entwickelt sich diese Funktion zu einer Art letztgültigem Prinzip.[5] Im Folgenden möchte ich versuchen, einige Gesichtspunkte zu formulieren, die sich aus dem eben Gesagten für das Reinkarnationsverständnis ergeben.

Der Buddha erklärte, dass alles impermanent, leidvoll und ohne »Selbst« ist (*anicca-dukkha-anatta*). Die Verbindung von Impermanenz (*anitya/anicca*) und Leidhaftigkeit (*duḥkha/dukkha*) liegt in der Natur des Bewusstseins und in der Wahrnehmung dessen, was man *śūnyatā* (Leere) nannte. *Śūnyatā* wurde erst viel später zu einem Schlüsselbegriff, aber die Einsicht selbst war erfahrungsmäßig bereit im frühesten buddhistischen Denken spürbar, insofern die Impermanenz aller Erscheinungen des Alltags ewige Substanzen auffinden wollte.

Bewusstsein und Subjektivität im Buddhismus

Die Grundfrage lautet darum: Gibt es ein permanentes Prinzip in der menschlichen Person oder nicht? Bei einer möglichen Antwort sind die Buddhologen genauso gespalten wie die Buddhisten selbst, und die gesamte Geschichte der 18 Schulen des frühen Buddhismus ist ein Kommentar zu diesem ungelösten Problem. Die frühe buddhistische Philosophie zählte die Frage der Existenz oder Nicht-Existenz einer Seele (die dann auch wiedergeboren werden könnte oder nicht) zu den letztlich unentscheidbaren (*avyakṛta*) Problemen.[6] Wir hatten gesehen, wie die Lehre von den *skandhas* darauf ausgerichtet ist, eine »permanente Seelensubstanz« zu umgehen und statt dessen den Menschen als dynamische Selbstorganisation von energetischen Prozessen zu begreifen.

Aber immer wieder kam die Frage auf, was denn nun wiedergeboren würde. In der Schrift *Milindapañha* (2./1. Jh. v. Chr.)[7] beantwortet der Mönch Nāgasena die Frage mit einem alten buddhistischen Bildwort: Es ist wie das Entzünden eines Feuers an einer anderen Flamme. Ein Energieimpuls wird weitergegeben, und in gewisser Hinsicht sind beide Feuer dieselbe Energie, in anderer Hinsicht sind sie aber verschieden. Um die Kontinuität über die Wiedergeburten hinweg zu verdeutlichen, führten die Pudgalavādins eine »Person« (*pudgala*) ein, was von anderen Schulen als nicht-buddhistisch zurückgewiesen wurde. Aber nicht nur die Pudgalavādins versuchten, ein Prinzip der Kontinuität einzuführen, sondern auch die Sautrāntikas. Sie argumentieren sogar, dass es die *skandhas* (Pāli *khandhas*) seien, die von einem Leben zum anderen weitergehen würden. Sie schlugen vor, von einem »Samen des Guten« zu sprechen, der eine Art unzerstörbare Natur des Menschen darstellen würde. Und dies wäre dann die Basis für das »Wesen«, das *nirvāṇa* erlangt. Die späteren Yogācārins entwickelten diesen Ansatz zu einer Theorie der unzerstörbaren *dharmas* fort, die als Samen in einem unaufhörlichen Strom gelten sollten. Wir könnten hier weitere verschiedene Vorschläge aufzählen, doch es genügt, Edward Conze zu zitieren:[8] »Diese Pseudo-Selbste sind nicht leicht studierbar, teilweise weil es zu wenig präzise Information darüber gibt, teilweise auch weil die Begriffe deutlich unbestimmt sind.«

Mit Blick auf die westliche Religionswissenschaft und auch auf neuere Studien in Indien ist es interessant zu vergleichen, wie unterschiedliche ideologische oder religiöse Interessen die Interpretation oder Fehlinterpretation der buddhistischen Texte bestimmt haben – von Schopenhauer bis zu Rhys Davids in der Kontroverse mit *Kern* und *Steherbatsky*, oder bei Georg Grimm gegen Heinrich von Glasenapp.[9] Oft werden dabei die Begriffe Bewusstsein, Selbst, Person usw. in unkritischer und meist verschwommener Weise gebraucht, so dass sie mehr über die Anschauungen des Interpreten als über den Buddhismus sagen. Heute gibt es eine Tendenz anzunehmen, dass der Buddha ein »Selbst« in einem umfassenden und vollkommen transzendenten Sinn nicht geleugnet habe, obwohl er mit Sicherheit das »Ich« als Zentrum des Anhaftens abgelehnt hat.[10]

Es gibt genügend Evidenz im Pāli-Kanon, wo von einer koordinierenden Instanz der karmischen Eindrücke gesprochen wird, obwohl damit zweifellos nicht ein *unabhängiges* Selbst gemeint ist. Um nur ein Beispiel zu geben, möchte ich die berühmte Geschichte vom Lastträger anführen:[11] Der Buddha vergleicht hier den Menschen mit einem Wesen, das eine Last trägt (*bhāra*), wobei es sich um eine Kombination der verschiedenen Faktoren des Anhaften-Wollens handelt. Aber es gibt einen Träger der Last (*bhārahara*) außerhalb der fünf Aggregate, und dies ist eine Art von »Person« (*pudgala/puggalo*) mit einem unverwechselbaren Namen und einer unwiederholbaren Familiengeschichte. Die Begierde ergreift die Last (*bhāradana*), und das Ende des Begehrens besteht im Ablegen der Last (*bharanikkhepan*). Offensichtlich beschreibt der Buddha hier den spirituellen Pfad der Befreiung, und dieser Befreiungsprozess hat ein Subjekt.

Was aber ist denn nun das, was den Körper nach dem Tod verlässt und entweder in einen neuen Körper eintritt oder ins *nirvāṇa* eingeht? Der Buddhismus vergleicht den Vorgang bekanntlich mit einer Flamme, die letztlich ausgeblasen wird (*nir-vāna*). Besonders in westlichen Interpretationen wird dies gern als eine Auslöschung der Existenz dieses »etwas« gedeutet. Das aber ist höchst problematisch.[12] Auf die Frage nach dem Schicksal des Erleuchteten nach dem Tode antwortet der Buddha mit einer Gegenfrage:[13] Was widerfährt der Flamme, wenn sie ausgeblasen wird? Dies ist eine bemerkenswerte Frage, denn die Flamme ist Energie, die in einen Status der Potenzialität oder in eine subtilere Wirklichkeitsebene zurückkehrt. Das ist nun keineswegs allein buddhistische Anschauung, sondern entspricht allgemein-indischer Wirklichkeitsdeutung.[14] Auch im Vedānta wandert nicht eine grobstoffliche Substanz von Leben zu Leben, sondern Energie, zumal bereits in der Kausalitätstheorie der hinduistischen *Sāṃkhya*-Schule (*satkaryavāda*) gilt, dass die Wirkung bereits in der Ursache vorhanden sei. Diese innere Verknüpfung gilt mithin auch für das Verhältnis von einer Potenz zum Brennen und der Aktualität der Flamme. Nicht die grobstoffliche Manifestationsform des Lebens also, sondern die Flamme oder Energie des Lebens auf einer subtileren Realitätsebene wandert nach dem Tod in eine andere Existenz.

Weiterhin entwickelten die Buddhisten auf dem Hintergrund des bereits erwähnten *Milindapañha* die Theorie von *bhāvaṅga*, die ihren Weg in das *Abhidharma*-System fand und von *Buddhaghoṣa* übernommen wurde. Darunter verstand man einen kausalen Faktor der Existenz, eine Art »Lebens-Kontinuum«[15] zwischen zwei Geburten. In diesem Sinne entwickelten auch die Sautrāntikas ihre Lehre von der Kontinuität (*saṃtāna*). Hierbei gelten die *vāsanas* (karmische Eindrücke) als Eingravierungen in das Bewusstseinskontinuum, die relativ dauerhafte Strukturen erzeugen. Dies ist die Grundlage für die späteren Entwicklungen im Yogācāra-System mit seiner berühmten Lehre vom Speicherbewusstsein (*ālayavijñāna*). Die Sammitīyas sprachen sogar von einer gewissen Unabhängigkeit der Person, und die Pudgalavādins schließlich waren mindestens bis zum 7. Jh.n.Chr. eine einflussreiche Schule in Nordwest-Indien,[16] was wohl kaum möglich gewesen wäre, wenn man sie der glatten Irrlehre hätte zeihen können (was freilich das Urteil der späteren, überdauernden Schulen war) und die Frage nach »Selbst« oder »Nicht-Selbst« ganz eindeutig aus dem Kanon beantwortbar wäre.

Ganz offensichtlich gelten jedenfalls die Eindrücke (*saṃskāras*) in das Bewusstsein (*vijñāna*) als Faktoren, die die Kette der Wiedergeburten weiterführen.[17] Die *saṃsākhāras* (Pāli *saṃkhāras*) sind psychische Formkräfte, das heißt karmische Willensakte oder mentale Faktoren, die den Charakter einer Person ausmachen. Wie ist das zu verstehen? Aufgrund der Körperlichkeit (*kāya-vinnatti*) entstehen infolge der Willensaktualisierung (*kāya-sañcetanā*) heilsame oder unheilsame karmische Eindrücke, die dem Bewusstseinsstrom Form geben. *Sañcetanā* ist hier der Wille, der sich in körperlichen, sprachlichen oder mentalen Akten (*kamma*) manifestiert, denn der Willenimpuls ist Ursache für die Tat. Da *sañcetanā* und *cetanā* gleichbedeutend sind und der Begriff analog zu *saṃkhāra*[18] gebraucht wird, und da weiterhin beide Begriffe mit den entsprechenden Gliedern in der Kette des gegenseitig bedingten Entstehens (*paṭicasamuppāda*) identisch sind, ist hier bereits ein spezifisches Bewusstseinsverständnis angedeutet, das bei aller momentanen Augenblicklichkeit auch eine Basis für Kontinuität in der Ursache-Wirkungs-Verknüpfung aufweist.

Im frühen Buddhismus übernimmt *viññāṇa khandha* die Funktion, die andere Traditionen mit einem Selbst oder der Person verbinden. Diese These wird unterstützt durch einen Blick in Rhys Davids' Pāli-English Dictionary, wo das Spektrum des Begriffs klar ersichtlich wird: Der Begriff *viññāṇa* kommt in fünf verschiedenen Zusammenhängen vor – es ist eines der Aggregate (*khandha*); es wird als eines der Elemente (*dhātu*) betrachtet, ist eines der Glieder in *paṭiccasamuppāda*; es ist eine Art Lebensgrundlage (*āhārā*) und es ist schließlich bezogen auf den Körper (*kāya*). Dem scheinen zwei unterschiedliche Konzepte zugrunde zu liegen: Das eine wäre *viññāṇa* als empirisches Bewusstsein, das von den Sinneseindrücken, dem Sinnesorgan und dem Objekt der Sinneswahrnehmung abhängig ist; das andere wäre *viññāṇa* als ein in sich selbst individuiertes Kraftfeld, das einem sehr subtilen Körper vergleichbar wäre.

Der erste Vorstellungskomplex ist allgemein akzeptierte Basis für die buddhistische Wahrnehmungstheorie. Der zweite Begriff, *viññāṇa* als individuierter subtiler Körper, hat direkt mit der karmischen Verbindung zwischen zwei Geburten zu tun. Man nimmt an[19], dass *viññāṇa* im Moment der Zeugung in die Gebärmutter von außen eingeht. Die Herabkunft von *viññāṇa* (*okkamissatha*) wird als Voraussetzung für die Formation des nächsten Gliedes im Prozess des Entstehens in gegenseitiger Abhängigkeit, nämlich *nāmarūpa* (Name und Gestalt), betrachtet. Diese Verbindung wird weiter erläutert.[20] Wenn *viññāṇa* nicht in den Mutterleib eingehen würde, könnte sich *nāmarūpa* nicht bilden; und wenn *viññāṇa* den Fötus vor der Geburt wieder verlassen würde, wäre *nāmarūpa* bei der Geburt auch nicht vorhanden. Das bedeute, dass *viññāṇa* eine relativ unabhängige Voraussetzung und Kondition für das neue Leben ist. *Nāmarūpa* stellt nun auch umgekehrt einen »Ankergrund« für *viññāṇa* dar.[21] Abhängig von den sechs Elementen also gibt es eine Herabkunft des Bewusstseins in die Gebärmutter (*gabbhassavakkanti*).[22] Interessant ist hier der Unterschied zwischen *nāma* als Funktion mentaler Faktoren in einer Person, die in Beziehung zu den anderen Aggregaten steht und von diesen abhängig ist, und *viññāṇa*, das hier als Voraussetzung für die ganze Kette erscheint und von ihr darum noch einmal unterschieden sein muss. Könnte man nicht sagen, dass *viññāṇa* hier als abhängiger Faktor in einer subtileren Ordnung von Wirklichkeit erscheint? Dann aber wandert nicht nur *kamma* von Geburt zu Geburt, sondern eben auch *viññāṇa*.

Um sicher zu gehen, sei angemerkt: *Viññāṇa* ist auch hier nicht ein unabhängiges Wesen, sondern eine Funktion oder Kapazität, vielleicht eine alldurchdringende latente Energie, die unter bestimmten Bedingungen und in Abhängigkeit von anderen Faktoren aktualisiert wird, wie wir sowohl aufgrund der Wahrnehmungstheorie als auch mittels der Vorstellung vom Herabkommen dieser Energie in den Mutterschoß gesehen haben. So vergleicht das *Sāmaññaphala-Sutta*[23] *viññāṇa* mit einer Schnur, die durch einen Edelstein gezogen worden ist, wobei der Edelstein hier mit dem Körper verglichen wird, der aus den vier Elementen zusammengesetzt ist. *Viññāṇa* ist also nicht ein unabhängiges Selbst, sondern leer (*śūnya*) hinsichtlich substanzieller Selbst-Natur (*svabhāva*). Es ist eine strukturierende Kraft, die formt und geformt wird im Prozess des Entstehens und Vergehens. Aus diesem Grunde kann *viññāṇa* karmische Samen »tragen« und damit die notwendige Kontinuität in der Kette der Wiedergeburten sichern. Da es sich nicht um ein statisches Selbst, sondern um eine Kraft in Beziehung zu allen anderen Faktoren handelt, erscheint *viññāṇa* einerseits von Individuum zu Individuum verschieden, denn es trägt verschiedene karmische »Samen«, andererseits ist es ein Kontinuum, das nicht Substanz sondern Prozess ist. Unter dieser Voraussetzung können wir zusammenfassend sagen: *Es ist das Bewusstsein,*

Bewusstsein und Subjektivität im Buddhismus

das die Kontinuität der Lebewesen von einem Augenblick zum anderen, aber auch von einer Geburt zur nächsten, ermöglicht.

Im Mahāyāna wird die Frage nach der Kontinuität der Person oder der wahren Natur des Menschen (Buddha-Natur) oder dem wahren Selbst weiterentwickelt. Besonders in China und Japan wird die Rede von der Buddha-Natur als einer unverlierbaren wesentlichen Realität hervorgehoben.

Der frühe Buddhismus lehrte Nicht-Selbst hinsichtlich der Person auf der Basis der Grundintuition von Impertinenz, aber hinsichtlich der Außenwelt, d.h. bezüglich der *khandas* und *dhatus*, vertrat man einen realistischen Pluralismus. Diese Aggregate und Elemente existierten in einer spezifischen Zeitverbindung und brachten dadurch unablässig neue Gestaltungen hervor. Wir können somit von einem realistischen Augenblicksdenken sprechen. Mir scheint, dass der entscheidende Differenzpunkt zu den entstehenden Mahāyāna-Schulen nun darin besteht, dass diese den realistischen Pluralismus ablehnten.

Die *Prajnaparamita*-Literatur gründet sich auf kulturelle und philosophische Entwicklungen, die schon früher eingesetzt hatten, die nun aber meiner Meinung nach eine konsistentere Interpretation erfuhren. Das gilt vor allem bezüglich der Frage nach dem Inhalt der transrationalen Bewusstseinserfahrung in der Meditation. Was wird hier eigentlich erfahren?

Der Schlüsselbegriff ist *sunyata*, und dies ist mehr ein Programm oder eine Matrix spezifischer Symbolik denn ein philosophischer Begriff mit einer determinierten Bedeutung. Dieser Begriff wurde zum Eckstein der Mahāyāna-Philosophie in ihren *Madhyamika*- und *Yogacara*-Interpretationen. Die Bedeutung von *sunyata* gegenüber dem früheren und eingeschränkteren Begriff *anatta* ist die, dass es schlechterdings keine begrenzte Wesenheit gibt, die durch *svabhava* charakterisiert wäre. Es gibt keine objektive Wirklichkeit, die durch Charakteristika gegliedert wäre, die absolute Identität schaffen würden. Und in diesem Sinne (aber nur in diesem!) kann man von universaler Nicht-Realität oder Leerheit sprechen. Diese Wahrheit zu erkennen ist die höchste Erleuchtung, denn hier geschieht Befreiung vom Anhaften an den Dingen – es gibt nichts, woran man anhaften könnte. Der Anhaftende und das, woran man anhaftet, sind keine objektiven Realitäten oder verschiedene Wesen, und deshalb offenbart der Vorgang des Anhaftens hier seine wahre Natur: Er ist leer. Dieser Mangel an inhärenter Existenz (*nihsvabhava*) ist der Kern von *sunyata*.

Ausgedrückt in den Kategorien der frühbuddhistischen Philosophie bedeutet dies: Es gibt nicht nur *pudgalanairatmya*, sondern viel umfassender und in aller Konsequenz *dharmanairatmya*. Diese Einsicht des Mahayana wirft ein neues Licht auf das Verständnis des Bewusstseins als Basis oder »Selbst« für die Reinkarnation. Die Leerheit bedeutet, dass alles, was ist, aufgrund von Ursachen ist, und dass daher alles in Beziehung und Abhängigkeit existiert. Jedes Phänomen hat daher weder einen abgrenzbaren Ursprung noch ein inhärentes Selbst, sondern es ist leer. Die Philosophen der Prasangika-Madhyamika-Schule fügen hinzu, dass die Bezeichnung unterschiedener Dinge nur nominal durch das Bewusstsein aufgetragen ist, d.h. die Dinge sind nicht selbst-existent, was sie aber oberflächlich zu sein scheinen. Das heißt nicht, dass nichts existiert. Auch das Selbst existiert nicht im gewöhnlichen Sinne. Was nun aber existiert und worüber positiv ausgesagt wird, ist in den verschiedenen Schulen unterschiedlich.[24]

Im *Yogacara* gibt man zwei Erläuterungen. Beiden gemeinsam ist, dass das Selbst nicht erklärt wird in Beziehung zu den Aggregaten, d.h. der Form eines Körpers usw., sondern allein mit Bezug zum Bewusstsein. Und nun gibt es zwei unterschiedliche Präzisierungen. Einmal unterscheidet man acht Bewusstseinsarten, nämlich die fünf Sinnes-Bewusstseine, das mentale Bewusstsein, ein »negatives« oder verbindendes Bewusstsein (*manas*)[25] und schließlich die fundamentale Bewusstseinsebene, genannt *alayavijnana*. Dieses fundamentale Bewusstsein hat die Funktion eines Selbst oder Ich. Die andere Klassifizierung ist die, dass man nur sechs Bewusstseinsarten oder -ebenen unterscheidet, und hier ist es dann die sechste, die eine Ich-Funktion übernimmt.

Madhyamika hat auch zwei Schulen: *Svatantirka-Madhyamika* und *Prasangika-Madhyamika*. Im Svatantrika muss man wiederum zwei Ansichten unterscheiden (*Yogacara-Svantrika-Madhyamika* und *Sautrantika-Svantantrika-Madhyamika*): beide akzeptieren die sechste Ebene des Bewusstseins als eine Art von Selbst, das jedenfalls vom Körper und den anderen Bewusstseinsstufen deutlich unterschieden ist. Das Argument ist hier dies: Der Körper und die Sinnesbewusstseine gehen beim Tode zugrunde, und demzufolge muss es noch etwas anderes geben, das die karmische Kette aufrechterhält. *Prasangika-Madhyamika* hingegen lehrt, dass alle Phänomene einschließlich der verschiedenen Bewusstseinsebenen nur in gegenseitiger Abhängigkeit existieren. Auch dieses so genannte »Selbst« existiert nur in Abhängigkeit von den physischen Aggregaten und dem Bewusstsein. Deshalb sind »Ich« oder »Selbst« nur Bezeichnungen für den andauernden Vorgang der Verbindung zwischen Körper und Bewusstsein, der mit dem Tod beendet wird. Daraus folgt, dass Bewusstsein und »Selbst« hier nicht identisch sind.

Was verstehen nun aber die *Prasangika-Madhyamikas* unter Bewusstsein? Menschen haben fünf Sinnesorgane, und weil diese mit den entsprechenden Sinnesbewusstseinen und den Objekten zusammenkommen, kann man hören, sehen, riechen, schmecken und etwas berühren. Was aber ereignet sich, wenn man meditiert und das mentale Bewusstsein von den Sinneseindrücken abzieht – Patanjalis Yoga heißt dies *pratyahara* – was also bleibt dann übrig?

Zuerst beschäftigt sich das Bewusstsein nun mit der inneren Imagination, mit Gedächtnisinhalten usw. Wenn der Meditierende aber durch dieses Stadium hindurchgegangen ist, kann es immer noch ein Bewusstsein der unterschiedlichen Zeitmodi (Vergangenheit, Gegenwart, Zukunft) geben, aber auch dieses Zeitbewusstsein verschwindet allmählich (oder, wie im Zen, auch plötzlich) mit der zunehmenden Reinigung des Bewusstseins. Was jetzt übrigbleibt, ist ein klares, ungestörtes und nicht-dualistisches Bewusstsein, das sich selbst in sich selbst spiegelt, wahrnimmt und dadurch seiner selbst gewiss ist. Wenn Bewusstsein nicht von Sinnesobjekten »gefüllt« oder angeregt ist, so ist es leer wie der grenzenlose Ozean. Sobald es mit einem Objekt in Berührung kommt, bekommt es eine Erfahrung oder eine Reflexion desselben, es wird (passiv) von dem Objekt und seinen Qualitäten geprägt und reflektiert sie (aktiv) wie ein Spiegel, der ist und bleibt, was er ist, obwohl er doch das Objekt reflektiert, das man vor ihn hingestellt hat. Die Natur des Bewusstseins umfasst also sowohl die passive Fähigkeit, ein klares Bild eines gegebenen Objektes zu empfangen, als auch die Möglichkeit, diese Erfahrung aktiv zu reflektieren, so dass derjenige, der das Objekt erfährt, ein klares und bewusstes Wissen davon erhält. Aber dies betrifft das Bewusstsein nur, insofern es mit einem Objekt in Berührung tritt. Da wir das Bewusstsein hier in Relation zu einem Objekt beschrieben haben, handelt es sich um die relationale oder relative Erscheinungsweise des Bewusstseins. Es gilt aber noch weitere Aspekte und Bewusstseinsebenen in Betracht zu ziehen. Die letzte davon ist das Bewusstsein, das sich ohne äußeres Objekt, also in einer inneren Bewegung, auf sich selbst richtet und damit Subjekt und Objekt seiner selbst zugleich ist. Betrachten wir Bewusstsein als Subjekt und die letztgültige Natur des Bewusstseins als Objekt dieses Subjekts, können wir das Wesen des Bewusstseins angemessen erfassen. In dieser Weseneinheit wird nämlich die direkte Erfahrung der Leerheit zuteil als direkte und nicht-dualistische Erfahrung des Bewusstseins. Die Folge davon ist, dass Gier, Hass und alle anderen Bewusstseinsverunreinigungen (*klesa*) ausgelöscht werden, weil sie ja von der Dualität eines gierigen Subjekts gegenüber einem Begierdeobjekt abhängen.

Für Candrakirti und damit folgerichtig für die gesamte Prasangika-Schule ist diese Nicht-Dualität gleichbedeutend mit Weisheit (*prajna*), die die beiden einseitigen Standpunkte von Permanenz und Impermanenz überwunden hat.[26]

Wir kommen nun zu einer sehr wichtigen Schule, die sich neben den philosophischen Abwandlungen von Vasubandhu und Asanga (beide ca. 320–390 n. Chr.) vor allem auf das Lankavatara-Sutra stützt. Hinsichtlich dieses Mahayana-Sutras hat D. T. Suzuki drei Begriffe herausgestellt, die auf die tiefste Ebene des Bewusstseins oder auf den Bewusstseinsgrund selbst verweisen, und zwar auf Grund unterschiedlicher historische Substrate und unter etwas verschiedenen Gesichtspunkten.[27]

1. *citta*, ein Begriff, der schon in frühester buddhistischer Zeit mit der Theorie der Wahrnehmung und den Funktionen des Bewusstseins verknüpft war;
2. *alayavijnana*, ein Begriff, der am umfassendsten den Bewusstseinsgrund im Zusammenhang der Psychologie der *vijnana*-Tradition beschreibt;
3. *tathagata-garbha*, ein Begriff, der eine religiöse und soteriologische Bedeutung hat und im Zusammenhang mit der Frage nach der Möglichkeit zu Erlösung für jeden Menschen steht.

Citta meint in einem allgemeinen Sinn alle möglichen mentalen Vorgänge, aber in einem spezifischen Sinn ist damit eine vom *manas* und den *vijnanas* der unterschiedlichen Sinne unterschiedene Bewusstseinsebene gemeint. Diese bezeichnen verschiedene Funktionen, während *citta* das Prinzip der Vereinheitlichung ist, durch die alle diese Aktivitäten auf ein einziges Subjektzentrum bezogen werden.[28] *Manas* jedoch entwickelt sich innerhalb des *citta*, und er hat zwei Funktionen. Er reflektiert (*manyati*) erstens über den *citta* und sorgt zweitens dafür, dass sich citta als Objekt sehen kann (*vedyate*). Während dieses Prozesses der Bewusstseinsdifferenzierung innerhalb des einen *citta* werden nun die karmischen Eindrücke oder Samen (*bija*), die im *citta* selbst gespeichert sind, aktualisiert. Der *citta* in seinem Aspekt als Speicher für die karmischen Eindrücke wird *alayavijnana* genannt.

Das Lankavatara-Sutra formuliert den Sachverhalt folgendermaßen: *cittena ciyate karma* ... Karma wird durch Bewusstsein akkumuliert und von der analytischen Funktion des Bewusstseins strukturiert ... *jnanena ca vidhiyate*.[29] Die Folge davon ist, dass *citta* gleichsam eingehüllt wird von der Wolke der karmischen formativen Eindrücke (*vasana*), die Suzuki trefflich »Gewohnheits-Energien« nennt.

Im frühen Buddhismus nannte man solche formativen Bewusstseins-Elemente *caittas* oder *cetaskias* und meinte, dass sie tatsächlich unterschiedliche Entitäten neben *citta* wären. Im *Yogacara*-System des Mahayana hingegen werden sie nur als Phasen im Prozess des Bewusstseins angesehen, die die implizite Komplexität des einen *citta* explizieren. Im frühen Buddhismus ist ein Bewusstseinsmoment demnach eine Kombination von *citta* und spezifischen *caittas*, während im Yogacara ein Bewusstseinsmoment nur eine Phase im *citta* ist, der sich selbst in den ihm eigenen Aspekten differenziert.[30]

Ich möchte einige sehr eindrucksvolle Passagen aus dem Lankavatara-Sutra zitieren, die das eben Gesagte verdeutlichen.[31]

> »Der *citta* ist in seiner ursprünglichen Natur ganz rein, aber der *manas* und die anderen (Bewusstseinsmomente) sind es nicht, und durch diese werden verschiedene *karmas* akkumuliert, und als Resultat gibt es dann zwei Arten von Unreinheiten.« (Sagathakam, 754)
> »Auf Grund äußerer Verunreinigungen von Anfang an wird das ursprünglich reine Selbst verschmutzt. Es ist wie ein beflecktes Kleidungsstück, das man reinigen kann.« (Sagathakam, 755)
> »So wie nur ein törichter Mensch nach dem Sitz des lieblichen Klanges im Rohr der Flöte, dem Körper des Muschelhorns oder der Trommel sucht, so sucht er nach der Seele innerhalb der *skandhas*.« (Sagathakam, 757)

Dieser Satz macht klar, dass der reine *citta* nicht als irgendeine verborgene Substanz oder Individualität neben den *skandhas* verstanden werden darf, aber auch nicht mit ihnen identisch ist. Er ist vielmehr ein Vorgang oder eine Wirklichkeit anderer Ordnung.

Der *citta* ist nun aber nicht mehr rein, sondern verdunkelt, insofern sich in ihm Ereignisse durch karmische Verbindungen kristallisieren. Alles, was ein mögliches Ereignis von Erfahrung wird, ist im *citta*, ja man kann sagen: ist *citta*. Selbst die *dhatus* existieren nicht unabhängig davon, d.h. sie sind leer von inhärenter Existenz, wie das Lankavatara-Sutra (Sagathakam, 20) ausdrücklich erwähnt. *Cittamatra* bedeutet daher den Grund aller Formbildungen, der gegenüber der Erscheinungswirklichkeit jenseitig ist, und darum gilt: *cittam hi sarvam*.[32] Wenn aber dieser Grund seine Potenzen entfaltet, werden alle Formen ins (abhängige) Sein gebracht.

Damit wird ein radikaler ontologischer Nicht-Dualismus gelehrt. Alle Formen, Energien, formativen Energien, subtile oder mehr grobstoffliche Wirklichkeitsebenen sind nichts anderes als die Explikation einer einzigen impliziten Potenzialität.

Dies wiederum ist nur möglich auf der Grundlage der Anschauung von der Leerheit, die alle unterschiedlichen Aspekte und Ebenen der Realität einen kann. Yogacara beschäftigt sich mehr als jede andere Schule mit der *Struktur* des Bewusstseins. Die Kategorien der Leerheit (*sunyata*) und des Entstehens in gegenseitiger Abhängigkeit (*pratiyasamutpada*) werden auf das Bewusstsein selbst angewendet, wodurch dieses als in gegenseitiger Abhängigkeit entstehend und somit als leer begriffen wird. Bewusstsein ist danach die ständige gegenseitige Durchdringung eines fundamentalen Grundbewusstseins, das alle vergangenen Bewusstseinseindrücke als strukturierende Elemente enthält (*alayavijnana*), und den aktiven manifesten Bewusstseinsprozessen wie Empfinden, Wahrnehmen, Denken usw. (*pravrttivijnana*).[33] Durch *sunyata* ist die gegenseitige Durchdringung aller Phänomene möglich. Das ist aber nicht etwa nur eine ontologische oder epistemologische Hilfskonstruktion, sondern ein soteriologisches Instrument, um eine Brücke zwischen *nirvana* und *samsara* sowie zwischen dem reinen und dem verunreinigten Bewusstsein zu schlagen.³⁴

Dies ist auch eine Brücke über die Zeitmodi hinweg, eine Brücke, unter der die unterschiedlichen Inkarnationen und Reinkarnationen eines Wesens zusammenfließen. »Ewigkeit« wäre hier die allem zugrunde liegende Qualität der Zeit, nicht ein Bereich außerhalb.

Das viel besprochene *alayavijnana* ist natürlich kein Selbst im Sinne einer inhärent existierenden Wesenheit. Es ist vielmehr der Grund aller Potenzialität, der selbst von allem anderen abhängig ist. Es ist eines der *vijnanas*, allerdings das fundamentalste, weil in ihm alle karmischen Eindrücke der Vergangenheit als formative Prinzipien, die zukünftige Wirklichkeit bestimmen, aufbewahrt sind. Es formt sozusagen die Matrix für den Ablauf aller Bewusstseinsprozesse. Im Lankavatara-Sutra wird es mit dem *tathagatagarbha* (Schloss des Tathagata) identifiziert und damit als die ursprüngliche und reine Natur überhaupt angesehen, als die Soheit (tathata) der Wirklichkeit, die in jedem Wesen ist. Es wundert nicht, dass Mahamati Zweifel bekommt und den Buddha fragt, ob es sich hier nicht um ein permanentes Selbst handele, das dem *atman* gleich wäre. Der Buddha antwortet darauf:

> »O Mahamati, die Lehre der Philosophen vom *atman* ist nicht dasselbe wie meine Lehre von *tathagata-garbha*. Denn was die Tathagatas lehren, ist die Leerheit (*sunyata*), die Wirklichkeitsgrenze (*bhutakoti*), *nirvana*, Nicht-Geburt, Nicht-Erscheinung, Nicht-Verlangen (*apranihita*) und solche anderen Begriffe, durch die *tathagata-garbha* charakterisiert ist und durch die alle Unwissenden vor der Gelegenheit bewahrt werden, dem Zweifel über die buddhistische Lehre vom Nicht-Ich nachzuhängen ...«.³⁵

Die *vijnanas* hängen ab vom *alayavijnana*, und sie interpretieren Erscheinungen falsch, wenn sie im Bewusstsein unabhängig existierende Dinge spiegeln, statt zu erkennen, dass alles Projektion von *citta* auf verschiedenen Wirklichkeitsebenen ist. Wenn aber im *alay* (Speicherhaus) alle karmischen Samen ausgeglichen und gestillt sind, erscheint die Leerheit. Zeitliche und räumliche Distinktionen durchdringen einander, und das Reinkarnationsproblem wird hinfällig. Mit anderen Worten: Nicht-Dualität wird wahrgenommen, sobald die unterscheidenden Faktoren im *citta* verschwinden.

Dies war ein sehr knapp gehaltener Versuch, die Natur des Bewusstseins im Denken der Yogacara-Schule darzustellen und die Konsequenzen für die Reinkarnationsvorstellung aufzuzeigen. Bewusstsein im Yogacara können wir demnach so bestimmen: Es ist ein unendliches Kontinuum, das die Potenz zur Selbstdifferenzierung in sich trägt, aber in seinem tiefsten Grund vollkommen unbewegt und nicht-zwei ist. Aber selbst dieser tiefste Grund oder die letzte Ebene ist kein »Ding«, sondern leer in Bezug auf inhärente Existenz. Wir könnten sagen: Es ist reiner Prozess.

Entscheidend ist nicht, ob man eine Anschauung von Selbst oder Nicht-Selbst hat. Selbst eine Anschauung von Nicht-Selbst kann ja zu einem fixierten Begriff werden, zu einem substanzialisierten mentalen Phänomen – und das wäre genau das, was man im Mahayana eine inhärente Existenz oder ein »Selbst« nennt! Auch die Leerheit muss entleert werden (sunyatasunyata). Was übrig bleibt, ist der kontinuierliche Prozess des Entleerens. Das ist die Natur oder besser das *Ergebnis* des Bewusstseins, sein letzter Grund, der natürlich ein Nicht-Grund ist.

III. Zusammenfassung

1. Der Kern aller buddhistischen Philosophie ist die Lehre vom Bewusstsein, denn es ist das Bewusstsein, das verantwortlich für alles Handeln, die Emotionen und Gedanken ist, die ja gereinigt werden müssen, damit Befreiung erlangt werden kann. Was auch immer im Einzelnen unter Bewusstsein verstanden wird, der philosophische Begriff hat diese soteriologische Ausrichtung.
2. Bewusstsein ist die fundamentale Wirklichkeit, ein anfangsloses und endloses Kontinuum von Prozessen. Der Buddhismus nähert sich diesem Kontinuum sowohl durch logische Analyse wie auch auf dem Weg direkter meditativer Wahrnehmung. Bewusstsein kann weder aus dem Nichts noch aus der Materie kommen, sondern seine Quelle ist ein früher Moment des Bewusstseins. Dies ist das wichtigste Argument für die Rationalität des Wiedergeburtsglaubens.
3. Einige Sutras vergleichen den Bewusstseinsgrund (*citta*) mit einem Ozean und die unterschiedlichen mentalen Ebenen und Bewusstseinsprozesse (*caitta*) mit den Wellen an der Wasseroberfläche des Ozeans. Im Yogacara ist *citta* die *eine* Wirklichkeit oder ein universales Bewusstsein, in dem alle Prozesse entstehen und in dem sie, nachdem sie vorüber sind, formative Spuren (*bija*) hinterlassen, die zukünftige Prozesse beeinflussen. Auch in dem, was wir Materie nennen, ist dieses bewusste formative Prinzip latent vorhanden, und die Entwicklung dieses Prinzips zur vollkommenen Gestalt, also zur Buddhaschaft, ist das, was man den Evolutionsprozess im Buddhismus nennen könnte. In der Prasangika-Madhyamika-Schule jedoch wird eine sehr subtile Dualität von einem äußerst subtilen Geist (tip. *od gsal*, das Klare Licht) und äußerst subtiler

Materie (skt. *prana*, tib. *rlung*), die diesem Geist als Trägerenergie dient, aufrechterhalten.

4. Die wesentliche Natur des Bewusstseins ist seine Leerheit in Bezug auf inhärente Existenz (*sunyata*). Es ist reine Potenzialität als Prozess seiner eigenen Lichthaftigkeit und der Fähigkeit zu Erkenntnis. Die subtilste Ebene dieses Kontinuums ist unzerstörbar und währt von Geburt zu Geburt, bis sie sich schließlich vollkommen gereinigt in der Buddhaschaft erkennt.

5. Bewusstsein ist nicht nur ein Informationsspeicher, der sich aus karmischen Prozessen speist, sondern auch das aktive Subjekt des Wissens und Erkennens. Hier unterscheidet man zwischen Aufmerksamkeit (*buddhi*) und Erkennen (*jnana*). Nur durch Intensivierung und Reinigung des Bewusstseins kann die Aufmerksamkeit so ungeteilt und das Wissen so klar werden, dass die letztgültige Natur des Bewusstseins direkt wahrgenommen wird. Reinigung ist im Wesentlichen eine Auslöschung der *klesas*, die karmische Spannungen erzeugen, vor allem die falsche Vorstellung eines substantiellen Selbst, das ein aus sich selbst seiendes Wesen eigener Art sei (*svabhava*). Denn dieses Selbst versucht dann, seine falsche Identität dadurch herzustellen und zu stabilisieren, dass es an Dingen anhaftet, besitzen will und sich dadurch inflationär als Selbst wahrnimmt, was wiederum die Illusion seiner Eigenexistenz verstärkt.

6. Was wird nun aber in der direkten Wahrnehmung des Bewusstseins durch ein gereinigtes Bewusstsein wahrgenommen? Die Leerheit des Bewusstseins wird direkt wahrgenommen, d.h. die subtilste Bewusstseinsebene erscheint als reines Kontinuum, das keinerlei räumlich oder zeitlich begrenzende Attribute hat. Es ist keine Substanz, sondern reine Lichthaftigkeit jenseits der konzeptuellen Wahrnehmungsweisen in Dualitäten. Es hat weder Anfang noch Ende. Es ist präsent in allen Erscheinungen.

7. Verglichen mit theistischen Anschauungen, ermöglicht die buddhistische Bewusstseinsphilosophie ein umfassendes Verständnis der Person, ohne dass Nicht-Dualität aufgegeben werden müsste. Was später im ostasiatischen Buddhismus auf der Basis des Avatamsaka-Sutra als Lehre von der gegenseitigen Durchdringung aller Erscheinungen gedacht wurde, gipfelt in der Intuition, die Einheit der Wirklichkeit in ihrer räumlich-zeitlichen Differenzierung zu denken. Für die buddhistischen Meditationswege wie auch für zahlreiche hinduistische System gilt, dass es um eine Erfahrung der Einheit, des gegenseitigen Durchdrungenseins bzw. der integrierten Bewusstheit geht. Dies ist der Inbegriff des vollzogenen Weges zum inneren Selbst, eines Weges, der durch die Meditation der Achtsamkeit und des Loslassens aller Bilder und Begriffsinhalte die innere Dynamik des Bewusstseins offenlegt und erfahrbar macht.

IV. Alternative?

Die Antwort hängt ab davon, was mit »europäischer Ich-Identität« gemeint ist. Europäische Philosophen haben dazu höchst unterschiedliche Gedanken entwickelt, der Begriff der Person etwa unterliegt einem erheblichen Wandel. Einfacher gefragt: Leben wir wirklich in einer individualisierten Selbstverwirklichungsgesellschaft? Sind nicht die ökonomischen Zwänge, die Manipulationen durch die Werbung und die modischen Vorbildmodelle so stark, dass für die meisten Menschen, abhängig von ökonomischer Potenz und Bildungsstand, individuelle Freiheit eine Illusion ist?

Wie auch immer das sein mag. Buddhistisch gesehen ist nicht das Individuum primär, sondern das Zusammenspiel aller Faktoren der Wirklichkeit – kosmologisch wie sozial –, die unter bestimmten Bedingungen das erzeugen, was wir Individuum nennen. Das Individuum ist sekundär gegenüber den vernetzten Prozessen der Entstehung einzelner Phänomene. Ein Beispiel: Individuierung ist an Sprache gebunden. Sprache ist nie erfunden, sondern immer gefunden, nicht gewählt, sondern Schicksal. Wir werden schon immer in einen sprachlichen Zusammenhang hineingeboren, in dem wir dann erst das Konzept von Individualität ausbilden können. Aber auch dies ist abhängig von höchst komplexen, kollektiven Bedingungen. Dieses Modell trifft auf alle Wirklichkeitsbereiche zu. Vielleicht ist dies eine Alternative, vielleicht aber auch nur eine andere Sprachform der Einsicht, die in der europäischen Kultur durchaus geläufig ist, dass die Existenz und das Überleben des Individuum von der Liebe abhängig ist, von Liebe nicht als temporärer Emotion, sondern von ontologischer Realisierung.

(11.11.2000)

Anmerkungen

1. Pratap Chandra, Metaphysics of Perpetual Change. The Concept of Self in Early Buddhism, Bombay-New Delhi 1978, S. 190f.
2. Dieses Problem hatte bereits die frühere Buddhologie im Westen erkannt, vgl. E. Wolff, Zur Lehre vom Bewusstsein (Vijñānavāda) bei den späteren Buddhisten. Unter besonderer Berücksichtigung des Laṅkāvatārasūtra, Heidelberg 1930, S. 9f.
3. Es sei nur am Rande vermerkt, dass hier das Bewusstsein die Funktion übernimmt, die der *jīva* im Jainismus innehat.
4. Z. B. *Mahāvedallasutta*, MN 43 (= *Majjhima Nikāya*).
5. Dieses »Prinzip« muss allerdings im Mahāyāna immer im Zusammenhang

mit der grundlegenden Erfahrung der Leere (śūnyatā) gesehen und interpretiert werden. Das heißt, es handelt sich um eine nicht-dualistische und radikalisierte Interpretation der früheren Anschauungen von *anitya* (Impermanenz) und *anātman* (Nicht-Selbst) in ihrer wechselseitigen Beziehung.

6 *Cūḷam ālu ṇkyāsutta*, MN 63.
7 Vgl. die Übersetzung von J. Mehlig, Weisheit des Alten Indien, Bd. 2. Buddhistische Texte, Leipzig 1987, S. 374ff.
8 E. Conze, Buddhist Thought in India, London 1962, S. 132.
9 Pratap Chandra, a.a.O., S. 112ff.
10 H. Nakamura, Die Grundlehren des Buddhismus, ihre Wurzeln in Geschichte und Tradition, in: H. Dumoulin (Hrsg.), Buddhismus der Gegenwart, Freiburg 1970, S. 18ff.; vgl. dazu auch M. Shimizu, Das »Selbst« im Mahāyāna-Buddhismus in Japanischer Sicht und die »Person« im Christentum im Licht des Neuen Testaments, Leiden 1981, S. 15.
11 Bhārahara-Sutta, SN (= *Sutta Nipāta*) III. Vgl. die Interpretationsgeschichte dieses Textes bei Pratap Chandra, a.a.O., S. 120f.
12 Pratap Chandra, a.a.O., S. 125, weist auf den Artikel von O. Schrader hin: On the Problem of Nirvana, in: J.P.T.S. 1904, S. 163.
13 MN I, S. 487ff.
14 Vgl. Muṇḍaka Upaniṣad III, 2 und andere Texte.
15 Conze, a.a.O., S. 132.
16 N. Dutt, Mahāyāna Buddhism, Delhi 1977.
17 Im Mahātaṇhasāṇkhaya-Sutta (MN 38) beginnt die *nidāna*-Kette, anders als im *Nidāna*-Sutta (SN XII, 2) mit *viñana*.
18 AN I (= *Ariguttara Nihāya*), S. 122 (Dreier Buch, 3. Kapitel).
19 Mahānidāna-Suttānta, DN 15, S. 63.
20 DN 15, 21.
21 Pratap Chandra, a.a.O., S. 192.
22 AN 1, S. 176.
23 DN 15 *(= Digha Nihāya)* (II, S. 83ff.).
24 Vgl. Steherbatsky, Buddhist Logic Vol. I–II, New York 1962; T. R. V. Murti, The Central Philosophy of Buddhism, London 1980; N. Dutt a.a.O., bes. S. 178ff.; M. Schott, Sein als Bewusstsein. Ein Beitrag zur Mahāyāna-Philosophie. Materialien zur Kunde des Buddhismus H. 20, Winter 1935, S. 16ff.
25 Man nennt es auch *klista mano-vijnana*, denn der Vorgang verunreinigter Ideation schreitet in ihm unablässig voran, während *alayavijnana* eine unbestimmte Objektivität anzeigt. Diese Bewusstseinsform stellt die determinierten Kategorien bereit, die notwendig sind, damit die sechs Sinnesbewusstseine (*pravrttivijnana*) mit dem *alayacijnana* verbunden werden können. Für eine detaillierte Analyse vgl. A. K. Chatterjee, The Yogacara Idealism, Delhi ²1975, S. 101ff.
26 Candrakirti, Madhyamakavatarabhasya, zit. n. Wilson, a.a.O., S. 4f., Anm. 5.
27 D. T. Suzuki, Studies in the Lankavatara Sutra, London 1930, S. 254.
28 Suzuki, a.a.O., S. 248.
29 Lankavatarassutra 158, 3, zit. nach Suzuki, a.a.O., S. 401.
30 A. K. Chatterjee, a.a.O., S. 113.
31 Lankavatarasutra, Sagathakam 754ff. zit. nach Suzukis Übersetzung, Prajna (Boulder) 1978, S. 283.

32 Lankavatarasutra, Sagathakam 134.
33 Madhyantavibhagabhasya (ed. und trans. by G. Nagao, p. 21), zit. nach J. P. Keenan, The Meaning of Christ. A Mahayana Theology, Maryknoll 1989, S. 157.
34 Carma C.C. Chang scheibt dazu: »Auf Grund von *sunyata* ist der Zusammenfluss oder die Auflösung aller Dualitäten möglich. Das haben wir schon bei der Diskussion des Nicht-Zwei-Dharma-Prinzips (oder des Dharma-Tors der Nicht-Dualität) gesehen, das zuvor im Vimalakirti-Sutra erwähnt wurde. Ohne *sunyata* wäre die Vereinigung von *samsara* und *nirvana*, der Zusammenfluss des Endlichen und des Unendlichen sowie die Interpenetration und das gegenseitige Gebundensein aller Wesen auf allen Ebenen der Existenz nicht möglich ... Ohne die Verwirklichung der Leerheit wären die unendliche barmherzige Hinwendung zu allen Wesen und die altruistischen Taten eines Bodhisattva nicht möglich ... Der Weg zur Buddhaschaft ist es, alle guten Taten in einem Geist, der von Leerheit duchtränkt ist, zu tun, frei von jedem Anhaften.« (The Buddhist Teaching of Totality, London 1972, S. 116f.)
35 Lankavatarasutra II, 78 (XXVIII, zit. n. Suzuki, S. 69).

Die Weisheit des Übermenschen

Gianni Vattimo

Warum nur eine so problematische, ja (zumindest für ihre Rezeptionsgeschichte in der Kultur des neunzehnten Jahrhunderts) so entschieden irritierende Figur wie jene des »Übermenschen« – oder besser des »Jenseitsmenschen« – Nietzsches bemühen, um von der Kunst zu leben und von einem in unseren gegenwärtigen Existenzbedingungen praktikablen Weisheitsideal zu sprechen? Soweit wir wissen, auch wenn wir uns an die Nietzscheschen Texte halten und nicht nur an die populären, bis hin zu jenen in Comics und Kino verbreiteten Bilder des Übermenschen, handelt es sich doch immer um eine Figur, die sich nur schwer an die Idealvorstellungen von Weisheit und einem guten Leben annähern lässt, wie wir sie von der »Tradition« geerbt haben. Der Weise ist jemand, der die Kunst zu leben eher im antiken Sinne des Wortes »Kunst« inne hat: als eine Art zu wissen, in der Mitte zwischen Wissenschaft und Technik, welche sich dennoch auf allgemeine, und damit in irgendeinem Sinne wissenschaftliche Prinzipien gründet, und doch mit der Fähigkeit ausgestattet ist, diese in innovativer Weise bei besonderen Lebenssituationen anzuwenden, einer Fähigkeit, die mit der Erfahrung erworben wird. Wir stellen uns den Weisen spontan als einen Alten vor, der auch im zerfurchten Antlitz, in den Falten, im abgekehrten Blick, in der langsamen, gar feierlichen Ausdrucksweise die Spuren vieler Erfahrungen aufweist, die ihn veränderten und ihn vornehmlich durch den Schmerz des Scheiterns wie die Mühsal der Verwirklichungen den wahren Sinn des Lebens lehrten. Das alte Motto der griechischen Tragödie, *pathei mathos*, lerne leidend, scheint unauslöschlich in die gewöhnliche Vorstellung von Weisheit eingeprägt zu sein. Natürlich, der Weise wurde nicht so geboren: Er ist so geworden durch Erfahrungen, die wir uns durchaus als mit einem weniger ausgeglichenen und mehr abenteuerlichen Geist durchlebt vorstellen können. Ich meine, als junger Mensch hätte der Weise durchaus auch Rambo, 007 oder eben Superman gewesen sein können.

Aber man kann das Problem von der Weisheit des Übermenschen, die Aktualität des Nietzscheschen Konzeptes, die, wie es zumindest scheint, sich jenem aufdrängt, der heutzutage im Begriff ist, über die Kunst des Lebens und das Ideal der Weisheit nachzudenken, so einfach nicht lösen. Zur Vorstellung von Weisheit gehört eine Note der Langsamkeit, ein Gefühl von Unbewegtheit, welches sich einerseits anlehnt an die antike Idee des Wahren als dessen, das sich nicht verändert (Aristoteles nannte die Essenz »to ti en einai« – jenes, das das Sein von Anfang her war), welches sich andererseits an der Überzeugung orientiert, dass das Leben gerade deshalb in seinen tiefen Wesensmerkmalen etwas grundlegend Stabiles sei. Man kann die Kunst zu leben eben gerade deshalb erlernen, weil im Grunde die Probleme und die Lösungen, zumindest im Großen und Ganzen, immer dieselben sind.

Doch auch im Hinblick auf die Kunst sprechen wir heute nicht mehr so sehr in Begriffen erlernter und, in nicht allzu kreativer Weise, den besonderen Situationen angepasster Techniken. Derselbe Ausdruck »Kunst zu leben« ruft in uns eine Kultur wach, welche uns auf die Vergangenheit verweist. Die Kunst im genaueren Sinne des Wortes ist für uns (zumindest seit dem achtzehnten Jahrhundert) etwas von der Originalität Unabtrennbares, ja etwas, das Genie erfordert, von dem erwartet wird, dass es von Zerrissenheit, ja gar von Wahnsinn begleitet sei. Wir können davon absehen, unmittelbar die Erinnerung an Nietzsches späten Wahnsinn wachzurufen, der von seinen Kritikern zum Teil als Zeichen gerechter Strafe gedeutet wurde, welche jene trifft, die zu weit hinaus, jenseits des Guten und des Bösen, vorstoßen wollen und beanspruchen, die menschlichen Grenzen im Namen des Ideals vom Übermenschen überschritten zu haben. Und doch ist die Idee der Kunst als Originalität und Genialität, des Genies als Zerrissenheit und Wahnsinn und des Übermenschen als desjenigen, der die überkommenen Wertetafeln umwirft und sich von sich aus seine eigenen Werte schafft, vielleicht nicht allein nur als Frucht eines romantischen Deliriums und irren Anspruchs, den Platz Gottes einzunehmen, zu verstehen. Es gibt vielerlei objektive Aspekte moderner Existenz, welche die Weisheit des Alten, der leidend gelernt hat, wenn auch erfüllt von attraktiver Nostalgie, als obsolet erscheinen lassen. Tatsache ist, dass das Leben nicht mehr jene Stabilität aufweist, die es in jenen Gesellschaften langsamer Entwicklung, die wir hinter uns gelassen haben, innehatte. Der extreme Fall neuer Möglichkeiten, welche jüngste Forschungen der genetischen Manipulation eröffnet haben, die uns nunmehr mit der unerhörten Herausforderung einer Veränderung der Lebens-»codices« konfrontieren, signalisiert vielleicht das emblematischste Beispiel jener neuen Voraussetzungen, mit der unsere Kunst zu leben rechnen muss. Und sagte nicht eben gerade Nietzsche, dass der Übermensch als der Jenseitsmensch jener sei, dem es gelinge, sich auf die Höhe seiner neuen technischen

Die Weisheit des Übermenschen

Möglichkeiten zu bringen, der aktiv mit den radikalen Veränderungen, die durch diese ermöglicht werden, rechnen könne?

Des weiteren sind Technik und Wissenschaft in unserem Jahrhundert auch und vornehmlich Kommunikation gewesen: Auch wenn wir noch nicht geklonte Produkte sind (und dies auch, so hoffen wir, vielleicht nie sein werden), sondern Lebewesen, die mit alten handwerklichen Methoden zur Welt gebracht wurden, so sind wir doch Menschen, die in »Realzeit« (und nie war ein Ausdruck weniger angemessen) mit entferntesten Regionen kommunizieren, Menschen, die mit Informationen über alle vergangenen wie gegenwärtigen Kulturen bombardiert werden. Menschen, denen es, wenn nicht durch eine Anstrengung, die neurotisch werden kann, allein schon durch die Vielfalt an Lebensformen, mit denen sie in Berührung kommen, nicht mehr gelingt, das Leben als etwas Konstantes, Brauchbares zu denken, worüber es etwas Gültiges von jenen, die vor uns gelebt und gelernt haben, zu lernen geben könnte. Nicht nur verändert sich die Welt mit einer Geschwindigkeit, die den Weisen früherer Zeiten unbekannt war; wesentlicher Teil ihrer Veränderung ist darüber hinaus die Öffnung der Kommunikations-Horizonte, wodurch das Leben mit seiner Vielfalt an Formen – Kulturen, Sitten, Ethiken, Weisen, Geschichte selbst zu betrachten – aufhört, etwas Einzigartiges zu sein, das in einer tradierbaren »Weisheit« enthalten sein könnte, die nicht eben die Weisheit des Übermenschen wäre, als des Schöpfers von Werten, oder zumindest des Interpreten, der die Welt neuerlich beschreibt im Hinblick auf Modelle, die er mit Bedacht gewählt hat. Im Chaos kann man nichts anderes als Originalinterpret sein; wo nicht, so schreibt Nietzsche auf vielen Seiten seiner Texte, geht man unter, fällt man unter die Kategorie der »Gescheiterten«. Was Nietzsche Nihilismus nennt, und worauf sich heute seitens der Verehrer von (großgeschriebenen!) Werten so viele Beschwörungen entladen, stellt nur die Welt eines multikulturellen Babylon dar, in dem wir in der Tat leben. Durch diese Welt sind die »Gescheiterten« bestimmt, die Nietzsche in seiner Philosophie vom Übermenschen und dem Willen zu Macht beschreibt, voraussagt, herbeisehnt. Nun, Begriffe wie diese können uns schaudern machen auch in Anbetracht der nazistischen Nietzsche-Lektüren, die stattgefunden haben – Missverständnisse, die gewiss ermöglicht wurden durch Zweideutigkeiten in seinen eigenen Texten, und vielleicht auch in seiner eigenen Selbstinterpretation. Aber das, worum es sich handelt, ist nur, was wir alltäglich vor Augen haben: Es ist heute sehr viel weniger als gestern – weniger auch als in früheren Gesellschaften, die von einer einheitlicheren Kultur dominiert und geschützt waren, die oft autoritär und doch zugleich von ihrer guten Fundierung in der »Realität« und in der Natur der menschlichen Dinge überzeugt waren – möglich, als Person zu überleben, ohne Erfinder der eigenen Vision der Welt zu sein. Nicht, dass all jenes, das man in der Vergangenheit als wahre Wirklichkeit glaubte, nicht auch Frucht von Interpretationen gewesen wäre; doch die Interpretationsinstanzen waren gering an Zahl, und sie waren noch nicht so eindeutig als solche enttarnt. Heute, da wir alle wissen, dass das Fernsehen lügt, dass die Informationsmedien keineswegs unparteiische und objektive Bilder der Welt liefern, und dass auch das, was »Natur« heißt, uns einzig zugänglich ist mittels wissenschaftlicher Paradigmata, die selbst wiederum reichlich historisch gezeichnet und von Theorie befrachtet sind, mittels »Vorurteilen« also (ohne die andererseits jedoch gar nichts gewusst werden könnte): heute können wir uns nicht mehr beruhigen, indem wir so tun, als ob wir mit den Füßen auf dem Boden stünden, als ob wir auf die Dinge achteten wie sie sind, als ob wir nicht den futuristischen Träumen Recht geben würden. Das Ende der Ideologien ist zugleich auch der Triumph der Ideologien, und zwar der als solche erkannten vielfältigen Interpretationen der Welt, die eine Auswahl oder Entscheidung des Einzelnen unvermeidlich werden lassen. Es ist ja mehr als offenkundig, dass gerade die Massengesellschaft eben diese Wahl ebenso möglich wie notwendig macht, während sie zugleich auch das maximale Risiko für deren effektive Verwirklichung bereithält: eine Art »doppelter Bindung«, die, wie wir von Anthropologen wie Bateson gelernt haben, oft in den Wahnsinn führen kann. Die Verse Hölderlins, die Heidegger so gerne zitiert: »Und dort, wo Gefahr ist, wächst das Rettende auch«, sie haben vielleicht nicht die Bedeutung einer Sicherheit, die sich auf die fundierte Vision einer dialektischen Gesetzlichkeit der Wirklichkeit begründet; sie stellen vielmehr eine Prophezeiung der Welt, wie sie sich heute Gestalt gibt, dar, einer Postmodernität, die uns unwiderruflich erinnert, Übermenschen zu werden und zugleich die Möglichkeit, uns als solche zu verwirklichen, auf gefährliche Weise bedroht.

Martin Heidegger hat, wie bekannt ist, die Beschaffenheit der spätmodernen Kultur, in der wir leben, beschrieben als die Epoche des Endes der Metaphysik. Somit als die Epoche des Nihilismus, von der uns Nietzsche spricht, und die er in einigen berühmten Seiten seines Spätwerkes in so emblematischer Weise charakterisiert. So zum Beispiel in jenem berühmten Kapitel aus der »Götzen-Dämmerung«, »Wie die ›wahre Welt‹ endlich zur Fabel wurde«. Oder auch, vielleicht feinsinniger, in der »Der europäische Nihilismus« überschriebenen Notiz aus dem Sommer 1887 (KSA 6/80f. und VIII. 1.215–221, KSA 12/211–217). Man muss diese (und natürlich viele andere) Texte Nietzsches nebeneinander stellen um zu verstehen, in welchem Sinne Nihilismus, Modernität, Ideal des Übermenschen als einzig mögliches moralisches Ideal unserer Zeit einander gegenseitig implizieren. Wenn überhaupt, so ist das, was wir, belehrt auch durch Heidegger, dem von Nietzsche vorgezeichneten Bild hinzufügen können, ein genauerer Bezug auf

Die Weisheit des Übermenschen

das Werden der Kommunikationsgesellschaft. Der Nihilismus, das Ende des Glaubens an eine in ihren Strukturen ein für alle Mal stabil vorgegebene und dem Denken, als Norm des Wissens wie Handelns, erreichbare Realität, ereignet sich nicht aufgrund einer inneren gedanklichen Notwendigkeit, wie Nietzsche selbst manchmal zu denken scheint, wenn er behauptet, dass Gott stirbt, weil seine Anhänger, denen er zu lügen befohlen hat, entdecken, dass er selbst eine als solche zu enthüllende Lüge ist. Oder besser: auch die Entdeckung Gottes als einer nicht mehr notwendigen Lüge ereignet sich für Nietzsche – wie er in derselben Notiz vom Sommer 1887 schreibt (Abs. 3) –, weil wir Gott nicht mehr nötig haben. Er ist eine allzu extreme Hypothese, da mittlerweile, auch dank des religiösen Glaubens, der die Fundamente des Zusammenlebens konsolidiert und die Entwicklung von Wissenschaft und Technik gefördert hat, unsere Existenz nicht mehr in dem Ausmaß unsicher ist und nicht mehr nach totalen, magischen Selbstversicherungen wie jenen, die einen Glauben an Gott erforderten, verlangt. Auch für Nietzsche steht zu Füßen des modernen Nihilismus die Entwicklung von Wissenschaft und Technik. Für uns ist diese Entwicklung, wie schon erwähnt, auch und vornehmlich jene der Kommunikation: Eine Welt kulturellen Pluralismus wie jene, in der wir immer noch leben, ist in der Tat der Ort des Endes jeglicher Metaphysik und des Zu-Tage-Tretens des interpretatorischen Charakters jeglicher Existenz. Es ist nicht nur die Kommunikation, die dies enthüllt: Es ist auch und vornehmlich die Wissenschaft, deren Welt immer eine solche des »Unterbaus« (sustruzione), wie es der Husserl der »Krisis der europäischen Wissenschaften« nannte, ist, eine künstliche Vorstellung, die zwar dazu dient, Experimente zur Verifizierung und Falsifizierung und alsdann für die Praxis nützliche Umsetzungen hervorzubringen, die aber zu der Erfahrung des Alltagslebens nurmehr einen Bezug aufweist, der seinerseits immer stärker von anderen wissenschaftlichen Unterbauten (sustruzioni) vermittelt erscheint. Noch niemand hat je ein schwarzes Loch »gesehen« noch wird er es jemals sehen können. Die Wissenschaft ist erfolgreich und damit erweist sie sich als realistisch, effizient, usw., genau in dem Ausmaß, in dem sie sich spezialisiert und das Wirkliche im alltäglichen Sinne des Wortes »aus dem Blick verliert«. Auch Nietzsche beobachtet dies, wenn er sagt, dass die Wissenschaftler arbeiten, ohne das Bedürfnis zu hegen, alles von Anfang an und alles bis zum Ende zu wissen: allein nur ihr eigenes kleines Stückchen. Nun, so schwindet auch unter diesem Umriss die Realität. Gemeinsam mit Wissenschaft, Technik und generalisierter Kommunikation ereignete sich der ganze Prozess effektiver Pluralisierung der Welten: Ende des Kolonialismus, Begegnung der Kulturen, der Religionen, unterschiedlicher Ethiken.
Dasjenige, wovon Nietzsche in der genannten Passage der »Götzen-Dämmerung« und in der Notiz vom Sommer 1887 spricht, muss daher im Lichte

eines weiten historischen Prozesses gelesen werden, der uns verwickelt, der aber nicht nur oder vornehmlich historische Züge aufweist, und der den sogenannten »Jenseitsmenschen« erfordert. Derjenige, dem es nicht gelingt, ein in diesem Sinne autonomer »Interpret« zu werden, wird untergehen: Er lebt nicht mehr als Person, sondern nurmehr als eine Nummer, eine statistische Einheit des Produktions-Verbrauchs-Systems.

Doch ist es möglich, ist es lebbar, ist es wahrscheinlich, ein »ultramenschliches« Weisheitsideal solcher Art zu leben? Und wird dies einstweilen nicht etwas sein, das das Selbstvertrauen, das Empfinden der eigenen Originalität, des eigenen »guten« Rechtes (im Sinne eines: »Es gibt nichts, das meinen Willen zur Macht beschränkte, als jener der Anderen, mit denen ich nur kämpfen kann ...«) bis zu einem Punkt wird steigern müssen, der jegliches Zusammenleben unmöglich machen wird? Die Rückkehr also zum *bellum omnia contra omnes*? So haben vielleicht die nazistischen Interpreten Nietzsche gelesen. Hier aber wird es entscheidend, die Notiz vom Sommer 1887 bis zum Ende zu durchdenken; endet sie doch mit einer anscheinend wenig »nietzscheschen« These: im Kampf der Willen zur Macht darum, den Anderen die eigene Interpretation aufzuzwingen (und gewiss schließt Nietzsche dabei den Gebrauch physischer Gewalt nicht ausdrücklich aus ...), werden nicht die Gewalttätigsten siegen, sondern vielmehr »die Mäßigsten, die, welche keine extremen Glaubenssätze nöthig haben [...], die welche vom Menschen mit einer bedeutenden Ermäßigung seines Werthes denken können, ohne dadurch klein und schwach zu werden« (KSA 12/217). An anderer Stelle spricht Nietzsche ausdrücklich von der Tatsache, dass in die Auflösung aller Werte auch das Ich einbezogen sei; auch ihm gegenüber müsse man die Ironie des Übermenschen ausüben, und genau hierin besteht auch der Unterschied zu den banalen supra-menschlichen Idealen, wie sie von Ethik-Konzepten der Ausnahme, des Genies, der Überlegenheit der Rasse usw. vorgeschlagen worden sind. Die Gemäßigtheit, von der uns das Fragment zum europäischen Nihilismus spricht, ist also etwas sehr viel Komplexeres, als es ein einfacher Sinn für Toleranz, ein für den Sieg im Kampf der Willen zur Macht nützlicher, psychologischer Behelf bedeuten könnte. Denn es handelt sich in einem viel allgemeineren Sinne um ein Ideal von Lebensgestaltung und Weisheit, welches letztendlich als Ziel moralischer Vervollkommnung ein »plurales« Subjekt ausweist, das befähigt ist, die eigene Lebensinterpretation zu leben ohne das Bedürfnis, letztere für »wahr« im metaphysischen Sinne des Wortes, also im Sinne der Verwurzelung in einer sicheren und unerschütterlichen Fundierung, halten zu müssen. Wenn man es genau bedenkt, ist es genau dies, was so viele Wahrheitstheorien in unserem Jahrhundert, eingeschlossen jene heute so beliebte von der Wahrheit als der Falsifizierbarkeit, versucht haben. Aber – um die Dinge ruhig etwas bei den Haaren herbeizuziehen – selbst eine Vision des Wahren als des »Ganzen«, wie Hegel sie im Sinne hat, kann ja in einem Horizont gelesen werden wie dem folgenden: Vielleicht glaubte Hegel tatsächlich nicht, selbst Gott zu sein, glaubte also tatsächlich nicht, dass die vollkommene Wahrheit des absoluten Geistes in einem einzelnen Geist hausen könne, und sei dies auch der des Philosophen; und deshalb existiert der absolute Geist eben auch nicht, es sei denn »innerhalb« des objektiven Geistes und als Synthese von objektivem und subjektivem Geist. Doch was auch immer die Möglichkeit sei, selbst Hegel in dieses Ideal des Übermenschen als der in pluraler Hinsicht weisen Persönlichkeit zu integrieren, so bleibt doch zumindest anzuerkennen, dass viele für die Kultur des zwanzigsten Jahrhunderts entscheidende Erfahrungen und Themata sich in dieser Richtung bewegen. Nicht nur die große Literatur von Proust oder von Joyce oder von Musil. Genau dies aber ist es, was sowohl viele säkulare Entwürfe einer Rückkehr der Werte, als auch die offizielle katholische Ethik gänzlich übersehen: eine Frage, die Moderne zu verstehen, die Zeichen der Zeiten zu lesen ... An erster Stelle der Kultursinn der Psychoanalyse, dieser »Wunde am Narzißmus des Ich«, die sich erzeugt, sobald es nicht mehr möglich ist, an die Letztgültigkeit des Bewusstseins zu glauben, von dem man erkennt, doch ohne je auf den Grund zu kommen, dass es immer nur Oberfläche, Maske, Symbolisierung ist.

Doch wer, wenn nicht das in diesem Nietzscheschen Sinne übermenschliche und plurale Subjekt kann dann noch in authentischer Weise die moderne Demokratie leben? Es scheint paradox zu sein, aus dem Nietzscheschen Übermenschen ein »konstitutiv« demokratisches Subjekt machen zu wollen, entgegen so vieler eindeutiger Äußerungen von Nietzsche selbst. Für eine solche Lektüre spricht jedenfalls nicht nur jene im genannten Nachlassfragment über den europäischen Nihilismus und den schlussendlichen Sieg der »Mäßigsten« ausgesprochene Warnung. Dafür steht auch die Kritik, welche Nietzsche im Hinblick auf den bisherigen Menschen entwickelt, den Menschen, wie er bis heute gewesen ist, der in sich alle Fehler und Neurosen des »alten Hundes, der lange an der Kette gelegen« ist, aufweist (MA I,34, KSA 2/53; und WS 53; sowie »Il soggetto e la maschera«, op. cit. S. 152ff.). Aufgrund des Misstrauens in den Menschen, wie er bisher gewesen ist und zwar auch in seinen höchsten Exemplaren, kann Nietzsche den Übermenschen nicht in Begriffen der Gewalt und der Fähigkeit, sich selbst den Anderen wie ein Herr den Sklaven aufzuzwingen, denken. Wenn sich so etwas wie der Übermensch ausfigurieren muss, so wird er nur als ein »Jenseitsmensch der Masse« möglich sein können, ein neues Subjekt, das sich nicht vor dem Hintergrund einer Gesellschaft von Sklaven abgrenzt, sondern vielmehr in einer egalitären Gesellschaft lebt. Wenn er ein »Herr« sein sollte, der sich einer Masse von Sklaven gegenüberstellte, dann würde er immer noch das gewalttätige Subjekt der Überlieferung bleiben, gezeichnet von den Spuren des Kampfes um die Macht und demzufolge immer noch bedroht von den Neurosen und der an diesen Kampf gebundenen, verinnerlichten Gewalt. Wenn wir ein dramatisch aktuelles Beispiel suchen, denken wir doch nur darüber nach, welche Formen das Leben der fünfzehn Prozent »Herren« – wir Bürger des industrialisierten Weltteils –, die fünfundachtzig Prozent der Ressourcen des Globus verbrauchen, annehmen kann, wenn sie sich nicht beeilen, die Ressourcen in angemessenerer, gerechterer Weise zu verteilen: ein gepanzertes Leben, in einer militarisierten Enklave, in welcher der Verteidigungsbedarf der eigenen Privilegien die Privilegien selbst schließlich unlebbar machen wird.

Ist es denn wirklich so paradox, auch gegen den Wortlaut des Nietzscheschen Textes, von einem Massen-Übermenschen zu sprechen? Oder ist dies nicht vielleicht eine Weise, seine Lehre radikal ernst zu nehmen, sich ernsthaft Rechenschaft darüber abzulegen, dass in der Tat – so wie er es dachte – das unsrige das Jahrhundert des Nihilismus, der ewigen Wiederkehr, der Ultramenschlichkeit darstellt? Im Übrigen weisen nicht nur zahlreiche literarische und künstlerische Beispiele, die unser Zeitalter bestimmen, in diese Richtung; Nietzsches Jenseitsmensch weist auch eine tiefe Verwandtschaft mit einem anderen großen ethischen, oder eher religiösen Entwurf unseres Jahrhunderts auf, der in der Kultur des zwanzigsten Jahrhunderts beliebt wurde durch das Werk eines großen und einzigartigen Denkers des neunzehnten Jahrhunderts, Sören Kierkegaard, dem Begründer des Existentialismus. Wie viele sich erinnern werden, entwirft Sören Kierkegaard die Existenz als Entscheidung zwischen drei möglichen Lebensformen: zwischen dem ästhetischen, dem ethischen und dem religiösen Stadium. Das erste ist symbolisiert in der Gestalt des Don Giovanni, das zweite in der Figur des treuen und arbeitsamen Ehemannes, das dritte in der Gestalt des biblischen Abraham. Letzterer sieht sich zu einem bestimmten Zeitpunkt vor den persönlichsten und mysteriösen Aufruf gestellt, in welchem Gott von ihm verlangt, seinen Sohn Isaac zu opfern. Allen ethischen Gesetzen zum Trotz entscheidet er, diesem Aufruf zu folgen, solcherart eine Ausnahme konstituierend, welche universale Normwerte beiseite lässt zugunsten der Antwort auf eine Anrufung, die vor den anderen mit rationalen Beweggründen nicht mehr rechtfertigbar erscheint. Ist es nicht legitim, auch in Abraham die jenseitsmenschlichen Züge des Nietzscheschen Übermenschen zu entdecken? Man wird einwenden, dass hier nicht nur Abrahams Wille zur Macht im Spiel ist, sondern vornehmlich seine gehorsame Hingebung an Gottes Willen. Allerdings, doch auch der Jenseitsmensch Nietzsches denkt schließlich nicht mehr an den eigenen Willen als etwas Letztgültiges, er weiß, dass er bloße Oberfläche ist, er fühlt sich damit gefangen und einbezogen in eine

Die Weisheit des Übermenschen

Geschichte, die nicht ganz und nicht nur auf sein »Ich« zurückbezogen ist. Die Parabel, in der Zarathustra von der Entscheidung spricht, von der die Anerkennung oder die Einsetzung der ewigen Wiederkehr abhängt (»Vom Gesicht und Räthsel«), erzählt, dass unter dem großen Tor, auf dem geschrieben steht »Augenblick«, also der Moment der Entscheidung, ein kreisförmiger Weg hindurchführt: Die Entscheidung ist also etwas, das schon seit eh und je stattgefunden hat, sie ist nichts Originelles, vielleicht sogar etwas, das nicht einmal so sehr in der Macht des Subjektes steht, welches sie bereits auf dramatische Weise aufgreift, ist etwas, das bereits von einer gewissen Alterität spricht. Nietzsche identifiziert diese Alterität nicht mit dem biblischen Gott (und dies wäre immerhin näher zu betrachten ...). Doch sicher kommt von dieser Anerkennung die Gemäßigtheit des Jenseitsmenschen, sein Sinn für Ironie, seine grundlegende Offenheit für die Pluralität der Interpretationen; welche aus ihm ein neues Subjekt macht, befähigt, in einer Welt ohne Fundamente zu leben, ohne jedoch zum kleinmütigen Pfleger eines allzu begrenzten Selbstes und dessen unmittelbarster und brutalster Interessen zu werden. Wird hier nicht das letzte Fundament, welches immer die ausferndsten Fanatismen in der Geschichte der menschlichen Gewalt gerechtfertigt hat, ersetzt durch den Willen des Ichs als des vorausgesetzten letzten und undiskutierbaren Absoluten? Dieses Ich ist nun ein Zentrum der Gastlichkeit und des Zuhörens von vielfachen Stimmen, ein wandelbarer Regenbogen von Symbolen und Bezügen, das dem Ideal umso näher kommt, als es sich nicht in eine ein für alle Mal vorgegebene Form einschließen lässt. Und dass auch dieses eine der vielen Nietzscheschen Allegorien wäre, zu lesen wie ein Hinweis auf die Caritas?

(12.11.2000)
(Aus dem Italienischen von Dr. Elke Wachendorff)

Teil II

Denken mit Friedrich Nietzsche

Vorträge aus den Jahren 2000–2002

Die Propheten von der Martiusstrasse

Ein München-Kapitel aus Thomas Manns »Doktor Faustus«

Albert von Schirnding

Wie kommt die in München-Schwabing gelegene Martiusstraße in einen der großen Romane des 20. Jahrhunderts, in Thomas Manns »Doktor Faustus«! Das hat etwas mit der Verschränkung von fiktiven und faktischen Elementen zu tun, die für die Erzählweise des Autors charakteristisch ist; im »Faustus« spielt sie eine besonders auffällige Rolle. Das Faktische wird entweder unverändert oder in mehr oder weniger verschlüsselter Form der Erzählung aufgeklebt. So ist zum Beispiel der mit Thomas Mann befreundete Übersetzer und Schriftsteller Hans Reisiger als einer der wenigen Freunde des kontaktscheuen Romanhelden, des »deutschen Tonsetzers« Adrian Leverkühn, unter dem Namen Rüdiger Schildknapp in seine Lebensgeschichte eingegangen. Reisiger, der in notorisch ewiger Geldnot war und öfters für längere Zeit die Gastfreundschaft des Mannschen Hauses genoss, pflegte bei den Mahlzeiten zu sagen: »Reicht Reisi reichlich!« Daraus wird im Buch: »Gebt Knappi nicht knapp!« (VI, 566)* Das Retouchierte wird aber immer wieder mit unverhüllt Tatsächlichem vermengt. So werden erfundene Kompositionen Leverkühns von Zeitgenossen Thomas Manns unter deren eigenem Namen dirigiert: Der erst 1999 im Alter von 93 Jahren verstorbene Schweizer Musiker Paul Sacher leitet 1924 in Bern und Zürich Adrians für seinen Freund, den Geiger Rudi Schwerdtfeger, komponiertes Violinkonzert; Otto Klemperer ist der Dirigent der Uraufführung von Leverkühns erstem Hauptwerk, der »Apocalipsis cum figuris« beim Fest der *Internationalen Gesellschaft für neue Musik 1926* in Frankfurt. Mittels der Einsprengung derartiger Realitätspartikel wird die glatte Oberfläche des künstlerischen Scheins gleichsam aufgerauht. »[...] wenn es ernst wird, verschmäht man die Kunst [...]«, sagt der – allerdings seinerseits fiktive – Erzähler Serenus Zeitblom einmal (VI, 235), und ein paar Seiten weiter bemerkt Adrian zu ihm: »Schein und Spiel haben heute schon das Gewissen der Kunst gegen sich. Sie will aufhören, Schein und Spiel zu sein, sie will Erkenntnis werden.« (VI, 242) Im Rahmen des Prinzips der Montage, »das sich«, wie Thomas Mann am 30. Dezember 1945 an Theodor W. Adorno schreibt, »eigentümlich und vielleicht anstößig genug durch dieses ganze Buch zieht, – vollkommen eingeständlich, ohne ein Hehl aus sich zu machen«[1], hat auch die Schwabinger Martiusstraße ihren Ort im Roman; unter den realen Details zählt sie eher zur Schildknapp- als zur Klemperer-Kategorie. In einem Brief an Emil Preetorius vom 12. Dezember 1947 kommt Thomas Mann auf die »Szenen aus einem Münchener Debattier-Klub« zu sprechen, »bei denen der Teufel mich ritt, an gewisse, mit geistreichen Herren in Ihrem Heim in der Ohmstraße verbrachte Abende zu denken«.[2] Schon am 31. Januar des Jahres hatte er seine amerikanische Übersetzerin angewiesen, die *Ohmstraße* im Manuskript in *Martiusstraße* zu verbessern. Ohm- und Martiusstraße sind nahe beieinander liegende Parallelstraßen. Der Autor nahm auf sein Opfer Rücksicht und milderte nachträglich die allzu direkte Anspielung. Ganz ähnlich verfuhr er im Fall Reisiger. Schildknapps Vorfahren, heißt es im »Faustus«, seien »reisige Begleiter von Edlen und Fürsten gewesen« (VI, 226). Der Gemeinte wandte sich vor dem Erscheinen der ersten innerdeutschen Ausgabe des Romans an Peter Suhrkamp mit der Bitte um Retouchen, und Thomas Mann schlug vor, das Wort *reisige* durch *berittene* zu ersetzen, was denn auch geschah.

Sixtus Kridwiß, der Gastgeber bei jenen Debattierabenden, an die sich Zeitblom im 34. Kapitel des »Doktor Faustus« erinnert, zeigt unverkennbare Ähnlichkeit mit dem 1883 in Mainz geborenen Graphiker, Illustrator, Sammler und späteren Bühnenbildner Emil Preetorius (1883–1973), von allen seinen Freunden und Bekannten *Pree* genannt. Er war 1907 nach München gekommen, wo er den Verleger Hans von Weber kennenlernte. Dieser brachte im Rahmen seiner »Hyperion-Bücher« eine Luxusausgabe von Chamissos »Peter Schlemihl« mit Illustrationen des Vierundzwanzigjährigen heraus, die Thomas Mann im »Berliner Tageblatt« lobend besprach (vgl. XIII, 398–407). Übrigens veranstaltete Weber 1912 die erste bibliophile Edition eines Werks von Thomas Mann, der, wie ihr Verfasser sich ausdrückte, »gewagten Novelle« »Der Tod in Venedig«, als sogenannten Hundertdruck (die Auflage war strikt auf einhundert Exemplare begrenzt). Bald zählte Preetorius zum engeren Freundeskreis des Dichters. Er übernahm 1919 die Einbandgestaltung der hundertsten Auflage der »Buddenbrooks«, des die »Idyllen« »Herr und Hund« und »Gesang vom Kindchen« enthaltenden Büchleins (ebenfalls 1919) und einer späteren Auflage des »Buches der Kindheit« (1929), des seinerzeit als Fragment veröffentlichten Anfangs der

»Bekenntnisse des Hochstaplers Felix Krull«. Ein bibliophiles Rarissimum ist die 1919 in 120 Exemplaren hergestellte Vorzugsausgabe von »Herr und Hund« zugunsten des Schutzverbandes Deutscher Schriftsteller, Ortsgruppe München mit den Scherenschnitten von Preetorius.

Thomas Mann vermittelte auch die erste Theaterarbeit seines Illustrators, indem er ihn Bruno Walter für die Inszenierung von Glucks »Iphigenie in Aulis« empfahl. Die Premiere, die am 21. Mai 1921 im Münchner Nationaltheater stattfand, begründete die glanzvolle, freilich auch verhängnisvolle Laufbahn des Bühnenbildners. Dass er sie Thomas Mann verdankte, hat er in einer späten Erinnerung ausdrücklich gewürdigt. Sie mündet in ein sehr positives Resümee seiner Beziehung zu dem Dichter:

> »Thomas Mann – das ist ein nicht wegzudenkendes bedeutungsvolles Kapitel in meinem Dasein, ein Kapitel, das trotz mancher Erschütterungen in Naziwirren und Kriegsschrecknissen nahezu ein halbes Jahrhundert überdauert hat. Immer war mir dieser außerordentliche Mann nahe, mochte er auch in weiter Ferne weilen, immer war er mir, meinem Denken und Schaffen, Anruf, Befestigung, Wegweisung, und ihm gehören in einem Maße wie nur wenigen von den vielen bedeutenden Menschen, die mir das Leben zugeführt, meine Dankbarkeit, Bewunderung und Liebe.«[3]

Was hier nicht zur Sprache kommt: Es war gerade der Bühnenbildner Preetorius, dessen Arbeit zu einer ernsten Krise in der Geschichte dieser Beziehung führte. In seinem Offenen Brief an Walter von Molo vom September 1945, in dem Thomas Mann begründete, warum er der Aufforderung Molos, nach Deutschland zurückzukehren, nicht Folge zu leisten gedenke, stand zu lesen (und Preetorius las es):

> »Es war nicht erlaubt, es war unmöglich, ›Kultur‹ zu machen in Deutschland, während rings um einen herum das geschah, wovon wir wissen. Es hieß die Verkommenheit beschönigen, das Verbrechen schmücken. Zu den Qualen, die wir litten, gehörte der Anblick, wie deutscher Geist, deutsche Kunst sich beständig zum Schild und Vorspann des absolut Scheusäligen hergaben. Daß eine ehrbarere Beschäftigung denkbar war, als für Hitler-Bayreuth Wagner-Dekorationen zu entwerfen – sonderbar, es scheint dafür an jedem Gefühl zu fehlen.« (XII, 957)

Das zielte auf die Mitwirkung von Emil Preetorius an den Bayreuther Inszenierungen im Dritten Reich: Bis 1939 bildete er mit Heinz Tietjen und Wilhelm Furtwängler das Triumvirat der Festspiele. Sein Ausscheiden hing nicht damit zusammen, dass er bei den Machthabern in Ungnade gefallen wäre, wie er es später gern darstellte. Noch im Mai/Juni 1941 nahm er an dem von

Goebbels organisierten Gastspiel der Berliner Staatsoper in Paris teil, wo jeweils zwei Vorstellungen der »Entführung« und des »Tristan« in der Inszenierung von Tietjen und Preetorius gezeigt wurden; Dirigent war übrigens Herbert von Karajan.[4] Vielmehr hatte ihn die Opposition des jungen Wieland Wagner vertrieben, der in dem berühmten Bühnenbildner den Konkurrenten sah. »Wie früh die Hetze Wielands gegen mich und meine Leistung eingesetzt hat, werden Sie sich erinnern«, schreibt Preetorius nach dem Krieg an Tietjen. In einem Brief an Winifred Wagner ist von der »unglaublichen Anmaßung Ihrer Kinder« die Rede, »zumal bei Wieland, der sich gestützt auf seine Beziehung zu Hitler und Bormann, einfach alles erlaubte [...]«.[5]

Im Mai 1944 schickte Klaus Mann aus Italien an seinen Vater mehrere deutsche Zeitungsausschnitte, darunter auch einen Bericht über Vorträge von Preetorius im besetzten Ungarn. Thomas Mann kommentiert: »Daß der enorm gscheidte Pree ausgerechnet jetzt nach Ungarn fährt, um über die Feinheiten der ostasiatischen Kunst zu schwätze, zeugt von der Abgestorbenheit der Begriffe.«[6] Im Brief an Molo folgt auf die »Hitler-Bayreuth«-Stelle:

> »Mit Goebbels'scher Permission nach Ungarn oder sonst einem deutsch-europäischen Land zu fahren und mit gescheiten Vorträgen Kultur-Propaganda zu machen fürs Dritte Reich – ich sage nicht, daß es schimpflich war, ich sage nur, daß ich es nicht verstehe, und daß ich Scheu trage vor manchem Wiedersehen.« (XII, 957f.)

Das Wiedersehen ließ denn auch noch eine Zeitlang auf sich warten. Doch schon im Juni 1945 hatte Preetorius versucht, das alte Freundschaftsband wieder zu knüpfen; sein Brief zum 70. Geburtstag des Dichters erreichte diesen – mehr als einen Monat zu spät – am 12. Juli in Pacific Palisades und erhielt im Tagebuch die Zensur: »Klug, vielleicht spekulativ«. Er ist verloren. Thomas Mann antwortete erst am 23. Oktober, nachdem ein weiterer Brief von Preetorius vom 8. September eingetroffen war. Er machte es sich nicht leicht. Unter dem 15. Oktober vermerkt das Tagebuch: »Vormittags u. gegen Abend den 15 Seiten langen Brief an Preetorius beendet.« Eine Woche später (am 23. Oktober) heißt es: »Begann nachmittags neu und einfach, nicht zu weit führend, an Preetorius zu schreiben.«

In der neuen Fassung ist ein freundschaftlich-versöhnlicher Ton angeschlagen:

> »Ich danke Ihnen recht herzlich für diese lieben und bedeutenden Zeichen Ihrer Anhänglichkeit. Sie waren, man muß es kaum sagen, mit Abstand das Klügste und Sensibelste, was mir in diesen Monaten aus Deutschland zugekommen ist.«[7]

Ehe Preetorius diese Zeilen erreichten, hatte er sich in einem Offenen Brief gegen die in Thomas Manns Antwort an Molo erhobenen Vorwürfe zur Wehr gesetzt, den er nach Erhalt des Schreibens vom 23. Oktober »in letzter Stunde« zurückzog. Eine Abschrift war dem Adressaten allerdings bereits zugegangen. »Ohne Kenntnis der näheren Umstände«, heißt es dort, »der sachlichen wie der persönlichen, die beide aufs höchste ins Gewicht fallen, brechen Sie den Stab über mich, und was auch der strengste Richter in Rechnung gezogen hätte, lassen Sie unbedacht.«[8] Es folgen Hinweise auf seine grundsätzliche Abstinenz von allem Parteimäßigen, das Fehlen der üblichen Ehrungen durch das Regime, sein »Bekenntnis zum Judentum«. Und dann: »Sie kennen mich zu gut, Thomas Mann, als daß ich noch besonders betonen müßte, wie völlig ferne mir bei meiner Bayreuther und aller sonstigen Arbeit das Politische lag. [...] Was man auch dagegen sage: Kunst und Politik sind getrennte, mehr noch, es sind einander ausschließende Sphären [...]«.[9]

»Was man auch dagegen sage«: Thomas Mann hatte alles nur Mögliche dagegen gesagt. Etwa in dem Aufsatz »Kultur und Politik«, der als »letztes Wort vor dem Kriege« am 23. Juli 1939 in der »Baseler Nationalzeitung« erschien: Gegen die zwanzig Jahre zurückliegenden »Betrachtungen eines Unpolitischen« will nun das Bekenntnis abgelegt sein, »daß Geist und Politik nicht reinlich zu trennen sind; daß es ein Irrtum deutscher Bürgerlichkeit gewesen war, zu glauben, man könne ein unpolitischer Kulturmensch sein« (XII, 854). Die Weigerung des deutschen Geistes,

> »die Politik als ein Zubehör der humanen Aufgabe anzuerkennen, ist ausgegangen in den politischen Schrecken selbst, die restlose Macht-Sklaverei, den totalen Staat; die Frucht seines ästhetizistischen Kulturbürgertums ist ein Barbarismus der Gesinnung [...]« (XII, 860).

Demgegenüber behauptete Preetorius' Selbstverteidigung nach wie vor den Standpunkt der »Betrachtungen eines Unpolitischen«. Aber in dem etappenweise vom 13. Januar bis zum 24. Februar 1946 fortgesetzten zwölfseitigen Schreiben, mit dem Thomas Mann auf den – zurückgezogenen – Offenen Brief von Preetorius reagierte[10], geht er nur auf dessen Tätigkeit im »Hitler-Bayreuth« und die Vortragsreise nach Ungarn ein. Der betreffende Passus in seinem Brief an Molo sei keineswegs als Anklage gemeint gewesen, sondern nur als Beleg für die schwer überbrückbare Kluft, die sich zwischen innen und außen aufgetan habe. Damit war das Persönliche bereinigt, wie ja Thomas Mann in seinen persönlichen Beziehungen überhaupt, von wenigen unheilbaren Ausnahmen (Alfred Kerr, Theodor Lessing, Arthur Hübscher) abgesehen, zu größter Konzilianz neigte.

Die sachliche Differenz blieb freilich bestehen. Sie schlug sich im zweiten Teil des 34. Kapitels des »Doktor Faustus« nieder, eben in jenem Martiusstraße-Kapitel, das laut Tagebuch am 17. Februar 1946 abgeschlossen wurde, also etwa zeitgleich mit dem Brief an Preetorius entstand. Der dritte und letzte Teil des Kapitels, in dem der innere Zusammenhang zwischen Leverkühns fiktivem Oratorium »Apocalipsis cum figuris« und der geistigen – pränationalsozialistischen – Atmosphäre der Diskussionen bei Sixtus Kridwiß dargestellt wird, wurde im Wesentlichen am 2. März 1946 fertig. Es folgte die tiefe Zäsur in der Entstehung des Romans, Thomas Manns Lungenkrebs-Operation im Billings Hospital von Chicago, wo er sich zwei Monate, von Ende März bis Ende Mai 1946, aufhielt.

Zum »Fall Preetorius« sei noch ein Zeugnis Wilhelm Hausensteins nachgetragen, mit dem Preetorius seit frühen Münchner Tagen befreundet und bei dessen Heirat im Mai 1919 er (zusammen mit Rilke) Trauzeuge gewesen war. »Ich kann [...] wohl behaupten«, schreibt Hausenstein am 21. November 1945 an Preetorius, »daß wir beide, Margot und ich, in diesen Hitler-Jahren wund am Wege lagen. Aber Du hast uns keine Wunde verbunden. Konkret: Du hättest mit Deinen Beziehungen durch ein Wort mitunter helfen können. Aber hättest Du wirklich etwas für uns, Deine Freunde, riskiert? [...] Daß Du dem V[ölkischen] B[eobachter] Deine Feder geliehen hast, und alles, was sonst in diesen Zusammenhang gehört: es ist tief zu bedauern, es stellt ein Stück Schuld dar [...].«[11]

Am 14. Dezember 1945 erschien in der »Süddeutschen Zeitung« ein Offener Brief von Hausenstein an Thomas Mann[12], in dem er den in dem Schreiben an Molo erhobenen Vorwurf, allen zwischen 1933 und 1945 in Deutschland gedruckten Büchern hafte ein Geruch von Blut und Schande an, unter Hinweis auf Autoren wie Theodor Haecker, Reinhold Schneider, Werner Bergengruen, Ernst Penzoldt zu widerlegen suchte. Der Unterschied zum Offenen Brief von Preetorius ist nur zu charakteristisch: Während es Hausenstein um die Sache geht, hatte Preetorius lediglich seine persönliche Rechtfertigung im Sinn.

Das Stichwort »Martiusstraße« hat uns geradewegs ins Zentrum der heiklen Frage nach dem Verhältnis von deutschem Geist und Nationalsozialismus geführt. Und bei dieser Frage bleiben wir auch, wenn wir uns nun dem Kapitel selbst zuwenden – obwohl dieses im Jahr 1919, in der Münchner ersten Nachkriegsära, spielt. »In München«, so erinnert sich Emil Preetorius in einer 1953 erschienenen Sammlung von Reden und Aufsätzen, »ging es zunächst« (d. h. nach dem Ende des Ersten Weltkriegs) »höchst turbulent und ereignisvoll zu [...]. In dieser hochgehenden Spanne veranstaltete ich wöchentliche Diskussionen über die dringlichsten Fragen, die eine Auslese sehr besonderer Menschen jeweils in meinem Atelier versammelten.«[13] Zu diesen »sehr besonderen Menschen« zählte auch Thomas Mann, alias Serenus Zeitblom, der fiktive Erzähler des Romans.

Die Propheten der Martiusstraße

Sixtus Kridwiß, »Graphiker, Buchschmuck-Künstler und Sammler ostasiatischer Farbenholzschnitte und Keramik« (tatsächlich war die ostasiatische Sammlung von Emil Preetorius um einige Grade berühmter als ihr Besitzer) ist »ein kleiner, altersloser Herr von stark rheinhessischer Sprechweise und ungewöhnlicher geistiger Angeregtheit« (VI, 481). Ursprünglich hatte Thomas Mann statt »klein« »gnomenhaft« geschrieben; Preetorius selbst bezeichnete sich gelegentlich als »Winzist«. An die rheinhessische Sprechweise kann ich mich selbst noch erinnern, da ich als häufiger Besucher der Veranstaltungen der Bayerischen Akademie der Schönen Künste ihren langjährigen Präsidenten (1953–1968) regelmäßig reden hörte. Im Roman ist sie im Kommentar des Gastgebers zu den kulturkritischen Befunden der Debattanten festgehalten: Er findet sie »scho' enorm wischtisch«.

Damit wird aber nicht nur eines jener Exaktheitselemente in die Erzählung eingeführt, die, wie wir gehört haben, dazu dienen, den »Schein der Kunst« abzuschütteln. Zugleich ist die Redewendung charakteristisch für eine bestimmte geistige Haltung, nämlich die wertneutrale einer prophetischen Intelligenz, die das Seiende und Kommende sachlich feststellt und ihre Freude nicht an den Objekten ihrer Dia- und Prognosen, sondern an der Objektivität ihrer Einsichten hat. Im Medium des Unbehagens, das Serenus Zeitblom angesichts der »heiteren Genugtuung« seiner Gesprächspartner empfindet, »von der man allenfalls gerade noch hoffen konnte, daß sie der Erkenntnis der Dinge und nicht den Dingen selber galt« (VI, 486), kritisiert Thomas Mann den Exklusivitätsanspruch von Intellektuellen, die sich die Freiheit zur Beurteilung der Lage nehmen, ohne sich zu engagieren, also so etwas wie eine l'art pour l'art-Position im Geistigen vertreten. Es handelt sich nicht um die Haltung des Unpolitischen, für den Kultur und Politik getrennte Welten sind, wie sie in der oben zitierten Briefstelle von Preetorius verteidigt wird. Der Kridwiß-Kreis ist ja politisch durchaus interessiert. Aber man will seine Klarsicht nicht durch Parteinahme trüben, sich die Freude an der »reinen« Erkenntnis nicht verderben lassen durch leidenschaftliche Teilnahme. Als gäbe es einen überparteilichen Standort des sich selbst genügenden Geistes. Dieser archimedische Punkt existiert aber nicht – das ist eine der zentralen politischen Einsichten Thomas Manns in den zwanziger Jahren. Von Sixtus Kridwiß erfahren wir, dass er »ohne feststellbare gesinnungsmäßige Bindung, rein neugierigerweise die Bewegungen der Zeit behorchte« (VI, 481) – was ebenso gut von Hans Castorp gesagt sein könnte. Eine Art »Zauberberg« unverbindlich – »geistesfroher« Seismographik ist auch das Atelier in der Martiusstraße. Die Verachtung des politischen Flachlands führt aber nur um so tiefer und tödlicher in seinen Schlamm und sein Getümmel. Der Altphilologe Zeitblom, durchdrungen vom Gefühl, dass es mit der Epoche des bürgerlichen Humanismus zu Ende, er selbst geistig heimatlos geworden sei, fühlt sich verpflichtet, sich mit dem verstörenden Neuen auseinanderzusetzen; hier liegt das Motiv für seine Teilnahme an den »verworrenen Diskussionsabenden in der Schwabinger Wohnung« (VI, 469). Aber es kommt eben gerade nicht zur Auseinandersetzung; die bleiben die Herren schuldig, und auch Zeitblom bringt es nur bis zu einer vagen Empfindung der Antipathie und Gereiztheit.

In jeder geistigen Haltung sei das Politische latent (vgl. X, 267): Das ist Thomas Manns gegen die Illusion einer reinen Erkenntnis gerichtete Formel. Die Gefährlichkeit der Illusion verschärft sich, wenn die Freude an der Erkenntnis zum ästhetischen Genuss wird. Zum Zirkel gehört der Dichter Daniel Zur Höhe, ein »in geistlich hochgeschlossenes Schwarz gekleideter hagerer Dreißiger mit Raubvogel-Profil und von hämmernder Sprechweise« (VI, 483). Der priesterliche Habitus erinnert an den Jüngling Hieronymus aus der Novelle »Gladius Dei« von 1902, die ganze Erscheinung ist aus der Novelle »Beim Propheten« von 1904 entlehnt. Wendungen und Passagen sind wörtlich übernommen, vor allem bei der Wiedergabe von Zur Höhes Hauptwerk »Proklamationen«, in denen »eine Wesenheit namens Christus imperator maximus […] todbereite Truppen zur Unterwerfung des Erdballs« wirbt (VI, 483). Mit der komprimierten Fassung der frühen Erzählung ist das ihr zugrunde liegende Stück Schwabinger Bohème-Wirklichkeit hineinmontiert: Die Figur des »Propheten« ist dem in München lebenden Dichter Ludwig Derleth (1870–1948) nachgezeichnet.

Unter dem 17. Februar 1946 spricht das Tagebuch von »Verbesserungen am kosmischen Kapitel«. Das Adjektiv schlägt die Brücke zwischen dem Kridwiß-Zirkel und den sogenannten Schwabinger Kosmikern, vor allem Ludwig Klages und Alfred Schuler. Beide tauchen in den »Münchner Erinnerungen« von Emil Preetorius auf: Von der präfaschistischen Aura, mit der Thomas Mann sie umkleidete, ist hier freilich nichts zu spüren. Mehrfach sei er, erzählt Preetorius, dem »seltsamen Alfred Schuler begegnet, Wiedergeburt aus Roms Kaiserzeit, dessen zünftige Lodenkotze sich geheimnisvoll zur Toga bauschte, wenn er, nächtlich wandelnd auf der Ludwigstraße, eine seiner gestenreichen Dithyramben von des späten Roms verderbter Herrlichkeit und herrlicher Verderbtheit erschallen ließ«.[14]

Für Zeitblom sind Daniels »Proklamationen« der »steilste ästhetische Unfug, der mir vorgekommen« (VI, 483). In seinen unter dem Titel »Leiden an Deutschland« 1946 veröffentlichten Tagebuchblättern aus den Jahren 1933 und 1934 spricht Thomas Mann von Stefan George als einem »steilen Dichter« (XII, 698). Derleth war mit George befreundet, auch Klages und Schuler gehörten ursprünglich zum Kreis. Daniel zur Höhe repräsentiert also im Atelier der Martiusstraße das Schwabinger Literatentum mit seiner Bezugsfigur Stefan George um 1904.

»Ich empfand«, heißt es in »Leiden an Deutschland«, »die Schuld des Geistes, seine unpolitische und dem Genuß seiner Kühnheit ästhetisch hingegebene Rücksichtslosigkeit aufs Wirkliche. George's ›Engel‹ spricht von ›Sünde oder Sitte‹ und lächelt zu Taten, die ›nach Volkes Wahn zum Himmel schrein‹.« (XII, 698) Zeitblom ist ganz das Alter Ego seines Autors, wenn er sagt: »Hier kann niemand mir folgen, der nicht die Nachbarschaft von Ästhetizismus und Barbarei, den Ästhetizismus als Wegbereiter der Barbarei in eigener Seele, wie ich, erlebt hat.« Entsprechend der Zweiteilung des Verfassers in Serenus und Adrian fährt er fort: »[...] der ich diese Not freilich nicht aus mir selbst, sondern mit Hilfe der Freundschaft für einen teuren und hochgefährdeten Künstlergeist erlebte.« (VI, 495)

Des einen Ästhetizismus und des anderen quälender moralischer Zweifel an diesem Ästhetizismus entfalten den Konflikt von Ästhetik und Ethik, den ihrer beider Autor in sich ausgetragen hat. Weil aber Leverkühn nicht nur Thomas Mann, sondern auch (und erst recht) Nietzsche zum Modell hat, spiegelt sich in des Komponisten Ästhetizismus ein wesentliches Moment von Thomas Manns Nietzsche-Rezeption. Er ist ihm, wie er in der nach Beendigung des Romans 1947 geschriebenen Rede »Nietzsche's Philosophie im Lichte unserer Erfahrung« versichert, »der vollkommenste und rettungsloseste Ästhet, den die Geschichte des Geistes kennt« (IX, 706). So steht hinter Daniel Zur Höhe letzten Endes Nietzsche; schon in der Novelle »Beim Propheten« ist Derleth über die glaziale Metaphorik des Anfangs: »Hier ist das Ende, das Eis, die Reinheit und das Nichts. (...) Hier herrscht der Trotz, die äußerste Konsequenz, das verzweifelt thronende Ich, die Freiheit, der Wahnsinn und der Tod [...]« (VIII, 362) mit Nietzsche in eine ironische Verbindung gebracht.

Ludwig Derleths Ich, dessen Identität mit Daniel Zur Höhe schon durch die Zitate aus den »Proklamationen«, die ja tatsächlich aus Derleths Feder stammen, belegt ist, steht also gleichsam nach hinten offen in Richtung Oscar Wilde oder eben Nietzsche. Im Übrigen gehört er mit seinem stereotypen »Jawohl, jawohl, so übel nicht, o freilich doch, man kann es sagen!« in die Familie der Dichter-Karikaturen vom Schlage eines Detlev Spinell (»Tristan«) oder Axel Martini (»Königliche Hoheit«), wobei letzterer, der kränkliche und auf Hygiene überängstlich bedachte Hymniker der Lebenslust, ein älterer Bruder des »Ästhetikers und Kunsthistorikers« Helmut Institoris ist, der ebenfalls an den Gesprächen in der Martiusstraße teilnimmt. Seinerseits von schwächlicher Konstitution, hegt er glühende Bewunderung für alles rücksichtslos Blühende, unbedenklich Prangende; sein Lieblings- und Spezialgebiet ist die italienische Renaissance. Auch Institoris stellt eine Nietzsche-Karikatur dar, die aber, eben weil sie eine Karikatur ist, das Thema des Verhältnisses von Ästhetik und Barbarei an den Rand drängt. Warum? Weil seine eigentliche Behandlung der Biographie Leverkühns und der Analyse seines Werks vorbehalten ist.

Ein Seitenthema also, während das Hauptinteresse bei der Schilderung des Kridwiß-Kreises einem anderen Aspekt des Komplexes von geistigem Wegbereitertum der nationalsozialistischen Katastrophe gilt. In dem im März 1952 geschriebenen Vorwort zur Prosa-Sammlung »Altes und Neues« hat Thomas Mann noch einmal sein politisches Leib- und Magenthema formuliert – in wenigen Sätzen, die zugleich seine politische Autobiographie resümieren:

> »Es scheint, daß der politische Instinkt, ist er nur einmal aus seinem Schlummer in reiner Torheit gewaltsam erweckt worden, wie es mir durch die Erschütterungen der Jahre 1914 und 1918 geschah, sich rasch mit der sonst gewährten persönlichen Intelligenz ins Gleiche setzt. Jedenfalls habe ich die grauenhaften Gefahren, mit denen das, was sich National-Sozialismus nannte, Deutschland, Europa, die Welt bedrohte, früh schon, zu einer Zeit, als das Unwesen noch leicht hätte ausgetreten werden können, mit quälender Klarheit durchschaut und bin ihm auch da, und gerade da, so gut ich konnte, warnend und wissend entgegengetreten, wo es, als schöner Tiefenkult, ›konservative Revolution‹ und geistiger Edel-Obskurantismus vermummt, dem Unheil den Weg bereitete. Sie waren keine ›reinen Toren‹, diese chthonischen Veruntreuer des Geistes, sie wußten, was sie taten und wem sie halfen, sie waren Politiker, und ich war es nun auch [...].« (XI, 697f.)

Sucht man nach der kürzesten Formel für den zur Rechenschaft gezogenen Sachverhalt, bietet sich das Etikett der »Konservativen Revolution« an. Der Begriff taucht vielleicht bei Thomas Mann überhaupt zum ersten Mal auf; bekannt wurde er durch die in der Münchner Universität am 10. Januar 1927 gehaltene Rede Hugo von Hofmannsthals über »Das Schrifttum als geistiger Raum der Nation«. Hier wird er zum Namen für die prozesshaft sich herstellende deutsche Synthese von Freiheit und Bindung, Individuum und Gemeinschaft – ein vom Redner als »langsam« und »großartig« titulierter Vorgang, dessen Beginn als innere Gegenbewegung gegen die Reformation angesetzt wird. Die Rede erschien im Herbst 1933 im S. Fischer Verlag in einer Neuausgabe, was Thomas Mann zu der Tagebuch-Notiz veranlasste, sie müsse als »Prophetie und Bestätigung herhalten, ein jüdischer Verlag legt sie auf [...] und trägt damit zur geistigen Stützung und ›historischen‹ Rechtfertigung weltgefährlicher Greuel bei«. Auf die eigene publizistische Arbeit der zwanziger Jahre zurückblickend, fährt er fort: »Ich widerstand der deutlich erkannten und überall erspürten geistigen Bewegung, aus Abscheu vor ihrer Realität, die ich voraussah, und die man, in Deutschland lebend, vielleicht leichter voraussehen konnte als in Wien.« (26. September 1933)

In der Tat ist Thomas Manns publizistisches und essayistisches Wirken bis

1933 großenteils gegen den »schönen Tiefenkult« einer lebensphilosophisch gestimmten Intelligenz gerichtet, deren Vertreter er nach Ludwig Klages, dem Verfasser des schon durch seinen Titel krass-charakteristischen Werks »Der Geist als Widersacher der Seele« (1929–1932), gern die »Klagesweiber« nannte; so in einem Brief an Emil Bernhard Cohn vom 1. Mai 1942, dem die bemerkenswerte Konstanz seiner Beurteilung des Phänomens abzulesen ist:

»Von Blut, Seele, Instinkt und Anti-Vernunft lebt der ganze Fascismus, Nationalismus, Antisemitismus – und wie ich alle die ›Untergänge der Erde am Geist‹ der Klagesweiber längst vor 1933 gehaßt und gefürchtet habe, kann ich nicht sagen.«[15]

Und wie er es sagen konnte! (»Der Untergang der Erde am Geist« ist der Titel eines Buches von Theodor Lessing.)

Im »Doktor Faustus« ist diese ganze antigeistige Bewegung zurückdatiert auf die frühe Nachkriegszeit und komprimiert in die Abende in der Martiusstraße, wobei ihre Frühformen im wissenschaftlichen Irrationalismus und in der Jugendbewegung kurz nach der Jahrhundertwende aufgesucht werden (siehe die theologischen Kollegs, die Leverkühn und Zeitblom in Halle besuchen, und das sogenannte »Schlafstrohgespräch« des studentischen Winfried-Vereins).

Thomas Manns Widerstand spiegelt sich in Zeitbloms Unbehagen, das ihn im Laufe der Kridwiß-Debatten immerhin vierzehn Pfund seines Gewichts kostet. Nur einmal freilich rafft sich Zeitblom zu einer matten Verteidigung seiner humanistischen Position auf. Sie fällt widerhallos unter den Tisch, an dem die kulturkritische Avantgarde das Bild einer »alt-neuen«, »revolutionärrückständigen« Welt entwirft und in einer imaginierten Gerichtsverhandlung die zentrale These eines »Buches der Epoche«, nämlich der 1908 erschienenen »Reflexions sur la violence« von Georges Sorel, durchspielt. Auf einem bis zur Lächerlichkeit verlorenen Posten stehen dabei die Vertreter der an die Idee des Individuums gebundenen Werte wie Wahrheit, Freiheit, Recht, Vernunft. Im Zeitalter der Massen (»Entpersönlichung« heißt ein Buch der Ricarda Huch von 1921) haben an ihre Stelle mythische, einen gemeinschaftsbildenden Glauben stiftende Fiktionen zu treten, zu deren Durchsetzung Lüge und Gewalt die einzig möglichen, also nicht nur erlaubten, sondern gebotenen Mittel sind. Politisch bedeutet das die Ablösung der parlamentarischen Demokratie durch die Diktatur. Die Emanzipation des Ichs von den mittelalterlichen Fesseln der Religion und einer ständisch gestuften Gesellschaft erhält in der Optik der Kridwiß-Runde den fahlen Anstrich des Rückständig-Abgestandenen, während das seinerzeit im Namen des Fortschritts und der Menschwerdung Überwundene alle Verführungskraft des notwendig Kommenden auf seiner Seite hat. Thomas Mann nennt es (in der Freud-Rede von 1929) »das große Zurück, geputzt und aufgeschminkt als stürmendes Vorwärts« (X, 273). Auf die Verknüpfung der Begriffe war der Redner bei Nietzsche gestoßen, der in »Menschliches, Allzumenschliches« von »Reaktion als Fortschritt« spricht.[16]

Nietzsche – und nun nicht mehr der Ästhet – ist in dem Kapitel vor allem präsent in der Vermittlung durch Sorel. In Thomas Manns Nietzsche-Vortrag von 1947 wird die Verbindung der beiden Namen über die »kräftigen Wahnbilder« (IX, 690) hergestellt, die jeder Mensch, jedes Volk nötig habe, um reif zu werden. Der das Leben gegen den Herrschaftsanspruch der historischen Wissenschaft schützende Wahn ist ein anderes Wort für den Mythos, ohne den, wie es in der »Geburt der Tragödie« heißt, »jede Cultur ihrer gesunden schöpferischen Naturkraft verlustig« geht; »erst ein mit Mythen umstellter Horizont schließt eine ganze Culturbewegung zur Einheit ab«.[17] Es sind solche Sätze, die Mussolini zu der Bemerkung inspiriert haben: »Wir machen hier in Italien ein Praktikum der Geburt der Tragödie.«[18]

In dem erwähnten Freud-Essay, Thomas Manns umfassendster und gründlichster Auseinandersetzung mit dem Irrationalismus-Klima der zwanziger Jahre, wird die »Reformation des Mythus« dem »überall verbreiteten, die Zeit beherrschenden antiidealistischen und antiintellektualistischen Willen, den Primat des Geistes und der Vernunft zu brechen« (X, 267f.) zugeordnet. Von der Verurteilung der geistfeindlichen Gegenwartstendenzen werden gewisse Phänomene ausgeklammert und gegen die »Mächte der Umkehr und der Rückbildung« (X, 270) in Schutz genommen. Dazu gehört das 1924 erschienene Buch »Urwelt, Sage und Menschheit« des Paläontologen Edgar Dacqué, das die Entwicklung von der Urwelt zur Gegenwart als Abnahme des mythischen Vermögens beschreibt. Es steht für den Geist einer neuen, den seelen- und trostlosen Kritizismus der akademischen Fachdisziplin durch Unmittelbarkeit, Intuition, Genie ablösenden Wissenschaftlichkeit.

Anderthalb Jahrzehnte später aber figuriert Dacqué unter dem Namen Dr. Egon Unruhe (er wurde nämlich wegen seiner Wissenschaftskritik nie Professor, vgl. X, 269) als Teilnehmer der Round-table-Sitzungen in der Martiusstraße. In seiner Lehre werde, referiert Zeitblom misstrauisch, »alles wahr und wirklich [...], woran im Ernst zu glauben eine entwickelte Menschheit längst aufgehört hatte« (VI, 482). Edgar Daqué scheint neben dem Dürer-Forscher Professor Gilgen Holzschuher, hinter dem sich der Kunsthistoriker Wilhelm Waetzoldt verbirgt, und dem Fabrikanten Bullinger (alias Robert Riemerschmid) der Einzige aus dem Personal der Kridwiß-Runde zu sein, der tatsächlich an den Diskussionen bei Preetorius teilgenommen hat. Die Blut- und Bodenideologie der Nazis präludierend, ist als Professor Georg Vogler der österreichische Literaturwissenschaftler Josef Nadler mit seiner

»Literaturgeschichte der deutschen Stämme und Landschaften« hineinmontiert, worin »der Schriftsteller nicht so geradehin als Schriftsteller und universell erzogener Geist, sondern als blut- und landschaftsgebundenes Echt-Produkt seines realen, konkreten, spezifischen, für ihn zeugenden und von ihm bezeugten Ursprungswinkels behandelt und gewertet« wird (VI, 482). (Nachgelassene Notizen Hofmannsthals belegen dessen große Bewunderung für Nadlers Werk: »Für mich existiert die deutsche Literaturgeschichte durch ihn – .«[19])

Der Widerspruch in der Bewertung Dacqués durch Thomas Mann verschärft sich im Fall des jüdischen Religionsphilosophen Oskar Goldberg, dessen Gegenwart in der Gestalt des Dr. Chaim Breisacher Serenus Zeitblom besonders stark irritiert. In Breisachers Mund ist das Wort *Fortschritt* die »verächtlichste Vokabel«; er hat »eine vernichtende Art, es auszusprechen« (VI, 371). In seiner Einleitung in das System des Pentateuch mit dem Titel »Die Wirklichkeit der Hebräer« (1925) vertritt Goldberg die Auffassung, dass die Vorstellung eines Gottes im Himmel und die Ersetzung des Schlachtopfers durch unblutige Symbole »ein Schlag impertinenter Aufklärung ins Gesicht des Pentateuch« sei (VI, 375). Der wahre Elohim wohnt mitten unter seinem Volk und Stamm und nährt sich von Fleisch und Blut ... So jedenfalls gibt Thomas Mann Goldbergs Thesen im Roman wieder – nicht in unserem, sondern in einem früheren Münchner Salon-Kapitel. Mit solchen Überzeugungen wird Breisacher zum wichtigsten Wortführer jener revolutionären Rückschlägigkeit, die in den Gesprächen bei Kridwiß das Bild der kommenden Welt bestimmt.

»Mehreres von dem, was Breisacher redet, steht ja wirklich ungefähr so in dem Buch von Goldberg, das ich zur Zeit seines Erscheinens gelesen habe und gleich als das Werk eines typischen jüdischen Fascisten empfand.« So liest man in einem Brief Thomas Manns an Jonas Lesser vom 25. Oktober 1948.[20] Aber in der Rezension von C. Leonhard Wooleys »Ur und die Sintflut« spricht Mann 1931 anerkennend von Goldbergs »tollem Buch« (X, 750). Hier zählt es neben der Studie von Dacqué, Freuds »Totem und Tabu«, Schelers »Die Stellung des Menschen im Kosmos« und Essays von Gottfried Benn zu einem Typus von Büchern, die ein neues universales Interesse am grundlegend Menschheitlichen auszudrücken scheinen und deren Lektüre seine »leidenschaftlich-gattungsegoistische Sympathie und Neugier« errege. Die unterschiedliche Beleuchtung, in der Dacqué und Goldberg erscheinen, resultiert aus der verschiedenartigen Rolle, die sie für den Autor der »Joseph«-Tetralogie und des »Doktor Faustus« spielten. »Urwelt, Sage und Menschheit« und »Die Wirklichkeit der Hebräer« gehören zu den frühesten und einflussreichsten Quellen des »Joseph«, den der Dichter immer wieder als Zäsur in seiner Laufbahn als Erzähler, als Wendung vom Bürgerlich-Individuellen zum Typisch-Mythischen kommentiert hat. Nach 1933 jedoch und erst recht nach 1945 war von den ursprünglichen Eideshelfern des mythologischen Romans, der ja dann auch in seinem vierten, ganz in Amerika entstandenen Band die mythische Atmosphäre hinter sich lässt, um aus dem in der mythischen Spur des babylonischen Tammuz und ägyptischen Osiris wandelnden »Joseph den Ernährer«, einen recht weltlichen Staats-Geschäftsmann mit unübersehbaren Roosevelt-Zügen hervorgehen zu lassen, kaum einer mehr für die humane Sache zu retten. Sie werden vielmehr zu Seismographen und Wegbereitern einer Welt der Antihumanität: der nationalsozialistischen Bewegung, die in einer in »Leiden an Deutschland« eingegangenen Tagebuchnotiz vom August 1934 als »wahres Sich-Sielen des deutschen Gemütes in der mythischen Jauche« charakterisiert wird (XII, 749), und in die finale Katastrophe der deutschen Geschichte mündet. In der Schwabinger Martiusstraße stoßen wir auf den Anfang vom Ende.

(Dieser am 26. Juni 2000 im Nietzsche-Forum München gehaltene Vortrag ist inzwischen erschienen in den Publikationen der Akademie der Wissenschaften und der Literatur, Abhandlungen der Klasse der Literatur, Jahrgang 2003, Nr. 2, Mainz, Stuttgart 2003)

Amerkungen

[*] Thomas Mann wird zitiert nach: Gesammelte Werke in dreizehn Bänden. Frankfurt am Main 1974. Die Nachweise mit Angabe von Band- und Seitenzahl stehen im Text unmittelbar hinter dem Zitat.
[1] Theodor W. Adorno/Thomas Mann, Briefwechsel 1943–1955, hrsg. von Christoph Gödde und Thomas Sprecher, Frankfurt am Main 2002, S. 18.
[2] Aus dem Briefwechsel Thomas Mann–Emil Preetorius. Eingeführt und erläutert von Hans Wysling. Blätter der Thomas Mann Gesellschaft Zürich, Nummer 4, Dezember 1963, S. 18f.
[3] Ebenda, S. 6.
[4] Vgl. Brigitte Hamann, Winifred Wagner oder Hitlers Bayreuth, München und Zürich 2002, S. 421.
[5] Ebenda, S. 543.
[6] Thomas Mann. Briefe 1937–1947, hrsg. von Erika Mann, Frankfurt am Main 1963, 8.373.
[7] Aus dem Briefwechsel Thomas Mann–Emil Preetorius (vgl. Anmerkung 2), S. 11.
[8] J.F.G. Grosser, Die große Kontroverse, Hamburg 1963, S. 57.
[9] Ebenda, S. 59.
[10] Die Briefe Thomas Manns. Regesten und Register. Band III. Die Briefe von 1944 bis 1950, Frankfurt am Main 1982, S. 233.

[11] Wilhelm Hausenstein, Ausgewählte Briefe 1904–1957, hrsg., eingeleitet und kommentiert von Hellmut H. Rennert, Oldenburg 1999, S. 171.
[12] Ebenda, S. 173–184.
[13] Emil Preetorius, Über die Kunst und ihr Schicksal in dieser Zeit. Reden und Aufsätze, Düsseldorf und München 1953, S. 63.
[14] Ebenda, S. 67.
[15] Dichter über ihre Dichtungen. Thomas Mann, Teil II: 1918–1943, hrsg. von Hans Wysling unter Mitwirkung von Marianne Fischer, München 1979, S. 252.
[16] Friedrich Nietzsche, Menschliches, Allzumenschliches, KSA 2/46f.
[17] Friedrich Nietzsche, Die Geburt der Tragödie, KSA 1/145.
[18] Zitiert nach Max Scheler, Der Mensch im Weltalter des Ausgleichs, in: Philosophische Weltanschauung, Bern und München 1968, S. 101.
[19] Hugo von Hofmannsthal, Prosa IV, Frankfurt am Main 1955, S. 497.
[20] Dichter über ihre Dichtungen. Thomas Mann, Teil III. 1944–1955, hrsg. von Hans Wysling unter Mitwirkung von Marianne Fischer, München 1981, S. 193. – Vergleiche zum Verhältnis Thomas Manns zu Oskar Goldberg die Abhandlung von Christian Hülshörster, Thomas Mann und Oskar Goldbergs »Wirklichkeit der Hebräer«. Thomas-Mann-Studien XXI, Frankfurt am Main 1999.

Fichte und das Judentum – Das Judentum und Fichte

Hans-Joachim Becker

Denjenigen, die mit der im Titel angesprochenen Thematik und Problematik auch nur einigermaßen vertraut sind, kommt in der Regel sofort das Verdikt Fichtes über das Judentum aus dem »Beitrag zur Berichtigung der Urtheile des Publicums über die französische Revolution« von 1793 in den Sinn. Es gilt als eines der frühesten Dokumente eines Übergangs vom religiösen Antijudaismus zum politischen Antisemitismus *avant la lettre*. Nimmt man nun noch die Tatsache hinzu, dass derselbe Philosoph nach verbreitetem Verständnis mit seinen »Reden an die deutsche Nation« von 1807/8 auch als einer der frühesten Begründer des Nationalismus in Deutschland gelten muss, so sehen viele Interpreten den weiteren Weg, der schließlich im chauvinistschen Rassenantisemitismus der NS-Zeit endete, geradezu zwanghaft vorgezeichnet. Ein Beispiel für viele andere, die man in der Einleitung meines Buches »Fichtes Idee der Nation und das Judentum«, das im Oktober 2000 bei Rodopi/Amsterdam erschienen ist,* zuhauf finden kann, ist Léon Poliakov: Im fünften Band seiner großen Antisemitismusstudie (»Die Aufklärung und ihre judenfeindliche Tendenz«, Worms 1983 – im Vordergrund steht hier allerdings die französische Aufklärung) versteigt er sich zu einer Aussage wie, Fichtes »nationalsozialistische Ausleger hatten es nicht nötig, diese Texte [= der »Reden an die deutsche Nation«] allzu sehr umzubilden, um den Nachweis erbringen zu können, dass er der erste Prophet der nationalsozialistischen *Gottgläubigkeit* und des ›arischen Glaubens‹, jenen Eckpfeilern der nebulösen Metaphysik Hitlers gewesen ist« (19). Nebenbei gesagt: Weder diese beiden Begriffe noch was immer sie bezeichnen mögen kommen auch nur entfernt bei Fichte vor, doch dies hat weder Poliakov noch andere Fichte-Kritiker, die im Tenor ähnlich geurteilt haben, je gestört.

Wie aber passt ein solches zu Dutzenden zu findendes Verdikt mit der Tatsache zusammen, dass Fichte von den Klassikern – wie noch darzulegen sein wird – neben Kant, Hegel und Nietzsche als *der* Philosoph des Judentums zumindest in Deutschland, aber auch, wie noch zu zeigen sein wird, in Frankreich gelten kann? Es handelt sich um eine lange Reihe von Namen, die mit Salomon Maimon beginnt und über David Veit, Rahel Levin, ihren Bruder Ludwig Robert, über Fichtes zahlreiche jüdische Studentenschaft, zu Ferdinand Lassalle, Nahum Goldmann bis hin zu Ernst Bloch und viele andere reicht. Dagegen stehen vor 1945 lediglich zwei Namen: Saul Ascher und Heinrich Graetz.

*

Doch lassen Sie uns der Reihe nach vorgehen. Was sein Verhältnis zum Judentum angeht, so hat Fichte einen mehrfachen Wandel durchgemacht. Auf eine stark religiös geprägte Frühphase, in der sich bei ihm ein erstaunliches Verständnis für das Judentum des Alten Testaments findet, folgt im schon genannten »Beitrag …« von 1793 eine Phase scharfer Kritik am Judentum, dem er vorhält, in seiner ghettohaften Abschließung ein »Staat im Staate« zu sein, und dass dieser Staat »auf den Hass des ganzen menschlichen Geschlechts aufgebaut ist«. Zwar plädiert er dafür, den Juden Menschenrechte zu gewähren, doch versteigt er sich zu einer Aussage wie:

> »Aber ihnen Bürgerrechte zu geben, dazu sehe ich wenigstens kein Mittel, als das, in einer Nacht ihnen allen die Köpfe abzuschneiden und andere aufzusetzen, in denen nicht eine jüdische Idee sey.« (S. 35; SW VI, 150)

Diese Worte haben verständlicherweise irritiert und verletzt. Fichtes Intention war indessen gewesen, auf die Unvereinbarkeit zu verweisen, die zwischen der »jüdischen Nation« in der ihm damals einzig bekannten Form des Ghettojudentums und dem modernen Staatsbegriff, wie ihn die französische Revolution nach sich gezogen hatte, bestand. Dies hat nach dem Kriege als einer der ganz wenigen nur Jacob Katz erkannt. Begriffe wie »Hass des ganzen menschlichen Geschlechts«, »Staat im Staate« etc. hat Fichte übrigens fast wörtlich den Schriften der französischen Aufklärer (bzw. Revolutionspolitiker) wie Voltaire, Baron d'Holbach, Abbé Maury, Clermont-Tonnerre u. a. entnommen.

Will man nun Fichtes Haltung Anfang der 1790-er Jahre adäquat beschreiben, so kann man sie auf die Formel bringen: *Aufklärung versus Orthodoxie*. In dem Moment nämlich, als Fichte mit aufgeklärten Juden – schon in Jena – zusammen kam, sollte sich seine negative Haltung gegenüber dem Judentum von Grund auf ändern. Das zeigte sich bereits im Sommer 1794, als er mit *Salomon Maimon*, einem Philosophen aus Polnisch-Litauen, bekannt wurde. Fichte war von der denkerischen Kraft dieses jüdischen Denkers dermaßen beeindruckt, dass er ihn *Reinhold*, seinem Vorgänger auf dem philosophischen Lehrstuhl in Jena, gegenüber gar »als einen der größten Philosophen unserer Zeit« bezeichnete (GA III,2, 275) und ihm eine Plattform in der »Allgemeinen Literatur-Zeitung« und im Jenaer »Philosophischen Journal« verschaffte. Die Hochschätzung war, wie Maimons Briefe an Fichte und auch eine Äußerung gegenüber dem ihm befreundeten Peina zeigen, durchaus gegenseitig.

Der Prozess eines Umdenkens zeigte sich auch darin, dass er, angestoßen von seinem Schüler Johann Smidt, dem späteren Diplomaten und Bürgermeister von Bremen, den jüdischen Studenten David Veit aus Breslau an seinen philosophischen Mittagstisch lud. Veit war wiederum mit Rahel Levin befreundet, die er mit Fichtes gerade erschienenen Werken vertraut machte; wobei er den Jenenser Philosophen gar als »einen christlichen und jüdischen Kopf zugleich« (S. 80) bezeichnete. Über David Veit begann die lebenslange Freundschaft und Verehrung zwischen Fichte und Rahel Levin, die nach dessen Tod bekanntlich den liberalen preußischen Diplomaten Karl August Varnhagen von Ense heiratete. – In ihrem berühmten Salon in der Jägerstraße am Gendarmenmarkt in Berlin war Fichte gelegentlich zu Gast gewesen.

*

Anfang Juli 1799 kam Fichte, von dem ihm bekannten Christian Wilhelm v. Dohm, der sich im sog. Atheismusstreit vehement für den angegriffenen Philosophen einsetzte, und Friedrich Schlegel bestärkt, nach Berlin. Dohm (1751–1820) war Verfasser des auf Mendelssohns Anregung hin entstandenen Buches »Über die bürgerliche Verbesserung der Juden« von 1781, das die Emanzipationsdebatte in Deutschland wie in Frankreich stark angestoßen hat. In dieser ersten Berliner Zeit bis hin zu Schlegels und Dorothea Veits, der ältesten Tochter Moses Mendelssohns, Übersiedlung nach Jena, hatte er mit beiden fast täglich Umgang. Von Dorothea war Fichte höchst angetan, wie ein Brief an seine Frau vom 13. September 1799 zeigt:

> »Überhaupt bin ich es der Veitin und Dir schuldig, Dir diese Frau dringend zu empfehlen. Das Lob einer Jüdin mag in meinem Munde besonders klingen; aber diese Frau hat mir den Glauben, dass aus dieser Nation nichts Gutes kommen könne, benommen. Sie hat ungemein viel Geist und Kenntnisse, bei wenig, oder eigentlicher, keinem äussern Glanze, völliger Prätentionslosigkeit, und viel Gutherzigkeit. Man gewinnt sie allmählich lieb; aber dann von Herzen. Ich hoffe, ihr werdet Freundinnen werden.« (GA IV,4, 78)

Näheren Umgang pflegte Fichte in Berlin außerdem mit dem Bankiersehepaar Sara und Salomon Levy, welch letzterem er auch ein Privatissimum über seine Wissenschaftslehre gab. Befreundet war er ferner mit Julius Eduard Hitzig, einem Neffen der Sara Levy und Enkel des friderizianischen »Münzjuden« Daniel Itzig. Er war ein zum Christentum übergetretener jüdischer Buchhändler und Verleger in Berlin, der Fichtes »Wissenschaftslehre« von 1810 und das erste Quartal der Kleistschen »Abendblätter« verlegte.

*

Nach der Niederlage Preußens bei Jena und Auerstedt im Oktober 1806 trat für Fichte die zu vielen Missverständnissen Anlass gebende nationale Frage in den Vordergrund. In meinem monographischen Werk habe ich dem Problem zwei eigene Kapitel gewidmet. Hier sei nur soviel gesagt: wer sich nicht voreilig von einigen markanten Sätzen, in denen Begriffe wie »Deutschheit«, »Urvolk« etc. auffallen, irritieren lässt, deren heutiges nationalistisches Verständnis ja erst in den Jahren vor dem Ersten Weltkrieg aufgekommen ist, der wird hinter diesen Worten vielmehr das stets kosmopolitisch ausgerichtete Ziel von Fichtes politischer Philosophie gewahren, was ihm etwa von Wilhelm Windelband 1890 noch angekreidet wurde.

Nachdem die Ideale der Französischen Revolution im Blut des Schafotts und schließlich im politischen Kalkül der napoleonischen Welteroberungspläne zuschanden wurden, hoffte Fichte, dass die kosmopolitisch orientierte deutsche Kultur seiner Zeit die in Frankreich uneingelöst gebliebenen Hoffnungen realisieren möge. Inhaltlich schließt Fichte in seinen »Reden« an das gerade untergegangene übernationale Heilige Römische Reich Deutscher Nation an, wenn er darauf hinweist, dass bei den Deutschen, wie sonst nur noch bei den Griechen, Staat und Nation getrennt waren (S. 392). Dies hatte Vorteile für die Freiheit des Einzelnen, wobei in diesem Urteil zweifellos seine eigenen Erfahrungen als Flüchtling zwischen Jena und Berlin mitschwangen:

> »Wer durch die Richtung, die seine Bildung nahm, mit seiner nächsten Umgebung entzweit wurde, fand leicht anderwärts willige Aufnahme [...]. Kein deutschgeborener Fürst hätte es je über sich vermocht, seinen Unterthanen das Vaterland innerhalb der Berge oder Flüsse, wo er regiere, abzustecken, und dieselben zu betrachten, als gebunden an die Erdscholle. Eine Wahrheit, die an einem Orte nicht laut werden durfte, durfte es an einem anderen, an welchem vielleicht im Gegentheile diejenigen verboten waren, die dort erlaubt wurden; und so fand denn bei manchen Einseitigkeiten und Engherzigkeiten der besonderen Staaten, dennoch in Deutschland, dieses als Ganzes genommen, die höchste Freiheit der Erforschung und der Mittheilung statt, die jemals ein Volk besessen [...]« (SW VII, 393)

Was im Politischen galt, galt auch im Religiösen. Die Hugenotten, in Frankreich nach der Rücknahme des Edikts von Nantes erneut unterdrückt, fanden in den verschiedenen protestantischen deutschen Staaten willige Aufnahme. Der Große Kurfürst von Brandenburg erließ demonstrativ das Edikt von Potsdam. Auch nachdem der Jesuitenorden in allen katholischen Staaten Europas, die deutschen nicht ausgenommen, verboten worden war, erhielt er ausgerechnet im protestantisch-reformierten Preußen unter Friedrich dem Großen Asyl. Der Vorteil einer Zersplitterung des Reiches, auf den Fichte hier abhebt, galt übrigens bis zu einem gewissen Grade auch für die Juden. Zwar wurden sie immer wieder aus dem einen oder anderen deutschen Herrschaftsgebiet vertrieben. Doch vollständig des Landes verwiesen, wie das in England (1290), Frankreich (erstmals 1253 und schließlich noch im Jahre 1615 erneuert) oder Spanien (1492) und Portugal (1496) der Fall gewesen war, wurden sie im Deutschen Reich nie. Die große Konzentration von Juden gerade im damals deutschen Elsaß resultiert übrigens aus ihrer spätmittelalterlichen Vertreibung aus Frankreich.

Diese Freiheit in der Nation als Ganzer galt es für Fichte zu bewahren, nicht zuletzt um den nationalen Freiheitsbegriff zu erweitern, den die Moderne in Gestalt der Französischen Revolution hervorgebracht hat. Bei Fichte verschmolzen der alte deutsche Nationenbegriff mit dem französisch-revolutionären zu einer neuen Einheit, wobei die besondere Betonung des kosmopolitischen Elements eine aus der Tradition des 18. Jahrhunderts übernommene Fichtesche Zugabe ist. In der fast gleichzeitig mit den »Reden« geschriebenen Abhandlung »Der Patriotismus und sein Gegenteil« bestimmt Fichte den Patriotismus aus dem Kosmopolitismus. Er fasst ihn als dessen weitere Bestimmung. Der Patriotismus lasse sich nämlich nur dann begreifen, »wenn wir zuerst wüßten, was Kosmopolitismus sei, und sähen, wie dieser im Patriotismus weiter bestimmt werde.« Und er bestimmt ihn unzweideutig:

> »Kosmopolitismus ist der herrschende Wille, dass der Zweck des Daseins des Menschengeschlechtes im Menschengeschlechte wirklich erreicht werde. Patriotismus ist der Wille, dass dieser Zweck erreicht werde zu allererst in derjenigen Nation, deren Mitglieder wir selber sind, und dass von dieser aus der Erfolg sich verbreite über das ganze Geschlecht.« (SW XI, 228)

Die Freiheit der griechischen Polis ohne Sklaven auf der durch die Französische Revolution neu gewonnenen Stufe der Nation, welche über die durch die Sprache gesetzten Grenzen nicht hinausgreifen sollte: das war fortan Fichtes politisches Ziel. Wer den Appellcharakter in den »Reden an die deutsche Nation«, jene Ideale zu verwirklichen, nicht bemerkt, der missversteht sie von Anfang an.

Dass auch die Hochschätzung des Deutschtums bei Fichte nicht formal als Zugehörigkeit zu einer bestimmten Nation oder, wie im Dritten Reich, gar zu einer bestimmten Rasse, zu verstehen ist, sondern inhaltliche Bedeutung hat, sagt er klar in der »Siebenten Rede«. Dort stellt er nämlich den »Grundsatz« auf:

> »Was an Geistigkeit und Freiheit dieser Geistigkeit glaubt, und die ewige Fortbildung dieser Geistigkeit durch Freiheit will, das, wo es auch geboren sey und in welcher Sprache es rede, ist unsers Geschlechts, es gehört uns an und es wird sich zu uns thun. Was an Stillstand, Rückgang und Cirkeltanz glaubt, oder gar eine todte Natur an das Ruder der Weltregierung setzt, dieses, wo auch es geboren sey und welche Sprache es rede, ist undeutsch und fremd für uns, und es ist zu wünschen, dass es je eher je lieber sich gänzlich von uns abtrenne.« (SW VII, 375)

Es sind, wie der französische Kulturhistoriker Alain Renaut, der diesen »texte stupéfiant« zitiert, zurecht bemerkt hat, auch weiterhin die »universellen Werte des Geistes und der Freiheit«, die für Fichte die Zugehörigkeit zur Nation bestimmen.

Interessant ist nun, dass gerade für Fichtes jüdische Schüler (einige Namen sind heute noch bekannt: Moritz Itzig, Levi, Eisenstein, Kalisch) wie auch für Rahel und ihren Bruder Ludwig Robert, die bei den Vorträgen im runden Saal der Akademie zugegen waren, dieser Aspekt von Anbeginn klar war. Angesichts der prominenten Rolle, die heute den »Reden an die deutsche Nation« in der Geschichte des Antisemitismus in Deutschland zugemessen wird, muss es schon überraschen, dass die Juden auf über 250 Seiten (in der Ausgabe von Immanuel Hermann Fichte) kein einziges Mal erwähnt werden. Allerdings gibt es eine Passage gegen Ende der Dritten Rede, in der Fichte eine längere Stelle aus dem Alten Testament zitiert. Doch darin findet sich gerade in Sprachduktus und Gehalt eine offensichtliche Identifizierung des alttestamentarischen Judentums mit dem Schicksal der Deutschen in seiner Zeit. Es handelt sich um ein längeres Zitat aus dem Alten Testament, Hesekiel Kap. 37.

In seiner Deutung dieser Schriftstelle zieht Fichte indessen deutlich eine Parallele zwischen den gefangenen Juden in Babylon und dem von Napoleon unterworfenen Preußen nach der Schlacht von Jena und Auerstedt. Auch Preußen soll ein neuer Geist eingehaucht werden, und so wie im unmittelbaren Anschluss an diese Stelle den Juden von Hesekiel die Vereinigung der Reiche Juda und Israel prophezeit wird, so sollen auch die deutschen Staaten unter dem Druck der Unterwerfung und als Reaktion auf die Besatzung wieder zur Einheit finden. Auf diesen Passus in Fichtes »Reden« sollte sich der spätere Zionismus stets positiv beziehen. Fichtes jüdischen Studenten und nicht-studentischen Zuhörern wie Rahel oder Ludwig Robert waren diese

Zusammenhänge im Gegensatz zu heutigen Lesern und Forschern geradezu selbstverständlich. So setzten sie sich auch stets vehement für Fichte ein, so wie Fichte sich seinerseits, wenn er glaubte, dass ihnen Unrecht widerfuhr, sich umgekehrt für seine jüdischen Studenten einsetzte.

Das bekannteste Beispiel ist die sog. Brogi-Klaatsch-Affäre. Da Fichte glaubte, dass dem jüdischen Studenten Leyser Brogi – Klaatsch war sein nicht-jüdischer Kontrahent – aus Posen Unrecht geschah, als er zu acht Tagen Karzer verurteilt wurde, trat er schließlich als erster gewählter Rektor der Berliner Universität unter Protest zurück. Er befürchtete nämlich, dass hier eher der Jude denn der Schuldige getroffen werden sollte, wie er an die »Sektion für Kultus und Unterricht«, das spätere Kultusministerium schrieb (227), das ihm übrigens in der Sache schließlich Recht gegeben hat. Fichtes Gegnern fiel die Vorliebe der jüdischen Studenten für »ihren« Philosophen natürlich auf, und so nannten sie seine Studentengruppe nicht von ungefähr die »Societas Hebraica« (ebd.).

Ein Aspekt, der oft für Irritationen gesorgt hat, war Fichtes Mitgliedschaft in der als antisemitisch bekannten *Christlich-deutschen Tischgesellschaft*. Wichtig ist zunächst zu wissen, dass eine ganze Reihe von Mitgliedern keineswegs in die Kategorie der Antisemiten zu rechnen ist wie Staegemann, Fouqué, Kleist, Schleiermacher, Zelter, der Fürst Radziwil, Neumann, Bernhardi und eben auch Fichte selbst. Seine so genannte Knittelversrede zum ersten Gründungstag der *Tischgesellschaft,* dem 18. Januar 1812, in der er sich sowohl von der von ihm als selbstgerecht empfundenen Philisterschelte Clemens Brentanos als auch von der Kritik an den Juden distanzierte, ist in diesem Punkt völlig unmissverständlich. Für Fichte gibt es am Ende nämlich nur eine Konsequenz:

> »Da dieses sich so weit erstreckt / Und bringen kann gar schlimmen Ruhm, / So bleibt vor mir wohl ungenekt / So Juden- wie Philistertum.« (GA II,12, 395)

*

Nach Fichtes Tod im Januar 1814 war es ganz besonders die jüdische Intelligenz, die sich – in Deutschland wie in Frankreich – für Fichte erklärte. In einem Brief der Rahel an Varnhagen vom 14. Februar 1814 zeigt sie sich nachgerade untröstlich. Ihr Bruder Ludwig Robert verteidigte ihn öffentlich nach den *Karlsbader Beschlüssen*, aufgrund deren eine Wiederauflage der »Reden an die deutsche Nation«, da gegen die absolutistische Aufsplitterung Deutschlands gerichtet, in Preußen verboten wurde. Der Sozialist und Frühzionist Moses Heß war Fichte-Verehrer ebenso wie Heinrich Heine. Heß' im Fichteschen Sinne kosmopolitisch interpretierte Mission des Deutschtums, bevor diese Stelle seit Beginn der 60-er Jahre das frühzionistisch gesehene jüdische Volk einnahm, gab Fichtes Elogen auf die deutsche Mission einen Widerhall:

> »Was der heilige jüdische Staat dem Altertum, was das heilige römische Reich dem Mittelalter war, das wird das römisch-germanische Europa der Zukunft sein: der Augapfel Gottes, der Mittelpunkt, von wo aus das Schicksal der Welt gelenkt wird« (289).

Für Heß steht

> »im römisch-germanischen Europa *Deutschland* als Allerheiligstes da, auf welches sich die übrigen Länder dieses Welttheils, wie die deutschen Kaiser auf Rom, wie die Israeliten auf Jerusalem, stets beziehe« (ebd.).

Heinrich Heine nahm in seinem in den dreißiger Jahren des 19. Jahrhunderts entstandenem Werk »Zur Geschichte der Religion und Philosophie in Deutschland« ausführlich auch zu Fichte Stellung. Kennzeichnend für den in Frankreich lebenden deutschen Dichter jüdischer Herkunft ist die Trennung zwischen der Philosophie und dem Menschen, der hinter ihr steht.

> »Ich verzweifle fast, von der Bedeutung dieses Mannes einen richtigen Begriff geben zu können. Bey Kant hatten wir nur ein Buch zu betrachten. Hier aber kommt außer dem Buche auch ein Mann in Betrachtung; in diesem Manne sind Gedanke und Gesinnung eins, und in solcher großartigen Einheit wirken sie auf die Mitwelt ...« (255)

Heine meldete, von Hegel herkommend, durchaus Zweifel am »blutleeren Idealismus« Fichtes an, insbesondere an dem Ich, das die Welt aus sich selbst konstruiert. Aber dennoch:

> »Wenn auch der ganze Transzendentalidealismus ein Irrthum war, so lebte doch in den Fichteschen Schriften eine stolze Unabhängigkeit, eine Freyheitsliebe, eine Manneswürde, die besonders auf die Jugend einen heilsamen Einfluß übte. Fichtes Ich war ganz übereinstimmend mit seinem unbeugsamen, hartnäckigen, eisernen Charakter« (ebd.).

*

Eine große Breitenwirkung hatte 1862 die Säkularfeier von Fichtes Geburt, die auch und gerade von Juden im gesamten damaligen Deutschen Bund groß begangen wurde. In Hamburg war Dr. Moses Piza, Vorsänger im »Neuen Israelitischen Tempel« und Lehrer an der (Réeschen) Israelitischen Freischule, der Hauptredner, in Frankfurt am Main betonte Dr. Stern die Verbindung zwischen Fichte und der Achtundvierziger Revolution. In Berlin hatte der dortige Nationalverein sein jüdisches Mitglied Dr. Moritz Veit, Stadtverordneter von Berlin, zum Vorsitzenden des Festausschusses für die Fichte-Feier am 19. Mai gewählt. Weitere Mitglieder des Ausschusses und Redner auf dem Festakt waren u. a. Berthold Auerbach und der Fichte-Schüler Prof. E. W. Kalisch. Ferdinand Lassalle schrieb 1860 eine begeisterte Schrift über Fichte und hielt ebenfalls in Berlin eine große Rede zum 100. Geburtstag, in der er Fichte unter die Vorläufer der Sozialdemokratie einreihte. Er zitiert darin ausführlich aus den Fragmenten Fichtes, des – so Lassalle – »größten deutschen Patrioten und eines der gewaltigsten Denker aller Zeiten«. (294)

*

Erst in den Jahren vor dem Ersten Welkrieg versuchte die nationalistische Rechte Fichte von dieser freiheitlichen Tradition abzukoppeln und seine nationale Emphase gegen die napoleonische Unterdrückung bei gleichzeitiger Supprimierung des für Fichte konstitutiven kosmopolitischen Elementes für sich zu verbuchen. Liberale wie Linke, gerade diejenigen jüdischer Herkunft, hielten dieser Usurpation Fichtes durch die Rechte entschlossen entgegen. Zu nennen wären hier Eduard Bernstein, wie Lassalle und Heß einer der »Urväter« der Sozialdemokratie, der österreichische Sozialist Max Adler, die späteren Führer der Münchner Räterevolution Gustav Landauer und Kurt Eisner. Landauer schrieb zu Beginn des Weltkrieges 1914:

»Wir haben [...] den schändlichen Mißbrauch, der mit diesen Reden getrieben wird, satt; wir wollen nicht länger dulden, daß schweigende Voraussetzung und laute Behauptung des völlig Unwahren als einer bekannten Tatsache diesen Reden einen Inhalt unterschieben, den sie nicht im entferntesten haben; wollen ferner nicht ruhig mitansehen, daß Fichte als etwas hingestellt und gebraucht wird, was er nicht ist.« (308)

*

Während der Weimarer Republik gewann die nationalistische und antisemitische Fichte-Sicht etwa eines Theodor Fritsch an Prominenz. Doch auch jetzt waren es besonders jüdische Fichte-Interpreten, die ihn gegen diese Vereinnahmungsversuche vehement in Schutz nahmen. Am 16. August 1923 schrieb Isidor Levy einen anderthalbseitigen Leitartikel der »C.V.-Zeitung« unter der Überschrift »Der wahre Fichte«, in dem er vor allem jüdische Bezüge hervorhob. Die »C.V.-Zeitung«, ein Wochenblatt mit – in der Hochzeit der Weimarer Republik – bis zu 80.000 Exemplaren Auflage, war *Organ des Central-Vereins deutscher Staatsbürger jüdischen Glaubens e.V.* und damit die größte Zeitung des organisierten Judentums in Deutschland. Isidor Levy war in der deutschen Presse vor allem als der Leitartikler der renommierten liberalen »Vossischen Zeitung« bekannt. 1924 erweiterte er den Artikel zu einer kleinen – zwölfseitigen – Schrift, betitelt »Fichte und die Juden«. Er weist darin darauf hin, dass Theodor Fritsch, gegen dessen Fichte-Darstellung in seinem »Handbuch der Judenfrage« er sich vor allem wendet, alle Passagen, in denen Fichte für die Juden die Menschenrechte einfordert, schlicht ohne Kenntlichmachung ausgelassen hatte, auch dass der Wandel, der in Fichtes Brief an seine Frau über seine Begegnung mit Dorothea Veit zum Ausdruck gekommen ist, überhaupt nicht erwähnt wurde. All die Fakten, die nach dem Zweiten Weltkrieg weitgehend in Vergessenheit gerieten, waren Levy noch vollständig gegenwärtig: Maimons Schreiben an Fichte, dessen oben zitierten Brief an seine Frau über seine Begegnung mit Dorothea Veit und Fichtes Rücktritt als Rektor aufgrund seines Einsatzes für einen zu Unrecht oder zumindest über Gebühr bestraften jüdischen Studenten.

Der Begründer und Herausgeber der jüdischen Zeitschrift »Der Morgen«, Julius Goldstein (1873–1929), Philosophieprofessor an der TH Darmstadt, ließ dort unter dem Titel »Ist Fichte ein Gesinnungsgenosse der Völkischen?« eine eingehende Kritik der Usurpation Fichtes durch eben diese völkische Bewegung erscheinen. Er erweiterte seinen Beitrag durch Hinzunahme mehrerer seiner anderen Artikel aus dem »Morgen« gegen den völkischen Antisemitismus zu einem 150 Seiten starken Buch, das 1927 unter dem Titel »Deutsche Volks-Idee und Deutsch-Völkische Idee« im Philo-Verlag Berlin erschien. Schon ein Jahr später wurde eine zweite Auflage notwendig. Bei Goldstein findet sich vielleicht die beste Formel, die Fichtes Stellung zu Weltbürgertum und Patriotismus beschreibt: »Die Schlacht von Jena hat Fichte aus einem weltbürgerlichen Europäer zu einem weltbürgerlichen Deutschen gemacht« (352).

*

Am überraschendsten aber wird für viele die Rolle sein, die Fichte im Zionismus zu Beginn des 20. Jahrhunderts gespielt hat. Der Nationalismusforscher Hans Kohn hat sie nach dem Zweiten Weltkrieg anschaulich beschrieben:

»Fichtes Vorlesungen *Über die Bestimmung des Menschen* und *Die Grundzüge des gegenwärtigen Zeitalters* brachten wir in Zusammenhang mit unserer eigenen Situation [sc. als Zionisten H.-J. Becker], und wir bejahten seinen Ruf nach der Geburt einer idealen Gemeinschaft, in der rational die Einzelpersönlichkeit in den Dienst ihrer Nation gestellt wird. In seinen *Reden an die deutsche Nation*

[...] verkündete Fichte die deutsche Mission, diese vollkommene nationale Gemeinschaft zu verwirklichen [...]. Für uns war der Sinn dieser Lektion klar. Die Lage der Juden in unserer Zeit erschien uns nicht anders als die der Deutschen am Vorabend ihres nationalen Erwachens.« (320)

Bereits 1911 hat der Zionist Fritz Abraham auf die Hesekiel-Passage (Kapitel 37) in den »Reden an die deutsche Nation« hingewiesen. Dass Fichte aus diesem Kapitel des Alten Testaments zitiert, ist für ihn kein Zufall:

»Dieses Zurückgreifen auf die Zeiten der Propheten hat gewiß etwas Absichtliches, und Fichtes Neigung zu biblischen Vergleichen läßt sich unschwer aus seiner theologischen Vorbildung erklären. Aber es ist doch alles andere eher, denn eine leere Pose. Er mag selbst empfunden haben, daß ihn mit diesen sprachgewaltigen Volksmännern, zu deren bedeutendsten nichtjüdischen Epigonen er zu zählen ist, vieles verknüpfte.« (323)

Der österreichische Philosoph aus der Prager Schule, Hugo Samuel Bergmann, war politisch ein leidenschaftlicher Kämpfer für den Zionismus. Bergmann ging 1920 nach Palästina und wurde später Professor an der Hebräischen Universität und in den Jahren 1936–38 ihr erster Rektor. In den vierziger Jahren änderte er die Schreibweise seines Nachnamens in Bergman und bald darauf seinen Vornamen in Schmuel Hugo. Wie stark Fichte bei Bergmann selbst die originär jüdische Überlieferung überlagerte, zeigt ein Brief an Martin Buber, geschrieben im Kriegsjahr 1915:

»Ich kann mir nicht denken, daß unserer Generation die doch nur künstlich gewonnenen Beziehungen zum biblischen, zum chassidischen Judentum usw. so natürlich werden könnten, wie die zu Fichte oder zu demjenigen Menschen europäischer Kultur, der uns die Wege zum Menschen wies. Nur weil wir Fichte hatten, fanden wir die entsprechenden Strömungen der jüdischen Kultur, verstanden wir erst das Judentum.« (326)

Im März 1912 war der 100. Jahrestag des preußischen Emanzipationsedikts. Die zionistische Wochenzeitung »Die Welt« brachte aus diesem Anlass einen Leitartikel von Moses Calvary, überschrieben »Hundert Jahre«. –
»Die Welt« war von 1897 bis zum Ersten Weltkrieg – so ihr Untertitel – »Zentralorgan der Zionistischen Bewegung«. Die Situation vor etwas über »Hundert Jahre[n]« beschreibt Calvary wie folgt:

»Fichtes Reden kennzeichnen die Lage auf das deutlichste. Er, der Herold des deutschen Nationalgefühls, will Deutschland nicht darum erhalten, weil es einmal da ist und lebt und sich regen will –, sondern weil er in dem Deutschtum mit seiner Vielstaaterei, mit seiner Geschichtslosigkeit am meisten Humanität, ursprüngliche Menschheit verkörpert findet. Er ist national, weil er universal ist, die Nation ist ihm nötig zur Herrschaft des Geistes, der Wissenschaft.« (327)

Am 7. Juni 1912 erschien von Robert Weltsch, etwas verspätet, zu Fichtes 150. Geburtstag, dem 19. Mai 1912, in der »Welt« ein zweiseitiger Aufsatz, betitelt »Zum Fichte-Jubiläum«. Robert Weltsch (1891–1982) war in den Jahren zwischen 1919–1938 Chefredakteur der »Jüdischen Rundschau«, aber er schrieb auch häufig in der »Welt«. Sein Freund Hans Kohn, mit dem er zusammen das Prager Altstädter Gymnasium besucht hatte, bezeichnet ihn als den »führende[n] zionistische[n] Redakteur, dessen Bedeutung sich vielleicht am ehesten mit der Walter Lippmanns in der amerikanischen Presse vergleichen läßt« (328). Weltsch interessiert in seinem Aufsatz vor allem der »nationale Heros, die sittliche Persönlichkeit« (ebd.) an Fichte. Um diese Sicht zu belegen, zitiert Weltsch längere Passagen aus den »Reden an die deutsche Nation«, von denen er wie Hans Kohn oder Fritz Abraham der Meinung ist, dass sie auch Gültigkeit haben für die vom Zionismus angestrebte moralische Wiedergeburt des jüdischen Volkes. Und er schließt an die »Reden« die Aufforderung an:

»Diese ›Reden an die deutsche Nation‹ von Johann Gottlieb Fichte [...] sollte jeder Zionist lesen. Schon weil es uns tröstlich ist zu sehen, daß über die Existenz jenes Volkes, das heute an der Spitze der Kulturvölker marschiert, genau dieselben Fragen aufgeworfen worden sind, die wir heute über unser jüdisches Volk stellen; die Analogie ist sehr lückenhaft, aber die Aehnlichkeit der Fragenstellung auffallend und mehr als äußerlich begründet.« (329)

Weltsch sah den Zionismus seiner Zeit von Fichte direkt angesprochen und herausgefordert:

»Wir, die in einer nationalen Bewegung noch ganz anderer Art stehen, als jene deutsche war, fühlen jedes dieser Worte an uns gerichtet. Es ist gut, wenn jeder einzelne Jude sich der großen Verantwortung gegenüber seinem Volke bewußt wird. Darum gedenken wir auch jenes Mannes, der in so unübertrefflicher Weise gesagt hat, was der einzelne Mensch der Gemeinschaft seines Volkes schuldig ist.« (ebd.)

Der Arzt und Pädagoge Siegfried Lehmann (1892–1958) war 1916 Begründer des sog. »Jüdischen Volksheimes« in der Berliner Dragonerstraße, eingerichtet für Kinder ostjüdischer Einwanderer nach Deutschland. Er war Anhänger Martin Bubers, mit dem er über seine sozialpolitischen Vorstellungen korrespondierte. Nach dem Ersten Weltkrieg ging er nach Palästina, wo er 1927 das Kinderdorf Ben Schemen gründete, »das für moderne Erziehung im Lande vorbildlich wurde« (Jehuda Reinharz). Er hatte in einem Brief an Martin Buber vom Oktober 1915 ein »jüdisch-soziales Arbeitsprogramm« für Palästina entwickelt, wobei die ins Auge gefasste »Nationalerziehung« auf Fichte beruhen sollte.

> »Der Gedanke, daß wir jungen Akademiker Möglichkeiten vor uns haben, eine jüdische Jugend heranzubilden, welche wahrhaft jüdisches Menschentum atmet, wird viele von uns zur Arbeit treiben. Eine Nationalerziehung im Sinne Fichtes wollen wir schaffen, (wenn wir uns vorläufig auch nur auf die Fundamente beschränken können).« (332)

Ähnlich fichtebegeistert wie Bergman(n) und Lehmann war der österreichische Dichter, Essayist und, der politischen Überzeugung nach, leidenschaftliche Zionist Ernst Elijahu Rappeport (1889–1952). Auch er war 1920 mitsamt seiner Familie nach Palästina ausgewandert. Im Kriegsjahr 1915 schrieb er seinem Freund Martin Buber:

> »Die Reden [sc. *an die deutsche Nation*], falls sie in nächster Zeit erscheinen, oder, wenn es möglich ist, die Korrekturbogen, bitte ich, mir durch meine Frau zusenden lassen zu wollen, da es niemals sicher ist, wann ich von hier abgehe. Ich werde diese Reden nebst der Bibel mit mir tragen, falls ich in der nächsten Zeit ins Feld abgehe.« (ebd.)

Die »Reden nebst der Bibel« im Tornister eines zionistisch gesonnenen österreichischen Offiziers – welch unendlicher Abstand trennt doch diese jüdische Generation von der der Fichte-Interpreten nach dem Zweiten Weltkrieg!

Von Fichte beeinflusst zeigte sich auch Chaim Weizmann, der spätere erste Staatspräsident des Staates Israel. Auf dem XI. Zionistenkongress in Wien im letzten Vorkriegsjahr betonte Weizmann die Wichtigkeit einer Stätte der geistigen Bildung für die Wiedergeburt des jüdischen Volkes und zielte damit auf die Gründung einer hebräischen Universität in Jerusalem. Seine Rede beschloss er wohl nicht von ungefähr mit Worten Fichtes aus den »Reden an die deutsche Nation«, der ja ebenfalls zum Mitbegründer einer später bedeutenden Universität wurde:

> »Welcher Edeldenkende will nicht durch Tun und Denken ein Samenkorn streuen zu unendlicher immer fortgehender Vervollkommnung seines Geschlechtes, etwas Neues und vorher nie Dagewesenes hineinwerfen in die Zeit, dass es in ihr bleibe und eine nie versiegende Quelle neuer Schöpfungen werde.« (333)

Es ist zweifellos diese idealistische Aufbruchsstimmung, die Weizmann, wie viele andere Zionisten auch, damals an Fichte begeistert hat. Noch expressiver findet man diese Fichte-Begeisterung aber bei einem zweiten bedeutenden zionistischen Führer jener Zeit: nämlich bei Na(c)hum Goldmann.

Während des Ersten Weltkriegs hat Goldmann, der später als Präsident der Zionistischen Welt-Organisation einen entscheidenden Beitrag zur Gründung des Staates Israel leistete, den jüdisch-nationalen Gedanken im Rückgriff auf die deutsche Philosophie begründet, wobei wiederum Fichte eine zentrale Rolle spielte. Goldmanns Eltern waren um die Jahrhundertwende aus Russland nach Deutschland ausgewandert, das Goldmann als ein Bollwerk gegen das Zarenreich mit seinen anhaltenden Judenpogromen ansah. Fichte und Hegel wurden ihm in ihrer politischen Philosophie zu philosophischen Lehrmeistern für die große Aufgabe des Zionismus, der nationalen Wiedergeburt des Judentums. So bestand für ihn, den späteren Nachfolger Herzls,

> »kein Zweifel, daß die zionistische Bewegung und ihr genialer Begründer, Theodor Herzl, von der deutschen Kultur zum jüdischen Nationalgedanken gekommen sind« (334).

In seinem 1916 veröffentlichten Buch »Von der weltkulturellen Bedeutung und Aufgabe des Judentums« stellt Goldmann Fichte und dessen »Reden an die deutsche Nation« als leuchtendes Beispiel für eine jüdische Regeneration allem voran. Es ist insbesondere dessen Gedanke, dass das Deutschtum in seiner Erhebung gegen Napoleon eine weltgeschichtliche Mission zu erfüllen habe, der ihn Fichte besonders schätzen lässt. Da die Zionisten eben dies auch vom Judentum annehmen, lag für Goldmann die Analogie nahe. Er schreibt:

> »An der Spitze der nationalen Theorie des deutschen Volkes, als ihr Begründer und Meister, der auch heute noch in der Höhe seines Gedankenfluges unerreicht ist, steht Fichte mit seinen ›Reden an die deutsche Nation‹. Es gibt in der ganzen philosophischen Literatur keinen Denker, der in der Art seines Denkens und Forderns dem Typus der jüdischen Propheten verwandter wäre als Fichte. Und so bildet auch der nationale Missionsgedanke, eine der höchsten und bedeutsamsten Ideen des Prophetismus, bei ihm die Grundlage seiner gesamten nationalen Theorie.« (335)

*

Bevor wir zum Schluss kommen, wollen wir noch einen kurzen Blick auf Frankreich werfen. Dort war die Situation, was die Fichte-Verehrung betrifft, jener in Deutschland durchaus vergleichbar. Gerade die jüdischen Philosophen fühlten sich von dem Philosophen des deutschen Idealismus besonders angesprochen. Um hier nur die wichtigsten Namen zu nennen: Adolphe Franck, Henri Lichtenberger, Xavier Léon und Victor Basch.

Adolphe Franck war Herausgeber eines großen sechsbändigen »Dictionnaire des sciences philosophiques« (1844–1852). In dem von ihm selbst verfassten Fichte-Artikel dieses philosophischen Lexikons betont er die göttliche Offenbarung im menschlichen Bewusstsein als Essenz von Fichtes Geschichtsphilosophie. Deshalb dürfe man den in den »Reden« vertretenen nationalen Anspruch nicht überbewerten, denn diese hätten vor allem »die Ankündigung dieses Reiches der Vernunft und dessen Vorbereitung durch eine Reform der Erziehung zum Zweck« (368).

Im Jahre 1902 veröffentlichte der jüdische Germanist Henri Lichtenberger (1864–1941), damals Professor an der Universität Nancy, später in gleicher Funktion tätig an der Sorbonne, einen fünfteiligen Aufsatz über die »Reden an die deutsche Nation« unter dem Titel »Les ›Discours à la nation allemande‹ de Fichte«. Lichtenberger, 1864 in Mülhausen i. Els. (Mulhouse) geboren, hatte schon 1898 eine große Nietzsche-Studie, »La Philosophie de Nietzsche«, veröffentlicht. Ein weiterer Aufsatz von ihm über Nietzsche anlässlich von dessen Tode im Jahre 1900 hat sogar die damalige Nietzsche-Rezeption in Japan beeinflusst. Lichtenberger interpretierte die »Reden an die deutsche Nation« auf dem Hintergrund von Fichtes Religionsphilosophie. Großen Wert legte er auf die Unterscheidung zwischen dem Patriotismus Fichtes und dem Nationalismus des beginnenden 20. Jahrhunderts, mit dem Fichte inhaltlich kaum Gemeinsames habe. Lichtenberger folgt Fichtes Napoleonkritik, wenn er schreibt: »Selbst nachdem Napoleon die Freiheit abgeschafft hatte, wurde er immer noch vom Willen der Nation gestützt, welcher ihm seinen unterdrückerischen Despotismus verzieh und sich von ihm mitreißen ließ zu Träumen von Eroberung und Ruhm« (369). Der Patriotismus im Fichteschen Verständnis, und eben das unterscheidet ihn vom Nationalismus der Zeit um 1900, ist vollkommen vereinbar mit dem Kosmopolitismus im weitesten Sinne. Dieser nämlich ist, so Lichtenberger, das Spezifische von Fichtes idealistischem Patriotismus:

> »Er liebt sein Vaterland; aber diese Liebe hat nichts Exklusives, nichts von Hass noch von egoistischem Chauvinismus an sich. Er liebt an Deutschland das Land, das ihm berufen scheint, jenes Ideal in der höchsten Form zu verwirklichen, dem die gesamte Menschheit zustrebt. *Und er liebt es nur in dem Maße, wie es bestrebt ist, dieses Ideal zu realisieren.*« (ebd.)

Der Autor sieht auch den Fichte der »Reden« wesentlich bestimmt durch dessen Freiheitsphilosophie: »Der deutsche Genius, so wie ihn Fichte konzipiert, besteht [...] im Glauben an die Freiheit und deren fortschreitender Verwirklichung« (ebd.).

Der wichtigste Fichte-Forscher der Dritten Republik war der jüdische Philosoph Xavier Léon, der ebenfalls im Jahre 1902 seine »Philosophie de Fichte« veröffentlicht hatte. Er war auch Herausgeber der renommierten Pariser »Revue de Métaphysique et de Morale«. Auf dem *III. Internationalen Kongress für Philosophie* von 1908 zu Heidelberg hielt Xavier Léon eine »Ansprache zum hundertjährigen Gedächtnis Fichtes«. Es ist eine Eloge auf den Philosophen des deutschen Idealismus, der »nicht nur Deutschland gehört, sondern der Menschheit« (370). Über Fichtes Verhältnis zu Frankreich zur Zeit der »Reden« führt Léon aus:

> »Gegenüber dem Volk, das die Menschenrechte proklamiert hatte, haben sich seine Gefühle nicht verändert und er bewahrte ihm seine einstige Sympathie. Aber er empfand Abscheu vor dem Cäsarismus [sc. Napoleons H.-J. B.], der in diesem Volk die fruchtbaren Keime der Freiheit erstickt hatte und der im Begriff war, sie überall zu ersticken. Fichte hielt seine unsterblichen *Reden* im Namen der Freiheit, im Namen der Menschheit, die er in Gefahr sah.« (ebd.)

In den Jahren 1922–27 veröffentlichte Léon sein Opus magnum »Fichte et son temps«. Unterstützung fand er für dieses monumentale Werk bei einer Reihe von in der Mehrzahl jüdischen Gelehrten, deren er im Vorwort gedenkt, wie Charles Andler, Élie Halévy, E. Meyerson, Léon Brunschvicg. Letzterer ist später als einer der großen Vermittler deutschen Geistes in Frankreich bekannt geworden, vor allem Kants und Fichtes, deren Denken er mit dem Spinozas in Beziehung setzte.

Einzig während des Ersten Weltkriegs gab es einen auffälligen Bruch in dieser freiheitlichen Interpretation Fichtes. Beispielhaft dafür steht Émile Boutroux, der vor dem Kriege noch die freiheitlichen Traditionen im deutschen Idealismus hervorgehoben hatte, diese Sicht aber während des Krieges der neuen nationalistischen Stimmungslage angepasst hatte. Nach dem Ersten Weltkrieg wurde diese kriegsbedingte Entgleisung Boutroux' von Victor Basch scharf kritisiert. Der Gelehrte von ungarisch-jüdischer Herkunft war in der Zwischenkriegszeit Philosophieprofessor an der Sorbonne. Ihm ging es nach dem *Grande Guerre* vor allem um eine deutsch-französische Aussöhnung.

Im Jahre 1927 veröffentlichte Basch »Les Doctrines politiques des Philosophies classiques de l'Allemagne«, eine großangelegte Untersuchung zu Leibniz, Kant, Fichte und Hegel. Das Werk wendet sich explizit gegen die während des Weltkriegs geübte Kritik an der klassischen deutschen Philosophie durch Émile Boutroux, wie sie in seiner Schrift »L'Idée de liberté en

France et en Allemagne« von 1915 zu finden ist. Auf diese nimmt Basch im Folgenden Bezug.

> »Es war, nachdem der Krieg ausgebrochen war, derselbe Meister, der in seiner patriotischen Not sich daran machte, die Götter, die er einst selbst angebetet hatte und die er uns gelehrt hatte anzubeten, von ihren Altären zu stürzen. Fortan lehrte er, daß die französische Philosophie seit Descartes eine Philosophie der Freiheit gewesen sei und daß die gesamte deutsche Philosophie – selbst die des Autors der Kritik der Praktischen Vernunft – von dem Krebsgeschwür des Pantheismus zerfressen gewesen sei, getaucht in den Halbschatten des Unbewussten, eine Philosophie der Sklaverei, in der das bewusste und freie Ich nur einen unendlich kleinen Platz einnimmt.« (373)

Fichte und Hegel sind es vor allem, gegen die er sich als angebliche Vorläufer von Nationalismus und Pangermanismus wendet.

Boutroux ist in dieser Extremität ein Außenseiter unter den französischen Philosophen geblieben, aber gerade in der Kriegs- und Nachkriegszeit nicht ohne Wirkung. Basch weist dessen Kritik in seiner profunden, mehr als 300 Seiten starken Untersuchung zurück, in der er sich zugleich gegen die Einvernahme insbesondere von Fichte und Hegel durch den damals gerade aufkommenden Faschismus wendet. Für unsere Thematik interessant ist insbesondere das Urteil von Victor Basch über den Fichte der Zeit nach 1806, also die Zeit der »Reden an die deutsche Nation«. Hierzu bemerkt er:

> »Wenn die Gefühle Fichtes für Frankreich infolge der napoleonischen Eroberungen, der Zerstückelung Deutschlands, der erzwungenen Gebietsabtretungen und der Unterwerfung Preußens sich gewandelt haben, so hat er [...] in seinen Haß gegen den Unterdrücker seines Volkes niemals das revolutionäre Frankreich eingeschlossen. Bis zu den letzten Zeilen, die er geschrieben und den letzten Worten, die er gesprochen hat, ist er unerschütterlich dem demokratischen Ideal seiner Jugend treu geblieben.« (ebd.)

Auch solche Erkenntnis, Mitte der 20-er Jahre niedergeschrieben und fast wörtlich übereinstimmend mit Xavier Léon, gilt es vor allem in der deutsch-angelsächsischen antisemitismus- und nationalismuskritischen Fichte-Literatur nach dem Zweiten Weltkrieg erst noch wiederzugewinnen!

Wenn wir die extensive jüdische Fichte-Rezeption, die in Deutschland wie auch in Frankreich, wie wir gesehen haben, noch zu Lebzeiten Fichtes beginnt, betrachten und sie mit jener Rezeptionstendenz vergleichen, wie sie sich nach 1945 etabliert hat, so muss man direkt von einem Paradigmenwechsel sprechen. Keineswegs ist es aber so, dass man heute, wie man vielleicht meinen könnte, nur genauer liest und feiner auch auf Zwischentöne achtet. Das genaue Gegenteil ist der Fall! Es hat den Anschein, dass nach dem Kriege einfach die Originaltexte nicht mehr gelesen werden und man sich auf eine Jugendschrift, nämlich den »Beitrag zur Berichtigung der Urtheile des Publicums« fixiert, von der sich der Autor selbst in späteren Jahren (vorsichtig) distanziert hat. Auch scheint man den Nationalismus Fichtes nun so zu verstehen, wie die Nationalsozialisten ihn (miss-)verstanden haben, indem man ihn seiner für Fichte konstitutiven kosmopolitischen Komponente völlig entkleidet.

Ernst Bloch hat diesen Paradigmenwechsel in Hinblick auf die Fichte-Interpretation übrigens bereits während des Krieges in Amerika registriert. Der Missbrauch, der während der NS-Zeit mit den »Reden an die deutsche Nation« getrieben wurde, bewog Bloch dazu, sich bereits 1943 in einem Aufsatz, betitelt »Fichtes Reden an die deutsche Nation« eingehend mit ihnen zu beschäftigen. Den Nazis sei es gelungen, auch den klarsten Text noch zu verfälschen.

> »Keine Tatsache hielt vor ihrer Beleuchtung Stand, kein Begriff behielt noch seinen Sinn. So wurden dem ruinierten Volk auch noch die Werte weggenommen, an dem es seinen Zustand hätte messen und richten können.« (360)

Aber fast mehr noch als was die Nazis sagten (denn das richtete sich selbst), störte ihn damals, dass nach dem Sturz des Dritten Reiches »manch unwissende, schlecht beratene Abart von Nazigegnern sich an einer [...] Nazifizierung der Vergangenheit« (ebd.) beteiligen könnte. Hier ist von Bloch in der Tat eine Entwicklung vorausgeahnt worden, die inzwischen Epoche gemacht hat. Sie setzte allerdings schon während des Krieges ein und betraf bekanntlich nicht nur Fichte.

Wenn es uns gelänge, dieses Wissen um Fichte, das ja zu einem guten Teil längst vorhanden gewesen war, das aber durch die, wie Bloch richtig gesehen hatte, Gewalt des Nationalsozialismus, der sich über es legte und es völlig zuzudecken drohte, wieder freizulegen, so wäre für eine offenere Diskussion von Fichtes politischer Philosophie insbesondere in seinem Verhältnis zum Judentum schon sehr viel gewonnen.

(29.01.2001)

Fichte und das Judentum

Anmerkung:

* Fichte wird zitiert nach der »Gesamtausgabe« der Bayerischen Akademie der Wissenschaften (GA 1962ff.) nach Band, Reihe und Seitenzahl, bzw. nach den »Sämtlichen Werken« (SW) Bde I–VIII (1845/6) und drei Nachlassbänden (1834/5), sowie der Seitenzahl. Die sonst unmarkierten Seitenzahlen in Klammern nach Zitaten beziehen sich auf mein oben genanntes Buch »Fichtes Idee der Nation und das Judentum« Rodopi/Amsterdam 2000, 417 S., in dem sich die Nachweise detailliert angegeben finden.

Eikon – das Bild[1]
»Woher der Schein?«[2]

Ein Beitrag zum antiken Bildverständnis

Margaretha Huber

> »Was gefällt allen frommen Frauen, alten? jungen?
> Antwort: ein Heiliger mit schönen Beinen,
> noch jung, noch Idiot.«[3]
> Friedrich Nietzsche

> »Nietzsche ... der zügelloseste Platoniker
> innerhalb der Geschichte der abendländischen Metaphysik«
> Martin Heidegger[4]

Ovid, der römische Dichter, erzählt folgende Geschichte:[5] Pygmalion war lange einsam geblieben, ohne Gemahlin, weil ihn das schamlose unstete Wesen der Frauen abstieß, deren lasterhaftes Leben er mit eigenen Augen gesehen hatten (»viderat«). Aber da er nun, der Einsame, ein Künstler war, schnitzte er mit glücklicher Hand ein schneeweißes Elfenbein und gab ihm eine Kunstgestalt. Das Bildwerk übertraf die Natur durch Vollkommenheit, zeichnete es sich doch durch eine tugendhafte Schönheit aus, wie sie kein echtes weibliches Wesen je besitzen können würde. Da entbrannte Pygmalion in Liebe zu seinem eigenen Werk, sah ihn doch die Elfenbeinjungfrau so lieb und lebendig an als würde sie leben und sich regen wollen –, doch hielt sie schamvoll still und schwieg.

Und Ovid fügt aufklärend hinzu: Pygmalion habe das Lebendig-Scheinen des Bildes dadurch zu erzeugen vermocht, dass seine Kunst ihr Können geschickt verbarg (»ars adeo latet arte sua«). Und weiter: Pygmalion staunt und verspürt Feuerflammen, die seine Brust durchbohren; ihn ergreift ein Verlangen nach dem unechten Leib (»simulati corporis«). Und oft berührt seine Hand das Bild und er fragt sich, Fleisch oder Elfenbein? Er gibt ihm Küsse und vermeint Worte zu hören, er umarmt das Bild, streichelt und drückt es, fürchtet sogar das schneeige Weiß mit blauen Flecken zu entstellen; er bringt Geschenke herbei »wie die Mädchen sie lieben, geschliffene Steine und Muscheln, kleine Vögelchen auch und tausendfarbige Blumen«; er zieht ihm Kleider an, steckt ihm Ringe an die Finger, legt ihm eine schöne lange Kette um den Hals, Perlen an das Ohr, Geschmeide auf die Brust; dann bereitet er das Lager, bettet die Jungfrau auf purpurfarbene Decken, schiebt unter ihren Nacken ein flaumiges weiches Kissen, als ob da Sinne wären, die fühlen könnten und lebende atmende Haut.

Ovid erzählt dann, wie Pygmalion am Festtag der großen Liebesgöttin, nach dem Opfer an Venus, zu den Göttern gebetet habe, ihm eine Gattin zu schenken und wie er nicht gewagt habe zu sagen »die Elfenbeinjungfrau«, sondern nur »meiner Elfenbeinjungfrau ähnlich« (»similis mea eburnae«).

Und zurückgekehrt in sein Haus, habe Pygmalion das Bildwerk wieder umarmt und geküsst, da schien sich plötzlich die starre Jungfrau zu erwärmen, oh Wunder, Pygmalion betastet das Elfenbein, er freut sich und zweifelt zugleich, ist da nicht Trug und Täuschung? Aber nein, wahrhaftig, das Elfenbein fühlt sich weich an wie das von der Sonne erwärmte, formbare Wachs –, das Bild, es lebt, ist Leib geworden!

Ende gut, alles gut: Pygmalion küsst die Jungfrau fest auf den Mund, den lebendig echten, der ihn niemals mehr betrügen wird.

Und jetzt fühlt auch die Jungfrau seine Küsse und scheu blickt sie auf, Augenlichter erblicken das Licht (»ad lumina lumen«) – sie sah den Himmel, sah ihren Geliebten (»cum caelo vidit amantem«).

Wenn der Blick sich füllt mit himmlischem Licht, erwacht das Leben zum Bewusstsein

In der Geschichte von Pygmalion erzählt Ovid von einer Metamorphose, hier der Verwandlung eines Bildes in Wirklichkeit, die, wie es scheint, einen guten Ausgang genommen hat; denn das »simulacrum« oder »eidolon«, wie die Griechen ein solches Trugbild nennen, wurde durch ein Wunder zum Leben erweckt, mit Hilfe der Götter also und nicht durch Menschenhand, wie man dem Zauber der Bildnerkunst des Pygmalion erliegend, von der Allmacht technischen Erfindens und Machens getäuscht, mutmaßen könnte.

Eikon – das Bild. »Woher der Schein?«

Anders, furchtbar ist es dem *Narcissus* ergangen, der, wie bekannt, sich in sein eigenes Spiegelbild verliebte; und mit dieser Geschichte, auch von Ovid erzählt,[6] findet sich die Macht des Abbildes noch deutlicher beschrieben, eines Bildes, für welches das griechische Wort »eikon« steht, lateinisch »imago«.

Schon in der Pygmaliongeschichte wird die wichtigste Eigenschaft dieses Bildes, von täuschender Ähnlichkeit zu sein, hervorgehoben, jener Effekt, den eine auf getreue Wirklichkeitswiedergabe zielende Abbildkunst noch zu steigern vermag, indem sie das Abgebildete unmerklich in Bewegung versetzt: Da verrät sich Bewegung in dem gemalten Blick, wenn den Augen Glanzlichter aufgesetzt sind und so das Antlitz eigentümlich beseelt erscheinen lassen; Da ist Bewegung vorhanden, wenn der Körper unter der Goldbronze oder einer weißen Elfenbeinhaut zu atmen scheint; oder wenn das Haupt sich zur Seite neigt, Arme sich heben und senken, die Beine ausschreiten; oder auch, wenn feinste Farbmischung und Schattengebung das auf eine Holztafel oder Wand gemalte Bild zu einer lichtbeschienenen Wirklichkeit beleben.

Diese hochraffinierte Abbildungstechnik hat zum Ziel, den Anschein des Lebendigen zu erzeugen; sie wird in allen Künsten angewandt als eine bildhafte Nachahmung: »Mimesis«; Beginn und Entwicklung dieser Technik lässt sich, wie bekannt, an den griechischen Kunstwerken verfolgen.

So entsteht das schöne Spiel um Wahrheit und Schein erst mit dieser auf Wirklichkeitsdarstellung ausgerichteten Kunst, ein vergnügliches Wechselspiel, in welchem das Bildwerk seinen Betrachter mit stummen Mitteln zu überreden, vom Gegenteil des Wahren ernsthaft zu überzeugen sucht, das bloß Scheinende als ein Seiendes anzusehen, um sogleich den vom Unwahren Besiegten vom Zauber der Täuschung zu befreien, indem es Bewunderung für die optisch fesselnde Kunsttechnik erregt, für das überlegende, berechnende Handwerk, das ein wirklich Wahres, ja alles, die gesamte Welt, erscheinen lassen, scheinbar lebendig zur Entstehung bringen kann.[7]

Und weiter, noch ehe der staunende Betrachter des bloß zum Schein Gemachten, überwältigt von der Einsicht in die Leistung der Kunsttechniken einzig den toten Stoff, das Unbelebte und Bewegungslose wahrnehmen und furchtbare Ernüchterung erleiden könnte, wird er vom fortdauernden Spiel, das sich der labyrinthischen Gegenspiegelung von Wirklichkeit und Bild entlocken lässt, erleichternd aufgeklärt über den sublimen Zauberreiz des schönen Bildes, seine leise stärkende Gedankenmacht, die noch im feinfühligen Kunsturteil fortwirkt, indem sie das Wahre als das Schöne zur Erkenntnis bringt.

Im kunstvollen Wechsel von Aufklären und Verbergen, den das mit allen Techniken der Überredung spielende Abbild meisterlich beherrscht, teilt sich die zur Bilderkenntnis werdende Gedankenbewegung mit, welche sich als ein unmerkliches Ablösen des Blickes vom sinnlich Bedeuteten, als Hinwendung zum Bild als solchem, zum Bildsein, vollzieht; erst durch diese Verwandlung des sinnlichen Wahrnehmens in ein unsinnliches Erkennen, durch einen Blick auf das Unsichtbare, erhellt sich das Sein vortäuschende Nichtsein, wie es im Abgebildeten als dessen erkennbares Bildsein fasslich wird; es klärt sich das Nichtsein als Erscheinendes auf, das als Scheinendes erscheinen muss, weil nur im Scheinenden sich abspiegelnd das seinvernichtende Nichtsein gefahrlos angeschaut und als Erkennbarkeit der Täuschung verstanden werden kann.

Der Abbildungsvorgang erweist sich, verfeinert und je mehr er die Wiedergabe der Wirklichkeit anstrebt, als paradox, als die besonders das Bildliche herausstellende Technik: Denn das vom Bild erwirkte Ineinanderscheinen dessen, was nur außerhalb von diesem als Gegensatz von Bild und Wirklichkeit erfahren werden kann und das sich wiederum nur als »Bild im Bild« abbilden lässt, bringt am Dargestellten dessen nackte arme Bildqualität zum Vorschein und daher das Bildsein als eigentliche Wirklichkeit des Abbildes zur Erkenntnis; und es zeigt sich, dass das Ineinanderscheinen des Entgegengesetzten, von Bild und Wirklichkeit, durch welches das Bildsein zum Verschwinden gebracht und zum Illusionseffekt des Wirklichen werden kann, einer Blickanordnung geschuldet ist, die immerzu ein aus dem Gegensatz herausgebrochenes Beziehungselement wahrnehmen lässt als die den wechselhaften Bezug überblendende Totale.

Das im Bild Dargestellte erhält den Anschein des Wirklichen durch den unsichtbar in ihm sich spiegelnden Blick, der das Gegensätzliche in seinem unüberbrückbaren Abstand ermisst und dadurch diesen Abstand umfasst hält; nur durch diesen Blick kann das grenzenlos Ungleiche sich annähern, berühren, in Eines zusammenfallen; dieses vom Blick erzeugte Eine, das sich überallhin erstreckt, weil es den unsinnlichen Raum des reinen Auseinander umfasst, verwandelt den Gegensatz von Bild und Wirklichkeit in den Anblick einer über allem schwebenden Ferne, den Anblick der Wirklichkeit in jenen der Bildwirklichkeit.

Im weitesten Auseinanderhalten, im ständigen Entgegensetzen von Gleichem und Ungleichem, das sein immerzu gegensätzlich ur-teilender Blick vollzieht, ermöglicht sich das Denken, das Wirkliche als ein gleichbleibend Identisches zu erkennen, als das Eine, ein Beziehungsloses, Selbstgenügsames – das Eine ohne das Andere. Erst dieser immerfort und überall das wirklich Wahre als das mit sich Identische aufsuchende Blick ist jenen Bildern ausgeliefert, die das Wirkliche in einer einzigen suggestiven Ansicht, die es deckungsgleich mit den Bildgrenzen und dadurch mit dem Bild zusammenfallen lässt, zur Darstellung bringen –, und nicht mehr vergnüglich, son-

Eikon – das Bild. »Woher der Schein?«

dern furchtbar ist es daher, im Anscheinenden sich zu verlieren, sich stetig dort aufzuhalten, wo dauerhaft sich das Wirkliche mit seinem Anblick im Bild vertauscht.

Das Spiegelbild wirft diesen furchtbaren, in Bildern verfangenen Blick des Menschen zurück – davon handelt die Geschichte des Narcissus, die Erzählung von einem seltsam leeren, menschlichen Blick, der im Erblicken, unerkannt, immerzu sich selbst sieht, und im Augenblick der Erkenntnis, sich selbst nur als Bild –, von einem Blick, der das identisch Gleiche unter der Gestalt des ganz Anderen, oder andersherum gesagt, das Andere immerzu als Bild des Einen, Gleichen sieht.

Das Denken, von seinem wirklichkeitstrunkenen Blick auf den Weg zur Selbsterkenntnis gebracht, erliegt dem logischen Schein, Wahrheit an sich selbst zu haben, hat es doch diese Wahrheit, »aletheia«, dem Bild als das von ihm zu Unterscheidende abgewonnen, den Begriff von Wirklichkeit aufgefunden in einem das Bild abwertenden Vergleich.

Es ist gerade diese Vorstellung von Wahrheit, der seit Platon mit Dialektik bzw. Logik aufzufindenden Wahrheit, in welcher die erscheinende Sinnenwelt, die »aistheta«, die äußeren Dinge sich nur dann als erkennbare mitteilen können, wenn sie, durch den blickhaft alles ordnenden Gedanken in eine abbildhafte Entsprechung zu seiner durchgliedernden Erkenntnisbewegung gebracht, sich in jener Übereinstimmung zeigen, die sie als Teile eines einheitlichen Ganzen zum Vorschein bringt. Eine Vorstellung von Wirklichkeit, welche diese mit der Erkennbarkeit der Dinge unzertrennlich verknüpft, bleibt in Wahrheit eingeschränkt auf eine Wirklichkeit des Wissens; und darüber kann auch nicht der Eindruck hinwegtäuschen, als würde die Wirklichkeit des Wissens durch ihre unendliche Zergliederung, die sich in ihr physisches Fundament hinein fortsetzt, durch ein Zurückführen der Gedankenoperationen auf die Gehirntätigkeit selbst, »identischer«, endgültig zu jener Wirklichkeit werden können, die bekanntlich einmal als die der »Dinge an sich« in weiser Selbstbeschränkung des Wissens für unerkennbar gegolten hat. Die Wirklichkeitsauffassung der Naturwissenschaften verdankt sich auch heute noch einem abbildenden Verfahren, ja dieses hat sich überhaupt im ständig wachsenden Maschinenpark einer bildgenerierenden Technologie als einzig herrschendes, allmählich auch die Geisteswissenschaften ihrer herkömmlichen Methoden beraubendes, durchgesetzt mit dem Effekt einer Reduzierung spezifischer, den Teildisziplinen angemessener Untersuchungsmethoden auf eine einzige, stetig sich verfeinernde Total-Apparatur. Und dennoch weicht das in Großaufnahme eingefangene »physische Fundament« zurück vor seinem Bild: Die bildliche Aufnahme der Gehirntätigkeit ist eben kein Abbild des Denkens, sie ist noch nicht Wiedergabe der »physis«, der

Natur in jenem umfassenden Sinn einer unabbildbaren reinen Stofflichkeit, die das lebendige Ganze des Gedankens hervorbringt, es entstehen lässt aus dem Ganzen eines Lebens, aus den gegenwärtigen, vergangenen und künftigen Wirkungen des Lebens der Menschen, der Pflanzen und Tiere, der Erde, der Sternenwelt. Das technisch hergestellte Abbild zeigt daher nur einen Ausschnitt, es kann nur den körperlichen Zustand der Denktätigkeit wiedergeben und nicht die über diesen hinausreichende Realgestalt des Denkens. Vielmehr formiert sich das in den apparathaften Blick genommene »physische Fundament« zu einem partikelartigen Ganzen, zur Wiedergabe seiner unendlichen Zergliederung; es entsteht ein solches, den geistigen Prozessen unterlegtes »physisches Fundament« überhaupt erst mit seinem Anblick, in Wahrheit als das sich durch ein unendliches Zerstückeln sich herstellende, aus puren Ausschnitthäufungen bestehende Bild.

In diesem Prozess einer isolierenden Reduktion werden alle Faktoren ausgeschaltet, die, als nicht zum wissenschaftlich beobachtbaren Objekt gehörend, beurteilt werden und damit jene Verbindungen abgeschnitten, durch welche auch der in Bildeinstellung das Objekt fixierende Blick, über diese hinaus in dauernder Berührung mit der unbegrenzt offenen, nichtbildhaften Wirklichkeit sich befindet.

Die Dinge spiegeln jedoch diesen Blick zurück, indem sie sich als ein lichthaft Umzeichnetes, nach den Umrissen einer Abbildübereinstimmung erkennbar Gestaltetes zeigen, als ein vom Lichtschein ihres Erblickens ertastetes Wissen. Es ist dies, in Wahrheit, ein eingeschränktes Wissen, geschuldet einem Blick, der, in Bildeinstellung verharrend, vermeint, im Ausschnitt, dem wörtlich Herausgeschnittenen, dem Ganzen der Wirklichkeit unmittelbar zu begegnen.

Schon früh werden die Probleme erkannt, die sich mit einer auf naturgetreue Abbildung sich berufenden Bilderzeugung ergeben; dass sie in engstem Zusammenhang mit jenen des Logosdenkens stehen, wird durch die platonischen Dialoge am deutlichsten überliefert, in denen die Klärung der Fragen zur Erkenntnis des Seienden und des Erscheinenden und zu deren Verhältnis sich abhängig zeigt von jener der Fragen zum Bildsein überhaupt, zum Verhältnis von Bild und Abgebildetem. Man wird, den platonischen Ausführungen folgend, der Schwierigkeit gewahr, die einem Denken begegnet, welches den Sehsinn, das Auge, über alles preist – das griechische Denken! – und das, in die Untersuchung des menschlichen Sehens vertieft, die Erkenntnis des Wahren zu stabilisieren, von der schwankenden, Täuschung verursachenden Leistung des Sinnesorgans zu befreien sucht; die Schwierigkeit ergibt sich daraus, dass hier das Denken den Vorgang der sinnlichen Anschauung in die unsinnliche Sphäre des Logoserkennens überträgt und dessen Leistung, das zweifelsfreie Erblicken von Wahrheit und Gewissheit, als überlegen und

Eikon – das Bild. »Woher der Schein?«

gegensätzlich zu der des Sinnesorganes hervorhebt und zu beweisen unternimmt.

Der Anblick des Wahren, wie er aus der scharfen Entgegensetzung von Gedanke und Sinnenwelt hervorgeht und der daher bloß aus der einen Hälfte des sich totalisierenden Gegensatzes zu gewinnen ist, kann sich nur als die Wahrheit der Wirklichkeit des Wissens Erscheinung geben: Die Wahrheit ist, dass im Anblick des logisch Wahren sich jener der Dinge in den einer unbemerkten Spiegelung ihres Erkennens verwandeln muss, eines Erkennens, das sie mit einseitig wissendem Blick erfasst.

Über sich selbst hinaussehend, trifft das Logosdenken wieder nur auf die allein im Logos erkennbaren Dinge, auf seinen zum vielfach Erscheinenden gebrochenen Blick seines Erkennens; und es ist dieser, sich in den Dingen Gestalt gebende Blick, der sie zugleich die Erscheinung eines universalen Objektes annehmen lässt. – Ein solches unwissend in seinen Blick vertieftes Denken vermag die Dinge nur in ihrem Anblick als Erkenntnisgegenstände zu fassen, nicht als die reinen, daseienden Dinge, nicht als ein Sein, das nicht zugleich auch das seines in ihnen sich spiegelnden Erkennens wäre.

Wir sehen ein Bild, das Abbild unseres immer und überall weltgestaltenden Blickes, da wir meinen, die Welt, wie sie ist, zu erkennen.

Narcissus blickt sich an, er sieht sich selbst im ganz Anderen der Naturerscheinung, ohne sich zu erkennen; er sieht den Menschen, einen Anderen, aber nicht sich selbst als diesen Anderen, der im Anderen immerzu sich selbst erblickt; und erst recht wird er sich nicht mehr als einen solchen, nur im Bild sich erblickenden Menschen wahrnehmen können, wenn, wie abzusehen, die beschleunigte Entwicklung der Wissenschaften die fleischig echten Abbilder herzustellen ermöglicht, dadurch, dass sie das »physische Fundament«, welches von der optischen Apparatur wiedergegeben wird, die Zellmonaden liefern lässt für die Zusammensetzung der künftigen Lebewesen: Kreation der Zukunftsmenschen, die nicht mehr durch die Zufälle der Natur, deren undurchschaubare Abläufe, sondern nach den wirklichkeitssüchtigen Projektionen einer von Bildern gefangenen Menschheit geformt sein werden.

Die Erkenntnis seines abbildenden Tuns geht dem technischen Menschen besonders durch die automatisch gesteuerten Vorgänge verloren; obwohl wir alle inzwischen von Bildern, elektronisch leuchtenden Bildschirmen in allen Größen, von Bildkopien umstellt sind, bilderzeugende Apparate dauernd benutzen, erscheint uns dieselbe Bildwirklichkeit wie »bildfrei« vorhanden zu sein; denn inzwischen fallen die Grenzen des aus den ausschnitthaften Teilen, aus den Produkten eines totalen Zerstückelungswerkes zusammengefügten Ganzen als des herrschenden Gesamtbildes von Wirklichkeit mit denen einer Wirklichkeitsvorstellung zusammen, welche eben gerade nicht an der

»Wirklichkeit« – was immer darunter verstanden werden soll – gewonnen wurde, sondern am Entstehen eines Bildes, das sie abzubilden vorgab.

Dieses besondere, auf nachahmende, naturgetreue Darstellung ausgerichtete Bild, wie es durch die künstlerische Abbildtechnik entstand, konnte einst seinen Betrachter dazu überreden, die Grenzen des von ihm Überblickten, das Ausschnitthafte, zu übersehen, das Bildsein des Bildes zu vergessen und sich dem Erscheinenden zuzuwenden als jener Wirklichkeit, wie sie allein mit den Augen zu sehen ist: als einer aus dem menschlichen Blick hervorgehenden Wirklichkeit: die von ihm belebte Wahrheit des Schönen. Die Kunst-Geschichte dieses Bildes und damit die Geschichte dieser einen bestimmten Bildauffassung setzt die anthropomorphe Gestaltung der Götterstatue bei den Griechen, das kunstvoll hergestellte spiegelgleiche Ebenbild des Menschenkörpers voraus. Die Vermessung der Proportionen des Menschenkörpers, wie sie dem Auge gemäß erscheinen, zu dem Zweck einer naturgetreuen Wiedergabe, die wiederum einer weiteren »idealisierenden« Bearbeitung unterliegen konnte, ein Abbildproblem also, brachte jenes die Wirklichkeitsauffassung bestimmende Zusammenwirken von Sehen und Denken zum Vorschein, dessen Bedeutung erkannt zu haben die Leistung des griechischen Denkens ist.

Das ganz Andere des Bildes ist das, was es abbildet: die lebendige Gegenwart des Daseins und des fortdauernden Andenkens; dass solches zur Erscheinung kommen kann und nicht nur ist, teilt sich mit im Spiel der schönen Kunst, durch die wahrheitsgetreuen Bilder.

Das Spiel ist aus und wird zum bitteren Ernst, wenn Blick, Abbild und Wirklichkeit unauflöslich sich ineinander verschränken und eine Lockerung dieser Verschränkung, die erst das Spiel, den Spielraum ermöglicht, nicht mehr vollzogen werden kann ohne dass sich das, was sich zum Bild vereinigen soll, gänzlich dissoziiert. Die totalisierenden, wirklichkeitsbesessenen Bilder bleiben, trotz immer höheren Aufwandes, den Anschein des Gegenteils herzustellen, unlebendig starr; sie entstehen als zwanghafte Vereinigung des Dissoziierten, durch Stückhaftes, welches sich zum Scheinganzen zusammensetzt und das in forcierte Bewegung gebracht als Wiedergabe »echten Lebens« erscheinen soll; solche Bilder sind jedoch in Wahrheit Zweitbilder, Abbilder von mentalen Bildern; sie ahmen den zu stückhaften Eindrücken zerfallenden Gedankenstrom eines von der Wirklichkeit abgeschnittenen Bewusstseins nach, welches vermeint, »echte Bewegung« dargestellt zu sehen, wo sich, durch hochbeschleunigte Addition bewirkt, nur starre Bildteile im Staccatorhythmus aufhäufen. Und noch nicht einmal als dieser unverhüllte Anblick eines ständig im Zerfall begriffenen Totalbildes zeigt sich die Wirklichkeit »wie sie ist«, sondern nur ein Bildherstellungsverfahren, das den

Eikon – das Bild. »Woher der Schein?«

Bildbetrachter mit forcierten Mitteln in die Bewegung einer unauflöslichen Vereinigung von Bild und Wirklichkeit hineinzuziehen sucht, indem es diesen »demokratisch« scheinhaft teilhaben lässt am bildaufbauenden Prozess einer Zerlegung, über deren außerbildliche Ursachen und Ziele das zerstückelte Bild, alle Aufmerksamkeit auf sich lenkend, hinwegtäuschen soll.

Das Leben als Totalbild: je mehr ein solches Leben sich den Anschein des Gegenteiles zulegen muss, zu überreden versucht, dass es ein Leben sei, um so mehr wird es, in Wahrheit, zu einem unbelebten, toten, einem leeren Bild. Dieses Bild verlangt den Anstrich, nach dem Anschein von Farbe; und so wird sie hergestellt und sichtbar als die aberwitzig verfälschende Buntheit, welche die zum Totalbild zusammengefügte Nachrichtenwelt beleben soll und die, als der mit Geneneffekten operierende Schein, beim Betrachter den unbewussten Wunsch erzeugt, farbenblind zu werden: schwarz-weiß zu urteilen.

Die spielerische Eigentümlichkeit des älteren Kunstbildes, ja des überhaupt im Spiel seiner Möglichkeiten die Wahrheit berührenden Bildes, mit der sich freilich seine Bedeutung nicht erschöpft, ließ es auch in der engsten Verbindung von Bild und Wirklichkeit jenen Spielraum aufsuchen und nutzen, der die Beweglichkeit der Erfindung ermöglichte, jenen Reichtum der Darstellung, der im Vergleich zu den heutigen, unbegrenzt scheinenden Möglichkeiten umso lebendiger fortwirkt, da er innerhalb der inhaltlich und formal viel enger gezogenen Grenzen der Darstellung durch das genaue Studium des Details erworben wurde; auch dies, die genaue Wiedergabe der Details, vermochte die lebendige Wirkung des Bildes zu steigern, und sie vermag es auch heute noch, erst recht unter Bedingungen ihrer Vernachlässigung, welche sich gleichermaßen im Wegfall der Details wie in deren unnötiger Aufblähung mitteilt; von lebendiger Wirkung sind Bilder auch da, wo sie ihre vertiefte Betrachtung erwecken, Bewunderung erregen für die Kunst, Techne, ars, welche sie hervorbringt, für die Darstellungsgabe und Erfindungskraft des Künstlers; und sie wirken in ihrer Lebendigkeit fort, wenn durch ihre Betrachtung jene Gelehrsamkeit erwacht, die sich als Bewunderung erkennt, die – das Kunst-Spiel fortspielend – sich eingesteht, von einer stillen zauberischen Anbetung des schön Gemachten zu wissen.

Kunstgeschichte beginnt als Kunstbetrachtung, mit einem gedankenreichen Vergnügen am Bild.

Nur da, wo ein Kunstgenuss sich einstellt, lässt sich der scheinbare Zusammenfall von Bild und Wirklichkeit aufs schönste durchschauen als die triumphale Inszenierung der Erkenntnis von deren Unterschied; im Anblick der *Kunst* stellt sich die Erkenntnis ein, die zauberische Einigungsmacht des Bildes durch ein Gedankenspiel in Gang gebracht zu wissen und sie daher beherrschen und lenken zu können. Das wechselweise Vertauschen des Gegensätzlichen gehört zum Grundinstrumentarium des Spieles von Schein und Sein, in welchem das Bild als sein Gegenteil, als Wirklichkeit erscheinen kann und umgekehrt, die gewaltig-mächtige Wirklichkeit als ein ewiges Spiel – das Bild der Wirklichkeit ohne bitteren Ernst und doch von einer ernsten Schönheit, wenn sein Anblick aufklärt, zu belehren weiß. Die Kunstschönheit weiß zu belehren, ohne dem Kunstgenuss zu widerstreiten. Die ältere Kunst leugnet nicht ihre Nähe zum Wort, ja im Gegenteil, durch die spiegelhafte Verfassung ihrer Werke, die sich der mimetischen Angleichung des Bildes an das Abzubildende verdankt, bringt sie zum Vorschein, wie derselbe Vorgang sich auf einem anderen Gebiet wiederholt, als der Vorgang des logischen Erfassens der Wirklichkeit, wie er anfänglich verstanden worden ist.

Aber noch einmal zurück, bevor wir die grundlegende Verschränkung von Bild und Wirklichkeit auch in ihren Verzweigungen, ihrer Anwendung auf diesem Gebiet weiterverfolgen; es zeigt die Untersuchung des antiken Bildbegriffs, dass mit diesem der Zusammenhang von Denken und Sehen in Erscheinung tritt, wie er für die Wirklichkeitsauffassung des europäischen Denkens bestimmend geworden ist; und dass sich mit Hilfe dieses Bildbegriffes, einer eng mit der Wirklichkeitsvorstellung verbundenen Bildauffassung, der bis dahin noch physiologisch unbekannte Zusammenhang von Sehen und Denken, die Verbindung von Auge und Gehirn, einzigartig genau, wenn auch auf diesem Umweg, sich erfassen ließ und dass dadurch der Aufbau einer optischen Grundlage des Wissens ermöglicht wurde, deren weitere Entwicklung zum Bau des Kameraauges führte. Im Übrigen bleibt diese, den »abendländischen Geist« kennzeichnende optische Einstellung, die sich in den Bild, Ton- und Textzeugnissen als eine der »Mimesis« verpflichtete Darstellungsweise tradiert, selbst noch in den Abweichungen und den Versuchen, ihr zu entkommen, wirksam, noch in den Werken der Moderne, die ihn als erschütterten reflektieren; aber nun noch einmal zurück: Narziss hat uns angeblickt und würde er aus seinem Traumbild erwachen, erblickten wir ihn, uns, eine Spiegelung, uns Menschen in schattenhafter Zeichnung, nichtige, verfließende Wesen in seinem, unserem Bild.

Einst wurde ein Gemälde, das die Geschichte des Narkissos darstellte, so genau beschrieben, dass wir eine Vorstellung bekommen, welches Vergnügen das logische Verwechslungsspiel von Sein und Schein, Bild und Wirklichkeit bereiten konnte; in den »Eikones« des Philostratos dem Älteren,[8] des Rhetoren und Angehörigen der sogenannten »Zweiten Sophistik«, welche im 2. Jhd. n. Chr. die attische Redekunst neu zu beleben suchte, wird der Besuch einer Gemäldegalerie in Neapel geschildert; der Autor berichtet zu Anfang, wie er, eingeladen vom befreundeten Besitzer dieser Bildersammlung, dessen zehnjährigen Sohn und eine Gruppe von Jünglingen vor die Gemälde führt, um sie

Eikon – das Bild. »Woher der Schein?«

mit Vorträgen, seiner Redekunst, über die Malerei zu belehren; man hält vor dem Bild des Narkissos an, die Beschreibung beginnt mit folgenden Worten:

»Die Quelle malt den Narkissos, das Gemälde hingegen die Quelle und die ganze Geschichte des Narkissos.«

Gemalt ist, so fährt der Vortragende in seiner Beschreibung fort, wie ein Knabe von der Jagd kommt und bei der Quelle steht, gefangen vom Liebesverlangen nach sich selbst, da er liebt, was er von sich sieht, und das glänzt ihm – wir, die Betrachter des Bildes sehen es – aus dem Wasser entgegen. In der Grotte des Acheloos und der Nymphen sind deren Standbilder aufgestellt und gemalt ist, wie eine ungeschickte Kunst sie wie echt hat erscheinen lassen wollen, was ihr aber nicht gelungen ist. Auch die Verwitterung dieser Bilder ist gemalt und dass einige darunter von törichten Hirtenkindern, welche das Göttliche noch nicht wahrnehmen und empfinden können, verstümmelt worden sind. Reben und Efeu schmücken die Grotte, es flattern Vögel umher, die ganz verschiedenartig zu singen wissen. Und dann heißt es weiter in der Beschreibung des Bildes, welche durch ihre Sprache, Wortwahl, durch Aufzählen der kleinsten Einzelheiten der bildlichen Darstellung nachzueifern, an den Spiegelungen teilzuhaben sucht: Das Gemälde komme der Wahrheit zu Hilfe; und wirklich, es lässt Tau von den Blumen träufeln, auf die sich eine Biene setzt. Ist sie, vom Bild getäuscht, herangeflogen, oder will uns das Bild täuschen? Sei es wie es auch sei, schließt die Beschreibung und wendet sich an den Knaben Narkissos: ihn habe nicht ein Gemälde getäuscht, nicht schmelze er dahin gleich einem aus Farbe und Wachs gefertigten Bild, sondern es sei das Wasser, das ihn spiegelte, wie er sich selbst sieht, er aber erkenne nicht die verfängliche Spiegelrede der Quelle, eine Rede, die den Anschein beweist (»to tes peges elecheis sophisma«). »Nicke doch, drehe dich, wende dich ab von deinem Aussehen! Bewege doch nur einmal leicht die Hand und stehe nicht gar so reglos da! Doch als hättest du einen Geliebten angetroffen, zerschmilzst du vor Erwartung, soll denn die Quelle dir deine Geschichte orakeln? O nein, nicht doch, er ist mit Aug und Ohr hereingefallen ins Wasser! Also müssen wir selbst davon reden wie er gemalt ist ...«.

Die Bedeutung der Spiegelung erschöpft sich nicht in platter Abbildlichkeit, wie diese Beschreibung zeigt; sie ergibt sich daraus, dass die Spiegelung es vermag, die unsichtbar sich verschränkenden Linien nachzuzeichnen, aus denen der Anblick eines aus dem Blick hervorgehenden Bildes sich gestaltet, eines Bildes, das immerzu das, was es abbildet, als aus der Vereinigung des Gegensätzlichen entstanden zeigt. Die »als optische Vorführungen« der

»Kunst der Optik« erzählten Geschichten von Pygmalion und Narcissus haben nicht unbegründet einen erotischen Beigeschmack; sie bilden zugleich ein altes Verständnis ab, welches in der Vereinigung des Gegensätzlichen, selbst noch in deren unsinnlichem Vollzug durch die Rede, das Geschehen der geschlechtlichen Vereinigung erkennt und für welches in der Verschränkung der Sehstrahlen eine in lustvoller Umarmung geschehende Urzeugung des Lebendigen sich wiederholt, aus der das Bild als Geschöpf einer das Schöne erzeugenden Vereinigung von Gedanke und Blick hervorgeht.

Bei Ovid blickt Narziss mit dem reglosen und starren Ausdruck eines marmornen Standbildes auf sein Bild im Wasser, und er sieht das lebendig scheinende »Sternenpaar«, seine Augen (»spectat ... gemimum, sua lumina, sidus«), ohne das, gleich einem Schatten, zurückscheinende Abbild zu erkennen, und so geht er an seinem unersättlichen Erblicken, seiner bewusstlosen Selbst-Anschauung, an der Truggestalt aus Licht (»mendacem lumine formam«), an seinen eigenen Augen zugrunde (»oculos perit ipse suos«).

Selbst der Aufschrei des Erkennens »Iste ego sum«, dieser da bin ich, entkommt nicht dem Schein, fallen doch wiederum in dieser auf das Ich, das Ego bezogenen Erkenntnis Bild und Wirklichkeit ununterscheidbar zusammen; denn dieses endlich erkannte, aus Wasser bestehende Bild, vermag in Wahrheit nur als das Ich zu *erscheinen*, aber dieses nicht wirklich zu *sein*; daher auch der erschreckend furchtbare zweideutige Sinn der folgenden Feststellung, die Narcissus trifft: »Mein Bild täuscht mich nicht« (»nec me mea fallit imago!«). Einerseits verweist diese Feststellung auf die furchtbare Abhängigkeit der menschlichen Selbsterkenntnis, des Wissens des Menschen um sich selbst von einer Spiegelung im Bild, und sie tut es mit einer so klaren, scheinbar des Schreckens enthobenen Wendung; eine Bemerkung, welche die Einsicht mitteilt, dass die unendliche Fortsetzung des Ineinanderscheinens von Bild und Wirklichkeit ihre Ursache hat in der Erkenntnis dessen, was ein Bild ist: Ein Nichtsein, etwa das »nil habet ista sui«, dieses, was nichts hat an eigenem Sein, und das sich als Bild zum Anblick des scheinbar Seienden verkehrt; und andrerseits wird mit dieser Feststellung »mein Bild täuscht mich nicht« bedeutet, dass allein durch das Spiel von Schein und Sein, durch die Kunst, das Schöne als ein Wahres abzubilden, die Wahrheit in ihrem unfasslichen Glanz[9] sich ungefährdet spiegeln kann, ja, dass im Bild die Wahrheit erscheint, wenn das Bild mitzuteilen vermag, dass es selbst ein Scheinhaftes ist – wenn also die Kunst nicht mehr verbirgt, dass sie verbirgt.

Nur der seine Anwesenheit im Bild befragende Blick bemerkt sich als in Scheinbewegungen befangen, die optische Bewegung, welche ihn hineinträgt in das Bild und scheinbar wieder hinaus, zum Anblick des Wirklichen als Scheinendem.

Eikon – das Bild. »Woher der Schein?«

Was ist Wahrheit, Wirklichkeit?
Schein oder Sein?

Das spätsophistische Kunststück der philostratischen Bildbetrachtung führt vor, wie die Rede, um den Effekt der Spiegelung sich mühend, als die eines Blickes sich zu verstehen geben will, welcher sich auf die Leistung seines genau abbildenden Erkennens gerichtet hält; das in Worten gemalte Bild, das wiederum ein echtes Bild beschreibt, teilt mit anschaulicher Wortkunst mit, dass die Gesetze der Optik das Denken beherrschen, wenn dieses durch das Unterscheiden von Bild und Wirklichkeit zum »richtigen« Anblick der Wirklichkeit findet.

Auch wenn das philosophische Denken, als Erkenntnis des Wirklichen, Wahren – griechisch ein und dasselbe Wort »aletheia« – nicht als optische Wissenschaft sich vollzieht, sondern sich als »rein logische«, das heißt als Untersuchung sprachlicher Vorgänge, die den Unterschied von Seiendem und Erscheinendem zu klären unternimmt, verstanden wissen will, so verrät sich doch in den Wortbewegungen des sophistischen Logos, die das Logos-Spiel anfänglich in Gang bringen, wie sehr eben dieses um Erkenntnis bemühte Denken vom Bildzauber der optischen Wirklichkeitsspiegelung seine mimetische Wahrheitsenergie bezieht: Die Auseinandersetzung mit der künstlerischen Abbildtechnik, wie sie von den platonischen Dialogen überliefert wird,[10] hat beigetragen zur Klärung, wenn nicht gar zur Entstehung der Grundbegriffe Sein und Schein, Erscheinen, Identität und Nichtidentität, Gleiches und Ungleiches, Selbes und Anderes, Verschiedenes, Begriffe, welche die abendländische Logikschulung, die als ein agonisches Redespiel, als Wettstreit des Argumentierens ihren Anfang nahm, grundlegend bestimmen. Die Festlegung dieser Begriffe als Maßstäbe der Wirklichkeitserkenntnis hat die philosophische Erkenntnisbemühung in Ausübung dieser Logik zum gar nicht mehr spielerischen Wahrheitszwang fortgesetzten Beweisenmüssens der Richtigkeit einer Aussage werden lassen.

Die Technik des philosophischen Erkennens und die der künstlerischen Darstellung sind daher eng verknüpft; denn die »techné optiké«, die Wissenschaft der Optik, der Perspektive,[11] mit welcher die naturgetreue Wiedergabe gelang – eine seit dem 5. Jhd. v. Chr. von Lehrschriften begleitete Werkstattpraxis – hatte jene Fragen aufgeworfen, welche die Leistung der Sinnesorgane, zumal des einen besonderen, des Auges, betrafen: Dieses kann sich täuschen, indem sich ihm die Dinge gegensätzlich, verkehrt herum, darstellen: das Kleine groß und das Große klein, sobald man die unterschiedlichen Größen nach ihrer Entfernung ermisst, also, wie sie dem Auge erscheinen, oder das Rechte als Linkes und umgekehrt, wie es im Spiegelbild geschieht –

was also ist das, was gesehen wird, was ist das Erscheinende, was sind die »phainomena«, die Erscheinungen? Ist das Erscheinende, in Wahrheit, nicht das immer Andere, Verschiedene, ein niemals Selbes, ein Nichtseiendes, der Gegensatz des Seienden, – Nichts, ein Nichtiges, wie es das Abbild darstellt, das ja nicht *ist*, was es zu sein scheint, das nur vorgibt es zu sein, indem es das, was es nicht ist, zur Erscheinung bringt?[12]

Die platonische Philosophie – deutlich wird dies in den späten Dialogen – darf in ihrem zentralen Anliegen als Versuch einer grundsätzlichen Klärung der auf ihren sinnlich materiellen Erkenntnisgrund, auf den Vorgang des Sehens, aufmerksam gewordenen Erkenntnisbemühung des Denkens zu gelten. Sie stellt das Unternehmen dar, eine umfassende Antwort auf Fragen zu geben, welche einem »optischen Konflikt« entstehen, den die Perspektivtechnik – Optik ist der in der Antike gebräuchliche Ausdruck für diese Abbildtechnik – verursacht durch ihre den Augenschein zum Maß nehmenden Berechnungen der Größen des Erscheinenden.

Es ist deshalb kein Zufall, dem Bildbegriff in seiner genauen frühen Bedeutung im platonischen Philosophieren zu begegnen, diesen im späten Dialog »Timaios« überhaupt an zentraler Stelle verwendet zu finden.[13]

Platon lässt in seiner Kosmologie, einer Erklärung der Weltentstehung, die Welt, den Kosmos als ein Bild entstanden sein, – »he« eikon, weiblicher Artikel! – als Ikone: die Erscheinungswelt als Abbild eines Immer-Seienden, des unbewegten, sich-selbst-gleichen, unsichtbaren Seins. Das All, die Welt oder der Allhimmel entsteht als Bild dadurch – so erfahren wir es aus diesem Dialog –, dass ein göttlicher Werkmeister, demiurgos, ein Künstler, seinen Blick unentwegt auf dieses Sein gerichtet hält, um von diesem nur mit dem Gedanken durch Sprache zu erfassenden Ideensein, von diesem unsichtbaren Modell, eine sichtbare Nachahmung, ein ihm Ähnlichstes, zu erschaffen – ein schönes, vollkommenes, einziges, alles umfassendes Bild. Dieser göttliche Künstler baut also den Himmel, er nietet und drechselt und schnitzt, formt, ganz so, wie es auch der menschliche Künstler in seiner Werkstatt tut, wenn er die Statue aus wohlproportionierten Teilen bildet, sie zu einem übereinstimmenden Ganzen zusammensetzt; und er bedient sich ebenso einer Maßrechnung wie jener, welche die Herstellung größtmöglicher Ähnlichkeit in der Wiedergabe des reinen Gedankenseins ermöglichen soll; so erhält das All, die Welt von ihrem Schöpfer die geometrische Gestalt einer Kugel als der schönsten Form unter allen Gestaltungen und die gleichmäßig kreisende lebendige Bewegung – hat doch das schöne, wahre Bild in sich eine Seele, auch diese weltschöpferisch zusammengebaut, nach Maßverhältnissen gebildet; und in allem wirkt und herrscht das Maß des *Einen*, welches alles wohlproportioniert zu einigen vermag, so dass die Teile des schön nach die-

Eikon – das Bild. »Woher der Schein?«

sem Maß zerbrochenen, gegliederten Ganzen sich zum Anblick des Einheitlichen zusammenfügen, zum erkennbaren Ganzen der erscheinenden Welt.

Proportionsrechnungen stellen das mathematisch-geometrische Werkzeug dar, welches ein »genaues« Abbilden ermöglicht; zugleich erweist sich dadurch das Erscheinungs-Bild als ein zerlegbares, und der Blick des Auges, der sich dem Erscheinenden zuwendet und in diesem ein Abbild des Seienden erkennt, als die vereinigende Tat.

Rechnung und Überlegung gelten auch dem platonischen Philosophieren als Bedingungen des Erkennens von Wahrheit, Wirklichkeit. Ein sehendes Denken, das Denken beim Sehen: der Analyse des Sehvorganges widmen sich die platonischen Ausführungen.

Sonne, Auge, Dinge – aus der Vermischung des Lichtes, dem aus diesem hervorströmenden Feuer, entstehen die Sehkraft, die »Opsis«, und die sichtbaren Gestalten. Die antiken Sehtheorien, die auf die Zeit vor Platon zurückreichen, jedoch nur fragmentarisch überliefert sind, zeigen das Bemühen, einen Zusammenhang von Sehen und Denken zu erfassen, der die Wirklichkeit als erkennbare zur Grundlage des Wissens macht.

In der platonischen Kosmologie finden sich nicht nur der Bildbegriff ausführlich behandelt, dessen welt- und wirklichkeitsbegründende Bedeutung gerade hier, da er in einem Schöpfungszusammenhang erörtert wird, sich unmissverständlich mitteilt, es finden sich auch erklärende Ausführungen zum Sehvorgang, zu Farben- und Spiegelphänomenen – die bis zu Platon vorherrschenden Sehtheorien finden sich gleichsam kompiliert, doch auch in ganz eigener platonischer Ausdeutung der kosmologischen Abbildlehre eingefügt.

Die Auffassung des Lichtes als Feuer wiederholt die Lehre von den vier Elementen, wie sie in der antiken Physik gebräuchlich ist; aber neu und ungewöhnlich ist, dass bei Platon den vier Grundstoffen bestimmte geometrische Formen zugeordnet werden, die sogenannten »platonischen Körper«, die fünf – eine fünfte Form bildet die Gesamtgestalt des Allkörpers – regelmäßiger Körper unter den Vielflächnern. Und ebenso ungewöhnlich die Darstellung der Entstehung der Weltseele mit genauen Angaben von Proportionsverhältnissen, welche eine Maßrechnung vermuten lassen, die auch in der Künstlerwerkstatt Anwendung finden konnte, vielleicht von dort ihren Ausgang genommen hat.

Für Platon besteht das Licht, der die sichtbare Erscheinung hervorbringende Feuerstoff, dem als eines der vier Elemente das Tetraeder zugeordnet ist, aus kleinsten pyramidalen Körperchen, wohlgemerkt aus Körpern, wenn auch atomistisch kleinen, welche zusammenströmen, Gleiches zu Gleichem hin, und die sich zum Anblick der sichtbaren Gestalt vereinigen. Augenlicht und Tageslicht verschmelzen in dieser Darstellung zum Feuerkörper der »opsis«, einem Strahl aus Licht, der zum Sehen wird, sobald deren Feueranteile und die Anteile der als Farbe wahrzunehmenden Flammen der Dinge auf ihn auftreffen und weitergeleitet werden, den ganzen Körper hindurch bis zur Seele, wodurch die Sinneswahrnehmung, diese »Aisthesis« entsteht, die man »Sehen« nennt.

Mit der platonischen Kosmologie – Platon rühmt sich des Neuen seiner Gedankengänge – erreichen die vorsokratischen Theorien über die Erscheinungswelt ihren Höhepunkt und ihre Vollendung; es tritt der Zusammenhang von Sehen und Denken wieder klar zutage, befreit von der Eintrübung durch spitzfindige Wortkünste und damit auch wieder erkennbar die Herkunft der Erkenntnisanstrengung des philosophischen Denkens aus den Fragen, welche den Vorgang des ganz einfachen Sehens betreffen: beginnt doch dieses Denken mit dem Erblicken der Dinge, einem staunenden, freudigen Erblicken der Welt – als ein Sehen, das bei den Griechen Denken heißt.

Die Verwandlung jedoch dieses heiteren, freudig staunenden Blickes auf die Welt mag uns entgehen – (wohl nicht den Nietzschekennern?) –, wenn wir diesen Blick nur in seiner spiegelnden Lichtgestalt fassen, als das reine philosophische Erkennen, das leidlose Denken.

Aber gerade die viel beschworene Helligkeit dieses Denkens klärt auf, was diesem geschieht – erklärt, dass im Erkennen des Erscheinenden ein Blick zu sich erwacht und nach Wissen verlangt, betrübt von dem, was nur das Denken sehen kann: Vergänglichkeit – inmitten der strahlend ewigen Himmelswelt, furchtbar, die sterblichen Menschen. – Was diesen, den Sterblichen, zu wünschen übrigbleibt, ist die Fortdauer ihres Daseins im Glanz der großen, unsterblichen Werke des Gedankens und der das Schöne hervorbringenden Kunst.

Die platonische Kosmologie stellt zugleich, als Erklärung der Weltentstehung als der Genesis des sichtbar Erscheinenden, sich als Abbildlehre dar; es wird damit deutlich, dass die antiken Erklärungen der Weltentstehung, wie verschieden auch die »Rede über die Natur« ansetzt, sich als Erscheinungslehre vollenden müssen, welche die Erklärung des Abbildvorganges mit einschließt; indem Platon die sinnliche Erscheinung, deren Verlässlichkeit ja bezweifelt worden ist, zurückführt auf geometrische Grundformen, aus denen sich das sichtbar Erscheinende aufbaut, kann diese sich Maß und Zahl verbunden zeigen, auch den sie bearbeitenden Blick, durch den sie als Abbild ihrer wahren unsichtbaren Gedankengestalt erkennbar wird.

Es kommt mit den platonischen Ausführungen eine Abbildtechnik zur Darstellung, die wir mit einem modernen Wort als »Projektionsverfahren« bezeichnen würden. Dieses »Perspektivverfahren« – »Optik« seine ältere Be-

Eikon – das Bild. »Woher der Schein?«

zeichnung – zählt unter seine Kenntnisse die Erklärung des menschlichen Sehens anhand von Spiegel- und Schattenbildern, welche die Entstehung der Farben, aber auch die Berechnung von Proportionsverhältnissen, welche Körper, die auf einer Fläche abgebildet werden sollen, tief, körperhaft erscheinen lassen können und somit früheste Umrisse eines die Körper umgebenden Raumes erzeugen und die Größenveränderung der Körper regulieren unter Berücksichtigung ihrer wechselnden Entfernung vom Auge.

Der platonische Bildbegriff, das Wort »eikon«, wie es Platon verwendet, lässt sich in seiner technischen Bedeutung durch die kritische Kommentierung von Seiten des Philosophen genau fassen. Platons ausführliche Kritik am Täuschungseffekt dieses Abbildverfahrens – die einer ungenauen Lektüre als Verdammung der Kunst erscheint – gilt diesen optischen Künsten, und, mit vorausschauendem Feingefühl, deren über die Wahrheit entscheidenden Macht. Zugleich jedoch – es entgeht gewöhnlich dem oberflächlichen Hinhören – macht die platonische Philosophie von diesen Künsten auch Gebrauch, wenn sie den Wahrheitsbegriff deutlicher zu bestimmen sucht im Aufzeigen des Grundes für die Entstehung irriger, falscher Meinungen; diese können nach platonischem Verständnis durch einen Blick entstehen, der sich vom Seienden abgewendet, ausschließlich auf das Erscheinende gerichtet hält und dem daher die Gegensätze sich andauernd vertauschen, bildet sich doch im sinnlich sichtbar Erscheinenden für diesen ihm ausgelieferten Blick nur ein scheinhaftes Sein ab, ein für Wirklichkeit gehaltenes Bild, das Verkehrte, wie es die Spiegelbilder zeigen.[14]

Erst der sein Erkennen aufhellende Logos, der über einen das Sein und das Erscheinende umfassenden Blick verfügt – der platonische Logos – kann daher die Möglichkeit einer Rede, welche sich täuscht, furchtlos erwägen. Platon kritisiert ein Abbildverfahren, durch das die Wiedergabe des Seienden gestört, verhindert wird, weil in ihm Proportionsverhältnisse Anwendung finden, welche nur dem sinnlichen Eindruck Rechnung tragen und die dem Abgebildeten, auf den Anschein von Lebendigkeit zielend, – ein Übermaß an Bewegung verleihen.

Die Regulierung dieser Proportionsverhältnisse ist daher das Ziel der platonischen Maßrechnung; sie soll nicht nur eine maßvolle Darstellung erzwingen, sondern fordert, dass die Proportionsverhältnisse des sichtbar Erscheinenden sich auf das ideale Grundmaß des Einen beziehen – dessen Anwendung nur in bestimmten, besonderen Zahlverhältnissen sich abbildet –, soll denn in dem, was aus diesen Proportionsverhältnissen zur Gestaltung kommt, das Denken als das einzig schönen Zusammenhang stiftende Maß sich mitteilen können: die Anschauung des immerzu den Anblick des Guten erwirkenden Gedankens.

Die Abbildtechnik ist aber noch von weiterem Nutzen, außer jenem, dass sie die einzelnen Erkenntnisschritte klären hilft: Erst die dauerhafte Verwendung des perspektivischen Projektionsverfahrens, das Größe und Entfernung der Körper aufeinander bezieht und so deren wahre Erscheinungsgestalt zu berechnen erlaubt, ermöglicht es der Himmelsmathematik, der »Astrologie«, der alten Astronomie, ihre Einschränkung auf die Berechnung der Sternenkonstellation endgültig zu überwinden, um zur Weltwissenschaft zu werden; einer Wissenschaft, welche das Projektionsverfahren, dessen Zweck es ist, den Augenschein herzustellen, gleichsam in umgekehrter Richtung nutzt, umstülpt und die so von der sichtbaren Erscheinung der Himmelskörper auf den Augenschein zu schließen vermag, um deren »wahre« Größe und »wirkliche« Bewegungen mit Hilfe derselben Rechnung zu demonstrieren.

Die platonische Mathematik stellt den Versuch dar, eine Himmelsoptik zu entwickeln, welche, frei von Täuschung, die Welt in ihrer reinen Liniengestalt, mit der sich das Unsichtbare sichtbare Erscheinung gibt, erfasst und damit die Weltgestalt als Abbild des Seienden.

Der Logos, die Rede über das menschliche Sehen – skeptisch gegenüber der Leistung des Sinnesorganes bei gleichzeitiger Bewunderung des lichtähnlichen, erkenntnisspendenden Auges –, der durch die Kunst des Bildererzeugens angeregt wurde, erweist sich als das innere Band einer Geschichte des Bildes, die sich zugleich als die seiner »Optik«, einer projizierenden Technik der Bildherstellung versteht; gleich zu Beginn, mit dem frühen sich den Anschein von Bewegung gebenden Abbild, sind schon die Voraussetzungen vorhanden, dass diese Geschichte des Bildes zu einer der Entwicklung des Bildes, die bis zur filmischen Aufnahme reicht, werden kann.

Mag diese Geschichte des Bildes in reichen, ganz verschiedenartigen Zeugnissen vorliegen, so umfasst sie doch, diesen engeren Bildbegriff einmal zugrundegelegt, jenen einzigartigen Bedeutungszusammenhang, der sich als europäische Kunstgeschichte darstellt; beachtet man diesen, ihren besonderen Bildbegriff, so reicht indes die Kunstgeschichte über den historisch engeren Kunstbegriff hinaus, insofern sich in dessen Untersuchung zeigen lässt, wie überhaupt eine künstliche Herstellung der Verbindung von Blick und Erblicktem zum tragenden Gerüst eines jeglichen als Wirklichkeit erscheinen könnenden Bildes werden kann.

Ein Widerstand, ein Bestreben, »die Optik« abzuwerfen, der sie gleichwohl ihre Entstehung verdankt, begleitet die bildliche Darstellung durch ihre Geschichte; er kann sich bemerkbar machen in einem gedankenvollen Herstellen des Bildes, in erhöhten Schwierigkeiten seiner Komposition; deutlich wird dies an den Bildwerken einer Epoche, der Renaissance, welche das »optische«, also das naturnachahmende Bild in Anschauung der antiken Werke ausführlicher kennenlernte und kopierte, welche so zur Anwendung

Eikon – das Bild. »Woher der Schein?«

der »Zentralperspektive« fand, zum neuzeitlichen Realismus einer das Bild durchherrschenden Raumoptik, die sich einst auf die Darstellung der Plastizität des einzelnen Körpers, der Figur, beschränkte; denn diese Bildwerke erreichen jetzt ihre »lebendige Schönheit« nur, wenn sich der »optisch eingestellte Blick«, der hier als ein mathematisch-geometrisches Liniengerüst den Raum vorzeichnet, worin sich die Darstellung »abspielen« soll, beweglich gestaltet durch eine gesteigerte Plastizität der Figuren und somit die Wirkung des starren, bildbetonenden Raumgerüstes ausgeglichen und gemindert wird. Die zentralperspektivische Abbildtechnik zeigt den »optischen Konflikt« auf seinem Höhepunkt und zugleich die in ihm bereitliegenden Möglichkeiten seiner Überwindung. Die Bewunderung der Bildwerke eines Leonardo, eines Raffael, eine Michelangelo gilt daher einer oft unerkannten, meisterhaften Überwindung, Beherrschung der das Bild bedrohenden inneren Spannungen, welche ihm durch den Wirklichkeitsschein, den es erzeugen muss, erwachsen und die es seiner eigenen Wahrheit, der mit Augen zu erblickenden Schönheit der Darstellung, die andauert auch da, wo es Unschönes zu erzählen hat, zu berauben drohen. Häufig nehmen unsere, durch die »gewohnte Optik« stumpf gewordenen Augen nicht mehr wahr, dass die »ideale« Kunst, das vollkommene Kunstwerk, nicht ein vorgetäuschtes Reales zeigt, sondern reine Bildwirklichkeit – illusionslose Schönheit, ein Sinne und Gedanken ergreifendes Werk.

Und diese Wirkung teilt das »Kunstbild« wiederum mit einer anderen Art von Bild, von dem es unterschieden wurde, dadurch überhaupt erst zu einem sogenannten »künstlerisch« gemachten Bild geworden ist: das Bild des religiösen Kultes. Und dieses Bild trägt nun gar nicht die Bezeichnung »Bild«, »agalma« nennen es die Griechen, etwas, das strahlt wie ein Lächeln und wie das prächtige Gold; die Götter sind ja unbezweifelt anwesend in ihrem Bild, sie nehmen entgegen, was ihnen gebracht wird, ja sie sprechen mit den Menschen, schreiten auf diese zu. – Der Künstler, der das Kultbild herstellt, bleibt als dessen Schöpfer unbedeutend, denn alles wird von der Gegenwart des Gottes überstrahlt. Man bewundert die Schönheit und furchtbare Macht des erscheinenden Gottes, der Göttin, verspürt deren Blick; man erfreut sich am Beiwerk der Statue, bewundert die feingewebten Kleider aus der göttlichen Webwerkstatt oder den Goldschmuck, den sie trägt, den Helm und Schild aus der göttlichen Schmiede. Gar keine Frage, ob das Bild »echt« erscheint, es ist ja kein Bild, sondern Athene, die Göttin selbst, die helläugig, klug, aber auch kriegerisch gesinnt, die Menschen anblickt. – Aber, wird man sich gefragt haben, ähneln die Götter nicht furchtbar den Menschen? Sie rauben, betrügen, morden, ehebrechen ebenso wie die Menschen, denen sie schrecklich gleichen, auch in ihrem Aussehen fürchterlich gleichen –, und zeigen nicht ihre Bilder nur übergroße, scheinlebendige Menschengruppen, mächtige tote Wesen?

Der platonischen Bildkritik geht die Kritik am olympischen Götterhimmel voraus,[15] eine Krise des Kultbildes – ist es Ebenbild Gottes oder seelenlose Schnitzerei? Kann das Göttliche überhaupt abgebildet werden? Die frühe philosophische Kritik an der bildlichen Darstellung der Gottheit erhebt denselben theologischen Einwand, den die Bibel als den Zorn Moses schildert, der sein Volk um das goldene Kalb tanzen und es verehren sah. Aber die jüdische Religion kennt nicht nur ein Bilderverbot. Die biblische Schöpfungsgeschichte – ein Vergleich mit dem griechischen Logos über das Bild wäre hier auf neuer Grundlage erstrebenswert – erzählt von der Erschaffung eines Bildes: »Lasset uns Menschen machen, ein Bild, das uns gleich sei ... Und Gott schuf den Menschen ihm zum Bilde, zum Bilde Gottes schuf er ihn ...« (Gen. I, 26, 27). Der griechische Wortlaut der Übersetzung aus dem Hebräischen »kat'eikona theou« – man könnte auch »gemäß einem Abbild Gottes« sagen – lässt offen, ob hier gemeint ist, dass der Mensch einem vorhandenen, mit menschenähnlichen Zügen ausgestatteten Abbild des Gottes nachgebildet wurde oder, wie wir gewohnt sind es zu verstehen, dem sich im Menschen abbildenden Gott selbst, als dessen göttliches Spiegelbild.[16]

Die theologisch-sophistischen Erörterungen, wie sie als »Bilderstreit« des Christentums aus dem 8. Jahrhundert überliefert sind, gelten der Frage nach der Abbildbarkeit des Göttlichen und der Macht des Bildes: Bilderstürmerische, ikonoklastische Bewegungen gehören zur Geschichte der christlichen Kunst, welche nur zögernd die bildliche Darstellung ihres einzigen Gottes zuließ, wohl auch abgeschreckt vom heidnischen Götterstandbild, das neben sich die Aufstellung vergöttlichter Kaiser duldete – das Bild, dem die kultische Verehrung gilt, kann die Idolatrie, den Götzendienst, fördern, wenn es für das gehalten wird, was es nicht ist: das Dargestellte selbst; es vermag jenen Beschwörungszauber auszuüben, der, wird er missbraucht, die Menschen willenlos, wie durch geheime Mächte gelenkt, ihr Tun bestimmen lässt – Manipulation durch Bilder nennen wir deren heutige säkulare Erscheinung. Im Bilderstreit der Reformation lodern die Feuer hell auf, die von den theologischen Streitgesprächen mitgeschürt werden; und es wäre eine Täuschung unsererseits, wenn wir die in das Feuer geworfenen Bilder unterscheiden wollten von den auf Scheiterhaufen brennenden Menschenopfern und nicht zugleich erkennen könnten, dass mit den Bildern immer auch das, was sie darstellen, heilige und unheilige Menschen, unbildhaft wörtlich dem Feuer anheimgegeben werden.

Im zerstörten Bild erlischt eine Verbindung, die herzustellen das lebendige Wesen des Bildes ausmacht: jene Verbindung, die sich als spiegelnde Verfassung eines urmenschlichen Blickes mitteilt; ihr entspringt eine Verdoppe-

Eikon – das Bild. »Woher der Schein?«

lung, die das Erkennen des Ähnlichen in Gestalt des Gleichen ermöglicht, aber auch dessen Trübung zu einem gleichmachenden Erblicken des immer nur Einen, dem die Verdoppelung entgeht, bis sich das Gegenüber auflöst, indem es ein zweites Anderes, das Eine, das Selbe zu werden zwingt.

Bilder verweisen auf das Verbundensein des Menschen, auf dessen sprachlosen Bund mit der ihn umgebenden Welt; ihre bilderstreiterische Infragestellung löst diesen Bund nicht auf, ordnet ihn aber neu, unterstellt ihn Sprache und Gesetz: Nicht Dingen oder Pflanzen oder Tieren soll der Mensch gleich scheinen wollen, sondern Gott und den Göttern – sich selbst nach dem idealen Bild, das einem geistbegabten Wesen, einem denkenden, Sprache besitzenden Lebewesen den Spiegel vorhält.

Der Bildbegriff, untersucht man seine allgemeine Bedeutung, umfasst auch die gegenzauberischen Wirkungen des Bildes, seine Kraft, die es befähigt, seine blinde Zerstörung zurückzuweisen, indem es selbst noch das Zerbrechen des Spiegelbildes abspiegelt, die Verdüsterung der Selbsterkenntnis des Menschen in jenen gewalthaften Visionen, die aus der Verwandlung des blickhaften Bundes in die Sprache der Einheitskonzepte entstehen. Die heute uns umgebenden Bilder zeigen auch den Grund dieser Verwandlung: das sprachlos vom Bild zurückgespiegelte Weltgeschehen, ein furchtbar Unschönes und zugleich mitabgespiegelt das Leben, unendlich viele Leben, das dem Denken begegnet, zu seinen Gedanken-Blicken wird, ein vielfach gebrochenes Licht: – der Anblick der mannigfaltigen Erscheinungswelt, der Natur, die zwar um erscheinen zu können, aber nicht, um zu sein, des Menschen bedarf.

(12.2.2001)

Anmerkungen

1. Dieser Vortrag wurde zum ersten Mal innerhalb meines Vortragszyklus zu dem Thema »Techné – vom Anfang der Kunst« in der Seidlvilla München gehalten, bevor er im Nietzsche-Forum München wiederholt wurde. Die Vortragsreihe stand unter dem Motto »Vieles Furchtbare, und nichts furchtbarer als der Mensch, regt sich« (Sophokles, Antigone 332–333); dem Vortrag selbst war das Motto beigegeben »ich sehe uns/ die wir nichts sind/ als Bildlein, leichte, lebende Schatten« (Sophokles, Aias 125–126). Die endgültige Fassung dieses Vortrages ist für »Spiegelungen«, Bd. II. meiner Gesammelten Vorträge, geplant.
2. Vgl. Friedrich Nietzsche, Die Philosophie im tragischen Zeitalter der Griechen, (14), KSA 1/852ff.

³ Das religiöse Rauschgefühl und die Geschlechtserregung (zwei tiefe Gefühle, nachgerade fast verwunderlich coordinirt. Was gefällt allen frommen Frauen, alten und jungen? Antwort: ein Heiliger mit schönen Beinen, noch jung, noch Idiot ...)« Friedrich Nietzsche, Nachgelassene Fragmente 1887–1889, KSA 13/295. Die Wirkung der Heiligenbilder ist dem Philosophen – wohl vor allem in Italien? – nicht entgangen. Es genügt freilich nicht, den Blick der frommen Frauen nur zu studieren, man muss diesen zuweilen selbst besitzen, um dem Wirklichkeitszauber dieser Bilder verfallen und daher ihre Ausstrahlung so treffend beschreiben zu können. Wirklich treffend?

⁴ »Sofern ›der Wert‹ und die Auslegung auf ›Werte‹ die Metaphysik Nietzsches tragen und dies in der unbedingten Gestalt einer ›Umwertung‹ aller ›Werte‹, ist Nietzsche auch, weil ihm jedes Wissen vom metaphysischen Ursprung des ›Wertes‹ abgeht, der zügelloseste Platoniker innerhalb der Geschichte der abendländischen Metaphysik. Indem er nämlich den Wert als die vom ›Leben selbst‹ gesetzte Bedingung der Ermöglichung des ›Lebens‹ begreift, hat Nietzsche das Wesen des jagatón vorurteilsfreier festgehalten denn jene, die dem grundlosen Mißgebilde von ›an sich geltenden Werten‹ nachjagen.« Martin Heidegger, Platons Lehre von der Wahrheit, Bern und München 1975, S. 37.

⁵ Publius Ovidius Naso, Metamorphosen, X 243–297; ich folge der Übersetzung von Erich Rösch (Tusculumausgabe, München 1979), aber im Wesentlichen dem Originaltext.

⁶ Ebd. III 341–510

⁷ Die platonische Kritik der »nachahmenden Künste« gilt vor allem dem Anschein, dass diese »alles« herstellen, die ganze Welt herbeizaubern könnten, und sie betrifft ebenso den Maler wie den Sophisten. Die Kritik verweist auf die vermeintliche Wirkung des Spiegels: Man brauche diesen nur überall hinhalten, umherzutragen und sofort ließe sich die ganze Welt durch ihn »erschaffen«; eine auch hinsichtlich des technischen Verständnisses der Deutlichkeitsgrade beim Abbilden aufschlussreiche Bemerkung, vgl. Politeia X 596d ff., hierzu auch Sophistes 233de. – Es bleibt dem Philosophen-Künstler, der sich in Platons Kosmologie der Maske des Demiurgen bedient, vorbehalten, »alles«, die Welt, durch eine wahrheitsgemäße Erklärung der Weltentstehung zu »erschaffen«, eine Erklärung, die, weil sie sich als Tätigkeit des Abbildens durch Rede versteht, nicht nur die Bedeutung des Bildhaften bewusst herausstellt, sondern als Verweis auf sich selbst als nur ein Bild abbildendes Reden, unbeabsichtigt, den eigenen Schöpfungsakt zum Vorschein bringt (vgl. Timaios 29b), und zu ergänzen wäre, dass dieser Schöpfungsakt, der das Erscheinende als Bild, eine die proportionalen Größenverhältnisse berücksichtigende Spiegelung des Seienden, zur Erscheinung bringt, seinen Ausgangspunkt in der Selbstspiegelung des philosophischen Erkennens besitzt, welche nicht nur die unveränderliche Maßgröße des Einen liefert, sondern auch den Zusammenfall von Denken und Sein als erkenntnistheoretischen Schein einer ewigen Wahrheit des Wissens bewirkt. Die Herstellung des Wahrheitsscheinens bleibt jedoch unerkennbar, weil es ihr Ziel ist, diesen als das unsichtbare Geschehen allerhöchster Seinserkenntnis – der eigentliche Logoszauber – die Bedingungen seines Entstehens mit gleichförmigem Licht überblenden zu lassen –, im Unterschied zur Herstellung jenes trügerischen, die Sinne ansprechenden Scheines, welcher mit bloßen Händen

Eikon – das Bild. »Woher der Schein?«

verfertigt werden muss, im Staub und in der Hitze der Brennöfen einer Künstlerwerkstatt.

8 Philostratos, Eikones, Die Bilder, I, 23, hrg. und übers. von Otto Schönberger, München 1968 (Tusculumausgabe).

9 Der direkte Blick in die Sonne, ohne Schädigung zu erleiden, ist dem menschlichen Auge nicht vergönnt; ebenso verhält es sich, nach Platon, mit dem Erkennen durch das geistige Auge, was die unmittelbare Anschauung des sonnengleichen Guten angeht; erst durch Gewöhnung, Umerziehung kann der anfänglich schmerzhafte Zustand überwunden werden und die Schau des Guten unbehindert sich vollziehen, vgl. Politeia VI 515c (Höhlengleichnis), auch Phaidon 99e, Nomoi 897d ff.

10 Vgl. die zahlreichen, die Abbildtechnik betreffenden Stellen, u. a. Politeia VI 534c, X 598b (Schein, Sein, Herstellung von Bild und Wirklichkeit); Politeia VII 523b, X 602c, Theaitetos 208e, Nomoi 663b, Philebos 42a, Parmenides 165d (Entfernungstäuschung); grundlegend Sophistes 235d ff. mit der Unterscheidung von ebenbildnerischer, eikastike techne, und trugbildnerischer, phantastike, Nachahmungskunst.

11 Zu dem Verfahren der Perspektivtechnik, der »Skenographia« vgl. meine Ausführungen in: »Della prospettiva. Sul rapporto tra ›pensare‹ e ›vedere‹ partendo dal Timeo di Platone«, in: *La Prospettiva, fondamenti teorici ed esperienze figurative dall'antichità al mondo moderno*. Atti del convegno internazionale di studi, Roma 1995, Ed. R. Sinisgalli. Fiesole (Firenze) 1998.

12 Vgl. Timaios 52c, Kratylos 432b ff., Sophistes 240 ab.

13 Vgl. Timaios 29b; ich beziehe mich auf folgende Timaiosstellen: 29b (Erschaffung der Welt als Abbild), 29a (Blick des Demiurgen auf das Immer-Seiende), 30c (Ähnlichstes), 33b (Kugelform), 34a (Kreisbewegung), 34b ff. (Erschaffung der Weltseele), 45b ff. (Erschaffung der Augen, Erklärung des Sehvorganges), 46a (Bilderzeugung in Spiegeln), 67c (Farben), 53c (Konstruktion der geometrischen Körper der vier Elemente).

14 Vgl. Timaios 46a, Politeia X 602cd, Theaitetos 193d, Sophistes 239d.

15 Vgl. Xenophanes »Doch wenn die Ochsen und Rosse und Löwen Hände hätten oder malen könnten mit ihren Händen und Werke bilden wie die Menschen, so würden die Rosse roßähnliche, die Ochsen ochsenähnliche Göttergestalten malen und solche Körper bilden, wie jede Art gerade selbst ihre Form hätte.«, in: Die Fragmente der Vorsokratiker, hrsg. u. üb. H. Diels und W. Kranz, 6. Aufl. 1951, Nachdruck 1985, Zürich, Hildesheim, Bd. I, 21 B 15.

16 Vgl. H. Willms, Eikon, Eine begriffsgeschichtliche Untersuchung zum Platonismus, I, Münster, 1935, S. 38ff.; die Luthersche Übersetzung von Gen. I, 26, 27 von da übernommen.

Zur Nietzsche-Rezeption in Indien und Japan

Hans-Joachim Koch

»Ich imaginiere zukünftige Denker, in denen sich die
europäisch-amerikanische Rastlosigkeit mit der
hundertfach vererbten asiatischen Beschaulichkeit verbindet«
Nietzsche, Nachlass-Fragment von 1876, 17[55]

Meine Damen und Herren,

ich möchte Sie mit einer uns Europäern noch recht fremden Welt indischer Philosophie bekannt machen und über zwei Philosophen berichten, die zu Beginn dieses Jahrhunderts auf Nietzsches Gedankengut gestoßen sind: der Muslim Muhammad Iqbal[1] aus dem nordindischen Panschab und der zunächst anglisiert erzogene Aravinda Ghose aus Kalkutta, der sich später Aurobindo nannte.

Philosophische Weisheit will in Indien nicht eine Religion apologetisch verteidigen oder rechtfertigen. Sie ist auch nicht bloße Spekulation. Ihr kommt eher der Status einer religiösen Wahrheit zu. Ihr Studium erfordert nicht nur Kenntnisse des Sanskrit und anderer indischer Sprachen, sondern auch einer speziellen Terminologie. Auf Wörterbücher ist da wenig Verlass. Vergleicht man indische Philosophie mit der europäischen, so stößt man eher auf viele Ähnlichkeiten als auf unmittelbar Nachvollziehbares. Fragen nach Vernunfterkenntnis werden dort kaum gestellt. Man steht jenseits unserer exklusiven Rationalität. Bereits die Veden sagen, dass es die eine Wahrheit, von der die Weisen verschieden sprechen, nicht gibt. Es geht ihnen nicht um objektive Gewissheit, sondern um das Gewahrwerden philosophischer Wahrheit, in der Sein, Wissen, Erkennen und Werden miteinander vernetzt sind.

Indischer Religiosität steht es frei, das Göttliche als unpersönliches Absolutes und Unendliches oder ewige Person zu konzipieren und zu erfahren. Das ist der Kern spiritueller Kultur. Das Unendliche schafft und ist Brahma mit tausend Gesichtern und in verschiedensten Gestalten: höchste Energie, wohltätig im Erhalten und Schützen, selbst unter der Maske der Zerstörung. Indische Spiritualität definiert Aurobindo als den Versuch, im höchsten Selbst zu leben und das Leben in all seinen Teilen zu den höchstmöglichen Werten zu erheben.

Nietzsche, der sich mit vielen Vorbehalten gegenüber der europäischen Rationalität auseinandergesetzt hat, hatte ein Gespür für asiatische Weisheit. Sein Freund Paul Deussen hatte ihm 1877 sein Buch »Elemente der Metaphysik« geschenkt. In »Zur Genealogie der Moral« hatte Nietzsche erinnert, dass in den Vedânta ein Weiser nach gesamtindischer Auffassung »Gut« und »Böse« hinter sich lässt, also beide Moralwertungen ignoriert, und »Erlösung« findet, wenn er beides gleichermaßen »von sich [ab-]schüttelt«, ohne darin eine Tugendhaftigkeit sehen zu können; denn mit allem eins zu sein sei das, »was Erlösung ausmacht«. Deshalb dankte Nietzsche dem Freund für das, was er in seinem Buch »aus den schwer zugänglichen indischen Studien« herausgefunden habe. Es wird uns daher verständlich, dass Nietzsche sich in sein Tagebuch notierte:

> »zukünftige Denker, in denen sich die europäisch-amerikanische Rastlosigkeit mit der hundertfach vererbten asiatischen Beschaulichkeit verbindet: eine solche Combination bringt das Welträtsel zur Lösung. Einstweilen [so fährt er aber fort] haben die betrachtenden Freigeister ihre Mission: sie heben alle Schranken hinweg, welche einer Verschmelzung der Menschen im Wege stehen: Religionen, Staaten monarchische Instinkte, Reichthums- und Armutsillusionen, Gesundheits- und Rassenurteile – usw.«

Und an anderer Stelle notierte er: »wir wollen uns weder in christliche noch in amerikanische Perspektiven einengen«.[2]

Welch ein Programm!, so dürfen wir aus heutiger Sicht hinzufügen. – Ich beginne mit der Nietzsche-Rezeption durch Muhammad Iqbal.

*

Muhammad Iqbal (1877–1937) wurde nach dem Studium der Rechte und der Philosophie in Cambridge und nach seiner Promotion in München als muslimischer Dichter indischer Abstammung einer der weitblickenden Denker des indischen Subkontinents. Er sagte einmal in kritischer Bewunderung Nietzsches: »Heidnisch [war] sein Hirn, gläubig sein Herz und gut.« Im Zusammenhang mit Europas Rolle in der Welt sei Nietzsche im Bereich der Ethik der Versuch, Europas Führung rational zu rechtfertigen, aber als großer Prophet der Aristokratie wäre er in Europa allgemein verdammt gewesen. Nur wenige hätten seinen Wahnsinn begriffen.

Iqbal bewunderte Nietzsches Kerngedanken »wie der Mensch zu überschreiten sei«. Iqbals islamischer Landsmann Dschelaláddin Rumi hatte 700 Jahre vor Nietzsche ebenfalls die allgemeine Dekadenz lebenszerstörender Mächte kritisiert. Für das moderne Europa schien Iqbal Nietzsches Seelengeschichte »nicht ohne Parallele zur Geschichte des östlichen Sufismus« seines großen heimischen Vorbilds Rumi zu sein. Auch Nietzsches Psyche habe ihm, dem europäischen Philosophen, »eine Art prophetische Mentalität« gegeben, »die danach strebte, ihre Visionen in dauerhafte Lebenskräfte umzuwandeln«.

Doch dann vermeint Iqbal auch eine wesentliche Schwäche an Nietzsche feststellen zu müssen: Nietzsche habe nämlich seine Visionen unproduktiv verkümmern lassen, weil er lieber seinen äußeren geistigen Führern wie Arthur Schopenhauer, Charles Darwin, Friedrich Albert Lange und anderen gefolgt sei. Es sei eine Ironie des Schicksals, meinte Iqbal, dass Nietzsche, den seine Freunde wie jemanden »aus einem Lande, wo kein Mensch lebt« empfunden hätten, sich seiner großen geistigen Not völlig bewusst gewesen sei. Das können wir nachlesen in Iqbals berühmten »Sechs Vorlesungen über die Wiederherstellung des religiösen Lebens im Islam«, die er im Winter 1928/29 vor indischen Studenten gehalten hatte und die auch darüber hinaus in Europa bekannt geworden sind.

Wo Iqbal über die Begrenztheit des menschlichen Ego meditierte, drängten sich ihm Parallelen unter anderem zu Teilhard de Chardin, Martin Buber und Aurobindo auf, die eine letzte, unwandelbare Wirklichkeit im Sinne schöpferischen Wandels zu erfassen versucht hätten. Durch die ich-bezogene Bemühung, etwas zu sein, habe das menschliche Ich die Gelegenheit gesucht, seine Objektivität zu stärken und ein fundamentaleres »Ich bin« zu erwerben. Dieses Selbstbewusstsein verführte zu der Auffassung, Bestätigung nicht durch Cartesisches Denken, sondern durch das Kantische »Ich kann« finden zu können. Es gehe letztlich aber nicht um diese Begrenzung, sondern um die genauere Definition der Individualität, d.h. um einen vitalen Akt, demzufolge die Welt nicht durch Sehen oder Vorstellen erkannt, sondern »durch fortwährende Tätigkeit gemacht und wieder gemacht werden könne«. Das sei der Augenblick höchster Beseligung und gleichzeitig »größter Prüfung für das Ego«. Genau auf diese fortwährende Tätigkeit zielt auch Nietzsche, wenn er die »Lebensweise« jedem Glauben und jeder Theologie entgegensetzt und Zarathustra sagen lässt: »So wollen wir das Erdenreich«.

In seiner 1924 erschienenen »Botschaft des Ostens«, die Iqbal als seine verehrende Antwort auf Goethes »West-Östlichen Divan« verstand, finden sich einige Gedichte, denen wir Erstaunliches über Nietzsche entnehmen können. So etwa, dass der europäische Philosoph zur Überwindung traditioneller Denkweisen wie besessen »hundert frische Wirren in der Franken Land« geworfen habe. Mit den Franken sind die Deutschen gemeint, deren überstrapazierte Rationalität Nietzsche wie in einer Glasfabrik zu Scherben gemacht habe.

In einer zweiten Widmung an den Gott leugnenden Nietzsche, der aber »in manchen ethischen Ergebnissen der islamischen Religion außerordentlich nahe« gestanden habe, lesen wir das schon zitierte Bekenntnis. Es heißt da:

»Wenn süßen Sang du suchst, so flieh vor ihm –
In seinem Rohr liegt Donnergrollens Wut!
Er warf ins Herz des Westens einen Speer –
Rot seine Hand noch von des Kreuzes Blut!
Er, der aufs Heiligtum den Tempel baute:
Heidnisch sein Hirn, gläubig sein Herz und gut ...
Verbrenne dich an diesem Feuer.«

– so schließen diese Zeilen.

Im »Buch der Ewigkeit«, das sich an Goethes »Faust«, aber auch an Dantes »Göttlicher Komödie« orientiert, kleidet der Dichter Iqbal seine Kritik an der Welt in das Gewand einer kosmologischen Jenseitsreise, auf die er den mystischen Dichter Dschelaláddin Rumi mitnimmt. Sie enthält eine schöne Huldigung an die Gestaltungskraft der Liebe:

»Nicht jeder tiefe Sinn lässt sich in Worte binden –
Geh einmal in dein Herz: dort wirst du ihn wohl finden.«

Wer hört hier nicht Nietzsches Worte von der »schenkenden Tugend« im Zarathustra oder vom dionysischen »Genie des Herzens, von dessen Berührung jeder reicher in sich selbst fortgeht«?, wie es in »Jenseits von Gut und Böse« heißt.

In demselben Buch steht auch, wie Iqbal den »Ort des deutschen Philosophen« als »jenseits der Sphären« beschreibt, wo Nietzsche Tod und Leben gleichermaßen bejahe, »stets ruhelos, und Ruhe doch begehrend«, bis an die Grenze der Schöpfung:

»Am Grenzwert dieser Welt des ›Was‹, ›Wieviel‹
Erschien ein Mann mit schmerzensvollem Laut.
Sein Blick war schärfer als des Falken Blick,
Sein Antlitz zeugte von des Herzens Brand.«

Der Dichter Iqbal antwortet dann auf die Frage: »Wer ist der Besess'ne?« seinem Lehrer Rumi mit den Worten: »Es ist ein deutscher Weiser; sein Standort ist inmitten beider Welten«, mit tiefen Gedanken, aber »fremd im eignen Land«, zerspaltet er die Menschen im Westen. »Weh dem Entrückten!« seufzt ihm Rumi zu, doch er »entkam den Pfaffen«, leider fand er aber »beim Arzt den Tod.« In Europa habe das Schicksal des Geschlagenen zunächst niemand zur Kenntnis genommen.

»Er war wie Bargeld – keiner wog ihn aus;
Er wusste, was zu tun, und konnt' nicht handeln!
Ein Liebender, in seinem Ach verwirrt!«

Er habe sich jedoch mit seiner Absage an Gott zugleich von sich selbst getrennt und nur Äußerliches wahrgenommen, nicht den Sinn des Wortes gekannt, statt dessen unablässig nach dem Menschen gerufen. »Ach, hätte er in Ahmeds Zeit gelebt«, dann wäre er wohl auf jenen Ort gestoßen, in welchem »ohne Stimme« das erlösende Wort hätte wachsen können. Ahmed, mit welchem Iqbal Nietzsche hier gleichsetzt, war in der indischen Überlieferung des 17. Jahrhunderts der politische Mystiker *Ahmed Sirhindi*. Für gläubige Muslims war er der »Erneuerer des zweiten Jahrtausends«.

In Anlehnung an Nietzsches »flügelbrausende Sehnsucht«, die Zarathustra im »Anderen Tanzlied« angesichts des »Geists der Schwere« beschwört, und an Nietzsches »innere Visionen«, von deren Existenz Iqbal zutiefst überzeugt war, preist Iqbal an anderer Stelle die Wahrheit von Poesie und Philosophie, welche nur »durch des Herzens Brand« zur Dichtung werden kann. Und das Gedicht erinnert uns lebhaft an Nietzsches »Klage der Ariadne« in Nietzsches Dionysos-Dithyramben:

LIEBE

Weltenbrennender Verstand, der einen kühnen Aufglanz
Von Liebe lernte, was in der Seele wartet,
Dies freudenreiche Wort, ich sag' es und ich tanze:
Nicht jeder tiefe Sinn lässt sich in Worte binden –
Geh einmal in dein Herz: dort wirst du ihn wohl finden.

Wenn wir uns den Schmerz vorzustellen versuchen, den Ariadne als die beseelte andere Hälfte des Dionysos durch den zum Henker-Gott namens »Gedanke«, also durch die überstrapazierte Ratio empfand, dann bestätigen die kritischen Zeilen vom »weltenbrennenden Verstand« in Iqbals Gedicht die vorgestellten Belege über die behauptete Nähe Muhammad Iqbals zu Nietzsche.

*

Lassen Sie mich jetzt zur Nietzsche-Rezeption durch den hinduistischen Denker *Sri Aurobindo* wechseln, dessen Gedankenwelt von mir in dem Buch von Wilfried Huchzermeyer[3] »Der Übermensch« kurz vorgestellt und kommentiert und von seinem Schüler *Satprem*, einem gebürtigen Franzosen, jahrzehntelang kompetent kommentiert wurde.

Aurobindos Lebenslauf

Sri Aurobindo (1872–1950) wurde als Aravinda Ghose im bengalischen Kalkutta geboren und in einem anglisierten Elternhaus erzogen. Sein Vater war Arzt, der sich in einem atheistisch-aufgeklärten Weltbild eingerichtet hatte. Seine Schul- und Studienjahre verbrachte der Sohn vom 7. bis 20. Lebensjahr in England. Schon als Schüler ausgezeichnet, erhielt er mit achtzehn Jahren als Stipendiat in Cambridge Preise für lateinische und griechische Dichtung. Die ganze europäische Gedankenwelt nahm er unersättlich in sich auf. So beschäftigte er sich auch mit Darwins Entwicklungslehre, und Nietzsches »Zarathustra« las er in deutscher Sprache. Der Evolutionsgedanke und die Evolutionsidee des Übermenschen nimmt bei ihm jedoch keine biologistischen, sondern weit mehr spirituelle Züge an. Für die von Aurobindo angestrebte kategoriale Bewusstseinserweiterung, zu der er später meditativ wie in ein Überbewusstsein (»Supramental«) vorzudringen versuchte, finden sich in den Lernjahren auf dem britischen *King's College* in Cambridge die ersten Ansätze.

Als der Zwanzigjährige 1893 nach dem Tode des Vaters nach Indien zurückkehrt, lernt er erst seine bengalische Muttersprache und deren kulturelle Überlieferungen kennen. Feste religiöse Glaubensartikel wie in Europa fand er in Indien nicht vor, dort herrscht grenzenlose geistige und spirituelle Freiheit. Jeder lebt nach seinem inneren spirituellen Bedürfnis, seine Götter tanzen, frohlocken oder zürnen und »ein Gott, der nicht des Lächelns fähig ist, wie hätte er ein solch komisches Universum erschaffen können?«, fragt er.

Als er wegen seines schon seit der Jahrhundertwende dauernden Kampfes gegen die Kolonialherrschaft der Briten zwischen 1908 und 1909 mehrfach im Gefängnis saß, verbrachte er die meiste Zeit mit der Lektüre der »Bhagavat Gita«, der »Upanischaden« und mit *Yoga*-Praxis, um Kraft für seine neuen spirituellen Aufgaben zu gewinnen. Um einer drohenden Deportation zu entgehen, zog er sich 1910 in die französische Enklave Pondicherry zurück, wo er einen Ashram gründete und weiterhin nur noch an der spirituellen Transformation des menschlichen Bewusstseins, seinem »Integralen Yoga« arbeitete. Weil er seit frühester Jugend in westlichen Kategorien zu denken erzogen war und sie als Denkmaßstab auch später nicht verlor, sind seine zahlreichen Schriften für den Westen von größtem Interesse. Ab 1914 erschien seine religionsphilosophische Zeitschrift »Arya«, 1920 kamen die Studien zu den Upanischaden, 1928 über die Bagavadgita heraus. Stattliche vier Bände mit Antworten an seine Schüler lagen 1977 in deutscher Sprache vor.

Grundlage der Nietzsche-Interpretation Aurobindos ist der Zarathustra

Aurobindos Nietzsche-Interpretation gründet vor allem auf der Kenntnis von »Also sprach Zarathustra«. Zu Nietzsches Zarathustra-Kommentar in »Ecce homo«, wo er sich als »schlechten Propheten« für die Deutschen herausstreicht, weil sie ihn nicht zur Kenntnis nehmen, merkte Wilfried Huchzermeyer 1986 an: »Obgleich Nietzsche ein Prophet war, konnte er nicht wissen, dass er nur einige Jahrzehnte hätte warten müssen, um jemanden zu finden, der seine Erfahrungen bestätigt.« Als Nietzsche seinem Zarathustra den Satz in den Mund legte: »Ach, ist es *mein* Wort? wer bin ich? Ich warte des Würdigeren; ich bin nicht werth, an ihm auch nur zu zerbrechen«, befand sich Aurobindo einige hundert Kilometer entfernt in London und erforschte die Welt europäischer Dichtung und eben auch Nietzsches brillanten Gedanken vom Übermenschen. Diesen legte sich Aurobindo dann vor dem Hintergrund der vedischen und upanischadischen Seher aus.

Über »inneres Hören« von Dichtung schrieb er äußerst einfühlsam: »Manchmal hört man eine Zeile oder eine Textstelle oder sogar ein ganzes Gedicht; manchmal kommen sie einfach herab. Die beste Dichtung wird stets auf diese Weise geschrieben.« Das deutet auf eine auffällige Ähnlichkeit mit Nietzsches Erfahrung hin. Aus dieser Position heraus nannte er Nietzsche einen bemerkenswerten Propheten – allerdings einen Propheten, der »seine eigene Botschaft missverstand.« Doch hier beginnen bei Aurobindo zum einen die westlich-platonische Denktradition und zum andern die spezifisch religiösen und kulturellen Bedingtheiten Indiens die Perspektiven des Interpreten zu verändern.

Gerade weil sich Aurobindos Vorstellung von europäisch-metaphysischem Denken – weder den Methoden noch den Ergebnissen nach – jenseits des denkenden Verstandes bewegt, hält er Denken für unfähig, die höchste Wahrheit zu erkennen; der Verstand (engl. »the mental«) könne – so meint er – »die Wahrheit« nur suchend umschweifen, nur bruchstückweise Bilder davon empfangen und versuchen, »das Ding selbst« dann mit diesen Bildern zusammenzuführen. Deshalb müsse am Ende des europäischen Denkens über »eine letzte Wirklichkeit«, offen oder verdeckt, immer der Agnostizismus stehen.

Aurobindos Würdigung ... und Fehleinschätzung Nietzsches

Aurobindo hat während seines Lebens in 28 Passagen seiner englischen Gesamtausgabe ausführliche Kommentare zu Nietzsche hinterlassen. Darin kritisierte er ebenso wie Nietzsche sowohl alle Formulierungen eines metaphysischen Substanzbegriffs als auch jede Vereinseitigung sprachlicher und überhaupt rationaler Begrifflichkeit. Nietzsches Verdienst hat er vor allem darin gesehen, dass er wieder Dynamik und Intuition, Krieg und Kampf als evolutionäre Kräfte in die westliche Philosophie einbrachte. Der Evolutionsgedanke spielt bei Aurobindos *Yoga* – als Weg der Annäherung an das von ihm gesuchte Eine – eine große Rolle.

Aurobindo glaubte, Nietzsche hätte »das Sein« als Ausgangsort des Werdens *einseitig*, nämlich im Sinne metaphysischer Begrifflichkeit zurückgewiesen. Im Allgemeinen sei seine Philosophie Ansporn und Herausforderung für letzte Fragen; sie bietet nach Aurobindos Einschätzung aber keine Lösung der aufgeworfenen Problematik an. Für Aurobindo ist das »Sein« eine fundamentale Wirklichkeit, während das »Werden« die wirksame Wirklichkeit verkörpert. Nur wenn das Bewusstsein »in Berührung mit dem Jenseits ist, oder wenn es selbst das Bewusstsein des Jenseits ist und du einen Weg zu ihm finden kannst, dann kann dieses Etwas erkannt werden, aber nicht anders«, so lautet Aurobindos Yoga-Philosophie.

Das sogenannte »Missverständnis«, wonach Nietzsche seine eigene Botschaft nicht verstanden haben soll, beruht auf der von Aurobindo angesprochenen allgemeinen Begrenztheit der Ratio, die er das »Mental« [engl. auch mind] nannte. Nietzsche hat jedoch – wie wir wissen – ebenfalls gegen eine vereinfachende Rationalität opponiert. Aurobindo vermisste bei Nietzsche aber klare Vorstellungen vom »Selbst«, aus dem heraus sich die unvollkommenen Menschen durch Selbstüberwindung entwickeln sollten. Die Voraussetzung dazu sei Überantwortung und Selbsthingabe an etwas Größeres. Diese Annäherung an das Eine würde jedoch durch das vitalistisch-falsche Prinzip des »Willen zur Macht« verhindert, für das der Übermensch Nietzsches stehe. In seinem Werk »Das Göttliche Leben« beschreibt Aurobindo

»die Idee einer gewaltsamen Beherrschung der Menschheit durch den Übermenschen«. Der Übermensch sei bei Nietzsche nur mit begrenztem »Halb-Wissen« und mit »Halb-Unwissenheit« ausgestattet.

Diese Interpretation erklärt Huchzermeyer wie folgt: Aurobindo konnte nicht verstehen, »was Nietzsche mit dem *Willen zur Macht* meinte«. Neuen Übersetzungen und Kommentaren zufolge sei der »Wille zur Macht« doch ganz klar ein überschäumender spontaner Lebenseifer, ja sozusagen eine Art Fundamentalenergie. In dem Nachlassfragment 14 [128] vom Frühjahr 1888 heißt es dementsprechend bei Nietzsche,[4] »dass alles treibende Kraft Wille zur Macht ist, dass es keine physische, dynamische oder psychische Kraft außerdem giebt«.

Hier ist Aurobindo meiner Einschätzung nach in eine typische *Beziehungsfalle* geraten, vor der mein verstorbene Freund Hans-Erich Lampl[5] in Oslo immer gewarnt hat. Ob der Zugang zu dem erst seit Jahrzehnten publizierten reichen Nachlass dem indischen Denker ein umfassenderes Nietzsche-Bild hätte bescheren können, bleibt eine offene Frage. Immerhin ist Nietzsches Würdigung durch Aurobindo – ebenso wie durch Muhammad Iqbal – beachtlich und wichtig, wenngleich auch bruchstückhaft.

Nun möchte ich diese Bruchstückhaftigkeit hier jetzt nur noch in einen richtigen Zusammenhang stellen:

Die bruchstückhafte Würdigung Nietzsches durch Iqbal und Aurobindo

Wo an ein meditativ erarbeitetes Erlebnis die Forderung herantritt, »sich der Prüfung des Verstandes zu unterwerfen, wenn es gültig sein wolle«, so sei das nach Aurobindo »genau das Gegenteil des indischen Standpunktes.« Und selbst diejenigen, die einsähen, dass das Mentale in seiner begrenzten Kapazität überschritten werden müsse, glaubten gefühlsmäßig immer noch, durch mentales logisches Denken diese »andere Wahrheit« erreichen zu können. So hat nach Aurobindo das westliche Denken aufgehört, dynamisch zu sein, während es unter den alten Griechen noch dynamisch gewesen sei, »aber [dort] eher für moralische und ästhetische als für spirituelle Zwecke.«

Aurobindo bemerkte bereits 1916 die Affinität Nietzsches zu einem dynamischen Denken, bei dessen Auslegung Nietzsche zwar das Sein geleugnet, aber von einem *Willen zum Sein* gesprochen habe. Auch die Rede Nietzsches vom »Sinn der Erde« griff Aurobindo – wenngleich auch nur unbewusst – auf, weil er dazu durch seine Zustimmung zur upanischadischen Leib- und Erdverbundenheit motiviert war.

Und wo Nietzsche im »Zarathustra« angesichts der Sonnenscheibe schreibt: »Schon kommt sie, die Glühende, – ihre Liebe zur Erde kommt! Unschuld und Schöpfer-Begier ist alle Sonnen-Liebe! Fühlt ihr den Durst und den heißen Atem ihrer Liebe nicht? Am Meer will sie saugen und seine Tiefen zu sich in die Höhe trinken: da hebt sich die Begierde des Meeres; Luft will es werden und Höhe und Fußpfad des Lichts und selber Licht!«, eben da begegnen wir auch in Aurobindos dichterischem Epos »Savitri«[6] immer wieder überraschenden Entsprechungen zu Nietzsches überströmender Bildersprache. Dichtete dieser nicht im »Zarathustra«, wo er »Von der schenkenden Tugend« redet: »Tausend Pfade giebt es, die noch nie gegangen sind; unentdeckt ist immer noch Mensch und Menschen-Erde.«

Zahllos sind noch weitere Beispiele der Parallelen zwischen beiden Denkern, zwischen der yogischen Weisheit Aurobindos und der intuitiven Einsicht Nietzsches. Sie sind bei Wilfried Huchzermeyer nachzulesen, der herausgearbeitet hat, dass beide Denker quasi kosmische Ereignisse seien – vielleicht mit dem Unterschied, dass es sich bei dem Ereignis Friedrich Nietzsche um den induzierenden kosmischen »Willen zum Schaffen« handelt und in Abhebung davon bei Aurobindo um das betroffene, deduzierende »Empfangen-Wollen« verborgener Sinngebung. Das schließt traditionelle und kulturbedingte Widersprüche nicht aus. Dennoch meine ich mit Walter F. Otto, dass das Verstehen des Lebendigen kein Kombinieren von Tatsachen ist, sondern Antwort des verwandten Lebens: Fülle antwortet hier auf Fülle. Diese Fülle sehe ich in beiden, in Nietzsche und Aurobindo, verkörpert.

Nietzsche war sehnsüchtig, losgelöst von allem Zeitbedingten, um über sich und die Menschen hinauszuwachsen und *kosmisch* zu *empfinden*, »über ›mich‹ und ›dich‹ hinaus!«

Dazu brauchte er keinen Gottes-Begriff. Um sich dieses selbst zu bestätigen, benutzte er im Frühjahr 1888 gar abwehrend den Ausdruck von der

> »Gottes-Verdunstung in Tugend und Geist«, für Gott fehlt »jeder Ort, jeder Zweck, jeder Sinn, wohin wir unser Sein, unser So-und-so-sein abwälzen könnten, *weil es nichts giebt* außer dem Ganzen[7]«.

Für Aurobindo sind *Mental, Leben und Körper Werkzeuge* zur *spirituellen Vollkommenheit*. Die Trennung zwischen Körper und Geist, zwischen Natur und Über-Natur, müsse beseitigt werden. Und die *Übernatur* spricht Aurobindo an als die »*Selbst-Macht des göttlichen Seins*«, die durch uns wirkt, und – wir sind nicht gedacht als unser Ich, sondern *wir* als Zusammenspiel von Selbst-Bejahung und Selbst-Verneinung – könnten dieses Wirkens bewusst werden. Denn – obwohl dieses »ganze Meer des Seins« auf uns einströme, nähmen wir nach Aurobindo am Bewusstsein dieses Wirkens nicht teil, weil wir von ihm »nur so viel wüssten, wie in unser äußeres Mental eingebracht und dort koordiniert« werden könne. »Die Welt lebt in unserem Innern, sie denkt in uns und gestaltet sich in uns.« Derartige Selbst-Erfahrung habe mit unserem Erinnerungsvermögen zu tun.

Und damit sind wir wieder bei Nietzsche, der 1883–84 in sein Notizbuch schreibt[8]: »Das Ich-Geistige selber ist mit der Zelle schon gegeben«, und »jedes Individuum wirkt am ganzen kosmischen Wesen mit – ob wir es wissen oder nicht – ob wir es wollen oder nicht«, während Nietzsches Kronzeuge Heraklit von den »schlafenden Mitwirkern bei all dem sprach, was in der Welt geschieht.«

Wir kennen auch das Wort aus dem »Ecce homo« über Nietzsches *Inspiration*, bei der er sich als »blosses Mundstück, blosses Medium übermächtiger Gewalten« vorkommt in dem Sinne,

»dass plötzlich, mit unsäglicher Sicherheit und Feinheit, Etwas sichtbar, hörbar wird, Etwas, das Einen im Tiefsten erschüttert und umwirft. Man hört, man sucht nicht; man nimmt, man fragt nicht, wer da giebt; wie ein Blitz leuchtet ein Gedanke auf, mit Nothwendigkeit, in der Form ohne Zögern, – ich habe nie eine Wahl gehabt. Alles geschieht in einem Sturme von Freiheits-Gefühl, von Unbedingtsein, von Macht, von Göttlichkeit ... Alles Sein will hier Wort werden. Dies ist m e i n e Erfahrung von Inspiration; ich zweifle nicht, dass man Jahrtausende zurückgehn muss, um Jemanden zu finden, der mir sagen darf: ›es ist auch die meine‹.«[9]

Aurobindos Sprachschatz

Das sprachliche Instrumentarium Aurobindos ist sehr komplex, oder anders ausgedrückt: Er differenziert Begrifflichkeiten in einer Weise, die uns Europäern nicht geläufig ist. Er unterscheidet nämlich, erstens, ein *spontanes* Wahrheits-Bewusstsein, Wahrheits-Fühlen und Wahrheits-Wirken als »integrales Gesetz unserer Natur« vom gewöhnlichen *mentalen* Bewusstsein und Denken, in welchem wir uns normalerweise begrifflich bewegen. Zweitens geht er mit dem Selbst ambivalent um, indem er den Begriff einmal darwinistisch-biologistisch verwendet, ein andermal als Auswirkung einer göttlichen Über-Natur verstanden wissen will. Auch Nietzsche sagt – wie wir hörten –, »das Ich-Geistige ist mit den Zellen schon gegeben« und ist letzten Endes, wenn es um das Erklären geht, etwas »Änigmatisches« – eine typische Vokabel Nietzsches, mit der er nicht mehr näher Erklärbares dem begrifflichen Zugriff entziehen will, weil sonst unweigerlich Falsches festgeschrieben würde. Die Grundproblematik liegt in unserer existentiellen Situation, weil wir uns ohne theoretische Systematisierung dessen, was wir mitteilen wollen, nicht verständigen können.

Zudem kommen bei der Ausdeutung von Aurobindos Texten zwei weitere sehr gravierende Schwierigkeiten hinzu, nämlich – drittens – hinterließ er fast alle seine Niederschriften in Englisch und Bengali; und viertens kommen durch die deutschen Übersetzungen aus dem Englischen *gefährliche Beziehungsfallen (H.-E. Lampl*, siehe oben!) ins Spiel, die wir mit unseren europäisch-mentalen Interpretationsweisen gar nicht vermeiden können. Man müsste wirklich – wie es mein Freund, der kompetente Japanologe *Johannes Laube*, einmal formulierte –, einen ganzen Katalog von Voraussetzungen mitbringen, um angemessene Übersetzungen religiöser oder geisteswissenschaftlicher Schriften liefern zu können.

Nietzsche, bei dem als Schüler[10] der kosmologisch-ursprüngliche Gedanke vom »Spiel« als das menschliche Spiel des Kindes und Künstlers jenseits aller Bewertbarkeit vorkommt, war nicht mehr befangen in Metaphysik; er gab sich in der Rolle des *Mitspielers* der Welt von Sein und Schein dem Willen zum Mit-Spiel anheim, so, wie er sich dem »Amor fati« hingab, der Liebe zum Schicksal, das – wie in den Dionysos-Dithyramben – »kein Wunsch erreicht, das kein Nein befleckt«, »rings nur Welle und Spiel. Glatt liegt Seele und Meer[11]«.

Ich möchte mit diesem Zitat hinweisen auf das, was nur wie kindliches, begriffsverlorenes Geschehnis wie das Meereswellen-Wechselspiel aus sich selbst hervorgeht: Wo es reflektiert wird, ist die Spontaneität, die auch Aurobindo postuliert, unweigerlich verflogen. Was er »die Macht des göttlichen Seins« nannte, war für Nietzsche das Spiel des göttlichen Kindes, »ein aus sich rollendes Rad«, ein »heiliges Jasagen: S e i n e n Willen will nun der Geist.«[12]

Doch für das Wirken dieser »Macht des göttlichen Seins« spricht nach Aurobindo aus der schlummernden *Natur* überhaupt kein Wort, sofern wir uns der normalen Alltagssprache bedienen:

> »Wenn ein supramentales Wesen in der irdischen Schöpfung – etwa in einem *Übermenschen* – erscheinen soll, so müsste es eine neue und unabhängige Manifestation, eine Offenbarung sein.«

Außerdem könne sich auf keinen Fall die Menschenrasse zu solcher Vollkommenheit entwickeln; denn das sei *keine* »Möglichkeit der menschlichen Kreatur«, die allen Normalmenschen mit ihrer mentalen Unwissenheit und der nach außen gerichteten *Vergottung ihres einsamen Egos* beschert sei. Ein *übermentales Bewusstsein der mentalen Schwelle* könne nur das »ersehnte Ziel« sein.

Wenn wir an Aurobindos berühmtem »Savitri«-Epos anknüpfen, stoßen wir auf die Möglichkeit des stufenweisen Suchens nach dem supramentalen Wesen eines Übermenschentyps. In »Savitri« heißt es:

> »Die Zellen unseres Körpers müssen die Flamme der Unsterblichkeit festhalten können, wenn nicht eine halb nur errettete Welt ihrem zweifelhaften Schicksal überlassen bleiben soll, weil nur der Geist allein zu seinem Ursprung findet.«

In den Zellen[13] unseres Körpers müsse demnach der schwierige Übergang gefunden werden: »wir müssen den Felsen des Unbewussten sprengen und den Urgrund finden, das, auf dem alles ruht«. Denn »in einer Zelle unseres Körpers ruht das gleiche Mysterium wie in allen Galaxien und allen Erden«. Der Abstieg in diesen Urgrund ist noch nicht beendet, so kommentiert der Aurobindo-Schüler Satprem diesen »Savitri«-Text.

Der Begriff »Gott«

Der mit Namen spielende Aurobindo sagt ausdrücklich, dass es sich hier »*nicht*, wie gewisse Religionen annehmen, um eine persönliche, überkosmische, willkürliche handelnde Gottheit handelt, die den von einer Laune ihres Willens erzeugten Geschöpfen das Böse und das Leid auferlegt hat«. Er betont nachdrücklich, dass »das Göttliche, das wir kennen, ein unbegrenztes Wesen sei, in dessen unbegrenzter Manifestation, d.h. seiner greifbaren Verkörperung alle Dinge Raum gewonnen haben.«

Bei Nietzsche finden wir das Gegenstück. Das Begriffswesen als eine moralisch wirkende Instanz[14] hat Nietzsche abgeschafft, aber das Rätselhafte, d.h. das *Änigma* ganz und gar nicht. Wir hörten oben schon von den begrifflichen Schwierigkeiten, über die ich beim Herüberholen von Sinndeutungen aus anderen Kulturen und speziell auch von Aurobindo gesprochen habe.

Ähnlichkeiten zwischen Aurobindo und Nietzsche

Ich möchte Ihnen aber, bevor ich zu den Deutungsschwierigkeiten beim Wort »Übermensch« komme, erst noch ein paar schöne Ähnlichkeiten in der ästhetischen Wahrnehmung von Sprachbildern bei Nietzsche und Aurobindo vorlegen:

In Aurobindos »Integralem Yoga« spielt das Wort *Transformation* eine wichtige, nämlich eine *dynamische* Rolle insofern, als es »die völlige Ersetzung des gegenwärtigen Bewusstseins durch das Göttliche Bewusstsein« bedeutet. Huchzermeyer nennt das die unmöglich erscheinende »Umwandlung« von menschlichem *Blei* in göttliches *Gold* oder Herzens-*Licht*, das »mit den verschiedenartigen Erfahrungen wächst«. Diese *Evolution der Seele* erinnert an den Ausruf Zarathustras:

> »Oh meine Seele, jede Sonne goß ich auf dich und jede Nacht und jedes Schweigen und jede Sehnsucht: – da wuchsest du mir auf wie ein Weinstock.«[15]

Normalerweise liegt nach Aurobindo dieses Seele unter vielen ungeläuterten Schichten unserer Natur verborgen als eine Flamme, die durch die starre Haltung des Mentals verhüllt wird. Im »Zarathustra« können wir dazu aber dann lesen:

> »ich erlöste dich von allen Winkeln, ich kehrte Staub, Spinne und Zwielicht von dir ab. Oh meine Seele, ich überredete dich, nackt vor den Augen der Sonne zu stehn [...], dass du zu dir die Gründe selber überredest: der Sonne gleich, die das Meer noch zu seiner Höhe überredet.«[16]

Das Epitheton »golden« kommt überall vor, wo Nietzsche das Göttliche paraphrasiert: Seine Seele wird singen, sagt Nietzsche/Zarathustra[17],

> »singen, mit brausendem Gesang, bis alle Meere still werden, dass sie deiner Sehnsucht zuhorchen, – bis über stille sehnsüchtige Meere der Nachen schwebt, das güldene Wunder, um dessen Gold alle guten schlimmen wunderlichen Dinge hüpfen – hin zu dem güldenen Wunder zu seinem Herrn: das aber ist der Winzer dein großer Löser, oh meine Seele, der Namenlose – dem zukünftige Gesänge erst Namen finden!«

In unentstellter Form wie selten erscheint uns hier Nietzsche, der sich diesen Ausblick schon im »Zarathustra« zurechtgelegt hatte, nachdem die Frage nach dem *Wie* höchster Wertsteigerung gefallen war:

> »Nur als Abbild der höchsten Tugend kam Gold zum höchsten Werthe. Goldgleich leuchtet der Blick dem Schenkenden [...]: eine schenkende Tugend ist die höchste Tugend.«[18]

*

Nach Aurobindo weisen alle diese Stellen auf etwas Göttlich-Psychisches hin; denn das Psychische sei immer eine »reine Flamme des Göttlichen in den Dingen«, dazu da, »um die natürliche Evolution« von Körper, Leben und Mental zu unterstützen, damit jedes für sich seiner Art gemäß wachse und sich entfalte. Dieses komplizierte Wirken aber vollziehe sich langsam, verborgen und nicht an der Oberfläche.

Auch bei Nietzsche findet sich diese Trias:

> »Einst hattest du Leidenschaften und nanntest sie böse. Aber jetzt hast du nur noch deine Tugenden: die wuchsen aus deinen Leidenschaften. Du legtest dein höchstes Ziel diesen Leidenschaften an's Herz: da wurden [sie schließlich alle] zu Tugenden und alle deine Teufel zu Engeln. Einst hattest du wilde Hunde in deinem Keller: aber am Ende verwandelten sie sich zu Vögeln und lieblichen und Sängerinnen.«

Den *Keller* hatte der Psychologe Nietzsche als Symbol für das Unbewusste gewählt, die *Hunde* für Leidenschaften und Begierden, *Vögel* und liebliche *Sängerinnen* für die höheren künstlerischen Fähigkeiten, die eine Sublimierung oder gar Umwandlung betreiben könnten. Die Rede über die Freuden und Leidenschaften schließt dann mit der bekannten visionären Forderung »Der Mensch ist Etwas, das überwunden werden soll.«[19]

Aurobindo hat sich dieser Stelle erinnert, die er während seiner frühen Studien in England gelesen hatte, als er später in seiner visionären Dichtung »Savitri« schrieb:

> »Mit seiner kindisch-dummen Spielerei von alltäglichen Zwerg-Begierden / ward all dies umgewandelt in ein stürmisches und liebenswertes Spielen, / Ein Tollen kleiner Götter mit dem Leben in der Zeit. An diesem tiefen Ort, wo einst die Schlange schlief. / Jetzt war ein fester Grund gelegt für die der himmlischen Macht. / Die Seele warf den Schleier der Unwissenheit beiseite und baute, / In Verbindung mit den Göttern, mit den kosmischen Wesen und Mächten / die Harmonie ihres menschlichen Zustands. / Ergeben in die Hand der großen Welten-Mutter / gehorchte sie deren erhabenem Geheiß / in jedem Rätsel dieser Welt des Unbewussten. / Eine geheime Seele lebt im Hintergrund, die alles unterstützt.«

Die Ähnlichkeit dieser Aurobindo-Stelle mit Nietzsches Vorstellung besteht meiner Meinung nach in der Folgerung, dass der mental transformierte Mensch noch nicht der Übermensch sein kann.

Nietzsches Übermensch-Idee geriet zuerst in die Nähe eines vermeintlichen Ersatz-Gottes, der das eigentliche Werden des Neuen garantieren sollte. Doch diese Quasi-Metaphysik destruierte er im Spätwerk mit seiner Kritik an der ästhetischen Metaphysik, die er noch in der »Geburt der Tragödie« vertreten hatte. In der Entwicklung der Moral findet er keine Wahrheit vor: Alle Begriffs-Elemente und Formen der Logik im Reich der Lüge sind für ihn Sophismen. Alle moralphilosophisch *geschwellte Busen* verspottet Nietzsche als »Blasebalg der Gottheit« oder als einen »Bauchredner Gottes«.[20]

Nietzsches »Andere« Welt

Der Übermensch-Typus muss geschaffen werden, er fällt nach Nietzsche nicht vom Himmel. Es bedarf schon einer besonderen Kraft, in den Abgrund zu blicken, wo die Philosophen der Tiefe sitzen, nämlich »in dem ›Abgrund‹ eines vollkommen hellen Himmels«, wie ein Zitat von 1885 besagt. Nietzsche hatte sowohl die wahre als auch die scheinbare Welt hinter sich gelassen, er suchte in seinem letzten Schaffensjahr eine *andere* Welt, wo es anders ist. So schreibt er 1888:

> »vielleicht wird alles gut, wir haben nicht umsonst gehofft (auf eine) Welt, wo es anders, wo wir selbst – wer weiß? anders sind ... Die a n d e r e Welt könnte mit unter der Masse dessen sein, was uns d i e s e Welt möglich macht.«

Obwohl diese Passage bei genauerem Lesen eine skeptisch abwägende Haltung Nietzsches verrät, diskutiert er diese sogenannte »x-Welt« dennoch als Möglichkeit. Für eine solche Welt müsse man »gleichsam G r a d e d e r R e a l i t ä t« ansetzen. Das sei etwas anderes, als ein X von einer *unbekannten* Welt zu behaupten. Allerdings ist diese »andere« Welt im Gegensatz zur »scheinbaren« nicht durch naturwissenschaftsanaloge empirische Forschung zu gewinnen, sondern nur durch psychologische Hermeneutik. Es geht Nietzsche schlechthin darum, eine neue Welt des Wissens zu schaffen. Das ist mit der alten, herkömmlichen Philosophie und Erkenntnistheorie nach dem Tod des moralischen Gottes nicht mehr möglich. In der *Großen Vernunft* des Leibes schlummert eine Möglichkeit, die Gottähnlichkeit des Menschen im Sinne Aurobindos neu zu durchdenken. Es ist die Bewusstseinskraft, von der Aurobindo spricht, die den Übermenschen schmiedet und das supramentale Wesen hervorbringt.

Da ist die Rede vom goldenen Licht, englisch »a flame«, eine Flamme, so wie im altindischen Rigveda von »Agni«, dem Feuer. Konkret heißt das: von einem Funken, der oft erlischt und immer wieder entzündet werden muss – als Ruf, als Bedürfnis, um wahr zu sein im wachsenden Denken –: der als schmale Brücke das ganze Leben in sein Herz aufnimmt. Das ist die Verdichtung der großen Energie, bevor sie sich in Materie verwandelt.

Das Feuer formt sich in bildreicher Sprache durch den Funken Bewusstsein, den wir in das Unbewusste senken, fast zu einem *automatischen Programm*.

Das Programm in den Zellen

Dieses Programm scheint »in unsere Zellen und in den unerschöpflichen ribonuklearen Code eingraviert« zu sein. Von dort sendet es »immerzu seine kleinen Signale der Hilflosigkeit und die Appelle seiner Drüsen aus«. Der schöpferische Mensch hat aber die Aufgabe, dieses automatisch-Unbewusste »durch ein *Programm* zu ersetzen und einen Appell des Lichts, einen Sonnen-Code in all diesem Rasseln der Ventile, der Kolben und der umherschweifenden Enzyme zu finden, die uns immer noch, selbst wenn sie unseren Schwächen abhelfen«, wenn sie »die Höhlen unserer Ohnmacht abdichten und den großen Strom der heilenden Harmonie direkt aufnehmen würden, in einem Bergfried sich erschöpfender und zerstreuende mikroskopischer Energie einsperren und verschließen«. *Wir müssen also eine neue Körperkultur finden.* Dieser Wechsel im leiblichen Programm der Zellen, wie die anderen Programmwechsel im Mentalen, Vitalen und Unterbewussten, ist für das alte Gleichgewicht sehr beunruhigend. Aber ein »Widerstand höherer Ordnung schützt das Leben« dennoch.

> »Die Eroberung der Unsterblichkeit vollzieht sich von oben nach unten, zuerst im Mentalen, dann im Herzen und in den Sinnen und dann im Körper; der äußerste Widerstand bedeutet den höchsten Sieg.«

Und tatsächlich scheint Widerstand da zu sein.

Der Tod ist Widerstand gegenüber dem Gesetz der Wahrheit, gegenüber dem immer frischen Fluss der Harmonie. Im Grunde genommen sind wir auf dem (unbeweglichen) »Felsen des Unbewussten erbaut«, wie es im »Rigveda« heißt, »man kann dort nicht sein«, denn »da regt sich nichts«.

Hans-Joachim Koch

Die Umwertung aller bisherigen Werte bei Aurobindo

Daraus entwickelt die Schule Aurobindos ebenso wie Nietzsche eine Umwertung aller Werte, indem sie dem menschlichen *Leib* höchste Befreiungsmöglichkeit von allem begrifflichen Unwert zuspricht. Man sagt noch »Körper«, meint aber im Nietzscheschen Sinne doch den »Leib«[21] als Gefäß der Großen Vernunft. Man sagt, dass dieser »so lächerliche Körper«, also *dieser Leib* »in Wirklichkeit der Ort der größten Eroberung und einer höchsten Befreiung sei, und dass das Paradies der Sonne der Wahrheit auf dieser Erde und in unserem Körper in jeder Minute errichtet wird, und zwar durch unsere Zustimmung zum Licht oder durch unsere Weigerung, durch unsere Wahl, Minute um Minute, zwischen unserem Selbst des Lichtes und unserem Selbst des Todes« (sprich: der Verneinung).

Das supramentale Wesen ist bei Aurobindo dadurch gekennzeichnet, dass es für immer vom tödlichen Nein-Sagen befreit ist; und es soll dadurch in Zukunft die Erde befreien helfen. Es wird durch die ja-sagende Sonne, die über seinem tiefsten Abgrund aufging, regelrecht zur Befreiung gezwungen. Deshalb heißt der Gott des Todes in den Upanishaden auch *Yama*, der Sohn der Sonne.

Der so Verwandelte kämpft auf dem Sonnenpfad gegen das Nein-sagen. Verwandlung kommt aber nicht irgendwo auf einer bestimmten Stufe an, »sie ist überall und vermischt sich mit der Entwicklung des Übermenschen, und nur das Denken nötigt uns, Trennungsstriche zu ziehen.« Diese Verwandlung ist in der Praxis »eine lange Reise durch Leben und Zeitalter, ein langsamer Ausbruch eines kleinen inneren Feuers, das im Atom versteckt war.« Genau so klang in den Veden schon der Ruf: »Oh Flamme der hundertfältigen Kostbarkeit, oh Sohn des Körpers, du begründest das Sterbliche in einer letzten Unsterblichkeit.« Die Schule Aurobindos glaubt geradezu visionär daran, dass das Leben mit allem »Geist«, den es »in seinen dunklen Zellen beherbergt«, dem inneren Leben irgendwann einmal gehorchen werde. Die Zellen würden sich in jedem Fall an das erinnern, »was sie tranken: dieses Leben, in dem sie badeten wie im Anbeginn der Zeiten« und ihre »unauslöschbare Erinnerung durch alle Widrigkeiten tragen«. – Wie sagte Nietzsche? »Das Ich-Geistige ist selber mit der Zelle schon gegeben.«[22]

Die Erfüllung einer solcher Vision bedeutet aber in der Aurobindo-Schule, erstens, »das Ende aller Künstlichkeit«, das heißt, das Ende einer maßlosen Welt, die voll mit Maschinen aller Arten und Grade ist, an die wir und unser Herzschlag gekettet sind, um uns zu versklaven. Käme das, zweitens, nicht dem Nietzsche-Verbot einer mechanisch-stofflichen Interpretation der Ewigen Wiederkunft gleich?[23]

Ich komme zum Schluss.

Lassen Sie mich noch einmal kurz die dritte Strophe des Dionysos-Dithyrambus heranziehen mit der schönen und oben schon zitierten Zeile »Rings nur Welle und Spiel«. Denn das Erlebnis, das Nietzsche in diesem Gedicht gestaltet, können wir jetzt in Parallele zu Aurobindos yogischen Transformationsstufen vom Intellektualismus hinein in ein kosmisches Bewusstsein reinen Selbst-seins verfolgen.

DIE SONNE SINKT[24]

»Heiterkeit, güldene, komm!
du des Todes
heimlichster, süßester Vor-Genuss!
– Lief ich zu rasch meines Weges?
Jetzt erst ... holt dein Blick ...
holt dein Glück mich noch ein.
Rings nur Welle und Spiel.
Was je schwer war
sank in blaue Vergessenheit,
müßig steht nun mein mein Kahn ...
Wunsch und Hoffen ertrank,
glatt liegt Seele und Meer.
Siebente Einsamkeit!
Nie empfand ich
näher mir süße Sicherheit,
wärmer der Sonne Blick,
– Glüht nicht das Eis meiner Gipfel noch?
Silbern, leicht, ein Fisch,
schwimmt nun mein Nachen hinaus ...«

Betont steht im Anfang die leuchtende güldene Heiterkeit (*ânanda*), wie sie wohl bei Sterbenden in Erscheinung treten kann, etwa als Glück im Zustand stillwogender Ruhe. Alles, was je bedrängte, verströmt mit dem Verschwimmen aller bewussten Bewegungen wieder wie die *gunýas*, die Kraft-Fäden des Weltgewebes, die die Veden im ewigen Kreislauf aus den undifferenzierten Weltstoff-Energien gewoben und immer wieder zerrissen haben. Der Kahn im Gedicht, dem Träger des bewussten Ich vergleichbar, ist zur absoluten Ruhe gekommen. Nun ist es ganz allein, es gibt keinen »Gegen-Stand« mehr. Er ist nach vedischer Auffassung *kevala*, die Lösung von allen Bindungen und nur noch die *Wesenheit* der Dinge.

Die »siebente Einsamkeit« erinnert an die sieben vedischen Stufen der Erkenntnis, d.h. vedisch *prajñâ*, an die Erkenntnis durch bewusste Innenforschung, die schließlich zur hellwachen Erleuchtung, zum *Samâdhi* des unbedingten Subjekts und letzten Endes zum sogenannten *kaivalya*, zum Über-Bewussten und »Letzthin-Wirklichen« führen soll. Doch da niemand auch nur einen Augenblick bestehen könne, ohne zu wirken – Nietzsche würde sagen: ohne zu schaffen –, würde jeder zur Tat getrieben durch die ihn bildenden Welt-Energien, die sogenannten *guñyas*, der Urnatur allen Daseins.[25]

Diese Erkenntnis, dass der Mensch trotz aller Eigenständigkeit und Eigenverantwortung mit seinem Wirken in das Wirken der Weltenergien einbezogen ist, kann eine große Befreiung bedeuten, ist aber – wie Nietzsche sagt – auch eine »Qual der Verantwortlichkeit gegen sich selbst!«, wenn dieser Imperativ kein »du sollst«, kein *asketisches Ideal* sein will, »sondern zu einem ›ich (m)uss‹ des Übermächtigen, Schaffenden«[26] wird.

Damit versucht Nietzsche ein Bild vom Menschen durchzusetzen, das kein Abbild eines Sklaven sein will. Es soll den »Maßstab [für die] Herrschaft über Gegensätze« abgeben, so wie »der menschliche Leib ein viel vollkommeneres Gebilde als je ein Gedanken- und Gefühlssystem ist.«

Als bewusster »Mitspieler im Spiel der Welt« erstrebt und will Nietzsche zutiefst das *Notwendige*. Für solchen Willen, der nicht Ergebung in ein Verhängnis, sondern Spiel ist, hat Nietzsche die Formel *Amor fati* für seine *innerste Natur* und *höhere Gesundheit* gefunden. Jegliche Metaphysik überwindend, vollzieht sich Nietzsches Hinwendung zu kosmischen Perspektiven.

»Oh Himmel über mir! In deine Höhe mich
zu werfen – das ist *meine* Tiefe. [...] Du redest
nicht: *so* kündest mir deine Weisheit«[27]

lässt Nietzsche seinen Zarathustra rufen. Im »Ecce homo« erinnert Nietzsche daran, wie Zarathustra vor Sonnenaufgang in vollkommenem »Außer-sich-sein«[28] als »medium übermächtiger Gewalten« mit sich, mit seiner Seele, in der der Liebe redet, »in der alle Dinge ihr Strömen und Wiederströmen haben. [...] Hier ist in jedem Augenblick der Mensch überwunden, der Begriff »Übermensch« ward hier höchste Realität, – in einer unendlichen Ferne liegt alles u n t e r ihm, was bisher gross am Menschen hiess.«[29]

Hier, wo Nietzsche mit der bei Kant entlehnten Redewendung vom »Himmel über mir« sich der Dichtung Zarathustras einschreibt, erfährt er die Kunde der Weisheit. Um diese Weisheit geht es bei meinem Vergleich von »Rationalität und Weisheit« bei Nietzsche und den asiatischen Philosophen Muhammad Iqbal und Sri Aurobindo.

Zur Nietzsche-Rezeption in Indien und Japan

Schlussfolgerung

Was ist also das Fazit aus dem Gesagten? – Ich hatte meine Betrachtung zur Nietzsche-Rezeption im indisch-asiatischen Raum unter den Leitspruch Nietzsches von 1876 gestellt:

> »Ich imaginire zukünftige Denker, in denen sich die europäisch-amerikanische Rastlosigkeit mit der hundertfach vererbten asiatischen Beschaulichkeit verbindet: eine solche Combination bringt das Welträthsel zu Lösung. Einstweilen haben die betrachtenden Freigeister ihre Mission: sie heben alle die Schranken hinweg, welche einer Verschmelzung der Menschen im Wege stehen: Religionen Staaten [...] Rassenvorurtheile – usw.«[30]

Damit wollte ich gleichzeitig unterschiedliche Perspektiven zwischen den Kulturen, aber auch Anknüpfungspunkte zu Nietzsche im europäischen Erbe aufsuchen. Einer meiner Ratgeber dabei war der mir seit meiner Studentenzeit vertraute Kulturphilosoph und Nietzsche-Forscher Rudolf Pannwitz (1881–1969), der davon überzeugt war, dass die Idee des Typus »Übermensch« als Gestaltungsmuster uns helfen könne, die Krise des Menschen »jenseits der mörderischen Dynamik des Nihilismus« zu bewältigen.

Wenn Aurobindos Lob der »großartigen Halb-Ideen und seinen vereinzelten glühenden Intuitionen«, die nach Meinung des Inders den Stempel »absoluter Wahrheit und der Lichtherrschaft« trugen, Nietzsche vorhält, »niemals seine eigenen Botschaft völlig verstanden zu haben«, dann handelt es sich in meinen Augen um Differenzen, die aus dem oben bereits erwähnten Mangel an Einsichtnahme in Nietzsches Textkorpus und Nachlass herrühren, wie sie durch Colli und Montinari nun zur Verfügung stehen.

Nicht des Menschen Himmel sei das Wesentliche, sondern sein spiritueller Aufstieg, Geist. Damit setzt Aurobindo die sogenannte »Herabkunft« des supramentalen Geistes in die natürliche Menschlichkeit ein.

Doch jetzt tut sich für uns schnell ein großes kritisches Fragezeichen auf: *Was* kommt denn da und *wie* kommt es herab? Wir stehen vor Bildern voller allegorischer und pneumatischer Bedeutung, deren Gehalt man sich wegen ihrer undurchsichtigen Transparenz eigentlich schmunzelnd und humorvoll einverleiben sollte. Und beide, über die wir hier nachdenken wollten, Nietzsche und Aurobindo, haben das letzten Endes auch gekonnt: Im Sommer 1877 fordert uns Nietzsche[31] geradewegs dazu auf: »Wir gewinnen eine neue Freude hinzu, wenn uns die metaphysischen Vorstellungen Humor machen.«

Er warnte alle

»feurigen Jünglinge, (seine Lehren nur ja nicht sofort) wie eine Richtschnur für das Leben zu betrachten, sondern als wohl zu erwägende Thesen, mit deren praktischer Einführung die Menschheit so lange warten mag, als sie sich gegen Zweifel und Gründe nicht hinreichend geschützt habe.«

Er selbst sei kein »Genie« und habe weder »intuitive Einblicke, ein Loch im Mantel der Erscheinungen« gehabt, noch seien ihm »die vom Himmel gefallen«.

In ähnlicher Weise reagierte Aurobindo auf Schüler, die ihn nach der »Herabbringung des Supramentalen« gefragt hatten:

»Welche unbekümmerten Phantasiebegabten ihr doch seid! Als ob es so viele elektrische Schaltknöpfe (engl. push button) wären, die ihr nur drücken müßt und schon habt ihr's ... Herr Gott in omnibus!«

lachte er. Und gegen meditative Ungeduld empfahl er den naïven Fragern der Schüler einmal neben »eucharistischen Injektionen oben«

»purgative Zurückweisung unten; psychischen Fruchtsaft und Geist-Milch«. Er selbst war nur davon überzeugt, dass »du rufst, du öffnest dich, es kommt (nach einiger Zeit). Oder du rufst nicht, du öffnest dich, es kommt. Oder du rufst, du öffnest dich nicht, es kommt nicht. Drei Möglichkeiten. Aber wie? (so fragt er nachdrücklich) – Gott weiß es oder auch nicht.«

Nietzsche formuliert es ähnlich in dem bekannten Wort zur Inspiration, das ich schon zitiert habe:

»dass (nämlich) plötzlich etwas sichtbar, hörbar wird, Etwas, das Einen im Tiefsten erschüttert. Man hört, man sucht nicht; man nimmt, man fragt nicht, wer da giebt; wie ein Blitz leuchtet ein Gedanke auf, mit Nothwendigkeit«, »ich habe nie eine Wahl gehabt.«[32]

Das bedeutet für ihn, von der Methodik her, »die Welt *von innen*« her, »auf ihren ›intelligiblen Charakter‹ hin« zu sehen, wie er das 1886 in »Jenseits von Gut und Böse« forderte. Hier wird zwar Nietzsches heimliche Zwiespältigkeit deutlich, wenn er das intuitive Erfassen innerer Zusammenhänge, zum Beispiel den »Willen zur Macht«) als esoterisch und das unbedingte, abstrahierende Wahrnehmen-Wollen der Außenwelt – so wie sie zu sein scheint – als exoterisch bezeichnet. Diesem Zwiespalt versuchte er jedoch dank seiner geistigen Vitalität immer neu zu entkommen. Die Welt-Wahrnehmung korrigierte er durch seine Begabung immer wieder zur Vision von einer inneren Welt.

Wenn wir in der Lage sind, den Willen zur schöpferischen Wandlung in den beiden »Individuationen«, die sich in Aurobindo und Nietzsche ereigneten, höher zu stellen als jedes intellektuelle Abwägen der beiden Denker, dann möchte ich mit im »West-Östlichen Diwan« schließen, der da fragte: »Sind es Zwei, die sich erlesen, dass man sie als Eines kennt?«

*

Hajime Tanabes einzigartiger Zugang zu Nietzsche

Der japanische Philosoph Hajime Tanabe (1885–1962) war ein Schüler von Kitarô Nishida (1870–1945) und dessen Lehrstuhl-Nachfolger in Kyôtô. Der leidenschaftliche Philosoph vereinigte in sich drei bedeutsame geistesgeschichtliche Strömungen: 1. westliche Philosophie, 2. buddhistisches Erbe, und 3. die Lehren seines Lehrers Nishida. Abendländische Philosophie hatte er, angefangen bei den Griechen, über die deutsche Aufklärung bis zu den neuzeitlichen Dialektikern in sich aufgenommen. Durch seine so genannte »Umkehr-Philosophie«, die er ab 1945 entwickelte, stand er dem dänischen Existenzphilosophen Kierkegaard nahe. Von Martin Heidegger, den er persönlich kannte, empfing er wichtige Anregungen. In seiner Religionsphilosophie setzte er sich aufmerksam mit christlicher Theologie auseinander. Das gesamte westliche Erbe überwand er in harten Kämpfen, indem er es als Ausdruck des eigenen Umwandlungsprozesses in seine »Philosophie-als-Nichtphilosophie« umgestaltete. Das östliche Erbe war ihm im Wesentlichen durch die buddhistische Philosophie des »Großen Fahrzeugs« (Mahâyâna-Buddhismus) des 12. und 13. Jahrhunderts und die Lehre der Erlösung durch Selbst- und Ander-Kraft vertraut.

Wenn er auch entscheidende Anstöße zur Überwindung der westlichen Seins-Philosophie (Ontologie) und zur Ausarbeitung seiner Philosophie des »Nichts« von seinem Lehrer Nishida erhielt, so ging er doch bald eigene Wege. Nishida dachte abstrakt, undialektisch, religiös. Er ignorierte die Vermittlung zwischen dem Einzelnen und der Welt, er dachte in unmittelbarer Vernunftanschauung, intuitiv, meditativ, kreativ. Tanabes Ansatz dagegen war dialektisch; unvermitteltes Denken mündet seiner Auffassung nach an jedem Punkt der Welt in eine Sackgasse, aus der man nur durch handelnden

Glauben herausfindet. Sein ethisch-sozialer Ansatz beginnt bei der Wahrheit des Zen-Buddhismus, die er mit der des Amida-Buddhismus und der des Christentums zu verbinden versucht. Seiner Religionsphilosophie liegt die absolute Selbst-Kritik der Vernunft im Sinne der Vernunft-Kritiken Kants zugrunde.

Ähnlich wie Nietzsche befasste sich Tanabe als junger Gelehrter mit den Naturwissenschaften, um sich nach Studien zur Begründung von Wissenschaft und Moral mehr und mehr existenz- und religionsphilosophischen Fragen zu widmen. Durch die Beschäftigung mit Kant, Hegel und Marx erhielt seine anfängliche Neigung zu dialektischer Logik starke Impulse. Er erkannte bald, dass diese Denker »ihren eigenen Standpunkt nicht dialektisch erfassten«. Es genügte ihm nicht, die drei dialektischen Momente These, Antithese und Synthese (Negation der beiden Kräfte) nach den Gesetzen der Logik nur gedanklich zu bewegen. Es fehlte ihm das Vermittelnde, die *Tat*, und die Klärung vollziehe sich als Selbst-Bewusstsein der Tat. Das Subjekt der Einheit der drei Momente, die ineinander kreisen, sei das Bewusstsein des Handelnden.

Die Tat ist als Selbstnegation (Umkehr, Metanoia, Selbst-Reform) zugleich Selbstaufhebung und damit befreiende Tat, Freiheitsakt. Selbstaufhebung als täglich neu beginnendes schöpferisches Handeln überschreitet den engen, kontemplativen Buddhismus und alle bisherige Eigenkraft-Philosophie zum Selbstbewusstsein der Praxis. Tanabe beschreibt sie als Wechsel-Einheit von formalem Nichts (Absolutem) und endlichem Sein. Tat ist selbstverneinende, tätige Liebe, die nicht vorgegeben ist, sondern täglich aktiviert werden muss.

Tanabes absolute Dialektik steht und fällt mit der Negation der Negation. Dieses Prinzip der absoluten Negation kann man als etwas Transzendentes bezeichnen, das jede Negation negiert. Tanabe bringt das mit dem buddhistischen Begriff der »Leere« und mit Nishidas Begriff des »Absoluten Nichts« in Zusammenhang. Jedes Mitdenken einer der westlichen Philosophie geläufigen Gleichsetzung von Nichts und Sein nach den Regeln der Identitätslogik müsse dabei unterbleiben.

Negation ist ein dialektischer Sprachbegriff und beschreibt die Spannungseinheit des Ich mit anderen im Wechsel gegenseitiger Negation und beiderseitiger Selbstnegation. Das selbstbewusstseinshafte, dialektische Eingebundensein in dieser Spannungseinheit bedeutet, dass es inmitten des Relativen ein *Absolutes*, Bestimmtes gibt. Dieses dialektische gegenseitige Wechseln der Selbstnegation, die das subjektive Relativ-Endliche relativiert, bezeichnet Tanabe als Absolutes Nichts. Es ist die »absolute Umkehr« von der ontisch-statischen, kontemplativ-theoretischen, objektiv-rationalen Betrachtung des Seins der Relativen hin zum Bewusstsein der Tat.

Das östliche Nichts lässt den Menschen nicht in nihilistischer Verneinung oder Angst vor dem Abgrund, d.h. dem leeren Nichts, enden, sondern führt durch Verneinung der Selbstverneinung zur Überwindung des »Nichts qua Nichtexistieren« und verhilft zur Erleuchtung, in deren Helligkeit nichts Einzelnes oder Vereinzeltes mehr unterschieden werden kann. Es kommt nach dem Prinzip der Freundesliebe und Brüderlichkeit der Solidargemeinschaft gleich. In der Umkehrung der bisherigen Selbst- und Vernunftsanschauung bestand Tanabes Metanoia-Erlebnis von Handeln-Glauben-Innewerden. Das Absolute und die Relativen, die Einzelnen, benötigen dieses gegenseitige Vermittlung, um das zu sein, was sie als Gemeinschaft, in der sie geliebt werden, durch die Kraft der gegenseitige Vermittlung sind.

Im Hinblick auf dieses »Einheitsgefühl des Schaffens und Zerstörens« (Bejahen und Verneinen), d.h. im Hinblick auf die »Negation bis zum Umgekehrten«[33] bei Nietzsche betont Tanabe eine Seite der Philosophie Nietzsches besonders. Tanabe erkannte in Nietzsches Übermensch nicht ein egoistisches Individuum, sondern im Sinne des Zen-Buddhismus den *wahren* Menschen, der durch den Prozess vielfacher Negationen gegangen ist und vor allem das egoistische Selbst gewöhnlicher oder elitärer Individuen überschreitet.

Tanabe hielt seine absolute Vernunftkritik des Selbst, die dialektisch vermittelte Existenz zwischen mir und den bzw. dem anderen für eine Angelegenheit des jeweiligen Handeln-Innewerden, und er sagt, Nietzsche anerkenne in Gestalt des Dionysos, der die Fülle des Daseins ausschöpfe und zu Tode komme und dadurch für die Negation der Negation des Selbst ein Zeugnis ablege, die absolute Verwandlung im Durchleiden von Tod und Wiedergeburt und damit das absolute Nichts im Selbst-Bewusstsein als ein *Für-sich* (»für-sich« qua subjektiver Bezug als konkrete Wirklichkeit). Und genau *das* passiere im Sterben- und Wiedergeborenwerden der absoluten Kritik.

Dann äußert sich Tanabe über Nietzsches *Amor fati*, seine Schicksalsliebe, und deren Philosophie, die er mit seiner eigenen vergleicht. Nietzsches Standpunkt heiße Antichrist, Selbst-Bestimmung. Denn, so sagt Tanabe: »mir scheint, ein einfacher Denker wie ich kann den wahren Gehalt von Nietzsches Denken nicht anders als unter dem Blickwinkel der Metanoëtik verstehen. Das wahre Verstehen Nietzsches war für mich lange Zeit hindurch ein Buch mit sieben Siegeln. Ich halte es für nicht ganz verkehrt, wenn ich jetzt versuche, den Zugang zu diesem Schatz mit dem Schlüssel der Metanoëtik zu öffnen.«

Ohne Frage stelle Nietzsches »Wille zur Macht« die absolute Lebensbejahung dar. Als solche sei sie genau das Gegenstück zur absoluten Verleugnung der Vernunft. »Auf den ersten Blick kann man in der Philosophie des Willen zur Macht einen Gegensatz zur Metanoëtik vermuten. Doch Nietzsches Idee der Schicksalsliebe lässt klar erkennen, dass ihr Kerngedanke gut und gerne in der Bedeutung von absoluter Verneinung interpretiert werden kann. Die absolute Bejahung, welche freiwillig den Preis für alles Notwendige sogar noch angesichts von Todesnot und Untergang zu zahlen bereit ist, wird in der Tat durch absolute Negation vermittelt, welche ihr Selbst inmitten solcher Unvermeidbarkeit sterben lässt.«

Nietzsches Schicksalsliebe deutet Tanabe als Bereitschaft, freiwillig für alles Notwendige zu zahlen. Solche bejahende Bewusstseins-Tat, die ihr individuelles Selbst inmitten solcher Unvermeidlichkeit sterben lässt, wird nach Tanabe durch absolute Negation vermittelt. Tanabe vergleicht die absolute Negation, die sich in Nietzsches Bewusstsein ereigne und soviel heiße wie Negation der Negation, mit einer Goetheschen Metamorphose des Verzichtgefühls zugunsten eines entschiedenen tätigen Lebens, in dem es keine absolute Negation ohne absolute Bejahung und umgekehrt geben könne.

Wie wir heute aus Nietzsches Nachlass wissen – Tanabe konnte ihn 1944/45 noch nicht berücksichtigen – gibt Nietzsche selbst die Belege für die von Tanabe aufgedeckte Gemeinsamkeit, wenngleich er in der Regel auch mehr Selbstbestimmung als die Selbstnegation betonte. 1883 notierte er über den »Genuss der Selbstaufhebung«: alle Wesen seien »nur Vorübungen in der Vereinigung, Einverleibung von Gegensätzen.«[34] Diese absolute Bejahung ist in ihrer ursprünglichen Bedeutung nichts anderes als »absolute Verneinung«, also Negation der Negation des gewöhnlichen Selbst des Menschen. Tanabe spricht von einem Wechselstrom-Kreislauf der beiden Momente des Absoluten. Und das ist bei Nietzsche »das Glück des Übermenschen«. Aus diesem Glück heraus erzählt Zarathustra von dem »Geheimnis, dass Alles wiederkehrt« (ibid.)

Die Gemeinsamkeit, die Tanabe mit Nietzsche logisch nicht ableitbarer Werdens-Philosophie aufdeckt, bezieht Tanabe auf seinen dialektischen Begriff der absoluten Wende. Er verbindet damit einmal die Vorstellung eines unablässigen »Wechselns« durch gegenseitige Negation und beidseitige Selbstnegation, d.h. beidseitigen Platzwechsel zwischen relativem und absolutem Subjekt, zum anderen aber auch die von Sterben-Auferstehen oder von Verneint- und Bejaht-Werden. Viel Missverstehen habe Nietzsche allerdings dadurch ausgelöst, »dass er sich für ein immerwährendes Werden und Sichverwandeln des Lebens entschieden« habe, anstatt sich auf den Vermittlungsprozess einzulassen, der das Selbst »transformiert in das, was jenseits der Vernunft liegt«.

Nach Tanabe hatte Nietzsche Recht, auf die Abstraktion der analytischen Logik hinzuweisen und sie abzulehnen. Man müsse einen so unermüdlichen Denker wie Nietzsche allerdings fragen, wie er Leben in aller Tiefe interpretieren könne ohne rationales Denken, welches er ablehne, weil es nicht mehr bedeute als die Fähigkeit zur Abstraktion und Formalisierung, während Abstraktion erst »die Wiederherstellung von Leben« vermittle; denn »durch

Abstrahieren und negative Vermittlung kommt das Selbst-Bewusstsein des Lebens praktisch erst zustande.«

In Wirklichkeit richtete sich Nietzsches Ablehnung immer nur gegen den abstrahierenden Missbrauch und die Verabsolutierung des Subjekt- und Prädikat-Begriffs, so, als ob »alles, was geschieht, sich prädikativ zu irgend welchem Subjekt« verhielte und ein Geschehen aus Absichten sei. Seine Abneigung gegen die naive Annahme eines Menschen-analogen Gott-Subjekts als Schöpfer und moralischer Richter ist bekannt, ebenso sein Veto gegen einen mechanischen Determinismus: »Fehlerhafter Dogmatismus in Betreff des *Ego*: dasselbe als atomistisch genommen, in einem falschen Gegensatz zum Nicht-Ich.« Es bleibt bedauerlich, dass Tanabe derartig klare Bekenntnisse, denen er zweifellos zugestimmt hätte, nicht zu Gesicht gekommen sind

Obwohl Tanabe Nietzsches Idee von der Heraufkunft des Übermenschen zunächst als biologisches Ereignis auffasste, so lassen Nietzsches Fragmente diese Deutung nicht zu: Es sind »Bilder *neuer* Ideale an die Wand zu malen«[35], »Figuren, die *wir* schaffen«[36]. Deshalb kam Tanabe schließlich zu der Einsicht, dass der Charakter des Übermenschen »von der absoluten Verneinung der Vermittlung« bestimmt werde. Das erkenne man deutlich an Nietzsches Atheismus, der eine radikale Verwandlung anstrebe, die im letzten Kapitel von »Also sprach Zarathustra III« deutlich als eine neue Religion vorgestellt werde. Und der Egoismus, der unmittelbar an der Oberfläche des »Willen zur Macht« erscheine, sei nichts als eine Verkleidung, eine Maske eines Dämons, hinter der das Geheimnis von Nietzsches Dionysos liege: »Im Innern, hinter der äußeren Schale, wohnt die Weisheit des Herzens, überströmend von unendlicher Liebe.« Das sei das Reich des Übermenschen. Und Nietzsche habe sich »der Heraufkunft des Übermenschen zuliebe« geopfert und damit eine Art Eigennutz vollzogen, der gleichsam Gemeinnutz verkörpere, die an das buddhistische Bodhisattva-Ideal erinnere, das auf den Genuss der Erlösung verzichtet und in die Welt zurückkehrt, um die übrigen Menschen zu erlösen.

Der Kern der Ewigen Wiederkehr liege nach Nietzsches eigener Erklärung in der ewigen Unveränderbarkeit und der unendlichen, allem vorausgehenden Existenz des Vergangenen: Unwälzbar sei der Stein »Es war«[37], und »Alles geht, Alles kommt zurück; ewig rollt das Rad des Seins ... Krumm ist der Pfad der Ewigkeit«.[38] Die Eroberung der Vergangenheit durch den Willen zur Macht bedeute Erlösung und Überwindung des Gestern: »das Vergangene am Menschen zu erlösen und alles ›Es war‹ umzuschaffen«. Wenn wir die Bejahung des Heute in die Ewige Wiederkehr mit einbezögen und mit Zarathustra »über alles hinweg tanzen«, dann müssten wir auch anerkennen, dass Nietzsche die Wahrheit unserer menschlichen Bestimmung begriffen habe.

In Analogie zur buddhistischen Karma-Lehre könne die Wiederkunftslehre die unentrinnbare Vergangenheit durch Selbstverneinung durchbrechen und in die freie Lust des Selbstes verwandeln. Diesen Prozess bewirke bei Nietzsche der »Wille zur Macht«. Durch ihn überwinde die Gegenwart die Vergangenheit, er führe in die Lust der Freiheit des *Amor fati*. Aus der Fülle des Augenblicks am Torweg des Zarathustra entwickelt Tanabe ein Freiheits-Szenario mit allen Chancen gegenwärtiger und zukünftiger Schicksalsbewältigung.

Aus den unterschiedlichsten Perspektiven hat Tanabe nach eigener Bekundung letztendlich zum »indirekten Wahrheitsbeweis für die selbst-vollendende Subjektivität der Metanoëtik« hingefunden. Durch das ihm persönlich angemessene Handeln-Glauben-Innewerden habe er überzeugende Beweismöglichkeiten für Nietzsches Ideen der Vergangenheits-Bewältigung, der Ewigkeit des Augenblicks und der Schöpfungskraft der Zukunft gefunden. Tanabe erweitert diese Aussage sogar noch: »Meine Begegnung mit Nietzsche hat in der absoluten Negation nicht nur eine allgemeine Struktur aufgedeckt, sondern auch die verschiedenen Ausformungen erkennen lassen, die unvermeidlich aus unseren verschiedenen Perspektiven entstehen.«

Die Beichte des alten Zauberers vor Zarathustra: »Ich bin nicht gross ... diese Lüge gieng über meine Kraft ... ich suchte ein Gefäss der Wahrheit ... ich bin's müde ... Alles ist Lüge an mir; aber dass ich zerbreche – dies mein Zerbrechen ist ächt!«[39] – dieses Reuebekenntnis liest Tanabe als *Umkehr*-Bekenntnis dafür, »dass nur der Augenblick der Metanoëtik, d.h. der Reue als Umkehr, echt und wahr sein kann.« Er ist jetzt davon überzeugt, dass »durch Nietzsches Denken der unmittelbare Beweis für die Wahrheit der Metanoëtik erbracht worden ist«. Darum verhehlt er nicht seine ungemeine Achtung und Liebe für Nietzsche, »der die Abgründe menschlicher Leiden durchforschte und dabei bis in eine Religion ohne Religion vorstieß«.

Um das Verständnis des *Amor fati*, wie es Nietzsche um 1882 zu durchdenken begann, in eine Handlungs-Ethik einbringen zu können, muss man wohl durch die Trias von Handeln-Glauben-Innewerden über Nietzsche hinausgehen. Dazu müsste sich das menschliche Bewusstsein zum umfassenden Erkennen *absoluter Vermittlung* ausweiten. Erst in absoluter Vermittlung stellt der Mensch seine Ich-Bezogenheit infrage und findet er hin zu handelnder *Liebe*, in der er dann auch das *Geliebtwerden* erfahren kann.

Ich schließe mit einer Feststellung von Rudolf Pannwitz, der einmal sagte: »Nietzsche hat in Europa kein Gleichnis, Europa keinen Maßstab für Nietzsche; er ist übereuropäisch. Europa tritt mit ihm erst in eine Reihe mit Asien.«[40]

Vortrag vom 23.4.2001

Literaturhinweise

1. Muhammad Iqbal, Botschaft des Ostens. Ausgewählte Werke, hrsg. von Annemarie Schimmel, Tübingen-Basel 1977
2. F. Nietzsche, Friedrich Nietzsche. Sämtliche Werke in 15 Bänden, Kritische Studienausgabe (fortan = KSA), Deutscher Taschenbuch Verlag, München, Walter de Gruyter, Berlin-New York, Band 11/239.9-10 [angegeben werden Band, Seitenzahl und in Klammern die Zeilen]
3. W. Huchzermeyer, Der Übermensch bei Friedrich Nietzsche und Sri Aurobindo, Hrsg. H.-J. Koch, Gladenbach 1986
4. F. Nietzsche, Nachgelassene Fragmente (fortan = NF) Frühjahr 1888, 14 [128]; KSA 13/310.
5. H.-E. Lampl, Flair du livre. Friedrich Nietzsche und Théodule Ribot. Eine Trouvaille. 1887–1987 Hundert Jahre »Zur Genealogie der Moral«, Zürich 1985, S. 24
6. Sri Aurobindo, Savitri – Legende und Sinnbild, Gladenbach (Hessen) 1985
7. F. Nietzsche, Götzen-Dämmerung, »Die vier grossen Irrthümer«, § 8: »Aber es giebt Nichts ausser dem Ganzen!«; KSA 6/96 (31–32)
8. Ders., NF Sommer–Herbst 1883, 15[55]; KSA 10/493 (22)–494 (2)
9. Ders., Ecce homo, »Also sprach Zarathustra«, § 3; KSA 4/339 (9)–340 (17)
10. Vergleiche auch G. Wohlfahrt, »Also sprach Herakleitos«, Heraklits Fragment B 52 und Nietzsches Heraklit-Rezeption, Freiburg-München 1991
11. F. Nietzsche, Dionysos-Dithyramben, »Die Sonne sinkt«; KSA 6/395–397
12. Ders., Also sprach Zarathustra I. Die Reden Zarathustra's, »Von den drei Verwandlungen«; KSA 4/31 (8–11)
13. Vergleiche dazu Satprem, Das Mental der Zellen. Institut für Evolutionsforschung u. DAIMON Verlag, Paris 1992, sowie Satprem, Auf dem Weg zum Übermenschen. Über ein Experiment der Evolution, Bern und München 1973; Sri Aurobindo Ashram, Pondocherry, Indien, 1971 (in Englisch)
14. F. Nietzsche, NF Herbst 1887,10[151]; KSA 12/541 (1–15)
15. Ders., Also sprach Zarathustra III, »Von der grossen Sehnsucht«; KSA 4/279 (12–14)
16. Ders., ebendort; KSA 4/278 (5–9) und 278 (23)–279 (2)
17. Ders., ebendort; KSA 4/280 (15–27)
18. Ders., Also sprach Zarathustra I. Die Reden Zarathustra's, »Von der schenkenden Tugend« I; KSA 4/97 (16–21)
19. Ders., Also sprach Zarathustra. Zarathustra's Vorrede, § 3; KSA 4/14 (13–14)
20. Ders., NF 1888; KSA 13ff. und Genealogie der Moral; KSA 5/346ff.
21. Ders., »Am Leitfaden des Leibes«: NF Juni–Juli 1885, 36[35]; KSA 11/565 (5–14)
22. Ders., NF Sommer-Herbst 1884, 26[36]; KSA 11/157 (22–23)
23. Hans-Joachim Kochs Vortrag in Weimar 1995 vor der Nietzsche-Gesellschaft
24. F. Nietzsche, Dionysos-Dithyrambus, »Die Sonne sinkt«/ KSA 6/395–397
25. Der Indologe J. W. Hauer, Der Yoga. Ein indischer Weg zum Selbst, 1958
26. F. Nietzsche, Systementwürfe und Pläne, § 833, »Achter Grundsatz«; KTA 83,282
27. Ders., Also sprach Zarathustra III, »Vor Sonnen-Aufgang«; KSA 4/207 (2–7)
28. Ders., Ecce homo, »Also sprach Zarathustra«, § 3; KSA 6/339 (24)

[29] Ders., ebendort, § 6; KSA 6/344 (7–10)
[30] Ders., NF, Sommer 1876,17[55]; KSA 8/306 (17–19)
[31] Ders., NF Ende 1876–Sommer 1877, 23[46]; KSA 8/421 (1–2)
[32] Ders., Ecce homo, § 3; KSA 4/339 (15–21)
[33] Ders., NF Frühjahr–Sommer 1888, 16[32]; KSA 13/492 (25–26)
[34] Ders., NF Herbst 1883, 20[10]; KSA 10/593 (22)
[35] NF Sommer–Herbst 1884, 26[408]; KSA 11/260 (11)
[36] NF Winter 1883, 24[14]; KSA 10/651 (10)
[37] F. Nietzsche, »Von der Erlösung«, in: Also sprach Zarathustra II; KSA 4/180 (18)
[38] Ders., idem III, »Der Genesende«; KSA 4/272 (31) und 273 (4–5)
[39] Ders., Also sprach Zarathustra IV, »Der Zauberer«, § 2; KSA 4/319 (4–10)
[40] R. Pannwitz, Einführung in Nietzsche, München-Feldafing 1920, S. 2, 4. Absatz

Dichtung der Zukunft?

Goethe – der Überdeutsche, im Bilde Nietzsches

Dieter Borchmeyer

Maria und Heinz Friedrich in
Verehrung und Freundschaft

I.

»Goethe, nicht nur ein guter und grosser Mensch, sondern eine *Cultur*, Goethe ist in der Geschichte der Deutschen[1] ein Zwischenfall ohne Folgen: wer wäre im Stande, in der deutschen Politik der letzten siebenzig Jahre zum Beispiel ein Stück Goethe aufzuzeigen! (während jedenfalls darin ein Stück Schiller, und vielleicht sogar ein Stückchen Lessing thätig gewesen ist).«

So lesen wir in Nietzsches Aphorismus »Giebt es ›deutsche Classiker‹?« in »Menschliches, Allzumenschliches (II)«.[1] Obwohl Goethes Bedeutung als größter deutscher Dichter – bei aller Polemik gegen ihn zu seiner und späterer Zeit – kaum je umstritten war, wurde ihm doch von den Deutschen nach der Überzeugung Nietzsches kaum je wirklich normative Kraft zugeschrieben. »Goethe that den Deutschen nicht noth, daher sie auch von ihm keinen Gebrauch zu machen wissen«, bemerkt er in einem anderen Aphorismus aus »Menschliches, Allzumenschliches«: »Man sehe sich die besten unserer Staatsmänner und Künstler daraufhin an: sie alle haben Goethe nicht zum Erzieher gehabt, – nicht haben können.«[2] Er stehe »zu seiner Nation weder im Verhältnis des Lebens noch des Neuseins noch des Veraltens«, heißt es wieder im Aphorismus »Giebt es ›deutsche Classiker‹?«. »Nur für Wenige hat er gelebt und lebt er noch: für die Meisten ist er Nichts, als eine Fanfare der Eitelkeit, welche man von Zeit zu Zeit über die deutsche Grenze hinüberbläst.«[3]

In der Tat hat sich Goethe selten zur nationalen Identifikationsfigur geeignet. Zu den großen kollektiven Gefühlsbewegungen seiner Zeit ging er stets auf Distanz, ob es der bald abgekühlte Enthusiasmus der liberalen Intellektuellen beim Ausbruch der Französischen Revolution war oder der nationale Rausch während der Befreiungskriege. Das große Wort zur großen Stunde hörte man aus seinem Munde nie, und es ließ sich auch nach seinem Tode bei gegebenem geschichtlichen Anlass nur mit Schwierigkeiten aus seinem Werk hervorquälen. Die ruhmredig herausgestrichenen deutschen Wesenszüge waren kaum die seinen, auch seine Auffassung vom Dichterberuf entsprach nicht dem hypertrophen deutschen Dichterbild. Er war weder der – auf der Suche nach der Blauen Blume – der Welt abhanden gekommene Poet noch der engagierte, jederzeit Partei ergreifende Literat, weder der an göttlichem Wahnsinn noch der an einer verdorbenen Gesellschaft zugrundegehende Dichter.

Überhaupt wollte Goethe ja nichts weniger als *nur* Dichter sein. Er habe nie »in der Bornirtheit seines wirklichen Vermögens« gelebt, »als ob dasselbe an ihm selber und für alle Welt das Wesentliche und Auszeichnende, das Unbedingte und Letzte sein müsse«, schreibt Nietzsche im Aphorismus »Goethe's Irrungen« in »Menschliches, Allzumenschliches«. Wiederholt habe er geglaubt, »etwas Höheres zu besitzen, als er wirklich besass«. In seiner ersten Lebenshälfte glaubte er sich zum bildenden Künstler berufen, in der zweiten zum Naturforscher. Noch einen dritten Fall könnte man, Nietzsche ergänzend, hinzufügen: Goethes Überzeugung während seines ersten Weimarer Dezenniums, in erster Linie zum Staatsmann und Sozialreformer berufen zu sein. Nietzsche lässt keinen Zweifel daran, dass das »Irrungen« waren, »Grundirrthümer seines Lebens«, doch »ohne die Umschweife des Irrthums wäre er nicht Goethe geworden«, nämlich – so dürfen wir hier schon im Geiste Nietzsches interpretierend ergänzen – der nach »Totalität« Suchende und damit sein zersplittertes Jahrhundert wie das bornierte Deutschland – nicht nur seiner Zeit – hinter sich Lassende. Goethe habe eben, schließt Nietzsche, »so wenig Schriftsteller als Deutscher von Beruf« sein wollen.[4]

Nietzsche ist nicht der Erste gewesen, der vom Missverhältnis zwischen Goethe und den Deutschen überzeugt war. »Sie mögen mich nicht!«, hat jener selber im Gespräch mit Johannes Daniel Falk um 1808 über die Beziehung der Deutschen zu ihm bemerkt. Seine lakonische Replik: »Ich mag sie auch nicht!« Nietzsche hätte sich durch diese lakonisch-bissige Äußerung, die ihm leider noch nicht bekannt war, ganz und gar bestätigt gefühlt. »Was Goethe eigentlich über die Deutschen gedacht hat?«, fragt er sich in »Jenseits von Gut und Böse«. Leider habe er darüber »nie deutlich geredet«, doch es seien eben nicht »›die Freiheitskriege‹« und andere emphatische deutsche Bewegungen gewesen, »die ihn freudiger aufblicken liessen«, sondern »das

Erscheinen Napoleon's«, um dessentwillen er angeblich »seinen Faust, ja das ganze Problem ›Mensch‹ *umgedacht*« habe. »Es giebt Worte Goethe's, in denen er, wie vom Auslande her, mit einer ungeduldigen Härte über Das abspricht, was die Deutschen zu ihrem Stolze rechnen« – wie »das berühmte deutsche Gemüth« und alle sonstigen »Schleichwege zum Chaos«, auf die der Deutsche sich so gut verstehe,[5] die aber dem auf Ordnung und Klarheit bedachten Goethe ein Greuel waren. Der klassische und späte Goethe entfremdete sich nach Nietzsches Überzeugung – und es fällt schwer, ihm hier zu widersprechen – von seiner Nation immer mehr, so dass seine Erhebung zu ihrem Klassiker schlechthin paradox anmutet.

Franz Grillparzer hat angesichts des Skandals der falschen »Wanderjahre« des Pfarrers Pustkuchen, der größeren Erfolg als Goethes eigene »Wilhelm-Meister«-Fortsetzung verbuchen konnte, bemerkt, »mit *einem* Schlage, so zu sagen: über Nacht« seien »zwei Dritteile Deutschlands« von Goethe abgefallen. »Es wurde offenbar, daß mit Ausnahme seiner Jugendwerke, Goethes übriges Wirken der Nation fremd geblieben und seine Verehrung nichts als Nachbeterei war.«[6] Jene Jugendwerke aber haben für Nietzsches Goethe-Bild seit »Menschliches, Allzumenschliches« bezeichnenderweise keine positive Rolle mehr gespielt. Sein Goethe ist der klassische und späte, der den Deutschen seiner Zeit sich mehr und mehr entfremdende Goethe. In einer Aufzeichnung vom Spätherbst 1888 behauptet Nietzsche:

»Was Goethe angeht: so war der erste Eindruck, ein sehr früher Eindruck, vollkommen entscheidend: die Löwen-Novelle [Goethes letzte Prosadichtung *Novelle*, D. B.], seltsamer Weise das Erste, was ich von ihm kennen lernte, gab mir ein für alle Mal meinen Begriff, meinen *Geschmack* ›Goethe‹. Eine verklärt-reine Herbstlichkeit im Genießen und im Reifwerdenlassen, – im Warten, eine Oktober-Sonne bis ins Geistigste hinauf; etwas Goldenes und Versüßendes, etwas Mildes, *nicht* Marmor – *das* nenne ich Goethisch. Ich habe später, um *dieses* Begriffs ›Goethe‹ halber, den *Nachsommer* Adalbert Stifters mit tiefer Gewogenheit in mich aufgenommen.«[7]

»Nietzsches Goethe-Erlebnis wird völlig begrenzt durch den Namen Weimar«, hat schon Ernst Bertram in seinem epochemachenden Buch »Nietzsche. Versuch einer Mythologie« (Berlin 1918)[8] und ähnlich in seiner zwei Jahre später erschienenen Studie »Nietzsches Goethebild«[9] bemerkt – ein Befund, der durch die wenigen neueren Untersuchungen über dieses Thema – erwähnt seien zumal die Aufsätze von Montinari und Heftrich[10] – bestätigt wird. »Goethe stand über den Deutschen in jeder Beziehung und steht es auch jetzt noch: er wird ihnen nie angehören«, prophezeit Nietzsche in seinem Aphorismus »Die Deutschen im Theater«, aus »Menschliches, Allzumenschliches«.

»Wie Beethoven über die Deutschen hinweg Musik machte, wie Schopenhauer über die Deutschen weg philosophierte, so dichtete Goethe seinen Tasso, seine Iphigenie über die Deutschen hinweg. Ihm folgte eine sehr kleine Schar Höchstgebildeter, durch Alterthum, Leben und Reisen Erzogener, über deutsches Wesen Hinausgewachsener: – er selber wollte es nicht anders.«[11]

In den zitierten Aphorismen aus »Menschliches, Allzumenschliches« zeichnet sich ein Goethe-Bild ab, dessen Grundzüge sich kaum mehr verändern, freilich beim späten Nietzsche eine andere Wertung erfahren werden: Goethe – der Überdeutsche, der im Missverhältnis zu seiner Nation Stehende. Er gehört für Nietzsche »in eine höhere Gattung von Litteraturen, als ›National-Litteraturen‹ sind«, ist einer jener »Classiker«,

»welche über den Völkern stehen bleiben, wenn diese selber zugrunde gehen: denn sie sind leichter, freier, reiner als sie. Es ist ein hoher Zustand der Menschheit möglich, wo das Europa der Völker eine dunkle Vergessenheit ist, wo Europa aber noch in dreissig sehr alten, nie veralteten Büchern *lebt*: in den Classikern.«[12]

Offenkundig spielt Nietzsche hier auf Goethes eigene Idee der Weltliteratur in seinen letzten Lebensjahren an. »Nationalliteratur will jetzt nicht viel sagen, die Epoche der Weltliteratur ist an der Zeit, und jeder muß jetzt dazu wirken, diese Epoche zu beschleunigen.« So Goethe zu Eckermann in seinem Gespräch am 31. Januar 1831. Dem Nationalismus des neuen Jahrhunderts suchte er durch seine kosmopolitische Kulturidee entgegenzuwirken. Der »Nationalhaß«, bemerkt er am 14. März 1830 Eckermann gegenüber, finde sich »am stärksten und heftigsten« auf den »untersten Stufen der Kultur«. Es sei aber zu jener Stufe emporzuschreiten,

»wo er ganz verschwindet und wo man gewissermaßen über den Nationen steht und man ein Glück oder ein Wehe des Nachbarvolkes empfindet, als wäre es dem eigenen begegnet. Diese Kulturstufe war meiner Natur gemäß, und ich hatte mich darin lange befestigt, ehe ich mein sechzigstes Jahr erreicht hatte.«

Es entspricht also durchaus dem Selbstverständnis Goethes, wenn Nietzsche ihn in Aphorismus 256 aus »Jenseits von Gut und Böse« vor dem Hintergrund des eskalierenden Nationalismus seines Jahrhunderts zu einem der wichtigsten Wegbereiter einer übernationalen Kultur erklärt:

»Dank der krankhaften Entfremdung, welche der Nationalitäts-Wahnsinn zwischen die Völker Europa's gelegt hat und noch legt, Dank ebenfalls den Politikern des kurzen Blicks und der raschen Hand, die heute mit seiner Hilfe obenauf sind und gar nicht ahnen, wie sehr die auseinanderlösende Politik, welche sie treiben, nothwendig nur Zwischenakts-Politik sein kann – Dank Alledem und manchem heute ganz Unaussprechbaren werden jetzt die unzweideutigsten Anzeichen übersehn oder willkürlich und lügenhaft umgedeutet, in denen sich ausspricht, dass *Europa eins werden will.*«[13]

II.

Die meisten bisherigen Nietzsche-Zitate stammen bezeichnenderweise aus »Menschliches, Allzumenschliches«, jenem »Buch für freie Geister«, in dem Nietzsche zum erstenmal die für ihn von nun an spezifische Form aphoristischen Philosophierens entfaltet, zugleich das Werk der großen Wende in seinem Leben, nämlich der Abwendung von Richard Wagner. Und mit ihr hängt das neue Goethe-Bild Nietzsches ursächlich zusammen. Goethe ist der Gegen-Wagner.[14] Erst als solchem wird ihm in Nietzsches Werk der Primat einer unverwechselbaren, repräsentativen, symbolischen Kulturgestalt verliehen. Nur in einem Punkt stellt Nietzsche Wagner immer – wenn auch oft wider eigene schmerzliche Einsicht – an die Seite Goethes, will er ihn nie als Antipoden sehen: wenn es um den »Europäer der Zukunft« geht, den Goethe und Wagner für ihn in verwandter Weise antizipieren, oder um die »überdeutschen Quellen und Antriebe« ihrer Kunst.[15]

Gewiss hat auch der frühe Nietzsche sich immer wieder auf Goethe bezogen; er ist für ihn eine Identifikationsfigur, die so gut wie immer zustimmend zitiert wird, aber er tritt dergestalt kaum aus dem allgemeinen bildungsbürgerlichen Kanon heraus. Wie sehr der frühe Nietzsche in den Konsens der Gebildeten einstimmt, zeigt die Tatsache, dass er Goethe durchaus noch in einem Atem mit Schiller nennt, der für ihn gar »unser großer Schiller« ist.[16] »Schiller und Goethe« – ausnahmslos in dieser Reihenfolge[17] – zu sagen, ist für ihn durchaus noch nicht unter seiner Würde – im Gegensatz zur Zeit der »Götzendämmerung«, als er sich über das »berüchtigte ›und‹« zwischen beiden Namen mokiert: »die Deutschen sagen ›*Goethe und Schiller*‹, – ich fürchte, sie sagen ›Schiller und Goethe‹ …«[18] – wie einst, und zwar immer, Nietzsche selber gesagt hat, für dessen »Geburt der Tragödie« Schillers Ästhetik eine fundamentale Rolle gespielt hat. In »Menschliches, Allzumenschliches« aber wird »der arme Schiller«[19] mit einem Male zu einem spöttisch herabgesetzten, als veraltet erklärten Schriftsteller, der den Deutschen wohl ansteht, aber mit Goethe, dem Überdeutschen, unter keinen Umständen mehr in einem Atemzug zu nennen ist.

Woher kommt diese plötzliche Ablehnung Schillers? Auch sie hängt mit der Abwendung von Wagner, mit dessen Schiller-Affinität zusammen, die Nietzsche immer wieder betont hat.[20] »Das Schillersche an Wagner: er bringt ›leidenschaftliche Beredsamkeit, Pracht der Worte, als Schwung edler Gesinnungen‹ – Legirung mit geringerem Metall«, so lautet eine späte Notiz.[21] Oder im »Fall Wagner« heißt es, in seinem Kalkül mit der Wirkung habe Wagner »die Unbedenklichkeit, die Schiller hatte, die jeder Theatermensch hat, er hat auch dessen Verachtung der Welt, die er sich zu Füssen legt! ...«[22] An gleichem Ort spielt Nietzsche den von den Deutschen unverstandenen Goethe gegen ihren vermeintlichen Lieblingsdichter Schiller aus – beides vor dem Hintergrund der Polemik gegen Wagner, dessen »Tannhäuser« das Bildmaterial für diese Polemik bietet: Goethe wird gewissermaßen zu Tannhäuser, die Wartburggesellschaft zu Deutschland, das sich über seinen Aufenthalt im Venusberg entrüstet, Elisabeth zu Wagners Musik, die als »höhere Jungfrau« Goethe »hinanzieht« und erlöst:

> »Man kennt das Schicksal Goethe's im moralinsauren altjungfernhaften Deutschland. Er war den Deutschen immer anstössig, er hat ehrliche Bewunderer nur unter Jüdinnen gehabt.[23] Schiller, der ›edle‹ Schiller, der ihnen mit grossen Worten um die Ohren schlug, – *der* war nach ihrem Herzen. Was warfen sie Goethen vor? Den ›Berg der Venus‹; und daß er venetianische Epigramme gedichtet habe. Schon Klopstock hielt ihm eine Sittenpredigt; es gab eine Zeit, wo Herder, wenn er von Goethe sprach, mit Vorliebe das Wort ›Priap‹ gebrauchte. [...] Vor Allem aber war die höhere Jungfrau empört: alle kleinen Höfe, alle Art ›Wartburg‹ in Deutschland bekreuzigte sich vor Goethe, vor dem ›unsauberen Geist‹ in Goethe.[24] – *Diese* Geschichte hat Wagner in Musik gesetzt. Er *erlöst* Goethe, das versteht sich von selbst; aber so, dass er, mit Klugheit, zugleich die Partei der höheren Jungfrau nimmt. Goethe wird gerettet: – ein Gebet rettet ihn, eine höhere Jungfrau *zieht ihn hinan* ...«[25]

So also Goethe aus der vermeintlichen Perspektive Wagners gesehen. Doch nun wechselt Nietzsche die Blickrichtung: »Was Goethe über Wagner gedacht haben würde?« Seine Antwort auf diese Frage identifiziert Nietzsche im »Fall Wagner« mit derjenigen, die Goethe selber auf die Frage gegeben habe, »was die Gefahr sei, die über allen Romantikern schwebe: das Romantiker-Verhängniss. Seine Antwort ist: »›am Wiederkäuen sittlicher und religiöser Absurditäten zu ersticken‹.[26] Kürzer: *Parsifal* –«[27]

In einer späten Aufzeichnung verkündet Nietzsche apodiktisch: »Die Musik Wagners ist *antigoethisch*. In der That fehlt Goethe in der deutschen Musik,[28] wie er in der deutschen Politik fehlt. Dagegen: wie viel Schiller, genauer geredet wie viel *Thekla* ist in Beethoven!«[29] Auch der Name Beethoven, immer wieder mit demjenigen Schillers auf einen Nenner gebracht, erhält seit »Menschliches, Allzumenschliches« häufig ein negatives Vorzeichen, natürlich ebenfalls im Hinblick auf seine exemplarische Bedeutung für Wagner. Dieser Trias Schiller – Beethoven – Wagner wird der Name Goethe rigoros entgegengesetzt.

Aufschlussreich in dieser Hinsicht ist ein Rückblick auf die wenigen Passagen im Frühwerk Nietzsches, in denen Goethe über die Rolle der kanonisierten Bildungsautorität hinaus einen Typus verkörpert, in dem sich seine spätere kulturelle Repräsentanz – in Nietzsches Œuvre – bereits andeutet. Es sei hier auf drei Stellen aus den »Unzeitgemäßen Betrachtungen« verwiesen. In »Schopenhauer als Erzieher« entwickelt Nietzsche »drei Bilder des Menschen«; es sind »der Mensch Rousseau's«, »der Mensch Goethe's« und »der Mensch Schopenhauer's«. Das erste Bild ist »der populärsten Wirkung gewiss«, das zweite »ist nur für wenige gemacht, nämlich für die, welche beschauliche Naturen im grossen Stile sind und wird von der Menge missverstanden«; diese Opposition Rousseau-Goethe[30] wird mit anderer Wertung in Nietzsches späterer Philosophie eine bedeutende Rolle spielen, wie wir sehen werden. Das dritte Bild schließlich ist für die »thätigsten Menschen« bestimmt. Von dem ersten Bild ist Nietzsche zufolge »eine Kraft ausgegangen, welche zu ungestümen Revolutionen drängte und noch drängt; denn bei allen socialistischen Erzitterungen und Erdbeben ist es immer noch der Mensch Rousseau's, welcher sich, wie der alte Typhon unter dem Aetna, bewegt.« Der Mensch Goethes nun bildet das »Correctiv und Quietiv jener gefährlichen Aufregungen, denen der Mensch Rousseau's preisgegeben ist« – und denen sich der junge Goethe selbst hingegeben hatte. Seinen Faust habe er als »das höchste und kühnste Abbild« des Rousseauschen Menschen konzipiert, doch am Ende drohe Faust aus dem Revolutionär zum Philister zu werden und dem Teufel zu verfallen, von dem ihn nur himmlische Mächte befreien können: die Gefahr des Deutschen, der aufhöre, Faust, d.h. der Mensch Rousseaus zu sein und sich der Beschauung hinzugeben. »Der Goethesche Mensch ist eine erhaltende und verträgliche Kraft – aber unter der Gefahr, wie gesagt, daß er zum Philister entarten kann«. Diese Wertung zeigt, dass der Goethesche Mensch für den Nietzsche der »Unzeitgemäßen Betrachtungen« noch keineswegs der höchste Menschentypus ist, sondern dieser fällt zweifellos mit dem »Schopenhauerischen Menschen« zusammen, der »das freiwillige Leiden der Wahrhaftigkeit« auf sich nehme, das ihm diene, »seinen Eigenwillen zu ertödten und jene völlige Umwälzung und Umkehrung seines Wesens vorzubereiten, zu der zu führen der eigentliche Sinn des Lebens ist«.[31]

Eine Grundüberzeugung, in der Nietzsche sich gewiss mit Wagner einig wähnt. Dieser hat trotz seiner lebenslangen Bewunderung des Goetheschen »Faust« als Theaterwerk und des unermesslichen Einflusses, den er auf seine eigene musikalisch-dramatische Imagination ausgeübt hat, an dessen gehaltlicher Tendenz gerade in den Zeiten intensiver Schopenhauer-Rezeption wiederholt Kritik geübt.³² So wehrt er sich in seinem Brief an Mathilde Wesendonck vom 7. April 1858 entschieden dagegen, dass die Freundin aus dem »jämmerlichen Faust« den »edelsten Menschentypus« machen wolle. Denn was werde aus Faust, nachdem er an der Liebe Gretchens gescheitert sei? Der Dichter lasse ihn »eines Morgens die ganze Geschichte spurlos vergessen [...], damit er nun die eigentlich große Welt, die antike Kunstwelt, die praktisch-industrielle Welt mit möglichstem Behagen vor seiner recht objektiven Betrachtung *abspielen* lassen könne«. Bei Nietzsche aber heißt es: »Alle Reiche des Lebens und der Natur, alle Vergangenheiten, Künste, Mythologien, alle Wissenschaften sehen den unersättlichen Beschauer an sich vorüberfliegen«. Aus dem Rousseauschen »Weltbefreier« Faust werde ein »Weltreisender«.³³ Damit aber nähert er sich gefährlich dem »historisch-aesthetischen Bildungsphilister«, wie ihn Nietzsche in der zweiten Unzeitgemäßen Betrachtung beschrieben hat.³⁴

Bei Nietzsche gibt es also eine aufsteigende Linie von Rousseau über Goethe zu Schopenhauer. Wie er in der dritten Unzeitgemäßen Betrachtung Goethe an Schopenhauer misst, so in der vierten – »Richard Wagner in Bayreuth« – an Wagner. Schon hier wird Goethe als »das grosse Gegenbild« Wagners beschworen, aber noch mit ganz anderer Wertung als später. Goethe erscheine in der Universalität seiner Bestrebungen »wie ein viel verzweigtes Stromnetz [...], welches aber seine ganze Kraft nicht zu Meere trägt, sondern mindestens ebensoviel auf seinen Wegen und Krümmungen verliert und verstreut, als es am Ausgange mit sich führt« – im Unterschied zu »Wagner's Lauf und Stromgewalt« in ihrer gesammelten und zielstrebigen Kraft, die freilich »erschrecken« könne, während Goethes verschwenderisches Wesen mehr »Behagen« einflöße.³⁵ Hinter dieser Unterscheidung steht nicht nur die Gattungsdifferenz zwischen dem spezifisch epischen und dem spezifisch dramatischen Künstler – welch ersterer nach Schiller alle Teile des Geschehens selbständig in sich ruhen lässt, während der letztere sie auf das Ende, auf das Ziel hin funktionalisiert (an Goethe, 21. April 1797) –, sondern unverkennbar auch die traditionelle ästhetische Polarität des Schönen und Erhabenen, die hier also auf Goethe und Wagner projiziert werden. Der Typus Goethe mag zwar mehr Sympathie, der Typus Wagner aber soll größere Bewunderung erwecken.

Das zeigt sich noch deutlicher beim zweiten Goethe-Wagner-Vergleich in der Vierten Unzeitgemäßen Betrachtung. Hier bezeichnet Nietzsche Goethe und Leopardi »als die letzten grossen Nachzügler der italienischen Philologen-Poeten«. Selbst das Goethesche Lied sei »dem Volksliede nachgesungen, nicht vorgesungen, und sein Dichter wusste, weshalb er mit so vielem Ernste einem Anhänger (nämlich Eckermann in seinem Gespräch am 11. Oktober

1828) den Gedanken an's Herz legte: »meine Sachen können nicht populär werden; wer daran denkt und dafür strebt, ist in einem Irrthum.« (Anders als die Werke Schillers seien sie, so fährt Goethe in dem von Nietzsche nicht weiter zitierten Gespräch fort, »nicht für die Masse geschrieben, sondern nur für einzelne Menschen, die etwas Ähnliches wollen und suchen«.) Wagners Kunst hingegen, so Nietzsche, rede »nicht mehr die Bildung einer Kaste« und kenne »überhaupt den Gegensatz von Gebildeten und Ungebildeten nicht mehr. Damit stellt sie sich in Gegensatz zu aller Cultur der Renaissance, welche bisher uns neuere Menschen in ihr Licht und ihren Schatten eingehüllt hatte.«[36]

Für Nietzsche ist diese Überwindung der »Cultur der Renaissance« ein Fortschritt. Ganz klar sagt er das in einer nachgelassenen Aufzeichnung von 1875: »Goethe als deutscher Poet-Philolog; Wagner als noch höhere Stufe: Hellblick für die einzig würdige Stufe der Kunst«.[37] In »Menschliches, Allzumenschliches« wird er in diesem Punkt wesentlich anders urteilen und ebenso leugnen, dass Wagners »populäre« Überwindung der Bildungsschranken ein Fortschritt gegenüber der Goetheschen Bildungsdichtung sei, wie dass der Schopenhauerische Menschentypus mit seiner Ertötung des Eigenwillens höher stehe als der Goethesche.

III.

Wie rigoros sich die Wertung des Goetheschen Menschen- und Kunsttypus in »Menschliches, Allzumenschliches« gegenüber der Typologie der »Unzeitgemäßen Betrachtungen« verschiebt – selbst bei gleichbleibenden Strukturmerkmalen jenes Typus –, das sei an den beiden Aphorismen »Die Revolution in der Poesie« aus dem ersten und »Der Dichter als Wegweiser der Zukunft« aus dem zweiten Band von »Menschliches, Allzumenschliches« belegt. Folgendermaßen beginnt der erste Aphorismus:

> »Der strenge Zwang, welchen sich die französischen Dramatiker auferlegten, in Hinsicht auf Einheit der Handlung, des Ortes und der Zeit, auf Stil, Vers- und Satzbau, Auswahl der Worte und Gedanken, war eine so wichtige Schule, wie die des Contrapuncts und der Fuge in der Entwickelung der modernen Musik oder wie der Gorgianischen Figuren in der griechischen Beredsamkeit.«

Lessing nun habe »die französische Form, das heisst die einzige moderne Kunstform, zum Gespött in Deutschland« gemacht und auf das Vorbild Shakespeares verwiesen. Auf seinen Spuren habe man »einen Sprung in den

Naturalismus – das heisst in die Anfänge der Kunst zurück« gemacht. Selbst die Franzosen »machten später nach deutschem Vorbilde auch den Sprung in eine Art von Rousseau'schem Naturzustand der Kunst und experimentierten«. Voltaire sei der letzte gewesen, dem noch »griechisches Maass« zu Gebote stand.

> »Seitdem ist der moderne Geist mit seiner Unruhe, seinem Hass gegen Maass und Schranke, auf allen Gebieten zur Herrschaft gekommen, zuerst entzügelt durch das Fieber der Revolution und dann wieder sich Zügel anlegend, wenn ihn Angst und Grauen vor sich selbst anwandelte, – aber die Zügel der Logik, nicht mehr des künstlerischen Maasses.«

Aus dieser Situation – dem Sprung in den »Rousseau'schen Naturzustand der Kunst« – suchte Goethe sich zu retten, »indem er sich von neuem wieder auf verschiedene Art zu binden wusste; aber auch der Begabteste bringt es nur zu einem fortwährenden Experimentiren, wenn der Faden der Entwickelung einmal abgerissen ist«. Gleichwohl ist das antirevolutionäre Goethesche Experiment einer neuen Bindung der künstlerischen Mittel für Nietzsche so zukunftsweisend, dass er die Behauptung wagt, »Goethe habe noch gar nicht gewirkt und seine Zeit werde erst kommen«.

Im Vergleich der Sturm und Drang-Phase Goethes mit der Periode seiner Klassizität kommt Nietzsche zu folgendem Schluss:

> »Gerade weil seine Natur ihn lange Zeit in der Bahn der poetischen Revolution festhielt, gerade weil er am gründlichsten auskostete, was Alles indirect durch jenen Abbruch der Tradition an neuen Funden, Aussichten, Hülfsmitteln entdeckt und gleichsam unter den Ruinen der Kunst ausgegraben worden war, so wiegt seine spätere Umwandelung und Bekehrung so viel: sie bedeutet, dass er das tiefste Verlangen empfand, die Tradition der Kunst wieder zu gewinnen und den stehen gebliebenen Trümmern und Säulengängen des Tempels mit der Phantasie des Auges wenigstens die alte Vollkommenheit und Ganzheit anzudichten, wenn die Kraft des Armes sich viel zu schwach erweisen sollte, zu bauen, wo so ungeheure Gewalten schon zum Zerstören nöthig waren.«

Die im Fieber der Revolution – der politischen, gesellschaftlichen wie ästhetischen – zerbrochene Ganzheit der Kunst lässt sich nicht mehr wiederherstellen, sie ist nur noch zu imaginieren. Die Formen dieser Imagination aber sind die »Zusammendrängung« der modernen Probleme in »einfachsten Formen«, die Vermeidung des Ephemeren, Pathologischen, Interessanten, Effektvollen. Das bedeutet für Nietzsche mit Schillers Worten (in seinem Brief an Goethe vom 4. April 1797): »idealische Masken« statt »Individuen« – »allegorische Allgemeinheit« statt »Wirklichkeit«, alles nur Temporäre und Lokale »abgedämpft und mythisch gemacht«, d.h. verallgemeinert, ohne ins Logisch-Abstrakte zu verfallen.[38]

Kein Zweifel, Nietzsche macht sich hier die Ästhetik des späten Goethe zu Eigen. Riemer berichtet von einem Gespräch am 4. April 1814, in dem Goethe bemerkt, »daß nur die Jugend die Varietät und Spezifikation, das Alter aber die genera, ja die familias habe«. Er vergleicht sich in dieser Hinsicht mit Tizian, »der zuletzt den Samt nur symbolisch malte«. Die »Natürliche Tochter« ist für ihn selber die Wende, seit der er »ins Generische gegangen; im ›Meister‹ sei noch die Varietät«. Dieser Gang ins Generische als Läuterung des Realen zum Typischen und in Verbindung damit das Zurücktreten von der sinnlichen Erscheinung, deren Farben nur noch gedämpft durchscheinen, ist für Nietzsche das Wesen der wahren, der erhofften zukünftigen Kunst, die von Goethe ihren Ausgang nehmen soll.

In einem späteren Aphorismus (»Vor- und Rückblick«) konstatiert Nietzsche:

> »Eine Kunst, wie sie aus Homer, Sophokles, Theokrit, Calderon, Racine, Goethe ausströmt, als Überschuss einer weisen und harmonischen Lebensführung – das ist das Rechte, nach dem wir endlich greifen lernen, wenn wir selber weiser und harmonischer geworden sind, nicht jene barbarische, wenngleich noch so entzückende Aussprudelung hitziger und bunter Dinge aus einer ungebändigten chaotischen Seele, welche wir früher als Jünglinge unter Kunst verstanden.«[39]

Der Kanon von Namen, den Nietzsche aufstellt: nicht mehr Aischylos, sondern Sophokles, nicht Shakespeare, sondern Racine, offenbart ein emphatisches Bekenntnis zur Klassizität; mit den Kategorien der »Geburt der Tragödie« geredet, zum Apollinischen, und zwar zu einem solchen, das aus dem dialektischen Verbund mit dem Dionysischen herausgelöst scheint, welches hinter dem Horizont von Nietzsches neuer Philosophie offensichtlich verschwunden ist. Der apollinische Menschen- und Kunsttypus Goethes kann deshalb nun – was der frühe Nietzsche ihm versagt hat – die höchste Erscheinungsform des Mensch- und Kunstseins bilden.

Dieses Bild ergibt sich auch aus dem Aphorismus »Der Dichter als Wegweiser für die Zukunft« aus dem zweiten Teil von »Menschliches, Allzumenschliches«. »Dichtungen solcher Dichter«, wie Nietzsche sie sich als »Wegweiser« vorstellt,

> »würden dadurch sich auszeichnen, dass sie gegen die Luft und Gluth der Leidenschaften abgeschlossen und verwahrt erschienen: der unverbesserliche Fehlgriff, das Zertrümmern des ganzen menschlichen Saitenspiels, Hohnlachen und Zähneknirschen und alles Tragische und Komische im alten gewohnten

Sinne, würde in der Nähe dieser neuen Kunst als lästige archaisirende Vergröberung des Menschenbildes empfunden werden. Kraft, Güte, Milde, Reinheit und ungewolltes, eingeborenes Maass in den Personen und deren Handlungen: ein geebneter Boden, welcher dem Fusse Ruhe und Lust giebt: ein leuchtender Himmel auf Gesichtern und Vorgängen sich abspiegelnd«

– und in solchen halkyonischen Bildern weiter. »Von Goethe aus«, so schließt der Aphorismus,

»führt mancher Weg in diese Dichtung der Zukunft: aber es bedarf guter Pfadfinder und vor Allem einer viel grössern Macht als die jetzigen Dichter, das heisst die unbedenklichen Darsteller des Halbthiers und der mit Kraft und Natur verwechselten Unreife und Unmässigkeit, besitzen.«[40]

Kein Zweifel: diese »Dichtung der Zukunft« soll das Gegenbild jenes »Kunstwerks der Zukunft« sein, das Richard Wagner propagiert hat und das sich in jeder Beziehung gegen jenes »Maß« auflehnt, das für Nietzsche nun die conditio sine qua non der wahren Kunst ist. Ganz neue Namen und Werke tauchen in »Menschliches, Allzumenschliches« an Nietzsches Horizont auf – sie alle unverkennbar als Anti-Wagner-Bilder beschworen: Lichtenbergs Aphorismen, Stifters »Nachsommer« (»im Grunde *das einzige deutsche Buch nach* Goethe, das für mich Zauber hat«, heißt es in dem bereits zitierten Fragment vom Spätherbst 1888[41]), Kellers »Leute von Seldwyla« – und noch über Goethes Schriften selber stellt Nietzsche dessen »Gespräche mit Eckermann«: das »beste deutsche Buch, das es giebt«.[42] Man hat hinter dieser Hochschätzung Eckermanns – der von Nietzsche so gepriesene Heine hätte sich im Grabe herumgedreht – nicht ganz zu Unrecht eine gewisse Verbiedermeierung Goethes gewittert, die aus dessen Abschirmung von allem resultiert, was der frühe und der späte Nietzsche »dionysisch« genannt hat und nennen wird.

IV.

Es ist nicht verwunderlich, dass mit dem Wiederauftauchen des Dionysischen an Nietzsches denkerischem Horizont auch die Rolle Goethes bei ihm ihren Absolutheitscharakter wieder verliert. Am deutlichsten zeigt sich das in »Götzen-Dämmerung«, in der Nietzsche sich nach »Menschliches, Allzumenschliches« am ausführlichsten mit Goethe auseinandersetzt. Im Abschnitt »Was den Deutschen abgeht« wiederholt Nietzsche – zunächst – noch einmal seine These: »Goethe gieng das Herz auf bei dem Phänomen Napoleon, – es gieng ihm *zu* bei den ›Freiheits-Kriegen‹ …«, die Nietzsche immer in ironische Anführungszeichen setzt.[43] Goethe als »*europäisches Ereignis* – wie Schopenhauer, Hegel oder Heine«[44] –, das bleibt seine Hauptbedeutung für Nietzsche, der er die letzten Aphorismen (49–51) des Abschnitts »Streifzüge eines Unzeitgemässen« widmet.

> »Goethe – kein deutsches Ereigniss, sondern ein europäisches: ein grossartiger Versuch, das achtzehnte Jahrhundert zu überwinden durch eine Rückkehr zur Natur, durch ein *Hinauf*kommen zur Natürlichkeit der Renaissance, eine Art Selbstüberwindung von Seiten dieses Jahrhunderts.«[45]

Die Formel »Rückkehr zur Natur« verwirrt im ersten Moment, ja Nietzsche scheint durch sie den Leser bewusst irritieren zu wollen. Hat nicht schon der junge Nietzsche Goethe in Opposition zu Rousseau gesetzt, ja, in »Menschliches, Allzumenschliches« die ganze Lebens- und Kunstrichtung Goethes in seiner zweiten Lebenshälfte als Abkehr vom Geist der Revolution à la Rousseau interpretiert? Doch bei genauerem Hinschauen zeigt sich, dass »Rückkehr zur Natur« hier nichts anderes heißt als Rückkehr zur Renaissance, zu ihrer Form von »Natürlichkeit«, die eine höhere ist als das Objekt der »Natur-Idolatrie« des 18. Jahrhunderts. Daher ist diese Rückkehr eben ein »Hinaufkommen«, eine Höherentwicklung. Hier wird die einstige Wertung Wagners und Goethes in der vierten Unzeitgemäßen Betrachtung genau umgekehrt: Dort wurde Wagner als Überwinder der »Cultur der Renaissance« gefeiert, in deren Tradition das Werk Goethes noch gründe. Nun erscheint die Rückkehr zur Renaissance als Höherentwicklung und deren Überwindung als Rückfall in einen rohen Naturzustand.

Was Nietzsche an Goethe vor allem bewundert, ist das Faktum, dass er »sich mit lauter geschlossenen Horizonten umstellte«[46] – ein offenkundiger Rekurs auf die zweite Unzeitgemäße Betrachtung »Vom Nutzen und Nachtheil der Historie für das Leben«, die das Denken in »geschlossenem« Horizont dessen historistischer Öffnung entgegensetzt, durch die das »Leben« verhindert werde: »jedes Lebendige kann nur innerhalb eines Horizontes gesund, stark und fruchtbar werden«, heißt es dort.[47] Von der gleichen Prämisse her urteilt Nietzsche in »Götzendämmerung« über Goethe: »er löste sich nicht vom Leben ab, er stellte sich hinein«.[48] Damit geriet er freilich in Gegensatz zum 19. Jahrhundert:

> »Ist nicht das neunzehnte Jahrhundert, zumal in seinem Ausgange, bloss ein verstärktes *verrohtes* achtzehntes Jahrhundert, das heisst ein *décadence*-Jahrhundert? So dass Goethe nicht bloss für Deutschland (wie Nietzsche seit *Menschliches, Allzumenschliches* immer wieder betont hat), sondern für ganz Europa bloss ein Zwischenfall, ein schönes Umsonst gewesen wäre?«

Nietzsche weicht der Antwort auf diese Frage aus, indem er die öffentliche Nutzlosigkeit gerade zum Bestandteil historischer »Größe« erklärt.[49]

Erneut bezeichnet Nietzsche Goethes »Willen« zur »Totalität« als Signatur seines Lebens und Schaffens: »er bekämpfte das Auseinander von Vernunft, Sinnlichkeit, Gefühl, Wille [...], er disciplinierte sich zur Ganzheit, er *schuf* sich ...« Erneut vergleicht er ihn mit dem »ens realissimum, genannt Napoleon« und resümiert:

> »Goethe concipirte einen starken, hochgebildeten, in allen Leiblichkeiten geschickten, sich selbst im Zaum habenden, vor sich selber ehrfürchtigen Menschen, der sich den ganzen Umfang und Reichthum der Natürlichkeit zu gönnen wagen darf, [...] für den es nichts Verbotenes mehr giebt, es sei denn die *Schwäche*, heisse sie nun Laster oder Tugend [...]«

– oder das »Kreuz«, über dessen Verständnis er sich mit Goethe einig wähnt (»auch verstehen wir uns über das ›Kreuz‹«). Kurz und gut: Nietzsche erhebt Goethe, den er doch immer als typischen Apolliniker geschildert hat, nun zum Träger des Glaubens, den er »auf den Namen des *Dionysos* getauft« hat.[50] Hier erreicht Goethe die höchste Stufe, die er in Nietzsches Wertschätzung erlangen konnte, und so ist er ihm auch im letzten Aphorismus der »Streifzüge eines Unbekannten« der »letzte Deutsche, vor dem ich Ehrfurcht habe«.[51]

Diese Höchstschätzung wird jedoch im folgenden Abschnitt der »Götzendämmerung«: »Was ich den Alten verdanke«, bedeutend relativiert, bis hin zum regelrechten Widerspruch mit den eben zitierten Aphorismen. Nur im Hinblick auf sein eigenes Jahrhundert, zumal vor dem Hintergrund der décadence, der nach Nietzsche nun auch die einst als dionysisch angesehene Musik Wagners zugehört, ist Goethe mit dem Namen des Dionysos in Verbindung zu bringen. (Das Dionysische ist nun nicht mehr der dialektische Widerpart des Apollinischen, welcher Begriff aus Nietzsches spätem Denken verschwindet, sondern der décadence). Von den »Alten« her betrachtet, ist Goethe indessen eher der Widersacher des Dionysos. Prüfe man den Begriff »griechisch«, wie ihn »Winckelmann und Goethe sich gebildet haben«, so erweise er sich als

> »unverträglich mit jenem Elemente [...], aus dem die dionysische Kunst wächst, – mit dem Orgiasmus. Ich zweifle in der That nicht daran, dass Goethe etwas Derartiges grundsätzlich aus den Möglichkeiten der griechischen Seele ausgeschlossen hätte. *Folglich verstand Goethe die Griechen nicht.* Denn erst in den dionysischen Mysterien, in der Psychologie des dionysischen Zustands spricht sich die Grundthatsache des hellenischen Instinkts aus – sein ›Wille zum Leben‹.«[52]

Dichtung der Zukunft?

In den nachgelassenen Fragmenten vom Frühjahr und Spätherbst 1888 redet Nietzsche nicht nur vom Begriff des Griechischen, sondern bemerkt, dass darüber hinaus »der Begriff ›klassisch‹ – wie ihn Winckelmann und Goethe gebildet hatten –, jenes dionysische Element nicht nur nicht erklärte, sondern von sich ausschloß«.[53] Nietzsches Begriff des Klassischen hingegen schließt das Wissen vom Orgiastischen, Dionysischen nunmehr ein, es ist die mit äußerster Kraft bezwungene Leidenschaft.[54] Im »Zarathustra«-Abschnitt des »Ecce homo« wird Goethe gar – immerhin an der Seite Dantes und Shakespeares – gänzlich von der Höhenluft des Dionysischen ausgeschlossen; Nietzsche zweifelt nicht daran, »dass ein Goethe, ein Shakespeare nicht einen Augenblick in dieser ungeheuren Leidenschaft und Höhe zu athmen wissen würde«.[55]

Dass Nietzsche im Hinblick auf den Begriff des Griechischen und Klassischen Goethe und Winckelmann in einem Atem nennt, zeigt erneut die Grenze seines Eckermann-geprägten Goethe-Bildes. In der »Geburt der Tragödie« (Kap. 9) hatte er durchaus noch von einem anderen Goethe gewusst, eine Brücke vom aischyleischen zum Goetheschen »Prometheus« geschlagen und von dem »Gemeinsamen zwischen dem Prometheischen und dem Dionysischen« gesprochen.[56] Und es fragt sich, ob nicht gerade für die »Iphigenie« – für Nietzsche Inbegriff der Klassizität – sein eigenes Wort gilt, dass die »apollinische Cultur [...] immer erst ein Titanenreich zu stürzen« hat.[57] Hat doch Goethe selbst Tantalus (den er den Titanen zuzählt: für ihn eine durch und durch prometheische, die »Grenzen der Menschheit« überschreitende Gestalt) und die Seinen »als Glieder einer ungeheuren Opposition im Hintergrunde meiner Iphigenie« bezeichnet, der er »einen Teil der Wirkung schuldig« sei, »welche dieses Stück hervorzubringen das Glück hatte«.[58] Freilich hebt Nietzsche gegen Ende der Tragödienschrift (Kap. 20) hervor, dass es selbst »solchen Helden, wie Schiller und Goethe (!), nicht gelingen durfte, jene verzauberte Pforte zu erbrechen, die in den hellenischen Zauberberg führt« – und hinter der sich jenes orgiastische Blutmahl abspielt, das Thomas Mann in Hans Castorps Griechenlandtraum: im »Schnee«-Kapitel seines »Zauberberg« geschildert hat –, »wenn es bei ihrem muthigsten Ringen nicht weiter gekommen ist als bis zu jenem sehnsüchtigen Blick, den die Goethische Iphigenie vom barbarischen Tauris aus nach der Heimat über das Meer hin sendet«.[59]

Nietzsche blieb freilich verborgen, dass Goethes Anschauung der Antike sich seit seiner hochklassischen Periode gewandelt hat, in seinem Alter durchaus nicht mehr mit Winckelmannschen Kategorien zu fassen ist. Er hat übersehen, dass der zweite und dritte Akt des »Faust II«, zumal der Schluss des Helena-Akts mit der orgiastischen Selbstauflösung des Chors – »Und nun gellt ins Ohr der Zimbeln mit der Becken Erzgetöne, / Denn es hat sich

Dionysos aus Mysterien enthüllt« (Vs. 10030f.) – sehr wohl von einer tiefen Vertrautheit mit der dionysischen Seite des Griechentums zeugt, die Goethe der romantischen Mythosforschung verdankt. Doch »Faust« blieb Nietzsche ja zeitlebens mehr oder weniger fremd.[60] In ihm einen »anderen« Goethe zu entdecken, lag ihm fern.

Nietzsches halkyonisches Goethe-Bild – wie er es sich – seiner letzten großen Aufzeichnung über ihn zufolge – bei der frühen Lektüre der »Novelle« gebildet hat, blendet die abgründigen, dunklen, tragischen Seiten seiner Dichtung weithin aus. So kann ihm Goethe zwar nach der Abwendung von Wagner zum höchsten Typus des Menschen und Künstlers werden, aber hinter der dionysischen Weisheit Zarathustras muss er schließlich doch zurückstehen, und man darf bezweifeln, ob Goethes Poesie für den »letzten« Nietzsche noch wirklich die »Dichtung der Zukunft« war. – Auf den höchsten Gipfel der Erkenntnis kann Nietzsches Goethe Zarathustra jedenfalls nicht mehr folgen.

Einer der bedeutendsten intellektuellen Erben Nietzsches freilich – Thomas Mann – hat dieses Urteil des »letzten« Nietzsche zurückgenommen. In seinem Essay »Nietzsches Philosophie im Lichte unserer Erfahrung« (1947) zählt er den zitierten »Zarathustra«-Abschnitt des »Ecce homo« mit seiner Behauptung, »daß ein Goethe, ein Shakespeare, ein Dante nicht einen Augenblick in der Höhe dieses Buches zu atmen wissen würde«, zu den »hektischen, von entgleitender Vernunft zeugenden Ausschreitungen des Selbstbewußtseins«, nennt diese – »blinde Überschätzung« seiner selbst verratende – Äußerung Nietzsches schlechterdings »unerlaubt«.[61] Thomas Mann will Goethe mitnichten vom Gipfel des ihm tief fragwürdigen »Zarathustra« aus beurteilt wissen, sondern mit den Maßstäben der noch nicht entgleitenden Vernunft Nietzsches, die in Goethes Dichtung noch den Gipfel der Lebensweisheit sah. Schon während seiner Wagner-Krise um 1911 hat Thomas Mann in den Spuren Nietzsches und inspiriert von Samuel Lublinskis »Bilanz der Moderne« (1904), in der Nietzsche als heimlicher Klassizist interpretiert wird, Goethe zum Antipoden Wagners stilisiert.[62] In seinem Essay »Auseinandersetzung mit Wagner« (1911) fordert er für das »Meisterwerk des zwanzigsten Jahrhunderts« eine »neue Klassizität« in Opposition gegen die Kunst Richard Wagners, die »neunzehntes Jahrhundert durch und durch« sei, und er versteht unter dieser für die Dichtung der Zukunft maßstabsetzenden Klassizität »etwas zugleich Strenges und Heiteres von nicht geringerer Willensspannung als jenes (Wagnersche Kunstelement), aber von kühlerer, vornehmerer und selbst gesünderer Geistigkeit, etwas, das seine Größe nicht im Barock-Kolossalischen und seine Schönheit nicht im Rausche sucht«.[63] Hier argumentiert Thomas Mann mit Nietzsche gegen Nietzsche, mit »Menschliches, Allzumenschliches« und »Jenseits von Gut und Böse« gegen »Zarathustra« und »Ecce homo«. Für ihn wie für Samuel Lublinski ist jener frühere Nietzsche der wahre, weil ihm die Vernunft noch nicht entglitten ist. In seinen Spuren Goethe zu folgen, ist für Thomas Mann auch die wahre und legitime Nietzsche-Nachfolge.

(Dieser am 25. Juni 2001 im Nietzsche-Forum München gehaltene Vortrag ist inzwischen erschienen in H. Seubert [Hrsg.], Natur und Kunst in Nietzsches Denken, Köln, Weimar, Wien 2002)

Anmerkungen

1 Friedrich Nietzsche, KSA. Kritische Studienausgabe, hrsg. v. Giorgio Colli u. Mazzino Montinari. München 1980. Bd. II, S. 607. Der Sperrdruck von Einzelwörtern und Passagen wird in den folgenden Zitaten nur ausnahmsweise (als Kursivdruck) berücksichtigt.
2 KSA 2/599.
3 KSA 2/607.
4 KSA 2/482f.
5 KSA 5/184f.
6 Grillparzers Werke, hrsg. v. August Sauer, Wien/Leipzig 1916. I. Abt. Bd. 14/15, S. 163.
7 KSA 13/634.
8 A.a.O., S. 185.
9 In: Festschrift für Berthold Litzmann, Bonn 1920.
10 Mazzino Montinari, Aufklärung und Revolution: Nietzsche und der späte Goethe, in: M. M., Nietzsche lesen, Berlin 1982, S. 56–63; Eckhard Heftrich, Nietzsches Goethe, in: E. H., Nietzsches tragische Größe (1987), Frankfurt a.M. 2000, S. 103–124 (Heftrich gibt auch eine Übersicht über die spärliche Literatur zum Thema »Nietzsche und Goethe«).
11 KSA 2/448f.
12 KSA 2/607f.
13 KSA 5/201.
14 Vgl. Heftrich, Nietzsches Goethe, S. 120.
15 KSA 5/202f. (Jenseits von Gut und Böse 256).
16 KSA 1/646.
17 KSA 1/131, 425, 695 u.ö. Auch in den Nachgelassenen Schriften erscheint der Name Schillers, wenn er »und« Goethe zusammen erwähnt werden, ohne Ausnahme an erster Stelle. Wegen der Fülle der Nachweise sei auf diese verzichtet.
18 KSA 6/122.
19 KSA 2/483.
20 Vgl. Nietzsche und Wagner. Stationen einer epochalen Begegnung, hrsg. v. Dieter Borchmeyer u. Jörg Salaquarda, Frankfurt a.M. u. Leipzig 1994, S. 773, S. 781, S. 878, S. 1034 u.ö.

21 Nietzsche und Wagner, S. 1046.
22 Nietzsche und Wagner, S. 1076.
23 Diese Auffassung von der Fremdheit zwischen Goethe und den Deutschen verdankt Nietzsche zu einem guten Teil den »Gedanken über Goethe« von Viktor Hehn (Berlin 1887), die er im Frühjahr 1888 gelesen hat (vgl. KSA 14/403f.). Hehn bezieht sich auf die Berliner Salons der »jüdischen Weiber« (Henriette Herz, Rahel Varnhagen, Dorothea Veit), die für Goethe mehr Verständnis gehabt hätten als die »conventionell beschränkten [...] blonden Bewohnerinnen Niedersachsens« (a.a.O., S. 139).
24 Nietzsche bezieht sich hier auf eine Äußerung von Friedrich Heinrich Jacobi über den »gewissen unsauberen Geist« von »Wilhelm Meisters Lehrjahren« in einem Brief an Goethe vom 18. Februar 1795, den Nietzsche in Viktor Hehns »Gedanken über Goethe«, S. 110 gelesen haben wird.
25 Nietzsche und Wagner, S. 1063f.
26 Nietzsche bezieht sich hier auf Goethes Brief über Friedrich Schlegel an Zelter vom 20.10.1831: »So erstickte doch Friedrich Schlegel am Wiederkäuen sittlicher und religiöser Absurditäten, die er auf seinem unbehaglichen Lebensgange gern mitgeteilt und ausgebreitet hätte; deshalb er sich in den Katholizismus flüchtete«.
27 Nietzsche und Wagner, S. 1064.
28 Wer dies liest, mag fragen: Und Mozart? Obwohl Nietzsche sich verschiedentlich über Mozart geäußert hat, ist nicht zu verkennen, dass er dem verharmlosenden Mozart-Bild des bürgerlichen Musikpublikums seiner Zeit folgt und ihn als Komponisten des Ancien régime sieht. Vgl. dazu den Aphorismus 245 aus »Jenseits von Gut und Böse«: »Die ›gute alte‹ Zeit ist dahin, in Mozart hat sie sich ausgesungen: – wie glücklich *wir*, dass zu uns sein Rokoko noch redet, dass seine ›gute Gesellschaft‹, sein zärtliches Schwärmen [...], sein Verlangen nach Zierlichem, Verliebtem, Tanzendem, Thränenseligem, sein Glaube an den Süden noch an irgend einen *Rest* in uns appeliren darf!« Als »Ausklang eines grossen Jahrhunderte langen europäischen Geschmacks« bezeichnet Nietzsche Mozart (KSA 5/187). Als Repräsentant der »guten alten Zeit« konnte Mozart für ihn aber schwerlich ein Goethe der deutschen Musik sein – auch wenn er in einem Brief an Franz Overbeck vom November 1882 Peter Gast als »*neuen* Mozart« ankündigte, dessen Musik ihm »die ganze Wagnerei« unerträglich gemacht habe. Vgl. dazu Viktor Otto, »Glaube an den Süden«. Anmerkungen zur Musikästhetik Friedrich Nietzsches, in: Acta Musicologica 71 (1999), S. 126–135, bes. S. 129ff.
29 Nietzsche und Wagner, S. 1038.
30 Vgl. dazu Heftrich, Nietzsches Goethe, S. 113f. u. 116.
31 KSA 1/369ff.
32 Vgl. Dieter Borchmeyer, Goethe der Zeitbürger, München 1999, S. 352ff.
33 KSA 1/370.
34 KSA 1/326. »Faust« gegenüber wahrte Nietzsche zeitlebens eine merkwürdige Diatanz. Das mag damit zusammenhängen, dass Goethes Opus summum nach der Reichsgründung zum nationalen Literaturheiligtum schlechthin kanonisiert wurde, was Nietzsches These von der Fremdheit zwischen Goethe und den Deutschen widersprach. So versucht er in »Menschliches, Allzumenschliches (II)« die »Faust-Idee« mit allen Mitteln satirisch zu verkleinern: »Eine kleine Näherin wird verführt und unglücklich gemacht; ein grosser Gelehrter aller vier Facultä-

ten ist der Uebelthäter. Das kann doch nicht mit rechten Dingen zugegangen sein? Nein, gewiss nicht! Ohne die Beihülfe des leibhaftigen Teufels hätte er der grosse Gelehrte nicht zu Stande gebracht. – Sollte diess wirklich der grösste deutsche ›tragische Gedanke‹ sein, wie man unter Deutschen sagen hört?« (KSA 2/606). »Faust« ist Nietzsche fast das fremdeste aller Werke Goethes geblieben!

35 KSA 1/442f.
36 KSA 1/503.
37 KSA 8/69.
38 KSA 2/180–184.
39 KSA 2/453.
40 KSA 2/419f.
41 KSA 13/634.
42 KSA 2/599.
43 KSA 6/106.
44 KSA 6/125.
45 KSA 6/151.
46 KSA 6/151.
47 KSA 1/251.
48 KSA 6/151.
49 KSA 6/152.
50 KSA 6/152f.
51 KSA 6/153.
52 KSA 6/159.
53 KSA 13/235; auch S. 627
54 Vgl. dazu die ausführliche Darstellung von Nietzsches Begriff des Klassischen bei Helmut Pfotenhauer, Die Kunst als Physiologie. Nietzsches ästhetische Theorie und literarische Produktion, Stuttgart 1985, S. 123–135; ferner Dieter Borchmeyer, Nietzsches Décadence-Kritik als Fortsetzung der »Querelle des Anciens et des Modernes«, in: Akten des VII. Internationalen Germanisten-Kongresses Göttingen 1985, Kontroversen, alte und neue, hrsg. v. Albrecht Schöne, Tübingen 1986, S. 176–183.
55 KSA 6/343.
56 KSA 1/67ff., hier S. 71.
57 KSA 1/37.
58 Goethe: KSA. Münchner Ausgabe, hrsg. v. Karl Richter. Bd. XVI (»Dichtung und Wahrheit«), S. 682. Vgl. dazu Dieter Borchmeyer, Goethe der Zeitbürger, München 1999, S. 134ff. (»Die Opposition der Titanen«).
59 KSA 1/131.
60 Vgl. Fußnote 34.
61 Thomas Mann, Gesammelte Werke IX, Frankfurt a.M. 1974, S. 682.
62 Vgl. dazu Hans Rudolf Vaget, »Goethe oder Wagner«. Studien zu Thomas Manns Goethe-Rezeption 1905–1912, in: H.R.V./D. Barnouw, Thomas Mann. Studien zu Fragen der Rezeption, Bern/Frankfurt a.M. 1975, S. 3–81, hier bes. S. 20.
63 Im Schatten Wagners. Thomas Mann über Richard Wagner. Texte und Zeugnisse 1895–1955. Ausgew., komm. u. mit einem Essay v. Hans Rudolf Vaget, Frankfurt a.M. 1999, S. 44.

Zur Genealogie der genealogischen Methode

Macht und Ohnmacht der Ursprünge bei Franz Overbeck und Friedrich Nietzsche*

Andreas Urs Sommer

»Das Neue hat nun einmal auf keinem Gebiet wie auf dem der Religion und dessen, was damit zusammenhängt, das Vorurtheil gegen sich, willkürlich entstanden zu sein, das Alte hat an sich selbst schon Werth.« (EhB 3; OWN 1,83)

Franz Overbeck (1837–1905), neuberufener Professor für Neues Testament und Alte Kirchengeschichte an der Universität Basel, beschreibt mit diesen Worten 1870 in seiner Antrittsvorlesung »Über Entstehung und Recht einer rein historischen Betrachtung der Neutestamentlichen Schriften in der Theologie« die Neigung, ausschließlich das Anfängliche, die Entstehungsmomente einer Religion für authentisch und degenerationsfrei zu halten.[1] Eine kritische Lektüre von Nietzsches 1872 erschienener »Geburt der Tragödie« fördert eine Ursprungsversessenheit zutage, die derjenigen, die Overbeck im christlich(-protestantisch)en Umfeld lokalisiert, erstaunlich ähnlich sieht.[2] Wer Nietzsches frühe Texte liest, wird sich ihrem autoritativen und politisch-reformatorischen Gestus schwerlich entziehen können. Der frühe Nietzsche, seinen retrospektiven Selbstinterpretationen zum Trotz, hat es, zumindest als ein vom zeitgenössischen Publikum wahrnehmbarer Autor, noch nicht auf eine dekonstruktive Subversion all dessen abgesehen, was wir von uns und von der Welt zu wissen glauben, sondern bescheidet sich mit radikaler und entschieden reaktionärer Kulturkritik, die phasenweise durchaus mit derjenigen von Leuten wie Paul de Lagarde konkurrieren kann.[3]

Ein zentrales Instrument, um den umgestaltenden Ideen Nachdruck zu verleihen, stellte gerade in der »Geburt der Tragödie« der Rekurs auf eine normative Frühzeit dar, die Nietzsche im archaischen, vorklassischen und vorsokratischen Griechentum verwirklicht sah.[4] Nietzsches Freund Overbeck, der es nicht versäumen sollte, »die Lection der ›Geburt der Tragödie‹« (ChT2,15; OWN 1,269) in der Rückschau auf die Entstehung seiner 1873 publizierten Polemik »Über die Christlichkeit unserer heutigen Theologie« dankbar zu erwähnen, maß damals seinerseits die Erscheinungsformen modernen, ja überhaupt nachapostolischen Christentums am Archetypus des Urchristentums.[5] Zugleich aber hypostasierte er dieses Urchristentum nicht, wie es spätestens seit dem Pietismus unter Protestanten Mode geworden war, zu einer zeitlosen Norm, der nachzuleben Overbeck selber für vielversprechend gehalten hätte. Vielmehr beschränkte er sich darauf, die inhaltlichen Widersprüche zwischen einer ganz der eschatologischen Naherwartung zu- und von der Welt abgewandten Urzeit des Christentums und den vielfältigen Formen ihrer Verweltlichung aufzuweisen, ohne selber wie Nietzsche eine Wiederauflage der Archaik für wünschenswert auszugeben. Für Overbeck selbst führte kein Weg zurück zu einer authentischeren Christlichkeit, es sei denn, man wäre wie etwa Pascal bereit, Weltverzicht zu leisten. Overbeck, der diese Bereitschaft nicht aufbrachte, stürzte die theologische Zunft in eine tiefgreifende Legitimationskrise, indem er sozusagen ihre »apostolische Sukzession«, ihr Recht bestritt, sich in Intention und Glauben mit dem ursprünglich Christlichen identifizieren zu dürfen.

Uns sollen im Folgenden nicht Nietzsches und Overbecks frühe Werke beschäftigen, sondern Texte, die dieser Ursprungsfaszination folgten und die eine Distanznahme zu Konzepten normativer Frühzeit erkennen lassen.[6] In Nietzsches sogenannter »Freigeist-Phase« ist von einem exzessiven Kult der Götter Griechenlands oder auch nur des Dionysos nunmehr wenig zu vermelden, während Overbeck, der mit den Göttern Griechenlands ohnehin nie viel im Sinn hatte, sich zur selben Zeit in das Problem vertieft, auf welche Weise die Ursprünge des Christentums, die er seinen Zunftgenossen in seiner Streitschrift von 1873 als Spiegel ihrer vermeintlichen »Christlichkeit« vorgehalten hatte, durch historische Prozesse, die man sehr grob als Hellenisierung einer jüdischen Sekte begreifen mag, zu einem nicht mehr wirklich erschließbaren Bereich von »Urgeschichte« geworden waren. In Nietzsches und Overbecks Frühwerken, die sich, ohne dass sie zueinander in strenger Abhängigkeit gestanden hätten, gegenseitig befruchteten, sind die Ursprünge – des Griechentums, des Christentums – die Richtschnur der Kritik an gegenwärtigen Verhältnissen. Die Phase, die wir nun ins Auge zu fassen haben – in ihr verlässt Nietzsche Basel – und vorher schon die Hausgemeinschaft mit Overbeck, der seinerseits, seit 1876 verheiratet, den Rest seines Lebens in Basel verbringen wird –, zeichnet sich bei beiden nicht zuletzt durch eine

Emanzipation von solchen Ursprungsorientierungen aus. Die Frage wäre, was als Maßstab der Kritik an die Stelle der Ursprünge tritt. Überdies auch, ob die Loslösung von der Ursprungsnormativität einen spezifischen Ausbruch in die Modernität verrät. Falls ja, dann in eine sehr eigentümliche, gegen alle gründerzeitliche Modernitätsduselei gerichtete Modernität (vgl. OWN 5,150–167), die sich bei den beiden Freunden überdies wesentlich voneinander unterschieden haben dürfte. Unser Augenmerk wird sich darauf konzentrieren, wie sich das Verhältnis zu den Ursprüngen entwickelt, das sich schließlich in Nietzsches genealogischem Programm auskristallisiert. Was bedeutet dort noch »Ursprung«? »Definierbar ist nur das, was keine Geschichte hat«. (GM II 13; KSA 5/317)

Wer sich Overbecks quantitativ spärliche Publikationen oberflächlich ansieht, mag unwillkürlich dem Eindruck erliegen, hier habe ein Fachgelehrter Angst vor dem eigenen, 1873 in ChT1 artikulierten Mut bekommen, weswegen er sich fortan in gelehrte Fachsimpelei zurückgezogen habe. Arbeiten mit Titeln wie »Studien zur Geschichte der alten Kirche« (1875), »Über die Auffassung des Streits des Paulus mit Petrus in Antiochien (Gal. 2,11ff.) bei den Kirchenvätern« (1877), »Zur Geschichte des Kanons« (1880) oder »Über die Anfänge der patristischen Litteratur« (1882) werden außer Spezialisten kaum jemanden zu begieriger Lektüre verführen. Overbeck scheint genau dies nicht geglückt zu sein, was sich sein Freund Nietzsche durch sein Ausscheren aus dem akademischen Betrieb und den schon mit der GT vollzogenen Abschied von der wissenschaftlichen Philologie erkaufte, nämlich die Fesselung einer weiteren Öffentlichkeit für seine Anliegen, ja gar die Entfaltung weltliterarischer Ambitionen. Man kann dies mit dem Hinweis auf den von Overbeck in seinen autobiographischen Aufzeichnungen[7] immer wieder herausgestrichenen Mangel an Ehrgeiz zu erklären suchen.

Faktum bleibt indessen, dass insbesondere die neuerdings in einer großangelegten Auswahlausgabe zugänglichen Nachlassaufzeichnungen Overbecks (OWN 4–6) jene Vorstellung vom gelehrten Fachidioten Overbeck, der bloß in einem winzigen Schrebergarten sein Scherflein zu leisten gedenkt, Lügen strafen. Gewichtigster Teil dieses Nachlasses ist das mehr als 20 000, häufig doppelseitig beschriebene Oktavblätter umfassende, von Overbeck so genannte »Kirchenlexicon«, eine bereits vor der Baseler Zeit als Arsenal für Lehrveranstaltungen und Forschungsarbeiten grundgelegte Sammlung von Exzerpten, Notizen und Reflexionen, die miteinander durch alphabetische Lemmatisierung und ständige Querverweise verbunden sind. So wenig dieses »Kirchenlexicon« ein literarisches Werk sein wollte, hätte es doch die Basis einer »profanen Kirchengeschichte«, mit deren Erarbeitung sich Overbeck trug, abgeben sollen, ohne dabei aber ausschließlich Dinge aus dem Bereich des

Christentums oder auch nur der Religion zu traktieren. Erst die neue Edition macht Overbecks eigentümlichen Denkstil nachvollziehbar, der sich nie bei einer einmal erlangten Erkenntnis aufhält, sondern diese sogleich mit anderem in Verbindung bringt, revidiert, falsifiziert, um später vielleicht wieder an derselben Stelle weiterzubohren, dadurch jedoch neues Terrain erschließend. Es ist ein Denkstil, der sich in den zu Lebzeiten veröffentlichten Schriften offenbar strenge Zügel angelegt hat, um sich insgeheim desto exzessiver auszuleben. Ein Denkstil, der die Ruhe, die unwiderrufliche Meinung und die letzte Gewissheit zwar nicht theoretisch verabscheut, aber doch praktisch aushebelt – indem nämlich das »Kirchenlexicon« nie zu einem Punkt der Ruhe, der unwiderruflichen Meinung oder der letzten Gewissheit gelangt. So wenig sich Overbeck als Aphoristiker zu betätigen gedachte oder vermochte, so sehr erzeugt doch die der lemmatischen Ordnung geschuldete Fragmentarisierung des Textes aphoristische Schärfen und Kanten. Die Unabschließbarkeit des Unternehmens, das gar kein Unternehmen sein wollte, führt buchstäblich eine »Verzettelung« herbei, die allem Dogmatismus – dem religiösen so gut wie dem weltanschaulichen – Feind sein musste, ganz einfach, weil es in dieser Verzettelung keinen gedanklichen Abschluss, keine Saturierung geben konnte. Der unendliche Verweisungs- und Revisionscharakter des »Kirchenlexicons« scheint eine normative Macht von Ursprüngen schon strukturell aufzuheben; diese haben allenfalls noch heuristische Funktion.

Mit dem Schatz dieses Werkes, das sich weigert, ein Werk zu sein, in der Hinterhand, möchte ich die Aufmerksamkeit auf einen jener scheinbar so trocken fachwissenschaftlichen Traktate lenken, nämlich auf den Aufsatz »Über die Anfänge der patristischen Litteratur« von 1882.[8] Es handelt sich dabei um den Entwurf einer Literaturgeschichte der Alten Kirche, die auf alle dogmatischen Vorurteile verzichten möchte und stattdessen die *Formen* der untersuchten Werke ins Blickfeld rückt. Inwiefern hat dies mit der Frage nach den Ursprüngen zu tun? Die Neudefinition der Patristik als einer nicht länger dogmatischen, sondern literaturgeschichtlichen Disziplin scheint zunächst wiederum ein kirchenhistorisches Spezialproblem ohne weitere Implikationen zu sein. Jedoch erschließt sich bei näherem Hinsehen rasch, dass viel mehr auf dem Spiel steht als bloß gelehrte Methodendiskussionen. Overbeck stellt heraus, dass die Literatur der Kirchenväter, die er ansatzweise bei den Apologeten des 2. Jahrhunderts und ausgereift beim eingehend besprochenen Werk des *Clemens Alexandrinus* einsetzen sieht, qualitativ prinzipiell von dem getrennt ist, was als christliche Literatur bis etwa um das Jahr 150 entstanden ist. Aber die Abgrenzung der patristischen Literatur von den als »christliche Urliteratur« (ApL 35 u.ö.) benannten frühen schriftlichen Quellen des Christentums ist nicht etwa bloß chronologischer Natur. Vielmehr sind es fundamentale formale Differenzen, die die »Urliteratur«, zu der Overbeck die kanonischen Schriften des Neuen Testaments, die neutestamentlichen Apokryphen sowie die Briefe der sogenannten Apostolischen Vätern zählt, von den eigentlich patristischen Werken trennen: Bei ersteren handle es sich um »Trümmer«.

> »Es ist eine Literatur, welche sich das Christentum so zu sagen aus eigenen Mitteln schafft, sofern sie ausschliesslich auf dem Boden und den eigenen Interessen der christlichen Gemeinde noch vor ihrer Vermischung mit der sie umgebenden Welt gewachsen ist [...]. Wovon sie sich aber in der Tat noch ganz fernhält, das sind die Formen der bestehenden profanen Weltliteratur.« (ApL 36)

Diesem Schema zufolge sind also die frühesten Zeugnisse des Christentums in einem ganz und gar abgeschiedenen Raum geboren, der zwar auch in einem Traditionszusammenhang steht – nämlich im jüdischen –, jedoch keinerlei Fusions- oder Diffusionstendenzen zum umgebenden, römisch-hellenistischen Kulturraum erkennen lasse. Die christliche »Urliteratur« war ganz und gar für den unmittelbaren Gebrauch innerhalb der noch weitgehend im Judentum verhafteten Gemeinden bestimmt und nicht etwa für ein außenstehendes Publikum. Ihre einzelnen Elemente – namentlich die Briefe – waren als Antworten auf sehr konkrete Fragen in sehr konkreten Umständen, aber nicht als universale Gefäße des einzig wahren Glaubens gedacht. Der Prozess der Kanonisierung habe nicht allein zu einem recht frühen Abreißen der Produktion solcher »Urliteratur« geführt, sondern überdies zu einer Entrückung dieser Texte, die deren reale Probleme und Entstehungsumstände zugunsten überhistorischer Dignität und universaler Anwendbarkeit ausblenden musste. Overbecks 1880 unter dem Titel »Zur Geschichte des Kanons« erschienene Abhandlungen wurden mit dem programmatischen Satz eröffnet:

> »Es liegt im Wesen aller Kanonisation, ihre Objekte unkenntlich zu machen, und so kann man denn auch von allen Schriften unseres neuen Testamentes sagen, dass sie im Augenblick ihrer Kanonisirung aufgehört haben, verstanden zu werden.« (OWN 2,393)

Overbeck begreift die von ihm herausgehobene christliche »Urliteratur« mitnichten als Vorform der patristischen Literatur. Im Grunde sind die Zeugnisse der »Urliteratur«, insbesondere die apostolischen Briefe, noch gar keine Literatur im emphatischen Sinne des Wortes (vgl. ApL 16–20); »vielmehr hängt die schriftliche Form eines Briefes nur an dem in Hinsicht auf den Ausdruck menschlicher Gedanken zufälligen Umstand der räumlichen Trennung der Korrespondenten« (19). Auch die nicht-epistolarischen Teile der Urliteratur, namentlich die kanonischen und apokryphen Evangelien und Apokalypsen fanden (im Unterschied zu den zu allen Zeiten mit den genannten nichtliterarischen Intentionen geschriebenen Briefen) in der späteren christlichen, eben der patristischen Literatur, keine Nachahmer. »Hat man aus der patristischen Literatur die christliche Urliteratur ausgeschieden, so steht der Definition der patristischen nichts mehr im Wege als der griechisch-römischen Literatur christlichen Bekenntnisses und christlichen Interesses« (ApL 37). Dies klingt zunächst harmlos – ebenso wie die Feststellung, »dass das Christentum nur im Anschluss an die vorhandene Weltliteratur es selbst zu einer lebensfähigen Literatur gebracht hat« (ApL 38). Dieses Dürsten nach »Anschluss« verdankte sich zunächst der akuten Bedrohung des Christentums durch eine feindliche Umwelt, der christianisierte »Heiden« ihre Apologien entgegensetzten, um einem nichtchristlichen Publikum Scheu und Abscheu vor der neuen Religion zu nehmen (vgl. ApL 43–45).

Overbeck mag sich jedoch nicht mit der idyllischen Sicht der Dinge anfreunden, wie er sie bei den Patristikern seiner Zeit gefunden hat: Der Bruch zwischen christlicher »Urliteratur« und christlicher Weltliteratur konnte keineswegs bloß in einer neuen Einkleidung des wahren Christentums mit dem Gewand griechisch-römischer Weltläufigkeit gelegen haben. Overbecks Scharfblick entgehen die immensen Skrupel nicht, mit der sich die frühen Kirchenväter der zweiten Hälfte des zweiten und des ersten Drittels des dritten Jahrhunderts, d.h. die Apologeten, der Ketzerbestreiter Irenäus von Lyon und dann vor allem Clemens Alexandrinus, plagten, als sie zunächst für das »heidnische« Publikum, sodann für das eigene die Formen der profanen Literatur gebrauchten, um die äußere und innere Selbstbehauptung des Christentums ins Werk zu setzen. »Die Kirchenväter sind Schriftsteller, die es nicht sein wollen« (ApL 41). Sie wollten es nicht sein, weil sie im Unterschied zu den meisten ihrer modernen Ausleger die mehr oder weniger klare Erkenntnis besaßen, dass eine solche Selbstbehauptung des Christentums in der römisch-griechischen Welt nicht ohne Verlust in der Substanz zu haben sei. Auch wenn sie das, was sie für die Essenz des Christlichen hielten, so gut es ging in die literarischen Formen des Hellenismus zu übertragen vermeinten, ließen die Formen – vor allem des philosophischen »Diskurses« – doch die Substanz nicht unberührt. Wie kaum ein anderer Forscher seiner Zeit hat Overbeck ein Gespür für das gegenseitige Bedingungsverhältnis von Inhalt und Form; er versagt es sich, wie es viele seiner Fachkollegen bis heute tun, den Inhalt für eine einfach von der Form ablösbare Größe zu erachten und zu meinen, nur die Form, nicht aber der Inhalt sei der historischen Kontingenz ausgeliefert. Die feinsinnige Analyse, die Overbeck im letzten Drittel seiner Abhandlung von Clemens gibt, beleuchtet nicht nur, wie sehr dieser paradigmatische christliche Schriftsteller mit der literarischen Form seines Werkes zu ringen hatte, sondern überdies, wie sehr solche Formprobleme der Reflex eines fundamentalen Umbruchs, nämlich des unwiderruflichen Endes der christlichen »Urliteratur« und damit der christlichen »Urgeschichte« (vgl. OWN 5,616–625) waren. Clemens flüchtete – da er sich »die Frage ob eine Form der Gedankenmitteilung, die so vielen Missverständnissen schutzlos ausgesetzt sei, wie die schriftstellerische, fähig und würdig sei, die Wahrheit des Christentums kund zu tun« (ApL 62), nicht zufriedenstellend zu beantworten wusste – mit seinen »Stromateis« in die klandestine Formlosigkeit scheinbar unzusammenhängender bloßer Gedankenansammlung ohne systematischen Aufbau: »die Formlosigkeit ist hier eben die gewollte und bezeichnende Form« (ApL 63). Clemens' Werk ist ohne wirklichen Anfang und ohne wirkliches Ende; es ist ein Versteckspiel, in welchem die Wahrheit »nicht unmittelbar [...] kund« wird, sie soll sich »vielmehr teilweise verbergen und nicht ohne Mühe soll der Eingeweihte hineindringen« (ApL 61 nach »Stromateis« VI 1,2). Man hat, wohl nicht ganz zu Unrecht, in der Form der Formlosigkeit, die Clemens seinem Werk laut Overbeck verliehen hatte, eine Parallele zu Overbecks eigenem Schaffen sehen wollen.[9] Das »Kirchenlexicon«, das im Unterschied zu den »Stromateis« nach Auskunft seines Verfassers nicht für die Publikation bestimmt war, hat in Struktur und Aufbau, dem unendlichen Verweisungscharakter und der Mischung von »allgemeinem Reflexionsmedium«[10] und Material(an)sammlung durchaus Ähnlichkeiten mit dem letzten Werk des Clemens.

Doch zurück zu den »Anfängen der patristischen Literatur« und damit zur Frage nach der Valenz der Ursprünge. Clemens hat, gleich wie seine christlichen Schriftstellerkollegen, nach Overbeck zu einem im Geruch der Uneigentlichkeit stehenden Behelfsmittel greifen müssen, um das, was man im hellenistischen Kontext für christlich hielt, sowohl den eigenen Gläubigen als auch den Außenstehenden einsehbar zu machen. Das Misstrauen gegenüber dem geschriebenen Wort – zumal gegenüber demjenigen mit literarischem, d.h. über reine (briefliche) Mitteilungen an abwesende Eingeweihte hinausgehenden Anspruch – zugunsten der mündlichen Belehrung findet Overbeck gerade hier vorherrschend. Dieser zwar postulierte (vgl. z. B. ApL 41), aber faktisch von Clemens als nicht durchhaltbar erkannte »Phonozentrismus« (um ein wohlfeiles Modewort des »dekonstruktiven Diskurses« zu bemühen) drückt hier viel weniger die allgemeine Tendenz der abendländischen Rationalität, als vielmehr eine sehr spezifische Krise aus, die im Verschwinden der urchristlichen Welt, ihrer Literatur und ihres Publikums begründet ist. Die eng beschränkten Adressaten der »Urliteratur«, nämlich die Angehörigen der urchristlichen Gemeinden, haben allmählich einem allgemeinen, kosmopolitischen Publikum Platz gemacht, das sich auf der einen Seite vor allem aus christianisierten »Heiden«, auf der andern Seite aus noch »heidnisch«

gebliebenen »Heiden« zusammensetzte, und eine neue, weltliterarische Art von Literatur unabdingbar werden lassen – »jedes Literaturwerk« sei »ein Symptom seines Publikums« (ApL 66). Der Kanon der neutestamentlichen Schriften, über dessen Entstehung wir außer der ungefähren Zeit (nach 150) laut Overbeck kaum etwas wissen, dient den sich etablierenden Kirchenvätern nun dazu, der »Gefahr [...], sich am Ende in der fremden Welt der profanen Literatur selbst zu verlieren« (ApL 68), entgegenzutreten.

> »Als Clemens sein Hauptwerk schrieb, war aus der christlichen Urliteratur nach dem Prinzip der apostolischen Herkunft schon eine Auswahl getroffen und der so zusammengekommenen Sammlung die Bedeutung einer einzigartigen und für alle Zeiten gültigen Urkunde der christlichen Offenbarung und Norm für alles als christlich Anzuerkennende zugesprochen. Dieser Norm hatte sich fortan natürlich auch alle Literatur zu unterwerfen, welche das Christentum vom Standpunkt der Kirche aus zu ihrem Gegenstande hatte, und nur auf diese Norm gestützt hat die patristische Literatur den inhaltsschweren Schritt über Apologetik und Polemik hinaus gewagt.« (ApL 68)

So erfreulich sich das anhören mag: Damit war das authentisch Christliche – was immer das inhaltlich gewesen sein mochte – nicht wirklich gerettet, ganz einfach, weil die sich nun formierende Exegese die ursprünglichen Intentionen des kanonisierten Teils der »Urliteratur« im Interesse der dogmatischen Vereinheitlichung eher verdeckte als erhellte. »Denn am Kanon der neutestamentlichen Schrift hält Jedermann unter uns den Totenschein der Literatur, von welcher hier die Rede ist, in der Hand« (ApL 29). Was wir in der Genese der patristischen Literatur vor uns haben, ist demnach nicht die ruhmreiche Inkulturation des Christentums in der römisch-griechischen Welt, sondern die Tragödie eines unwiderruflichen, ja katastrophalen Verlustes. Um eine Tragödie hätte es sich noch nicht gehandelt, wenn durch das Wegsterben der Apostel und ihrer direkten Schüler die Verbindung mit den Anfängen allmählich verblasst, aber doch eigentlich die ursprüngliche Struktur und Anhängerschaft dieser Religion erhalten geblieben wäre. Zur Tragödie wird die Geschichte mit allen dazugehörigen Elementen von der schuldlosen Schuld bis hin zur Anagnorisis erst durch den Anpassungsdruck, dem die Vertreter der Kirche *nolens volens* nachgaben.

Overbeck hütet sich, über das nachklassisch-hellenistische oder gar das klassische Griechentum ein Verdammungsurteil im Stile Nietzsches zu sprechen. Im Zentrum seiner Betrachtung steht nicht irgendeine idealtypische oder antiidealtypische Antike, sondern die sehr konkrete Einwirkung der griechisch-römischen Zivilisation auf ein Gebilde, das zunächst unabhängig davon, ganz aus jüdischen Wurzeln entsprossen war. Die »Anfänge der patristischen Literatur« machen klar, dass die griechisch-römische Kultur die »Welt« verkörperte, von der sich die Christen zunächst fernzuhalten versuchten (vgl. ApL 42). Wollte das Christentum jedoch »in dieser Welt, wie sie einmal war, etwas bedeuten, so hatte es auch in dieses Bücherwesen sich zu finden« (ApL 39) – was es eben tat mit der Adaption »weltliterarischer« Formen. Overbeck begreift vor diesem Hintergrund die sich damals konstituierende Kirche als durch und durch antikes Phänomen.[11] »Das Christenthum ist das Phosphoresciren des verwesenden Alterthums« (OWN 4,157). So sehr das Christentum ein Produkt der Alten Welt ist, ihr zugehört und viele ihrer Elemente in die Neuzeit importiert hat, so wenig kann dieser Sachverhalt darüber hinwegtäuschen, dass mit der christlichen Partizipation an der hellenistischen Weltkultur für Overbeck die Substanz des Christlichen nicht nur gefährdet, sondern beinahe schon aufgegeben ist.

Freilich ist auch »die« Antike im Christentum nicht einfach wohlbehalten aufgehoben, sondern selber vielfältigen Transformationen ausgesetzt. Im »Kirchenlexicon« zitiert Overbeck eine Passage aus der Feder *Jakob Philipp Fallmerayers* (1790–1861), der das Christentum als »sociale Revolution« verstand und fragte, ob es »nicht alles, was im Orbis Romanus zu Recht bestand, umgeworfen« habe.

> »Hat sie nicht von den unscheinbarsten Anfängen, von der verachteten Opposition eines kleinen Häufleins von ›Handwerkern, Weibern, Bettlern und Sclaven‹ in einigen Winkelgassen von Rom ausgehend, das bürgerliche Gesetz, die Rostra auf dem Forum, die Götter des Capitoliums, den öffentlichen Cultus, die kaiserliche Administration, das Diadem, das Heer, die gesellschaftliche Hierarchie, die Sitte und den Besitzstand der Romuliden langsam, aber mit furchtbarer Geduld unterwühlt, und nach dem unwiederherstellbaren Bankerott aller sittlichen und politischen Triebkräfte den Plan einer neuen Weltordnung auf die Ruine hingezeichnet?« (OWN 4,159f.)[12]

Doch Overbeck versagt es sich, diesem an die Aufklärungshistoriographie eines Edward Gibbon anknüpfende Verdacht Fallmerayers, das Christentum zeichne für den Untergang der antiken Ordnung verantwortlich, einen billigenden Kommentar hinzuzufügen, auch wenn er drei Seiten später im selben Lemma (»Christenthum und Alterthum. Allgemeines«) noch *Bruno Bauer* referiert, der das Christentum als »revolutionäre Modification des Alterthums« angesehen hatte, welches gerade deswegen für uns »zur Vergangenheit geworden« sei (OWN 4,161).[13] Overbeck betont in seinen eigenen Reflexionen häufiger die Kontinuitäten als die scheinbar so abrupten und »revolutionären« Brüche zwischen Antike und Christentum.[14] Dass dieses nicht eben die besten Stücke der Antike konserviert habe, steht für ihn jedoch fest: »Die katholische Kirche ist das unter uns noch aber corrumpirt fortlebende Alterthum« (OWN 4,157).

Overbeck lässt keinen Zweifel daran aufkommen, dass die in der Welt sich etablierende Kirche, längst bevor sie im 4. Jahrhundert Staatskirche wurde, sich mit den gesellschaftlichen Gegebenheiten des Römischen Reiches bestens zu arrangieren wusste. Dieser immerhin halbe Freispruch des Christentums von der Anklage, am Ende der Alten Welt schuld zu sein, entlastet es aber mitnichten von womöglich noch unangenehmeren Nachfragen. In den »Studien zur Geschichte der alten Kirche« geht Overbeck mit gewohnt stupender Kenntnis der altchristlichen Literatur der Fabel auf den Grund, das Christentum habe für die Abschaffung der Sklaverei gestritten. Bei der Darstellung des altkirchlichen Verhältnisses zur *Sklaverei* seien bisher »Ansichten« laut geworden,

> »bei welchen man, ob es gleich in der Regel christliche Theologen sind, welche sich hierbei vernehmen lassen, eher etwa Feueranbeter über das Christenthum reden zu hören meinen kann«. (OWN 2,145)

Bei näherem Hinsehen zeige sich nämlich, dass die Repräsentanten der Alten Kirche, wenn sie den gesellschaftlichen Nutzen der Sklaverei nicht sogar hervorgehoben haben, ihr bestenfalls indifferent gegenüberstanden. Von einem »humanitären Engagement« oder einer »humanitären Gesinnung« kann nach Overbeck bei diesen Herren, so gerne die moderne Theologie das auch haben möchte, nicht die Rede sein. Auch wenn das Mönchtum als eine isolierte Erscheinung innerhalb der Kirche zusammen mit dem Besitzdenken die Sklaverei verabschiedete, sei es doch selber

> »ein gar zu einleuchtender Beweis davon, wie fern der alten Kirche der Gedanke an das ›Selbstbestimmungsrecht des Individuums‹ gelegen hat, welcher zur politischen Aufhebung der Sclaverei geführt hat«. (OWN 2,189)

Vielmehr müsse man von einer »fundamentalen Gleichgültigkeit der Kirche gegen die politische Gleichstellung der Menschen« (ibd.) sprechen.

> »Diesem Staate [sc. dem Römischen Reich] hat die Kirche keine neuen Kräfte erweckt und viele entzogen, aber sie hat ihn in allen seinen Institutionen geschützt und vollends kein Interesse gefunden, sie zu erschüttern oder auch nur in Frage stellen zu lassen, seit sie selbst darin Bollwerke ihrer Macht zu sehen sich gefallen ließ.« (OWN 2,200)

Mit dieser illusionslosen Sicht der Dinge hat Overbeck u.a. jene Tendenzen abgewehrt, die im Christentum wie Fallmerayer oder Bauer eine sozialrevolutionäre Bewegung sehen wollten,[15] ohne dass der kritische Kirchenhistoriker freilich selber, wie Nietzsche, im »Griechischen Staat« einer neuen Sklaverei das Wort geredet hätte.

Wer dennoch das Christentum sozialrevolutionär deuten möchte, müsste schon zu den Ursprüngen herabsteigen, um diese als normatives Gegengewicht zur späteren »christlichen« Bereitwilligkeit aufzubieten, die Interessen des Staates und seiner gesellschaftlichen Organisation zu den eigenen zu machen. Ein solches Verfahren wenden nicht nur revolutionär gesonnene Christen seit dem Mittelalter an, sondern, wenn auch mit gänzlich entgegengesetzten Intentionen, etwa der späte Nietzsche, wenn er im »Antichrist« mittels divinatorisch-psychologistischer Kritik die ganz und gar anarchistischen Gelüste der Urchristen denunziert. In Overbecks Bild des frühen Christentums scheinen hingegen solche gegen die realen gesellschaftlichen Gegebenheiten gerichteten Emanzipationsbestrebungen vollständig zu fehlen. Die einzig emanzipatorische Kraft des Urchristentums findet er im dezidierten Rückzug von dem, was als »Welt« abqualifiziert wird, in die fromme Innerlichkeit einer isolierten Gemeinde. Die Hoffnung auf eine Veränderung der Verhältnisse, die Overbeck in der von ihm als Hauptantriebskraft des Urchristentums wiederentdeckten *Eschatologie* erblickt, ist ganz und gar nur auf das Kommen einer anderen, besseren Welt ausgerichtet.[16] Die Apokalyptik ließ die frühen Christen das Ende der Welt als unmittelbar bevorstehend erwarten; ihnen eröffnete sich keine Weltperspektive, erst recht nicht auf eine mögliche, künftige irdische Geschichte ihrer selbst. Die eschatologisch-apokalyptische Erwartung der Urchristen implizierte Overbeck zufolge gerade keinen aktiven Willen, die Welt zu verändern, weshalb jede sozialemanzipatorische Bezugnahme darauf eine letztlich leere Referenz wäre. Die Weltlosigkeit des Christentums ist einzig in der totalen Absage an die Welt reproduzierbar – und eben dies wollten weder die apologetischen noch die liberalen oder gar die emanzipatorisch-progressiven Interpreten des Christentums wahrhaben.

Die eben referierte, inhaltliche Bestimmung des Christentums ist freilich nicht den »Anfängen der patristischen Literatur«, sondern vielmehr der Polemik gegen die »Christlichkeit unserer heutigen Theologie« und einigen »Kirchenlexicon«-Artikeln entnommen. Der formengeschichtliche Ansatz der »Anfänge der patristischen Literatur« kommt ohne Rekurs auf den Inhalt der »Urliteratur« oder die durch die spätere Kirche korrumpierten Intentionen der »urgeschichtlichen« Christenheit aus. Das ist taktisch, wenn man so will, ein genialer Schachzug, der gerade jene Replik außer Kraft setzt, die sich Overbeck von seinen Kritikern bis in die Gegenwart hinein immer hatte gefallen lassen müssen, nämlich die »Urgeschichte«, die Ursprünge als Norm unbegründet absolut zu setzen, mit deren Hilfe dann alle späteren

Erscheinungsweisen des Christlichen als Abfall und Verrat verurteilt werden können. Gleichwohl rückt Overbeck, wie spätere Nachlassaufzeichnungen belegen, keineswegs prinzipiell von der Überzeugung ab, »Urgeschichte« sei

> »bedeutsamere, entscheidendere Geschichte, als alle sonstige Geschichte, und zwar durchaus nicht nur in der Kirchengeschichte, sondern Entstehungsgeschichte ist in der Geschichte alles Lebendigen, im Leben überhaupt unvergleichlich« (OWN 5,619).

Man hat diese Position wiederholt als unhistorisch kritisiert,[17] und tatsächlich ist schwer einzusehen, wie man nach Overbecks Vorgabe eine in sich geschlossene »Entstehungsgeschichte« von der Gesamtgeschichte eines Phänomens abgrenzen soll. Overbecks Urgeschichtskonzeption setzt, der morphologischen Metaphorik allzuviel Tribut zollend,[18] offenbar voraus, dass sich ein Ding zunächst in der Retorte, in einem abgeschlossenen Raum entelechetisch zur Reife entwickelt, und danach, durch die Interaktion mit der es umgebenden Welt, eigentlich nur noch verwelken und absterben kann. Wieso aber sollte man nicht die ganze Geschichte eines Dinges von seinen ersten Anfängen bis hin zu seinem gegenwärtigen Zustand als einen kontinuierlichen Entwicklungs-, Transformations- und Interaktionsprozess begreifen dürfen? Wieso sollte die »eigentliche« Entwicklung nach einer im Dunkeln vegetierenden »Urgeschichte« abgeschlossen sein, um danach nur noch Niedergang zu gewärtigen? Woher rührt im Übrigen die Gewissheit, dass ein Phänomen wie das Christentum gleichsam einer inneren Teleologie folgend, zunächst sein irgendwie vorgegebenes Wesen entfaltet, das nachher zwangsläufig unter das Rad der Geschichte gerät? Woher weiß Overbeck denn, dass es ein solches anscheinend von allen äußeren Umständen unabhängiges »Wesen« gibt, das sich realisiert, um erst dann in die Geschichte einzutreten? Und schließlich: Wie kann es Entstehen jenseits von Welt und Geschichte geben; wie kann etwas werden, was es sein wird, ohne Interaktion mit der Welt, in der es sich befindet?

Aber all die Anfragen treffen die vermeintlich rein formengeschichtliche Analyse in den »Anfängen der patristischen Literatur« nicht wirklich. Denn unabhängig davon, ob man an eine normative Kraft des Uranfänglichen für die Beurteilung des Späteren glaubt – was bei Overbeck im Unterschied zum frühen Nietzsche, wie gesagt, nie hieß, dass er für eine Reanimierung der Ursprünge, in seinem Falle also für eine Wiederbelebung des Urchristlichen plädiert hätte! –, oder aber sich darauf beschränkt, Transformationsprozesse zu konstatieren, ohne die Anfänge absolut zu setzen, veranschaulicht Overbecks Abhandlung, dass am Ende des 2. Jahrhunderts eine fundamentale Veränderung in der Geschichte des Christentums eintrat, die es nicht mehr erlaubte, die alten Inhalte unbeschadet in die Zukunft hinüberzuretten. Overbeck exemplifiziert anhand der literarischen Formen, deren sich die Vertreter der jungen Kirche bedienten, eine fundamentale Diskontinuität des geschichtlichen Verlaufes, der gerade nicht als organisches Wachstum, sondern, wie man das auf poststrukturalistisch wohl formulieren würde, als ein Prozess fortgesetzter Überschreibungen eines nicht mehr verstandenen, ursprünglichen Textes erscheint. Auch wenn man, gegen Overbecks andernorts geäußerte Thesen, selbst die »Urgeschichte« nicht mehr als einheitliches Gebilde fasst, sondern (beispielsweise wie Nietzsche im »Antichrist«) das Missverstehen und Umdeuten bereits in die Geschichte der unmittelbaren Jünger Jesu hineinliest, bleibt Overbecks Schlüsselargument einer sich steigernden Verzeichnung der Ursprünge im Verlaufe der Geschichte davon unangefochten. Overbecks scheinbar formalistischer Zugang zu den Quellen der Alten Kirche klammert das, was in der »Urgeschichte« geschehen sein mag, als mögliche inhaltliche Norm späterer Christlichkeit zunächst aus, erbringt dafür aber umso vorurteilsloser den Beweis, dass alles das, was nachher kam, trotz aller Anstrengungen etwa eines Clemens, mit dem Ursprünglichen nicht mehr identisch sein konnte, obwohl man doch mit der Kanonisierung des Neuen Testament selber diese Ursprünge normativ gesetzt hatte![19] Die Väter verstanden nicht mehr, worum es im Anfang wirklich zu tun gewesen sein mochte, weshalb sie dank ihrer exegetischen Künste zwar alle möglichen Parallelwelten und künstlichen Paradiese, jedoch nie mehr das Authentische, sprich: Ursprüngliche des Christentums wiederentdeckten. Mit modernen Mitteln kann es zwar besser gelingen, die Geisteswelt der christlichen Urzeit auszuloten; diese Auslotung führt Overbeck indes zur illusionslosen Erkenntnis, dass es im nachurchristlichen Rahmen vollständig unmöglich geworden ist, so etwas wie Urchristentum lebenspraktisch umzusetzen. Das Werden des Christentums verdankt sich kontingenten historischen Bedingungen – Bedingungen, deren Reproduktion gegenwärtig weder wünschenswert noch möglich ist.[20]

Bei der Durchsicht von Nietzsches Vorlesungen lässt sich feststellen, dass den jungen Professor während seiner Basler Lehrtätigkeit bei der griechischen Literatur ähnliche Probleme – »originale Litteratur« (GoA 18,133f.), Kanonbildung, Diskontinuitäten, das »Verhältnis von ›Literatur und Gesellschaft‹«[21] oder, noch allgemeiner gefasst, von Kultur und Kontingenz – umtrieben. Overbeck seinerseits hatte sich mit formengeschichtlichen Ansätzen schon vor seiner Basler Zeit und damit vor seiner Begegnung mit Nietzsche getragen.[22] Auf unsere Fragestellung nach den Ursprüngen und ihrer kulturellen Normativität bezogen, besteht die auffälligste Differenz zwischen beider Konzepten in der ersten Hälfte der siebziger Jahre, wie eingangs angeführt, in Nietzsches Willen, die Ursprünge in praktischer Absicht *wiederzuerwecken*, wozu Overbeck weder die Berufung verspürte noch die Notwendigkeit erkannte und schließlich auch keine Möglichkeit eröffnet sah.

Und gerade von einer solchen, praktischen Normativität der Ursprünge für die Regeneration der zeitgenössischen Kultur nimmt Nietzsche seit Mitte der siebziger Jahre Abstand. »Menschliches, Allzumenschliches I« (1878) macht aus der aufklärerischen Gesinnung seines Verfassers und dessen Emanzipation von den Ursprungsmythologien kein Geheimnis. Ursprungsmythologische und ursprungsrestaurative Tendenzen klingen hier, wenn überhaupt, nurmehr selten an. Allerdings neigt dieses Aphorismenbuch mit der Rückführung der nur vorgeblich großen Ideen – namentlich der Metaphysik und der Religion – auf menschlich, allzumenschliche Entstehungsumstände zu einer stillschweigenden Umgehung der Frage, was denn nun Norm der Kritik sein soll. »Menschliches, Allzumenschliches I« verschreibt sich einer Psychologisierung der sogenannten Menschheitsfragen, um sie in ihrer ganzen Trivialität bloßzustellen.

Das Interesse an den Ursprüngen hält gleichwohl in dieser Periode von Nietzsches Schaffen an. Die jetzt vorherrschende kulturreformatorische Argumentationsfigur ist jedoch nicht mehr der Rückgriff auf einen Idealzustand der Kultur in mehr oder minder grauer Vorzeit –

> »die alte Cultur hat ihre Grösse und Güte hinter sich und die historische Bildung zwingt Einen, zuzugestehen, dass sie nie wieder frisch werden kann; es ist unausstehlicher Stumpfsinn oder ebenso unleidliche Schwärmerei nöthig, um diess zu leugnen. Aber die Menschen können mit B e w u ß t s e i n beschliessen, sich zu einer neuen Cultur fortzuentwickeln.« (MA I 24; KSA 2/45)

Nun steht das Anfängliche – nicht mehr mit dem Ehrentitel »Ursprung«, sondern dem bescheideneren Namen »Herkunft« bedacht – unter dem Joch einer Entlarvungsstrategie.

Die Ursprünge kommen also unter neuen Gesichtspunkten in den Blick: Nicht mehr als normgebende Instanzen, als Orientierungsgrößen, an denen sich gegenwärtiges Handeln auszurichten hätte, sondern als die dubiosen Realgründe dessen, was gegenwärtig und zu Unrecht Geltung beansprucht:

> »Sobald die Religion, Kunst und Moral in ihrer Entstehung so beschrieben sind, dass man sie vollständig sich erklären kann, ohne zur Annahme m e t a p h y s i s c h e r E i n g r i f f e am Beginn und im Verlauf der Bahn seine Zuflucht zu nehmen, hört das stärkste Interesse an dem rein theoretischen Problem vom ›Ding an sich‹ und der ›Erscheinung‹ auf.« (MA I 10; KSA 2/30)

Zur Genealogie der genealogischen Forschung

Dies impliziert nach wie vor, dass in der »Entstehung« *ein* Schlüssel für das Verständnis eines Phänomens liegt; nur handelt es sich nicht mehr um Ursprünge, die in irgendeiner Weise von höherer Dignität oder gar von einem supranaturalen Eingriff zeugen, wie dies die Gründungsgeschichten von Religionen meist suggerieren. Nicht allein der »Beginn«, sondern ebenso der »Verlauf«, die weitere Geschichte eines Dinges *nach* seinem Beginn, bestimmen nach Nietzsches Diagnose dessen Wesen. Was »Menschliches, Allzumenschliches I« anbietet, ist mitnichten eine säkularisierte Ursprungsmetaphysik, die aus den Anfängen das »Wesen« einer historischen Erscheinung – und alle Dinge sind historische Erscheinungen – ableiten will. Nietzsche schneidet überhaupt jede Möglichkeit zu einer metaphysischen Weseneinsicht ab: »mit Religion, Kunst und Moral rühren wir nicht an das ›Wesen der Welt an sich‹; wir sind im Bereiche der Vorstellung, keine ›Ahnung‹ kann uns weitertragen« (ibd.). Das aufklärerische Vertrauen in die Reichweite wissenschaftlicher Erkenntnismethoden ist einerseits also nachgerade omnipotent geworden – Nietzsche negiert alles Über- und Widervernünftige –; andererseits wird ihnen aber keine metaphysische Einsicht in ein wie auch immer beschaffenes »Ding an sich« zugetraut, ganz einfach, weil ein solches »Ding an sich« oder »Wesen der Welt« jenseits aller menschlichen Erkenntnisfähigkeit liegt, falls es denn überhaupt irgendwo liegt (was Nietzsche zu bezweifeln nicht müde wird). Implizit gegen Schopenhauer, namentlich auch gegen dessen Aufwertung des Buddhismus und des asketischen Christentums als Metaphysik für das Volk, richtet sich Nietzsches Absage an »Religion, Kunst und Moral«, hier mehr leisten zu können als die Wissenschaft leistet, nämlich überhaupt etwas.[23] Vielmehr scheint ihre irdische und gar nicht wunderbare Bedingtheit Nietzsche zu beweisen, dass sie über das »Wesen der Welt« keine auch nur im Geringsten glaubwürdige Aussage zu treffen im Stande sind. Freilich lässt die Kohärenz von Nietzsches Argument durchaus zu wünschen übrig: Auch wenn »Religion, Kunst und Moral« ganz und gar irdische Ursprünge haben und wenn in ihren Verlauf nie eine höhere Macht eingegriffen hat, folgt daraus nicht, dass sie nicht trotzdem Wahrheiten lehren oder beinhalten könnten. Hier werden Genese und Geltung vermengt. Die »Harmlosigkeit der Metaphysik in der Zukunft« (so der Titel des besprochenen Aphorismus) wird nicht herbeigeführt durch den bloßen Hinweis auf ihr historisches Gewordensein. Im Gegenteil drohen Nietzsches Wissenschaftseuphorie selber die metaphysischen Prämissen jener Disziplinen zu entgehen, denen er »mit voller Ruhe [...] die Frage, wie unser Weltbild so stark sich von dem erschlossenen Wesen der Welt unterscheiden könne«, überlassen möchte, nämlich »der Physiologie und der Entwickelungsgeschichte der Organismen und Begriffe« (ibd.). Gleichwohl: Was Nietzsche an dieser Stelle formuliert, ist die Programmskizze seiner genealogischen Methode.

Dieses genealogische Programm ist alles andere als eine antiquarische Fingerübung, vielmehr »eine Schule des Verdachts« (MA I Vorrede 1; KSA 2/13), die die Legitimität bestehender Institutionen, insbesondere der Moral untergräbt. Seine Genealogie erkundet die Ursprünge einer Sache, um deren gegenwärtige Gültigkeit zu hinterfragen und zu sabotieren.[24] Nietzsche betätigt sich in seinen späten Schriften jedoch nicht einfach als Zerstörer »unserer moralischen Vorurtheile« (GM Vorrede 2; KSA 5/248) – und alle Urteile der landläufigen Moral sind für ihn Vorurteile –, er will zugleich eine neue Moral aus der Taufe heben, die sich radikal von »sklavenmoralischen« Grundüberzeugungen abkehrt.

Im Genealogie-Projekt dient der Rekurs auf die »Ursprünge« grob gesagt dazu, die völlige Kontingenz dessen nachzuweisen, was wir gemeinhin für unverbrüchlich, für naturrechtlich abgesichert und ewiggültig halten. Die Ursprünge der Moral, die Nietzsche aufdecken will, gründen in Machtinteressen und Machtkonflikten. Aus den Ursprüngen ist in der »Genealogie der Moral« nicht mehr, wie in »Menschliches, Allzumenschliches I«, fugenlos abzuleiten, was den Charakter einer Sache ausmacht; vielmehr finden Verschiebungen und Überschreibungen statt, welche die Ursprünge fast vollständig verschütten.

Zusammenfassend lässt sich bei Nietzsche im Zeichen einer »antiromantische[n] Selbstbehandlung« (MA II Vorrede 2; KSA 2/371) die Abkehr von einer Normativität der Ursprünge beobachten. Im Spätwerk kommt die Differenz von Ursprung und Entsprungenem, das die Ursprünge mitunter fast gänzlich verleugnet, vermehrt in den Blick. Dieses Beharren auf der fundamentalen Differenz von Abkunft und Abkömmling wird nicht mehr begleitet von einem Plädoyer für die Reinstallation der Ursprünge, aber doch erneut von einer Denunziation des aus den Ursprüngen schließlich Gewordenen. Diese Denunziation weist zunächst nur die Nichtidentität des Gegenwärtigen mit dem Vergangenen und damit die Nicht-Notwendigkeit dieses Gegenwärtigen aus, impliziert aber ein Unrecht: Nietzsches Rekapitulation der Moralgeschichte scheint mitunter sagen zu wollen, das, was geworden ist, wäre besser gar nicht.

Was hat nun aber Nietzsches Genealogie-Projekt mit den gelehrten Abhandlungen seines Freundes Overbeck zu tun? Die Anteilnahme, die Nietzsche in seinen Briefen an der immer wieder verzögerten Niederschrift von Overbecks »Anfängen der patristischen Literatur« zeigt, reichen kaum hin, um enge systematische Beziehungen zu postulieren.[25] Und dennoch liefert uns die parallele Betrachtung von Nietzsches und Overbecks Schriften der ausgehenden siebziger und der achtziger Jahre starke Indizien dafür, dass die Gesprächsgemeinschaft der beiden weiterhin über den Austausch von Befindlichkeits- und Lageberichten, über unermüdliche Freundschaftsdienste (auf Overbecks Seite) und unermüdliches Lamentieren (auf Nietzsches Seite) hinausreichte. Die antiromantische Relativierung der Ursprungsnormativität rückt bei beiden zu einem wesentlichen Traktandum ihres Denkens auf. Overbeck beschritt, wie wir gesehen haben, diesen Weg insofern schon früher, als er in der »Christlichkeit« von 1873 zwar an den Ursprüngen die gegenwärtigen Erscheinungsformen der so genannten christlichen Kultur maß, diese Ursprünge aber keineswegs als nach wie vor Lebensorientierung stiftende Instanzen verstanden wissen wollte. Sein Konzept von »Urgeschichte« und »Urliteratur«, das er ein knappes Jahrzehnt danach vorstellte, setzt die Relativierung der Ursprünge fort, indem es sie zunächst als opak begreift und die Abweichungen von ihnen, sobald die »Urgeschichte« der Geschichte, d.h. der »Welt« hat Platz machen müssen, als notwendig betrachtet. In der Schrift »Über die Anfänge der patristischen Literatur« – und das macht sie so interessant –, reicht eine rein formal anmutende Analyse der literarischen Gattungen dazu aus, die unüberbrückbare Kluft zwischen Abkunft und Abkömmlingen vor aller Augen zu führen.

Nietzsche seinerseits relativiert die Macht der Ursprünge zunächst in der »Zweiten unzeitgemässen Betrachtung« zu zwar regulativen, aber doch als fiktiv durchschauten Leitideen. Die in der »Geburt der Tragödie« noch als unbedingt normativ geltende Bewältigung des dionysischen Vitalitäts- und Leidens-Überschusses durch das apollinische Kunstwerk der aischyleischen Tragödie oder des »tragischen« Denkens der Vorsokratiker wird endgültig in »Menschliches, Allzumenschliches I« durch eine »Hermeneutik des Verdachts« suspendiert, die dem Rekurs auf normative, gar von göttlichen Erfahrungen geadelte Ursprünge hart zusetzt. Die »Genealogie der Moral« will Machtkonflikte in den Ursprüngen ergründen, um so das, was ungefragt gültig ist, zur Disposition zu stellen. Die psychologisierende Methode in »Menschliches, Allzumenschliches I« weicht einer machttheoretisch inspirierten Ursprungsforschung, die wiederum ein Bewusstsein nicht nur der Relativität des Abkünftigen, sondern auch der Abkünfte selbst erzeugt. Ursprünge sind immer – so eine Quintessenz von Nietzsches und Overbecks Ursprungsforschungen – relativ zu dem, was durch sie geworden ist. Es gibt für beide, Nietzsche wie Overbeck, keine absoluten Ursprünge (mehr), aus denen schlechterdings alles abzuleiten wäre – insbesondere keine Normen für das, was für die Kultur der Gegenwart nottäte. Es ist aus den Ursprüngen, die nunmehr immer partikulare sind, keine Geltung zu folgern – weder für sie selbst noch für das, was ihrem Schoß entsprungen ist.

Mochte es zunächst den Anschein haben, Overbeck habe als Nachzügler und Imitator Ideen Nietzsches rezipiert und für seine vermeintlichen »Schrebergarten-Zwecke« umgemünzt, so erscheint er im Blick auf die suspendierte

Normativität der Ursprünge vielmehr als der Vorreiter. Seine Ursprungsforschung namentlich in den »Anfängen der patristischen Literatur« eröffnet Perspektiven, die in »Menschliches, Allzumenschliches I« noch unterbelichtet blieben, jedoch in der »Genealogie der Moral« geradezu omnipräsent sind, nämlich den Einblick in die Diskontinuität von Ursprung und Verlauf einer geschichtlichen Erscheinung. Hatte Overbecks »Christlichkeit«, gleich wie Nietzsches »Geburt der Tragödie«, die Abweichung von den Ursprüngen noch als Verfall und Verrat beklagt, so konstatieren die »Anfänge der patristischen Literatur« letztlich einfach die unüberwindbare Differenz. Dieses tiefgreifende Anderssein der Ursprünge vom Entsprungenen ist selber wiederum ein Leitgedanke der »Genealogie der Moral«. Wer die Genese von Nietzsches genealogischer Methode genealogisch entschlüsseln will und auch sie als ein »Palimpsest« (vgl. NL 1887/88,11[302]–13,128) begreift, wird dabei wohl auf Spuren von Overbecks Ursprungsergründungen stoßen. Zur Geschichte des genealogischen Projektes scheint, gar nicht nur am Rande, Overbecks »Paläontologie« (ApL 36) zu gehören. Aber selbst wenn wir Overbecks »Paläontologie« des Christentums der Ursprungsgeschichte der Genealogie zuschlagen, heißt dies keinesfalls, dass sie deren Ursprung schlechthin wäre. Für die Genealogie gilt, genauso wie nach Nietzsche für die von ihm genealogisch de- und rekonstruierten Phänomene, dass sie ihre eigenen Ursprünge verbirgt, umdeutet, zurechtinterpretiert, überschreibt. Direkte Kausalitäten, nahtlose »Abhängigkeiten« gibt es auch hier nicht.

Genealogie bedeutet immer auch, Differenzen bewusst zu machen. Gerade sie dürfen bei Overbeck und Nietzsche nicht übertüncht werden. Proportional zum Anwachsen von Nietzsches Anspruch auf allgemeines Gehörtwerden, der sich hinter dem rhetorischen Stereotyp, sich bloß an die Allerwenigsten zu richten, nur unzureichend verbirgt, schwindet Overbecks Wunsch, direkt auf die Geschicke des modernen Christentums oder gar der »Welt« Einfluss zu nehmen. Overbeck, der sich ohnehin nie als Kulturerneuerer in Szene zu setzen pflegte, aber doch mit der »Christlichkeit« auf eine neue Selbstbesinnung der Theologie und des Christentums drang, zog sich, wenigstens für die Öffentlichkeit, in die Arkana scheinbar rein fachwissenschaftlicher Betätigung zurück. Mit einer nicht irritierbaren Beharrlichkeit wies er auf die Unwiederholbarkeit der Ursprünge hin, aus denen sich keine zeitlose Substanz der Kultur extrahieren lasse. Denkbar abwegig wäre es ihm jedoch erschienen, selber Ursprung einer neu zu schaffenden Welt sein zu wollen.

Ganz anders Nietzsche, dessen genealogisches Projekt auf die Enterbung all jener Mächte und Institutionen abzielte, die vom Menschen Anerkennung und Unterwerfung fordern. Der eigentliche Zweck der Übung war es aber, sich selbst als Ursprung einer neuen Ordnung, einer neuen Kultur zu investieren, zum Gesetzgeber einer neuen Zeit zu werden. Gesetzt, Nietzsche wäre dieses Unterfangen gelungen, dürfte es ihm dabei ergangen sein wie nach eigener Diagnose jedem anderen Ursprung: Er wurde und wird missverstanden, umgeschrieben und verunstaltet. Darin liegt vielleicht die Tragik dessen, was Ursprung ist oder sein will. Die Ursprünge haben ein beträchtliches Selbsterledigungspotential.

(17.09.2001)

Siglen

AC = Friedrich Nietzsche, Der Antichrist. Fluch auf das Christenthum [1888], in: KSA 6/165–254.

ApL = Franz Overbeck, Über die Anfänge der patristischen Literatur [1882], Basel (1954).

ChT1 = Franz Overbeck, Über die Christlichkeit unserer heutigen Theologie. Streit- und Friedensschrift, Leipzig 1873 (auch in: OWN, Bd. 1).

ChT2 = Franz Overbeck, Über die Christlichkeit unserer heutigen Theologie, 2. um eine Einleitung und ein Nachwort vermehrte Auflage, Leipzig 1903 (auch in: OWN, Bd. 1).

EhB = Franz Overbeck, Über Entstehung und Recht einer rein historischen Betrachtung der Neutestamentlichen Schriften in der Theologie, Basel 1871 (auch in: OWN, Bd. 1).

GD = Friedrich Nietzsche, Götzen-Dämmerung oder Wie man mit dem Hammer philosophirt [1888], in: KSA 6/55–161.

GM = Friedrich Nietzsche, Zur Genealogie der Moral. Eine Streitschrift [1887], in: KSA 5/245–412.

GoA = Nietzsche's Werke, Leipzig 1894–1906 [Großoktav-Ausgabe; beigezogen für Nietzsches Philologica].

GT = Friedrich Nietzsche, Die Geburt der Tragödie aus dem Geiste der Musik [1872], in: KSA 1/9–156.

JGB = Friedrich Nietzsche, Jenseits von Gut und Böse. Vorspiel einer Philosophie der Zukunft [1886], in: KSA 5/9–243.

KSA = Friedrich Nietzsche, Sämtliche Werke. Kritische Studienausgabe in 15 Einzelbänden, hrsg. von Giorgio Colli und Mazzino Montinari, München/Berlin/New York ²1988.

KSB = Friedrich Nietzsche, Sämtliche Briefe. Kritische Studienausgabe in 8 Bänden, hrsg. von Giorgio Colli und Mazzino Montinari, München/Berlin/New York ²1986.

MA I-I = Friedrich Nietzsche, Menschliches, Allzumenschliches. Ein Buch für freie Geister, 2 Bde [1878/86] = KSA 2.

NL = Nachlass Friedrich Nietzsches, zitiert nach KSA mit Jahr-, Heft- und Fragmentangabe.

OWN = Franz Overbeck, Werke und Nachlass, hrsg. von Ekkehard W. Stegemann u. a., Stuttgart/Weimar 1994ff.

St = Franz Overbeck, Studien zur Geschichte der alten Kirche. Erstes Heft, Schloss-Chemnitz 1875 (auch in: OWN, Bd. 2).

UB II = Friedrich Nietzsche, Unzeitgemässe Betrachtungen. Zweites Stück: Vom Nutzen und Nachtheil der Historie für das Leben [1874], in: KSA 1/243–334.

VM = Friedrich Nietzsche, Menschliches, Allzumenschliches. Anhang: Vermischte Meinungen und Sprüche [1879], in: MA II.

Anmerkungen

* Eine ausführlichere englische Fassung dieses Beitrages erschien unter dem Titel: On the Genealogy of the Genealogical Method. Overbeck, Nietzsche, and the Search for Origins, in: Ingo Gildenhard und Martin Ruehl (Hrsg.), Out of Arcadia. Classics and Politics in Germany in the Age of Burckhardt, Nietzsche and Wilamowitz. Bulletin of the Institute of Classical Studies, Supplement 79, London 2003, S. 87–103.

[1] Zu Overbecks Entwicklung bis hin zu seiner Begegnung mit Nietzsche vgl. Niklaus Peter, Im Schatten der Modernität. Franz Overbecks Weg zur »Christlichkeit unserer heutigen Theologie«. Stuttgart/Weimar 1992, S. 42–118; zu seiner Baseler Antrittsvorlesung Andreas Urs Sommer, Der Geist der Historie und das Ende des Christentums. Zur »Waffengenossenschaft« von Friedrich Nietzsche und Franz Overbeck, Berlin 1997, S. 29–43; neuerdings auch Martin Arndt, Die Basler Syntroglodyten Overbeck und Nietzsche. Eine Freundschaft im Dissens, in: Zeitschrift für Religions- und Geistesgeschichte, Jg. 53 (2001), Heft 3, S. 193–226.

[2] Siehe Barbara von Reibnitz, Ein Kommentar zu Friedrich Nietzsche, »Die Geburt der Tragödie aus dem Geiste der Musik« (Kap. 1–12), Stuttgart/Weimar 1992.

[3] Dazu Andreas Urs Sommer, Zwischen Agitation, Religionsstiftung und »Hoher Politik«. Friedrich Nietzsche und Paul de Lagarde, in: Nietzscheforschung. Ein Jahrbuch, Bd. 4, Berlin 1998, S. 169–194.

[4] Vgl. Hubert Cancik, Nietzsches Antike. Vorlesung, Stuttgart/Weimar 1995.

[5] Vgl. z. B. Friedrich Wilhelm Graf, Theolog und Antitheolog. Die Neuentdeckung Franz Overbecks, in: Evangelische Kommentare. Monatsschrift zum Zeitgeschehen in Kirche und Gesellschaft, Jg. 27 (1994), S. 678–681.

[6] Der vorliegende Aufsatz setzt damit die Erörterungen in meinem, Nietzsches und Overbecks Anfängen gewidmeten Buch »Der Geist der Historie und das Ende des Christentums« (Anm. 1) fort – eine Fortsetzung, die Miguel Skirl (in: Nietzsche-Studien, Bd. 27 [1998], S. 576–580) zu Recht angemahnt hat.

[7] Vgl. Franz Overbeck, Selbstbekenntnisse. Mit einer Einleitung von Jacob Taubes, Frankfurt am Main 1966, sowie die kritische Neuedition von Overbecks Notaten in OWN 7/1.

[8] Erschienen in: Historische Zeitschrift, Bd. 48 (1882), S. 417–472, hier zitiert (ApL) nach der orthographisch modernisierten Buchausgabe: Franz Overbeck, Über die Anfänge der patristischen Literatur, Basel (1954). Eine kritische Neuausgabe wird demnächst in OWN 3 zu finden sein.

[9] Vgl. Carl Albrecht Bernoulli in der Einleitung zu: Titus Klemens von Alexandria,

Die Teppiche (Stromateis). Deutscher Text nach der Übersetzung von Franz Overbeck. Im Auftrage der Franz Overbeck-Stiftung in Basel hrsg. und eingeleitet von Carl Albrecht Bernoulli und Ludwig Früchtel, Basel 1936, S. 60, und vor allem Martin Tetz, Über Formengeschichte in der Kirchengeschichte, in: Theologische Zeitschrift, Jg. 17 (1961), S. 413–431, S. 425f. Kritisch ließ sich dazu Arnold Pfeiffer, Franz Overbecks Kritik des Christentums, Göttingen 1975, S. 74, Anm. 234, vernehmen. Zum Problem vgl. Sommer, Der Geist der Historie, S. 93f.

10 Barbara von Reibnitz in der Einleitung zu OWN 4, S. XIII.
11 So ist für ihn wie für Nietzsche das neuzeitliche Christentum ein antikes Relikt: »Nehme ich einem Thier das Gehirn erst aus, so ist es keine Kunst zu behaupten, dass es keines hat. So auch hier mit Christenthum und Alterthum. Das Christenthum gehört zum Alterthum, in ihm lebt sich das Alterthum aus, und nur ein ganz willkürlicher Schnitt durch das Alterthum gestattet, das Christenthum als ein Ding zu betrachten, mit dem das Alterthum nichts zu thun hat.« (»Christenthum und Alterthum. Allgemeines«; OWN 4,159).
12 Von Overbeck zitiert nach Jakob Philipp Fallmerayer, Gesammelte Werke, Bd. 3: Kritische Versuche, hrsg. von G. M. Thomas, Leipzig 1861, S. 486f. Es handelt sich um den Ausschnitt aus einer Rezension zu Johannes Joseph Ignaz von Döllingers »Heidenthum und Judenthum« (1858). Overbecks Exzerpt ist wohl in den siebziger oder achtziger Jahren entstanden.
13 Nach Bruno Bauer, Kritik der Evangelien und Geschichte ihres Ursprungs, Bd. 1, Berlin ²1851, S. XVI.
14 Der späte Nietzsche hingegen verschrieb sich der These, das Christentum trage am Untergang der antiken Welt allein die Schuld; vgl. Andreas Urs Sommer, Friedrich Nietzsche: »Der Antichrist«. Ein philosophisch-historischer Kommentar, Basel 2000.
15 Siehe dazu die rezeptionsgeschichtlichen Hinweise von Ekkehard W. Stegemann in seiner Einleitung zur Neuausgabe der »Studien zur Geschichte der alten Kirche« (OWN 2,11–13).
16 Zum Thema Ekkehard W. Stegemann, Ende der Zeit – Zeit des Endes. Overbeck und die Apokalyptik, in: Rudolf Brändle/Ekkehard W. Stegemann (Hrsg.), Franz Overbecks unerledigte Anfragen an das Christentum, München 1988, S. 167–181, und kritisch hierzu Niklaus Peter, Unerledigte Anfragen und befragte Erledigungen. Eine erste Rezeption und Diskussion dreier Beiträge, a.a.O., S. 196–207, v. a. S. 204–206.
17 Siehe Hubert Cancik/Hildegard Cancik-Lindemaier, Philolog und Kultfigur. Friedrich Nietzsche und seine Antike in Deutschland, Stuttgart/Weimar 1999, S. 63f. im Anschluss an Stegemann, Ende der Zeit – Zeit des Endes, S. 168.
18 Vgl. Sommer, Der Geist der Historie, S. 32 und passim.
19 Wenn Overbeck z. B. in der »Christlichkeit unserer heutigen Theologie« moderne Ansprüche auf Christlichkeit an den Ursprüngen misst, tut er gar nichts anderes, als jenen Maßstab anzuwenden, den die christliche Theologie mit ihren Ansprüchen selber gewählt hat.
20 Hermann-Peter Eberlein, Theologie als Scheitern? Franz Overbecks Geschichte mit der Geschichte, Essen 1989, S. 120, stellt das unter die Präambel des Scheiterns: »Der historisch-formengeschichtliche Ansatz entwickelt eine Eigendynamik, welche Overbeck hindert, diesen Text [sc. das Johan-

nesevangelium] (anders als etwa Platons Symposium) auf seinen Gehalt, jene mehr oder weniger universale Form der Weltbewältigung zu befragen, die deren Verfasser, wie die bereits recht literarische Form des Evangeliums beweist, mit seiner Hilfe zum Ausdruck bringen wollte.« Tatsächlich ist für Overbeck ein solcher »Gehalt« deswegen unerheblich geworden, weil wir die kerygmatischen und lebensweltlichen Voraussetzungen des Evangelisten nicht mehr teilen können, oder jedenfalls Overbeck sie nicht mehr teilt.

[21] Hubert Cancik/Hildegard Cancik-Lindemaier, Philolog und Kultfigur, S. 126f.
[22] Siehe die ausgezeichneten Analysen bei Johann-Christoph Emmelius, Tendenzkritik und Formengeschichte. Der Beitrag Franz Overbecks zur Auslegung der Apostelgeschichte im 19. Jahrhundert, Göttingen 1975, der auch die Vorlesungen eingehend berücksichtigt.
[23] Zum Problem der Schopenhauer-Rezeption siehe außer den maßgeblichen Arbeiten von Georges Goedert (z. B. Nietzsche der Überwinder Schopenhauers und des Mitleids, Amsterdam/Würzburg 1988) auch meinen Aufsatz über Overbecks Verteidigung des *Philosophen* Schopenhauer gegen dessen theologisierende Inanspruchnahme durch Philosophieprofessoren: Andreas Urs Sommer, Weltentsagung, Skepsis und Modernitätskritik. Arthur Schopenhauer und Franz Overbeck, in: Philosophisches Jahrbuch, Bd. 107/1 (2000), S. 192–206.
[24] Vgl. Andreas Urs Sommer, Vom Nutzen und Nachteil kritischer Quellenforschung. Einige Überlegungen zum Fall Nietzsches, in: Nietzsche-Studien. Internationales Jahrbuch für die Nietzsche-Forschung, Bd. 29 (2000), S. 302–316.
[25] Nietzsche, in Overbecks Projekte eingeweiht, wünscht dem Baseler Freund schon am 14. November 1879, »dass im Winter Deine Abhandlung über die Entstehung der christlichen Litteratur fertig werden möge« (KSB 5,463; vgl. auch die Briefe vom 8. Juli 1881–KSB 6,101, und vom 29. Januar 1882–KSB 6,163). Aber im Unterschied zu anderen Schriften Overbecks ist uns kein briefliches Urteil Nietzsches über ApL überliefert; auch im Nachlass findet sich kein direkter Hinweis auf diese Schrift.

Perspektivenwechsel als Methode

»Die Verkörperung von Nietzsches Ästhetik ist der Surrealismus«

Miriam Ommeln

Bei meinem Vortrag geht es vor allem darum, Friedrich Nietzsche besser kennen zu lernen. Als Nietzsche im Jahre 1900 stirbt, bricht zugleich ein neues Jahrhundert an. Und es ist die Zeit nach Nietzsches Tod, mit der ich mich beschäftigen werde, weil seine Ästhetik erst im 20. Jahrhundert zur vollen Entfaltung gelangt ist.

Schon zu seinen Lebzeiten war Nietzsche der festen Überzeugung, dass »es noch sehr viele Möglichkeiten gibt, die noch gar nicht entdeckt worden sind, weil die Griechen sie nicht entdeckt haben.«[1]

So sucht und findet Nietzsche den Ausgangspunkt einer neuen Entwicklung in Paris. Warum gerade in Paris? Weil dort Künstler wie z. B. Delacroix und Baudelaire leben. Vor allem Charles Baudelaire nimmt eine Schlüsselrolle ein, weil er nicht nur der »erste intelligente Anhänger Wagners«[2] war, wie Nietzsche meint, sondern weil er auch als Vertreter der Spät-Romantik, die Nietzsche schätzte, von den Surrealisten rezipiert wurde.

Da es keine nennenswerte wirkungsgeschichtliche Beeinflussung von Nietzsches Musikverständnis gibt, und Nietzsche zudem eine allgemeine, alle Künste umfassende, nicht nur die Musik betreffende, Ästhetik schuf, lässt sich zeigen, dass die surrealistische Bewegung den Anforderungen von Nietzsches Ästhetik entspricht.

Dies werde ich in zwei Teilen tun, einem allgemeinen, der eine grobe Übersicht über die Parallelen und Übereinstimmungen zwischen dem Surrealismus und Nietzsche gibt, und einem spezielleren, der die tiefgründige, philosophische Fundierung und Basis beider Theorien aufweist.

Als Ariadnefaden durch diesen Vortrag soll folgende wichtige Aussage Nietzsches dienen:

Miriam Ommeln

»Ich habe es jetzt in der Hand, Perspektiven umzustellen: erster Grund, weshalb eine Umwertung der Werte überhaupt erst möglich ist.«[3]

I.

Eine erste Umwertung der Werte geht von Frankreich aus, als der Psychiater Philippe Pinel als Erster die Geisteskranken von ihren Ketten und Käfigen befreit. So befindet sich Frankreich am Ende des 19. Jahrhundert in der Glanzzeit seiner Medizin. Themenkomplexe wie Hypnose, Traum, Unbewusstes und die Psychiatrie selbst werden untersucht und neu definiert. Die Epoche der sogenannten »Schlafzustände« wird von den Surrealisten mit Begeisterung rezipiert, und sie übernehmen die historische Avantgardefunktion für die ästhetische Emanzipation der psychopathologischen Ausdrucksformen.

Wahnsinn und Vernunft sind, ebenso wie Traum und Wachzustand, polare Gegensätze, die Surrealisten sagen dazu »Antinomien«, die im surrealistischen Sprachgebrauch als »kommunizierende Röhren« zusammengefasst werden. Die Gleichberechtigung von Gefäß und Gefasstem, bei der das eine ohne das andere nicht sein kann, bezieht sich auf sämtliche Gegensätze, wie z. B. Subjekt und Objekt, Vergangenheit und Zukunft, oder schlicht auf Realität und Surrealität.

Dass die Surrealität in der Realität bereits enthalten ist, sieht nicht erst André Breton, einer der Gründer der surrealistischen Bewegung, sondern auch Nietzsche, der wie die Surrealisten den antiken Kult der Wahnsinnigen wiederentdeckt. Nietzsche ist der Überzeugung, dass fast alle bedeutenden Menschen wahnsinnig waren, und er überlegt sogar, *wie* man sich wahnsinnig machen, bzw. stellen könne. Beschwörend schreibt er:

»Ach so gebt doch Wahnsinn, ihr Himmlischen! Wahnsinn, dass ich endlich an mich selber glaube! Gebt Delirien und Zuckungen[...].«[4]

Auch der Traum hat für Nietzsche eine wichtige Bedeutung, da es »ohne den Traum keinen Anlass zu einer Scheidung der Welt gegeben hätte.«[5] Die Kritik, die Nietzsche an diesem selbst geschaffenen Dualismus übt, ist, dass man vergesse, dass es nur auf die »Gesamtheit der hervorgerufenen Affektionen ankommt, gleichgültig, ob sie auf Wahrheit oder Irrthum beruhen.«[6] Traum und Wirklichkeit sind für Nietzsche komplementär, da nur die Rolle der Phantasie, die man an die »Stelle des *Unbewußten* zu setzen hat«[7] wichtig ist und da die Phantasie die Empfindung und damit die Affekte beeinflusst.

Aufgrund dieser Auffassung könnte Nietzsche ohne weiteres die surrealistische Unabhängigkeitserklärung der Phantasie und der Rechte des Menschen auf seine Verrücktheit unterschreiben.

Doch was ist es, das die Kunst der Geisteskranken und ihr paranoides Verhalten kennzeichnet, so dass Nietzsche es in den Affekten wiedererkennen kann?

Es kann nach Jacques Lacan mit dem »Ausdruck der wiederholten Identifizierung mit dem Objekt umschrieben werden. Der Wahn zeigt sich an zyklisch wiederholten Trugbildern, an einer endlosen, periodischen Wiederkehr der gleichen Geschehnisse und zuweilen der Verdopplung der Person.«[8]

Den Paranoiker zeichnet ein Wiederholungszwang aus, der durch einen Identifikationswunsch mit dem menschlichen Körper verbunden ist, und damit zu einer individuellen Typisierung seines Stils beiträgt. Eben diese Bestimmung nimmt Nietzsche vorweg, wenn er von dem Charakter der höheren Menschen verlangt, dass sie ein »typisches Erlebnis haben, das immer wiederkommt.«[9], bzw. dass sie am »einfachen Aufbau und erfinderischen Ausbilden und Ausdichten *eines* Motives oder weniger Motive leicht zu erkennen seien.«[10]

Nietzsche definiert sein Verständnis von Ästhetik über den Begriff der »Wiederholung« bzw. der »Periode«. So meint er z. B.: »alle Gesetze der Periode sind Kunst und Gebärde.«[11]

Die Bedeutung der Periode in Nietzsches Philosophie erkennt man auch daran, dass sie alle wichtigen Begriffe seiner Philosophie bestimmt, so ist z. B. »der Wille zur Macht eine Oszillation zwischen einem Ja und einem Nein«,[12] Dionysos und Apollon unterscheiden sich, obwohl beide einen Rauschzustand darstellen, in ihrer Tempoverschiedenheit, der eine Zustand ist explosiv, der andere eine Verlangsamung des Zeit- und Raumgefühls, und beide überlagern sich zu einem dissonanten Rhythmus. Im Begriff der »Ewigen Wiederkunft« sind »Wiederholung« und »Periode« aufs deutlichste präsent.

Dazu kommt noch, dass Nietzsche meint: »Alle Kunst wirkt tonisch.«[13] Dasselbe meint übrigens auch André Breton, wenn er sagt, dass das »objet trouvé« (Fundsache), ein Sonderfall des »hasard objectif« (objektiven Zufalls), »die gleiche Aufgabe erfüllt wie der Traum«, nämlich den »Finder zu kräftigen und Schranken zu überwinden.«[14] Die Bezugnahme auf die Physiologie verweist den Künstler zuallererst auf seinen eigenen Leib und seine Affekte. So schaut der Mensch in seinen Kunstwerken und »der Welt, die er sich selber geschaffen hat«, sich selbst und seinen eigenen Gebärdenausdruck an. Sowohl Nietzsche als auch dem Surrealismus geht es um die Menschwerdung, um ein »werde, der du bist«, wie Nietzsche es gerne formulierte.[15]

Doch was empfindet der Mensch, wenn er sich selber, quasi wie im Spiegel, betrachtet?

Sein Spiegelbild wird ihm von einer starren Fläche zurückgeworfen und »er erträgt es nicht«. Was er zu sehen bekommt, ist etwas »Unveränderlich-Häßliches«, und das wird »sofort vergessen oder geleugnet.«[16]

Dieses starre, hässliche Abbild wirkt auf den Rezipienten, bzw. seine Physiologie schwächend, oder mit einem populären Wort Nietzsches ausgedrückt: décadent. Jener Zustand ruft nach Nietzsche den »tiefsten Haß, den es gibt, hervor – aber um seinetwillen ist die Kunst tief.«[17] Das bedeutet u. a., dass der Mensch überwunden werden soll, dass ein höherer Leib geschaffen werden soll. Die tonische Wirkung der Kunst bedingt, dass der Rezipient instinktiv und dynamisch auf diesen Zustand reagiert, indem er sich lustvolle Illusionen und Wahnvorstellungen schafft – selbstverständlich unter Ausschluss jeglichen Denkdiktats.

Hat der Rezipient also diesem Rauschzustand, – *der ja sowohl dionysisch als auch apollinisch sein kann*,[18] – nachgegeben, d.h. folgt er jeglicher Suggestion, bzw. ist er bereit, in jede Rolle und Verkleidung zu schlüpfen, dann hat eine »Schönheits-Bejahung« stattgefunden und folgender Automatismus wird in Gang gesetzt.

>»Schönheits-Bejahungen *regen sich gegenseitig auf und an*; wenn der ästhetische Trieb einmal in Arbeit ist, kristallisiert sich um das einzelne Schöne noch eine ganze Fülle anderer und anderswoher stammender Vollkommenheiten [...] es *überhäuft* den Gegenstand, der es erregt, mit einem *Zauber*, der durch Assoziation verschiedener Schönheits-Urteile bedingt ist – aber dem *Wesen jenes Gegenstandes ganz fremd ist*. Ein Ding als schön empfinden heißt: es notwendig als falsch empfinden –.«[19]

Diese Methode der spontanen Assoziation und Identifikation von wahnhaften Phänomenen im sinnstiftenden Gesamtzusammenhang entspricht der *paranoisch-kritischen* Methode der Surrealisten. André Breton veranschaulicht die Assoziationskette z. B. an einem Kristall, der durch seinen stereotypen Wachstumsprozess Assoziationen hervorruft, die er zugleich systematisiert. Übrigens sieht auch Nietzsche im Kristall »künstlerische Kräfte am Werke«[20]. Nicht zu vergessen ist, dass die Paranoia nach Salvador Dalí eine »stolze Selbstverherrlichung«[21] darstellt, ähnlich wie das geschaute Spiegelbild bei Nietzsche mit einem Zauber überhäuft. Die Verzauberung ist nach Nietzsche die Grundvoraussetzung aller tragischen Kunst.[22]

Dazu kommt, dass die erste und einzige Wahrheit, auf der alle Ästhetik beruht, nach Nietzsche folgendendermaßen lautet: »Nichts ist schön, nur der Mensch ist schön.«[23]

So kennzeichnet Nietzsche den tragischen Künstler auch als jenen, der »das Leiden als *Lust* empfindet« und bejaht.

Perspektivenwechsel als Methode

Das bedeutet nach Nietzsche wie auch dem Prinzip der kommunizierenden Röhren, dass man »die Kräfte zum einen zum anderen *nicht trennt* – damit die Moral nicht zur Giftmischerin des Lebens wird.«[24]

Nietzsche stellt hier die Perspektiven um, indem er die gesellschaftlich normierte Moral zugunsten der Ästhetik eliminiert. Und er bezeichnet sich damit als den »ersten *Immoralisten*«. Es ist vom menschlichen Körper auszugehen, der von außen und von innen zu studieren sei. Nietzsche fordert, dass man mit »jenem fruchtbaren und furchtbaren *Doppelblick* in die Welt sieht, den alleine alle großen Erkenntnisse an sich haben.«[25] Dazu gehört nach Nietzsche z. B. die Einsicht, dass eine »Gesellschaft von Weisen, also die Ästhetiker höchsten Ranges, sich das Böse und das Verbrechen dazu erschaffen würde.[26] Das Rätsel des Lebens, bzw. des Leibes löst man nach Nietzsche nur, indem man die »heiligsten Naturordnungen bricht«[27] bis hin zur Selbstzerstörung, oder wie der Surrealist Louis Aragon es formuliert: »Treibt den Gedanken der Zerstörung der Persönlichkeit bis an seine äußerste Grenze, und überschreitet sie.«[28]

Das kann man nach Nietzsches Überzeugung erreichen durch Kreuzigungen, Tierkämpfe, insbesondere den Stierkampf, den er auch selber besuchte, des weiteren Orgien und Feste, die nach Nietzsche durch die drei Elemente des Geschlechtstriebes, des Rausches und der Grausamkeit gekennzeichnet sind, bis hin zur Selbstvergewaltigung als Gefühl der Macht über sich selbst. Eine Mischung dieser zarten Nuancen von animalischem Wohlgefühl und Begierde ist der *ästhetische Zustand*. »Die Kunst ist ein Überschuss und Ausströmen von blühender Leiblichkeit in die Welt der Bilder und Wünsche.«[29]

Des Weiteren gehört für Nietzsche auch der Inzest dazu, wie es der persische Volksglaube sagt und damit auf seinen Zarathustra anspielt, oder wie es das griechische Beispiel der Ödipusschicksale indiziert, dieses im Plural genommen, weil es nur *eine* der Masken des Dionysos darstellt.

Den extremen Aneignungswillen, das Überwinden von Hindernissen durch den Willen zur Macht, bezeichnet Nietzsche als Einverleibung. Der Begriff der »*Einverleibung*« ist umfassend und bezieht sich auf die konkrete Auswahl von Nahrungsmittel, die bissfest und fleischlich sein sollten, mit einem Wort eine Krieger-Kost, wie z. B. Lammfleisch. Des Weiteren betrifft die *Einverleibung* die gesamte Umwelt, bis hin zum Kannibalismus, denn, wie Nietzsche sagt, ist »der Andere zu unsrer Nahrung nötig.«[30]

Ist der oder das Andere aber unverdaulich – in Nietzsches Augen eine Schwäche des eigenen Magens und des Willens zur Macht – bleibt eine Zweiheit übrig, die man scheinheilig mit Nächstenliebe bezeichnet, oder als das Hässliche, das Eklige und die Exkremente. An dieser Stelle ist Nietzsches Doppelblick der Perspektive erneut wichtig, da er das Unverdauliche aufwertet und sogar behauptet: »Die neue Weltkonzeption: […] sie lebt von sich selber: ihre Exkremente sind ihre Nahrung.«[31]

Nietzsche bezieht sich einzig auf den Leib des Menschen, da zumal dieser nur über seinen Leib verstanden werden kann. So betont er, dass der »Geist ein Magen *ist*«, Salvador Dalí formuliert ganz in dieser Perspektive: »die Geistigkeit kommt aus den Eingeweiden.«[32]

Für Nietzsche und den Surrealismus gibt es nur eine »intelligente Sinnlichkeit«, zu deren voller Entfaltung sich das »Entfernteste und das Nächste paaren« müssen, bzw. allgemein, zu der die Gegensätze sich verdichten müssen.

Dies ist der Weg der Menschwerdung, den die Surrealisten mit den folgenden Begriffen bezeichnen: Koinzidenz, lyrisches Verfahren, auch als hasard objectif, oder einfach als die surrealistische Methode, deren gemeinsamer Nenner der Königsweg der Erotik ist, wie Salvador Dalí sagt. Die Vereinigung der Gegensätzlichkeiten ist bei Nietzsche schon in der Empfindung selbst, die eine gegebene Urtatsache ist, angelegt, da sie aus »Anziehung und Abstoßung zugleich« besteht. Nietzsche meint: »Ich habe nichts anderes als Empfindung und Vorstellung.«[33]

Die Bändigung der Gegensätze mythologisiert Nietzsche in dem Wort »Dionysos«, das Folgendes bedeutet: »ich kenne keine höhere Symbolik als diese Symbolik, es ist der Weg selbst zum Leben, die Zeugung als der heilige Weg.«[34] Nietzsche sagt deutlich genug: »Der Schönheitssinn ist zusammenhängend mit der Zeugung«.[35] Der Schönheitssinn ist aber ein extremer, allumfassender Einverleibungswille, der eine Umwertung der Werte vornimmt. Ganz in Analogie zum Surrealismus, der sich als ein »neues Zeitalter des Kannibalismus der Gegenstände« versteht, oder noch einmal mit Salvador Dalí formuliert: »Die Schönheit wird essbar sein, oder gar nicht.«[36]

Aber wie gesagt, der Schönheitsbegriff geht so weit, wie der Begriff des Menschen selbst reicht. So gibt es *zwei* Seiten zu bedenken: das *Innere* des Menschen muss umgewertet werden, um einverleibbar gemacht zu werden. Nietzsche sagt:

> »Das *aethetisch*-Beleidigende am innerlichen Menschen ohne Haut – blutige Massen, Kothgedärme, Eingeweide, alle jene saugenden pumpenden Unthiere – so formlos oder häßlich oder grotesk, dazu für den Geruch peinlich! Was davon heraustritt, erregt Scham (Koth, Urin, Speichel, Same) […]. Also: es gibt Ekel-erregendes, je unwissender der Mensch über seinen Organismus ist, um so mehr fällt ihm rohes Fleisch, Verwesung, Gestank, Maden zusammen ein. Der Mensch, soweit er nicht Gestalt ist, ist sich ekelhaft – er thut alles, um nicht daran zu denken.«[37]

Deshalb fordert Nietzsche: »Wir lernen den Ekel um!« – Das würde auch gut zu den skatologischen Bildmotiven Salvador Dalís passen.

Auch das *Äußere* des Menschen muss umgewertet werden, indem der Oberflächlichkeit, dem schönen Schein und der Maske mehr Bedeutung geschenkt wird. Denn zum apollinischen *principium individuationis* gehört die Bedeutung der Äußerlichkeiten, da diese verinnerlicht, bzw. die Innerlichkeiten sozusagen veräußerlicht werden. So kommt der Ausbildung eines schönen, höheren Körpers eine nicht zu unterschätzende Bedeutung zu.

An dieser Stelle sei zu den bislang nur implizit angedeuteten Bildmotiven noch ein anderes mögliches Bildmotiv Nietzsches hinzugefügt, nämlich das Aktbild – und zwar verstanden in seiner ursprünglichen Bedeutung des lateinischen *actus*, das auf den Körper übertragen »Bewegung« oder auch »Gebärde« bedeutet. Nietzsche fordert: »Die ganze leibliche Symbolik [ist nöthig], nicht nur des Mundes, des Gesichts, des Wortes, sondern die volle, alle Glieder rhythmische Tanzgebärde.«[38]

Der Körper muss in Bewegung sein, mehr noch, in der Metamorphose inbegriffen, weil Nietzsche das Seiende als »Phantasmagorien«[39] und Metamorphosen begriffen sehen möchte.

An einer berühmten Stelle sagt er: »Die Metamorphosen des Seienden (Körper, Gott, Ideen, Naturgesetze, Formeln, usw.)« und weiter: »dem Werden den Charakter des Seins *aufzuprägen* – das ist der *höchste Wille zur Macht*.«[40]

Die Prägung des Seins in die ontologische Gegebenheit der Metamorphose hinein stellt sich Nietzsche alltäglich konkret so vor, dass z. B. sämtliche Gebrauchsgegenstände mit einem Band an Musterwiederholungen geschmückt sind. Wichtig ist ihm eine »logische und geometrische Vereinfachung«,[41] die das »Typische«[42] eines »Gebärdenausdrucks« erkennen lässt.

Solch eine ornamentale Formenkette, in ihrer ewigen Wiederkehr, sieht Nietzsche am Paradebeispiel des Teppichs verwirklicht. Des Weiteren an Vasen, ehernen Geräten. Die Formwiederholungen spiegeln sich außerdem wider in der Einhaltung von Konventionen, Riten und Zeremonien, die in der Kunst des Festefeierns gipfelt. Die Kleidung des Menschen soll nach Nietzsche »modisch« sein wie in »Frankreich«, und nicht »bummelig und inkorrekt«, weil die »Kleider selbst Götter machen«.[43]

Nicht zuletzt ist die Wiederkehr der Schrittfolge beim Tanzen, wie z. B. dem griechischen Labyrinth-Tanz (auch »Kranichtanz« genannt) von Bedeutung und das Labyrinth selbst, ein zentraler Begriff Nietzsches, von oben als Graffiti-Zeichnung gesehen, dessen Formelemente sich ständig wiederholen.

Selbst die Gärten, Häuser und die Architektur des Menschen sollen labyrinthisch sein, da der Mensch in sich selber spazieren gehen will.[44]

Genau diesen Denkansatz verfolgt auch der Surrealismus, insbesondere Salvador Dalí, wenn er das Dandytum, die Haute Couture, oder, als Krönung der technischen Produktion und der Konsumgüterindustrie, den Luxus des Feste-Feierns preist. Dalís Symbolik der Rhinozeroshörner, der Spiegeleier, der Brotkörbe, usw. verweist auf eine labyrinthische Ornamentierung, die nicht dionysischen Ursprungs ist, wie Salvador Dalí sagt, sondern apollinischen, was so viel heißt wie: als neuen Maßstab des Sehens seinen eigenen zu verwenden.

Das Prinzip der Waren- und Konsumgüterästhetik beider Philosophien beruht im Grunde auf dem Kannibalismus, der eine gewollte Nivellierung des Fremdartigen darstellt. Das Gleichmachen erfordert ein Wiedererkennen, in dem sich der Mensch neu wiederfinden und reidentifizieren kann. Dafür werden Formen und Motive entsprechend vereinfacht und zwar so lange, bis diese Antigeometrisierung zu neuen Phantasieproduktionen führt. André Breton bemerkt kategorisch:

> »Wiedererkennen, oder nicht wiedererkennen, bedeutet alles. Zwischen dem, was ich wiedererkenne, und dem, was ich nicht wiedererkenne, da ist mein Ich. Und was ich nicht wiedererkenne, werde ich auch in Zukunft nicht wiedererkennen.«[45]

Dasselbe gilt für die Farbgebung der Bilder bei Nietzsche, der erst eine Meisterschaft in einer Farbe verlangt, z. B. im Weißen oder Schwarzen, und eine Auslotung sämtlicher Schattierungen und Opalisierungseffekte fordert, also eine langsame Metamorphosenkette der Farbe an sich. Dabei sei von den dunklen Farbtönen auszugehen. Von der Methode *des sfumato* – so wie Leonardo da Vinci malte. Von *den* Farbtönen, die ganz allgemein dem Menschen entsprechen; Salvador Dalí sagt dazu »Exkrementenpalette«, die z. B. kein Grün, wie es der Natur zugehörig ist, enthält.

Allgemein gesagt: Die konvulsivische Formzermalmung der ornamentalen Formenkette geht in Metamorphosen vor sich, die eine sich ständig neu bildende Funktions-Einheit von Zerreißen und Zusammensetzen ausbilden.

Dies liegt ursprünglich in der Vorrangstellung des Auges und dem Vorgang des Sehens selbst begründet, so wie der Surrealismus und Nietzsche sie annehmen. Der Surrealismus spricht von einer »gequantelten Vibrationseigenschaft« und davon, dass es ein »Leiden am Nicht-Identischen« gibt, weil es nichts Gleiches gibt, nur Ähnliches. Und daraus leitet sich das surrealistische Postulat des ewigen Werdens ab.

Das ewige Werden, die Metamorphosen, sieht Nietzsche in der Strukturbeschaffenheit des Sehnervs selbst begründet, der uns bei geschlossenem Auge Muster vorgaukelt. Er meint: »Wir ertragen die *Leere* nicht. Wir begnügen uns keinen Augenblick mit dem Erkannten oder Erkennbaren. Das spielende Verarbeiten des Materials ist unsere fortwährende Grundtätigkeit,

Perspektivenwechsel als Methode

Übung der Phantasie. Ein spontanes Spiel (von phantasierender Kraft ist unser geistiges Grundleben).«

Ein Beispiel dafür ist für Nietzsche »das *zufällige* Zusammentreffen zweier Wörter, die damit den Ursprung eines neuen Gedankens sind.«[46] – entsprechend dem »lyrischen Verfahren« der Surrealisten.

Doch wie kommt es zu der spontanen Verbindung von irgendwelchen Phantasieobjekten? Also zu einer »Verdichtung der Gegensätze«, wie es die Vexierbilder der Surrealisten anzeigen wollen? Oder philosophischer ausgedrückt: Wieso sprechen die Surrealisten von einer »gequantelten Realität«? Nietzsche, der die Quantenphysik nicht mehr erlebte, kennzeichnet diese Quanteneigenschaft interessanterweise als »Sprung«-Eigenschaft.

Sowohl Nietzsche als auch der Surrealismus stellen sich die Frage nach Raum, Zeit und Kausalität. Die Kausalität wurde schon zuvor als kommunizierende Röhre, als Phantasie, als Unbewusstes oder als Perspektivismus definiert. Bleiben also Raum und Zeit. Beide werden zu einer Raum-Zeit verknüpft, indem die Zeitkoordinate in einem Raumpunkt lokalisiert wird. Das bedeutet aber auch, da eine Welt des Werdens vorausgesetzt ist, dass nur noch die Zeitkoordinate übrig bleibt – mit der man die Welt und den Menschen messen kann. Die Parolen des Surrealismus lauten deswegen: »Erweckung der Statik«, »Die Zeit ist die eigentlich wahnhaft surrealistische Dimension«, »Diese Dynamik gehört mir.«[47]

Nietzsche selbst spricht von »Zeitfiguren«[48] oder auch von »dynamischen Empfindungspunkten«, und bringt damit den perspektivistisch-subjektivischen Kern der Zeit zum Ausdruck.

Das Phänomen *Zeit* ist in Nietzsches Philosophie ein nicht zu unterschätzender Faktor – es ist der Faktor überhaupt! Warum? Weil man mit ihm die scheinbar unterschiedlichen Aspekte in Nietzsches Philosophie mühelos zu einer konsistenten Einheit integrieren kann.[49]

Deshalb – und weil das Phänomen der Zeit im Surrealismus eine zentrale Rolle innehat – möchte ich jetzt den allgemeinen ersten Teil verlassen, und mich auf den zweiten Teil meines Vortrags konzentrieren, den ich ganz allein dem Phänomen der Zeit widmen werde. Dabei werde ich vor allem Nietzsches nachgelassene Fragmente hinzuziehen.

Seitens des Surrealismus werde ich zur Klärung des Zeitphänomens die surrealistische Erkenntnis- und Interpretationsmethode, nämlich die activité paranoïaque-critique, ins Felde führen, – obwohl sie auf den ersten Blick nicht viel mit dem surrealistischen Zeitverständnis zu tun zu haben scheint.

Ich werde jetzt so tun, als ob ich von dieser paranoisch-kritischen Methode noch nie etwas gehört hätte, um unbelasteter und klarer Nietzsches

Erkenntnis- und Interpretationsmethode darstellen zu können, die sowohl seine Vorgehensweise bei der Bildrezeption betrifft als auch seine allgemeine ästhetische Herangehensweise.

Da ich aber doch etwas von der kritisch-paranoischen Methode gehört habe, werde ich, für Sie zunächst unbemerkbar, einige surrealistische Wortbilder mit einfließen lassen. Unbemerkbar insofern als Nietzsches Zitate sich oft nicht nur inhaltlich, sondern auch begrifflich und metaphorisch mit surrealistischen Aussagen decken.

Vor allem Salvador Dalí ist in diesem Zusammenhang zu erwähnen, der in seinen Schriften von Nietzsche beinahe wörtlich abgeschrieben zu haben scheint.[50]

II.

Wir wollen jetzt im zweiten Teil des Vortrags unser Anfangs-Motto vom *Perspektivenwechsel* nicht ganz vergessen.

Nietzsches Bildmotive sind keine naturalistisch-realistischen Darstellungen, sondern Vexierbilder. Die Bildelemente des Rätselhaften, des Labyrinthischen, der Anamorphose, der Anthropomorphose und der Metamorphose sind für Nietzsche ästhetische Notwendigkeiten und zugleich ontologische Vorbedingung.

Ich erinnere in diesem Zusammenhang nur kurz an die symbolträchtigen Stichwörter wie: Ariadne, Maske, Täuschung, Perspektivismus, Umwertung der Werte, Spiel.

Dieses vexierhafte Element ist für Nietzsche unabdingbar, um der Welt, »dem Werden den Charakter des Seins aufzuprägen – das ist der höchste Wille zur Macht.« Dazu bedarf es der »zweifachen Fälschung, von den Sinnen her und vom Geiste her, um eine Welt des Seienden zu erhalten, des Verharrenden, Gleichwertigen usw.«[51]

Die zweifache Täuschung ist naturgegeben, und deswegen als gewollt gefordert. Die zweifache Täuschung, sowohl des kognitiven Erkenntnisvermögens des Menschen als auch des sinnlichen Ertastungs- und Erfühlungsvermögens, wird auf eine einzige essentielle Täuschung zurückgeführt, aus der sich alle weiteren Täuschungen ergeben, die sich multipel fortpflanzen:

> »Das Vervollständigen (z. B. wenn wir die Bewegung eines Vogels als Bewegung zu sehen meinen) das sofortige Ausdichten geht schon in den Sinneswahrnehmungen los. Wir formuliren immer ganze Menschen aus dem, was wir von ihnen sehen und wissen. Wir ertragen die Leere nicht

– dies ist die Unverschämtheit unserer Phantasie: wie wenig an Wahrheit ist sie gebunden und gewöhnt! Wir begnügen uns k e i n e n Augenblick mit dem Erkannten (oder Erkennbaren!) Das s p i e l e n d e V e r a r b e i t e n d e s M a t e r i a l s ist unsere fortwährende Grund-Thätigkeit, Übung also der Phantasie. Man denke als Beweis, wie mächtig diese Thätigkeit ist, an das Spiel des Sehnervs bei geschlossenem Auge. Ebenso lesen wir, hören wir. Dieses spontane Spiel von phantasirender Kraft ist unser geistiges Grundleben: die Gedanken e r s c h e i n e n uns, das B e w u s s t w e r d e n die Spiegelung des Prozeßes im Prozeß ist nur eine verhältnismäßige A u s n a h m e – vielleicht ein Brechen im Contraste.«[52]

Die Phantasie umspinnt das ganze menschliche Dasein und kreiert lustvoll spielend die menschliche Lebensgestaltung in ihren individuellen und kollektiven Gewohnheiten. Der Schöpfungsprozess der Kultur, verstanden als die Gesamtheit des vom Menschen Erschaffenen, lebt ausschließlich durch den Mechanismus der Spontaneität.

Das Erkennbare, das an die Oberfläche des Bewusstseins gespült wird, wird durch die Spontaneität, als bestimmenden Faktor der Phantasie, interpretiert. Die Interpretationsmethode hat einen assoziativen, spontan-aktiven Charakter.

Das zufällig-assoziative Element hängt von dem jeweiligen physiologisch-psychologischen Bezugsrahmen des dazugehörigen Interpreten ab und konstituiert sich durch einen nicht hintergehbaren Automatismus in Form von Wahngebilden und Täuschungen. Die Phantasiegebilde – also das Erkannte und mögliche Erkennbare – sind real und objektiv, da sie sich dem Rezipienten subjektiv anbieten und spontan durch ihre Bewusstwerdung zur Kenntnis genommen werden können, und damit einen authentischen Zustand des Rezipienten verbürgen.

Diese aktive Spontaneität produziert keine Phantasiegebilde, sondern arbeitet sie aus dem vorhandenen Material des Erkennbaren heraus:

»Ein Mensch wird von uns nicht anders verstanden als durch die Hemmung und Beschränkung, die er auf uns ausübt d.h. als Abdruck in das Wachs unseres Wesens. Wir e r k e n n e n i m m e r n u r u n s s e l b e r , in einer bestimmten Möglichkeit der Veränderung; manche Menschen wirken nicht auf uns, weil hier unser Wachs zu hart ist oder zu weich. Und zuletzt erkennen wir die Möglichkeiten unserer Strukturverschiebung, nichts mehr. Ebenso steht der ›Mensch an sich‹ zu allen heterogenen Dingen: sie drücken ihre Formen an ihm ab, so weit er sie annehmen kann, und er weiß nichts von ihnen, als durch die Veränderung s e i n e r Form.«[53]

Die Interpretationsmethode der aktiven Spontaneität wirkt wie der Belichter eines unsichtbaren Bildes, etwa eines Photonegativs, dessen Formen und Farben langsam und unterschiedlich stark herausgearbeitet werden können.

Bei der Entwicklung der Phantasie und der Imagination schreibt Nietzsche den Wissenschaften eine helfende Rolle zu, da sie die Mittel bereitstellen, um den Automatismus zur Produktion von Wahnbildern und Illusionen zu katalysieren. Sie wirken wie eine faszinierende Photographie:

> »Die Wissenschaft kann durchaus nur zeigen, nicht befehlen (aber wenn der allgemeine Befehl gegeben ist ›in welche Richtung?‹ dann kann sie die Mittel angeben) den allgemeinen Befehl der Richtung kann sie nicht geben! Es ist Photographie. Aber es bedarf der schaffenden Künstler: das sind die Triebe!«[54]

Die Triebe des Künstlers wiederum werden durch seine Assoziationsketten und Illusionen bestimmt und gelenkt. Es sind seine »Strukturverschiebungen«, die ihn als Erkennenden aktiv beeinflussen. Nicht der Erkennende erkennt, sondern er wird erkannt:

> »Wir können unsere ›geistigen Thätigkeiten‹ ganz und gar als **Wirkung** ansehen, welche Objekte **auf uns ausüben**. Das Erkennen ist **nicht** die Thätigkeit des Subjekts, sondern scheint nur so, es ist eine Veränderung der Nerven, hervorgebracht durch **andere Dinge**. Nur dadurch daß wir die Täuschung des **Willens** herbeibringen und sagen ›ich erkenne‹ im Sinne von ›ich will erkennen und folglich thue ich es‹ drehen wir die Sache um, und sehen im Passivum das Aktivum. Aber auch das Wort Passiv-activ ist gefährlich!«[55]

Im Sinne des Wortverständnisses von aktiv und passiv lässt sich bei Nietzsche von einem Schöpfungsprozess – denn nichts anderes ist Erkenntnis – reden, als einem aktiven, spontanen Automatismus.

Die zweifache Täuschung betrifft primär nicht die traditionelle Unterscheidung der »Erkenntnisorgane«, also der Sinne contra Verstand, sondern die menschliche Selbsttäuschung bezüglich des Begriffes der Rezeption, aus dem die nötige Selbsttäuschung der vermeintlich distinkten Erkenntnisorgane resultiert.

Die Rezeption des Erkennenden, beziehungsweise des »Künstler-Philosophen«[56] verlangt eine zweifache Täuschung bezüglich seines kontemplativen Daseins, die über die Bedeutung und Gewichtung der komplementären Gegensatzpaare passiv-aktiv und Sein-Werden illusionär hinweghilft und diese Illusionen wiederum apologisiert.

Die lustvolle Rezeption nötigt den Menschen zu einem Verkennen der Wirklichkeit, da es kein Sein gibt, sondern nur ein Werden.

> »Von den Werten, die dem Seienden beigelegt werden, stammt die Verurteilung und Unzufriedenheit im Werdenden: nachdem einen solche Welt des Seins erst-

erfunden war [...]. ›Das Seiende als Schein‹«; und da die »Erkenntnis an sich im Werden« unmöglich ist, muss es durch ein Wahngebilde konstruiert *(Entstehung der Abstraktion und der Wissenschaften)* und verinnerlicht *(Moral)* werden, denn »alle Lust will Ewigkeit« und dabei »ist die Kunst der Wille zur Überwindung des Werdens, als ›Verewigen‹.«[57]

Ein weiteres Wahngebilde entsteht durch die Konstruktion eines starren Subjektbegriffs.– Nur in ihm kann sich der Wille zur Macht einen Augenblick lang manifestieren und sich selbst spiegelnd erblicken, also in dem imaginären Erschaffen eines Ist-Zustandes, eines apollinischen Seins.

Der Wille zur Macht ist eine beständige Metamorphose, die mit dionysischer Urgewalt aktiv, aber sinn- und ziellos waltet und auf den Menschen unbewusst einwirkt. Dieser eigentlich gewalttätige Akt nötigt ihm die Wahrung seiner Identität und Authentizität, eine Bejahung seiner selbst ab und damit eine Verkennung des Wirkautomatismus: der in sich komplementär gefassten Einheiten des Apollinisch-Dionysischen, den Willen zur Macht:

> »Alle ›Zwecke‹, ›Ziele‹ sind nur Ausdrucksweisen und Metamorphosen des *einen* Willens, der allem Geschehen inhäriert: des Willens zur Macht.«[58]

Was dem Menschen als Zweck, Ziel und Sinn erscheint, ist nur Ausdruck seiner eigenen perspektivisch begrenzten Phantasie, und nach Nietzsche nichts anderes als

> »Zwecke-, Ziel-, Absichten-haben, *Wollen* überhaupt, ist so viel wie Stärkerwerden-wollen, Wachsen-wollen – und *dazu* auch die *Mittel* wollen.«[59]

Solchermaßen bildet und durchwebt der Wille zur Macht aufgrund seiner Definition, beziehungsweise seines Charakteristikums der Metamorphose, die ganze menschliche Begriffs- und Vorstellungswelt, beziehungsweise seine Kultur, Kosmogonien und Mythen.

> »Der Prozeß aller Religionen und Philosophien und Wissenschaft gegenüber der Welt: er beginnt mit den gröbsten Anthropomorphismen und hört nie auf sich zu verfeinern. Der einzelne Mensch betrachtet sogar das Sonnensystem als ihm dienend oder mit ihm im Zusammenhang. Die Griechen haben in ihrer Mythologie die ganze Natur in Griechen aufgelöst ... Die Metamorphosen sind das Spezifische.«[60]

Die Metamorphose präsentiert sich dem Menschen auf einer tragischen Bühne, indem er selbst Schauspieler und Zuschauer zugleich ist. Das Involviertsein in ein doppeltes Spiel, das zugleich Aktivum- und Passivum-Sein treibt den Menschen zu einem permanenten Rollenwechsel, einem Vergessen und einer Selbsttäuschung – da er selbst das Maß der Dinge und seiner selbst wird.

> »*Das Sein selbst abschätzen*! Aber das Abschätzen selbst ist dieses Sein noch! – und indem wir nein sagen, tun wir immer noch, was wir *sind*. Man muss die *Absurdität* dieser daseinsrichtenden Gebärde einsehn; und sodann noch zu erraten, *was* sich eigentlich damit begibt. Es ist symptomatisch.«[61]

Die Absurdität dieses sich selbst erschaffenden lebendigen Vexierbildes vom Menschen selbst eröffnet durch den meta-morphen Vorgang neue Werte und Perspektiven – neben dem Aspekt des ständigen Verwerfens und der Zerstörung. Nietzsche meint:

> »Je tiefer man hineinsieht, um so mehr verschwindet unsere *Wertschätzung – die Bedeutungslosigkeit naht sich*! Wir haben die Welt, welche Wert hat, geschaffen! Dies erkennend, erkennen wir auch, daß die Verehrung der Wahrheit schon die Folge einer *Illusion* ist – und daß man, mehr als sie, die bildende, vereinfachende, gestaltende, erdichtende Kraft zu schätzen hat. ›Alles ist falsch! Alles ist erlaubt!‹ Erst bei einer gewissen Stumpfheit des Blickes, einem Willen zur Einfachheit stellt sich das Schöne, das ›Wertvolle‹ ein: an sich ist es ich weiß nicht was.«[62]

So weit Nietzsches Bekenntnis.

Das Schöne an sich ist alles und nichts, es ist nicht (bestimmt) definierbar. Aus dieser Münchhausen-Situation rettet Nietzsche, der überzeugte Ästhetiker, seinen Schopf, indem er umdefiniert: Der Mensch ist schön.

Der Sumpf der Bedeutungslosigkeit, in dem er zu versinken drohte, wird von Nietzsche zum Bedeutungsvollen umdefiniert, und der versinkende Mensch wird derart zum höheren Menschen transfiguriert und gesteigert:

> »All die Schönheit und Erhabenheit, die wir den wirklichen und eingebildeten Dingen geliehen haben, will ich zurückfordern als Eigentum und Erzeugnis des Menschen: als seine schönste Apologie.«[63]

Nach dem Rekurs Nietzsches und dem Zurückgeworfen-sein-auf-sich-selbst, beziehungsweise auf den Menschen an sich, kann Nietzsche seine Definition der Ästhetik reformulieren:

> »Die Welt ein ästhetisches Phänomen, eine Reihe von Zuständen am erkennenden Subjekt: eine Phantasmagorie nach dem Gesetz der Causalität ... Das Theaterspiel, das das Subjekt sich selber spielt: es ist ein Wahn. Die Geschichte ist

eine Vermeintlichkeit – nichts mehr: die Causalität ein Mittel, um t i e f zu träumen, das Kunststück, um über die Illusion sich zu täuschen, der feinste Apparat des artistischen Betruges.«[64]

Nietzsches Begriff der Kausalität lässt sich inhaltlich mit der Funktionsweise der Interpretationsmethode des assoziativen, spontan-aktiven Automatismus füllen. Nietzsche schreibt:

> »Ich vermuthe, daß wir nur sehen, was wir k e n n e n; unser Auge ist in der Handhabung zahlloser Formen fortwährend in Übung: – der größte Theil ist nicht Sinneseindruck, sondern P h a n t a s i e - E r z e u g n i ß. Es werden nur kleine Anlässe und Motive aus den Sinnen genommen und dies wird dann ausgedichtet. Die P h a n t a s i e ist an die Stelle des ›Unbewußten‹ zu setzen: es sind nicht unbewußte Schlüsse als vielmehr h i n g e w o r f e n e M ö g l i c h k e i t e n, welche die Phantasie giebt (wenn z. B. Sousreliefs in Reliefs für den Betrachter umschlagen).«[65]

Dieser Vorgang hängt entscheidend von der ausgebildeten Befähigung zu phantasieren ab.
Jene »Ausbildung« wird in einem bestimmten Rahmen begrenzt sein und von den sozial-gesellschaftlichen Vereinbarungen reguliert werden. Die Phantasieregulierung kennzeichnet Nietzsche mit dem Etikett »ethischer Anthropomorphismus«,[66] und er nennt sie auch Moral.
Wird die Grenze unbegrenzt und wird damit den Instinkten ein größerer Raum eingeräumt, so spricht Nietzsche von einer »höheren Moral«. Das Unbewusste der Instinkte, also die Instinktsicherheit alleine, verbürgt für Nietzsche, dass die »hingeworfenen Möglichkeiten« der Phantasmagorien vollkommen überblickt und ergriffen werden können.

> »Dem modernen Menschen fehlt: der sichere *Instinkt* [...]. Das, was eine Moral, ein Gesetzbuch schafft: der tiefe Instinkt dafür, daß erst der Automatismus die Vollkommenheit möglich macht in Leben und Schaffen.«[67]

Die totale Ausschöpfung der menschlichen Fähigkeiten, das heißt seine Vervollkommnung, kann nur durch einen automatischen Mechanismus erlangt werden. Die Vollkommenheit selbst wiederum ist dynamisch und ein Phantasieprodukt – aber ein konsequent zu Ende Phantasiertes.
Bei Nietzsche beruht eine der großen anthropologischen Konstanten und Voraussetzungen auf der Täuschung, beziehungsweise ihren Wahnideen:

> »Die Verwechslung ist das Urphänomen«[68]

– und daraus folgt konsequenterweise:

> »Unsere Außenwelt ist ein Phantasie-Produkt, wobei frühere Phantasien als gewohnte eingeübte Thätigkeiten wieder zum Bau verwendet werden. Die Farben, die Töne sind Phantasie, sie entsprechen gar nicht exakt dem mechanischen wirklichen Vorgang, sondern unseren individuellem Zustande. – –«[69]

Der konkrete Ausgangspunkt und Katalysator der Phantasmagorien, Illusionen, Metamorphosen und Vexierbilder ist die Form, die Hülle, der Schein.

Die Oberfläche und die Oberflächlichkeiten, also der sogenannte »schöne Schein«, erlangen bei Nietzsche eine immense Bedeutung, da er die verschiedenen assoziativen Möglichkeiten der wählbaren Wahngebilde erscheinen lässt und sie ihm zufolge, im Ganzen betrachtet, ganz nach Belieben mit einer inhaltlichen Bedeutung versehen werden können.

Individuell gesehen entscheidet die Empfindung des Subjekts über den Gehalt der Form. Den Begriff der Empfindung erklärt Nietzsche so:

> »Sobald man das Ding an sich erkennen will, so ist es eben diese Welt – Erkennen ist nur möglich, als ein Widerspiegeln und Sichmessen an einem Maße (Empfindung).«[70]

Dieser Gedanke gipfelt in der Aussage:

> »ich habe nichts anderes als Empfindung und Vorstellung.«[71]

Dieses Bekenntnis umfasst auch die sogenannte Realität:

> »Denn es giebt gar nicht diesen Gegensatz von Materie und Vorstellung. Die Materie selbst ist nur als Empfindung gegeben. Jeder Schluß hinter sie ist unerlaubt.«[72]

Für die Malerei gilt in diesem Sinne:

> »Der Realism in der Kunst eine Täuschung. Ihr gebt wieder, was euch am Dinge entzückt, anzieht – diese Empfindungen aber werden ganz gewiß nicht durch die realia geweckt! Ihr wißt nur nicht, was die Ursache der Empf<indungen> ist! Jede gute Kunst hat gewähnt, realistisch zu sein!«[73]

Reformuliert man das Bekenntnis Nietzsches als Frage, so schleicht sich eine Vermutung ein, die die Materie beziehungsweise die Empfindung näher zu erklären versucht: »Große Frage: ist die Empfindung eine Urthatsache aller Materie? Anziehung und Abstoßung?«[74]

Diese Antwort ist in ihrer Ambivalenz zu verstehen, in Analogie zu einem Vexierbild, in dem sich aus einer Oberfläche mehrere Seh-Varianten herausbilden lassen.

Die Anziehung und die Abstoßung bestehen gleichzeitig und gleichberechtigt nebeneinander, und die eine wäre ohne die andere nicht denkbar. Sie machen gewissermaßen den Hintergrund für die Reliefbildung aus, die wie von selbst entsteht und eine Empfindung beim Rezipienten herausschält und gewichtet:

»Das Schöne, Ekelhafte, usw. ist das ältere Urtheil. Sobald es die absolute Wahrheit in Anspruch nimmt, schlägt das ästhetische Urtheil in moralische Forderungen um. Sobald wir die absolute Wahrheit leugnen, müssen wir alles absolute Fordern aufgeben und uns auf ästhetische Urtheile zurückziehen. Dies ist die Aufgabe – eine Fülle ästhetischer gleichberechtigter Werthschätzungen zu creiren für ein Individuum die letzte Thatsache und das Maaß der Dinge. Reduktion der Moral auf Ästhetik!!!«[75]

Auf der Palette der Empfindungen sind Empfindungen Nietzsche zufolge alle gleichberechtigt, ebenso wie die sie auslösende Oberfläche und ihr »schöner Schein«. Der »schöne Schein« ist so weit gefasst, dass er alles Menschlicherdenkliche mit einschließt, auch das Hässliche, Schreckliche und Abstoßende. Alle Empfindungen und ästhetische Urteile können nur aufgrund ihrer ambivalenten Struktur entstehen und begriffen werden.

Der inhärente Antagonismus der gegensätzlichen Empfindungen führt zu einer permanenten Selbsttäuschung bezüglich der jeweiligen anderen Empfindung, die in den Hintergrund tritt. Es ist die »Vordergrund-Optik«[76], wie Nietzsche es nennt, die somit die Empfindung anspricht und »überredet«.[77]

Der Ebenen- und Sichtwechsel in die Hintergrundsoptik, beziehungsweise deren Hervorhebung entspricht Nietzsches bedeutungsschweren Begriff der Wiederkehr: »Man kann seine Leidenschaften von einem Augenblick an mißverstehen und umtaufen – Wiedergeburt.«[78]

Warum dem so ist, werde ich jetzt kurz erläutern.

Das dadurch entstehende Nebeneinander-Bestehen von gleichberechtigten Leidenschaften und Empfindungen führt Nietzsche auf den Willen zur Macht zurück. Er identifiziert ihn mit den Empfindungen selbst. Nietzsche sagt: »Diese Empfindungscomplexe, größer oder kleiner, wären ›Wille‹ zu benennen!«[79]

Das Wesen der Empfindungen begreift Nietzsche durch deren Eingebettetsein in eine (kausale) Raum-Zeit-Vorstellung, wobei, wie schon gesagt, das kausale Empfinden durch einen spontanen Automatismus und dessen Verinnerlichung entsteht. Weiterhin meint Nietzsche: »Von der Kausalitätsempfindung hängen Raum und Zeit ab.«[80]

Raum und Zeit sind also bloß Illusion und von uns geschaffene Wahnbilder, die Nietzsche nun in seinen philosophischen Gesamtzusammenhang einbetten kann, indem er folgende Axiome setzt: »[...], daß der Raum = 0 ist, d.h. alle punktuellen Atome fallen zusammen in einen Punkt.« Dass »die Zeit aber unendlich theilbar ist.«[81]

Daraus folgt für Nietzsche, dass »zwischen jedem Zeitpunkt noch unendlich viele Zeitpunkte Platz haben«[82], da aber der Raum auf einen Punkt zusammengeschrumpft ist, »giebt es dann kein Nebeneinander, als in der Vorstellung. Darin sind unsere Körper imaginirt.«[83]
Daraus folgt:

> »Das Wesen der Empfindung bestünde darin, allmählich solche Zeitfiguren immer feiner zu empfinden und zu messen; die Vorstellung construirt sie als ein Nebeneinander gemäß dem Fortgang der Welt: reine Übertragung in eine andere Sprache, in die des Werdens.«[84]

Da nach Nietzsches Auffassung zwei identische Zeitpunkte zusammenfallen müssen, produziert die Empfindung nur nicht-identische Figuren und hält sie für ähnliche Figurationen. Dadurch entsteht der Eindruck des Werdens und einer fließenden Zeit, die in Wirklichkeit aber »actio in distans temporis punctum«[85] ist.

Diese Wirkung durch »Springen«[86] hat weitreichende Konsequenzen. Sie werden sichtbar, indem Nietzsche nun folgende Axiome setzt:

> »1.) die vorhandene Welt auf punktuelle Raumatomistik zurückzuführen,
> 2.) diese wieder auf Zeitatomistik zurückführen,
> 3.) die Zeitatomistik fällt endlich zusammen mit einer Empfindungslehre. Der dynamische Zeitpunkt ist identisch mit dem Empfindungspunkt, denn es giebt keine Gleichzeitigkeit der Empfindung.«[87]

Es sei nochmals kurz zusammengefasst, was dies bedeutet:
Was man Nietzsche zufolge hat, ist ein subjektiv empfindender Punkt der Zeit – dieser Punkt ist das Einzige, was man hat, sonst bleibt rein gar nichts!

Nun besteht die Möglichkeit, diesen einen Punkt zu multiplizieren, bzw. ein Nebeneinander dieses eines Punktes zu projizieren und zu spiegeln – um damit eine Vielfalt an Formen und ein Werden erschaffen zu können.

Eigentlich ist es ein starres Kontinuum von aneinander gereihten Punkten. Nur wird dieses, wie Nietzsche sagt, »in einer anderen Sprache als Werden erklärt«. Eigentlich »kann es keine echte Gleichzeitigkeit der Empfindung geben«, sondern die verbindende »Wirkung« beruht allein in der »actio in distans, d.h. also durch Springen«, wie Nietzsches mehrfach angeführte Formulierung besagt.

Die Zeitpunkte mit ihrer »Sprungeigenschaft« – fast könnte man sagen, ihren quantenmechanischen Eigenschaften – konstituieren Zeitfiguren, beziehungsweise Formen, die für die Assoziation notwendig sind.

Nach Nietzsche ist es die Wahrscheinlichkeitstheorie, die die Wahrscheinlichkeit für die Wiederkehr der gleichen Formen, der gleichen Assoziationen und Wahngebilde, beziehungsweise der gleichen Empfindungen, höher errechnet als die Wahrscheinlichkeit für die Wiederkehr nichtgleicher Empfindungen.

Die Wahrscheinlichkeit hängt entscheidend von unserem Empfinden ab, »das uns von einem Augenblick zum anderen unsere Leidenschaften umbenennen läßt.«

Dieser assoziative, spontan-aktive Mechanismus, beziehungsweise Automatismus, entspricht Nietzsches ewiger Wiederkehr des Gleichen, bei der sich wahrscheinlich Zarathustra, der Zwerg und die Spinne durchaus wieder unter dem Torbogen zu dem gleichen Rendezvous treffen könnten.

Fällt die Wahrscheinlichkeit solcherart mit einem früheren Zeitpunkt zusammen, so entspricht das dem höchsten Empfinden Nietzsches, seinem Willen zur Macht, dann nämlich ist dem »Werden der Charakter des Seins aufgeprägt« worden.

Analog verlaufen die Kausalität, beziehungsweise die Verwertung der »hingeworfenen Möglichkeiten« – wie Nietzsche sagt, oder auch der Wahrscheinlichkeit – durch den assoziativ, spontan-aktiven Automatismus bei den Vexierbildern, die eine ständige Umwertung der Werte erfahren und damit einen Ebenenwechsel der Optik zwischen Sein und Werden durchlaufen.

Es ist also ein Perspektivenwechsel nötig, der das Ich, das Werden und die Metamorphosen definiert. Das Werden ist nur über die Unstetigkeitsstelle hinweg möglich, also über den von den Surrealisten so bezeichneten Quantensprung, der die vexierhafte Geometrie des Nebeneinanders kennzeichnet. Der Surrealist nennt es meistens »Gleichzeitigkeit«, manchmal *hasard objectif*, weil diese vexierhafte Geometrie eine Schönheits-Spiegelung ist, in der, wie André Breton und Friedrich Nietzsche wortgleich sagen: man »Schauspieler und Zuschauer zugleich ist«. Nietzsche meint, dass »dieses Nebeneinander das merkwürdigste überhaupt ist«.[88]

An dieser Stelle wird noch einmal ganz deutlich, warum für Nietzsche die *Form* so wichtig ist, bzw. warum das surrealistische Objekt ornamental wirkt: eben weil sie durch die Form wirken.

Außerdem sieht man an dieser Stelle deutlich, dass die ewige Wiederkehr auf einer ewigen Wiederkehr dieses einen Raum-Zeit-Punktes beruht, bzw. auf dem Mythos des Narziss, also einer Selbstspiegelung und Selbsttäuschung. Wie Friedrich Nietzsche und André Breton übereinstimmend meinen, ist die Menschwerdung eine *Dissonanz*. Das Ego modifiziert sich, indem es die Zeit spaltet und seine dazu komplementäre Raum- bzw. Körperstruktur spiegelt. Anders ausgedrückt, der surrealistische Begriff der konvulsivischen Schönheit bedeutet nach André Breton »die Vereinigung im Gegensatz von Ruhe und Bewegung«. Die Schönheit ist weder statisch noch dynamisch. Sie ist eine »attitude«, wie André Breton sagt. Genau dasselbe meint auch Nietzsche, wenn er von der Annäherung des Werdens an das Sein spricht und es »Pathos« nennt.[89]

Die wichtige gemeinsame Erkenntnis des Surrealismus und von Nietzsche liegt darin, dass sie gesehen haben, wie die »wertvollste Einsicht die in die *Methode* ist«[90]. Nietzsche »taufte sie« – wie er selbst sagt – »nicht ohne einige Freiheit als die Dionysische.«[91]

Und der Surrealismus nennt sie die paranoisch-kritische Methode, die, wie Salvador Dalí sagt, »den dionysischen Strom zu apollinischer Leistung transformiert«.[92]

Diese Methode ist ein »Automatismus, der den Rhythmus des Auges und der Einheit befriedigt«[93] und ohne weiteres den Perspektivenwechsel auch wieder an seinen Ausgangspunkt zurückdrehen und mit Nietzsche sagen kann: »[...] du bist immer ein Anderer.«[94] Nachdem somit Anfangs- und Endpunkt im Mythos des Narziss zusammenfallen und sich solchermaßen auch der Kreis der ewigen Wiederkehr durch den assoziativ, spontan-aktiven Automatismus schließt – den Sie übrigens an allen Stellen meines Vortrags durch den Ausdruck »kritisch-paranoische Methode« ersetzen können, – will ich jetzt meinen Schlusspunkt setzen und den Vortrag beenden.

(Vortrag vom 26.11.2001)

Anmerkungen

[1] KGW IV/1:177. KGW = Kritische Gesamtausgabe Werke, ca. 33 Bände in 8 Abteilungen, hrsg. G. Colli u. M. Montinari, de Gruyter, Berlin, NY 1967ff.
[2] II, 1090f. (5).
[3] KSA 6/265 (1). KSA = Kritische Studienausgabe, Sämtliche Werke, in 15 Bänden, hrsg. von G. Colli u. M. Montinari, de Gruyter, Berlin, NY, München 1980.
[4] KSA 3/26f. (14).
[5] KSA 2/27 (5).

6 KGW V/1,213.
7 KGW V/2,344.
8 vgl. Jacques Lacan, Das Problem des Stils und die psychiatrische Auffassung paranoischer Erlebnisformen, in: Salvador Dalí, Unabhängigkeitserklärung der Phantasie und Erklärung der Rechte des Menschen auf seine Verrücktheit. Gesammelte Schriften, hrsg. von A. Matthes und T. D. Stegmann, übers. von B. Weidmann, München 1974, S. 355.
9 II 626 (70). I, II, III = Werke in drei Bänden, hrsg. v. Karl Schlechta, Carl Hanser Verlag, München 1965.
10 KSA 3/203 (245).
11 II, 1104 (4).
12 III, 778.
13 III 753.
14 André Breton, L'Amour fou, Gallimard, Paris 1937, dt. v. F. Kemp, Frankfurt/Main 1975, S. 35.
15 Nietzsche, II 479 und Breton, Manifests du Surréalime, J.-J. Pauvert, Paris 1962 (Neuaufl.); dt.: Die Manifeste des Surrealismus, Rowohlt, Reinbek 1968, S. 14.
16 KSA 2/693 (316).
17 KSA 6/124 (20).
18 Vgl. z. Bsp. III 785.
19 III 576f.
20 KGW III/4,53.
21 Salvador Dalí, Comment on Devient Dalí, Opera Mundi, Paris 1973. Dt.: Memoiren, übers. v. F. Mayer, Verlag Fritz Molden, Wien, München, Zürich 1974, S. 11.
22 Vgl. z. Bsp.: KSA 6/61 (8).
23 KSA 6/124 (20)
24 III, 652.
25 KSA 6/328 (6).
26 KGW V/2, 484.
27 KSA 1/66 (9).
28 Louis Aragon, Der Traum des Bauern, In: Als die Surrealisten noch recht hatten, Texte und Dokumente, hrsg. v. G. Metken, Reclam, Stuttgart 1976, S. 214f.
29 III, 535.
30 Vgl. KGW V/1,645.
31 III 703.
32 Nietzsche, II, 452 (16) und (II, 379): »Wagt es doch erst, euch selber zu glauben – euch und euren Eingeweiden!« und bei Dalí, Comment on Devient Dalí, Opera Mundi, Paris 1973. Dt.: Memoiren, a.a.O., S. 175.
33 KGW III/4,177.
34 II 1032 (40).
35 KGW III/3,55.
36 Salvador Dalí, Unabhängigkeitserklärung der Phantasie und Erklärung der Rechte des Menschen auf seine Verrücktheit. Gesammelte Schriften, hrsg. von A. Matthes und T. D. Stegmann, übers. von B. Weidmann, München 1974, S. 225. Das ist auch der Grund, warum im Wertesystem des Salvador Dalí die

Gastronomie ganz oben steht und warum seine Rangordnung derjenigen Friedrich Nietzsches ähnelt, zumal Dalí auch alle weichen, verkochten Stücke, wie die Schlaffheit des Spinates verabscheute.

37 KGW V/2,358.
38 KSA 1/33 (2).
39 KGW V/2,765.
40 III, 985.
41 III, 755.
42 III, 892.
43 KGW III/4,294 und KGW V/2,373.
44 Vgl. z. B.: KSA 3/525 (280).
45 André Breton, Der Surrealismus und die Malerei; In: Als die Surrealisten noch recht hatten, Texte und Dokumente, hrsg. v. G. Metken, Reclam, Stuttgart 1976, S. 302.
46 KGW V/1, 347.
47 Dalí, Unabhängigkeitserklärung der Phantasie und Erklärung der Rechte des Menschen auf seine Verrücktheit. Gesammelte Schriften, a.a.O., S. 263 und S. 389.
48 KGW III/4,179.
49 Eine umfassende, die verschiedensten Aspekte verbindende Interpretation findet man bei Miriam Ommeln, Die Verkörperung von Friedrich Nietzsches Ästhetik ist der Surrealismus, Peter Lang, Frankfurt 1999.
50 Mit dem Bild Nietzschéens vers le haut von Salvador Dalí, das Nietzsche, bzw. die Nietzschesche Philosophie porträtiert, gelang es Dalí, diese Konstellation auf geniale und äußerst prägnante Weise zu pointieren. Dalís Bewunderung für Nietzsche reichte soweit, dass er ihm selbst in seinem Bartschmuck gleichkommen, mehr noch, ihn sogar übertreffen wollte, und deshalb seinen eigenen nach oben, dem Himmel entgegenzwirbelte.
51 III, 895.
52 KGW V/1,760.
53 KGW V/ 1, 634.
54 KGW V/1, 684.
55 KGW V/1,759.
56 III, 503.
57 vgl. III 895f. und II, 557 (11).
58 III, 679.
59 Ebd.
60 KGW III/4,44.
61 III, 680.
62 III, 424.
63 III, 680.
64 KGW V/2,756.
65 KGW V/2,344.
66 vgl. KGW III/4,45.
67 III, 697.
68 KGW III/4,75.
69 KGW V/3,44.

70 KGW III/4,53.
71 KGW III/4,177.
72 KGW V/1,177.
73 KGW V/1,656.
74 KGW III/4,54.
75 KGW V/2,369.
76 vgl. III, 576.
77 vgl. III, 676.
78 KGW V/1,606.
79 KGW III/4,57.
80 Ebd.
81 vgl. KGW III/4,178.
82 Ebd.
83 KGW III/4,179.
84 Ebd.
85 Ebd.
86 KGW III/4,180.
87 KGW III/4,181.
88 Nietzsche, KSA 1/152 (24) und S. 48 (5). Siehe auch: Breton, Les Vases communicantes, des Cahiers libres, Paris, 1932; dt.: Die kommunizirnden Röhren, übers. v. E. Lenk und F. Meyer, München 1973, S. 24.
89 Breton formuliert im Original: »La beauté, ni dynamique ni statique. [...]. La beauté sera CONVULSIVE ou ne sera pas.« Vgl. Breton, André, Nadja, Éditions Gallimard, Paris 1963, S. 189f. Dt v. M. Hölzer, Neske Pfullingen 1960. Nietzsche schreibt: »Der Wille zur Macht nicht ein Sein, nicht ein Werden, sondern ein Pathos – ist die elementarste Tatsache, [...].« (III 778).
90 III 808.
91 KSA 1/19 (6).
92 Es ist Dalí, der festhält, dass der: »[...] dionysische Strom zu apollinischen Leistungen transformiert wird, die ich mir immer vollständiger wünsche. Meine Methode, die ich die paranoisch-kritische genannt habe, ist die ständige Eroberung des Irrationalen.« Vgl. Dalí, Meine Leidenschaften, Bertelsmann, Gütersloh 1969, S. 47. Originaltitel: Les passions selon Dalí, Editions Denoël, Paris 1968.
93 Breton, Das Weite suchen. Reden und Essays, dt v. L. Baier, Europäische Verlagsanstalt, Frankfurt/M. 1981, S. 86. Originalausgabe: La clé des champs, J.-J. Pauvert, Paris 1967.
94 KSA 3/544 (307).

Das stille Auge der Ewigkeit

Nietzsches dionysische Rechtfertigung der Kunst

Annemarie Pieper

Kunstgebilde (Artefakta) sprechen die Sinne an. Sie bringen insbesondere für Auge und Ohr etwas zu Gesicht und zu Gehör, das mehr ist als ein Konglomerat von Farben und Geräuschen, nämlich etwas Ausersehenes und Unerhörtes, etwas im Wortsinn Sensationelles. Obwohl wir daran gewöhnt sind, uns mittels der Sinne in der Welt zu orientieren, nimmt die ästhetische Wahrnehmung eine besondere Stellung ein, insofern Kunstobjekte uns die Welt anders sehen, hören, fühlen lassen. Zwar ist auch unsere gewöhnliche Sicht der Dinge keine Eins-zu-eins-Abbildung von Wirklichkeit, sondern eine von Vorstellungen geleitete Interpretation optischer, akustischer, olfaktorischer und taktiler Reize nach Maßgabe bestimmter Entwürfe des Verstandes, der die Welt in begrifflichen Konstrukten einzufangen sucht. Dabei filtert er aus dem sinnlichen Material selektiv das heraus, was seine Entwürfe von Welt bestätigt. Alles Übrige lässt er außer Betracht. Aber gerade dieser Überschuss, den die Reflexion zur Gegenstandserkenntnis nicht benötigt, ist für die ästhetische Wahrnehmung und die Kunst das Interessante, denn von diesem Überfluss leben ihre Gebilde, während er für den Verstand etwas ganz und gar Überflüssiges ist – der irrationale Rest, der im Abstraktionsprozess durch das kategoriale Raster fällt und aus der Konstruktion des Wesens der Dinge ausgeschieden wird.

Nietzsche hat sich zeit seines Lebens mit diesem Konkurrenzverhältnis zwischen ästhetischer Wahrnehmung und Reflexion, zwischen Kunst und Wissenschaft befasst. Als Dichter *und* Philosoph war ihm daran gelegen, der durch die traditionelle Philosophie vorgenommenen Abwertung des Sinnlichen insgesamt, des Ästhetischen im Besonderen seine Auffassung entgegenzusetzen, die den Verstand in seine Schranken weist und dem Ästhetischen ein eigenes Feld eröffnet, auf dem der Verstand nur Mitspieler, aber nicht

Hauptdarsteller und erst recht nicht der Regisseur ist. Die *ästhetische* Inszenierung von Wirklichkeit geschieht durch die Einbildungskraft. Einbildungskraft ist ebenso sehr Phantasie wie Geschmack im Sinne von Urteilskraft.

Nietzsche war ein Philosoph, der in Gegensätzen dachte, ohne das Entgegengesetzte vermitteln oder versöhnen zu wollen. Beide Seiten des Gegensatzes haben ihre Berechtigung, da sie sich wechselseitig bedingen, und daher stehen sie gleichwertig nebeneinander. Gegensätze waren der traditionellen Metaphysik, die nur an Einheit interessiert war und entsprechend auf identitätsbildende Konzepte setzte, ein Dorn im Auge. Alles Differente musste aufgehoben, das Zu-Viele beseitigt werden, sei es durch Hierarchisierung, sei es durch Eliminierung einer der Seiten. Die Strategie der *Hierarchisierung* bestimmt einen der beiden Pole als den höherrangigen und ordnet diesem den anderen unter: den Sklaven dem Herrn, den Menschen dem Gott, das Sinnliche dem Verstand. Die Strategie der *Eliminierung* schließt durch Unterdrückung den als minderwertig deklarierten Pol des Gegensatzes aus: das Böse aus dem Guten, den Affekt aus der Selbstbeherrschung, das Glück aus der Moral, den freien Willen aus der Religion.

Nietzsche wollte dies so nicht gelten lassen. Gestützt auf die Beobachtung der Naturprozesse ging er davon aus, dass Gegensätze sich weder hierarchisieren noch eliminieren lassen: ohne Sonnenuntergang kein Sonnenaufgang und umgekehrt, ohne Kathode keine Anode und entsprechend kein Strom. Nietzsches Philosophieren in Gegensätzen auf dem Gebiet der Reflexion verdankte sich einer Einsicht auf dem Gebiet des Sinnlichen: dass wir in Ermangelung eines absoluten Standpunktes die Dinge immer nur perspektivisch wahrnehmen. Zwar wollen wir stets das Ganze in den Blick bekommen, aber aufgrund des Mangels an einer Hyperperspektive, die uns dieses Ganze gleichsam mit *einem* Blick sehen lässt, können wir uns dem Ganzen nur durch Perspektivenwechsel annähern, indem wir uns so viele Aspekte wie möglich in den Blick rücken und dabei jeden Aspekt gleich gewichten.

Der Verstand, von seiner Natur her ökonomisch eingestellt, reduziert auf seinem Gebiet der Reflexion die Perspektivenvielfalt der sinnlichen Wahrnehmung, um nicht die Übersicht zu verlieren. In der traditionellen Philosophie geschah dies, wie gesagt, mit Hilfe eines rigide gehandhabten Einheitsprinzips. Nietzsche hingegen favorisierte das Gegensatzprinzip, das immerhin zwei unterschiedliche Denkperspektiven fordert und den Verstand zum dialektischen Wechsel von der Position zur Gegenposition nötigt. So bleibt er flexibel und skeptisch, was ihn vor dem Erstarren in Dogmatismus und Ideologie bewahrt.

Titel und Untertitel meines Vortrags bilden ebenfalls einen nicht hierarchisch zu verstehenden Gegensatz: Das stille Auge der Ewigkeit und das

Dionysische verhalten sich zueinander wie Sein und Werden, wie Unveränderliches und Geschichtliches. Der Ausdruck »stilles Auge der Ewigkeit« findet sich in Aphorismus 506 von Nietzsches Schrift »Morgenröthe« (KSA 3/296):

> »Wie! Man müsse ein Werk gerade so auffassen, wie die Zeit, die es hervorbrachte? Aber man hat mehr Freude, mehr Erstaunen und auch mehr zu lernen daran, wenn man es gerade nicht so auffasst! Habt ihr nicht gemerkt, dass jedes neue gute Werk, so lange es in der feuchten Luft seiner Zeit liegt, seinen mindesten Werth besitzt, – gerade weil es so sehr noch den Geruch des Marktes und der Gegnerschaft und der neuesten Meinungen und alles Vergänglichen zwischen heut und morgen an sich trägt? Später trocknet es aus, seine ›Zeitlichkeit‹ stirbt ab – und dann erst bekommt es seinen tiefen Glanz und Wohlgeruch, ja, wenn es darnach ist, sein stilles Auge der Ewigkeit.«

Ein Kunstwerk, das gleichsam noch feucht ist, ist nach Nietzsche seiner Zeit verhaftet. Ihm kommt allenfalls dokumentarischer Werth zu: Verstrickt in das Zeitgeschehen, hat es den Stellenwert von Ereignissen, denen eine bloß temporäre Bedeutung eigen ist. Erst wenn das Kunstwerk getrocknet ist, wird sich zeigen, ob ihm eine Qualität innewohnt, die ihm überzeitliche Bedeutung verleiht – unangesehen seiner Verhaftetheit in der Zeit, in der es entstanden ist und die sich in ihm spiegelt. Ein Kunstwerk wird unsterblich, wenn aus ihm das stille Auge der Ewigkeit blickt. Was Nietzsche damit meinen könnte, möchte ich in einem ersten Anlauf zu klären versuchen, indem ich den Ausdruck zum einen aus der Perspektive des Kunstwerks und zum anderen aus der Optik des Betrachters analysiere. Nietzsche erläutert ja in der Regel seine in aphoristischer Kürze aufgezeichneten Einfälle nicht, so dass man sie selbst weiter- und ausspinnen muss.

Was also hat es mit einem Kunstwerk auf sich, aus dem das stille Auge der Ewigkeit den Betrachter anblickt? Dieses Auge ist still, d.h. es ist stillgestellt: Es bewegt sich nicht mehr. Sein Blick ist erstarrt. Dieser starre, vielleicht sogar starrende Blick fixiert den Betrachter, dessen lebendige Augen sich über das Kunstwerk bewegen und es in seinen Einzelheiten zu erfassen trachten. Mit zunehmender Konzentration werden die Augenbewegungen ruhiger. Wie man einem Pferd Scheuklappen anlegt, damit durch die seitliche Begrenzung des Blicks die Augen nicht abgelenkt und dadurch nach vorn ausgerichtet werden, so blendet der Betrachter eines Kunstwerks alles Nebensächliche aus, bis sein auf das Werk gerichteter Blick in ein stilles Schauen übergeht. In diesem Schauen fallen der Blick des Betrachters und das stille Auge der Ewigkeit im Kunstwerk zusammen. Der nach außen auf das Kunstwerk gerichtete Blick des Betrachters wendet sich auf den Betrachter zurück und durchdringt als stilles Auge der Ewigkeit sein Inneres. Er sieht sich gleichsam im Kunstwerk als von diesem gesehen.

Man könnte diese Erfahrung auch akustisch wenden und, auf ein musikalisches Kunstwerk bezogen, sagen: Der Hörende erfährt sich als von der Musik Erhörter. Ob Schauen oder Hören oder Berühren: Gemeint ist ein ganzheitliches Erlebnis, in welchem Betrachter und Kunstwerk einander so begegnen, dass sie eine Einheit bilden, ohne dass das Bewusstsein der Verschiedenheit ausgelöscht würde, denn dies würde einen Selbstverlust bedeuten. Jenen von Nietzsche abgelehnten Vorgang beschreiben etwa die Mystiker als religiöse Kontemplation: In der Schau Gottes gibt der Mensch sich völlig auf, er verschwindet als er selbst mitsamt seiner Identität in der göttlichen Fülle, die ihn unterschiedslos in sich aufsaugt.

Damit nähern wir uns Nietzsches Kritik der traditionellen Metaphysik, denn Kunstwerke *sub specie aeternitatis* zu betrachten, ist nicht unproblematisch. Dies möchte ich an Platons Höhlengleichnis veranschaulichen. Sie erinnern sich: Platon schildert den Aufenthaltsort der Menschen als eine Höhle. Sie sitzen dort am Hals gefesselt und starren gebannt auf eine Felswand. Sie sind also in einer doppelten Weise »gefesselt«. Was sie wie auf einem überdimensionalen Bildschirm zu sehen bekommen, sind Schwarz-Weiß-Bilder, von denen sie nicht wissen, dass es sich um Schatten handelt. Hinter ihrem Rücken brennt nämlich ein Feuer, vor dem miteinander redende und gestikulierende Personen auf und abgehen und Gegenstände hin und her tragen. Deren Schatten sind es, die die gefesselten Menschen wahrnehmen in der Meinung, wirkliche Dinge in ihrer Totalität zu erfassen, die Welt also als Ganze so zu erkennen, wie sie tatsächlich ist.

Diese Menschen haben nur eine einzige Perspektive, die sie verabsolutieren. Dass sie manipuliert werden, merken sie erst, nachdem ein Aufklärer wie Sokrates ihnen den Kopf gewaltsam nach hinten gedreht und sie auf diese Weise zu einem Perspektivenwechsel gezwungen hat. Nachdem sich ihre Augen an das Licht des Feuers gewöhnt haben, entdecken sie plötzlich, dass es noch mehr und anderes zu sehen gibt als die Gebilde auf der Felswand. Sie sehen nun eine farbige, hell erleuchtete Szenerie, die ihnen bisher verborgen war, da sie sich ihrem Blickfeld entzog. Doch das eigentlich Neue, das der Perspektivenwechsel mit sich bringt, ist die Geburt des Verstandes. Die Sinne konstatieren neben Welt 1 noch eine Welt 2, aber dass zwischen diesen beiden Welten ein Zusammenhang besteht, nämlich eine Kausalbeziehung, der zufolge Welt 2 die Ursache von Welt 1 ist und das Feuer wiederum Ursache der Sichtbarkeit beider Welten für des Sehens mächtige Augen – mit dieser Einsicht bringt sich der Verstand ins Spiel. Er stellt logische und als solche nicht sichtbare, unsinnliche Beziehungen zwischen den

Dingen her. Ursache-Wirkungsverhältnisse kann man nicht mit den Augen wahrnehmen. Dieses Beziehungsnetz kategorialer Begriffe, mit denen das Denken die Vielfalt heterogener Dinge überzieht, sorgt dafür, dass die Welt nicht in unterschiedliche Teilwelten zerfällt, sondern dem Menschen als ein einziges, in sich strukturiertes Ordnungsgebilde erscheint, wobei das Ordnungsgefüge eben die Zutat des Verstandes ist.

So weit war Nietzsche, denke ich, mit Platon und den im Fahrwasser Platons philosophierenden Metaphysikern einig. Was jedoch die Beurteilung der Verstandesleistungen betrifft, war Nietzsche völlig anderer Auffassung. Kehren wir noch einmal zum Höhlengleichnis zurück. 1. Perspektive: die Phänomene auf der Felswand. 2. Perspektive: die Gegenstände hinter den Höhlenbewohnern. 3. Perspektive: die kausale Beziehung zwischen den Originalgegenständen und ihren Schatten sowie zwischen dem Licht und den sichtbaren Dingen überhaupt. Damit ist für Platon aber der Weg der Erkenntnis noch nicht zu Ende. Man muss zur vollständigen Selbstaufklärung aus der Höhle herausgehen, dorthin, wo anstelle der künstlichen Höhlenwelt die wahre und eigentliche Welt des Lebendigen, der Natur und der Organismen sich auftut, deren Lebensprinzip die Sonne ist.

Platons Charakterisierung dieser Welt als der einzig wahren Welt stößt bei Nietzsche auf heftige Kritik. Denn eigentlich gibt es diese Welt ja nicht, jedenfalls nicht so, wie es Menschen und Dinge gibt. Die Welt außerhalb der Höhle, die für die Welt der Begriffe und Ideen einsteht, ist ein reines Gedankenkonstrukt, für welches sein Urheber, der Verstand, eine empirisch unbedingte, zeitunabhängige Gültigkeit beansprucht. Der Verstand, so hatten wir gesehen, hat sich nach dem Perspektivenwechsel als Vermittler zwischen Welt 1 und Welt 2 betätigt. Dabei machte er die weitergehende Entdeckung, dass er auch ohne Bezugnahme auf sinnliche Wahrnehmungsgehalte zu denken und abstrakte Zusammenhänge herzustellen vermag. Ohne das Zeugnis der Sinne zu benötigen, konnte er Mathematik und Logik betreiben. Und die Vernunft schließlich hatte es mit ihren eigenen, durch und durch geistigen Produkten zu tun, die Platon als Ideen bezeichnete, reine Gedankendinge, deren höchstes die Idee des Guten ist. Nietzsches Vorwurf gegen das Platonische Modell zielt gegen die Verabsolutierung der durch den theoretischen Verstand und die praktische Vernunft generierten Welt der Begriffe und Ideen, die aus seiner Sicht ungerechtfertigt ist, weil auch die Verstandes- und Vernunftperspektive eben nichts anderes als dies ist: eine Perspektive, deren vorgebliche Höherrangigkeit eine Anmaßung von Verstand und Vernunft ist. Die Seele – so Platons Anamnesislehre – hatte einst bei den Göttern die Ideen geschaut (mit ihrem geistigen Auge) und erinnert sich nun wieder an das Geschaute. Aber sie soll nach Nietzsche nicht in der Schau verharren, nicht die Schau um des Schauens willen betreiben, sondern das Geschaute in die Sicht der Dinge mit einbringen.

Dass die Verabsolutierung der Verstandesperspektive verheerende Folgen für die Kunst hat, liegt auf der Hand. Die Herabstufung und Verächtlichmachung des Sinnlichen hat schon Platon selbst dazu bewogen, keine Künstler in seinem Idealstaat zuzulassen. Mit Ausnahme der Musik, deren klare Töne noch am wenigsten materiell verunreinigt sind, will Platon alle Künste aus der Polis verbannt wissen, weil der Umgang mit Materie den Geist von der Beschäftigung mit den Ideen ablenkt. Was den Sinnen gefällt, ist aus der Verstandesperspektive von minderer Qualität und muss daher rigoros ausgemerzt werden, damit der Reinheit des Gedankens kein Abbruch geschieht. Die Platonische Kunstfeindlichkeit wurde Nietzsche zufolge im Christentum noch intensiviert. Er spürte darin

> »das *Lebensfeindliche*, den ingrimmigen rachsüchtigen Widerwillen gegen das Leben selbst: denn alles Leben ruht auf Schein, Kunst, Täuschung, Optik, Nothwendigkeit des Perspektivischen und des Irrthums. Christentum war von Anfang an, wesentlich und gründlich, Ekel und Ueberdruss des Lebens am Leben, welcher sich unter dem Glauben an ein ›anderes‹ oder ›besseres‹ Leben nur verkleidete, nur versteckte, nur aufputzte. Der Hass auf die ›Welt‹, der Fluch auf die Affekte, die Furcht vor der Schönheit und Sinnlichkeit, ein Jenseits, erfunden, um das Diesseits besser zu verleumden« (KSA 1/18) –

dies alles deutete Nietzsche als »ein Zeichen tiefster Erkrankung [...], Erschöpfung, Verarmung an Leben« (KSA 1/18f.), dem er seine »Artistenmetaphysik« entgegensetzte, die das Leben aus dem Blickwinkel der Kunst ins Visier nimmt.

Kehren wir nach unserem Exkurs über Platons Höhlengleichnis wieder zu Nietzsches Ausdruck »das stille Auge der Ewigkeit« zurück, dessen Ambivalenz nun deutlicher hervorsticht. In positiver Hinsicht blickt dem Betrachter aus dem Kunstwerk ein Auge entgegen, das sich gleichsam satt gesehen hat. Sein Verlangen zu sehen, ist gestillt. In Bezug auf das, was sich im Bild zeigt, hat es alles gesehen, ist alles zur Darstellung gebracht. Dieser Blick überträgt sich auf den Betrachter, der über das im Kunstwerk Sichtbare hinaus nichts mehr zu sehen begehrt, weil Wahrnehmung und Wahrgenommenes zusammenfallen. Dem Betrachter gehen im Anblick des Kunstwerks die Augen auf und über: Er sieht sich als sehend und gesehen. »Der Mensch ist nicht mehr Künstler, er ist Kunstwerk geworden [...] der edelste Thon, der kostbarste Marmor wird hier geknetet und behauen, der Mensch [...].« (KSA 1/30)

Entscheidend bei diesem Vorgang des Schauens ist für Nietzsche, dass seine sinnliche Komponente nicht verleugnet wird, sondern als Materialisierung des Geistigen die Idee zur Erscheinung bringt. Platon hatte diese Schau intellektualisiert und moralisiert, indem er die Ideen von der empirischen Welt abtrennte und für sich setzte. Die Idee des Guten wurde bei ihm zu einem entsinnlichten Auge der Ewigkeit, einem blicklosen Auge, das im Starren der Seele auf das Gute erstarrt ist. Nietzsche hingegen möchte die Lebendigkeit des Auges, seine Beweglichkeit gewahrt wissen. Es soll nicht passiv in der Schau des Ewigen versinken, sondern aktiv das Ewige in die Zeit hinein sehen und ihm eine sinnliche Gestalt verleihen, um aus der Welt ein Kunstwerk zu machen.

Allen metaphysischen Versuchen, das Leben durch Flucht in eine transzendente Ideenwelt mittels der theoretischen Vernunft zu intellektualisieren oder mittels der praktischen Vernunft zu moralisieren, setzt Nietzsche sein Projekt einer Ästhetisierung unserer hiesigen, empirischen Welt entgegen. Kunst – so seine These – macht das Leben erträglich. In seiner frühen Schrift »Die Geburt der Tragödie aus dem Geiste der Musik« notiert Nietzsche, »dass nur als ein ästhetisches Phänomen das Dasein und die Welt gerechtfertigt erscheint« (KSA 1/152). Noch unter dem Eindruck der Schopenhauerschen Willensmetaphysik stehend, sieht der junge Nietzsche den Menschen als Spielball eines blindwütig und ziellos tobenden kosmischen Willens. Dieses eruptive Chaos, das der Mensch nicht zu bändigen vermag, verhindert ein sinnvolles Dasein. Den Menschen ekelt es, irgendetwas zu tun, denn seine

> »Handlung kann nichts am ewigen Wesen der Dinge ändern [...] – die wahre Erkenntniss, der Einblick in die grauenhafte Wahrheit überwiegt jedes zum Handeln antreibende Motiv [...]. In der Bewusstheit der einmal geschauten Wahrheit sieht jetzt der Mensch überall nur das Entsetzliche oder Absurde des Seins [...]. Hier, in dieser höchsten Gefahr des Willens, naht sich, als rettende, heilkundige Zauberin, die *Kunst*; sie allein vermag jene Ekelgedanken über das Entsetzliche oder Absurde des Daseins in Vorstellungen umzubiegen, mit denen sich leben lässt.« (KSA 1/57)

Der Mensch leidet an der ihm unerträglichen Welt, in deren Gewaltpotential er unentrinnbar verstrickt ist. Das Einzige, was er ihr entgegen setzen kann, ist die Kunst. In seinen Kunstprodukten gestaltet er eine andere Welt, eine Welt, in der er nicht mehr versprengter Teil einer explosionsartig vonstatten gehenden Evolution ist, sondern Schöpfer eines Sinnzusammenhangs. In Kunstwerken wird exemplarisch sichtbar, wie eine durch und durch menschliche Welt aussähe, in der der Wille domestiziert und seine Kraft zur Erreichung eines ihm vorgegebenen Sinnzieles kreativ eingesetzt würde. In einer solchen Welt spielen Sinnlichkeit und Geist miteinander. Sie kommunizieren in Farben und Tönen, malen und musizieren mit Wörtern, Sprachrhythmen und Reimen.

Nietzsche spricht in der »Geburt der Tragödie« von zwei künstlerischen Urtrieben im Menschen, dem dionysischen und dem apollinischen Trieb. Diese anthropologische Grundausstattung weist darauf hin, dass für Nietzsche jeder Mensch als Künstler, nämlich als Lebenskünstler, angelegt ist, der aus seinem Leben ein Kunstwerk machen kann, etwas von ihm selbst Geschaffenes – ein Sinngebilde. Zwar galt es auch für Platon und seine idealistischen Nachfolger als ausgemacht, dass der Mensch sein Leben selber gestalten muss, doch sie plädierten gerade nicht für eine Ästhetisierung, sondern für deren Gegenteil: eine Anästhetisierung des Lebens. Die sokratische These etwa, man solle sich bereits im hiesigen Leben in das Sterben einüben, um nach dem Tod umso besser als reiner Geist existieren zu können, diese These vom Sterbenlernen im Leben fordert die Ausschaltung der Sinne und den Verzicht auf die Befriedigung der Triebe, soweit dies möglich ist für Wesen, die zwar im Besitz von Vernunft sind, aber auch einen Körper haben. Die körperlichen Bedürfnisse sollen so weit wie möglich ignoriert werden, damit die geistigen Fähigkeiten – Verstand und Vernunft – nicht abgelenkt werden. Nietzsche bezeichnet Sokrates und Platon wie überhaupt den Idealisten als Typus des theoretischen Menschen, der die Absurdität des Daseins dadurch zu überwinden sucht, dass er sich dem Chaos der Welt entzieht und sich in den Gesetzen des Denkens zu beruhigen trachtet. Für Nietzsche ist dies eine »Wahnvorstellung«,

> »jener unerschütterliche Glaube, dass das Denken, an dem Leitfaden der Causalität, bis in die tiefsten Abgründe des Seins reiche, und dass das Denken das Sein nicht nur zu erkennen, sondern sogar zu *corrigiren* im Stande sei.« (KSA 1/99)

Weder der wahre Erkenntnis generierende Verstand noch die das Gute wollende praktische Vernunft vermögen nach Nietzsche das »Unheil im Wesen der Dinge« (KSA 1/69), »die ewige Wunde des Daseins [zu] heilen« (KSA 1/115). Die Natur – und zwar sowohl die außermenschliche als auch die menschliche Natur – bleibt, was sie ist, ein wüstes Chaos, das an sich selbst keine Ordnungsstrukturen besitzt und sich auch nicht durch Bezugnahme auf die Idee des Guten verbessern lässt. Kein Wunder, dass der Idealist sich mit Grausen abwendet und sich schließlich der Beschäftigung mit den geistigen Konstrukten von Verstand und Vernunft widmet.

Eine derartige Intellektualisierung und Moralisierung lässt nach Nietzsche jedoch nicht nur den Menschen verkümmern, sondern übersieht auch geflissentlich, dass das Chaos der Welt durch Konzentration auf das rein Geistige keineswegs zum Verschwinden gebracht wird. Es wird lediglich aus dem Blick gerückt. Nietzsches Konzept einer Ästhetisierung des Lebens hingegen bezieht jene Komponente, die Platon ausgesondert wissen wollte, die Komponente des Sinnlichen, nachdrücklich mit ein und setzt der schieren Kontemplation des Ewigen, der Schau um des Schauens willen, eine »ästhetische Lust« (KSA 1/152), eine »künstlerische Urfreude« (KSA 1/141) entgegen, einen sinnlichen Genuss des Lebens, in dem nicht nur der Geist, sondern auch der Körper auf seine Kosten kommt.

Ästhetisierung ist daher in einer doppelten Bedeutung zu verstehen: zum einen im Sinn des griechischen Wortes aisthesis, das »sinnliche Wahrnehmung« bedeutet; zum anderen im Sinn des Künstlerisch-Handwerklichen. Der dionysische Trieb im Menschen ist ein Ausläufer des kosmischen Urwillens, der in seinem rauschhaften Begehren zur »orgiastischen Selbstvernichtung« (KSA 1/137) führen würde. Der apollinische Trieb hingegen setzt seine formende und bildnerische Kraft ein, um den dionysischen Trieb zu mäßigen und zu kanalisieren. Dem blinden Willen werden gewissermaßen Augen eingesetzt, die ihn sehend machen und ihn dazu befähigen, seine zerstörerische Kraft kreativ umzuformen. Das Apollinische, das für sich selbst betrachtet nichts als Auge ist – eben jene Vernunft, die Platon als in die Schau der Ideen versunken charakterisiert hatte – das Apollinische also, wenn es sein stilles Auge der Ewigkeit aus seiner Fixierung auf die Idee löst und auf das dionysische Chaos richtet, muss in dieses Chaos etwas hinein sehen, um ihm Form und eine Struktur zu geben. Dies Hineingeschaute bezeichnet Nietzsche als Mythos. Mythos ist gleichsam die in die Zeit projizierte Idee oder wie Nietzsche sagt »das zusammengezogene Weltbild [...] als Abbreviatur der Erscheinung« (KSA 1/145). Aus der Perspektive des Apollinischen verdichtet der Mythos die kulturellen Leistungen eines Volkes in einer Kurzform und deutet sie im Kontrast mit dem Chaos, das der Urwille produziert hat, als ein kollektives Kunstwerk, in welchem das menschliche Individuum nicht mehr zufälliger Auswurf der Evolution ist, sondern schöpferischer Gestalter seiner Lebenswelt.

Nietzsche sagt ausdrücklich, das Apollinische sei eine Täuschung, eine Illusion (KSA 1/137), denn der Mythos als Ausgeburt apollinischer Sehnsüchte, Träume und Phantasien verändert de facto ebenfalls nichts am kosmischen Chaos. Sehr wohl aber trägt er als sinnstiftendes Element dazu bei, dass der Mensch in dem Bereich, in welchem er sich vorfindet, in seinem individuellen und in seinem gesellschaftlichen »Leib«, einen von ihm selbst hervorgebrachten und kultivierten Sinnkosmos hat, der ihm Durchblick verschafft und damit die Orientierung erleichtert. Das apollinische Auge ist, wie Nietzsche in Anspielung auf das Sonnengleichnis sagt, »sonnenhaft« (KSA 1/28). Es durchdringt die an sich wirre Welt und erleuchtet sie mit seinem Blick gleichsam von innen (KSA 1/138). Es ist, so Nietzsche, »als ob jetzt die Sehkraft [der] Augen nicht nur eine Flächenkraft sei, sondern in's Innere zu dringen vermöge« (KSA 1/140). Fasziniert blickt der aufgeklärte, zum Bewusstsein seiner selbst und der Welt gelangte Mensch auf das Chaos in ihm und außer ihm, das eigentlich seine Unlust erregt, da dieses barbarische Durcheinander nicht beherrschbar ist, in seiner »durchleuchtete[n] Allsichtbarkeit« (KSA 1/150) jedoch zu einem Kunstgebilde umgeformt wird, an dessen einzigartiger Individualität und Schönheit er als Betrachter, der zugleich Künstler ist, Freude empfindet.

Nietzsche spricht der Kunst eine »metaphysische Verklärungsabsicht« zu (KSA 1/151). Kunst ist fiktional, aber die Realität, die durch sie erzeugt wird, hat nicht den abgehobenen Seinsstatus des Platonischen Ideenhimmels, sondern bleibt am Boden haften, insofern sie das Material, das sie verklärt, den Sinnen entnimmt.

Ich möchte versuchen, die Eigentümlichkeit der ästhetischen Wahrnehmung, die ein Akt künstlerischer Gestaltung ist und nicht bloße Rezeption, anhand eines Beispiels zu erläutern. Stellen Sie sich die ästhetische Wahrnehmung einmal nach Analogie eines Kaleidoskops vor. Wenn Sie ein Kaleidoskop betrachten, sehen Sie am Ende des Rohrs nur einen Haufen formloser, unscheinbarer bunter Glasscherben, die für das kosmische Chaos stehen mögen. Dieser Anblick löst mit Sicherheit kein Wohlgefallen aus. Um ihn zu vermeiden, stehen mehrere Strategien zur Verfügung. Man kann sich von dem Scherbenhaufen abwenden und in Gedanken eine vollkommene Welt entwerfen, in der alle beim Denken verfertigten Bestandteile ein wohl geformtes, geordnetes Ganzes bilden. Das wäre der Platonische Weg. Man kann aber auch – und das ist Nietzsches Vorschlag – die Einbildungskraft bemühen, etwas zu erfinden, das es ermöglicht, die chaotische Welt – den Scherbenhaufen – so zu transformieren, dass er den Anblick eines wohlgeformten Ganzen bietet. So konstruiert die Einbildungskraft, indem sie zwischen dem Chaos und den Ideen hin und her blickt, ein System von Spiegeln, welches eben jene ästhetische Verklärung der Dinge herbeiführt, die uns einen Haufen Glasscherben plötzlich als schön erscheinen lässt. Genau dies bedeutet auch das Wort Kaleidoskop, das aus drei griechischen Wörtern zusammengesetzt ist: *kalos* heißt schön, *eidos* heißt Idee und *skopein* heißt schauen. Wer durch ein Kaleidoskop schaut, erblickt demnach etwas Schönes, das in der gelungenen Synthese von sinnlichem Material und geistiger Form aufscheint. Die Phantasie macht etwas (ein phantasma) als etwas Schönes, als ein Kunstwerk sichtbar, indem sie ein geistiges Konstrukt versinnlicht bzw. sinnliches Material vergeistigt.

Dieser Vorgang der Ästhetisierung ist deshalb lustvoll, weil er den Menschen als Ganzen in Anspruch nimmt: nicht bloß seine Sinne, auch nicht bloß seinen Kopf oder sein Herz und ebenso wenig bloß seinen Unterleib. Wie es das deutsche Wort für Phantasie, Einbildungskraft, zum Ausdruck bringt: Der Künstler legt seine ganze Kraft in das Bemühen, ein Material zu bilden in der doppelten Bedeutung des Wortes *bilden*. Er setzt etwas ins Bild, indem er ihm eine Form gibt. Die Idee wird hineingebildet in das Chaos und gibt ihm eine schöne Gestalt. Wir deuten uns die Welt aus Bildern, die wir den Dingen einbilden, und der Künstler schafft am Leitfaden dieser Vor-Bilder ein Kunstwerk. Dabei bildet er zugleich sich selbst.

Während der starre Blick des Platonischen Auges der Ewigkeit nur *Eines* sehen lässt, in welchem alle Vielfalt verschwunden ist, vervielfältigt der gebrochene Blick des Kaleidoskops die Vielfalt ins Unendliche, doch so, dass er die Versatzstücke des Chaos durch Spiegelung kunstvoll arrangiert – wie auch Nietzsche selbst die Welt in unzähligen Aphorismen einzufangen und zu vervielfältigen suchte, indem er an die Stelle der großen metaphysischen Gesamtsysteme kleine geschliffene Gedankensplitter setzte, die aus unterschiedlichen Perspektiven das Leben reflektieren – in all seinen Widersprüchlichkeiten und Ungereimtheiten.

Meine Erläuterung der ästhetischen Wahrnehmung am Beispiel des Kaleidoskops ist auch noch in einer anderen Hinsicht hilfreich. Das schöne Bild, das sich vor unseren Augen erzeugt, hat nur einen Augenblick lang Bestand. Es ist eine einmalige Momentaufnahme von etwas, das wieder vergeht und genau so nie wiederkehren wird. Mit jedem Drehen des Kaleidoskops, mit jedem Perspektivenwechsel entsteht eine neue, ganz eigene, individuelle Konstellation, die wir einerseits festhalten und für die Ewigkeit bewahren möchten, andererseits lustvoll wieder zerstören in Erwartung eines noch schöneren, beglückenderen Anblicks. Es ist der dionysische Trieb, der uns drängt, aus dem stets gleichen Spielmaterial immer neue, überraschende, ästhetisch entzückende Kombinationen herzustellen, und der apollinische Trieb schleift immer wieder neue, nicht stille, sondern durch die Empirie gebrochene Augen der Ewigkeit zurecht, die »selbst das Hässliche und Disharmonische« (KSA 1/152), das Leiden und den Schmerz verklären, indem sie auch das Negative in ein gelungenes Ganzes integrieren.

Nietzsche vergleicht die künstlerische Tätigkeit mit dem Spiel eines Kindes, das »Steine hin und her setzt und Sandhaufen aufbaut und wieder einwirft« (KSA 1/153). Dieses scheinbar absichtslose, »spielerische Aufbauen und Zertrümmern der Individualwelt« (ebd.) kennt keine Gewinner und Verlierer. Dionysischer und apollinischer Trieb wetteifern miteinander in der kunstvollen Inszenierung von Welt, fordern sich gegenseitig heraus in der Ästhetisierung des Universums. Der ständige Perspektivenwechsel kommt dem Bedürfnis der Sinne entgegen: sich satt zu sehen, zu hören und zu fühlen. Zugleich wird aber auch die Sehnsucht der Vernunft befriedigt, allem »den Stempel des Ewigen [auf] zu drücken« (KSA 1/148), die Vielfalt ganz und gar durchschaubar zu machen auf einen bleibenden, unveränderlichen Grund hin, der sich allerdings dem begrifflichen Denken immer wieder entzieht. Nietzsche beschreibt diesen »Flügelschlag der Sehnsucht« (KSA 1/153) als den Drang, »zugleich schauen zu müssen und zugleich über das Schauen hinaus sich zu sehnen« (KSA 1/150), »dass wir hören wollen und über das Hören uns zugleich hinaussehnen« (KSA 1/153). Die ästhetische Urlust speist sich aus jenem Schwebezustand, in welchem sich ein »Schönheitsschleier« (KSA 1/155) über alles Dissonante legt und das Leben als ein durch und durch erfülltes empfunden wird. »Ohne Musik« – so Nietzsche – »wäre das Leben ein Irrthum.« (KSA 6/64)

Das Gleiche könnte man auch für andere Ausdrucksformen von Kunst behaupten: Ohne Literatur, ohne Malerei, ohne Theater wäre das Leben ein Irrtum. Man könnte sogar so weit gehen zu sagen: Ohne ästhetische Wahrnehmung wäre der Mensch ein Irrtum. Er wäre dann nämlich außerstande, zwischen dem chaotischen Material, das ihm seine Sinne zeigen, und der immateriellen Ideenwelt, die ihm Verstand und Vernunft eröffnen, eine Brücke zu schlagen. Ein in sich zerrissener Mensch, dem es nicht gelänge, Körper und Geist in Einklang miteinander zu bringen, wäre in der Tat eine Fehlkonstruktion. Denn ein dualistisch gespaltenes Wesen reibt sich auf im Kampf zweier gegeneinander wirkender Kraftpotentiale, anstatt diese zusammenzuspannen und schöpferisch werden zu lassen im Medium der Einbildungskraft. Die Brücke kann weder von der Sinnlichkeit her geschlagen werden – denn die Sinne erfassen nur eine unstrukturierte Vielfalt; sie kann auch nicht von der Seite des Geistes her geschlagen werden, denn Verstand und Vernunft haben nur Zugang zu ihren eigenen abstrakten Begriffskonstrukten, die – wie wir gesehen haben – zu einer Intellektualisierung und Moralisierung führen, in deren Gefolge den sinnlichen Qualitäten jeglicher Eigenwert abgesprochen wird. Ohne Einbildungskraft, ohne Phantasie, die Sinnlichkeit und Geist zur ästhetischen Wahrnehmung inspiriert, ginge ein Riss durch den Menschen, und ihm bliebe nur die Wahl zwischen einem kruden Materialismus und einem abgehobenen Idealismus, wobei jedoch jeweils die andere »Hälfte« des Menschen auf der Strecke bliebe.

Nietzsche hat letztlich unter ästhetischem Gesichtspunkt die Gestalt des Dionysos als Prototyp des geglückten Menschen aufgefasst. Diese »Synthesis von Gott und Bock im Satyr« (KSA 1/16) vereinigt die äußersten Extreme in *einer* Gestalt: das Immateriell-Ideelle (den Gott) und das Triebhaft-Sinnliche (den Bock). In der griechischen Mythologie war Dionysos Zagreus der

Sohn von Zeus und Persephone. Hera, die eifersüchtige Gattin des Zeus, ließ das Kind von den Titanen zerreißen und verzehren. Zeus konnte gerade nur das Herz des Dionysos retten und seinem Sohn zum zweiten Mal das Leben schenken. Ähnlich zerrissen ist auch der Mensch in sich selbst. Er muss sein Bocksein ebenso in sein Leben integrieren wie sein Gottsein und beides im ästhetischen Spiel so zusammenfügen, dass die Spannung für eine fortgesetzte kreative Selbsterneuerung fruchtbar gemacht wird. Der Mensch erträgt sich selbst nur als Lebenskünstler und sein Dasein nur als Kunstwerk. Bei Dionysos äußert sich das Ästhetische im Tanz – nicht im betrunkenen Herumtorkeln, der Geste, in der der Weingott Bacchus oft beschrieben wird –, sondern im Tanz als einer Bewegung, die ein Maß hat. Der in wilder Kraft herumspringende Bock hat ja den Gott, das Apollinische verinnerlicht, und dies befähigt ihn dazu, seine Bewegungen zu koordinieren und zu tanzen.

Diese gebändigte Kraft hat Nietzsche später »Wille zur Macht« genannt. In »Also sprach Zarathustra« heißt Dionysos der »Übermensch«. Übermensch ist derjenige, dem es gelungen ist, über das dualistische Menschenbild der idealistisch-christlichen Tradition hinaus zu gelangen, das den Individuen suggerierte, sie müssten den Bock in ihnen *töten*, um sich dem Gott rein anzunähern und ganz Mensch zu werden. Nietzsche hingegen wollte den Bock *vergöttlichen* und damit ein integrierendes Menschenbild entwickeln, in welchem der rohe Wille zur Macht in einen Willen zur Selbstmächtigkeit umgebildet wird.

Nur wenigen gelingt es, das lebendige Kunstwerk literarisch, musikalisch oder malerisch umzusetzen. Nietzsche macht sich immer lustig über das Genie und die angebliche Inspiration oder Intuition der Künstler, »womit man ihnen eine Art von Wunder-Augenglas zuschreibt, mit dem sie direct in's ›Wesen‹ sehen« (MAM; KSA 2/152). »Man schreibt ihnen wohl einen unmittelbaren Blick in das Wesen der Welt, gleichsam durch ein Loch im Mantel der Erscheinung zu« (KSA 2/154). Nietzsche hält dies für Unsinn, in dem sich wieder der Platonisierende Philosoph zur Geltung bringt, für den Kunst nur dann eine Bedeutung haben kann, wenn sie das Wesen, eben die Idee abbildet. In der Kunst sind für Nietzsche Leib und Idee untrennbar, und es ist gerade die Sensibilität des Künstlers, die ihn dazu befähigt, den Schmerz, das Leiden an der Welt ebenso auszudrücken wie die Freude und das Glück. Er vermag seine ästhetische Wahrnehmung so zu Gesicht und zu Gehör zu bringen, dass dadurch die Sensibilität der Kunstrezipienten erregt wird, die ihrerseits – gleichsam durch ihr Kaleidoskop schauend – sich selbst erblicken. Nach Nietzsche besteht der höchste Kunstgenuss nicht in einem plötzlichen Überwältigtwerden, in einem Hingerissensein beim Sehen oder Hören, sondern in einem Prozess, den er als langsam eindringenden Pfeil der Schönheit beschreibt, in dessen Verlauf die Kunst »von uns ganz Besitz nimmt, unser Auge mit Thränen, unser Herz mit Sehnsucht füllt.« (KSA 2/143f.) In der ästhetischen Wahrnehmung erleben und durchleben wir die dionysische Lust in Verbindung mit dem apollinischen Maß, das uns die Lust vollständig auskosten lässt und uns zu einem Genuss verhilft, der nicht gleich verpufft, sondern lange nachwirkt. »[...] Die Sonne ist schon hinuntergegangen, aber der Himmel unseres Lebens glüht und leuchtet noch von ihr her, ob wir sie schon nicht mehr sehen.« (KSA 2/186)

(Vortrag vom 21.02.2002)

Anmerkung
Alle Zitate nach der Kritischen Studienausgabe der Sämtlichen Werke Friedrich Nietzsches (KSA), hrsg. v. G. Colli und M. Montinari, 15 Bde., München 1980.

ADNOTEN ZUR NIETZSCHE-REZEPTION IN DER LITERATUR DER KLASSISCHEN MODERNE

EINE PROBLEMORIENTIERTE SKIZZE

Lothar Bluhm

I.

»Wege ins Eis« ist der Titel einer wunderbaren Sammlung von Texten und Textauszügen zum Motiv der Nord- und Südpolfahrten in der europäischen Literatur.[1] Die literarischen »Wege ins Eis« sind in nicht wenigen Fällen mit einer Topik der äußersten existentiellen Exponiertheit verbunden: Sie zeigen einen Einzelnen, wie er weit entfernt in einem Meer von Eis, der Kälte und Härte archaischer Naturgewalten ausgesetzt, einsam und auf sich selbst zurückgeworfen um die letzten Dinge ringt – um sie meist dann doch nicht zu finden. Mit Friedrich Nietzsche und der Klassischen Moderne hat das nicht wenig zu tun, da beide sich mannigfach in diesen Diskurs eingeschrieben haben. Das Bild Nietzsches ist in der literarischen Rezeption häufig mit der Vorstellung von Kälte, existentieller Exponiertheit, Gefahr und Tod verbunden. Das zeigt gerade dort seine Wirksamkeit, wo der Philosoph und sein Werk verdeckt lediglich auf der Anspielungsebene fungieren, wie etwa in Thomas Manns Nietzsche-Roman »Doktor Faustus«, wo sowohl dem Teufel als auch dem Tonsetzer Adrian Leverkühn diese topischen Momente zugeschrieben werden. Dass das Motiv in der Literatur der Klassischen Moderne und insbesondere in der Zeit zwischen den Weltkriegen zur selbstverständlichen Gestik gehörte, hat eine blickgenaue Wissenschaft schon mustergültig aufgezeigt.[2]

II.

Mit einiger Selbstironie ließe sich die Topik auch auf einen Germanisten übertragen, der sich im nördlichen Finnland auf einen Münchener Vortrag über Nietzsche und die deutsche Literatur vorbereitet, und seinen ein wenig irritierten, gleichsam »fremdelnden« Blick auf die nicht wenige Fachliteratur zum Thema. Beim Lesen bzw. beim Wiederlesen der unterschiedlichsten, auch eigenen Publikationen zur Wirkung Nietzsches in der Literatur und Kunst werden die Gefahren deutlich, denen solcherart Erkenntnisinteresse ausgesetzt ist: Die literaturwissenschaftliche Auseinandersetzung mit Nietzsche, seiner Philosophie und den Folgeerscheinungen in der Literatur der ersten Hälfte des 20. Jahrhunderts sieht sich selbst mit der Schwierigkeit konfrontiert, dem vielbeschworenen »Ausstrahlungsphänomen« dieses Autors und seines Schreibens und Denkens zu erliegen. Problematisch ist das Ganze, wenn man es als methodisches Problem in den Blick nimmt: Untersuchungen, die auf die Person oder das Schreiben von Nietzsche selbst fixiert sind, bewegen sich recht eigentlich im Horizont einer Philosophiegeschichte – sie fragen im Kern nach der Entwicklung und der Wirkung eines Denkens und damit nach diesem Denken selbst. Das ist an sich nichts Verwerfliches, ganz im Gegenteil, nur: Für einen Literaturwissenschaftler ist es die falsche Frage, am falschen Gegenstand, und er ist auf jeden Fall der falsche Mann, sie zu beantworten. Es ist für ihn die falsche Frage und der falsche Gegenstand insofern, als Literatur und Philosophie getrennte Bereiche sind, die unterschiedlichen Anforderungen gerecht zu werden suchen. Sie müssen selbst wiederum mit einem sehr unterschiedlichen Erkenntnisinteresse und methodischen Instrumentarium untersucht und analysiert werden. Literatur nimmt sich ihre Materialien, woher sie sie auch immer bekommt: Sie sind in dem Augenblick, in dem sie entsprechend adaptiert sind, Literatur – und nicht mehr Politik, Recht, Philosophie oder Sachbuchwissen. Nietzsche und sein Denken sind in dem Moment, in dem sie von Literatur aufgenommen und wie auch immer verarbeitet werden, nicht mehr Teil der Philosophie, sondern Teil der Literatur und damit deren Gesetzmäßigkeiten unterworfen. Das gilt auch für Zeugnisse und Dokumente von Literaten, die nicht fiktionalen Charakter besitzen, also Tagebücher und Briefe oder Reden und Essays. Was an Nietzsche-Bausteinen auch immer in Literatur wandert, ist als literarische Rezeption dann nicht eigentlich Auseinandersetzung mit einem Denken – ob affirmativ, referierend oder kritisch –, sondern Gegenstand einer Darstellung und Funktion in einem autonomen Gebilde. Handelt es sich um Zeugnisse in Tagebüchern, Briefen, Reden oder Essays ist für den Literaturwissenschaftler in erster Linie von Belang, welchen Stellenwert dieser Rekurs auf Nietzsche für den *literarischen* Diskurs besitzt. Davon bleibt unberührt und es bleibt unbestritten, dass bei der literarischen Adaptation eine entsprechende Reflexion durch den Autor im Vorfeld angenommen, in vielen Fällen sogar belegt werden kann und dass eine solche Geistesbeschäftigung beim Literaturrezipienten Reflexionen auslösen kann.

Es ist hier nicht der Raum, um das Verhältnis von Literatur und Philosophie in auch nur halbwegs befriedigender Weise zu klären. Die Differenz zwischen beiden zeigt sich schon am unterschiedlichen Stellenwert der Kategorie »Erkenntnisinteresse«: Wie auch immer man die Philosophie und das Philosophieren bestimmen mag, wird man nicht umhin können, ihr das Bemühen um Erkenntnis als konstitutives Element zuzuschreiben, wobei das Erkennen selbst als rationaler Vorgang zu denken ist. Der Literatur wie der Kunst überhaupt ist ein entsprechendes »Erkenntnisinteresse« als – wohlgemerkt: konstitutives Element – hingegen *nicht* eigen. Literatur und Kunst können es durchaus integrieren, doch ist es dann nicht bestimmend für die Kategorisierung als Literatur oder Kunst. Bei dieser steht vielmehr das »Gestaltungsinteresse« im Vordergrund. Auch hier sind wieder die nichtfiktionalen Dokumente gesondert zu erwähnen, insofern Tagebücher und Briefe, vor allem aber Reden und Essays das Bemühen um Erkenntnis ja ganz offensichtlich an den Tag legen: An die Nietzsche-Abhandlungen Alfred Döblins oder Thomas Manns wäre zu denken bzw. an dessen »Betrachtungen eines Unpolitischen« und vielleicht auch an Ernst Jüngers »Der Arbeiter«. Welchen Stellenwert diese Zeugnisse innerhalb des philosophischen Diskurses selbst haben, ist für den Literaturwissenschaftler nichtsdestotrotz keine zentrale Frage und kann es auch gar nicht werden, denn er könnte sie als Literaturwissenschaftler angemessen gar nicht beantworten. Seine Fragestellung kann auch hier nur der Bedeutung dieser nichtfiktionalen Wirkungszeugnisse für den literarischen Diskurs gelten. Vor diesem Hintergrund sind Literaturwissenschaftler also die falsche Referenz, wenn es darum geht, nach der Wirkung Nietzsches in der Literatur zu fragen, jedenfalls wenn damit die Wirkungsgeschichte seines Denkens gemeint ist. Als dilettierende Philosophen oder Philosophiehistoriker müssen sie diesen Aspekt der Forschung anderen Fachleuten überlassen oder aber deutlich machen, dass es sich bei ihren Bemühungen um einen philosophiegeschichtlichen und nicht recht eigentlich literaturwissenschaftlichen Versuch handelt.

III.

Damit könnte, ja müsste ich meine Anmerkungen zum Thema Nietzsche und die Literatur der Klassischen Moderne eigentlich beschließen, bevor ich auch nur angefangen habe, mich dem Gegenstand ernstlich zuzuwenden.

Da ich das aber nicht möchte, muss die Fragestellung so modifiziert werden, dass der Gegenstand für mich als Germanist wissenschaftlich überhaupt verfügbar und analysierbar wird. Einen im engeren Sinne literaturwissenschaftlichen Beschreibungszugang kann man gewinnen, indem man das Erkenntnisinteresse von der Beobachtung des Weiterlebens des nietzscheschen Denkens auf die Frage verschiebt, wie Literatur das Material »Nietzsche« aufnimmt und behandelt. Damit geht es dann nicht mehr um die *Wirkung* des nietzscheschen Denkens und schon gar nicht um dieses Denken selbst, sondern eben um den Vorgang der mehr oder minder produktiven Aufnahme von Nietzsches Schreiben und Denken, seiner Person als Bezugspunkt eines eigenen Kults und als Produkt einer schon zu Lebzeiten einsetzenden Mythisierung; es geht mithin nicht um die Wirkung, sondern um die Rezeption. Für den literarischen Adaptationsvorgang ist die Nietzsche-Philosophie unter inhaltlichen Aspekten zwar nicht irrelevant, aber doch von sekundärer Bedeutung. Sie wird natürlich nicht ausgeklammert, sondern in funktionsadäquater Weise in die Beschreibung und Analyse einbezogen. Als Teil des Gesamtphänomens Nietzsche ist sie »Spielmaterial« in Texten.

Auf diese Art und Weise soll eine Schieflage vermieden werden, die Untersuchungen zur Nietzsche-Rezeption oft eigen ist: Nämlich – um es lax zu formulieren – überall dort, wo Nietzsche draufsteht, auch Nietzsche und nichts anderes als Nietzsche zu suchen. Nahezu alle Autoren der Klassischen Moderne in Deutschland haben sich in der einen oder anderen Form irgendwann und irgendwie einmal zu Nietzsche geäußert, haben in ihren Werken oder persönlichen Zeugnissen zu ihm Stellung genommen, haben ihn gelesen oder wenigstens von ihm gelesen oder gehört, benutzten Begriffe und Vorstellungen, die bei Nietzsche relevant sind, oder zitieren ihn wörtlich oder sinngemäß, mit oder ohne Erwähnung des Autors. All das zeugt von dem »Ausstrahlungsphänomen« des Philosophen, macht die zitierenden, alludierenden oder sonst wie reagierenden Autoren der Klassischen Moderne aber noch keineswegs zu Nietzscheanern – es macht sie zu überhaupt noch nichts. Es zeigt lediglich, dass es einen Diskurs gab, in den sie sich alle eingeschrieben haben. Oder, wem der Begriff zu literaturwissenschaftlich oder zu »modisch« ist, dass es einen bestimmten »Zeitgeist« gab, der sich in einer bestimmten Terminologie, in fixierbaren Vorstellungen und Selbstverständlichkeiten niedergeschlagen hat, einen »Zeitgeist«, den Nietzsche sicherlich mitgeprägt und in späterer Zeit nicht zuletzt auch symbolisiert hat, von dem er seinerzeit indes aber schon geprägt wurde.

Mit Blick auf die Literatur und deren Nietzsche-Rekurse gilt es für den Literaturwissenschaftler immer zu unterscheiden: Wo ist eine Auseinandersetzung direkt mit Nietzsche erfolgt? Welcher Art ist diese Auseinandersetzung? Gilt sie der Person, dem Mythos bzw. Kult, dem Werk, einzelnen Werkteilen,

Adnoten zur Nietzsche-Rezeption in der Literatur der Klassischen Moderne

einzelnen Begriffen, Gedanken, Philosophemen? Oder allgemein Phänomenen der Zeit, für die Nietzsche, seine Schriften oder Teile davon oder Substrate daraus als Beleg, als Symbol oder gar nur als modischer Zierrat genutzt werden? Gilt das Interesse des Autoren dem von Nietzsche ggf. diagnostizierten Sachverhalt oder dessen Wirkung in seiner – also des Autoren – Zeit? Gilt es der Nietzsche'schen Diagnose oder der Wirkung der Diagnose? Registriert der Autor den Sachverhalt, die Wirkung, die Diagnose oder die Wirkung der Diagnose und ist oder fühlt er sich in der einen oder anderen Weise davon auch affiziert? Und wie unmittelbar ist das Verhältnis des Autors zu Nietzsche und dessen Werk? Was kannte er und auf welche Weise wurde es vermittelt? – Damit sind einige Probleme formuliert, die den Horizont literaturwissenschaftlicher Rezeptionsforschung beschreiben.[3] Sie gehen über in die Frage nach der Funktionalität des jeweiligen Bezugs. Sie soll in der Folge anhand einiger Beispiele verfolgt werden,[4] wobei als Bezugspunkt der Rezeption der Name bzw. das »Phänomen« Nietzsche besondere Berücksichtigung erfahren soll, mithin der Signalwert des Philosophen, nicht so sehr das einzelne Werk, Zitat oder Vorstellungselement. In diesem Sinne sind es lediglich »Adnoten« zur literarischen Rezeption Nietzsches in der Klassischen Moderne, es ist nicht deren Geschichte, die es noch zu schreiben gilt.

IV.

Von diesen Überlegungen ausgehend, sollen in der Folge einige problemorientierte Einschnitte in die Rezeptionsgeschichte versucht werden, die sich ausgesuchter Beispiele aus dem Literaturfeld der Klassischen Moderne bedienen. Beim literarischen Korpus handelt es sich um eine Auswahl, die typische Erscheinungen der Nietzsche-Rezeption zu repräsentieren in der Lage und den zeitlichen Horizont dieser Epoche zu beschreiben fähig ist. Ein Name-dropping ist nicht beabsichtigt, so dass durchaus wichtige Autoren – etwa Benn oder Brecht – und eine Reihe nennenswerter Literaturbeispiele – etwa der »Doktor Faustus« – nicht oder nur am Rande vorkommen können. Auf entsprechende Autoren- und Werkübersichten kann zudem verwiesen werden.[5]

In einem ersten Schritt soll anhand einer Textpassage aus Hermann Hesses »Demian« danach gefragt werden, welche intertextuelle Funktion einem ganz augenfälligen Nietzsche-Rekurs im Roman zukommt. Abgehoben wird besonders auf die Topik von literarischen Bildungsgeschichten, die dann in Beziehung zum »Lektüreereignis Nietzsche« gesetzt wird. Die topische Reduktion, die mit dem Nietzsche-Rekurs in Hesses »Demian« verbunden ist, wird in einem weiteren Schritt anhand einer Textpassage aus Else Lasker-Schülers »Briefen nach Norwegen« detaillierter untersucht, wo »Nietzsche« zum Glied einer syntagmatischen Kette geworden ist, die einen modernen, sezessionistischen Geniekult beschreibt. Da mit der Autorin, deren Werk in den letzten Jahren in der Literaturwissenschaft besondere Aufmerksamkeit erfahren hat, eine eigene kleine Nietzsche-Legende verbunden ist, soll an diesem Beispiel das für die Rezeption in der Klassischen Moderne so bezeichnende Moment der Mythisierung des Philosophen expliziert werden. Der Blick auf Lasker-Schülers literarische Verarbeitung ihrer Kritik an der Nachlass-Verwaltung durch Elisabeth Förster-Nietzsche im »Peter Hille«-Buch fügt eine weitere Facette hinzu und bietet ein Exempel für die in der Zeit durchaus nicht seltenen »Nietzsche-Bücher«, Literatur, die auf bestimmte Werke des Philosophen modellhaft zurückgriff.

Ein spezifisches Problem der Nietzsche-Rezeption ist die Verquickung von Primär- und Sekundärwissen. Nietzsche-Rezeption bedeutet nicht unbedingt Nietzsche-Lektüre, sondern umfasst auch andere Weisen der Wissensaufnahme, die von der Vermittlung durch persönliche Gewährsleute bis zur Second-hand-Rezeption über Paratexte u.a. reicht. Der Vorgang zeigt sich bereits bei Else Lasker-Schüler und wird detaillierter mit Blick auf Ernst Jünger und Thomas Mann behandelt. Der gemeinsame Bezug dieser beiden ungleichen Zeitgenossen auf eine bestimmte Nietzsche-Zuschreibung illustriert in der jeweils eigenen produktiven Aneignung die Gemeinsamkeiten und Unterschiede, die die Auseinandersetzung mit dem Phänomen Nietzsche in der Literatur der Zeit erfährt. In eins damit kann an diesem Beispiel gezeigt werden, inwieweit und wie die historische Erfahrung des Dritten Reichs zu einer Revision des zeittypischen Nietzscheanismus gegen Ende der Klassischen Moderne geführt hat. Sollte sich einmal eine Epochendiskussion um die Klassische Moderne entwickeln, wird das »Ausstrahlungsphänomen« Nietzsche sicherlich eine Rolle in ihr gewinnen.

V.

Nehmen wir also, um vom Allgemeinen nun zum Konkreten zu kommen, ein durchaus beliebiges Beispiel aus der Klassischen Moderne, der Literatur zwischen den 1890er und den 1950er Jahren, nämlich Hermann Hesses »Geschichte von Emil Sinclairs Jugend«: »Demian«. 1919 als Erstausgabe erschienen, avancierte der Roman schnell zu den vielgelesenen Büchern dieses Autors. Es ist die beinahe klassische, dem heutigen Leser oft ein wenig schwülstig anmutende Veredelungsgeschichte, die uns in der Literarfigur des

Adnoten zur Nietzsche-Rezeption in der Literatur der Klassischen Moderne

jungen Sinclair gespiegelt wird. Seit seiner Kindheit zeigt sich die Figur eingespannt in »zwei Welten«, wie es ein wenig raunend, aber in seit der Romantik gleichwohl topischer Entgegensetzung heißt: in die der Triebe und der Dunkelheit auf der einen Seite und jene der Ordnung und der Verheißungen des Geistes und des Lichts auf der anderen Seite. Durch die Begegnung mit der Titelfigur Demian, einer Lichtgestalt, die am Romanende in einem quasi mythischen Akt in Sinclair selbst eingeht, gelingt diesem die Selbstentwicklung zu einem »Höhermenschentum«, zu dem er als »Gezeichneter« – auch wieder ein zeittypischer Topos – schon von früh an bestimmt war. An der entscheidenden Scharnierstelle der Handlung, kurz bevor Sinclair endlich seinem wegbestimmenden »Traumbild«[6] begegnet, der »Frau Eva«, wird der Leser en passant mit der Bildungslektüre des Eleven vertraut gemacht: »[...] ich war frei,« berichtet Sinclair,

> »ich hatte meinen ganzen Tag für mich, wohnte still und schön in altem Gemäuer vor der Stadt und hatte auf meinem Tisch ein paar Bände Nietzsche liegen. Mit ihm lebte ich, fühlte die Einsamkeit seiner Seele, witterte das Schicksal, das ihn unaufhaltsam trieb, litt mit ihm und war selig, daß es einen gegeben hatte, der so unerbittlich seinen Weg gegangen war.« (128)

Der Name Nietzsches begegnet noch an anderen Stellen des Romans, allerdings weniger signifikant. Positionen, die man als nietzscheanisch bezeichnen könnte, sind vielfältig im Buch zu finden, insbesondere in der Zeitanalyse der Titelfigur Demian. Eine Wirkungsanalyse ist bei solcherart vielfachen Bezugnahme allzu geneigt, eine philosophische Auseinandersetzung mit Nietzsche oder gar einen Nietzscheanismus zu diskutieren. Tatsächlich handelt es sich hier zuerst einmal um eine *Topik*, wie man sie in der Literatur der Zeit und in der Literaturgeschichte häufig finden kann. Mit Blick auf das Motiv des Lektüreerlebnisses sind zumindest drei Ebenen gegeben, die es zu berücksichtigen gilt: 1. Die Funktion als Teil einer literarischen Bildungsgeschichte, 2. die Spezifik der Namennennung als innerliterarischer Akt und 3. die zeittypische Erscheinung des Bildungserlebnisses Nietzsche für die Generation der klassisch-modernen Autoren selbst.

VI.

Beginnen wir mit der ersten Ebene: Wenn Hesse seinem Sinclair ein paar Bände Bücher auf den Tisch legt und ihn als Leser präsentiert, ist das als literarisches Motiv erst einmal nichts Besonderes, sondern im Gegenteil ein beinahe selbstverständliches Element moderner Entwicklungs- und Bildungsgeschichten und ihrer Führungen und Verführungen. Bereits die Schwärmerkritik des 18. Jahrhunderts kannte es und schrieb sich damit selbst schon in eine ältere Tradition ein: Wenn Wieland seinen Don Sylvio von Rosalva von der Feenmärchen-Lektüre angetrieben auf eine groteske Aventure schickt, ist das die Weiterschreibung des Don-Quixote-Modells. Berühmt sind Werthers letzte Lektüre vor dem Selbstmord, Lessings »Emilia Galotti«, oder Wilhelm Meisters selbstbezügliches Spiel mit Lektüreeindrücken aus Tassos »Befreitem Jerusalem«. Und nicht zufällig zeigt Schiller in den »Räubern« seinen Karl Moor beim ersten Auftritt vertieft in die Lektüre von Plutarchs »Große Griechen und Römer«, um ihn angesichts der vorgeblichen Kleinheit der nachfolgenden Generationen über die eigene Zeit klagen zu lassen: »Mir ekelt vor diesem Tintenklecksenden Sekulum, wenn ich in meinem Plutarch lese von grossen Menschen.«[7] Vor dem Hintergrund dieses Lektüreerlebnisses ist die spätere Räuberkarriere Moors wohl nicht zuletzt auch der Versuch, gegen die Schwachheit des eigenen Zeitalters den Plutarch'schen »großen Menschen« zu setzen – jedenfalls sieht es im Rückblick der allerdings nicht ganz unbelastete Bruder Franz Moor so: »Ahndete mirs nicht, da er die Abendtheuer des Julius Cäsar und Alexander Magnus und anderer stockfinsterer Heyden lieber las als die Geschichte des bußfertigen Tobias?«[8]

Die Reihe ist dicht und wird mit wechselnden Bezugspunkten bis in die Klassische Moderne weitergeschrieben, wobei nach 1900 neben anderen Namen als literarischer Bezugspunkt eben auch Nietzsche dient. Beispielhaft etwa in Alfred Döblins zweitem Roman »Der schwarze Vorhang«. 1902/3 entstanden, konnte er wegen eines ungünstigen Gutachtens des Verlagslektors Rainer Maria Rilke erst 1912 in Herwarth Waldens Avantgarde-Zeitschrift »Der Sturm« als Fortsetzungsgeschichte erscheinen. Die zentrale Erzählfigur ist ein melancholischer junger Mann, Johannes, der auf der Suche nach Sinn und Orientierung auf Nietzsches »Zarathustra« stößt. Von der Lektüre zutiefst erschüttert, wirft er das Buch verzweifelt gegen die Wand seines Zimmers. Das unglückliche Ende lässt nicht auf sich warten: Der Arme verfängt sich in seinen sexuellen Obsessionen, deren Höhepunkt der lustvolle Eifersuchtsmord an seiner Geliebten Irene ist. Am Ende steht seine Selbstverbrennung auf dem Scheiterhaufen der toten Geliebten.

In allen Fällen ist die Wahl des Autors oder Buchs, die zu Bezugspunkten des innerliterarischen Lektüreerlebnisses werden, nicht zufällig. Allgemein spiegelt das Motiv erst einmal ein Entwicklungsmoment der Moderne, in der Literatur zu einem Gutteil Literatur aus Literatur ist. Als Element moderner Entwicklungs- und Bildungsgeschichten signalisiert es in jeweils bezeichnender Weise einen Wendepunkt in einer Biographie oder den Beginn einer neuen Entwicklung. Damit erinnert es ebenfalls nicht zufällig an die

Bedeutung und Funktion der Bibel für das Bekehrungs- und Erweckungserlebnis des Gläubigen. Dieses religiöse Motiv ist im 18. Jahrhundert über den Pietismus in die Literatur der frühen Moderne eingegangen. Der jeweils genannte Titel oder Autor fungiert als eine Metapher, die der Charakterisierung des Wendepunktes bzw. des weiteren Entwicklungsweges dient. Wieder mit Blick auf Hesse, signalisiert der Nietzsche-Rekurs im »Demian« dem zeitgenössischen Leser in einer ihm vertrauten Topik, dass und in welcher Hinsicht sich die Erzählfigur Sinclair in seiner individuellen Bildungsgeschichte von der spätwilhelminischen Gesellschaft, in der er lebt, gelöst hat. Es ist eines von vielen vergleichbaren Initialsignalen, die den »Demian« als »Antibildungsroman« ausweisen: Anders als Goethes Wilhelm Meister es nach der damals gängigen Lesart tat, sucht Sinclair nicht mehr die Einbindung in die bürgerliche Gesellschaft, sondern die Trennung von ihr. Dass dies mit dem Namen Nietzsche verbunden wird, hat mit der Funktion zu tun, die dem Namen und selbstverständlich auch der Philosophie Nietzsches selbst im Generationen- und Kulturkampf seit der Jahrhundertwende zukam. Gerade in den literarischen wie autobiographischen Rückblicken auf die Zeit um 1900 dient er – neben anderen – als Kristallisationspunkt und als Symbol für die Entgegensetzung von erstarrter Väter-Kultur auf der einen und sezessionistischer Subkultur auf der anderen Seite. Der kritische Blick auf den Drill und die Qual des wilhelminischen Bildungswesens in der 1928 veröffentlichten »Gespenstersonate« Alfred Döblins zeigt diese Funktion durchaus beispielhaft. Nietzsche wird hier zum Differenzsignal für die Entgegensetzung von Eltern- und Lehrerwelt auf der einen und der Welt der rebellierenden Jugend auf der anderen Seite:

»Ich bin nicht von Haus aus aufsässig. Ich habe mich immer nur in einer anderen Welt aufgehalten als Sie [...]. Sie rochen hinter Hölderlin, Schopenhauer, Nietzsche etwas Schlimmes, Gefährliches. [...] es war Ihr ›Nein‹ zu meiner Welt.«[9]

VII.

In der Tat hat es das Lektüreerlebnis »Nietzsche« wirklich gegeben, wie durch eine Vielzahl von Zeugnissen belegt ist. Sie alle zeigen, dass es sich vornehmlich um ein Phänomen der Jugend-, also einer zeitgenössischen Subkultur gehandelt hat. Es ist kein Zufall, dass mit der Verabschiedung dieser Generation aus der Literaturgeschichte in der Mitte des nächsten Jahrhunderts auch das Interesse an dem dann eben zur »Großväter«-Literatur gewordenen Nietzsche nachgelassen hat. Ein einschneidendes Bildungserlebnis war Nietzsche vor allem für die Generation der in den 1870er Jahren Geborenen: etwa für Hugo von Hofmannsthal, geb. 1874, der sich sogar an einer Übersetzung von »Jenseits von Gut und Böse« ins Französische versuchte. Durch die Lektüre enthusiasmiert, bekannte er 1891 in Tagebucheinträgen: »In Nietzsche ist die freudige Klarheit der Zerstörung wie in einem hellen Sturm der Cordilleren oder in dem reinen Lodern grosser Flammen.« Wenige Tage später: »Nietzsche ist die Temperatur, in der sich meine Gedanken crystallisieren [...].« Und – wohl nach der Lektüre von »Menschliches, Allzumenschliches« –: »Nietzsches Philosophie verführt wie die Poesie: sie individualisiert Allgemeines in willkürlichen historischen Personen.«[10] Vergleichbar ist der Befund in den Rückblicken dieser Autorengeneration, wobei gelegentlich allerdings der Eindruck entsteht, dass hier auch ein wenig eine retrospektive Literarisierung des eigenen Lebens stattgefunden hat – so bei Alfred Döblin, geb. 1878, der 1949 in seiner Autobiographie »Schicksalsreise« bekannte:

> »Ich erinnere mich wie ich im Zimmer sitze und nach der Lektüre der *Genealogie der Moral* das Buch schließe, beiseitelege und mit einem Hefte bedecke, buchstäblich zitternd, fröstelnd, und wie ich aufstehe, außer mir, im Zimmer auf und abgehe und am Ofen stehe. Ich wußte nicht was mir geschah, was man mir hier antat.«[11]

Auch die jüngere Generation der modernen Klassiker, die in den 1880er und 1890er Jahren Geborenen, bezeugt die Spuren des Bildungserlebnisses Nietzsche: Die Lektüre

> »[...] gibt unserm Leben einen neuen Sinn, daß wir Pfeile der Sehnsucht seien nach dem Übermenschen, daß wir alles Große und Erhabene in uns nach unsern besten Kräften ausgestalten und so Sprossen werden auf der Leiter zum Übermenschen«,

jubilierte stellvertretend für die Generation der späteren Expressionisten Georg Heym 1906 in seinem Tagebuch.[12]

Warum Nietzsche überhaupt ein derartiges »Ausstrahlungsphänomen« hat werden können, ist von der Wirkungs- und Rezeptionsforschung schon oft behandelt und auch von den Zeitgenossen im Rückblick recht einhellig beschrieben worden. Genannt werden mit Recht immer wieder die Sprachkraft des Nietzsche'schen Schreibens und die rebellische, um nicht zu sagen: zerstörerische Attitüde eines »Philosophierens mit dem Hammer«, die gegen die Verflachung von Geist und Moral zu Felde zieht. Zeitdiagnostische Kampfbegriffe wie der des Nihilismus, Leitvorstellungen wie die des Lebens oder des Übermenschen, die Artistenmetaphysik, um nur einige Punkte zu nennen, mussten Nietzsche vor allem bei jungen Generationen populär machen, die ihre Zeit und die herrschende Gesellschaft als hohl, verlogen, übersättigt, durch und durch restriktiv und im höchsten Maße reformunfähig erlebten.

Dieses Zeitbewusstsein ist, wie ein Historiker einmal schrieb, das einer »verstörten Modernisierung« (Detlev Peukert) und weist auf die vielzitierte Ausdifferenzierung der Gesellschaft seit dem 18. Jahrhundert zurück, die im späten 19. Jahrhundert einen neuen – wenn man so will: ihren klassischen – Entwicklungsstand erreichte. Einhundert Jahre zuvor hatten sich die Konturen der modernen Segment- und Konkurrenz-Gesellschaft herauszubilden begonnen, in deren Folge sich die vormals zusammengebundenen Teilsysteme Staat, Wirtschaft, Recht, Wissenschaft, Religion, Kunst, aber auch Öffentlichkeit und Privatheit zunehmend verselbständigten. Das Bewusstsein von der Krisenhaftigkeit dieser Entwicklung war von Beginn an präsent und in der Literatur ein – wenn auch noch nicht zentrales – Thema: An die Romantik oder an den späten Goethe sei erinnert. Aufgefangen wurde dieses Gefahrenbewusstsein vorerst von einer Fortschrittsgläubigkeit, die gegen Ende des 19. Jahrhunderts angesichts der Unfähigkeit des Systems, die unübersehbaren sozialen Elendsentwicklungen aufzuhalten, allerdings selbst in eine Krise geriet. Die kritische Entgegensetzung zur eigenen Zeit, die mit dem sogenannten »Einbruch der Moderne« in den 1890er Jahren ihre künstlerische Avantgarde fand, zeigt dabei dieselbe Ambivalenz, die der gesamten Moderne-Entwicklung eigen ist: Die Literatur des Naturalismus und die verschiedenen Moderne-Strömungen um 1900 bis zum Expressionismus zeigen die Janusköpfigkeit von Pessimismus und hypertropher Forderung nach einem »Neuen Menschen«. Beide Momente sollten übrigens noch die Revisionen in der Spätmoderne der 1950er und 1960er Jahre überleben, bevor sie in der Selbstbescheidung der sog. Postmoderne und ihren Relativierungsstrategien ihr – jedenfalls vorläufiges – Ende fanden.

Zurück zur Nietzsche-Wirkung in der Klassischen Moderne: Nietzsches Philosophieren wurde von diesen zutiefst frustrierten jungen Intellektuellen allein schon wegen seiner Unkonventionalität als Entgegensetzung zur Zeit gesehen und begrüßt. Gerade sein aphoristisches Schreiben war in seiner Offenheit attraktiv und wurde – um es ein wenig spitz zu formulieren – in seinem Verzicht auf durchgängige gedankliche Strenge und Systemhaftigkeit selbst von philosophischen Dilettanten, wie es die Künstler und Intellektuellen in der Regel waren und sind, auch verstanden – oder zumindest konnte für sie dieser Eindruck entstehen. Die Philosophie als eigene Disziplin hatte sich im Zuge ihrer Autonomisierung und Verwissenschaftlichung längst vom allgemeinen Verstehenshorizont gelöst und war zum Selbstgespräch der Experten geworden. Wenn der naturwissenschaftlich gebildete Döblin 1902/03 in seinen erst Jahrzehnte später posthum veröffentlichten Nietzsche-Analysen den Philosophen gerade für seinen »Mangel an System«[13] rügt, bestätigt er vice versa damit den spezifischen Wirkungsaspekt: »Wie oft, besteht auch hier das System der Lehren nicht vor einer Untersuchung; die Einzelsätze erweisen sich aber stark und fruchtbar eben durch das, was das ›System‹ verneint.«[14] Für die jungen Künstler, die Schüler und Studenten bot sich die Möglichkeit, nicht nur aus dem engen Korsett der Schulhaftigkeit auszubrechen, der betonte Verzicht auf Systemgestalt und gesamtwerkliche Kohärenz gestattete mehr noch eine – wie man heute vielleicht sagen würde – »virtuelle« Überwindung der Zersplitterung der Wahrnehmungswelt.

Wenden wir, den Exkurs abschließend, den Blick noch einmal hin zum Hesse-Roman: Im »Demian« ist der Nietzsche-Rekurs als eine der Tradition des Bildungsromans eigene innerliterarische Bezüglichkeit herausgestellt worden. Es handelt sich um ein Textelement mit einem bestimmten funktionalen Charakter, wie es im Roman auch in Hinblick auf andere Bezugsquellen begegnet. Vergleichbare Bedeutung kam etwa noch dem Rekurs auf die Jesus-Figur und auf Novalis zu; ähnlich sind auch die verdeckten C.G. Jung-Anklänge zu werten. Insgesamt handelt es sich um jeweils ausgesprochen reduktive Bezüge.

VIII.

Noch sehr viel weiter in der Reduktion geht Else Lasker-Schüler. Im November 1911 erschien in der Zeitschrift »Der Sturm« als neunte Folge von Lasker-Schülers »Briefen nach Norwegen« die poetologische Miniatur »Vom Himmel«.[15] Der Text ist durchaus eigenständig und wurde später auch als Einzeldruck publiziert.[16] Im Vordergrund steht die Frage nach dem mystischen Sinn der Existenz, dem »Himmel« in der metaphorischen Sprache der Dichterin. Mit dem Hinweis auf die gnadenhaft Begabten wird in zeittypischer Verengung auf den schöpferischen Geist, den Künstler und Propheten, abgehoben. Der Essay bietet für dieses Auserwähltheitsparadigma ganz konkrete Beispiele, deren Epiphanie in metaphorischen und sprachspielerischen Variationen der Himmelsfarbe »blau« vorgestellt wird:

> »Ich denke an den Nazarener, er sprach erfüllt vom Himmel und prangte schwelgend blau, daß sein Kommen schon ein Wunder war, er wandelte immerblau über die Plätze der Lande. Und Buddha, der indische Königssohn, trug die Blume Himmel in sich in blauerlei Mannichfaltigkeit Erfüllungen. Und Goethe und Nietzsche (Kunst ist reden mit Gott) und alle Aufblickende sind

Himmelbegnadete und gerade Heine überzeugt mich, Himmel hing noch über ihn hinaus und darum riß er fahrläßig an den blauen Gottesranken, wie ein Kind wild die Locken seiner Mutter zerrt. Hauptmanns Angesicht und auch Ihres, Dalai-Lama, wirken blau.«

Die Präsentation des Textes zeigt das vertraute poetische Verfahren der Brieffolge, im Spiel mit Dokumentation und Fiktionalität die Grenzen zwischen beiden ununterscheidbar aufheben zu wollen. Die Miniatur wird auf der Textoberfläche eingeführt als Briefsendung Lasker-Schülers an ihren (Noch-)Ehemann und Herausgeber des »Sturms« Herwarth Walden, und zwar als vorgebliche »Abschrift« eines für die »Fackel« bestimmten und an deren Herausgeber Karl Kraus geschickten Manuskripts. Tatsächlich hat Kraus das Manuskript nie erhalten,[17] so wie die Brieffolge selbst als inszenatorisches Mittel zu denken ist. Waldens gemeinsam mit dem befreundeten Rechtsanwalt Curt Neimann unternommene Norwegen-Reise war bereits im September beendet.

Der Essay ist ein Musterbeispiel für Else Lasker-Schülers Modernität. Er ist geprägt von einer Auflösung der festen Figuren und eines auf Wirklichkeitskohärenz ausgerichteten Schreibens und mag daher hier als Gegenmodell zum konventionellen Hesse dienen. Ihr Text ist durch eine gestische Schreibweise bestimmt, bei der die Figuren gar nicht so sehr durch sich selbst und die Individualität ihrer Namen beschrieben werden, sondern durch ein sprachliches Beziehungsnetz, das mit der Polarität von »Himmel« und »Erfüllung«, »Herabblicken« und »Aufblicken«, Außen und Innen, Oben und Unten spielt. Das Sinnzentrum dieses gestischen Spiels ist der (Gnaden-)Akt einer Verschmelzung der beiden Horizonte, die »süße Mystik«.[18]

Eine Rückbindung an den persönlichen Erzähler, an Lasker-Schüler, ist kaum noch gegeben. Auch die aufgeführten Personen sind ausgesprochen schwach konturiert und bilden eine entpersönlichte Figurenreihe. Mit Jesus von Nazareth und Buddha sind zwei Religionsstifter genannt, mit Goethe und Heine zwei »Klassiker« der deutschen Literatur und mit Gerhart Hauptmann und dem als »Dalai-Lama« angesprochenen Karl Kraus[19] zwei Autoren der Moderne. Dass Heine eigens hervorgehoben wird, lässt sich aus dem (inszenatorischen) Adressatenbezug erklären: Lasker-Schüler behauptet in poetisch-proklamatorischer Form ihre eigene Wertschätzung des Dichters gegenüber der sprachkritischen Polemik, wie Kraus sie in jener Zeit publikumswirksam in seinen Vorträgen zu »Heine und den Folgen« formulierte.[20] In der Rede »Vom Himmel« ist verdeckt auch noch Lasker-Schülers verstorbener Mentor Peter Hille mit einbezogen. Mit diesen Namen ist der relevante Katalog jener »paar große[n] Männer« fixiert, die für die Autorin den – nach Benns späterem Gedicht – »soziologische[n] Nenner« hinter den »Jahrtausenden« ausmachen:[21] Es ist die Konkretion des Lasker-Schüler'schen Geniekults,[22] den sie mit der Kunstauffassung des gesamten »Sturm«-Kreises gemein hatte.[23] Wie eng Kunst und Religion beieinander stehen, zeigt nicht nur das schillernde vorgebliche Nietzsche-Diktum »Kunst ist reden mit Gott«, sondern schon die Sakralisierung von Karl Kraus als »Dalai-Lama« und im Weiteren von Peter Hille als »St. Peter Hille«.[24] Zugleich wird eine »Grenzaufhebung« signalisiert, die die dargestellten Künstler und Propheten changieren lässt »zwischen Kunstfiguren und ›wirklichen Menschen‹«.[25] Mit Blick auf die gestische Schreibweise des Textes fungieren sie als durchaus austauschbare Markierungen einer Kette, die ein schöpferisches Auserwähltheitsprinzip illustrieren. Der Name Nietzsche steht zwar in einer höchst exklusiven Reihe, ist aber reduziert auf ein Symbol im Horizont einer werkinternen Topik; ganz konkret ist er Spielmaterial in einer aktuellen poetologischen Auseinandersetzung der Autorin mit dem befreundeten Karl Kraus.

IX.

An dieser Stelle sei ein weiterer Einschnitt markiert und die Blickrichtung verändert. Gerade wenn, wie hier bei Else Lasker-Schüler, der Nietzsche-Rekurs so unverkennbar die Züge einer topischen Reduktion trägt, stellt sich die Frage nach dem tatsächlichen Bezug zwischen Autor und Philosophen. Bei Lasker-Schüler sind die Zeugnisse nicht eindeutig – wie häufig, wenn es um Biographisches bei ihr geht. Die Forschung kennt etwa eine biographische Notiz des mit ihr befreundeten Arztes Paul Goldscheider, demzufolge die Dichterin ihm erzählt habe, dass sie einst mit einer Gruppe junger Künstler in das Heim Nietzsches eingeladen wurde, wo die Schwester Nietzsches – Elisabeth Förster-Nietzsche – ihnen den damals schon irrsinnigen Nietzsche zeigte. Sie hasste Elisabeth F.N. seither.[26]

Die Forschungsliteratur greift immer wieder auf den Bericht zurück und auch im Kommentar der Kritischen Ausgabe wird auf ihn verwiesen. Er wird dort ergänzt um einen unpublizierten Bittbrief der Autorin von 1916, in dem diese Förster-Nietzsche an einen früheren Besuch erinnert.[27] Die in Not geratene Künstlerin bittet die einflussreiche Nietzsche-Schwester, sich bei der in Weimar ansässigen Deutschen Schillerstiftung für eine Ehrengabe an sie zu verwenden.[28] Doch stand die Kontaktaufnahme unter keinem guten Stern. Elisabeth Förster-Nietzsche beantwortete das Bittschreiben in außerordentlich harscher Form:

Adnoten zur Nietzsche-Rezeption in der Literatur der Klassischen Moderne

»Solche undeutlich u. unordentlich geschriebenen Briefe, wie den Ihrigen kann ich nicht lesen und deshalb auch nicht beantworten. Es gibt ja Leute, die ›hingeschmierte‹ Briefe« als Zeichen von Genialität empfinden. Ich gehöre gewiß nicht dazu.«[29]

Nun ist stets immer nur von *einem* früheren Treffen zwischen Lasker-Schüler und der Nietzsche-Schwester die Rede. Wie die Lasker-Schüler-Forschung ermitteln konnte, dürfte diese Begegnung wohl 1905 am Rande eines von ihrem Ehemann Herwarth Walden organisierten Nietzsche-Gedenkabends in Weimar stattgefunden haben.[30] Der Gedenkabend war allerdings ein Flop und Gegenstand eines anschließenden, ebenfalls nicht sehr erfreulichen Briefwechsels zwischen der Nietzsche-Schwester und Walden. Aus der Datierung dieser Begegnung ergibt sich jedoch eine Schwierigkeit hinsichtlich des Goldscheider-Berichts: 1905 war der Philosoph bereits seit Jahren tot. Ein Besuch Lasker-Schülers beim kranken Nietzsche scheidet also definitiv aus, es sei denn, man nähme an, dass sich der Goldscheider-Bericht auf einen früheren Besuch Lasker-Schülers in Weimar bezieht, was aber höchst unwahrscheinlich ist. Wahrscheinlich ist, dass die Autorin im Zuge der Mythisierung ihrer eigenen Dichter-Existenz den Besuch eines *Anderen* beim kranken Nietzsche in ihre *eigene* Biographie eingeschmolzen hat. In der Tat bewegte sich Lasker-Schüler in Berlin in Kreisen, wo solcherart Erlebnisse kolportiert wurden. So berichtete Walter Benjamin noch 1932 von den Erinnerungen des Landschaftsmalers und Radierers Hans Friedrich Emanuel von Schennis an den kranken Nietzsche und die pietätlosen Praktiken der Schwester in Weimar.[31] Else Lasker-Schüler kannte den 1918 verstorbenen Friedrich von Schennis zwar, der wie sie in Elberfeld geboren war, und hatte ihn in der Augustnummer der Zeitschrift »Der Sturm« 1911 sogar mit einem Essay geehrt.[32] Näher liegt allerdings der Rückgriff auf die Erinnerung eines anderen Bekannten, nämlich die Rudolf Steiners, der zwischen 1900 und 1902/3 zeitweise engen Kontakt zu Lasker-Schüler hatte und zu ihren frühen Förderern gerechnet werden darf.[33] Steiner gehörte wie Schennis zu jenem Kreis von »Kundigen«, die bereits frühzeitig »Argwohn« gegen den problematischen Nietzschekult der Schwester gezeigt hatten. Der spätere Begründer der Anthroposophie hielt im Kreis des Berliner Kulturvereins »Die Kommenden« Vorträge über den Philosophen und vermittelte der dem Kreis nahestehenden Else Lasker-Schüler dabei ein Gutteil ihrer Nietzsche-Kenntnisse und ihres Nietzsche-Bildes. Steiner hatte in den späteren 1890er Jahren enge Beziehungen zum Weimarer Nietzsche-Archiv und zu dessen Leiterin Elisabeth Förster-Nietzsche gehabt. Gegen seinen Willen war er indes in die Intrigenpolitik Förster-Nietzsches verwickelt worden, worauf er sich vom

Archiv trennte. Mit direktem Bezug auf diese Ereignisse sah er sich im Jahr 1900 sogar veranlasst, öffentlich Stellung zu beziehen, wodurch er in einen längeren, ausgesprochen persönlich geführten publizistischen Streit mit den Neuherausgebern der neuen Großoktav-Ausgabe und der Nietzsche-Schwester verwickelt wurde.

Steiner hat die Ereignisse im Rückblick außerordentlich bedauert und über alle Gräben hinweg Förster-Nietzsche seine Referenz erwiesen. In seiner unvollendet gebliebenen Autobiographie hebt er ein Erlebnis seiner Weimarer Zeit als besonders kostbar hervor:

> »[...] ich bin Frau Förster-Nietzsche doch dankbar, daß sie mich bei dem ersten der vielen Besuche, die ich bei ihr machen durfte, in das Zimmer Friedrich Nietzsches führte. Da lag der Umnachtete mit der wunderbar schönen Stirne, Künstler- und Denkerstirne zugleich, auf einem Ruhesofa. [...]
> Eine innere Erschütterung, die meine Seele ergriff, durfte meinen, daß sie sich in Verständnis für den Genius verwandle, dessen Blick auf mich gerichtet war, mich aber nicht traf. [...]«[34]

Die Autobiographie spiegelt als spätes Zeugnis noch immer die Eindrücklichkeit des Erlebnisses für Steiner. Die offenkundige Nachwirkung macht es mehr als wahrscheinlich, dass Steiner bei seinen Nietzsche-Vorträgen im Kreise der »Kommenden« auch von seiner persönlichen Begegnung mit dem kranken Philosophen berichtet haben wird. Und so liegt der Gedanke nahe, in einem dieser Berichte schließlich die Quelle für Lasker-Schülers Erzählung anzunehmen.

X.

Auch in der Literatur Lasker-Schülers selbst findet sich an durchaus prominenter Stelle der Niederschlag ihrer Nietzsche-Rezeption, und zwar ganz augenfällig im »Peter Hille«-Buch von 1906: Der Roman ist ein Gedenkbuch an ihren frühen, inzwischen verstorbenen Förderer Peter Hille, dessen Name allerdings nur im Titel begegnet. Die Erzählfigur des Geschehens, ein Wanderprediger der Kunst im Zarathustra-Gewand, trägt den Namen Petrus. Gezeigt werden Stationen seiner Wanderpredigerschaft. Nach seinem Tod geht der Stafettenstab der Verkündung an die den Propheten begleitende Tino über. Ineins damit ist es auch das Buch einer Initiation: Tino, die als Erzählfigur androgyn gezeichnet ist, aber unverkennbar die Züge Lasker-Schülers trägt, erfährt ihre Einsetzung als Dichterin.

Adnoten zur Nietzsche-Rezeption in der Literatur der Klassischen Moderne

Bereits die zeitgenössische Kritik hob gelegentlich darauf ab, dass es sich um ein »Buch des Nietzschekultes« handelt, das den »*Zarathustra* in seiner Nachformung radikal wörtlich nimmt« und ihn »funktionalisiert«.[35] Und auch Lasker-Schüler selbst spielte mit diesem Bezug: In einem Begleitschreiben bei Übersendung des Romans an Richard Dehmel spricht sie etwa von einem »Buch für große und kleine Kinder« und hebt mit dem Hinweis auf die Motivik der »befreiten Bergluft und der vielen Rauschewälder darin«[36] unverkennbar auf den Sils-Maria-Entstehungsmythos des »Zarathustra« ab.[37] Auf die Komplexität und den Spielcharakter dieses Romans kann hier nicht eingegangen werden. Insgesamt verschränkt Lasker-Schüler alt- wie neutestamentliche Motive mit solchen der griechischen und nordischen Mythologie, mit Märchen- und Legendenhaftem und Realitätspartikeln aus dem Umfeld der Berliner Subkultur, insbesondere der »Neuen Gemeinschaft«.[38]

Die Nietzsche-Rezeption der Autorin wird in besonderer Weise im Kapitel »Petrus erprobt meine Leidenschaft« fassbar, dem wohl zentralen des »Peter Hille«-Buches, in dem Tino ihre Initiation als Nachfolgerin von Petrus erfährt. Zarathustra und der Nietzsche-Kult werden zur Folie eines intertextuellen Spiels, das als Beispiel für komplexe literarische Adaptation dienen mag. Geschildert wird in einer zu Beginn ein wenig burlesken Erzählweise vom Besuch am Grab eines »Propheten«, dessen »Vorfahren« – wie Petrus dem mitreisenden Adepten Tino erläutert – die »Berge des Hochlands von Iran durchstreiften«. Der Bezug zu Friedrich Nietzsche und zur Erzählfigur seines »Zarathustra« ist also augenfällig. Sucht man nach dem beherrschenden sprachlichen Gestus, so entdeckt man ihn schnell im Begriff der schöpferischen Formung: Der tote Prophet wird als »göttlicher Bildhauer« beschrieben, der den »neuen Menschen« aus der »lachenden Mittagssonne« gestaltet hatte.

Das zentrale Thema des Kapitels ist das der »Prüfung«: Petrus schickt seinen Adepten Tino zur Grabstätte des Propheten, um die »Leidenschaft« des Schülers zu erproben. Prüfstein ist die Begegnung mit dem Totenkult. Erwartungsgemäß ist die Begegnung wenig erfreulich:

»Aber als ich durch das goldne Tor in die Stätte kam, schwollen mir süssliche Eitelkeiten entgegen, statt herber, eingesteinter Lüfte tausendjähriger Königsgräber – über ihre Säume schleichen Katzen, wie lichtverlorene Schlummer. Und mich überkam Ekel und Zorn, da ich des Propheten Katzin sah, sie kauerte auf seinem toten Herzen, behaglich, wie auf einem Seidenkissen – ihr Rücken war seiner müden Füsse Schemel gewesen. Und als ich zu Petrus zurückkehrte, brannte mein Leib und er zog den Dolch aus meinem Gürtel, der blutete. Und da meine Hände keine Spuren zeigten, sagte er: ›Du wirst meinem Andenken einen Thron bereiten.‹«

Wo die Druckfassung dunkel bleibt, verrät die Handschrift die Blickrichtung: »schleichen« in der Fassung letzter Hand »Katzen, wie lichtverlorene Schlummer« über die »Säume« der Grabstätte, so liest man in der handschriftlichen Frühfassung noch weiter: »– aber auf seinem toten Haupt kauerte des Meisters wache Schwester, behaglich wie auf einem Seidenkissen und schnurrte. Sie war seiner müden Füße Schemel gewesen.«[39] Der Hinweis auf »des Meisters wache Schwester« verweist unverkennbar auf Elisabeth Förster-Nietzsche, die den kranken Bruder in den letzten Jahren in Weimar betreut hatte (»ihr Rücken war seiner müden Füße Schemel gewesen«) und seitdem den Nachlass verwaltete (»sie kauerte auf seinem toten Herzen«).[40] Vor allem in dieser Funktion ruft sie bei Lasker-Schüler eben den »Ekel und Zorn« hervor, der Tinos Begegnung mit »des Propheten Katzin« eingeschrieben ist. Die Kluft zwischen dem »Propheten« und seiner »Katzin«, der »Schwester« der Frühfassung, manifestiert sich auch hier in einer auf Antinomien beruhenden sprachlichen Gestik von »Tod« und »Leben«, »Haupt« und »Füßen«, behaglich aufsitzen und demütig (er-)tragen. Damit ist der Gegensatz von (vergangener) Geistigkeit und (gegenwärtigem) Schmarotzertum einer unwürdigen Nachlass-Nutzung in aller Schärfe markiert.

Der persönliche Eindruck einer von Eitelkeit und Katzbuckelei bestimmten Nachlass-Verwaltung in Weimar während der Gedenkveranstaltung im Jahr zuvor und die ihr bekannte Steiner-Kontroverse bezeichnen die Folie, die diesem zentralen Kapitel des »Peter Hille«-Buchs unterlegt ist. Mit Blick auf die Erzählfigur Tino bedeutet der Besuch der Grabstätte und die Konfrontation mit den menschlichen Unzulänglichkeiten, der »süßlichen Eitelkeit«, die Probe auf die Fähigkeit, in der Zukunft das Erbe von Petrus antreten zu können. Tino besteht die Probe, indem ihre Hände rein bleiben. Sie bleibt bei ihrer Prüfung am Grab des Propheten im biblischen Sinne unschuldig, da ihre Leidenschaft nicht von persönlicher Eitelkeit verunreinigt, sondern durch das Moment der »Ehrfurcht« bestimmt ist. Auch an dieser Stelle zeigt die Handschrift wiederum eine deutlichere Spur als die Druckfassung. In der wohl frühesten handschriftlichen Fassung der Passage wird der Zusammenhang gänzlich offen gelegt: »Und da meine Hände keine Spuren zeigten, sagte er: Deine Ehrfurcht ist tief genug mein Andenken nach meiner Erdenzeit zu bewahren.«[41]

Unter Maßgabe des Spielcharakters von Lasker-Schülers Erzählfiguren wird im Kapitel »Petrus erprobt meine Leidenschaft« der Stab eines auserwählten Propheten- und Künstlertums weitergereicht; an dessen Ende stehen nun Tino mit dem Auftrag zur Bewahrung des Andenkens von Petrus und – wenn man den Titel mit einbezieht – Else Lasker-Schüler selbst mit der Einlösung im »Peter Hille«-Buch. Die Erbe-Reihe kann zurückverfolgt werden auf Peter Hille, auf Nietzsche, Zarathustra, Jesus und die mythologischen Göttergestalten, die im Roman angespielt werden, ohne dass die Namenfolge – wie der Katalog aus »Vom Himmel« gezeigt hat – sich auf nur eine einzige beschränken ließe. Vor dem Hintergrund der Zarathustra-Figur gewinnt in diesem Zusammenhang natürlich auch die Idee von der »Wiederkunft des Gleichen« eine besondere Relevanz.

Für den Literaturwissenschaftler unerlässlich ist die Frage, woher Else Lasker-Schüler ihr Wissen über Nietzsche und seine Schriften hatte. Der Hinweis auf die Vorträge Rudolf Steiners und die Unterhaltungen mit ihm und anderen Nietzsche-Kennern ihres Bekannten-Kreises sind das eine. Weitere Aufschlüsse vermittelt die Geschichte der Nietzsche-Editionen: Das Weimarer Nietzsche-Archiv hatte im Sommer 1904 einen von Peter Gast (Heinrich Köselitz) im Auftrag Elisabeth Förster-Nietzsches veranstalteten Neudruck des »Zarathustra« im Rahmen der Naumann'schen »Kleinoktav-Ausgabe« herausgegeben. In einem bislang unpublizierten Brief ihres Ehemanns Herwarth Walden vom 9.11.1905 bat dieser die Nietzsche-Schwester um die Zusendung ihm noch fehlender Nietzsche-Bücher, wobei er wohl auf diese jüngste Edition abhob: »Ich habe mir bis jetzt Band II, III, V und VI gekauft«.[42] Damit hatte Lasker-Schüler nachweislich unmittelbaren Zugriff zumindest auf »Menschliches, Allzumenschliches«, »Die fröhliche Wissenschaft« und »Also sprach Zarathustra«.[43] Unter Maßgabe der faktischen Nietzsche- und vor allem Zarathustra-Adaptationen vor allem im »Peter Hille«-Buch kann eine wenigstens kursorische Lektüre wohl als sicher angenommen werden, wohl auch die der entsprechenden Einleitungen und Nachworte.

XI.

Damit sind wir bereits bei einem weiteren Aspekt der Nietzsche-Rezeption. Bei Else Lasker-Schüler basierte sie, wie bei vielen Autoren der Klassischen Moderne, weniger auf einer unmittelbaren, gar gründlichen Lektüre des Autors, sondern mehr auf Sekundärquellen. Innerhalb der Nietzsche-Rezeptionsforschung ist dieser Aspekt mit Ausnahme Thomas Mann bislang kaum behandelt worden. Wenn ich mich in der Folge vor allem Thomas Mann und Ernst Jünger zuwende, so zum einen natürlich deswegen, weil in den letzten Jahren die umfängliche Nietzsche-Rezeption beider gründlich untersucht wurde. Vor allem die Studien von Christoph Schmidt zu Thomas Mann von 1997 und die von Reinhard Wilczek zu Ernst Jünger von 1999 verdienen Erwähnung. Der Blick auf beide Autoren ist durch den unbestrittenen Rang ihres jeweiligen Gesamtwerks ebenso gerechtfertigt, wie er wegen der oft so genannten »unheimlichen Nachbarschaft« beider interessant ist: Innerhalb der Literatur der Klassischen Moderne markieren sie in vielerlei Hinsicht entgegengesetzte Pole und empfanden sich in ihrer Zeit wohl auch selbst als solche.

Mit Blick auf ihre je eigene Nietzsche-Rezeption haben sie aber zumindest eine Gemeinsamkeit: Die Einverleibung des Philosophen in ihre eigene Gedankenwelt war in nicht geringer Weise ein second-hand-Vorgang: Zu den Hauptbeiträgern der »Betrachtungen eines Unpolitischen« gehörte bekanntlich Ernst Bertram, dessen »Nietzsche«-Legende Thomas Mann von Anfang an begleitet hat. Mann nannte Bertrams Buch 1918 mit gutem Grund ein »geschwisterliches« zu seinem eigenen »Künstlerbuch«.[44] Ernst Jüngers Hauptgewährsmann war um 1930 sein Freund Hugo Fischer, Leipziger Privatdozent für Philosophie bei Hans Driesch. Der Einfluss ist im Einzelnen – anders als bei Thomas Mann und Bertram – leider noch unerforscht.[45]

Bei der Skizzierung dieser spezifischen Rezeptionsweise bei Mann und Jünger soll ausschnitthaft eine der Berührungsstellen analysiert werden, nämlich die gemeinsame Metapher von Nietzsche als »zitternder Nadel«, auf die sowohl in der Mann- wie in der Jünger-Forschung gern hingewiesen wird.

Mann verwendet die Metapher in seinem Essay »Nietzsches Philosophie im Lichte unserer Erfahrung« von 1947. Er bemüht sich hier um eine Revision auch seines eigenen Nietzscheanismus und sucht eine Abkehr vom Philosophen des »Nihilismus« und des »Willens zur Macht« zu begründen – mit allerdings oft nur halbherzigen Argumenten: Nicht Nietzsche habe »den Faschismus gemacht«, interveniert er, »sondern der Faschismus ihn«. In der Person und im Werk des Philosophen zeige sich vielmehr eine frühe Empfänglichkeit für die Krise des modernen Zeitalters:

> »Politikfern im Grunde und unschuldig-geistig, hat er als sensibelstes Ausdrucks- und Registrierinstrument mit seinem Machtphilosophem den heraufsteigenden Imperialismus vorempfunden und die faschistische Epoche des Abendlandes, in der wir leben und trotz dem militärischen Sieg über den Faschismus noch lange leben werden, als zitternde Nadel angekündigt.«[46]

Als »Registrierinstrument« und »zitternde Nadel« sind Werk und Person dem zu dieser Zeit häufig zu hörenden Verdikt, sie seien »Wegbereiter des Barbarismus« gewesen,[47] auf jeden Fall zu einem Teil enthoben.

Das Argumentationsschema findet sich auch bei Ernst Jünger, und zwar im Vorwort zu seinen Tagebüchern zum Zweiten Weltkrieg »Strahlungen«. Unter dem Eindruck des »totalen Staat[s]« bleibe das Tagebuch das »letzte mögliche Gespräch« und nähere sich dem »Logbuch« an; es dokumentiere – ähnlich wie zuvor bereits Nietzsches Nachlassschriften – eine »geistige Erfassung der Katastrophe«. Da für den Diaristen des Zweiten Weltkriegs in der geistigen »Erfassung« gleichwohl die Möglichkeit innewohnt, die Katastrophe zu bewältigen, kommt in seinem Argumentationssystem dem dokumentarisch-analytischen Blick – und demgemäß natürlich auch der eigenen Tagebuchpublikation – ein ausgesprochen hoher Stellenwert zu: Solcherart »geistige Erfassung« sei

> »das Wagnis nur der kühnsten, lastbarsten Geister, die den Dimensionen, wenngleich nicht den Gewichten des Vorgangs angemessen sind. So zu zerbrechen war das Schicksal Nietzsches, den zu steinigen heute zum guten Ton gehört. Nach dem Erdbeben schlägt man auf die Seismographen ein. Man kann jedoch die Barometer nicht für die Taifune büßen lassen, wenn man nicht zu den Primitiven zählen will.«[48]

Ähnlich wie Thomas Mann erkennt Jünger in Nietzsche rückblickend gleichfalls ein höchst »sensibles Registrierinstrument«. Nietzsche weise auf gesellschaftliche und politische Katastrophen voraus wie »Seismographen« und »Barometer« auf drohende »Erdbeben« und »Taifune«. Die Nietzsche-Referenz dient bei Jünger sicherlich nicht zuletzt der Begründung des eigenen Werks und fungiert verdeckt als Verteidigung der eigenen Position: Bei der Frage nach der Entstehung des Nazismus war Jünger nach 1945 bald ins Visier der Kritiker geraten und zum umstrittenen und z.T. heftig attackierten »Fall« avanciert.[49] Die politische und zeitdiagnostische Essayistik der früheren Jahre machte ihn für Viele zu einem »geistige[n] Wegbereiter und eiskalte[n] Wollüstling der Barbarei«,[50] wie Thomas Mann ihn verschiedentlich nannte. Jüngers berühmt gewordene Zurückweisung der aktuellen Nietzsche-Schelte – »Nach dem Erdbeben schlägt man auf die Seismographen ein« – kommentiert so vor allem die gegenwärtige Kritik an der eigenen Person und dem eigenen Werk. In diese Argumentationsstrategie lässt sich auch Jüngers Hinweis auf den »zerbrochenen« Nietzsche einordnen, der als ein Stück verdeckter Selbstheroisierung gelesen werden kann: Während der Philosoph des späten 19. Jahrhunderts an der Erkenntnis des nihilistischen Zeitalters und in Erwartung einer katastrophischen Entwicklung geistig-seelisch »zerbrochen« sei – so suggeriert Jünger mit Blick auf die geistige Paralyse des Syphilitikers –, habe er selbst als Diarist des 20. Jahrhunderts diesem Druck erfolgreich standgehalten.

Wenn Jünger in der Beschreibung Nietzsches als »Seismograph« die Nadel-Metapher aufnimmt, geht er damit erkennbar weiter, als Thomas Mann es vor ihm getan hatte. Trotz aller Imitatio-Signale fungiert Nietzsche für Thomas Mann an dieser Stelle nur noch als Symbol, während Jünger sich nach wie vor in die Nachfolge des als »Auguren«[51] hochgewerteten Philosophen einzuschreiben sucht. Bemerkenswert ist die unterschiedliche Ausfaltung der Naturmetaphorik: Während Mann im Bild der »zitternden Nadel« die Vorstellung einer Naturkatastrophe nur vage anklingen lässt, wird sie von Jünger breit ausgeführt. Wie schon in seinen Büchern zum Ersten Weltkrieg werden auch im Vorwort der »Strahlungen« über den Bildkomplex »Erdbeben«, »Taifun« bzw. »Seismograph«, »Barometer« Krieg und Terror zu quasi naturhaften Katastrophenerscheinungen. Die Frage nach individueller Verantwortlichkeit wird so schon im Ansatz zurückgewiesen.

XII.

Mann und Jünger griffen mit ihrer Seismographen-Metapher wohl gleichermaßen auf Alfred Baeumler, den Herausgeber von Nietzsches Werken im Kröner-Verlag zurück. Weite Verbreitung fand insbesondere Baeumlers so genannte »Dünndruck-Ausgabe« in acht Bänden von 1930/2, die im Wesentlichen dem Text der im gleichen Verlag erschienenen Gesamtausgabe folgte.[52] Die Edition ist in der Forschung weitestgehend unbeachtet geblieben[53] oder sogar betont aus dem Untersuchungskorpus ausgegrenzt worden, da die vergleichsweise nüchterne Darstellung in den begleitenden Einleitungen und Nachworten Baeumlers sich der gängigen Zuordnung zu einer »germano-faschistischen Nietzsche-Aneignung«[54] eher versperrt.[55] Der achte Band der Edition versammelt Nietzsche-Briefe und Berichte von Zeitgenossen mit dem Ziel, eine »Lebensgeschichte in Dokumenten« zu präsentieren. Während die Begleittexte der meisten anderen Bände weitestgehend titelorientierte enge Einführungen bieten, suchte Baeumler in den Einleitungen und Nachworten der beiden Nachlass-Bände 7 und 8 eine grundlegende Bestimmung des Philosophen und seines Werkes vorzunehmen. Einen besonderen Stellenwert gewinnt dabei die Beschreibung Nietzsches als Repräsentant einer krisenhaften Wendezeit und als »Seher« künftiger Katastrophen:

> »Wer hätte auch auf den Gedanken kommen können, dass dieses Europa [des späteren 19. Jahrhunderts], das im Lichte einer Prosperität ohnegleichen dalag, vor dem Ende stand? Die Katastrophe zu fühlen, vorherzusagen, ihre Symptome zu beschreiben, und weit darüber hinaus, eine ›Gegenbewegung‹ zu erfinden, das war Nietzsches Aufgabe [...]. Er erfindet nicht ein Schicksal, er ›erlebt‹ nicht nur sein Schicksal, er i s t ein Schicksal. Die Wende der Zeiten verkörpert sich in ihm. [...] Die Nadel, die die magnetischen Strömungen anzeigt, zittert unablässig hin und her, und weist doch stets nach dem Pol. So schlägt Nietzsches Sensibilität fortwährend nach dieser oder jener Richtung aus, und doch bleibt sein Schicksalsgefühl und Schicksalsbewusstsein unverändert dasselbe.«[56]

Das Bild eines Nietzsche als »zitternde Nadel«, die zwar »unablässig« hin- und herschlage, aber doch »stets nach dem Pol« weise, gestattet Baeumler die Harmonisierung der vielfältigen Unstimmigkeiten und Widersprüche in dessen Werk. Es ermöglicht die grundlegende Annahme einer Einheit der Nietzsche'schen Philosophie, wie sie neben Baeumler auch Mann und Jünger pflegten. Zudem gestattet diese Zuschreibung dem Herausgeber der Kröner-Werke, das disparate Werk des Philosophen auf ein nebulöses »Schicksalsgefühl und Schicksalsbewußtsein« hin auszurichten. Was das konkret bedeutete, konnte der Zeitgenosse dann an anderer Stelle lesen.[57] Den Bildkomplex einer »zitternden Nadel« selbst kannte Baeumler schon aus der Nietzsche'schen Selbststilisierung in »Ecce homo«, an der er sich ohne Zweifel auch orientiert haben wird:

»Jetzt, wo ich die Wirkungen klimatischen und meterologischen Ursprungs aus langer Übung an mir als an einem sehr feinen und zuverlässigen Instrument ablese [...]«,

mit diesen Worten hatte Nietzsche im Eingang des Buchs eine Selbstbeschreibung versucht.[58]

Die Übernahme der Nadel-Metapher zeigt auf den ersten Blick Gemeinsamkeiten in Jüngers und Manns Nietzsche-Rekurs. Beide Autoren greifen auf einen Aspekt der Bedeutungsschicht zurück, der wohl auch für Baeumler zentral gewesen sein wird: Das Bild der »zitternden Nadel« evoziert die Vorstellung eines hochtechnischen Aufzeichnungs-, mithin also eines Schreibgeräts. Nietzsche avanciert auf diese Weise zu einem Schriftsteller-Bewusstsein, das die zeitgeschichtlichen Veränderungen quasi »automatisch« registriert und protokolliert. In diesem Sinne wird die Metapher vor allem von Jünger produktiv gemacht, der sie über diesen Transfer mit dem Bild des »Logbuchs« verbinden und für seine diarische Selbstdarstellung nutzen kann. Mit der Metapher übernehmen beide Autoren zudem den von Baeumler explizierten Gestus des Richtungsweisens. Doch wird insbesondere bei Jünger das metaphorische Feld ganz eklatant verschoben: Während der Bildzusammenhang bei Baeumler Nietzsche als *Kompass* erscheinen lässt, was bei Mann in der Metapher der »zitternden Nadel« noch vage anklingt, wird der Philosoph bei Jünger zum *Seismographen* bzw. *Barometer* umgedeutet. Diese Veränderung bewirkt eine Modifikation im Vorstellungsbereich. Der Bezugspunkt »Nadel« bleibt zwar erhalten, die Funktionszuweisung einer Richtungs- und Zielbestimmung aber geht verloren. Anders als die richtungsweisende magnetische Nadel des Kompasses ist die seismographische Nadel nämlich ein wirkungaufzeigendes Instrumentarium, ebenso wie das Barometer, das die

Veränderung des Luftdrucks mittels einer Quecksilbersäule misst. Vermag Nietzsche als »hin und her zitternde Nadel« dank »Schicksalsgefühl« und »Schicksalsbewußtsein« für Baeumler also noch die Richtung aufzuzeigen, so ist diese Gewissheit bei Mann und Jünger nach 1945 nicht mehr auszumachen. Vom Bildzusammenhang ist bei Mann nur noch die blasse Metapher der »zitternden Nadel« übriggeblieben. Bei Jünger wird der Bildkomplex völlig umgeschrieben: »Seismograph«, »Barometer« und auch das »Logbuch« als Leitbild für das eigene Tagebuch dienen bei ihm allein noch der Dokumentation. Möglicherweise zeigt sich nirgendwo besser als in dieser Modifikation der Nadel-Metapher und der Veränderung seines Signalwerts die Revision des früheren Nietzscheanismus im Lichte der historischen Erfahrung nach 1945.

XIII.

Mit dieser Revision ist dann auch der Epochenausklang bezeichnet: Wenn man Klassische Moderne – sehr verkürzt – als eine Epoche verstehen will, in der die Modernisierung der bürgerlichen Gesellschaft an ihre Grenzen gestoßen ist, was als Bewusstsein von »Krise« zu einem wichtigen Movens der Kunst werden sollte, so dürfte Nietzsche in der Tat als der Philosoph dieser Epoche angesehen werden. Für die Literatur und die Literaten vermochte er gleichzeitig als Diagnostiker der Krise, als Wegweiser aus ihr heraus und als Modell vielfältiger Selbststilisierung und Imitatio zu fungieren. Im Zuge der Historisierung dieser Rezeptionsgeschichte sind nach 1945 zumindest die beiden letzten Elemente verabschiedet worden, und statt als Diagnostiker der Krise wird er zunehmend als Krisensymptom selbst gesehen. Doch bin ich bei solcher Beschreibung schon wieder allzu weit in einer Wirkungsgeschichte – und damit in jenem Teil einer Geschichte des »Ausstrahlungsphänomens« Nietzsche, von dem ich als Literaturwissenschaftler ja eigentlich gar nichts verstehe.

(Gekürzte Fassung des Vortrags)
(22.04.2002)

Adnoten zur Nietzsche-Rezeption in der Literatur der Klassischen Moderne

Anmerkungen

1 Wege ins Eis. Nord- und Südpolfahrten in der Literatur, hrsg. von Friedhelm Marx, Frankfurt/M. 1995.
2 Helmut Lethen, Verhaltenslehren der Kälte. Lebensversuche zwischen den Kriegen, Frankfurt/M. 1994.
3 Anregend für die Diskussion des Themas sind die methodischen Anmerkungen Miguel Skirls im Rahmen seiner Rezension zu Reinhard Wilczeks Untersuchung der Nietzsche-Rezeption Ernst Jüngers, in: Nietzsche-Studien. Internationales Jahrbuch für die Nietzsche-Forschung, Bd. 30. Berlin 2001, S. 529–533.
4 Die Ausführungen greifen in größeren Teilen auf eine Reihe von Einzelstudien zurück, die neu perspektiviert werden; vgl. Lothar Bluhm, Begegnungen. Studien zur Literatur der Klassischen Moderne, Oulu 2002.
5 Verwiesen sei allein auf Theo Meyer, Nietzsche und die Kunst. Tübingen, Basel 1993; Bruno Hillebrand, Nietzsche. Wie ihn die Dichter sahen, Göttingen 2000.
6 Hermann Hesse, Die Romane und die großen Erzählungen. Dritter Band: Demian, Wanderung (Jubiläumsausgabe zum hundertsten Geburtstag) Frankfurt/M. 1986, S. 127.
7 Schillers Werke. NA Bd. 3, hrsg. von Herbert Stubenrauch, Weimar 1953, S. 20.
8 Ebd., S. 13.
9 Alfred Döblin, Schriften zu Leben und Werk, hrsg. von Erich Kleinschmidt. Olten/Freiburg i.B. 1986, S. 159f.
10 Reden und Aufsätze 3, S. 329, S. 335 und S. 338. Für die Hinweise danke ich Herrn Dr. Konrad Heumann, Frankfurt/M.
11 Alfred Döblin, Autobiographische Schriften und Letzte Aufzeichnungen, hrsg. von Edgar Pässler. Olten/Freiburg i.Br. 1977, S. 160.
12 Georg Heym, Erstes Tagebuch (1906), in: Nietzsche und die deutsche Literatur, hrsg. von Bruno Hillebrand. Band 1: Texte zur Nietzsche-Rezeption 1873–1963. Tübingen 1978, S. 147.
13 Alfred Döblin, Der Wille zur Macht als Erkenntnis bei Friedrich Nietzsche, in: Ders., Kleine Schriften 1, hrsg. von Anthony W. Riley. Olten/Freiburg i.Br. 1985, S. 14.
14 A. Döblin, Zu Nietzsches Morallehren, in: Ders., Kleine Schriften 1, S. 55.
15 Der Sturm, Jg. 2, Nr. 85 vom November 1911, S. 677. Zitiert wird nach Else Lasker-Schüler, Werke und Briefe. Kritische Ausgabe [im Folgenden KA]. Bd. 3.1: Prosa 1903–1920, bearb. von Ricarda Dick, Frankfurt/M. 1998, hier S. 209f.
16 Unser Weg 1920. Ein Jahrbuch des Verlags Paul Cassirer, Berlin 1919, S. 85f.
17 In einem undatierten Brief an Herwarth Walden monierte Kraus mit Blick auf die Miniatur im »Sturm«: »Außerordentlich schön ist diesmal E. L.-Sch. Wozu aber diese Einleitung? Ich habe das Ms. nie bekommen [...]. Der Leser aber muss es glauben [...].«. KA Bd. 3.2, S. 209.
18 KA Bd. 3.1, S. 209.
19 Siehe dazu Lothar Bluhm, »Karl Kraus, der Dalai-Lama in Wien«. Genese und Poetologie eines Kunstnamens bei Else Lasker-Schüler, in: Else Lasker-Schüler-Jahrbuch zur Klassischen Moderne, hrsg. von Lothar Bluhm und Andreas Meier, Trier 2003, S. 94–109.
20 Karl Kraus' ›Aphorismen zum Sprachproblem‹ »Gegen Heinrich Heine« bzw.

der Essay »Heinrich Heine und die Folgen« gehörten in diesen Jahren zum standardmäßigen Vortragsprogramm von Kraus.

21 Gottfried Benn, Dennoch die Schwerter halten [1933], in: Gedichte in der Fassung der Erstdrucke, hrsg. von Bruno Hillebrand, Frankfurt/M. 1993, S. 245. Der meist mit der Sechszahl verbundene Topos findet sich relativ häufig in der deutschen Literatur, mehrfach auch bei Nietzsche, etwa in § 126 in »Jenseits von Gut und Böse«. Eine kurze Skizze bietet der Nachtrag 1977 in Reinhold Grimm, Die problematischen ›Probleme der Lyrik‹, in: Bruno Hillebrand (Hrsg.), Gottfried Benn, Darmstadt 1979, S. 229–231.

22 Dazu Lasker-Schülers abschließende Sentenz: »Die Gottheit Himmel im Menschen ist Genie.« (KA Bd. 3.1, S. 210). – Vgl. allgemein die kenntnisreiche Studie von Sylke Kirschnick, Die Geniekonzeption in ausgewählten Texten Else Lasker-Schülers. Magisterarbeit im Fach Deutsche Literatur der Neuzeit an der Freien Universität Berlin, Fachbereich Germanistik, Wintersemester 1997/98 (unpubliziert). (Else-Lasker-Schüler-Archiv, Stadtbibliothek Wuppertal, 99/155), insb. S. 52–55.

23 Vgl. dazu Volker Pirsich, Der Sturm. Eine Monographie, Herzberg 1985, S. 156f.

24 »Alle Propheten sind große Dichter gewesen« und: »Dichtung ist die Blüte der Wahrheit.« heißt es im späteren Essay »St. Peter Hille«, in: Else Lasker-Schüler, Gesammelte Werke. Zweiter Band: Prosa und Schauspiele, hrsg. von Friedhelm Kemp, München 1962, S. 679.

25 Ricarda Dick in ihren Erläuterungen zu den »Briefen nach Norwegen«; KA Bd. 3.2, S. 192.

26 Paul Goldscheider, »Wo ich bin, ist es grün«, in: Lasker-Schüler. Ein Buch zum 100. Geburtstag der Dichterin, hrsg. von Michael Schmid, Wuppertal 1969, S. 51. – Zur Bedeutung der Goldscheider-Erinnerungen vgl. insb. Sigrid Bauschinger: Else Lasker-Schüler. Ihr Werk und ihre Zeit, Heidelberg 1980, S. 40.

27 KA Bd. 3.2, S. 76.

28 GSA (Goethe-Schiller-Archiv) 72/135p. Für die freundliche Mitteilung und den Einblick in seine Materialien danke ich Herrn Dr. Karl Jürgen Skrodzki, Bonn, dem Editor des entstehenden Bandes »Briefe II (1914–1924)« im Rahmen der Kritischen Ausgabe.

29 Briefkonzept E. Förster-Nietzsches vom 10.8.1916, GSA Weimar 72/736c.

30 Lothar Bluhm, Nietzsche – Steiner – Lasker-Schüler. Wege der Nietzsche-Rezeption bei Else Lasker-Schüler, in: Else Lasker-Schüler-Jahrbuch zur Klassischen Moderne, hrsg. von Lothar Bluhm und Andreas Meier. Band 1, Trier 2000, S. 89–120.

31 Walter Benjamin, Nietzsche und das Archiv seiner Schwester, in: Gesammelte Schriften. Band III: Kritiken und Rezensionen, hrsg. von Hella Tiedemann-Bartels, Frankfurt/M. 1972, S. 323–326. – Lasker-Schülers Essay »Friedrich von Schennis« war zuerst in »Der Sturm«, Jg. 2, Nr. 74 vom August 1911, S. 590 erschienen und kam später in die Sammlung »Gesichte« (Berlin 1913, S. 107f.).

32 KA Bd. 3.1, S. 174f.; ebd., Bd. 3.2, S. 176f.

33 Siehe Bluhm, Nietzsche – Steiner – Lasker-Schüler, a.a.O.

34 Rudolf Steiner, Mein Lebensgang. Eine nicht vollendete Autobiographie, mit einem Nachwort herausgegeben von Marie Steiner (1925). (Ausgewählte Werke, Bd. 7) Frankfurt/M. 1985, S. 253f. – Der Bericht findet sich auch in der Einlei-

tung zur Neuausgabe von Steiners frühem Nietzsche-Buch »Friedrich Nietzsche. Ein Kämpfer gegen seine Zeit« (Dornach 1926, S. 17-19) zitiert.

35 Iris Hermann, Raum – Körper – Schrift. Mythopoetische Verfahrensweisen in der Prosa Else Lasker-Schülers, Paderborn 1997, S. 167f. – Zur »Zarathustra«-Stilisierung des »Peter Hille«-Buchs vgl. auch Christine Reiß-Suckow, »Wer wird mir Schöpfer sein!!«. Die Entwicklung Else Lasker-Schülers als Künstlerin, Konstanz 1997, S. 68-73. – Aus der Perspektive der Gender Studies siehe Jennifer Elise Redmann, Imaging Selves. Gender and Identity in the Work of Else Lasker-Schüler. University of Wisconsin-Madison (Diss.) 1996, insb. S. 292-300.

36 Lieber gestreifter Tiger, a.a.O., S. 15f.

37 Bezeichnenderweise finden sich die entsprechenden Hinweise auch in E. Förster-Nietzsches Anhang »Die Entstehung von »Also sprach Zarathustra« zitiert. Vgl. Friedrich Nietzsche, Also sprach Zarathustra. Ein Buch für Alle und Keinen. (Nietzsche's Werke. Erste Abth., Band VI) Leipzig 1904, Anhang, S. IV.

38 Dazu Ricarda Dick in ihren Anmerkungen zum Text; KA Bd. 3.2, insb. S. 67f.

39 Über weitere Tilgungen und Redaktionen informiert der Lesartenapparat der Kritischen Ausgabe; vgl. KA Bd. 3.2, S. 57.

40 Noch ohne Kenntnis der Handschriftenlage mutmaßte bereits Reiß-Suckow diesen Hintergrund. Vgl. dies., »Wer wird mir Schöpfer sein!!«, a.a.O., S. 71: »Eine leider nicht zu beweisende und daher spekulative Möglichkeit, diese Stelle zu interpretieren, ist die, in der Figur der Katze die Schwester Nietzsches, Elisabeth Förster-Nietzsche zu sehen.«

41 Vgl. das Variantenverzeichnis in KA Bd. 3.2, S. 57. Zu: »Und da meine Hände keine Spuren zeigten, sagte er: »Du wirst meinem Andenken einen Thron bereiten.«

42 GSA Weimar 72/BW 5744. Für den Hinweis auf den Briefwechsel Waldens mit Elisabeth Förster-Nietzsche danke ich Frau Ulrike Marquardt, Wuppertal.

43 Friedrich Nietzsche, Menschliches, Allzumenschliches. Ein Buch für freie Geister. 1. Band. (Nietzsche's Werke. Erste Abth., Bd. II) Leipzig 1903. – Friedrich Nietzsche, Menschliches, Allzumenschliches. Ein Buch für freie Geister. 2. Band. (Nietzsche's Werke. Erste Abth., Bd. III) Leipzig 1904. – Friedrich Nietzsche, Die fröhliche Wissenschaft. (»la gaya scienza«). (Nietzsche's Werke. Erste Abth., Bd. V) Leipzig 1905. – Friedrich Nietzsche, Also sprach Zarathustra. Ein Buch für alle und Keinen. (Nietzsche's Werke. Erste Abth., Bd. VI) Leipzig 1904. Die entsprechenden Bände der »Großoktav-Ausgabe« waren 1899 erschienen; Bandbearbeiter war Arthur Seidl. Die Ausgaben sind seiten- und zeilenidentisch; verschieden sind sie hinsichtlich Format, Preisgestaltung und Drucktype (die GOA mit Antiqua, die KOA mit Fraktur).

44 Thomas Mann an Ernst Bertram. Briefe aus den Jahren 1910 bis 1955, hrsg. von Inge Jens, Pfullingen 1960. Brief vom 21.9.1918, S. 75f.

45 Eine Einführung bietet Bernhard Gajek, Magister – Nigromontan – Schwarzenberg. Ernst Jünger und Hugo Fischer, in: Revue de Littérature Comparée 4 (1997), S. 479-500. Die literarische Aufnahme behandelt Thomas Körber, Nigromontanus. Zur Privatmythologie Ernst Jüngers, in: Poetica 30 (1998), H. 3-4, S. 497-508.

46 Thomas Mann, Nietzsches Philosophie im Lichte unserer Erfahrung [1947], in: Ders.: Reden und Aufsätze 1. (Gesammelte Werke in dreizehn Bänden, Bd. IX) Frankfurt/M. 1990, S. 702.

47 Dazu allgemein Bernhard Taureck, Nietzsche und der Faschismus, Hamburg 1989

⁴⁸ Ernst Jünger, Strahlungen. Tübingen 1949, S. 9. S.a. Sämtliche Werke. Band 2, Stuttgart 1979, S. 13: »[...] Gewichten, des Vorgangs gewachsen sind. [...]«.
⁴⁹ Siehe etwa Karl F. Baedecker, 40 Meinungen über Ernst Jünger, in: Hamburger Akademische Rundschau 2 (1946/47), S. 447–450.
⁵⁰ Thomas Mann – Agnes E. Meyer. Briefwechsel 1937–1955, hrsg. von Rudolf Vaget. Frankfurt/M. 1992, S. 645. Brief vom 4.11.1945. Siehe dazu auch L. Bluhm, »ein geistiger Wegbereiter und eiskalter Wollüstling der Barbarei«. Thomas Mann über Ernst Jünger. Eine Studie zu Manns politisch-literarischer Urteilsbildung, in: Wirkendes Wort 46 (1996), H. 3, S. 424–445.
⁵¹ Jünger, Strahlungen 1949, S. 9; SW 2, S. 13.
⁵² Siehe dazu Alfred Baeumlers Vorwort zum ersten Band der Ausgabe, Leipzig 1930, S. [VII].
⁵³ Einen kurzen Überblick über die Ausgaben des Jahres 1930 gibt David Marc Hoffmann: Zur Geschichte des Nietzsche-Archivs. Elisabeth Förster-Nietzsche – Fritz Koegel – Rudolf Steiner – Gustav Naumann – Josef Hofmiller. Chronik, Studien und Dokumente, Berlin, New York 1991, S. 102f.
⁵⁴ Taureck, Nietzsche und der Faschismus, S. 102.
⁵⁵ So etwa von Hubert Brunträger in seiner ansonsten gründlichen Studie: »Es muss noch hingewiesen werden auf die hier nicht behandelten Nachworte und Einleitungen zur Nietzsche-Ausgabe des Kröner-Verlags zwischen 1930 und 1932. [...] Ohne dass Baeumler dem hier Wiedergegebenen [sc. in seinen anderen Nietzsche-Veröffentlichungen] geradezu wiedersprechen würde, ist er doch im Ton weit moderater und mehr an sachlichen Einzelfragen interessiert. [...] Baeumler sah sich hier wohl mehr als wissenschaftlicher Begleiter denn als Propagandisten. Von Objektivität ist er dennoch weit entfernt.« Hubert Brunträger, Der Ironiker und der Ideologe. Die Beziehungen zwischen Thomas Mann und Alfred Baeumler, Würzburg 1993, S. 166f. Anm. 580.
⁵⁶ [Alfred Baeumler,] Einleitung, in: Nietzsche in seinen Briefen und Berichten der Zeitgenossen. Die Lebensgeschichte in Dokumenten, hrsg. von Alfred Baeumler. (Friedrich Nietzsche. Werke, hrsg. von Alfred Baeumler. Achter Band) Leipzig 1932, S. VIII.
⁵⁷ Siehe insbesondere die Schrift »Nietzsche und der Nationalsozialismus« von 1934: »Wenn wir heute die deutsche Jugend unter dem Zeichen des Hakenkreuzes marschieren sehen, dann erinnern wir uns der ›Unzeitgemäßen Betrachtungen‹ Nietzsches [...]. Und wenn wir dieser Jugend zurufen: Heil Hitler! – so grüßen wir mit diesem Rufe zugleich Friedrich Nietzsche.« In: A. Baeumler, Studien zur deutschen Geistesgeschichte, Berlin 1937, S. 294. – Eine kurze Skizze der Schrift bietet Brunträger, Ironiker und Ideologe, S. 165f. Zu Baeumlers Nietzsche-Rezeption sei insgesamt auf die gründliche Studie von Detlev Piecha verwiesen: »Nietzsche und der Nationalsozialismus«. Zu Alfred Baeumlers Nietzsche-Rezeption, in: Nietzsche in der Pädagogik? Beiträge zur Rezeption und Interpretation, hrsg. von Christian Niemeyer u.a., Weinheim 1998, S. 132–194. Siehe auch Jüngers Briefauszug in E. Jünger, Siebzig verweht IV, Stuttgart 1995, S. 278 (Eintrag vom 14. April 1988).
⁵⁸ Friedrich Nietzsche, Ecce homo, in: Werke, hrsg. von Alfred Baeumler. Fünfter Band, Leipzig 1930, S. 319 [KSA 6/282]. Für den Hinweis danke ich Herrn Dr. Reinhard Wilczek, Bochum.

Die Sklaven der drei M
(Momente, Meinungen, Moden)

Friedrich Nietzsches Kritik des Kulturverhaltens in der Moderne

Renate Reschke

I.

1874 ist Nietzsche in Basel mit den »Unzeitgemäßen Betrachtungen« beschäftigt, in denen der junge Professor die allgemeine Situation der deutschen Kultur nach dem Ausgang des Krieges von 1871, der von offizieller Seite und von der öffentlichen Meinung als Sieg des deutschen Geistes über die französische Kultur gefeiert wird,[1] zur Kultursituation der Moderne verallgemeinert[2] und kritisch ins Visier nimmt. In den Vorarbeiten vor allem zur dritten »Unzeitgemäßen Betrachtung«, zu »Schopenhauer als Erzieher«, charakterisiert er sie als »eine Art *abgeirrter Cultur*« (NF/8/813)[3], die, missbraucht und geschwächt, sich willfährig in die Dienste von Staat und Medien nehmen lässt. Dieser zu manipulativen Zwecken ein- und abgerichteten Kultur entsprechen, nach Nietzsches Beobachtung, Menschen, die sich von einer solchen Kultur nicht nur widerstandslos prägen und vereinnahmen lassen, sondern deren subjektive kulturelle Grunderfahrung und Befindlichkeit die Belanglosigkeit und Unerheblichkeit des individuellen Daseins ist und eine als selbstverständlich angesehene, unhinterfragte Verfallenheit an deren subtil und unauffällig eskalierende Gewalt. Dadurch, so der Philosoph, sei die Kultur abgefallen von ihrem Wesen, sie wurde »verheuchelt und verlogen« (ebd. 814), und ihre Akteure seien in falschen, aber »elegante[n] Gebetsstellungen« (ebd. 816) an sie und vor sich selber erstarrt. Beide, die Kultur und ihre Akteure, finden nach Nietzsche ihren (fast) kongenialen Ausdruck im Journalistischen, das für ihn vielleicht *das* Paradigma der modernen Kultur überhaupt ist: »Sie verkörpern sich [...] in dem verruchten Wesen des Journalisten, des Sclaven der drei M: des Moments, der Meinungen und der Moden: und je mehr Einer mit jener Cultur verwandt ist, umso ähnlicher wird er dem Journalisten sehen« (ebd. 817). Dies ist der Satz, der dem Beitrag den Titel gibt und der zugleich eine der wesentlichsten Thesen der Kulturkritik Nietzsches formuliert: Die moderne Kultur ist in ihrem Kern journalistisch, sie hat den Journalismus hervorgebracht und sich in ihm zugleich ihr wesentliches Merkmal und Medium geschaffen. Ein Grund dafür mag in einer neudimensionierten Verzeitlichung von Geschichte und Kultur liegen, dem Entstehen dessen, was der Historiker *Zeitgeschichte* nennt und was der tradierten Geschichtsschreibung seit der Mitte des 19. Jahrhunderts eher ein Scandalon als ein Gegenstand des Interesses ist: »Die Tagesgeschichtsschreibung, die natürlich weiter gepflegt wurde, glitt ab in eine niedere Gattung, die von Journalisten weiter betreut wurde.«[4] So sieht es der Historiker. Informations- und Mediengesellschaft erhalten ihre ersten Konturen unter der Federführung des modernen Journalismus.

Wie der Journalist, so der moderne Mensch. Im endgültigen Text der dritten »Unzeitgemäßen Betrachtung« hebt Nietzsche die latente Differenz zwischen ihnen, die in den Arbeitsformulierungen noch durchscheint, bewusst auf. Die Bestimmung des Journalisten als des von der Zeit gehetzten Menschen, besetzt direkt das Bild des Menschen in der Moderne; ihre wechselseitige Identität ist unverkennbar:

> »Als ob ein Trank in ihnen wirkte, der sie nicht mehr ruhig athmen liesse, stürmen sie fort in unanständiger Sorglichkeit, als die geplagten Sklaven der drei M, des Moments, der Meinungen und der Moden: so dass freilich der Mangel an Würde und Schicklichkeit allzu peinlich in die Augen springt und nun wieder eine lügnerische Eleganz nöthig wird, mit welcher die Krankheit der würdelosen Hast maskirt werden soll.« (SE/1/392)

Im Zeitalter der rasant einsetzenden Industrialisierung und Technisierung, der großstädtischen Urbanität und der neudimensionierten Verkehrs- und Kommunikationssysteme im letzten Drittel des 19. Jahrhunderts, sind es vor allem die Journalisten, die papiernen Sklaven des Tages, die heiteren gebildeten Schmetterlinge, die Diener des Augenblicks (vgl. GT/1/130), die sich als vereinigende Mittler der auseinanderdriftenden Sphären der Kultur verstehen (vgl. NF/7/384) und zugleich Erklärungs- und Wertemuster anbieten für die mentale und intellektuelle Bewältigung der neuen Kultursituation. Die

Veränderungen im gesellschaftlichen Leben führen zu existenzgefährdenden Störungen im gewohnten Lebensrhythmus der Menschen und zu tiefgreifenden mentalen Irritationen, da von keiner Seite Bewältigungsstrategien aufgeboten werden können. Der Griff zum Journal verheißt wenigstens das Versprechen eines Angebots. Was aber geboten wird, das vergrößert, aus der kritischen Optik Nietzsches gesehen, die Irritationen und das Wertedefizit und ist weit entfernt von einer wirklichen Perspektive und Neubesetzung fragwürdig oder vakant gewordener Wertemuster. Die Journalisten selbst sind infiziert von der allgemeinen Verunsicherung, aber sie geben dieser eine interessante Form und bedienen so den »Geist und Ungeist des Tages und der Tagesblätter« (SE/1/365). Das Ergebnis ist für Nietzsche eines der unakzeptabelsten der modernen Kultur: der *informierte* Leser. Es gibt für ihn kaum ein vernichtenderes Urteil, als von jemandem zu sagen: »Er redet wie ein Mensch, der täglich die Zeitung liest« (NF/7/605).[5] Dabei sind das Aufkommen des Journalismus und der Journalisten für Nietzsche unumstritten notwendige Reaktionen auf die allgemeine Kulturentwicklung, »eine Geburt der sogenannten allgemeinen Bildung« (ebd. 298). An ihnen zeigt sich die Unfähigkeit, mit der neuen Kultursituation anders umzugehen, als sie in immer neuen Bildern und Texten allgemein (verständlich) zu machen, das heißt nivellierend, »vermittelmäßigend« und urteilslos zu exemplifizieren. Ihre Herrschaft, so muss der Philosoph konstatieren, hat bereits alle Bereiche der Gesellschaft erreicht. Ohne sie ist keine »Jetztzeit« mehr, wie Nietzsche sarkastisch anmerkt, denkbar. Wobei dem Terminus *Jetztzeit* die vehemente Ablehnung des Philosophen eingeschrieben ist.[6]

Die Presse ist in der modernen Kultur bereits irreversibel zur Herrschaft gekommen. Das neue Massenmedium ist in den siebziger Jahren des vorletzten Jahrhunderts schnell zum wesentlichsten Informationsträger für alle Gesellschaftsmitglieder geworden. Seine Unentbehrlichkeit ist seine durch nichts anzufechtende Sicherheit. So sehr, dass es bereits die Kultur- und Bildungshoheit übernommen hat:

> »[D]as Journal tritt geradezu an die Stelle der Bildung, und wer, auch als Gelehrter, jetzt noch Bildungsansprüche macht, pflegt sich an jene klebrige Vermittlungsschicht anzulehnen, die zwischen allen Lebensformen, allen Ständen, allen Künsten, allen Wissenschaften die Fugen verkittet und die so fest und zuverlässig ist wie eben Journalpapier zu sein pflegt. Im Journal kulminirt die eigenthümliche Bildungsabsicht der Gegenwart.« (BA/1/671)

Nicht dass sich Nietzsche nicht über die innere Logik und die gesellschaftlichen Notwendigkeiten im Klaren gewesen wäre, aber dies ist nicht sein eigentliches Thema. Er registriert vielmehr die enormen Veränderungen und fragt nach den kulturellen Folgen in der und für die Moderne und ihre Menschen. Er spürt der kulturellen »Noth« (WB/1/506) nach, die eine solche Entwicklung erforderlich machte, er schließt von der Art der kulturellen Bedürfnisse auf die Art der Situation, die solche Bedürfnisse hervorruft. Darin ist er sensibel und formuliert seine Kritik als eine perspektivische. Er macht die beiderseitigen Beschädigungen sichtbar, die von den neuen technisierten Kulturprozessen ausgehen, für die Kultur und für die Menschen. Die reale Inanspruchnahme durch das *Ressentiment*, die Bildungserwartungen der unteren Sozialschichten, sind ihm ein folgenreiches und nicht zu unterschätzendes Negativ-Potential zukünftiger Kultur. In solchen Auffassungen bleibt er ambivalent. Was er allerdings als weit problematischer begreift, ist, dass sich das sich durchsetzende Massenmedium Presse sein Publikum schafft, zurechtbiegt, inszeniert und dieses wiederum sich sein neues Medium assimiliert. Die gegenseitige Abhängigkeit wird schnell total. Mit der Konzentration auf eine vorgebliche Authentizität der präsentierten Fakten und Informationen entsteht, aus der Perspektive Nietzsches, eine Pseudokultur und Pseudobildung, die dem allgemeinen Prozess kultureller »Vermittelmäßigung« und Egalisierung entgegenkommt und die entscheidend das Kulturniveau aller Stände, Schichten und Klassen prägt. Dem Verführungscharakter des neuen Mediums erliegen alle. Auch die Künste, die Religionen, die Wissenschaften, die Philosophie. Zwar habe noch niemand gewagt, auf die Konsequenzen zu achten und sie zu Ende zu denken. »Die Presse, die Maschine, die Eisenbahn, der Telegraph sind Prämissen, deren tausendjährige Conclusion noch Niemand zu ziehen gewagt hat« (WS/2/674).[7] Auch Nietzsche nicht. Als unbestritten sieht er jedoch dramatische Veränderungen im Wahrnehmungs-, Verhaltens- und Wertehaushalt der modernen Kultur an. Der Kulturkritiker beobachtet die Hilflosigkeiten im Umgang mit dem neuen Medium und sieht eine gefährliche Verfallenheit an seine, vermeintliche oder tatsächliche, Chance zur Akulturierung, die die schon vorhandenen Anpassungsstrategien bestärkt und verfestigt und so jeglicher kritischen Souveränität im Wege steht.

Was Nietzsche am Modell der Presse zu Beginn des Zeitalters der Massenmedien und der Informationsgesellschaft beobachtet, wird mit der Entwicklung des permanent eskalierenden und sich revolutionierenden Spektrums neuer Kommunikationsmedien im 20. und 21. Jahrhundert notorisch und paradigmatisch. Längst besetzt das Informationszeitalter alle kulturellen Bereiche der Gesellschaft und reklamiert alle Zukunft für sich, die Konklusionen auf seine Prämissen Computer, Internet, Cyberspace wagt jedoch bisher wiederum kaum jemand (wirklich) zu ziehen. Für die virtuellen Realität(en), in die der Mensch mit Datenhandschuh, Kopfdisplay, Monitorbrille, 3-D-Projektionen und Bewegungssensoren eintaucht, fehlen die Umgangsstrategien und die kulturellen Wertegebung(en). Noch reagiert man zumeist auf die scheinbar oder tatsächlich negativen Auswirkungen im Sinn subjektiver Wahrnehmung. Ähnlich Nietzsche, registriert man vorsorglich die Veränderungen im Blick auf einzelne krankmachende Symptome. *Cyberkrankheit*[8] nennt man die durch Bewegung in virtuellen Räumen ausgelösten Störungen des Gleichgewichts und die Irritationen, die eintreten können, wenn sich Menschen den persönlichkeitsverändernden sogenannten *Egoshootern* (PC-Spiele) aussetzen, die subjektive Wahrnehmungsprofile und Persönlichkeitsmerkmale auf die Inhalte bloßer archaischer Überlebenskonstellationen reduzieren.[9] Die Spannung von möglich gewordenen Welteroberungen und Weltverlusten durch die neuen Medien bleibt kulturkritisch offen. Der *homo sapiens*[10], das vernunftbegabte Wesen, ist die Symbiose mit der Maschine und Informationstechnik eingegangen, so sehr, dass der bionische Mensch für Ray Kurzweil, Computerpionier und Unternehmer mit kulturellen Visionen,[11] nur noch eine Frage der Zeit ist. Was der Kulturkritik neben den radikal sich verändernden kulturellen Horizonten sicher scheint, sind ganz neue Abhängigkeiten, denen sich widerstands- und kritisch reflexionslos zu überlassen, problematisch ist. Faszination und Erschrecken stellen sich gleichermaßen ein. Nietzsches frühes Wort von den Sklaven der drei M gibt dieser Ambivalenz eine unabgegoltene Dimension.

II.
Sklaven des Moments

Es ist für den Philosophen ein tiefgreifendes Krankheitssymptom der Moderne, ein neues kulturelles Zeitverhalten nötig zu haben, das sich am Faktor immer schnellerer Abläufe von Ereignissen orientiert und an der Notwendigkeit, ihm folgen zu müssen. Wiewohl ihm seine Adäquatheit gegenüber den dominanten gesellschaftlichen Grundprozessen einer allgemeinen Technisierung und Ökonomisierung, der entfesselten Ökonomie des Kapitals und damit verbunden, der Zeit, bewusst ist – er spricht vom Jahrhundert der Masse und vom »Maschinenzeitalter« (vgl. MA-2/2/674), das die Kultur mit »Maschinen-Tugenden« (vgl. NF/12/459) ausstattet –, will er die Veränderungen am Lebensrhythmus der Menschen, die »atemlose Hast«, mit der sie agieren, nicht anders denn als Krankheit bezeichnen:

»Man denkt mit der Uhr in der Hand, wie man zu Mittag isst, das Auge auf das Börsenblatt gerichtet, – man lebt, wie Einer, der fortwährend Etwas ›versäumen könnte‹. ›Lieber irgend Etwas thun, als Nichts‹ […] das Leben auf der Jagd nach Gewinn zwingt fortwährend dazu, seinen Geist bis zur Erschöpfung auszugeben, im beständigen Sich-Verstellen oder Ueberlisten oder Zuvorkommen: die eigentliche Tugend ist jetzt, Etwas in weniger Zeit zu thun, als ein Anderer. Und so giebt es selten Stunden der *erlaubten* Redlichkeit: in diesen aber ist man müde und möchte sich nicht nur ›gehen lassen‹, sondern lang und breit und plump *hinstrecken*.« (FW/3/556ff.)

Sich auf die neue Zeitdimension, die durch und durch technisiert und künstlich ist, einzustellen, erfordert äußerste individuelle Anstrengungen und geht bis an die psycho-physischen Belastbarkeits- und Bewältigungsgrenzen. Der moderne Mensch ist gezeichnet von der Gewalt, die von den neuen Zeitstrukturen ausgeht: Sie graben den Menschen »jetzt Furchen in's Gesicht« und alles, was sie tun, wird »gleichsam tätowirt« (SE/1/329). Man reagiert, so Nietzsche, mit ständiger Eile und Beschäftigtsein, mit innerer und äußerlicher Erregtheit und Erregung, mit Nervosität und Verdrängung.[12] Die angespannten und zugleich sich beständig erschöpfenden Sinne und Nerven bedürfen immer schneller neuer Reize als Mittel ihrer Befriedigung. Die neue Massenpresse bedient diese Bedürfnisse. Sie ist das Medium, das mit sich überschlagenden Informationen den Hunger nach Sensationen, nach momentanen Reizangeboten zu stillen in der Lage ist: Der moderne Mensch ist dabei

> »zum geniessenden und herumwandelnden Zuschauer geworden und in einen Zustand versetzt, an dem selbst grosse Kriege grosse Revolutionen kaum einen Augenblick lang etwas zu ändern vermögen. Noch ist der Krieg nicht beendet, und schon ist er in bedrucktes Papier hunderttausendfach umgesetzt, schon wird er als neuestes Reizmittel dem ermüdeten Gaumen [...] der Gierigen vorgesetzt.« (HL/1/279)

Dies ist 1874 geschrieben worden. Dem Journalisten, als dem Herren über die Informationen, denen auch er ebenso ausgesetzt ist wie er ihnen erliegt, sind *jedes* Ereignis, *jede* Persönlichkeit, *jedes* Gerücht willkommen, die Bedürfnisse der nach Sensationen greifenden Leser anzustacheln, sie zu befriedigen und in gesteigerter Form zu erneuern. Die Droge der momentanen Wirkung ist der Erfolg der massenmedialen Informationsvermittlung. Wissensvermittlung ist zweitrangig, für den Journalisten wie für den Leser. Was heute gilt, ist morgen bereits veraltet. Was heute geschrieben steht, ist eigentlich schon von gestern. Das immer Neue liegt im Moment, im Augenblick, den man weder halten kann noch will. Dabei kommt es am Ende nicht mehr darauf an, ob den Informationen Tatsachen zugrunde liegen oder nicht. Zwischen Erfindung und Bericht, zwischen Inszenierung und Realität schwinden die Grenzen. Aber, so weiß Nietzsche, »der Augenblick frißt auf, was er hervorbringt – und, wehe, er bleibt dabei doch hungrig« (NF/13/468). Nietzsches Metaphorik von Nahrungsaufnahme, Verdauung und Übersättigung signalisiert die kulturelle mentale Asymmetrie und bringt die kranke Kultursituation auf den Punkt. Die intellektuelle Verarbeitung (Verdauung) der gegebenen Informationen ist weder möglich noch wird sie angestrebt. Die geistigen Kräfte der Leser werden erschöpft, ohne dass sie angeregt worden sind. Das Szenario ist dem »großen Fressen« vergleichbar, dem allerdings nicht das »große Kotzen« folgt, sondern seine sich potenzierende Wiederholung.

Die gegenwärtige *Spaßgesellschaft*, die ihre Mitglieder von einem *event* zum anderen hasten lässt und ihnen suggeriert, darin bestünde das Glück ihres Daseins oder der Sinn ihres Lebens, buchstabiert sich nach dieser von Nietzsche beobachteten – und als Zeichen der Moderne verstandenen – Augenblicksphilosophie. Was sie mit immer schnelleren Abläufen zu verbergen sucht, entlarvte sich schon am Ende des 19. Jahrhunderts als spezifischer Ausdruck eines nicht eingestandenen und von ihr vielleicht nicht einzugestehenden Unbehagens an der Kultur. Ein Vergnügen, so weiß inzwischen die Kulturkritik am neuen Jahrtausendbeginn, ist diese Gesellschaft nicht. Neal Gabler hat es ihr ins kulturelle Tagebuch geschrieben und ihr angestrengtes und anstrengendes, stress-intensives Entertainment bloßgelegt.[13] Nietzsche bereits erkennt mit scharfem Blick den aufwendigen internen Selbstbetrug, der zur Selbstinszenierung (der Moderne) gehört:

> »Dass die Einzelnen sich so gebärden, als ob sie von allen diesen Besorgnissen nichts wüssten, macht uns nicht irre: ihre Unruhe zeigt es, wie gut sie davon wissen; sie denken mit einer Hast und Ausschließlichkeit an sich, wie noch nie Menschen an sich gedacht haben, sie bauen und pflanzen für ihren Tag, und die Jagd nach Glück wird nie grösser sein als wenn es zwischen heute und morgen erhascht werden muss: weil übermorgen vielleicht überhaupt alle Jagdzeit zu Ende ist.« (SE/1/367)

Ein Krankheitssymptom der Kultur ohne Zweifel für den Philosophen. Die zu einer neuen Kulturerfahrung werdende Kluft zwischen Augenblick und Dauer braucht neue Wahrnehmungs- und Umgangsstrategien, wenn sie sich nicht in bloßen Verdrängungsmustern festsetzen soll. Dass dies der Fall ist, macht die Situation für den Kulturkritiker so beunruhigend. *Hast* sieht er als subjektive Reaktion, die über die tatsächlichen Befindlichkeiten hinwegtäuscht und durch den Anschein von ständigem Beschäftigtsein die innere Leere verdrängt, die latent ins Bewusstsein will.

> »Allgemein ist die Hast, weil jeder auf der Flucht vor sich selber ist, allgemein auch das scheue Verbergen dieser Hast, weil man zufrieden scheinen will und

die scharfsichtigeren Zuschauer über sein Elend täuschen möchte, allgemein das Bedürfnis nach neuen klingenden Wort-Schellen, mit denen behängt das Leben etwas Festlich-Lärmendes bekommen soll.« (NF/7/821)

Tief greifende Werteverkehrungen sind die Folge: Nietzsche sieht und befürchtet, dass es soweit kommen könnte, »dass man einem Hange zur vita contemplativa (das heisst zum Spazierengehen mit Gedanken und Freunden) nicht ohne Selbstverachtung und schlechtes Gewissen nachgäbe« (FW/3/557). Im Werteraster der modernen Aufsteigerkultur und Leistungsgesellschaft, paradox spiegelverkehrtes Fundament der Spaßgesellschaft, in diesem »rollenden Zeitalter« (BA/1/649), zählen allein eine »rasche Beförderung und schnelle Laufbahn« (ebd. 664), die ihrerseits die Priorität des Augenblicks brauchen und zugleich bedienen. Langsamkeit ist keine Tugend der Sklaven des Augenblicks. Sie ist ihrem Kulturverständnis kontraproduktiv. Sten Nadolnys Thematisierung der Langsamkeit widersetzt sich dem provokativ.[14] Eine Kulturhaltung gegen die Anbetung des Moments, so banal wie notwendig zu formulieren, um dem Misstrauen gegen die ungezügelte Beschleunigung aller Lebensprozesse ein Bild zu geben, an dem eine Alternative (wie kongenial oder anachronistisch auch immer) sichtbar wird, konturiert Nietzsche bereits 1872 im Vorwort zu seinen Vorträgen »Über die Zukunft unserer Bildungsanstalten«, die er vor Zuhörern der *Freiwilligen Akademischen Gesellschaft* in Basel gehalten hat. Er wirft darin einen ersten radikalen Blick auf die Kultur- und Bildungssituation des ausgehenden Jahrhunderts. An der Imagination seiner potentiellen Leser scheint auf, wie dem Trend der Zeit zu widerstehen sei:

»Er [der Leser – R.R.], der ruhig und unbesorgt genug ist, um mit dem Autor zusammen einen weiten Weg anzutreten, dessen Ziele erst eine viel spätere Generation in voller Deutlichkeit schauen wird! Wenn der Leser dagegen, heftig erregt, sofort zur That emporspringt, wenn er vom Augenblick die Früchte pflücken will, die sich ganze Geschlechter kaum erkämpfen möchten, so fürchten wir, daß er den Autor nicht verstanden hat.« (BA/1/649)

Am Ende des 20. Jahrhunderts greift Lyotard im postmodernen Diskurs den Gedanken auf und rekurriert auf die Inkompatibilität von Zeit-Ökonomie, Bildung und Kultur mit der desillusionierten Feststellung:

»[W]enn der ökonomische Diskurs seinen Spieleinsatz, nämlich Zeit zu gewinnen, der Mehrzahl der [...] Diskursarten aufzwingt, dann müsste die zeitaufwendige Kultur ausgesondert werden.«[15]

Der moderne Mensch, so seine Schlussfolgerung, wird »nicht einmal mehr Kummer empfinden«, sein »ideelles Vermögen ein[zu]büßen«; er wird einer anderen Art von Kultur erliegen, nämlich kompetenter zu werden in den notwendigen Tauschstrategien. Mehr aber auch nicht. Lyotards Frage: »Welche Sicherheit aber steht dafür ein, daß die Menschen gebildeter, ›kultivierter‹ werden als sie sind?«[16], zielt in eine Nietzsches kritischer Sicht vergleichbare Richtung. In der Fragestellung liegt schon die offene Antwort.

III.
Sklaven der Moden

Die Alten, die antiken Griechen, waren in einem höheren Sinn tugendhaft als die Modernen, weil sie weniger Mode hatten: Sie hätten über die Mode als Zeichen von Individualität und Kultur gelacht (vgl. NF/7/418). So Nietzsches Überzeugung und Fundament seiner kritischen Sicht auf das Modegehabe der Moderne. Wie sehr *Mode* und *modern* konform gehen, einander bedingen und wie ambivalent beide sind, zeigt sich ihm an der Tendenz des modernen Menschen zur Draperie, weil der Inhalt fehlt oder hässlich ist,[17] und im Versuch, nicht aufzufallen, sich nicht als Einzelner zu zeigen (vgl. WS/2/647ff.), um auf diese Weise paradox seinen Egoismen Gestalt zu geben. Wie die Jagd nach dem Augenblick, so sieht der Philosoph auch das Verfallensein an die Mode(n) als Symptom einer allgemeinen kulturellen Krankheit, geschuldet einer durch nichts aufzuhaltenden Beschleunigung aller gesellschaftlichen Entwicklung und Werte(vor)gabe, dem immer schnelleren Wechsel des Geschmacks und des Zeitgeistes: Alles wird Mode und modisch, alles unterliegt also dem Verschleiß im Augenblicklichen und dem Diktat der Akzeptanz des Mittelmäßigen, der Lebensart der Vielen: »[W]enn es die Mode gebietet« (NF/9/56), so heißt die Zauberformel für das Verhalten des modernen Menschen. Daher kann »Gebildetsein« (HL/1/260) ebenso modisch sein wie die gewollte Abstinenz von jeglicher Bildung oder ihre allgemeine Trivialisierung. Für Nietzsche verbindet sich eine solche Verfallenheit an die Moden mit einem Missverständnis der Kultur durch die Vielen, die unteren Schichten – einem »Überhandnehmen der *sklavischen* Gesinnung« –, die auf »Mode, Presse, suffrage universel faits«[18] (NF/11/27) setzen und auf ständig neue Bedürfnisse und Bedürfnisbefriedigungen, die durch den Modewandel bedient werden. Das »Jahrhundert der Masse« trägt aus seiner Sicht Verantwortung nicht nur für eine allgemeine »Vermittelmäßigung« der Kultur, dies weiß Nietzsche von Goethe und Wagner, sondern vor allem für das Aufkommen einer gänzlich neudimensionierten Bedürfniskultur, die erst die Eskalation ihrer Befriedigungen notwendig macht: »Nicht die Kultur mehr ist die Aufgabe der Völker: aber der Luxus, die Mode« (NF/7/243).[19]

Den Moden eignet dabei der Zug des Willkürlichen. Auf die Kleidermode bezogen ist es ihr die Menschen gleichermaßen individualisierendes und uniformierendes Moment. Mode »sucht das Neue seiner selbst wegen« (NF/7/687). Mode heißt für Nietzsche, dass die Form und der Geschmack der Vielen Maßstab wird: »[D]iese Vielen wollen durch die Mode eben jene so wohlthuende Selbstzufriedenheit mit der Form erlangen und erlangen sie auch« (MA-2/2/468). Sie wissen sich einem Gesetz ausgesetzt und unterworfen, das ihnen ihren Selbstwert suggeriert und sie lassen sich gern täuschen, sie sind darin bewusst- und reflektionslos. Der moderne Mensch braucht, so Nietzsche, offenbar die Mode, denn er ist schwach und unselbständig, abhängig von vorgegebenen Verhaltensmustern und süchtig nach ihnen, die er nach wechselnden Angeboten immer schneller begierig aufnimmt und ebenso schnell wieder aufgibt und sich dadurch als Kulturmensch fühlt. Der heutige Zeitgenosse sagt, welche Sujets und welcher Habitus *in* oder *mega-in* ist und ebenso schnell *out* und *mega-out* – im *tutti unisono* mit denen, die auch so fühlen; so wie der Bildungsphilister, den Nietzsche exemplarisch am Modephilosophen David Friedrich Strauss ins Visier genommen und Kontur gegeben hat. Als Kulturtyp der Moderne sozusagen.[20]

Moden sind eine Folge ihrer technisch-industriellen Machbarkeit wie ihrer massenhaften Verbreitung. Die Maschine und das Massenmedium Presse sieht Nietzsche im Hintergrund der allgemeinen Modeverfallenheit:

> »[W]as Effect auf das Auge macht und wenig kostet, das bekommt jetzt das Uebergewicht, – und daß wird natürlich die Maschinenarbeit sein [...]. Was aber am verkäuflichsten ist, darüber entscheidet das Publicum [...] es muss das Täuschendste sein, das heisst Das, was einmal gut scheint und sodann auch wohlfeil *scheint*.« (WS/2/675f.)

Der inhärente Betrug und Selbstbetrug durch die Mode(n) entgeht dem allgemeinen Konsumdenken ebenso wie die eskalierende Passivität im Sozialverhalten und die latente Preisgabe an die vorgegebenen (Mode-)Bilder. Leben wird fremdgekleidet und (vor)gelebt. Dies gilt auch für die Arbeit und für die Freizeit: »Von was träumt denn die Jugend heute noch? Das ist der Sport. Da sind ihre Idole, ihre lebenden Götter«, sagt stellvertretend Nathalie Egli, Chefagentin für »Marilyn Sports«.[21] Sie wirbt Spitzensportler als Models an, um per Werbung und auf dem Laufsteg Moden doppelt im öffentlichen Bewusstsein zu installieren, als Sportidole und in Designer-Kleidung. Das Beispiel ist auszuweiten, auf Popidole und Filmstars, auf soap-opera-Hel-

Die Sklaven der drei M (Momente, Meinungen, Moden)

den in TV-Serien und, neuerdings, auf Computer-Animationsfiguren. Lara Croft zum Beispiel oder der große Blonde aus der Telekom-Werbung. Für Nietzsche ist es eine Existenz in nachgemachter Originalität, die das ganze Zeitalter kennzeichnet (vgl. NF/9/401), ein Kult aufoktroyierter Idole, die sich modisch geben, weil die Kraft des Gewöhnlichen durch massenmediale Vermittlung zur Kraft der Gewöhnung (ver)führt. Als Kopien und in den Kostümen ihrer Kultobjekte realisieren die modernen Menschen ihr fremdgewordenes und fremdbestimmtes Dasein und glauben an die trügerische Freiheit ihrer individuellen Entscheidung. Die Presse hat nach Nietzsche ihren dominierenden Part am nivellierenden Niveau dessen, was gerade Mode ist: »Die Pressfreiheit hat diesen muckenden Individuen Luft gemacht: sie können jetzt ohne Gefahr sogar ihr elendes Separatvotumchen schriftlich geben« (NF/7/690) und öffentlich machen. Was zu Nietzsches Zeiten die Presse war, sind heute die TV-Talkserien am Vormittag oder für die vermeintlich höheren Ansprüche jene am Abend und Spätabend. Niemand ist davor gefeit oder kann sich (wirklich) entziehen. Die Massenmedien machen die Mode(n), die Kleider-, die Ideen-, die Meinungsmoden. Sie bestimmen und inaugurieren die Trends, die ihnen ihrerseits von den Modemachern vorgegeben werden. Und diese wiederum suchen durch *trendsetting* den unterschwelligen Bedürfnissen auf die Spur zu kommen, um ihnen vorauseilend die Befriedigungsmuster zu bieten, die für ihre Existenz nötig sind. Über die Medien gelangen sie ins Bewusstsein: eine Endlos-Schleife wechselseitiger Eskalation und Abhängigkeit.

Was Nietzsche so nicht voraussehen konnte, den Zusammenhang, das Zusammenwirken von Technik und Mode, High-Tech und Kleiderzukunft, gehört heutzutage in das von ihm angeschlagene Thema. Nicht nur, dass *Matrix Models* aus dem Cyberspace bereits als VIP-Gäste auf den großen Modeschauen der Haute Couture als Avataren, das heißt als computeranimierte Wesen den menschlichen Stars auf dem Laufsteg Konkurrenz machen und ihre Tagesgage derzeit bei 12 000 € liegt,[22] interessiert an erster Stelle, sondern das, was sie tragen und zur Schau stellen: intelligente Kleidung, »Kleidung, die mitdenkt«, so genannte *wearables*, eine Mischung aus Computertechnik und textiler Konfektion. Surf-Jacken zum Beispiel, bei denen eine Laptop-Folientastatur in den Ärmel integriert ist, Memory-Shirts, die den Tag termingerecht steuern und an Verabredungen erinnern oder Übersetzer-Westen, die eine mühelose Kommunikation über Sprachgrenzen hinweg ermöglichen. Eine Philosophie der *wearables* gibt es auch schon: »Technik soll – möglichst unaufdringlich in Form von Miniaturcomputern – zum Träger kommen«, so formuliert es Astrid Ullsperger vom Klaus-Steilmann-Institut für Innovation und Umwelt.[23] Die Cybermodels kann man, entsprechen sie nicht mehr dem Trend, einfach von der Festplatte löschen. Vielleicht bald auch den Konsumenten der von ihnen angepriesenen Mode. Wenigstens aber kann man ihn virtuell beeinflussen und immer neuen Moden aussetzen.

IV.
Sklaven der Meinungen

Als Jacques Offenbach 1858 in seiner Operette »Orpheus in der Unterwelt« die *Öffentliche Meinung* personifiziert auf eine Pariser Bühne bringt, ist ihre Macht bereits evident und unanfechtbar.[24] Ohne sie geht nichts mehr. Sie ist an dem beteiligt, was als Recht gilt, sie gibt Handlungsanweisungen für alle Beteiligten und verteilt ihre Wertschätzungen nach ihrer Laune, aus ihrer Perspektive und nach ihrem Maßstab: »Und teile laut, um zu belehren,/ Bald Beifall, bald Mißfallen aus«.[25] Sie lässt alle als ihre Marionetten tanzen. Sie gehört seit der Französischen Revolution zum Selbstverständnis der Moderne. Nietzsche sieht sie, ohne Offenbach'sches Augenzwinkern, als ihr Verfallssymptom, als eine ihrer kulturellen Krankheiten und als Ausdruck der Herrschaftsabsichten des Ressentiments, der Schlecht-Weggekommenen und der großen Masse, als Grundlage und Folge der allgemeinen Demokratisierung der Kultur: Sie ist »die Macht der Halben und Mittelmäßigen, der schlechten *Copien*, der zusammengestohlenen Allerweltsmenschen« (NF/9/267).[26] Aus seiner Sicht ist ihr Diktat Tyrannei, die sich den Anschein von Freiheit gibt: »Es ist alles erlaubt zu denken, aber im Grunde ist gerade nur die öffentliche Meinung erlaubt« (NF/7/685). Ihre violente Kraft ist unübersehbar. Für den Philosophen ergibt sich daraus eine Werteskala: Er kann und muss Ansichten, Haltungen, Gedanken von Meinungen unterscheiden. Die Differenzlinie ist die Geistlosigkeit der öffentlichen Meinung und ihr öffentlicher Charakter: »Ohne Sinn, ohne Substanz, ohne Ziel: eine blosse ›öffentliche Meinung‹« (EH/6/317). Und diese ist zu suggerieren. Ihr Verführungspotential ist ihre Stärke, sie profitiert von der Unfähigkeit des modernen Menschen zur eigenen Meinungsbildung. Nietzsche notiert 1883: »Wir haben gar keine Meinung, wenn man uns nicht eine Meinung giebt: und man giebt sie uns« (NF/10/450).[27] Der moderne Mensch überlässt sich ihr in der Überzeugung, die für ihn notwendigen und zugleich allgemeingültigen Wertevorstellungen, Glaubenssatzungen und Wissenschaftserkenntnisse ohne größere eigene intellektuelle Anstrengungen zu gewinnen. Er wird sie daher so lange bis zum Äußersten, bis zum Fanatismus vertreten, wie ihm keine neue Meinung als gültige vorgesetzt wird.[28]

Mit sicherem Gefühl spürt der Mensch der Masse dabei denjenigen heraus, der ihm »am besten zu schmeicheln versteht: [er ist] auf [seine] Art allen demagogischen Talenten dankbar« (NF/11/673). Der moderne Mensch fällt auf Schauspieler aller Couleur herein. In den Künsten, in der Philosophie, in der Politik, im alltäglichen Leben, in den Medien. Nietzsche beobachtet es am Projekt Bayreuth, an der Begeisterung für Richard Wagner und seine Musik und auf Wahlveranstaltungen der frühen deutschen Sozialdemokratie. Wenig schmeichelhaft für den modernen Menschen konstatiert Nietzsche mit kulturpsychologischer Sensibilität, dass »die grosse Attitüde [...] auf die grosse Masse [wirkt]«, »die Menschheit sieht Gebärden lieber als dass sie *Gründe* hört« (AC/6/237). Ihre Fremdbestimmung bzw. Fremdbestimmbarkeit kennzeichnet sich als Abhängigkeit von Meinungen, Überzeugungen, Glaubenssätzen (religiösen, profanen, politischen). Wer glaubt oder sich überzeugen lässt, ist der öffentlichen Meinung schon verfallen oder durch sie (miss)brauchbar. Meinungen werden gemacht, und Meinungen machen Leute, Werte und – folgerichtig – Meinungen. Was Nietzsche in Bezug auf den religiös Gläubigen notiert, gilt allgemein:

»Der Mensch des Glaubens, der ›Gläubige‹ jeder Art ist nothwendig ein abhängiger Mensch, – ein Solcher, der *sich* nicht als Zweck, der von *sich* aus überhaupt nicht Zwecke ansetzen kann. Der ›Gläubige‹ gehört sich nicht, er kann nur Mittel sein, er muss *verbraucht* werden, er hat Jemand nöthig, der ihn braucht.« (AC/6/236)

Für den Menschen der Überzeugung gilt Vergleichbares: Er braucht keine Argumente, also liefert *man* ihm keine und er vermisst sie nicht.

Der massenhafte Mensch der Moderne und die öffentliche Meinung sind für Nietzsche zwei Seiten einer ihm suspekten, weil nach seiner Auffassung gefährlichen, Kultursituation. Meinungen spiegeln den erlaubten Schein der Informiertheit, der keine Kritik duldet und falsche Sicherheiten anbietet: »Die meisten Menschen sind Nichts und gelten Nichts, bis sie sich in allgemeine Ueberzeugungen und öffentliche Meinungen eingekleidet haben, nach der Schneider-Philosophie: Kleider machen Leute« (MA-2/2/514). Martin Heidegger hat es auf seine Weise ähnlich ausgedrückt: »Wir genießen und vergnügen uns, wie *man* genießt, wir lesen, sehen und urteilen über Kunst und Literatur, wie *man* sieht und urteilt, wir ziehen uns aber auch vom ›großen Haufen‹ zurück, wie *man* sich zurückzieht, wir finden empörend, was *man* empörend findet.«[29] Das *Man* ist das Subjekt, nach einem Wort Heideggers: der Sklave des Alltäglichen, ohne eigene Bestimmung und Inhaltlichkeit.[30]

Nietzsches Affront gegen die öffentliche Meinung und ihre Macht ist in erster Linie eine radikale Kritik am Nivellierungstrend des allgemeinen Kulturniveaus. Dass am Grad öffentlicher Meinung die Kultur einer ganzen

Gesellschaft gemessen werden soll, darin sieht er eine wirkungsvolle Werteverkehrung. Dabei zielt seine Kritik nach zwei Seiten, gegen diejenigen, die der Öffentlichkeit bedürfen, um ihre Meinungen allgemein zu machen und gegen diejenigen, die diese allgemein gemachten Meinungen für sich in Anspruch nehmen, um ihrem Selbstwertgefühl ein geborgtes Kostüm zu geben. Die Kritik trifft also alle. Die Parteiredner wie die Parteigänger, die Popularisierer der Wissenschaften wie die willfährigen Bildungshungrigen, die Journalisten wie ihre Leser. Und noch jene, die sich einbilden, jenseits solcher Informations- und Vermittlungsmechanismen zu operieren, sind von der öffentlichen Meinungsmaschinerie ergriffen:

> »Man findet gelegentlich Einen, der mit seinen Ansichten über seiner Zeit steht, aber doch nur um so viel, dass er die Vulgäransichten des nächsten Jahrzehnts vorwegnimmt. Er hat die öffentliche Meinung eher, als sie öffentlich ist, das heisst: er ist einer Ansicht, die es verdient trivial zu werden, eine Viertelstunde eher in die Arme gefallen, als Andere.« (MA-1/2/222f.)

Dass den Verlockungen der Informationsvermittler und ihrer Medien zunehmend auch die begabten Geister, die kulturellen Eliten, erliegen, dies gehört für Nietzsche zu den bemerkenswertesten Phänomenen. Der Zeitgeist aber reklamiert vor allem jene für sich, die selbst nicht zu Höchstem berufen sind, aber im Lande des Geistes ihren Platz suchen und einnehmen wollen. Er ruft ihnen zu, ihm zu folgen: »hier bei mir geniesst ihr, als Herren, eure freie Persönlichkeit, eure Begabungen dürfen für sich glänzen, ihr selber sollt in den vordersten Reihen stehen, ungeheures Gefolge wird euch umschwärmen, und der Zuruf der öffentlichen Meinung dürfte euch wohl mehr ergötzen als eine vornehme, von oben herab gespendete Zustimmung aus der kalten Aetherhöhe des Genius'« (SE/1/403). Diesem Lockruf ist kaum zu widerstehen. Als unerträglich hat Nietzsche die sich seinerzeit anbahnende und inzwischen selbstverständliche Liaison zwischen Unterhaltung und Information empfunden und als den Inhalten der letzteren abträglich kritisiert. Die öffentliche Meinung hat sich inzwischen längst der (Über)macht des Entertainment unterworfen und lebt davon, mit und in den Pseudodokumentationen, den Talkshows oder daily-soaps und dem reality-tv das Ende des Wirklichen resp. die Freiheit seiner absoluten Verfügbarkeit voyeuristisch vorzuführen. Und per Internet löst sich hochpotenziert ein, woran der Kulturkritiker schon vor 130 Jahren Anstoß genommen hat, dass jeder seine unmaßgeblichen Meinungen öffentlich machen kann und daher die öffentliche Meinung so in ihrem Niveau beeinflusst, wie er von ihr beeinflusst ist: Mit dem Resultat der Anverwandlung aller Inhalte an die alltägliche Banalität und Niveaulosigkeit.

Die Sklaven der drei M (Momente, Meinungen, Moden)

Was für Nietzsche am Ende des 19. Jahrhunderts in großangelegter Perspektive der Beginn einer Vergröberung des europäischen Geistes ist, er spricht von der Amerikanisierung der Kultur,[31] belegt die moderne Kultur- und Medienkritik mit den Stichworten von der globalen *Informations-* und *Kommunikationsgesellschaft*. Im Zeitalter digitaler Medien und global mobiler Kommunikation besetzen diese Medien zunehmend die Orte der geschriebenen Informationen und übersetzen sie in Bilder, mit denen die Wirklichkeit nicht mehr nur vorgetäuscht, sondern manipuliert oder ersetzt wird. Die Manipulation an und mit Bildern macht die Beherrschbarkeit des Wirklichen so scheinbar wie total und gibt es der Beliebigkeit eines immer anderen Arrangements und der perfekten Illusionierung preis. Auf der Datenautobahn, dem Informations-Highway, kommt die Meinungsbildung einer bis dato ungekannten Orientierungslosigkeit gleich, für die Strategien des Umgangs kaum in Sicht sind. In den achtziger Jahren hat Peter Sloterdijk unter dem Vorzeichen des Diskurses vom Ende der Geschichte die Situation des modernen Menschen, um der allgemeinen Orientierungslosigkeit ein Bild zu geben, mit dem Zustand eines permanenten Rolltreppen-Daseins verglichen.[32] Neil Postman hat dramatisierend sogar von kulturellem Aids gesprochen, »weil unser [kulturelles – R.R.] Immunsystem unter dem Informationsansturm zusammenbricht«. Um den Aberwitz transparent zu machen, argumentiert er: »Was zum Teufel sollen mir in Zukunft 500 abrufbare Fernsehprogramme bringen, wenn schon heute auf fünfzig Kanälen kaum etwas Vernünftiges zu sehen ist?«[33] Solche Beobachtungen halten die Entwicklung indessen weder auf, noch werden sie ihr gerecht. Aber sie legen den Finger auf eine Wunde, auf die Verletzbarkeit der modernen Kultur an und durch sich selbst, bis zur potentiellen Selbstzerstörung. Immer sensiblere Informationsnetze vergrößern das Tempo der Übertragungen bis zur Synchronität, zur Vermittlung von *Echtzeit* oder ihrer unvermerkten Aufhebung. Die Gewalt der Bilder ist darin integriert. Die Allgegenwart der Bilder wird zum Bestandteil der inszenierten Wirklichkeit(en), und es gibt nur noch sie.

> »In den Augen des Massenpublikums verschmelzen die Ereignisse untrennbar mit der Art ihrer Präsentation. Die Masse ist dabei, wenn Politiker lächeln, wenn der Suchkopf einer Rakete ins Ziel rast, wenn ein Parlamentsgebäude brennt. Aber die Vermittlung ›authentischen‹ Geschehens implodiert unter dem Paradigma der Wegwerf- und der Informationsgesellschaft zur flüchtigen Bildinformation. Die Erinnerung an die Schrecken von heute wird ruhiggestellt in den sensationellen Bildern von morgen. Unter der Bilderflut marktorientierter Medienstrategien sammeln sich als traumatische Verdrängungen die Katastrophen [...] Wirklich erfahrbar ist für den faszinierten Zuschauer nur *eine* Katastrophe: die plötzliche Bildstörung, das Schweigen der Bilder«,[34]

der totale Bildausfall. Das Live-Erlebnis der Ereignisse des 11. Septembers 2001 in New York ist die bisher vielleicht spektakulärste Erfahrung.

Epilog

Last but not least: Für seine Computerspiele wirbt *Electronic Arts* mit einem Bild, das einen jungen Mann zeigt, in dessen Augen Monitore eingesetzt sind. Er blickt durch sie in eine virtuelle Welt, er ist allein und auf das verwiesen, was man ihn sehen lässt. Glücklich sieht er nicht aus. Als Werbespruch steht darunter, eine Ironie, die von sich selbst nichts weiß oder wissen will: »Jede Elite hat ihr Erkennungszeichen«. Und dies gibt sie sich nicht selbst. Neal Gabler hat es so formuliert: »Menschen, die keine authentische Geschichte mehr haben, legen sich ein Bild von sich selbst zu, ein Image, und leben danach.«[35] Die ihnen dabei suggerierten Selbstbilder sind so banal wie modern. Sie obliegen der Macht der öffentlichen Meinung. Sie zu hinterfragen, kommt ebenso wenig in den Sinn wie kritische Blicke auf die Medien und Instrumentarien zu werfen, die sie ihnen vermitteln. Sie sind der Weg in eine anders dimensionierte Welt der Informations- und Wissensproduktion, der Speicherung, der Wahrnehmungs- und Umgangsstrategien mit dem medial vermittelten Wirklichen und den virtuellen Realitäten. Vergleichbar ist dies dem großen Zivilisationsschritt und Paradigmenwechsel von der oralen zur Schriftkultur, mindestens aber dem von der handschriftlichen zur Buchdruck-Kultur. Gerade darum macht jener Umbruch die kulturkritische Begleitung notwendig. Was hierzu abschließend einfällt, ist Nietzsches, im Zusammenhang der Entwicklung der Maschinenkultur geäußerte Auffassung, als Forderung formuliert: »Je vollkommener die Maschine, desto mehr Moralität macht sie nöthig« (NF/8/580). Die Massenmedien und die digitale Technik gehören eben diesem Maschinenpark an. Eine neue Ethik ist nötig für die digitale Revolution, damit der Mensch der Zukunft mehr sein kann als der *Sklave der drei M*. Aber dies gehört zu einem anderen Thema.

(08.05.2002)

Die Sklaven der drei M (Momente, Meinungen, Moden)

Anmerkungen

1   In der ersten Unzeitgemäßen Betrachtung, die David Friedrich Strauss als Prototypon eines modernen Bildungsphilisters und die moderne Kultur als Philisterkultur attackiert, hält Nietzsche es für einen fatalen Irrtum, den Sieg der deutschen Waffen mit dem der deutschen Kultur gleichzusetzen oder zu verwechseln: »Dieser Wahn ist höchst verderblich« (DS/1/159).
2   »Aber um nicht von den Deutschen allein zu reden: soweit ist es überhaupt und überall mit jener Afterkultur, der welt- und werdefreundlichen, gekommen [...]« (NF/7/817).
3   Friedrich Nietzsche, Sämtliche Werke. Kritische Studienausgabe, hrsg. von Giorgio Colli und Mazzino Montinari, München 1980 (Alle Nietzsche-Zitate nach dieser Ausgabe. Zitierweise: Werksigle/Band/Seite. Siglen: BA – Ueber die Zukunft unserer Bildungsanstalten; DS – David Strauss der Bekenner und der Schriftsteller [Erste Unzeitgemäße Betrachtung]; EH – Ecce homo; FW – Die fröhliche Wissenschaft; GT – Geburt der Tragödie; HL – Vom Nutzen und Nachtheil der Historie für das Leben [Zweite Unzeitgemäße Betrachtung]; MA 1 – Menschliches, Allzumenschliches; MA 2 – Menschliches, Allzumenschliches. Vermischte Meinungen und Sprüche; NF – Nachgelassene Fragmente; SE – Schopenhauer als Erzieher [Dritte Unzeitgemäße Betrachtung]; WB – Richard Wagner in Bayreuth [Vierte Unzeitgemäße Betrachtung]; WS – Der Wanderer und sein Schatten; Z – Also sprach Zarathustra.
4   Reinhart Kosellek, Vergangene Zukunft. Zur Semantik geschichtlicher Zeiten, Frankfurt/M. 1989, S. 335.
5   Noch 1888 fühlt er sich darin bei seiner Baudelaire-Lektüre bestätigt: »Jede Zeitung giebt die Zeichen der schrecklichsten menschlichen Perversität: un tissu d' horreurs. Mit diesem dégoûtant apéritif begleitet der civilisirte Mensch die Morgenmahlzeit. Tout, en ce monde, sue le crime: le journal, la muraille et le visage de l' homme. – Wie kann eine reine Hand ohne eine Convulsion von Ekel ein Journal anrühren?« (NF/13/86).
6   Nietzsche besetzt den Terminus in unmittelbarem Anschluss an Arthur Schopenhauer negativ und synonym mit Pseudokultur, Impotenz, Kälte des Geistes und Herzens (vgl. SE/1/221), anders als ihn später Walter Benjamin gebraucht, um die Gegenwarts- und Zukunftsbezogenheit seiner geschichtsphilosophischen Thesen zu begründen.
7   David Friedrich Strauss schreibt 1872: »[...] auch die Männer, die den Dampfwagen auf Eisenschienen, den Gedanken und das Wort an Metalldrähten dahinfliegen lehrten – Teufelswerke nach der folgenrichtigen Ansicht unserer Frommen – sind auf unserem Standpunkte Mitarbeiter am Reiche Gottes« (Der alte und der neue Glaube, Bonn 1895, S. 163). Nietzsche teilt erwartungsgemäß diese Argumentation nicht.
8   Berliner Zeitung vom 3.3.2000.
9   PC-Spiele verändern physiologische Befindlichkeiten durch ihr inhärentes Gewaltpotential, das heißt durch die Reduzierung der Inhalte auf bloße archaische Überlebenskonstellationen: »Ist man einmal drin, bleibt nur die Flucht – auch die Aggression ist pure Vorwärtsverteidigung [...] deren Potentiale werden allerdings so raffiniert ausgekostet, dass man binnen kurzem mit Herzrasen und jagendem Puls vor der Tastatur sitzt« und: »Wer sich einem Spiel

wie [...] Unreal Tournament überlässt, verwandelt sich binnen Sekunden in einen blindwütigen Totschläger, der mit allen Fasern seiner Existenz nur zwei Ziele verfolgt, das Töten und das Überleben« (ebd.). Die Spieler selbst sehen sich und das Spiel überwiegend anders, vergleichen sich mit Schachspielern und genießen es, die für sie günstigsten Strategien zu verfolgen.

10 Ray Kurzweil, Homo sapiens. Leben im 21. Jahrhundert – was bleibt? Köln 1999.
11 Symptomatisch ist, dass beim Schreiben des Terminus »homo sapiens« der Computer automatisch eine Internet-Verbindung aktiviert, ohne dass es einen wirklichen Adressaten gibt.
12 Renate Reschke, Denkumbrüche mit Nietzsche. Zur anspornenden Verachtung der Zeit (Kapitel: Einspruch gegen »abgeirrte Cultur«). Zu einigen Kontexten Nietzschescher Kulturkritik), Berlin 2000, S. 17ff.
13 Neal Gabler, Das Leben, ein Film. Die Eroberung der Wirklichkeit durch das Entertainment, Berlin 1999.
14 Sten Nadolny hat seinen Roman »Die Entdeckung der Langsamkeit« (1983) gegen den Trend der Zeit geschrieben und die Ambivalenz kultureller Hast literarisch ins (zumindest literarische) Bewusstsein gerückt.
15 J.-F. Lyotard, Der Widerstreit, München 1989, S. 298.
16 Ebd.
17 Modische Gier nach der schönen Form hat er es genannt, weil der moderne Mensch seinen hässlichen Inhalt, wenn er denn überhaupt einen hat, verstecken will (vgl. SE/1/392).
18 Allgemeines Wahlrecht, Fakten.
19 Ferdinand Lassalle macht er Vorwürfe, weil dieser erklärt hat, es sei für das Volk das größte Unglück, keine Bedürfnisse zu haben (vgl. NF/7/243).
20 David Friedrich Strauss, dessen Schrift »Der alte und der neue Glaube« Nietzsche in seiner ersten »Unzeitgemäßen Betrachtung« attackiert, ist ihm »ein rechter satisfait unserer Bildungszustände und typischer Philister« (DS/1/171).
21 Berliner Zeitung vom 14.5.1998.
22 Anja Schröder, Matrix Models, in: Computer & Co., Heft 9 (1999), S. 8ff.
23 Zit. nach: ebd. S. 10.
24 Für Nietzsche war Jacques Offenbach ein Vertreter des »esprit parisien«, sein Geist dem Voltaires ebenbürtig, »frei, übermüthig, mit einem kleinen sardonischen Grinsen, aber hell, geistreich bis zur Banalität« (NF/12/344).
25 Jacques Offenbach, Orpheus in der Unterwelt, Stuttgart 1985, S. 17.
26 In den späten achtziger Jahren spricht er davon, dass die öffentliche Meinung den »Instinkt der Heerde, d.h. der Schwachen« (NF/13/468) anbetet.
27 Diese Formulierung ist eine Vorform der späteren, abgeschwächten Fassung im Zarathustra: »[...] in allem haben wir die Meinung, die man uns giebt« (Z/4/122).
28 Ein unübersehbarer Hang zum Fanatismus ist nicht zu übersehen: »Eine Meinung haben heisst bei ihnen schon: dafür sich fanatisiren und sie als Ueberzeugung fürderhin sich an's Herz legen« (MA-1/2/360).
29 Otto Pöggeler, Heidegger heute, in: ders. (Hrsg.), Heidegger. Perspektiven zur Deutung seines Werkes, Königstein/Ts. 1984, S. 174.
30 Dass das Heideggersche »Man« im Kontext seiner Philosophie sich nicht in diesem Aspekt erschöpft, kann hier nur angedeutet werden.

31 »Es ist eine indianerhafte, dem Indianer-Bluthe eigentümliche Wildheit in der Art, wie die Amerikaner nach Gold trachen: und ihre athemlose Hast der Arbeit – das eigentliche Laster der neuen Welt – beginnt bereits durch Ansteckung das alte Europa wild zu machen und eine ganz wunderliche Geistlosigkeit darüber zu breiten« (FW/3/556).
32 »Wir fahren nicht mehr von Genua aus in die Neuzeit, wir rollen auf einem Förderband ins Unabsehbare. Dabei zählt unsere Eigenbewegung kaum noch im Verhältnis zur Totalität der Bewegungsmasse, und die Schritte, die der Einzelne auf seinem Rolltreppenabschnitt tun kann, verschwinden fast spurlos im rollenden Ganzen. Auch kann kein Mensch wissen, wohin die Treppe führt, nur lässt sich der Gedanke nicht ganz verdrängen, dass auch das längste Förderband einmal zu Ende sein muss und die Passanten abwerfen muss [...] eine Flüchtigkeit jagt die andere« (Peter Sloterdijk, Nach der Geschichte, in: Wolfgang Welsch [Hrsg.], Wege aus der Moderne, Weinheim 1988, S. 263f.).
33 Gewonnen hat, wer mit dem meisten Spielzeug stirbt. Gespräch Teja Fiedlers mit Neil Postman, in: dtv-Magazin, Nr. 1 (1997), S. 16. Bereits in den achtziger Jahren hat Postman mit dem apokalyptischen Titel »Wir amüsieren uns zu Tode« kritisch die Konturen einer medienbestimmten Kultur gezeichnet und auf ihre Folgen aufmerksam gemacht.
34 Helmar Schramm, Das offene Buch der Alchimie und die stumme Sprache des Theaters, in: Wahrnehmung und Geschichte. Markierungen zur Aisthesis materialis, hrsg. von Bernhard J. Dotzler und Ernst Müller, Berlin 1995, S. 105.
35 Neal Gabler, a.a.O. (Klappentext).

Schopenhauers Lebensethos, Nietzsches Lebensumwertung, Batailles Lebensökonomie

Ingeborg Szöllösi

Einleitung

Das Leben einfangen, und doch frei lassen, es begreifen, und doch los lassen – das war das gemeinsame Anliegen der drei Denker: Schopenhauer, Nietzsche und Bataille.

Arthur Schopenhauer (1788–1860) – zweifelsohne – ein großer deutscher Philosoph, ist zwischen den deutschen Idealisten und den Materialisten und Marxisten anzusiedeln; ich werde mich hier auf folgende seiner Schriften beziehen: sein Hauptwerk »Die Welt als Wille und Vorstellung« (1819), doch vor allem auf seine Schrift »Die beiden Grundprobleme der Moral« (1841), die die beiden Abhandlungen »Über die Freiheit des menschlichen Willens« und »Über die Grundlage der Moral« zusammenfasst.

Friedrich Nietzsche (1844–1900) – ein Großteil von Ihnen ist Mitglied des Nietzsche-Forums München, also wissen Sie alle über Nietzsche Bescheid! – Nietzsche, was war er eigentlich – Philosoph, Dichter? – Es ist keine ergiebige Forschungsaufgabe, darüber zu streiten, ob er nun dies oder jenes war – was in seinen Schriften spürbar ist, ist mit Sicherheit das eine: Er hat mindestens so tief gedacht wie die Mitternacht in seinem »Mitternachtslied« aus dem 3. Buch des »Zarathustra«. Die Werke, auf die ich mich beziehe, sind: »Die Genealogie der Moral« (1887), »Also sprach Zarathustra« (1883), »Menschliches, Allzumenschliches, ein Buch für freie Geister« (1878–1880), und die »Fröhliche Wissenschaft« (1882).

Georges Bataille (1897–1962) liefert ebenfalls genug Stoff für Debatten zwischen Literaturwissenschaftlern und Philosophen, denn er ist einerseits Romancier, andererseits Philosoph, aber bei ihm fällt die Einordnung noch schwerer, denn vertrackter Weise finden sich unter seinen philosophischen Gedanken auch einige ganz wesentliche ökonomische: Er hat in seinen Schriften »Der Begriff der Verausgabung« (1933), »Der verfemte Teil« (1949) und »Die Ökonomie im Rahmen des Universums« (1946) – zusammengefasst in dem Band, der nach seinem Tod unter dem Titel »Die Aufhebung der Ökonomie« erschienen ist – das ökonomische Handeln wieder entdeckt und den bereits in den dreißiger Jahren des vergangenen Jahrhunderts oikos-vergessenen Wirtschaftswissenschaftlern ein neues (und doch so altes) Oikonomia-Konzept vorgeschlagen: das Konzept einer »allgemeinen Ökonomie«. Seine »Aufhebung der Ökonomie« müsste eigentlich nebst Adam Smiths »Untersuchung über die Natur und die Ursachen des Reichtums der Völker« (1766) und Marx' »Kapital« (1867) zur Pflichtlektüre eines Wirtschaftswissenschaftlers gehören. – Batailles ökonomisches Denken verweist auf ein Handeln, das dem Leben allgemein zuträglich ist.

Ein Handeln, das dem Leben zuträglich ist – darum geht es allen dreien. Aber – welchem Leben denn zuträglich? – Dem selbst gewählten, dem selbst ergriffenen Leben. Sie alle haben »am Leitfaden« ihres eigenen Leibes erfahren, was es bedeutet, wenn eigenes Leben ungelebt bleibt – wenn man es mit von außen auferlegten Lebensrollen zuschüttet, bis diese einen in die Krankheit führen – dann ist man am Ersticken, weil man angeblich unter asthmatischen Anfällen »leidet«, oder man erstarrt, weil man an einer Depression »leidet«. Und dabei leidet man schlichtweg am Leben, das man statt zu ergreifen, erschleichen wollte ...

Dura lex

Ich erzähle Ihnen nun die Geschichte eines Siebenbürgischen Pfarrers namens Ion Agarbiceanu. Er hatte um die Jahrhundertwende in Budapest Theologie studiert und anschließend eine abgelegene Pfarrei in einem der vielen einsamen Dörfer aus den Westkarpaten übernommen. Die Geschichte trägt den bezeichnenden Titel »Dura lex« (Das harte Gesetz).

Vironica, eine alte Frau, pflegt ihren krank aus dem Krieg heimgekehrten Sohn, Dumitru. Er war nicht wie manch anderer verstümmelt zurückgekommen, sondern bloß hüstelnd und fiebrig, aber – welch ein Glück – unversehrt am Leibe. »Der liebe Gott hat sich ihrer erbarmt: Er, der alles weiß, weiß, dass sie, Vironica, nicht mehr hätte leben können, wenn Dumitru als Krüppel aus dem Krieg zurückgekommen wäre. Und dieser komische Husten, der wird ihm schon vergehen ... Schließlich ist noch niemand wegen eines Hustens gestorben.« So hofft sie, während sie ihre anstrengende Feldarbeit bestellt, denn es ist Frühling – alles grünt und blüht.

Und statt an jenen zu denken, der im Haus kränkelt, erwacht sie in Gedanken schon bei den Feldarbeiten des Sommers, dann bei der Zeit der Ernte: Wie gut sie schmecken werden, diese Kartoffeln ...

Plötzlich fällt ihr der Kranke wieder ein, und sie eilt zurück ins Haus.

Der kranke Sohn schläft ganz tief. – »Seit er zurückgekehrt ist, hat er noch nie so tief geschlafen, das macht der Frühling, bald wird er kerngesund sein«, denkt Vironica.

Bevor sie das Zimmer verlässt, will sie ihn zudecken. Doch kaum hat sie ihn berührt, zieht sie sich entsetzt wieder zurück: Ihr Sohn ist kalt wie Eis.

Die alte Frau versucht auf allen Wegen, dem Jungen ein Lebenszeichen zu entlocken. Sie weint und wehklagt ohne Unterlass und ruft ihn beim Namen, bis sie gewahr wird, dass sie niemand mehr hören kann. Dann, plötzlich, hält sie inne, schlägt ein Kreuz, zündet eine Kerze an, zieht einen Schemel ans Bett heran, setzt sich erschöpft darauf und bleibt, regungslos, bis zum Abend, bei dem Toten sitzen.

Das Begräbnis ihres Sohnes bereitet sie so vor, als wäre es eine Hochzeit: Sie lädt das ganze Dorf zum Leichenschmaus ein und verschenkt dabei ihr ganzes Vermögen an die Teilnehmenden. Nur das Bett ihres verstorbenen Sohnes behält sie – darauf legt sie sich dann, nach vollbrachter Zeremonie, in Erwartung ihres Todes, denn sie ist sich sicher: Nun wird sie auch sterben.

Erschöpft sinkt sie in einen tiefen Schlaf und wacht am nächsten Tag mit einem sonderbaren Gefühl in der Magengegend auf: Hunger – sie hat Hunger! Nur ein kleines Stückchen Brot wünscht sie sich, doch das ganze Haus ist leer – alles verschenkt! Und plötzlich erinnert sie sich: In einer Ecke des Dachbodens, in einer alten Kiste, hatte sie vor drei Jahren etwas unbrauchbar gewordenen Roggen aufbewahrt ...

Sie findet den Sack Roggen, packt ihn sich auf den Rücken und geht zur Mühle. »Warum will ich noch leben? Aber will ich überhaupt leben? Wer verhöhnt mich so, dass ich nun auf dem Weg zur Mühle bin, statt zu sterben?« Bei jedem zweiten Schritt hält sie inne, völlig überzeugt, sie würde den Sack gleich von sich werfen und zurück nach Hause gehen. Aber genauso oft regt sich ihr großer Hunger, und aufgelöst, keuchend, geht sie weiter und weiter – mit dem Brot auf ihrem Rücken

Soweit die Geschichte. Ich schlage Ihnen vorläufig eine kurze Interpretation vor, die eine Brücke zu meinen drei Denkern schlägt.

Ingeborg Szöllösi

Interpretation: Schau dich an! Schau dir die Welt an!

In eine konsolidierte Ordnung und einen abgesteckten, sicheren Lebensrahmen bricht plötzlich der alltäglich schattierte Wahn ein. Wer kennt ihn nicht, diesen Wahn, der sich allerorts in unsere Alltagswelt einschleicht und sich in ihr behaglich niederlässt? Sein Name lautet: uneingestandenes Elend oder Übel, verleugnete Not und Misere.

Es ist stets das Schauspiel einer ewigen Lebens-Donquichotterie, ein Schauspiel, in dem sich jeder Einzelne der Akteure eine Rolle zuspricht und sie durchexerziert, sich hierzu die nötigen Zustände kreiert oder die nötigen anderen Kontrahenten imaginiert, nur um sich selber nicht eingestehen zu müssen, dass dieses Schauspiel von Anbeginn absurd und lachhaft, oder aber absurd und zum Heulen ist ... So sieht die Welt aus, wenn man sie als »Guckkasten« versteht, meint Schopenhauer, so hat sie uns der »obligate Optimismus« (P1 87) »andemonstrieren wollen«, der nach dem Motto »Semper lustig, numquam traurig!« funktioniert:

> »Die Absurdität ist schreiend. – Inzwischen heißt ein Optimist mich die Augen öffnen und hineinsehen in die Welt, wie sie so schön sei, im Sonnenschein, mit ihren Bergen, Thälern, Pflanzen, Thieren u.s.f. – Aber ist denn die Welt ein Guckkasten?« (W2 680)

Nein, sie ist eine »Tummelplatz«-Realität (W2 680), die wir uns genau anzuschauen haben, denn »Anschauung« ist »die unbedingt wahre, die ächteste, die ihres Namens vollkommen würdige Erkenntnis«. (W2 92)

Sich selbst und die Welt schonungs- und illusionslos anzuschauen, das ist der Königsweg des Einzelnen zu sich selbst, der Weg, auf dem er stirbt, um wiedergeboren zu werden, auf dem seine künstlichen Posen und Fabrikate zu Grabe getragen werden, um dem anderen, dem noch *fremden Menschen in ihm selbst* Raum zu gewähren.

Nichts ist imstande, den Einzelnen zu erlösen: Niemand als er selbst vermag es, sich aus einer Erfahrung zu befreien, die Sterben bedeutet – Sterben als Tiefgang oder gar Untergang eines großartig für sich selbst inszenierten Schauspiels.

Erst das Hinausgehen aus einer solchen Niederung, aus der »Crisis«, macht den Menschen frei: Die »Crisis« deckt nämlich den in ihm befindlichen Schmerz auf und legt ihn ihm als den eigentlichen Beweggrund nahe. So wird der Schmerz wandlungsfähig und könnte sich zu seinem eigentlichen Glück um-gestalten lassen.

Diese Bewegung in den Wahn hinein lässt sich auch am Beispiel unserer alten Frau verfolgen. Ihre scheinbar gesunde Lebensordnung, die sich kurz als Vierjahreszeitenzyklus beschreiben lässt, die sich demnach als eine – so scheint es zumindest vorerst – naturgegebene, ergo: heile und zuverlässige Ordnung präsentiert, wird durch den plötzlichen Einbruch der Krankheit ihres Sohnes ins Wanken gebracht und mit seinem Tod endgültig erschüttert.

Sie weigert sich, der Krankheit ihres Sohnes wahrhaftig in die Augen zu sehen, denn ihr steht der ordnungsgemäße Trost zur Seite: Der lange Winter ist vorbei, also mit ihm die düstere Zeit der Krankheiten und Verschlossenheiten. Der Frühling hält Einzug und mit ihm die allgemeine Gesundung. Was sich also die Einbildungskraft im Winter nur mit Mühe und Not hat vorgaukeln können, das tut sie im Frühjahr mit Leichtigkeit, da sie so vielfältig durch Farben, Gerüche und Geräusche angeregt wird. Die illusionären Gebilde, die sich die Seele im Frühjahr unumwunden schafft, können kaum in Frage gestellt werden: Alles wird frischer, alles üppiger. Da lässt sich die Seele doch gerne berühren und bewegen!

Doch genau aus dieser Idylle fällt diese alte Frau heraus. Ihr Sohn stirbt und nun holt sie eben das ein, was zu erkennen sie vermieden hat: Krankheit und Tod. Für die alte Frau bedeutet dies: Wenn sich die Bewegung in den Frühling hinein nicht hat vollziehen können und gewaltsam untergraben wurde, so heißt dies: »Zurück in den Winter!« Die frühlingshaft-illusionäre Offenheit verwandelt sich zurück in die winterlich-illusionäre Starrheit und Bewegungslosigkeit.

Aber – noch ein Strich durch die Rechnung – Vironicas Gott holt sie einfach nicht ab. Sie muss weiterleben – Pech gehabt! Und noch viel schlimmer: Sie hat Hunger, großen Hunger – ja, wonach? Nach Brot – nach Leben, und zwar nach ihrem eigenen Leben, dem sie bislang aus dem Wege gegangen ist. Alles in ihrem Dasein gehörte einer vernünftigen Ordnung an, einer illusionären, optimistischen, einer Ordnung, in der sich sogar Krankheit und Tod den Gesetzen einer »naturgegebenen« Vernunft unterzuordnen hatten. Und aus diesem vernunftsbesessenen-illusionären Wahn fällt sie heraus und geht mit ihrem eigenen ungelebten Leben auf dem Rücken zur Dorfmühle.

Damit fängt ihr ganz persönlicher Kreuzgang an: Sie trägt ihr Kreuz – ihr Brot – zur Mühle. Dieser Kreuzweg unterscheidet sich von ihren sonntäglichen Kirchgängen: Er ist der Gang zu sich selbst, der sie irgendwann nähren könnte, aber nicht bevor der tiefe Schmerz ihres Lebens ausgetragen ist.

Der tiefe Schmerz in unserem Leben bricht dann hervor, wenn wir plötzlich merken, dass unser Leib das tut, was unsere Vernunft verachtet und verhöhnt. Und das Leben ist schnell beendet, ohne dass es je begonnen hätte, wenn wir uns von unseren Schuldgefühlen auffressen lassen. Unsere alte Frau erfährt an ihrem eigenen Leibe, was Natürlichkeit bedeutet – jenseits von Frühlingshaftigkeit und frühlingshaften Hochgefühlen – sie bedeutet: wilden, treibenden Hunger. Und dafür verachtet sie sich, aber sie geht weiter ... Der Hunger will ihr etwas sagen und vielleicht vernimmt sie die Botschaft – zu später Stunde, und dann ist Auferstehung – Wandlung möglich!

Diese Botschaft könnte mit Schopenhauer folgendermaßen lauten:

> »In der That ist unser *Wollen* die einzige Gelegenheit, die wir haben, irgend einen sich darstellenden Vorgang zugleich aus seinem Innern zu verstehen, mithin das einzige uns *unmittelbar* Bekannte und nicht, wie alles Uebrige, bloß in der Vorstellung Gegebene. Hier also liegt das Datum, welches allein tauglich ist der Schlüssel zu allem Andern zu werden, oder die Pforte zur Wahrheit. Demzufolge müssen wir die *Natur verstehen lernen aus uns selbst*, nicht umgekehrt uns selbst aus der Natur [...].« (W2 229)

»Die Natur verstehen lernen aus uns selbst«: Das ist die Aussage, die Nietzsche von Schopenhauer – seinem »Erzieher«, wie er ihn nennt – übernommen und vielfach abgewandelt hat. Im »Zarathustra« heißt es:

> »Nicht nur die Vernunft von Jahrtausenden – auch ihr Wahnsinn bricht an uns aus. Gefährlich ist es, Erbe zu sein [...].
> Arzt, hilf dir selber: so hilfst du auch deinen Kranken noch. Das sei seine beste Hülfe, dass er Den mit Augen sehe, der sich selber heil macht.
> Tausend Pfade giebt es, die nie noch gegangen sind; tausend Gesundheiten und verborgene Eilande des Lebens. Unerschöpft und unentdeckt ist immer noch Mensch und Menschen-Erde.«[1]

So kann man für die alte Frau aus unserer Geschichte auch nur hoffen, sie möge ihre eigene Gesundheit und ihre verborgene Lebensinsel finden. Denn die Ressourcen, wie Bataille es ausdrücken würde, hat sie – sie trägt sie in symbolischer Weise auf dem Rücken: das Brot. Es lastet auf ihr: Dies, was sie momentan belastet, kann sie aber auch entlasten und aus ihrem enteigneten Leben, einem Leben, das von einer reinen Vernunftordnung irregeleitet wurde, hinausführen ans Licht. – Aber wie? Indem sie auszieht aus der Scheinwelt ihrer Vorstellungen und einzieht in ihren eigenen Hunger, sich also das anschaut, was sie vorerst entsetzt und erschreckt.

Nicht anders als Schopenhauer und Nietzsche würde sich auch Bataille zu dem damit angeschlagenen Thema »enteignetes Leben« äußern (Nietzsche war im übrigen Batailles »Meister«, ähnlich wie Schopenhauer für Nietzsche; Bataille war einer der Ersten, der in Frankreich Nietzsches Bild nach dem Zweiten Weltkrieg zurechtgerückt hat – noch lange bevor Nietzsche in

Deutschland salonfähig wurde!) – Bataille ist, wie er in seiner kulturphilosophischen Schrift »Der heilige Eros« betont,

> »nicht der erste, der von diesem enttäuschenden Ergebnis einer Philosophie befremdet ist, die zum Ausdruck durchschnittlichen Menschseins wurde und sich der extremen Situation des Menschen entfremdet, den Konvulsionen der Sexualität und des Todes.«[2]

Und in derselben Schrift heißt es weiter:

> »Ich glaube nicht, dass der Mensch Aussicht hat, Licht in die Situation zu bringen, bevor er nicht beherrscht, was ihn erschreckt. Nicht dass er auf eine Welt hoffen soll, in der es keinen Grund mehr für das Entsetzen gäbe, in der die Erotik und der Tod auf die Ebene mechanischer Verkettungen gebracht würden. Aber der Mensch kann das, was ihn erschreckt, übersteigen, er kann ihm ins Gesicht sehen. Um diesen Preis entgeht er dem merkwürdigen Missverständnis seiner selbst, das ihn bisher bestimmte.«[3]

Ohne Schmerzen, ohne Entsetzen, ohne Schrecken kann der Mensch dem »Missverständnis«, in dem er sich lange Zeit aufhielt, nicht entgehen, den »Wahnsinn« kann er, laut Nietzsche, nur durchbrechen, indem er sich selbst heilt, aber dazu muss er, wie Schopenhauer sagt, »die Natur verstehen lernen aus sich selbst«; erst dann kann er als Geheilter einen heilen Umgang zur Welt – seiner Umwelt – haben.

Der Reichtum und die Fülle

Schopenhauer, Nietzsche, Bataille geht es nicht darum, den Weg aufzudecken, wie man als kühnes Subjekt (vielleicht sogar als Subjekt mit philosophischen Neigungen) direkt auf die Insel der Glückseligen hinaufbefördert oder -katapultiert wird, sondern es geht ihnen darum, diese verdammte, sinnleere Obdachlosigkeit der Menschen auszuhalten – diese gottverlassene Absurdität und Banalität – es hilft keinem, sie heroisch zu unterdrücken, zu verleugnen oder gar auszuschmücken. Ihnen ist es darum zu tun, der Realität in die Augen zu schauen und sie beim Namen zu nennen – ohne jegliche Beschönigung, denn

> »Jeder unmäßige Jubel beruht auf dem Wahn, etwas im Leben gefunden zu haben, was gar nicht darin anzutreffen (ist), nämlich dauernde Befriedigung der quälenden, sich stets neu gebärenden Wünsche oder Sorgen. Von jedem einzelnen

Wahn dieser Art muss man später unausbleiblich zurückgebracht werden und ihn dann, wenn er verschwindet, mit ebenso bittren Schmerzen bezahlen, als sein Eintritt Freude verursachte.« (WI 397)

(Wie aktuell auch diese Beobachtung – der eine Wunsch nach einem Gucci-Täschchen gebiert den nächsten nach einem Escada-Kostümchen, die eine Sorge wegen einer Migräne jagt die andere wegen der dabei möglicherweise aufgetretenen Falten!)

Was aber ist sonst im Leben anzutreffen? Und die Antwort Schopenhauers, Nietzsches, Batailles lautet: der Reichtum und die Fülle, die jeder in sich selbst trägt. Wir sind keine beliebig austauschbaren Staubkörner, sondern die Fülle unseres Lebens in jedem Augenblick, aber – der kleine Haken (die Erschwernis) dabei – die Aufgabe besteht darin, es zu ergreifen. Dies eben ist kein Leichtes, die »Gnade« fällt nicht vom Himmel auf uns herab: Die Gnadenwirkung vollzieht sich nicht wie ein »Deus-ex-machina«-Effekt, sondern sie ist ein Akt der Freiheit des einzelnen Menschen. »Freiheit ist das Reich der Gnade.« (WI 499) Sie ist der »größte Vorzug des Menschen«, denn durch sie kann er sich sich selbst wieder schenken und sich in sein stets gegenwärtiges Handeln entlassen.

Und dieselbe Freiheit, die Freiheit aus der Fülle des Daseins, nimmt sich Nietzsche heraus, wenn er in der »Fröhlichen Wissenschaft« bemerkt: »Wieviel Menschen verstehen denn zu beobachten! Und unter den wenigen, die es verstehen, – wie viele beobachten sich selbst! [...]. Wir aber wollen die werden, die wir sind, – die Neuen, die Einmaligen, die Unvergleichbaren, die Sich-Selbst-Gesetzgebenden, die Sich-Selbst-Schaffenden!«[4] – für Gott ist da kein Platz mehr, es sei denn, er sei genau diese Fähigkeit des Einzelnen, sich selbst zu begehren, d.h. sich selbst zu erschaffen. Aber wenn Gott dies gewesen wäre, dann hätte ihn Nietzsche nicht »abschaffen« müssen. Und Bataille hat dies genau so verstanden, als er in seinem Buch »Das obszöne Werk« ausruft: »Gott ist nichts, wenn er nicht das Überschreiten Gottes nach allen Seiten ist, in Richtung des banalen Seins, des Entsetzens und der Unreinheit, und schließlich in der des Nichts [...].«[5]

Im Weiteren verfolge ich nun, wie Schopenhauer, Nietzsche und Bataille den Menschen aus seiner Lebensfülle heraus bedenken.

Schopenhauers Lebensethos, Nietzsches Lebensumwertung, Batailles Lebensökonomie

Schopenhauers Mensch und dessen Lebensethos

Schopenhauer denkt den Menschen aus seiner eigenen Fülle heraus, der Mensch ist für ihn kein Mängelwesen:

>»Denn wir sind das Wesen, welches die Zeit, um ihre Leere auszufüllen, in sich aufgenommen hat: deshalb füllt es eben die ganze Zeit, Gegenwart, Vergangenheit und Zukunft auf gleiche Weise, und es ist uns *so* unmöglich, aus dem Daseyn *wie* aus dem Raum hinauszufallen. – Genau betrachtet ist es undenkbar, dass Das, was ein Mal in aller Kraft der Wirklichkeit da ist, jemals zu nichts werden und dann eine unendliche Zeit hindurch nicht seyn sollte […]. Demnach statt zu den Menschen zu sagen: ›ihr seid durch die Geburt entstanden, aber unsterblich‹; sollte man ihnen sagen: ›ihr seid nicht Nichts‹, und sie dieses verstehen lehren […]. Wenn es jedoch hiermit nicht gelingt, sondern das beängstigte Herz sein altes Klagelied anstimmt: ›Ich sehe alle Wesen durch die Geburt aus dem Nichts entstehen und diesem nach kurzer Frist wieder anheimfallen: auch mein Daseyn, jetzt in der Gegenwart, wird bald in ferner Vergangenheit liegen, und ich werde Nichts seyn!‹ – so ist die richtige Antwort: ›Bist du nicht da? Hast du sie nicht inne, die kostbare Gegenwart, nach der ihr Kinder der Zeit alle so gierig trachtet, jetzt inne, wirklich inne? Und verstehst du, wie du zu ihr gelangt bist? Kennst du die Wege, die dich zu ihr geführt haben, dass du einsehen könntest, sie würden dir durch den Tod versperrt? Ein Daseyn deiner Selbst, nach der Zerstörung deines Leibes, ist dir seiner Möglichkeit nach unbegreiflich: aber kann es dir unbegreiflicher seyn, als dir dein jetziges Dasyen ist, und wie du dazu gelangtest? Warum solltest du zweifeln, dass die geheimen Wege, die dir zu dieser Gegenwart offen standen, dir nicht auch zu jeder künftigen offen stehen?‹« (W2 547)

Wenn ein Mensch sich nicht als nichtiges Bruchstück im All-Nichts empfindet, wenn er sich aus seiner eigenen Lebensmitte – und das ist für Schopenhauer der durchschaute Wille – bewegt und sagt: »Ich bin wirklich da! Ich lebe, was ich bin!«, dann ist dieser Mensch ein ganzer, der sein eigenes Handeln mit seinem jeweiligen Lebensethos begründet. Dieser Mensch ist wie sein Ethos kein abgeleiteter und auch in keiner Weise ein exemplarischer oder vorbildhafter, da auch sein Ethos nicht überlieferbar ist – es ergibt sich einzig aus seiner ganz individuellen Lebensenergie.

Ein Lebensethos hat also keine innere handlungsbezogene Dogmenbildung zur Folge, denn:

>»Die Dogmen beschäftigen die müßige Vernunft: das Handeln geht zuletzt unabhängig von ihnen seinen Gang, meistens nicht nach abstrakten, sondern nach unausgesprochenen Maximen, deren Ausdruck eben der ganze Mensch selbst ist«. (W1 95)

Ein auf diese Weise frei-gestelltes und frei-gelassenes Handeln hat keine stählerne Grundlage: Es gibt genauso wenig ein System, das es fassen, wie eine Kontrollinstanz, welche die gesamten weltlichen Aktionen im Auge behalten könnte. Es gibt hierfür keinen *kategorischen* Imperativ Kantischer Prägung, sondern lediglich eine lebensethische Umkehrung, die sich in folgender Aufforderung ausdrücken lässt: »Handle niemals so, wie Du handeln würdest, wenn Dir stets jemand einreden wollte, Du seiest ein nichtiges Wesen! Lerne zu verstehen, dass Du Dein Handeln befreien kannst, wenn Du es selbst begehrst! Und damit Dir dies gelänge, musst Du wirklich da sein!« (Dies ist Aufgabe genug!)

Der Mensch, der sein Vertrauen in seine eigene Handlungsfähigkeit setzt, ist immer in seiner Ganzheit präsent, selbst wenn eine bestimmte Situation nur einen »Bruchteil« seiner selbst erfordert. Doch in diesem Fragment des Handelns, das er in einer Situation offenbart, zeigt er sich als einer, der sich ganz empfindet und nicht als Stückwerk. Der ganze Mensch erkennt das energetische Potenzial, das ihm zur Verfügung steht, und befindet sich mit ihm in einer Befreundungsrelation. Dabei nimmt das »Band« (W2 163) des Willens – mit anderen Worten: das energetische Potential – keinen Schaden, sondern es erweitert diese Relation auf die offene Welt hin: Es droht nicht, ihn zuzuschnüren wie eine für sich selbst wirkende, bezuglose Nabelschnur. Es lässt ihn sich mit anderen freien Menschen verbunden fühlen und eröffnet ihm den freien Umgang mit seinen eigenen Verkörperungsmöglichkeiten. Aus diesen Zusammenhängen der Mitteilung wird ihm allmählich seine Unsterblichkeit gegenwärtig und zum Erlebnis.

Ein derartiger Weltbezug geht nicht auf Ver- und Bewertung eigener Möglichkeiten: Die Frage, ob solcher Lebensvollzug letztlich sündig oder strafbar ist, erübrigt sich. Das energetisch vorhandene Potential ist nicht zu konsumieren und gegen irgendwelche Werte oder Marktpreise ein- und umzutauschen. Auch ist es nicht erschöpfbar. – Eben dies ist es, woran man sich zu gewöhnen hat, wo ein Umdenken dringend zu empfehlen ist, dass der Mensch nämlich eine stets unerschöpfbare Fülle darstellt und er nicht sparsam mit sich selbst umzugehen braucht, er sich also getrost an sich selbst verschwenden kann, bis er seinen gemäßen Lebensausdruck gefunden haben wird.

Die Zuversicht, dass der ganze Mensch aus seinem Überfluss heraus handeln *kann*, greift erstmals Schopenhauer auf. Nietzsche und Bataille setzen diese Tradition lebensethischen Überschwangs fort.

Die einzig reelle lebensethische Disposition ist also die Gesinnung des Einzelnen, die mittels des intuitiven Erkennens seines Wollens zustande kommt und das Handeln begründet.

Der Appell an den Einzelnen, er möge sich nun selbst anhand der offerierten Hinweise sein Lebensethos bilden, ist genau die Tat, durch die es

Schopenhauer gelingt, dem Menschen eine kosmologische Bedeutung zu verleihen:
»[...] in concreto, ist sich jeder Mensch aller philosophischen Wahrheiten bewußt« (W1 474), daher ist Gestaltung des Wollens als ursprüngliche Energetik möglich. Das Geschäft der Philosophen müsste demnach lediglich das eine sein, nämlich offen darzulegen, welche Verwandlungsmöglichkeiten der Einzelne hat; sie dürften mithin nicht durch sterile Beiträge und durch anämische Begrifflichkeiten alle Weltausgänge verstopfen.

Der Schopenhauersche Mensch ist kein beliebig gemachter oder geworfener eines Ober-»Machers« namens Gott. Deshalb werden die englischen Kleriker beim indischen Volke wohl mit ihrem »maker« wenig Erfolg haben, meint Schopenhauer, da diesem Volk wohl nie beizubringen sein wird, »daß die Welt und der Mensch ein Machwerk aus nichts sei« (P2 243). Für Schopenhauer ist der Leib »ein überschwenglich vollendetes Meisterstück« (WN 252), d.h. keine erbärmliche Macherei, kein sparsam verkittetes Stückwerk.

Und dem erfüllten Leib entspricht eine eigene *erfüllte Zeit*. Ein Lebenslauf ist keine *reine absolute Zeit*, die nur *eine Dimension*[6] hat, sondern sie ist *äonenhaft* (W2 588). Die Lebensdauer des Einzelnen ist seine eigene *endlose Zeit* (W2 667), seine Existenz-Gegenwart, die ihm kein halbes Leben zuspricht, sondern sein ganzes Leben als unendliches und erfülltes.

Das Leben des Menschen erfährt also keine falsche Verlängerung ins Jenseits, die er sich im Schweiße seines Angesichts irgendeinmal verdient haben wird, sondern – und das betonte ich bereits – das Leben wird sich selbst zurückgegeben aus einer Jahrhunderte alten Enteignung und einer bewusst geheimgehaltenen Versklavung.[7]

Der Mensch ist kein amputierter oder kastrierter, kein halber oder »Viertel-Mensch«. Nein, er ist endlich wieder ein ganzer, und seine Zeit kennt keinen absolut gesetzten Anfang und kein absolut gesetztes Ende, sondern sie gebiert sich immer wieder aufs neue, in jedem einzelnen und zwar als seine erfüllte Zeit.

»Aber wahrlich, wenn mich ein Hochasiate früge, was Europa sei, so müsste ich ihm antworten: es ist der Welttheil, der gänzlich von dem unerhörten und unglaublichen Wahn besessen ist, dass die Geburt des Menschen sein absoluter Anfang sei und dass er aus dem Nichts hervorgegangen sei.« (P2 407)

Da Schopenhauer sich so vehement gegen das Weltkonzept als Machwerk eines protestantischen »makers« (P2 242) aussprach, eröffnete er als einer der ersten Denker der deutschen Kultur die fernöstlichen Religionen, den Brahmanismus und Buddhismus, die ihm mittels der vorhandenen englischen und französischen Übersetzungen bekannt waren.[8]

Im Unterschied von den festen moralischen Gebilden seiner Vorgänger, die ihre ethische Aufgabe als *Pflicht* verstanden, ist Schopenhauers Lebensethos eine Bewegung, die keinen Satzungen höherer und allgemeinerer Natur folgt. Denn jede Satzung mit einem Anspruch auf Allgemeingültigkeit würde das ursprüngliche, nämlich freie Wesen des Menschen verfehlen und ihm den Stempel der Dienstfertigkeit aufdrücken.

Die Vorschriften-Ethik, die Sollensethik Kantischer Prägung, kennt nur den unnachgiebigen Imperativ, so dass sich selbst das Gebot der Nächstenliebe in ihrem Rahmen als eine Farce ausnimmt. Sie kennt das Lieben als Geschehen, das Du als Geschehen, den Nächsten als Geschehen nicht, daher versagen ihr Ausdruck und ihre Sprache, wenn es darum geht, dem einzelnen Menschen Kategorien zu seinem eigenen Lebens-Geschehen anzubieten, die es als gutes, mit sich selbst übereinstimmendes ausweisen könnten.

Dass das Phänomen der Liebe und Selbstliebe sich nicht infolge eines Wohlklangs ereignen, auch nicht vorgeschrieben oder vor-exerziert werden können, ist für Schopenhauer *ebenfalls* »aus der Natur des Menschen« zu erklären (GM 249), aus der ihm innewohnenden Fähigkeit mitzuleiden aufgrund einer freien Selbst- und Weltwahrnehmung:

> »Hier also, in der unmittelbaren, auf keine Argumentation gestützten, noch deren bedürfenden Theilnahme, liegt die allein lautere Tugend, deren Maxime ist, ›omnes, quantum potes, iuva!‹ (Hilf allen soviel du kannst), und aus welcher alles Das fließt, was die Ethik unter dem Namen Tugendpflichten, Liebespflichten, unvollkommene Pflichten vorschreibt. Diese ganz unmittelbare, ja instinktartige Theilnahme am fremden Leiden, also das Mitleid, ist die alleinige Quelle solcher Handlungen, wenn sie moralischen Werth haben, d.h. von allen egoistischen Motiven rein seyn (soll), und eben deshalb in uns selbst diejenige innere Zufriedenheit erwecken soll, welche man das gute, befriedigte, lobende Gewissen nennt« (GM 267).[9]

Wenn der Mensch sein Ethos aus seinem eigenen Seinsgrund erwachsen lässt und es ihn von daher bewegt, so kann er zuversichtlich sein, sein Handeln werde das eines integren Menschen jenseits moralischer Systemhaftigkeit sein.

Nietzsches Mensch und dessen Lebensumwertung

Nietzsche denkt gleichfalls aus der Fülle, für ihn besitzt der Mensch die Fähigkeit, ein »Übermensch« zu werden (der Turiner Philosoph Gianni Vattimo übersetzt »Übermensch« mit dem Begriff »Supra-uomo« – »Jenseitsmensch«, um der verhängnisvollen Hierarchiebildung von oben/unten zu entgehen). Nietzsche deckt den Wahnsinn auf, der sich hinter der Fassade des scheinbar so sicheren und guten Lebens des »idealen Bürgers« verbirgt: den Wahnsinn der Normalität. Und deswegen möchte er das gesamte Leben umkrempeln, auf den Kopf stellen und »umwerten«.

Das, was den Menschen laut Schopenhauer zu einem ausgelaugten Kartenspieler macht, ist »der Ausdruck der kläglichen Seite der Menschheit« (W1 493), dass er seine eigene Handlungssphäre minimalisiert, indem er sie auf ein simples Aktion-Reaktion-Schema reduziert:

> »Aktion und Reaktion ist ihr einziges Element. [...] ferner können sie nicht ein fremdes, seltenes Thier bloß betrachten, sondern müssen es reizen, necken, mit ihm spielen, um nur Aktion und Reaktion zu empfinden« (W1 393).

Und genau im Sinne seines »Erziehers« fährt nun Nietzsche fort, indem er über die Sklavenmoral folgendes aussagt: »Die Sklaven-Moral bedarf, um zu entstehen, immer zuerst einer Gegen- und Außenwelt, sie bedarf, psychologisch gesprochen, äußerer Reize, um überhaupt zu agieren, – ihre Aktion ist von Grund aus Reaktion.«[10]

Dieser versklavte Menschentyp vermag es also nicht, »vor sich selbst mit Vertrauen und Offenheit«[11] zu leben, sondern die von der christlichen Moral ausgehöhlte, *Ressentiment*-besetzte, »schielende Seele«[12] sucht alle dunklen Winkel auf, nur um sich vor sich selbst zu verbergen und um das eigene Un-Leben nicht anschauen zu müssen, um die »falschen Küsten und falschen Sicherheiten« zu verteidigen. »Alles ist in den Grund hinein verlogen und verbogen durch die Guten.«[13] Nietzsches Vorgehen ist radikal: »Zerbrecht, zerbrecht mir die Guten und Gerechten!«[14], weil sie ein Falschmünzerspiel propagieren und eine Gewissensmaschinerie produzieren.

»Ein Gewissen zu halten, ist zu kostspielig« (GM 232) – hatte bereits Schopenhauer behauptet. Und es ist laut Nietzsche unnötig, sich damit aufzuhalten, denn

> »nichts ist furchtbarer und unheimlicher an der ganzen Vorgeschichte des Menschen als seine Mnemotechnik. ›Man brennt etwas ein, damit es im Gedächtnis bleibt: nur was nicht aufhört weh zu tun, bleibt im Gedächtnis‹ – das ist ein Hauptsatz aus der allerältesten (leider auch allerlängsten) Psychologie auf Erden.«[15]

Die Maschine – und da sind sich Schopenhauer und Nietzsche einig –, die den Sittlichkeitswahn produziert, ist das alles nivellierende und kastrierende Gewissen, das in einem ursprünglichen Seelenzusammenhang gar nicht aufzufinden ist, deswegen darin nicht künstlich eingepflanzt zu werden braucht.

Der Appell ans »souveräne Individuum«[16], an den Übermenschen, lautet demnach, diese von außen importierte Ware zu stürzen. Denn es gibt eine sogenannte »Allwissenheit in uns« (P1 253), auf die man *instinktiv* vertrauen kann, die vor allem den Mnemotechnikern, als beflissenen Gewissensproduzenten, nicht willkommen zu sein scheint, da sie sich hinterfragt und bedroht fühlen, wenn sie es nicht vermocht haben sollten, nützliche Beurteilungs- und Verurteilungskriterien den Seelen eingebrannt und ihnen dafür die ursprüngliche Erinnerungsfähigkeit allmählich ausgebrannt zu haben.

Dies *Erinnern* aber will Nietzsche wieder neu beleben – aus diesem Grunde lautet das Credo Nietzscheanischer Renaissance: Zurück zu den griechische Ursprüngen!

Die *normale* Darstellung, die das Leben in der griechischen Kunst und Kultur fand, da es nicht einer ewigen Zerreißprobe mit sich selbst unterworfen war –, diese Tatsache ist für Nietzsche (aber auch für Schopenhauer und Bataille) der Ausdruck einer Befreundung mit dem Leben selbst, mit dem Leben, das sich selbst begehrt und nicht mit einem, das sich von Grund auf verunmöglicht, weil es sich als abstoßend empfindet:

> »Dass an sich die Konzeption von Göttern nicht notwendig zu dieser Verschlechterung der Phantasie führen muss, deren Vergegenwärtigung wir uns für einen Augenblick nicht erlassen durften, dass es *vornehmere* Arten gibt, sich der Erdichtung von Göttern zu bedienen, als zu dieser Selbstkreuzigung und Selbstschändung des Menschen, in der die letzten Jahrtausende Europas ihre Meisterschaft gehabt haben, – das lässt sich zum Glück aus jedem Blick noch abnehmen, den man auf die *griechischen Götter* wirft, diese Widerspiegelung vornehmer und selbstherrlicher Menschen, in denen das Tier im Menschen sich vergöttlicht fühlte und nicht sich selbst zerriss, nicht gegen sich selbst wütete! Diese Griechen haben sich die längste Zeit ihrer Götter bedient, gerade um sich das ›schlechte Gewissen‹ vom Leibe zu halten, um ihrer Freiheit der Seele froh bleiben zu dürfen, also in einem umgekehrten Verstande, als das Christentum Gebrauch von seinem Gotte gemacht hat.«[17]

Nietzsches Aufräumaktion mit dem Christentum ist total. Denn für Nietzsche sind Anhänger der christlichen Moral nichts als »Verächter des Lebens, Absterbende und selber Vergiftete, deren die Erde müde ist«[18] und ihre Seele ist »mager, grässlich und verhungert«. Deswegen ruft er aus: »Seht, ich lehre euch den Übermenschen. Der Übermensch ist der Sinn der Erde [...]. Ich beschwöre euch, meine Brüder, bleibt der Erde treu und glaubt Denen nicht, welche euch von überirdischen Hoffnungen reden! Giftmischer sind es [...]«[19]. Nietzsches Übermensch redet also vom »Sinn der Erde« und nicht von den zur Knechtung erfundenen »Hinterwelten«[20] der »Verächter des Leibes«[21]. Gegen Letztere erhebt er sich Nietzsche in seinem Gesamtentwurf einer Lebensumwertung:

»Untergehen will euer Selbst, und darum wurdet ihr zu Verächtern des Leibes! Denn nicht mehr vermögt ihr über euch hinaus zu schaffen. Und darum zürnt ihr nun dem Leben und der Erde. Ein ungewusster Neid ist im scheelen Blick eurer Verachtung.«

Nietzsche geht vielmehr den Weg des Leibes:

»Hinter deinen Gedanken und Gefühlen […] steht ein mächtiger Gebieter, ein unbekannter Weiser – der heißt Selbst. In deinem Leibe wohnt er, dein Leib ist er.«[22]

Das ist also des Menschen eigener Reichtum, der ihn groß macht, der ihn zum Übermenschen erheben kann. Und woran erkennt man diesen ausgezeichneten (gezeichneten) Menschen? Daran, dass er sich verschwendet: »Ich verschwende, was mir geschenkt wird, ich Verschwender mit tausend Händen …«[23] und dass er alle auffordert: »Erhebt eure Herzen, meine Brüder, hoch! höher! Und vergesst mir auch die Beine nicht! Erhebt auch eure Beine, ihr guten Tänzer, und besser noch: ihr steht auch auf dem Kopf!«[24]

Und wer auf dem Kopf steht, hat den Himmel, bekanntlich unter sich; wenn das kein Reichtum ist?

Bataille und dessen Lebensökonomie

Auch Bataille denkt aus der Fülle heraus und fordert den Menschen auf, sich zu verschwenden statt seine Lebenszeit mit unnötigen »Kosten-Nutzen-Rechnungen« zu vergeuden. Demnach ist die »allgemeine Ökonomie«, die er vorschlägt, eine »Sonnenökonomie«: »Praktisch aus dem Gesichtspunkt des Reichtums betrachtet, zeichnet sich die Sonnenstrahlung durch ihren einseitigen Charakter aus: sie verliert sich *ohne Berechnung, ohne Gegenleistung*. Die *Sonnenökonomie* gründet auf diesem Prinzip.«[25]

Die Art der Sonne, mit ihren Ressourcen umzugehen, nämlich mit Überschwang und ohne das kontraproduktive und handlungshemmende Kalkül auf Gewinn, wendet Bataille auf ein ökonomisches Modell an, dessen Adressat der Mensch ist. »Der Sonnenstrahl, *der wir sind*, findet am Ende die Natur und den Sinn der Sonne wieder: er muss sich verschenken, *sich ohne Berechnung verlieren*. Ein lebendes System wächst, oder es verschwendet sich *grundlos*.«[26]

Bataille liest seine Kategorien (Verschwendung, Verzehr, Verausgabung, Überschuss, Luxus) den Naturvorgängen ab und verhält sich dabei nicht steril wissenschaftsökonomisch, sondern eben entsprechend verschwenderisch, also: naturökonomisch.

»Gewöhnlich wird das Gegenteil angenommen, und zwar deshalb, weil die Ökonomie niemals als Gesamtphänomen gesehen wird. Der Mensch reduziert in der Wissenschaft ebenso wie im Leben die ökonomischen Aktivitäten auf eine Gegebenheit, die dem Typ der partikularen Systeme entspricht (der Organismen oder der Unternehmen). Die ökonomische Tätigkeit als Ganzes wird wie eine Einzeloperation mit begrenztem Zweck gesehen. Man verallgemeinert, indem man einfach das Gesamtphänomen aus den Einzeloperationen zusammensetzt: Die Wirtschaftswissenschaft begnügt sich damit, ein isoliertes Phänomen zu generalisieren, sie beschränkt ihren Gegenstand auf Tätigkeiten, die zu einem bestimmten Nutzen unternommen werden, nämlich zum Nutzen des homo oeconomicus; sie zieht niemals das Kräftespiel der Energie in Betracht, das von keinem partikularen Zweck begrenzt wird: das Spiel der lebenden Materie insgesamt, das von der Bewegung des Sonnenlichts abhängt, dessen Wirkung sie ist. Für die lebende Materie insgesamt ist die Energie auf dem Erdball immer überschüssig, hier muss immer in Begriffen des Luxus gedacht werden, jeder Unterschied ist nur ein Unterschied in der Art der Verschwendung von Reichtümern.«[27]

Ich vollziehe nun eine Wendung zurück zu Schopenhauer, damit Sie bemerken, wie nahe er an den Diskurs und die Sprache Batailles herankommt!

Kategorien naturökonomischer Prägung wie jene der Verausgabung und des Überschusses finden sich erstmals bei Schopenhauer, obzwar es dort nicht um die Grundlegung einer Ökonomie geht, sondern um die Grundlegung einer Willensmetaphysik und eines ihr entsprechenden Lebensethos. Doch ist Schopenhauers *Wille selbst* mit dem Bataille'schen lebensökonomischen Zusammenhang verwandt: Batailles Lebensökonomie macht den von Schopenhauer umschriebenen Leibwerdungsvorgang des energiegeladenen Willens anschaulicher, während die Dynamik dieses Schopenhauer'schen Willens die Lebensökonomie Batailles personalisiert.

Die »ungewöhnliche Energie« (W1 245) eines genialen Individuums beispielsweise lässt es Werke hervorbringen zu der die beschnittene Menschenart, »die Fabrikwaare der Natur« (W1 242), ein zwanghaftes Verhältnis hat: Sie ist nicht imstande, sich zu ihrem energetischen Willens-Potenzial adäquat in Bezug zu setzen, da sie der Hunger nach energielosem Stoff treibt. Sie ist sich ihrer inneren Energie nicht bewusst. Letztere wird einer »uninteressierten Betrachtung« anheim gegeben (W1 242).

Bataille verwendet dieselbe Kategorie, die auch für Schopenhauer in der Beschreibung der Willensdynamik von Bedeutung war, nämlich jene des Verzehrens:

»Im Grunde entspringt dies daraus, dass der Wille an sich selbst zehren muss, weil außer ihm nichts da ist und er ein hungriger Wille ist. Daher die Jagd, die Angst und das Leiden.« (W1 206)

Daher auch statt der Langeweile – die Bevorzugung der Streitsucht im Kleinen, des Krieges im Großen:

> »[...] und endlich wendet sich die aus dem Innern glücklich vertriebene Eris zuletzt nach außen: Als Streit der Individuen durch die Staatseinrichtung verbannt, kommt sie von Außen als Krieg der Völker wieder, und fordert nun im Großen und *mit einem Male*, als aufgehäufte Schuld, die blutigen Opfer ein, welche man ihr durch kluge Vorkehrung im Einzelnen entzogen hatte. Ja, gesetzt: dieses Alles wäre endlich, durch eine auf die Erfahrung von Jahrtausenden gestützte Klugheit, überwunden und beseitigt; so würde am Ende die wirkliche Ueberbevölkerung des ganzen Planeten das Resultat seyn, dessen entsetzliche Uebel sich jetzt nur eine kühne Einbildungskraft zu vergegenwärtigen mag.« (W1 436).

Und diese kühne Einbildungskraft hat Schopenhauer besessen und hat seinen eigenen »frei gewordenen Überschuß der Erkenntniß« (W1 281) so zum Zuge gebracht, dass er die Grundlegung einer Lebensbewegung ermögliche: einer lebbaren, weil ethisch mit-vollzogenen, die Brauchbarkeit beanspruchen darf, weil sie ökonomisch mit-bedacht ist.

Dadurch, dass Bataille von einer rationalen Ökonomie abgekommen ist und den Weg zu einer allgemeinen Ökonomie eröffnet hat, die keinen höheren Wert kennt als die Steigerung des Lebens selbst, zeigt sich, wie neu Schopenhauers Perspektive im 19. Jahrhundert war. Es wird von Schopenhauer erkannt, wie die unerahnten Kräfte für den ökonomisch-ethischen Umgang mit überschüssig-vorhandenen Energien frei-gelegt und frei-geben werden müssen, um verheerende *Gemetzel* und Kriege zu verhindern.

Es kommt also in einer Lebensökonomie darauf an zu bedenken, welche »Art der Verzehrung der verfügbaren Ressourcen«[28] angemessen ist, um mit dem allgemeinen Überschuss *gut* umgehen zu können. Das Verzehren eines »überschießenden Potenzials« durch die Zerstörung, die die Kriege verursacht haben, ist zum Beispiel der Ausdruck eines Nicht-Bezugs: einer Unfähigkeit, sich überhaupt zu beziehen.

> »Es wird manchmal geleugnet, dass der Überschuss der Industrieproduktion die Ursache der beiden Weltkriege, besonders des Ersten, gewesen sei. Dennoch wurde genau dieser Überschuss von den beiden Kriegen ausgeschwitzt.«[29]

Der Krieg also »als katastrophische Verausgabung der überschüssigen Energie« ist das allgemeine Zeugnis des Missverstehens eines existentiell bedingten Überschusses und Luxus«. Und solange eine Ökonomie solche Kategorien nicht für bedenkenswert, geschweige denn für aufnahmewürdig erachtet, bleibt sie in ihrem eigenen Gehäuse gefangen und kann nie aus sich selbst ein Lebensethos für das Individuum, das in concreto zu leben hat, begründen. Solange nur Begriffe wie Kauf-/Verkauf-Zusammenhänge, Tausch- oder Produktionsverhältnisse, Arbeits- und Produktivkräfte, höchst wissenschaftlich fundiert, hin und her vehikuliert werden, kann man all die vergangenen Zeugnisse profitlosen menschlichen Tuns nie begreifen, wie sie zum Beispiel die »gottgefälligen Werke« zum Vorschein bringen, der »Pyramidenbau« und die »Kathedralen und Abteien.«

Schopenhauer würde meinen, es könne doch all dies verschwendete Bemühen nicht schlechthin eine »*Grille*« sein; es müsse doch etwas mit der »*Trefflichkeit der menschlichen Natur*« (W1 481) zu tun haben, der es – wie im Künstler – manches Mal gelingt, das Energetisch-Überschüssige zu verwandeln. Erst die Einsicht in die eigene Beschaffenheit macht den Willen wandlungsfähig und lässt ihn in Werke überfließen, die mit sich selbst in Einklang stehen, in denen alles endet, weil alles in äußerste und wahre Bewegung gerät. Auf diese Weise erst empfindet sich der Mensch nicht mehr als Mängelwesen, als halber oder Viertel-Mensch, erst dann hört er auf, von einem *Streben* (W1 388) zum nächsten zu jagen, von einem verheißungsvollen Objekt der Begierde zum nächsten. Schopenhauer nennt diese Art von Hetzjagd einen »unerkannten Irrthum« (W1 252). Die Wunschvorstellungen sind so angelegt, dass sie per se nicht befriedigt werden können. (Sie erinnern: die Gucci-Täschchen!) Und dieser blanke Aktionismus zeugt zwar von einer energetischen Fülle, die jedoch eben jene Form des Verzehrs gewählt hat, die selbstzerstörerisch ist: Der unaufhebbare Mangel, an dem man zu leiden scheint, ist der Mangel an Selbstbezüglichkeit.

Bataille stellt Ähnliches fest:

> »Die Verkennung ändert nichts am schließlichen Ausgang. Wir können ihn ignorieren und vergessen: der Boden, auf dem wir leben, ist nichtsdestoweniger ein Feld zunehmender Zerstörungen. Unsere Unkenntnis hat nur die eine unbestreitbare Folge: sie lässt uns erleiden, was wir, wenn wir Bescheid wüssten, nach Belieben selbst bewirken könnten. Sie beraubt uns der Wahl der Art des Ausschwitzens, die uns gefällt.« (S. 48)

Daher setzen beide, Schopenhauer wie Bataille, auf das Selbstbewusstsein, dem von einem Lebensethos bzw. einer Lebensökonomie energetisch alle Potenzen zugesprochen werden.

Eine gut lebbare Ökonomie findet sich laut Bataille in den antiken Gesellschaften, die ihre Fixiertheit auf Zweckdienliches und Nutzvolles sinnvoll einzuschränken wussten, um sich an profitlosen Bewegungen kathartisch zu erfreuen.

»Die antiken Gesellschaften fanden diese Möglichkeit in den Festen; manche errichteten erstaunliche Monumente, die keinerlei Nutzen hatten; wir verwenden den Überschuss zur Vermehrung der ›Dienstleistungen‹, die das Leben einebnen, und wir neigen dazu, einen Teil davon in der zunehmenden Freizeit zu absorbieren. Aber diese Ablenkungsmöglichkeiten sind immer unzureichend gewesen.« (S. 48)

Der allmählich ins Unermessliche gesteigerte Stumpfsinn lässt den einen wahrhaftigen Mangel nicht aufkommen, den Mangel eines rückbezüglichen, sich selbst meinenden Begehrens, und produziert, fließbandmäßig, ein aktionistisches Nichts: die Weltenhölle (das *Jammertal*, von dem Schopenhauer sprach).

Deswegen ist *Heil* nur als eine Bewegung des »Hinaus« möglich: Hinaus aus diesem selbstfabrizierten Lebens-Labyrinth, damit »der Wille ungehindert erscheine, um in dieser Erscheinung sein eigenes Wesen erkennen zu können« (W1 495). Sein Erscheinen vollzieht sich in mannigfaltigen Lebens-, Leibens-, Liebesarten, die ihn alle insgesamt betreffen und betroffen machen.

Bataille deckt einiges auf, was sich die klassischen Ökonomen wohl zu denken verboten haben,[30] ähnlich wie Schopenhauer, der zum Beispiel die verkrusteten Inhalte der Sollensethiken auszusprechen wagt.

Damit befindet sich Bataille in offenem Streit mit der klassischen Ökonomie. Er wirft ihr vor, in einer nicht-ökonomischen Weise Ideologien des Mangels und der effizienten Verteilung desselbigen produziert zu haben.[31]

»Die klassische Ökonomie stellte sich die ersten Tauschformen als Tauschhandel vor. Wie hätten sie auf die Idee kommen können, dass eine Erwerbsweise wie der Tausch ursprünglich nicht dem Bedürfnis, etwas zu erwerben, sondern dem entgegengesetzten Bedürfnis, etwas zu verlieren oder zu vergeuden, entsprochen hätte?«[32]

Aus diesen Ideologien des Mangels nun, die alle auf dem primitiven Spruch – selbst wenn er römisch-kaiserlicher Abstammung ist – basieren: »Ich gebe dir, damit du mir gibst!«, will Bataille den Menschen befreien, indem er ihm erschließt, was sein Dasein in seiner ursprünglich naturhaften und bewusstseinshaften Rück-Bezüglichkeit eigentlich bedeuten könnte.

Die herkömmlichen Kategorien Tausch, Erwerb, Zweck und vor allen Dingen der zwanghaft vergegenwärtigte Mangel, sie versagen im Kontext einer energetisch erlösend-wirkenden Bewegung, die im Einzelnen ethisch nachvollzogen wird.

Die Lebensökonomie Batailles sinniert über den Sinn von Lebensverhältnissen aus ursprünglichen (»primitiven«) Zeiten,[33] um der Gegenwart vorhandene Dimensionen zu eröffnen, die bislang ihrer Einfachheit wegen verkannt wurden: Denn statt das Leben wuchern zu lassen, lässt man den einschränkenden wissenschaftlichen Geist Wucher treiben! Damit trägt er dem elementaren Leben Zinsen ein, die es in den Ruin führen. »Unter den gegenwärtigen Bedingungen ist die Welt nicht lebensfähig, wenn es ihr nicht gelingt, das wiederzufinden, was die Primitiven besaßen, die Möglichkeit der Gabe.«[34] (Diese Möglichkeit entdeckte Bataille durch Marcel Mauss. Neben Nietzsche, der in moralischen Fragen sein »Meister« war, war Mauss der »Meister«« in ökonomischen Belangen).

> »Müßiggang, Pyramidenbau und Alkoholgenuss haben gegenüber der produktiven Tätigkeit, der Werkstatt oder dem Brot den Vorzug, dass die Ressourcen, die sie verbrauchen, ohne Gegenwart, ohne Profit verzehrt werden; sie *gefallen* uns einfach, sie entsprechen der Wahl ohne Not, die wir hier treffen. In einer Gesellschaft, in der die Produktivkräfte nicht oder kaum wachsen, bestimmt dieses Gefallen in seiner kollektiven Form den Wert des Reichtums und damit die Natur der Ökonomie. Die Prinzipien und moralischen Gesetze, denen die Produktion streng unterworfen ist (wenn auch manchmal ganz äußerlich), haben weniger Bedeutung als dieses Gefallen, das über den Gebrauch der Produkte entscheidet (den Gebrauch dessen zumindest, was nach der Lebenserhaltung übrigbleibt). Nicht die Theorien der Doktoren definieren das ökonomische System der Gesellschaft, sondern der Bedarf, den sie, aus Gefallen, an Kathedralen und Abteien, an Priestern und müßigen Mönchen hat.«[35]

Diese Art von Ökonomie erschließt uns einen »dynamischen Frieden«,[36] der die elementaren familiären Nuklei und die verschiedenen gesellschaftlichen Formationen gleichermaßen durchzieht. Es ist also kein bedrohlicher Frieden als Pause zwischen zwei Gewittern; und auch kein selbstreferentiell-implodierender, sondern einer, der aus einer lebensökonomischen Dynamik entsprungen ist, daher Gefallen am Leben erzeugt und jegliche Bewegungsform befruchtet.

Dieser Frieden ist genauso beschaffen wie die Ruhe, die den Menschen vor einem wahren inneren Bewegt- und Berührtsein umgibt und die ihn trägt.

Das Bataille'sche Konzept einer neuartigen Ökonomie beruht also auf einem einfachen Grund: »Ich gehe von einer elementaren Tatsache aus: Der lebende Organismus erhält, dank des Kräftespiels der Energie auf der Erdoberfläche, grundsätzlich mehr Energie, als zur Erhaltung des Lebens notwendig ist. Die überschüssige Energie (der Reichtum) kann zum Wachstum eines Systems (zum Beispiel eines Organismus) verwendet werden. Wenn das System jedoch nicht mehr wachsen und der Energieüberschuss nicht gänzlich vom Wachstum absorbiert werden kann, muss er notwendig ohne Gewinn verloren gehen und verschwendet werden, willentlich oder nicht, in glorioser oder in katastrophischer Form.«[37]

Dem scheinbar besonderen Aspekt einer ökonomischen Bewegung haftet etwas unkompliziert Irdisches[38] an; und dies zu verkennen, ruft alle Katastrophen hervor und bedeutet den allgemeinen Bankrott aller Systeme, die nur geordnete Verhältnisse und gezügelte Kräfte zu handhaben verstehen, sich für profitlose Zwecke aber zu wert-voll (weil wert-besessen) dünken. Ein souveränes Individuum wie eine souveräne Gesellschaft kann eine versklavende Herrschaft der Dinge nur durch »Insubordination«, durch Bewegungen, »die keiner Rechenschaft mehr unterworfen sind«, durchbrechen.[39]

Wozu der Mensch ermutigt wird, ist, den freien und aufrichtigen Umgang mit sich selbst zu wagen, denn erst auf diese Weise wird er sich imstande fühlen, mit all seinen Ressourcen so umzugehen, dass sie ihm zu seinem eigenen Lebensausdruck verhelfen. In einer selbst gewählten und zugemuteten Bewegung führen Lebensethos und Lebensökonomie zu einem ausgewogenen Lebenszusammenhang.[40]

Schlusssymposion

Für alle drei Denker, Schopenhauer, Nietzsche und Bataille, heißt es, das Wagnis des elementaren Umgangs mit sich selbst einzugehen, um von daher ein *Verzehren* eigener *Ressourcen* in einer Lebens- und Denkbewegung vollziehen zu lernen und um sich in diesem Umgang mit sich selbst gefallen und begehren zu können: So wie sich Schopenhauer und Nietzsche auf die Spuren der elementaren lebensethischen Zusammenhänge begeben und die Notwendigkeit neuer Kategorien intuieren, so führt Bataille diesen Leitfaden im lebensökonomischen Sinne fort und deckt die Falschheit mancher Doktoren-Weisheiten auf und »entbannt« somit das einfache Leben: Die ökonomische Verwendung elementarer Begriffe rechtfertigen zu müssen, ist überflüssig, wo doch schon der Begriff der Ökonomie selbst in seiner Etymologie genau dies, nämlich seinen häuslichen Nukleus verrät. Und es hat wahrlich der Doktoren-Weisheiten bedurft, um diesen Begriff sich selbst so weit entfremden zu lassen, dass man sich nun ob seiner Einfachheit verwundert. Diese Einfachheit birgt in sich »die Möglichkeit uninteressierten Verhaltens«[41], die große Chance. »Zu definieren ist kurzum das, was gefällt und Lust erregt.«[42]

Ja, und da begegnen sie sich nun wieder zu einem Schlusssymposion: Schopenhauer, Nietzsche, Bataille. Und konstatieren, dass die Welt im Argen liegt, weil sie sich zu sehr an ihre heillose Lage gewöhnt hat, auf Sparflamme zu leben: »Mit geringen Kosten zu produzieren, ist ein armseliger menschlicher Wunsch.«[43] Dies ist ein falsches unbrauchbares Lebens-Modell, denn: »Die Natur wirtschaftet nicht klug, ihre Ausgaben sind viel größer als der Ertrag, den sie erzielt.«[44]

So »unklug« wirtschaftet eben auch ein Künstler – und mit ihm die *Künstlerphilosophen*: Schopenhauer, Nietzsche und der *Philosophenökonom* Bataille, denn die Art, sich in der Mitteilung zu »verschwenden«, vereint sie allesamt. Und was sie schufen, ist tätige Philosophie und Ökonomie, *die* Perspektiven des Handelns für den konkreten Menschen eröffnen. »In erster Linie hat der Mensch die Aufgabe, ruhmvoll zu verausgaben, was die Erde anhäuft, was die Sonne verschwendet. In erster Linie ist er ein Lachender, ein Tanzender, ein Festgeber.«[45]

29.6.2002

Abkürzungen

Arthur Schopenhauer wird in der vorliegenden Arbeit nach der »Zürcher Ausgabe.
  Werke in zehn Bänden« (Diogenes Verlag AG, Zürich 1977) zitiert:
Die Welt als Wille und Vorstellung, Band 1 = W1
Die Welt als Wille und Vorstellung, Band 2 = W2
Parerga und Paralipomena, Band 1 = P1
Parerga und Paralipomena, Band 2 = P2
Über die Freiheit des menschlichen Willens = FW
Über die Grundlage der Moral = GM
Über den Willen in der Natur = WN
Über die vierfache Wurzel des Satzes vom zureichenden Grund = VW

Literaturverzeichnis

Schopenhauer Arthur, Zürcher Ausgabe. Werke in zehn Bänden. – Zürich 1997.
Schopenhauer Arthur, Der handschriftliche Nachlass, hrsg. von Arthur Hübscher. – Frankfurt am Main 1965 lfd.
Nietzsche Friedrich, Das Verhältnis der Schopenhauerschen Philosophie zu einer deutschen Cultur. – In: Kritische Gesamtausgabe, hrsg. von G. Colli und M. Montinari. 2. Band, 3. Abteilung. Berlin 1973.
Nietzsche Friedrich, Zur Genealogie der Moral. – In: Kritische Gesamtausgabe, hrsg. von G. Colli und M. Montinari, 2. Band, 6. Abteilung. Berlin 1968.
Nietzsche Friedrich, Die fröhliche Wissenschaft. – In: Kritische Gesamtausgabe, hrsg. von G. Colli und M. Montinari, 2. Band, 5. Abteilung. Berlin 1973.
Nietzsche Friedrich, Also sprach Zarathustra. – In: Kritische Gesamtausgabe. Hrsg. von G. Colli und M. Montinari, 1. Band, 6. Abteilung. Berlin 1968.
Bataille Georges, Die Höhlenbilder von Lascaux oder Die Geburt der Kunst. Stuttgart, Hamburg, München. o.J.

Bataille Georges, Die Ökonomie im Rahmen des Universums. – In: Die Aufhebung der Ökonomie. München 1985.
Bataille Georges, Der verfemte Teil. – In: Das theoretische Werk. Band. I: Die Aufhebung der Ökonomie. – München 1975.
Bataille Georges, Der Begriff der Verausgabung. – In: Das theoretische Werk. Band I: Die Aufhebung der Ökonomie. – München 1975.
Bataille Georges, Die psychologische Struktur des Faschismus. Die Souveranität. – München 1978.
Bataille Georges, Der heilige Eros. – Berlin 1963.
Bataille Georges, Die Theorie der Religion. – München 1997.
Bataille Georges, Die Tränen des Eros. – München 1981.
Bataille Georges, Madame Edwarda. – In: Das obszöne Werk. Hamburg 1977.

Zu Schopenhauer
(teils vergleichende Betrachtungen mit Nietzsche und Bataille)

Cartwright, David E., Schopenhauer's Compassion and Nietzsche's Pity. – In: Schopenhauer-Jahrbuch. 69. Band, a.a.O., S. 557–569. Compassion. – In: Zeit der Ernte, hrsg. von Wolfgang Schirmacher. Stuttgart-Bad Cannstatt, S. 60–69.
Deussen, Paul, Der Kategorische Imperativ. – In: Schopenhauer-Jahrbuch. 50. Band, S. 33–37.
Engelmann, Peter, Subversion des Subjekts – Schopenhauer in der Perspektive französischer Nietzsche-Lektüren. – In: Schopenhauer-Jahrbuch. 65. Band, S. 91–102.
Esper, Erich, Humor bei Schopenhauer. – In: Schopenhauer-Jahrbuch. 37. Band, S. 103–109. Das Böse hat keine Wirklichkeit. – In: Schopenhauer-Jahrbuch 34. Band, S. 38–47.
Fellmann, Ferdinand, Lebensphilosophie. Elemente einer Theorie der Selbsterfahrung. – Hamburg 1993.
Fromm, Eberhard, Arthur Schopenhauer. Vordenker des Pessimismus. – Berlin 1991.
Garewicz, Jan: Schopenhauers Lehre von der Willensfreiheit. – In: Schopenhauer-Jahrbuch. 53. Band, S. 93–100.
Gehlen, Arnold, Die Resultate Schopenhauers. – In: Schopenhauer, hrsg. von Jörg Salaquarda. Darmstadt 1985, S. 35–59.
Grätzel, Stephan, Die philosophische Entdeckung des Leibes. – Stuttgart 1989.
Goedert, Georges, Nietzsches Immoralismus. Seine ambivalente Beziehung zu Schopenhauer. – In: Schopenhauer-Jahrbuch. 65. Band, S. 69–79.
Schopenhauer – Ethik als Weltüberwindung. – In: Schopenhauer-Jahrbuch 77. Band, S. 113–132.
Hallich, Oliver, Mitleid und Moral. Schopenhauers Lebensethik und die moderne Moralphilosophie. – Würzburg 1998.
Hoffmann, Paul Th., Schopenhauer und Richard Wagners Erlösungsgedanke. – In: Schopenhauer-Jahrbuch. 32. Band, S. 123–140.
Horkheimer, Max, Pessimismus heute. – In: Schopenhauer-Jahrbuch. 2. Band, S. 1–7.
Bemerkungen zu Schopenhauers Denken im Verhältnis zu Wissenschaft und Religion. – In: Schopenhauer-Jahrbuch. 53. Band, S. 71–79.
Hübscher, Arthur, Denker gegen den Strom. Schopenhauer, gestern, heute, morgen. – Bonn 1973.

Hübscher, Arthur, Hegel und Schopenhauer. Ihre Nachfolge, ihre Gegenwart. – In: XXXII. Schopenhauer-Jahrbuch, S. 23–43.
Ingenkamp, Gerd, Erlösung durch Humor. Ansätze einer weltbejahenden Ethik bei Schopenhauer. – In: Schopenhauer-Jahrbuch. 79. Band, S. 137–148.
Janssen, Paul, Sein und Nichts in ethischer Bestimmtheit. Schopenhauers Ethik in Widerstreit von Metaphysik und philosophischer Weltentsagung. – In: Schopenhauer-Jahrbuch. 69. Band, S. 253–265.
Klamp, Gerhard, Aus einem Kommentar zu Schopenhauers »Grundlage der Moral«. – In: Schopenhauer-Jahrbuch. 38. Band, S. 111–117.
Lypp, Bernhard, Philosophie als Meditation des Lebens. – In: Schopenhauer-Jahrbuch. 65. Band, S. 55–67.
Lütkehaus, Ludger, Schopenhauer als Kronzeuge eines ökologischen Philosophie. – In: Schopenhauer-Jahrbuch. 65. Band, S. 256–257. Zwischen Pathodizee und »praktischer Mystik«. – In: Schopenhauer, hrsg. von Jörg Salaquarda. Darmstadt 1985, S. 264–277.
Malter, Rudolf, Arthur Schopenhauer. Transzendentalphilosophie und Metaphysik des Willens. – Stuttgart-Bad Cannstatt 1991.
Mockramer, Franz, Schopenhauers Philosophie, ihre Leistung, ihre Problematik, in: Schopenhauer-Jahrbuch. 42. Band, S. 26ff.
Mollowitz, Gerhard, Philosophische Wahrheit aus intuitivem Urdenken. – In: Schopenhauer-Jahrbuch. 69. Band, S. 41–57.
Neymeyr, Barbara, Pessimistische Eudaimologie, in: Schopenhauer-Jahrbuch. 77. Band, S. 133–166.
Pisa, Karl, Schopenhauer. Kronzeuge einer unheilen Welt. Wien/Berlin 1977. Schopenhauer und die soziale Frage. – In: Schopenhauer-Jahrbuch. 62. Band, S. 1–34.
Schopenhauers Ethik, ein Beitrag zur Bewältigung der Gegenwart. – In: Schopenhauer-Jahrbuch. 62. Band, S. 67–77.
Pleister, Wolfgang, War Schopenhauer ein epikureischer Weiser? – In: Schopenhauer-Jahrbuch. 69. Band, S. 361–373.
Pothast, Ulrich, Die eigentlich metaphysische Tätigkeit. Über Schopenhauers Ästhetik und ihre Anwendung, durch Samuel Beckett. Stuttgart 1982.
Salaquarda, Jörg, Schopenhauer und die Religion, in: Schopenhauer-Jahrbuch. 69. Band, a.a.O., S. 321–333.
Erwägungen zur Ethik. Schopenhauers kritisches Gespräch mit Kant und die gegenwärtige Diskussion. – In: Schopenhauer-Jahrbuch. 56. Band, S. 51–69.
Zur gegenseitigen Verdrängung von Schopenhauer und Nietzsche. – In: Schopenhauer-Jahrbuch. 65. Band, S. 13–30.
Charakter und Freiheit, in: Zeit der Ernte, hrsg. von Wolfgang Schirmacher. Stuttgart-Bad Cannstatt 1982, S. 88–98.
Schirmacher, Wolfgang, Ästhetik des Todes: Batailles Erneuerung der Kunstphilosophie, in: Schopenhauer, Nietzsche und die Kunst. Wien 1991, S. 175–185.
Schöndorf, Harald, Der Leib im Denken Schopenhauers und Fichtes. – München 1982.
Schulz, Walter, Schopenhauer und Nietzsche. Gemeinsamkeiten und Differenzen. – In: Schopenhauer, Nietzsche und die Kunst. Wien 1991.
Stäglich, Zur Geschichte des Begriffs Pessimismus. – In: Schopenhauer-Jahrbuch. 34. Band, S. 27–37.
Voigtländer, Hanns-Dieter, Das Problem der Lehrbarkeit der Tugend bei Platon und

bei Schopenhauer, in: Schopenhauer-Jahrbuch. 69. Band, S. 333–349. Schopenhauers Wille und Platons Eros. – In: Schopenhauer-Jahrbuch 71, S. 154–166.

Sammelbände

Leiblichkeit. Philosophische, gesellschaftliche und therapeutische Perspektiven, hrsg. von Hilarion Petzoldt. Paderborn 1985.
Schopenhauer im Denken der Gegenwart. 23 Beiträge zu seiner Aktualität, hrsg. von Volker Spierling. München/Zürich 1987.
Schopenhauers Aktualität. Ein Philosoph wird neu gelesen, hrsg. von Wolfgang Schirmacher. Wien 1988.
Schopenhauer in der Postmoderne, hrsg. von Wolfgang Schirmacher. Wien 1989.
Schopenhauer, Nietzsche und die Kunst, hrsg. Wolfgang Schirmacher.
Schopenhauer und Marx. Philosophie des Elends – Elend der Philosophie, hrsg. von Hans Ebeling und Ludger Lütkehaus. Königstein/Ts. 1980.
Zeit der Ernte. Studien zum Stand der Schopenhauer-Forschung. Festschrift für Arthur Hübscher zum 85. Geburtstag, hrsg. von Wolfgang Schirmacher. – Stuttgart-Bad Cannstatt 1982.

Zu Nietzsche

Otto J. Most, Das Selbst des Menschen in der Sicht des jungen Nietzsche, in: Philosophisches Jahrbuch 103 (1996).
Werner Ross, Der wilde Nietzsche oder Die Rückkehr des Dionysos. – Stuttgart 1994.
Eugen Fink, Nietzsches Philosophie. – Stuttgart, Berlin, Köln, Mainz 1973.
Martin Heidegger, Nietzsches Wort »Gott ist tot«. – In: Holzwege. Frankfurt am Main 1980, S. 205–263.
Ivo Frenzel, Nietzsche. Hamburg 1966.
Alfredo Guzzoni (Hrsg.), 100 Jahre philosophische Nietzsche-Rezeption. Frankfurt am Main 1991.

Zu Bataille

Marcel Mauss, Die Gabe. Form und Funktion des Austausches in archaischen Gesellschaften. Frankfurt am Main 1990.
Jan Stehl, Politik und Ökonomie als Kultur. Würzburg 1982.
Johan Huizinga, Homo ludens. Vom Ursprung der Kultur im Spiel. – Hamburg, o.J.
B. P. Priddat (Hrsg.), Ökonomie und Ethik. – Hamburg 1988.
Wolfgang Kluxen, Ethik und Ethos. – In: Philosophisches Jahrbuch 73 (1966).
Werner Schneider, Naturrecht und Liebesethik – ein überholtes Problem? – In: Philosophisches Jahrbuch 77 (1970).
Gerd Bergfleth, Die Religion der Weltimmanenz. – In: Die Theorie der Religion. – München 1997, S. 205–245.
Gerd Bergfleth, Die Souveränität des Bösen. – In: Die Literatur und das Böse. München 1987, S. 187–236.
Gerd Bergfleth, Theorie der Verschwendung. – In: Das theoretische Werk. Band I: Die Aufhebung der Ökonomie. München 1975.
Rita Bischof, Souveränität und Subversion. – München 1984.
Rita Bischof, Nietzsche, Bataille et le probléme d'une morale nouvelle. – In: Georges Bataille et la pensée allemande. Paris 1986.
Hans Maier, Georges Bataille et le fascisme. – In: Georges Bataille et la pensée alle-

mande. – Paris 1986, S. 79–94.
Jean-Francois Fourny, Introduction à la lecture de Georges Bataille. – New York/Berne/Frankfurt am Main/Paris 1988.
Francis Marmande, Georges Bataille politique. Lyon 1985.
Isabelle Rieusset, La déchirure du cercle: une éthique de la negativité. – In: G. Bataille et la pensée allemande, Paris 1986.
Jacques Derrida, Von der beschränkten zur allgemeinen Ökonomie. Ein rückhaltloser Hegelianismus. – In: Die Schrift und die Differenz. Frankfurt am Main 1997, S. 380–421.

Anmerkungen

1. Nietzsche, Also sprach Zarathustra, Kap. »Von der schenkenden Tugend«, S. 100.
2. Bataille, Der heilige Eros, S. 338.
3. Bataille, a.a.O., S. 7.
4. Nietzsche, Fröhliche Wissenschaft, S. 240.
5. Bataille, Madame Edwarda. – In: Das obszöne Werk, S. 60.
6. Vgl. Über die vierfache Wurzel des Satzes vom zureichenden Grunde. Dissertation von 1813 – In: Schopenhauers Sämtliche Werke. Band 3, hrsg. v. Paul Deussen. München 1912, S. 3–105, S. 42/43. – Zwar kommt in der zweiten Ausgabe seiner Dissertation, aus dem Jahre 1842, die *erfüllte Zeit* auch vor, doch fallen die »Bilder« weg (vgl. VW 44). »Man kann sich dies versinnlichen, indem man die erfüllte Zeit unter dem Bilde einer Cirkelfläche vorstellt, deren Centrum die Gegenwart sey [...]. Nach Kants Lehre müßten wir die Entfernung vom Centro nur durch Verfolgung des Radius finden, also zwei Punkte nur dann vergleichen können, wenn sie auf einem Radius lägen, oder vielmehr im Cirkel müßte nur ein Radius möglich seyn. Wir sehn aber, daß alle möglichen Punkte nach ihrer Entfernung vom Centro verglichen werden können und daß gleichzeitig Begebenheiten nie Wirkung und Ursache von einander seyn können, da sie nothwendig durch Punkte dargestellt werden, welche auf einem Parallel-Kreis, folglich nicht auf einem Radius liegen. Ich weiß sehr wohl, daß die absolute reine Zeit nur eine Dimension hat und daher ihr Bild die Linie ist: hier rede ich aber von der erfüllten Zeit [...].« (S. 42/42).
7. »Leben« bedeutet an dieser Stelle nicht »Lebenslauf«, sondern wuchernde, füllige »Lebendigkeit«!
8. Dass er Französisch und Englisch in seiner Kindheit und Jugend gelernt hatte, kam ihm nicht zuletzt hier zugute. – Vgl. hierzu die von Schopenhauer angeführte Bibliographie zur bis dahin erschienenen Sanskritliteratur: P2 435–443. Vgl. zum Thema Schopenhauer und der Buddhismus: Mockramer, a.a.O., S. 34; Ludger Lütkehaus, a.a.O., Zwischen Pathodizee [...], a.a.O., S. 266–267; Arthur Hübscher, a.a.O., S. 50.
9. Demnach sind das Gebot und das Gewissen Begriffe, die aus dem Schopenhauer'schen Lebensethos nicht weggedacht werden können. Bloß erfahren sie in seinem Zusammenhang eine Neuformulierung. – Das Kolorit der Schopenhauer'schen Sprache ist ohnehin ein religiöses; insofern könnte man mit Schirmacher von einer »Mystik Schopenhauers« sprechen! (Vgl. A. Schopenhauer, Über die Grundlage der Moral, Anm. 281).
10. Nietzsche, Zur Genealogie der Moral. – In: a.a.O., S. 285.

11 Nietzsche, a.a.O., S. 285.
12 Nietzsche, a.a.O., S. 286.
13 Nietzsche, Zarathustra, S. 267.
14 Nietzsche, Zarathustra S. 267.
15 Nietzsche, Genealogie, S. 311.
16 Nietzsche, Genealogie, S. 303.
17 Nietzsche, Genealogie, S. 349.
18 Nietzsche, Zarathustra, S. 15.
19 Nietzsche, a.a.O., S. 14/15.
20 Nietzsche, a.a.O., S. 38.
21 Nietzsche, a.a.O., S. 40.
22 Nietzsche, a.a.O., S. 40.
23 Nietzsche, a.a.O., S. 296.
24 Nietzsche, a.a.O., S. 366.
25 Bataille, Die Ökonomie im Rahmen des Universums. – In: Die Aufhebung der Ökonomie, 2. erweiterte Auflage, München 1985, S. 290.
26 Bataille, a.a.O., S. 291.
27 Bataille, Die Aufhebung der Ökonomie, S. 47.
28 Bataille, a.a.O., S. 153.
29 Bataille, a.a.O., S. 49.
30 Vgl. zum Unterschied zwischen Batailles »économie générale« und der »économie politique classique« – Francis Marmande, Georges Bataille politique, Lyon 1985, S. 136 und S. 162; und Fourny, a.a.O., S. 130.
31 Vgl. hierzu Gerd Bergfleth, Theorie der Verschwendung. – In: G. Bataille: Die Aufhebung der Ökonomie, a.a.O., S. 289–407, S. 371. Vgl. auch Theodor Adorno, Negative Dialektik, Frankfurt am Main 1982, S. 127: »Die Apologie der Dürftigkeit ist aber nicht bloß eine des abermals zum Punkt zusammengeschrumpften Denkens, sondern hat ihre präzise ideologische Funktion.«
32 Bataille, a.a.O., S. 97.
33 Vgl. Bataille, Tränen des Eros. – a.a.O., S. 36 u.f.
34 Bataille, Vorträge und Aufsätze, in: Theorie der Religion, a.a.O., S. 150.
35 Bataille, Die Aufhebung der Ökonomie, S. 153.
36 Bataille, a.a.O., S. 228.
37 Bataille, a.a.O., S. 45.
38 Vgl. Bataille, a.a.O., S. 44.
39 Vgl. Bataille, a.a.O., S. 30.
40 Man könnte aus der Bataille'schen Ökonomie ein »Ja« zum Konsum ableiten: Es geht nicht darum zu sparen, sondern zu verschwenden. Kühn formuliert würde das heißen, dass mit jedem gekauften Artikel oder investierten Geld ein Arbeitsplatz mitgeschaffen werden kann! Ähnlich hieß es bei Schopenhauer im Zusammenhang der aionenhaften Zeit: Es geht nicht darum, seine Lebenszeit »hinauszudehnen« und sie sich abzusichern oder aufzusparen, sondern sie wirklich als Daseiender zu gestalten, sie an sich selbst »zu verschleudern.« Hierzu ist Lebens-Wagnis als moralischer Wert erforderlich!
41 Derridas Interpretation von Batailles Ökonomie-Konzept: »Von der beschränkten zur allgemeinen Ökonomie. Ein rückhaltsloser Hegelianismus« ist meines Erachtens nicht *desinteressiert*: Sie wäre aus einer anderen Perspektive als aus

seiner *dekonstruktivistischen* gar nicht denkbar. In einem Zusammenhang des ökonomischen Handelns ist sie nicht ergiebig. Vgl. hierzu Marmande: a.a.O., S. 165 und Fourny: a.a.O., S. 149, wo es unter anderem heißt: »La souveraineté de Bataille, chez Derrida, se réduit à un jeu de differences qui se démultiplient dans le face-à-face avec Hegel. Le versant ethnologique, mais aussi nietzschéen et mimétique de la notion disparait dans cette lecture déconstrutionniste qui elle aussi ramène toute réalité au langage qui la décrit.«

42 Bataille, Krieg und Philosophie des Heiligen, in: Theorie der Religion, S. 173.
43 Bataille, Der heilige Eros, a.a.O., S. 75.
44 Nietzsche, Schopenhauer als Erzieher, in: Über Schopenhauer, a.a.O., S. 676.
45 Bataille, Die Ökonomie im Rahmen des Universums, a.a.O., S. 298.

Heidegger und Nietzsche – noch einmal

Harald Seubert

Beatrix Vogel zugeeignet

Nietzsche – der Name des Denkers stand bei Heidegger für die Sache seines Denkens. Heidegger und Nietzsche – die Verbindung *beider* Name ist ein Emblem für eines der großen Denkgespräche abendländischer Philosophie, das nach einem Wort von Gianni Vattimo selbst zu einem Thema und Probierstein künftigen Denkens werden kann, auch wenn sich dieses – phänomenologisch und hermeneutisch verfahrende, die Grundfragen von Metaphysik und Ontologie weiter erwägende Denken nicht als ein »schwaches Denken« verstehen wird, sondern als problemgeschichtlicher und systematischer Rückgang in die Sache der abendländischen Metaphysik: was letztlich der Selbstinterpretation Heideggers gemäß sein dürfte.[1] Die Zwiesprache, die Heidegger mit Nietzsche führte, war ihrem Wesen nach eine »Auseinandersetzung«: was Heidegger in dem Sinn verstand, dass die beiden zueinander in Stellung gebrachten Denkwege und -weisen dort, wo sich die eine in das Innere der anderen versetzt, sich vollständig voneinander trennen müssen (»mit dem Schwert denken«, könnte dies nach einem Wort von Heribert Boeder genannt werden).

Im Eigensten des Anderen, Nietzsches, eröffnet sich für Heidegger die Sache seines eigenen Denkens. Dies ist der gleichsam adversative Richtungssinn der »Auseinandersetzung«, die weder Kampf (Polemos) noch Widerstreit (Agon) ist, aber auch nicht hörende Zwiesprache, deren Gestus nach seiner eigenen Wahrnehmung Heideggers denkende Resonanz auf die Dichtung bestimmt. Aus der Mitte der »Auseinandersetzung« scheint die – werkgenetische – These wohl belegbar zu sein, wonach Heideggers Denken sich in dem zweibändigen Nietzsche-Werk gleichberechtigt, wenngleich auf andere Weise manifestiert als in den »Beiträgen zur Philosophie« den sie begleitenden, erst nach Heideggers Tod veröffentlichten Ausarbeitungen zur Seinsfrage.

Mein Beitrag wird dieser Zwiesprache auf zwei Wegen nachgehen. Im ersten Teil versuche ich, die einzelnen Wegmarken der Denk-Auseinandersetzung zu markieren. Dabei kann ich auf manches an früherer Stelle Publizierte zurückgreifen;[2] ich werde es aber gleichsam auf seine philosophische Grammatik reduzieren:[3] Auf diese Weise soll sichtbar werden, wo in der Topologie von Heideggers Denken die Zwiesprache mit Nietzsche ihren spezifischen Ort hat.

In einem zweiten Gang suche ich den nicht ausdrücklich geführten, esoterischen Dialog zwischen Heidegger und Nietzsche nach einigen Seiten ans Licht zu bringen. Es sind, kurz gesagt, jene Dimensionen Nietzsche'schen Philosophierens, die der späte Heidegger lernte »sein zu lassen«: und die sich seiner Deutung Nietzsches innerhalb des Aufrisses der Leitfrage der abendländischen Metaphysik, von Washeit (essentia) und Daßheit (existentia), entziehen. Damit sind zugleich Punkte in der Zwiesprache benannt, die es nahe legen, an Heideggers Lesart Korrekturen anzubringen, die sich nicht auf einzelne Züge begrenzen, sondern die Physiognomie Heidegger'schen und Nietzsche'schen Denkens betreffen, aber nicht innerhalb des Horizontes von Heideggers Nietzsche-Auslegung thematisch gemacht werden können. Ein im weitesten Sinn triviales Problem steht damit allerdings in Rede: die Frage, wie es zu beurteilen ist, dass Heidegger wesentliche Züge des Denkens von Nietzsche »verfehlte« – offensichtlich doch nicht vom Schibboleth einer Textobjektivität her, über die sich bei Nietzsche, wie man weiß, immer die Membranen der Interpretation legen: Das »arrheton«, sei es das Unaussprechliche oder das – auch aus kontingenten Gründen – Unausgesprochene berührt einen Denkgestus, der Heidegger und Nietzsche gemeinsam ist, es ist der Gestus, andeutend, also: zeigend, in einer Gnomé zu sagen, was andere in Büchern nicht sagen. Realisiert wird dies in denkbar verschiedener Weise – Nietzsche trifft auf das arrheton in seiner Aphoristik und im Zweifel an der schönen Ausgestaltung der Gedanken, die umso fraglicher werden, je mehr sie im rhetorischen Glanz leuchten, Heidegger in der Verfahrungsweise der »Destruktion«, die das Ungesagte aus dem »Zuspiel« vergangenen Denkens ans Licht bringen soll.

Erst in diesem zweiten Zusammenhang werden Nervenpunkte von Heideggers und Nietzsches Denken sichtbar werden, die es als emblematische Verkürzung eines Sachhorizontes kenntlich machen.

I.

(1) Ich erinnere fürs Erste an einige bekannte Tatsachenwahrheiten, die sich – eben in dem Sinn, in dem Leibniz die Unterscheidung zwischen »vérités de faits« und »vérités éternelles« verstanden sehen wollte – als Anzeigen von Sachwahrheiten begreifen lassen. Heideggers Zwiesprache mit Nietzsche ist ein früher und tiefer Impuls. Er reicht, nach einem Selbstzeugnis, weiter

zurück als die Faszinationen, die seine Generation in Bann schlugen: Kierkegaards Schriften, Rilkes und Trakls Dichtung, Dostojevskijs Romanwerk.[4]

In der von Rickert betreuten Habilitationsschrift aus dem Jahr 1916 über »Die Kategorien- und Bedeutungslehre von Duns Scotus« finden sich zwei zur Physiognomie des Neukantianismus vollständig disparate Spuren: einmal der Verweis auf den jungen Hegel, die Liebe als Urstiftung des spekulativen Systems, und zum anderen der Hinweis auf die unauslöschliche Herkunft jeder Philosophie aus einem »Trieb, der philosophiert«. In beiden Zügen soll die Unhintergehbarkeit der Metaphysik namhaft gemacht werden. Ich habe an anderer Stelle gezeigt, dass einzelne Nietzsche'sche Denkmotive für Heidegger zum Leitfaden wurden, um eine »Phänomenologie« zu entwickeln, die nicht in der transzendentalen Urwissenschaft Husserls verankert sein sollte.[5] Es ist die phänomenologische Aisthetik, die von Heidegger scharfsinnig erkannte, aber gewiss in ihrer Reichweite überpointierte, Tendenz Husserls, aber auch von Jaspers,[6] das, was sich zu sehen gibt, auf seine bleibende Gestalt zu reduzieren, gegen die er den kairos und die Perspektivik jeweiliger Hinsichten und Anhörungen des seienden Phänomens ins Spiel bringt.

Auch in »Sein und Zeit« sind tiefdringende Nietzsche-Spuren eingegangen: die Ekstasen der Zeitlichkeit sah Heidegger in den drei Modi von Historie, der antiquarischen, kritischen und monumentalen, vorgeprägt. Nietzsche wird dabei unter der Maske des »Ahnenden« figuriert, der von der ekstatischen Zeitlichkeit und Geschichtlichkeit mehr wusste, als er sagte.[7]

Die Folge jener Nietzsche-Vorlesungen, mit denen die Zwiesprache ausdrücklich wird und die in das zweibändige Nietzsche-Werk Heideggers komprimiert Eingang gefunden haben, beginnt im Wintersemester 1936/37: mit einem Kolleg über den »Willen zur Macht als Kunst«. Wenn man sich vor Augen führt, dass Heidegger im Jahr 1935 seine eigene große Abhandlung »Der Ursprung des Kunstwerkes« entworfen und vorgetragen hatte,[8] so ist es bemerkenswert, dass der eigene Inbegriff von Kunst als des »ins-Werk-Setzens« der Wahrheit (Aletheia) in dem Kolleg kaum berührt und ins Strittige geführt wird. Hier deutet sich bereits die tektonische Zwischenstellung der Nietzsche-Vorlesungen an, die eigener Aufmerksamkeit wert ist.

Der »ewigen Wiederkehr des Gleichen« widmet sich das zweite Nietzsche-Kolleg im unmittelbar anschließenden Sommersemester 1937, und legt sie als »Nietzsches metaphysische Grundstellung« aus: Was schon deshalb bemerkenswert ist, weil die zeitgemäße nazistische Nietzsche-Interpretation, deren exponierteste Propheten Ernst Bertram und Alfred Baeumler waren, die ewige Wiederkunft als eine »Privatideologie« Nietzsches las, die gänzlich unter seine Hauptlehre, den »Willen zur Macht« zu summieren sei. Heidegger legt stattdessen dar, dass die »ewige Wiederkehr« das vertiefende Antidotum zum »Willen zur Macht« ist. Sie benennt nicht das »letzte Faktum«, zu dem wir hinunterkommen, sie ist der »abgründigste Gedanke«, an dem – um es im Vorgriff zu sagen – das Verhältnis von Gedanke, Lehre und Mitteilbarkeit eigentlich fragwürdig wird; denn der Lehrer des abgründigsten, weil: schwersten Gedankens muss diesem erst gewachsen sein, er muss ihm »entgegenwarten«: ein Motiv, das dadurch kenntlich wird, dass bei diesem Entgegenwarten der blinzelnde letzte Mensch wieder in den Vordergrund rückt.

Erst danach, nach einem bis heute unpublizierten Vorlesungszwischenspiel über Nietzsches »II. Unzeitgemäße Betrachtung« (1938/39), das für das fehlende Zwischenstück der Zeitlichkeits- und Geschichtlichkeitsanalyse von Heideggers Hauptwerk »Sein und Zeit« Aufschlüsse bietet, wendet sich Heidegger im Sommersemester 1939 »Nietzsches Lehre vom Willen zur Macht« zu. Er fasst sie, was den Gang des Kollegs bestimmen wird, in der Relation eines hermeneutisch phänomenologischen »als«: wobei die Auslegung des Willens zur Macht »als Erkenntnis« in den Vordergrund tritt. Fürs Erste ist dies ein Indiz, dass Heidegger den »Willen zur Macht« immer nur unter Masken und Interpretationsmembranen verstanden sehen wollte.

Das letzte Nietzsche-Kolleg sollte »Nietzsches Metaphysik« betitelt sein (angekündigt ist es für das WS 1941/42); ihm kommt besonderes Gewicht zu, da Heidegger hier den Grundriss der abendländischen metaphysischen Überlieferung aus Nietzsches »Inbegriffen« heraus zu erläutern sucht, also nicht wie ansonsten in der Zwiesprache mit Nietzsche auf das Schema der metaphysischen Leitfrage, von Essentia und Exisentia, verweist. Und schließlich, gleichfalls in Band 50 der Gesamtausgabe dokumentiert, hat Heidegger in dem hochdramatischen Wintersemester 1944/45 eine »Einleitung in die Philosophie« unter dem doppelgesichtigen Topos von »Denken und Dichten« mit Nietzsches Namen verknüpft. Es kamen, aufgrund der politischen Lage, nur zwei Kollegstunden zum Vortrag.

Im Sinn der Konstatierung von »verités de faits« ist es nicht weniger aufschlussreich zu erkennen, welche Denkanläufe und -zusammenhänge die Zwiesprache mit Nietzsche unterbrachen. Die Strenge, auf die Heidegger seine Nietzsche-Auslegung verpflichtete, die nicht weniger kohärent sein sollte als die Auslegung eines Aristotelischen Satzes oder eines vorsokratischen Fragmentes, können zumindest die Hypothese erlauben, dass alle anderen Denkwege, die Heidegger seinerzeit verfolgte, auf die »Auseinandersetzung« mit Nietzsche bezogen sind. In diesem Zusammenhang geht Heidegger auf den Anfang abendländischer Philosophie zurück, freilich nicht auf Platon, wozu sachlich Grund bestünde, sondern auf die Aristotelische Metaphysik.[9]

Heidegger und Nietzsche – noch einmal

In der Erforschung der komplexen Zusammenhänge des deutschen Idealismus fand in jüngerer Zeit[10] der gleichermaßen philosophiehistorische und systematische Topos von den »Problemen in Konstellationen« verstärkte Aufmerksamkeit. Er scheint mir auch für die Nietzsche Deutung hilfreich zu sein. Augenfällig ist es, dass die Nietzsche-Kollegs zwei Mal von Heideggers Fortschreibung der »Logik«, der Ergründung von »Grundbegriffe(n) der Philosophie«, unterbrochen werden. Mit diesen beiden Kollegs, dem einen im Wintersemester 1937/38 (GA Band 45), dem anderen (der Vorlesung »Grundbegriffe« (GA Band 51) im Sommersemester 1941, biegt die *zwischen* Erstem und Anderem Anfang situierte Zwiesprache mit Nietzsche in die Bahnen der Seinsfrage um: auf die Verfugung von »Sein« und »Nichts« als Erscheinung der Entzogenheit des Seins selbst.

Sodann ist darauf hinzuweisen, dass dem Zyklus der Nietzsche-Kollegs die erste monographische Auslegung von Schellings Würzburger Freiheitsschrift (1809) vorausgeht (GA Band 42: Schelling: Vom Wesen der menschlichen Freiheit, SS 1936), und dass Heidegger seine »Auseinandersetzung« mit Nietzsche unter dem Leittitel der »Metaphysik des deutschen Idealismus« in der Vorlesung vom Sommersemester 1941 (GA Band 49) in einer erneuten Auslegung von Schellings Freiheits-Schrift auch abschließt. Man bedenke dabei, dass für Heidegger die Entgegensetzung von Grund und Existenz in Schellings Schrift und die quälende, als Leitfrage der Philosophie erkannte Problematik nach der Verortung des Bösen im System den Gipfel- und Übergangspunkt des deutschen Idealismus bezeichnete.[11] Freilich ist auch hier wieder zu differenzieren: Die Spitze des deutschen Idealismus sieht Heidegger mit Hegel erreicht, insofern dieser schon im Abschnitt von der »sinnlichen Gewissheit« der »Phänomenologie des Geistes« dafür sensibilisiert, dass jeder vermeintlichen Einschränkung auf »Endlichkeit« Unendliches vorausgehen müsse.[12]

Aus der Tektonik, die sich aus der genealogischen Aufeinanderfolge der Kollegs erschließt, könnte sich sodann der Eindruck ergeben, dass Heidegger seine »Auseinandersetzung« mit Nietzsche in die ungleich zurückgenommenere Zwiesprache mit Hölderlins Dichtung einmünden lasse. Zwar datiert die erste Hölderlin-Vorlesung, eine Interpretation der Hymnen »Germanien« und »der Rhein« schon aus dem Wintersemester 1934/35 (GA Band 39), doch die »Andenken«-Vorlesung (GA Band 52) und das der »Ister«-Hymne gewidmete Kolleg (GA Band 53) folgen beide 1941 bzw. 1942; sie gehören daher in den unmittelbaren Umkreis der Nietzsche-Auslegungen. An einer Stelle in den »Beiträgen« (GA Band 65, S. 204) hat Heidegger festgehalten, dass Hölderlin (gegenüber Nietzsche und Kierkegaard)[13] der früheste sei und zugleich der am weitesten Voraus-dichtende – der dichterische Denker des Dichtens sei. Er spricht die verborgenen Denker an, die »Lanthanonten«.[14]

Auch der Rückgang auf den Anfang des abendländischen Denkens bei Parmenides und Heraklit, denen die beiden letzten regulären Freiburger Vorlesungskomplexe vor Kriegsende gewidmet sind (GA Band 54 und GA Band 55), ist als ein Mündungspunkt der Auseinandersetzung mit Nietzsche zu verstehen; die Rückkehr zu den Grundgestalten der aletheia-haften Weisheit vor aller ersten, metaphysischen Philosophie ist gerade nicht in ausdrücklicher Zwiesprache mit Nietzsche exponiert, wie wohl er in die Anfänge abendländischen Denkens zurücksah.[15] Bemerkenswert ist schließlich auch die genealogische Nähe und die Nietzsche-Spur in der »Einführung in die Metaphysik« (SS 1935, GA Band 40), die anzeigt, dass Nietzsche für Heidegger zu dem Okular wird, durch das in die Wegbahnen der metaphysischen Überlieferung gesehen werden kann.

Evident ist nach alledem, dass die »Auseinandersetzung« mit Nietzsche nicht einem vorübergehenden Impuls auf Heideggers Denkweg geschuldet ist. Eher schon kontingente Ursprünge und einen transitorischen Charakter weist das Zwiegespräch mit dem deutschen Idealismus auf, das unmittelbar nach »Sein und Zeit« akut wird und ohne das die met-ontologische Vorfrage der Grundfrage – im Umkreis der Freiburger Antrittsvorlesung »Was ist Metaphysik?« und der Abhandlung »Vom Wesen des Grundes« – nicht denkbar wäre.[16]

(2) Blicken wir nun von den Tatsachenwahrheiten her auf den Kern der Sache. Im ersten Nietzsche-Kolleg, im Wintersemester 1936/37, handelt Heidegger vom »letzten Faktum«, zu dem wir hinunterkommen: eben vom »Willen zur Macht«. Die Kunst ist eine der Perspektiven, in denen der Wille zur Macht sich zeigt. Es sind, verkürzt gesagt, vier Topoi, die Heidegger in der Zwiesprache mit Nietzsche überdenkt, wodurch zugleich eine Verständigung über noch ungeklärte Problemata möglich ist. Zum einen deutet er den »Willen zur Macht« auf seine affekthaft pathematische Verfassung hin aus. Als Affekt ist der Wille »Anfall«, Erregung. Als Gefühl, also als Gestimmtheit begriffen, ist er hingegen Offenhalt und »Differenz-Bewusstsein«. Damit dürfte in der Sache an die ingeniöse Deutung der Aristotelischen Rhetorik aus dem Sommersemester 1924 angeknüpft sein (GA Band 18) und an die Analytik von »Grundstimmungen«, durch die sich Heidegger der Weg zu »Sein und Zeit« bahnte: in der »Grundstimmung« bezieht sich das Dasein nicht auf einzelnes Seiendes, sondern auf das Seiende im Ganzen, an dem ihm die Seinsfrage aufgeht.

Zum Zweiten kümmert sich Heidegger schon in diesem ersten Kolleg um die Bestimmung des Verhältnisses zwischen Nietzsches beiden Hauptgedanken, der ewigen Wiederkehr des Gleichen und dem Willen zur Macht. Die luzide Zugriffsweise der zweiten Nietzsche-Vorlesung ist hier erstmals präfiguriert. Dabei fasst Heidegger, im Sinne des Gefüges der Leitfrage, beide Gravema Nietzsche'schen Denkens in ihrem Zusammenhang; jedoch noch nicht als Schul-Begriffe (in der Abbildung auf die ontologische Distinktion von »essentia« und »existentia«). Vielmehr wird der Wille zur Macht als der Grundcharakter des Seienden im Ganzen verstanden. Dessen Was- und Wie-sein (dass beide Fragezüge zusammengenommen werden, ist das eigentlich bemerkenswerte!)[17] sei die »Wiederkehr des Gleichen«. Heidegger liest sie hier sogar als Prolepsis auf »Sein als Zeit« hin: also als Voraus-entdeckung des Themas der nicht bewältigten zweiten Hälfte seines Hauptwerkes. Dies Buch könne, so notiert er, »nur danach abgeschätzt werden, wie weit es der von ihm aufgeworfenen Frage gewachsen ist und wieweit nicht.« (GA Band 43, S. 23)

Zum Dritten verhandelt Heidegger in seinem ersten Nietzsche-Kolleg das Sachproblem der Metaphysik als Platonische Grundfrage: Er nimmt Nietzsches »umgedrehten Platonismus«, am Leitfaden von Nietzsches Selbst-beurteilung, tief in den Platonismus verstrickt zu sein, beim Wort und deutet die »Herausdrehung« aus den Wegbahnen des Platonismus in dem Sinn, dass mit dem Hinfall einer eidetischen wahren Welt auch der Schein seinen Sinngehalt (sein Wesens-Was) verlieren müsse. Am Ende des *Court récit*, wie die wahre Welt endlich zur Fabel wurde, sähe sich die Philosophie dann lediglich dem Nihilismus gegenüber.

Dies ist mit dem vierten Hauptpunkt eng verbunden, der für sich allein gesehen und im Vergleich zu der in etwa zeitparallel datierenden Abhandlung vom »Ursprung des Kunstwerkes« enttäuschen müsste: die Verhältnissetzung von Kunst, Wahrheit und Wissenschaft in der ersten Nietzsche-Vorlesung. Heidegger exponiert, unter Rückgriff auf den Platonischen »Phaidros«, das Verhältnis zwischen Schönheit und Wahrheit als einen Zwiespalt. Es ist deutlich, dass damit im Rayon der Kunstwerk-Abhandlung eine grundlegende metaphysische Formationsbedingung von Wahrheit und ihrer Erscheinung bezeichnet wird, die sich nicht in die Denkform des Schönen als eines Symbols oder einer Reflexionsanalogie der Sittlichkeit einholen lässt (so wie sie aus dem Anhodos des Platonischen »Symposion« und aus Kants dritter Kritik vorgegeben gewesen wäre).

Heidegger unterscheidet vielmehr einen »beglückenden« Zwiespalt, der die eidetische Wahrheit zugleich als das im höchsten Grade Erscheinende verstehen lässt (als Platonisches »ekphanestaton«) und den »Entsetzen erregenden Zwiespalt«, der bei Nietzsche transparent werde, voneinander. Damit wird eine Einsicht umkreist, welche die Kunstwerk-Abhandlung spekulativ entfaltet: dass Schönheit und Wahrheit nach ein und derselben Hinsicht zusammengehen und sich trennen – ein Zwiespalt, dessen Charakter im Platonischen Ideenblick verdeckt werden könne, während er dagegen von Nietzsche ans Licht gebracht wird.

Jene erste Nietzsche-Vorlesung endet mit einem Hinweis auf den sachlichen Ursprung der Wiederkunftslehre, den Heidegger schon in einem Grundsatz des Tragödienbuches freilegt (und der im »Versuch einer Selbstkritik« bekräftigt wird), wonach die Wissenschaft unter der Optik des Künstlers, die Kunst aber unter der des Lebens zu sehen sei. Nietzsches Bestimmung der Wahrheit als einer Art der Lüge – insinuiert von einer bestimmten Art lebendiger Wesen, die ohne sie nicht leben könnten[18] – verortet, so kann man Heideggers Deutung zusammenfassen, das Wahrheitsgeschehen im europäischen Nihilismus, der Exponierung von Hinterwelten seit Platon, und bleibt auf diesen begrenzt. Der Einblick in die ewige Wiederkehr ist Nietzsches Versuch, dem Nihilismus standzuhalten. Eine bemerkenswerte Erläuterung des Nietzsche'schen Begriffs der Macht aus dem ersten Kolleg ist an dieser Stelle zu erwähnen: Macht bedeute für Nietzsche *Ousia* und *Entelecheia* im Sinne der Bestimmungen der *Dynamis*, Energie, im IX. Buch der Aristotelischen Metaphysik. Macht sei also sowohl das Vermögen wie die wirkende Kraft (energeia) und schließlich die Findung eines in sich geschlossenen Wesens im »agân« – dem Kraftüberschuss. Eben dies ist Heidegger zufolge der Grundsinn der entelechetischen Formkraft. Damit verweist, wie man aber erst von der heutigen Editionslage aus sehen kann, Heidegger auf seine Freilegung der »Grundbegriffe der Aristotelischen Philosophie« vom Sommersemester 1924 zurück, die auch noch im zweiten Nietzsche-Kolleg von maßgeblicher Bedeutung sein wird (GA Band 18), wobei sachlich die Explikation der ontologischen Kategorien der Aristotelischen »Metaphysik« aus den Bewegungs-Begriffen der »Physik« in Rede steht. Mit dem Hinweis auf dynamis-energeia-entelecheia ist neben der Platonischen Ideation die zweite Grundtendenz zur Bestimmung des Seins im ersten Anfang der abendländischen Metaphysik freigelegt.[19]

Sein zweites Nietzsche-Kolleg hält Heidegger dann im Sommersemester 1937. Es wendet sich unmittelbar dem »schwersten Gedanken« zu, der seinerseits bekanntlich verfemt oder – wie bei Baeumler – als Nietzsches »Privatmythologie« abgetan wurde.[20] Heideggers Deutung skizziert, und darin liegt wohl nicht zuletzt ihre bleibende philologisch-philosophische Bedeutung, den Grundriss einer andersartigen Tektonik des Verhältnisses von Nachlass und publiziertem Werk Nietzsches, als sie in der Kröner-Großoktav-Ausgabe und den Editionsrichtlinien des Weimarer Nietzsche-Archivs vorgegeben war.

Heidegger sucht deshalb nach solchen Mitteilungen des schwersten Gedankens, die sich in einer höchsten Klarheit und reflexiven Höhe bewegen. Sie lassen sich gerade auch in einigen der spätesten Aufzeichnungen auffinden. Dabei werden zunächst die Mitteilungsmodi in den publizierten Schriften in »Ecce homo«, »Fröhlicher Wissenschaft« und »Zarathustra« eingehend herangezogen, um in einem zweiten Erörterungsgang ausschließlich der Entstehung des schwersten, »abgründlichsten« Gedankens in den in Sils-Maria niedergeschriebenen Notizen aus dem Sommer 1881 das Augenmerk zuzuwenden. Bei dieser Vorgehensweise zeigt sich, dass sich die »Gestalt« der Wiederkehr, die Nietzsche niemals auf das Formular einer Lehre reduziert sehen wollte, in verschiedenen Annäherungen mitteilt; wobei Heideggers Deutung aus dem Sommer 1937 auch in methodischer Hinsicht zweierlei lehrt: zum einen, dass das »größte Schwergewicht«, die ewige Wiederkehr des Gleichen, und die »Hauptlehre« von Nietzsches Metaphysik, der Wille zur Macht, unauflöslich ineinander gefugt sind. Lediglich perspektivisch kann der eine Aspekt einmal den anderen »überwiegen«. Zum anderen deutet sich in Heideggers Auseinandersetzung mit Nietzsche schon an dieser Stelle an, dass die ewige Wiederkehr in ihrer kairologisch-zeithaften Strukturverfassung eine »Überwindung« des europäischen Nihilismus vorbereiten könnte, insofern Nihilismus ein Grundzug der das temporale Sein überspringenden abendländischen Metaphysik seit der Platonischen Ideation ist.

Mithin hat Heidegger von der »ewigen Wiederkunft« her, und das heißt: von einem nicht-metaphysischen Fußpunkt, zuerst Nietzsches »metaphysische Grundstellung« in den Blick genommen. Von der »metaphysischen Grundstellung« gibt er dabei den folgenden, für seinen weiteren Denkweg höchst wirkmächtigen Begriff: »Die metaphysische Grundstellung sagt, wie der die Leitfrage Fragende in das nicht eigens entfaltete Gefüge der Leitfrage eingefügt bleibt« (GA Band 44, S. 223); innerhalb ihrer bestimmt sich also der Ort des Menschen im Seienden im Ganzen. Am Ende des Kollegs, in einem exponierten Vorsprung in die gleichzeitig entstehenden Denkversuche der »Beiträge«, legt Heidegger Nietzsches Denk-Ort als Ende der Metaphysik und Vorentwurf für die Exponierung des »anderen Anfangs« des Denkens aus. Dies geschieht in einer ingeniösen, zumeist übersehenen Aneignung von Nietzsches »Wiederkunftsgedanken«. Heidegger hält dabei fest, Nietzsches »abgründlichster Gedanke« müsse »selbst für ein über (ihn) hinwegblickendes Denken zur Gegenstellung nach vorne werden« (ibid., S. 231). Da aber mit Nietzsche das Ende der abendländischen Metaphysik bezeichnet *und* hervorgerufen sei, könne der Aufriss seines Denkens nur aus der »Gegenstellung« eines anderen Anfangs entfaltet werden.

Heidegger kennzeichnet im gleichen Zusammenhang den ersten Schritt seiner eigenen Nietzsche-Deutung in dem Sinn, dass sie denkend die Grundstimmung eines vergangenen – und das heißt: »gewesenen« Gedankens entfalten muss. Dies vollzieht er paradigmatisch, indem die »Not«, aus der heraus Nietzsche den europäischen Nihilismus denke, als »Gottlosigkeit«, genauer: als Verlust des moralischen Gottes, gedeutet wird (ibid., S. 67ff.);

wobei am Ende der Überlegungen in einer signifikanten Verdichtung gleichsam die »Kehre« in Nietzsches Denken, der »circulus vitiosus deus«, als »Amor fati« zur Sprache kommt. Die kairologische Ausdeutung der Wiederkehr, als die tiefe, »kleinste Kluft« zwischen ihrer propositionalen Kenntnis und dem standhaltenden Wissen in jeweiligen Torwegs-Augenblicken wird für Heidegger zum Organon, um den »abgründigsten Gedanken« als Nietzsches »Weltbegriff« zu erkennen. Der Aphorismus Nr. 150 aus »Jenseits von Gut und Böse«: »Um den Helden herum wird Alles zur Tragödie, um den Halbgott herum Alles zum Satyrspiel; und um Gott herum wird Alles – wie? Vielleicht zur »Welt«–?« ist in der ausgesprochen strengen Komposition des Kollegs das am Beginn und am Ende einkomponierte Motiv –, so, als sei Heidegger Nietzsches Verfahren der »Transfiguration« oder der musikalischen Kunst enharmonischer Verwechslung gefolgt und dabei der Welt als sich schließendem, wiederkehrenden Kreisen der Zeit nahegekommen.

Nietzsche denkt nach Heidegger »hinaus auf jenes, *worum herum* eine Welt zur Welt wird. Und gerade dort, wo dieses Worumherum nicht ständig und laut genannt, sondern im innersten Fragen verschwiegen wird, ist es am tiefsten und reinsten gedacht« (ibid., S. 232f.) – im Sinn der Sigetik, der philosophischen Kunst des Erschweigens, die nach dem Heidegger der »Beiträge« der Grund der Logik (und Dialektik) ist, da die Lethe die verborgene Bergung des Wahrheitsgeschehens (»aletheuein«) ist.

Gerade in der Auslotung der verschiedenen Zeugnisse der Wiederkunftslehre, die völlig gegen den Strich der Ausgabe der Elisabeth Förster-Nietzsche verläuft und dringend zu einer Korrektur des Vorurteils führen sollte, dass Heidegger sich wenig um Nietzsches »Text« bekümmert habe,[21] sei Heidegger ein Motiv seiner Deutung, wonach Nietzsche ein Übergang ist, »das Höchste, das von einem Denker gesagt werden kann«. Nimmt man die beiden ersten Nietzsche-Kollegs zusammen, so fällt als weiterer Grundzug auf, dass sie implizit auf den Tod Gottes bezogen sind, ohne dass sie ihn schon zum Thema machten. So wird bereits dem Kolleg über den Willen zur Macht das Nietzsche'sche Signum vorausgeschickt: »Zwei Jahrtausende und nicht ein einziger neuer Gott«.

Bei der Ausarbeitung der ersten Vorlesung hatte Heidegger, wie man dem Briefwechsel mit Jaspers entnehmen kann, gezögert: Er scheint zunächst, und das heißt: bei vordergründiger Kenntnisnahme, sich mit Jaspers' Nietzsche-Buch so weitgehend befreundet zu haben, dass er für den Winter eine andere Vorlesung wählen wollte; der nähere Hinblick muss Heidegger jedoch darüber belehrt haben, dass von Jaspers gerade keine Aufklärung über den metaphysischen Ort Nietzsches zu gewinnen war; dass hier wie überall sonst auch die Leseübung ihm von keinem anderen abgenommen werden konnte.[22]

Wenn man sie vor dem Hintergrund der Gesamt-Tektonik der Nietzsche-Vorlesungen (des Nietzsche-Werkes) betrachtet, sind die ersten beiden Kollegs ein Komplex für sich. Die im Sommersemester 1939, in einer zunehmend prekären weltpolitischen Lage, angeschlossene Vorlesung über »Nietzsches Lehre vom Willen zur Macht als Erkenntnis« gibt nur scheinbar eine *nuanciert* andere Bestimmung – eben eine andere »als«-Hinsicht des »Willens zur Macht« als des letzten Faktums, zu dem wir hinunterkommen. Tatsächlich ist der Deutungstenor grundlegend verschieden. Heidegger denkt nun »Willen zur Macht« und »ewige Wiederkehr« nicht in ihrer differenten Zusammengehörigkeit, sondern er versteht sie als den »*einen*« Gedanken Nietzsches, der sich im Umkreis der eidetischen Bestimmung von Wahrheit als Richtigkeit (*orthotés*) halte. Dies bedeutet zunächst, dass die ewige Wiederkehr als eine Beständigung des Werdens zum Sein gedeutet wird und nicht mehr, wie dies in den ersten beiden Nietzsche-Vorlesungen treffend geschehen war, als die *Kehre des Augenblicks*. Der Grundtenor könnte sich kaum radikaler unterscheiden. Die ewige Wiederkehr entwerfe den Grundgedanken des Willens zur Macht auf seine Endgestalt voraus, so dass die Macht »in die ihr verfügliche Steigerung ihrer selbst« (GA Band 47, S. 277) »übermächtigt« werde. Heidegger nähert Nietzsches Wiederkehrgedanken also Erscheinungsformen an, die er selbst im »Gestell« verortete. Er gehörte in die Nachbarschaft von Ernst Jüngers »Arbeiter«, über den Heidegger in jenen Jahren textlich nicht recht greifbare Übungen veranstaltete, oder die – freilich gänzlich unabhängig entwickelten – Theorien »technischer Reproduzierbarkeit« aus der Feder Walter Benjamins. Jünger selbst sollte die Einprägung jenes gewalttätigen Sigels in die Natur in den »Werkstättenlandschaften«, die er auf seinem Russlandfeldzug in Augenschein nahm, eingehend beschreiben. »Der Wille«, so erläutert Heidegger, »ist nicht ein Außerhalb der Macht, sondern der im Wesen der Macht ihr gemäß mächtige Befehl zur Machthabe« (ibid.). In der Wiederkehr zeigt sich nur die »in sich eingerollte« Grundstruktur, das Selbe, das in der »Jeweiligkeit des Anderen« immer wieder erscheint.

Die Perspektive der Vorlesung ist also, wie man unschwer sieht, »endgeschichtlich« orientiert und keineswegs mehr auf die Entfaltung der metaphysischen Leitfrage durch Nietzsche und ihre Auslegung im Blick auf den anderen Anfang offen. Das ist eine bemerkenswerte Differenz. Es ist, um die Problemgeschichte dieser Auslegung auf Nietzsche'sche Kategorien zurückzuspielen, die »schaffende«, »schenkende« Tugend aus dem »Zarathustra«, die Heidegger dem »Willen zur Macht« einschreibt. Eine solche Interpretation stellt die frühere Sicht der Dinge in der Tat »auf den Kopf«,[23] es ist eine Inversion der affekthaft pathematischen Lesart von der Grundstimmung her, die in den ersten beiden Nietzsche-Kollegs zu beobachten war.

Eine zweite Zuspitzung haben die Überlegungen in dem Versuch, den Willen zur Macht als Entwurf des Lebens freizulegen, das Heidegger – in einer ständigen Differenzbildung zum nazistischen Biologismus – auf den von Nietzsche intendierten Logos des Lebens (Bios) hin befragt, auf die Vernunft, die einem Philosophieren am Leitfaden des Leibes ihrerseits vorausgehen müsste, was zugleich bedeutet, dass mit Nietzsche logische Grund-Sätze wie der Satz vom zu vermeidenden Widerspruch ihrerseits auf Lebensfunktionen zurückbezogen werden müssen.

Heideggers Beurteilung des »Biologismus« von Nietzsche fällt ambivalent aus. Dieser ist ihm zufolge eine Maske, die sich Nietzsche zu eigen macht, sie ist aber am Ende der Möglichkeiten der Metaphysik nicht zufällig gewählt, was auf den Ursinn der griechischen und lateinischen Worte für Maske verweist – »Persona« – »Prosopon«; womit immer angezeigt wird, dass die Wahrheit durch die Verhüllung »hindurchtönt«. Durch die Wahl jener Maske bindet Nietzsche Heidegger zufolge die Idee der Wahrheit an die Notwendigkeit des Lebens zurück, an biologische Kreisläufe, in denen der erste griechische Anfang des aletheiahaften Ursinnes von Sein als phýsis nicht mehr aufscheint.

Der endgeschichtlichen Fragerichtung entspricht es, dass Heidegger Nietzsche auf dessen Gang ins Äußerste zu folgen sucht und eine Zweideutigkeit des Wahrheitsbegriffs festhält, die er zwei Jahre zuvor wohl noch als Hinweis auf einen Rückstieg in den ersten Anfang gedeutet hätte, aus dem ein »anderer Anfang« Gestalt gewinnen könne.

> »Wir stehen jetzt in einer doppelten, sich überkreuzenden Zweideutigkeit: Wahrheit als Festmachung des Seienden (die irrtumshafte Wahrheit) und Wahrheit als Einstimmigkeit mit dem Werdenden.« (ibid., S. 231)

Die Differenz komme bei Nietzsche in der Bestimmung der Wahrheit als »Gerechtigkeit« zur Explikation, wird Gerechtigkeit, wie Heidegger scharfsichtig erkennt, doch als »bauende, ausscheidende und vernichtende Denkweise« exponiert. Als höchste Repräsentantin des Lebens werde jene Wahrheit qua Gerechtigkeit aber an den Willen zur Macht zurückgebunden, wodurch sie aus ihrem lethehaften Grund gerissen ist. Die Crux ist, dass der Wahrheitssinn nicht nur »jenseits von Gut und Böse«, sondern auch jenseits der Trennung von wahrer Welt und Schein situiert wird. Er ist gerade dadurch im höchsten Sinn in den Nihilismus, als Verschüttung der »Schwebe« zwischen Sein und Nichts, eingelassen. In einer späteren Notiz aus seinen Überlegungen zum europäischen Nihilismus hat Heidegger dies seinsgeschichtlich begründet:

»In seinem Entzug, der gleichwohl der Bezug zum Seienden bleibt, als welches ›das Sein‹ erscheint, lässt sich das Sein selbst in den Willen zur Macht los, als welcher das Seiende vor und über allem Sein zu walten scheint.« (GA Band 67, S. 238)

Die »Gerechtigkeit« ist also »Wahrheitssetzung« in den Bestand, das »Gestell«. Die unmittelbar darauffolgende Vorlesung »Der europäische Nihilismus« zieht diese Linien weiter aus. Sie versucht das bei Nietzsche verborgen bleibende Wesen des Nihilismus ans Licht zu bringen.

(3) Heidegger macht sich bereits seinerzeit, im II. Trimester 1944, einen sehr weitreichenden Nihilismusbegriff zu Eigen. Der Nihilismus sei »die Grundbewegung der Geschichte des Abendlandes«, und die ins planetarische Unmaß anwachsende Technik sei nur seine Folge; wobei Heidegger auch nur die Möglichkeit einer »künftigen« Philosophie von vorneherein von dem »nihil negativum« der unbedingten Herrschaft des Nihilismus, die auch das nächste Zeitalter prägen werde, durchkreuzt sieht.

Es ist das Verfahren der Wertsetzung und Gesetzgebung, die Prozedur der Gerechtigkeit, auf die Heideggers Nihilismus-Kolleg zunächst fokussiert ist. Nietzsches Perspektivismus wird auf die Hypostase des Urteilsaktes in einen ontologischen Akt bezogen. »Wert« ist am Ende der Grundmöglichkeiten der Metaphysik bei Nietzsche ein anderer Name für »Bedingung der Möglichkeit«, vorgezeichnet schon im Platonischen »agathon« als der Ermöglichung von allem. Dabei wird auf die vergangenen Wegbahnen des europäischen Nihilismus zurückgeblickt, und es wird ein Grundzug klar, den Heidegger in seiner späteren Erörterung des Wesens der Technik immer wieder hervorheben wird: dass es der Wandel im Wesen der Wahrheit sei, aus dem sich die Grundstellung neuzeitlichen Denkens von Descartes her bestimmt. Im Nihilismus-Kolleg wird Nietzsche ganz und gar in diesen Blickkreis eingeordnet. Der »Wille zur Macht« erscheint, noch einmal in deutlicher Forcierung der Deutungstendenz des früheren Kollegs, als die einzige Gestalt »unbedingter Subjektivität« (der »Subjektität«), mit welcher der nur holzschnittartig umrissene Weg in der Kette von Descartes über Hegel an seine letzte Möglichkeit kommt.

Heidegger möchte, etwa im fundamentalen Unterschied zu einem allen idealistischen Systemen gemeinsamen Zug darauf verweisen, dass Subjektivität kein »Prinzip« sein kann, sondern auf die – durch sie verdeckte – Grundmöglichkeit im Verhältnis des Daseins zum Seienden bezogen bleibt. Zu Heideggers Deutung ließe sich im Licht der Gewichtung von Subjektivität in den idealistischen Systemen einiges Kritische anmerken, zumal es nicht zutrifft, dass Heidegger – wie immer wieder behauptet wird – zu der vorreflexiven Verfassung der Subjektivität keinen Bezug hätte: man studiere nur seine Fichte-Vorlesung (Der deutsche Idealismus, GA Band 8) aus dem Sommersemester 1929, bei der ihm, wie er gegenüber Jaspers bezeugte, »wieder eine Welt« aufging.[24] Jene Einsicht in das Wesen des Nihilismus, die m.E. eine subjekt-phänomenologische Lesart der Daseinsanalyse von »Sein und Zeit« weit eher rechtfertigt als eine anthropologische Behandlung, ist in den Überzeichnungen der Nihilismus-Vorlesung gänzlich verschüttet. Die Inversion hat damit zu tun, dass Heidegger in diesem Kolleg im vollen Wissen eine Epoché vollzieht, insofern er beabsichtigt, den Weg in die Selbstverschließung der Metaphysik zu explizieren. Bemerkenswert ist nun der Sprung, der zum Ende in die Vorlesung eingetragen wird: Er verläuft zwischen dem Ende der Metaphysik und dem Anfang des Seinsdenkens, wenn das in der anschließenden »Grundbegriffe« Vorlesung aus dem Sommersemester 1941 (Heideggers letzter »Logik«-Vorlesung) bestimmende Verfahren der Anzeige einer Nicht-Denkbarkeit noch Bestimmbarkeit durch Verflechtung entgegengesetzter Seinsbestimmungen antizipiert wird.

Dabei werden verschiedene gegenläufige, durch keine Denkmethode in einen Ausgleich zu bringenden Bestimmungen über das Sein gegeneinander gewogen: wonach das Sein, u.a., »äußerste Leere« und »vollster Reichtum« ist, das Gebräuchlichste und Zu-kommende, das Verlässlichste und Abgründigste (ibid., S. 317ff.).[25]

In diesen Überlegungen endet ein zweiter erratischer Block von Heideggers Zwiesprache mit Nietzsche. Denn in den Nachlass-Aufzeichnungen aus den Jahren 1946–48 unter der Überschrift »Das Wesen des Nihilismus« hat Heidegger kontrapunktisch dazu gezeigt, dass der europäische Nihilismus als Anzeige dessen, dass es in der Überlieferung mit dem Seienden im Ganzen »nichts« gewesen sei, von Nietzsche erkannt worden sei. Dies bezeuge vor allem der Tod Gottes, um den sich Nietzsches Denken sammelt. Der europäische Nihilismus gehört, so legt sich von hier her nahe, nicht nur diagnostisch, wie es in der Vorlesung von 1940 den Anschein haben könnte, sondern als sachliche Problemanzeige dem Rückgang in den anderen Anfang an. Davon wird im zweiten Erörterungsgang noch zu sprechen sein. Eine Ahnung gibt Heideggers Kolleg »Nietzsches Metaphysik«, das für den Winter 1941/42 angekündigt war und in dem jene letzte Form überhaupt möglicher abendländischer Metaphysik auf die ipsissima vox der fünf Grundworte: vom »Willen zur Macht«, dem »Europäischen Nihilismus«, der ewigen Wiederkunft des Gleichen, dem Übermenschen und der Gerechtigkeit transparent gemacht wird.

Es ist, wie Heidegger zeigt, eine »gedichtete« Metaphysik aus Perspektiven, die sich »in der inneren Bewegung der Wahrheit« hält (GA Band 50,

S. 76) und keinem der Grundworte einen Vorrang vor den anderen zubilligt. Der Perspektivismus in seinem Einheitssinn und dass Nietzsches Denkbewegung »jedes Mal im Geleit jedes Grundwortes das Ganze durchblickt und den Einklang aller vernimmt« (ibid., S. 77), ist von Heidegger erstmals in dieser konzentrierten Ausarbeitung freigelegt worden, die auch methodisch für die Balancierung von Einheitssinn und Differenz paradigmatisch sein könnte, vor welche sich jedwede Nietzsche-Deutung gestellt sieht. Ein sanftes Abend-Abschiedslicht, geglättete Wogen, zeichnen das Kolleg aus. Und was Heidegger später über Nietzsche publiziert hat, vor allem wäre an die schöne Deutung des »Torweggleichnisses« in den »Vorträgen und Aufsätzen« zu denken, die auf die Überwindung des »Geistes der Rache« konzentriert ist, ist von derselben Patina überzogen.[26] Beinahe könnte Nietzsches Beschreibung des Tons der Goethe'schen »Novelle« in den Sinn kommen, die er in seinem letzten bewussten Jahr in Reminiszenz an das erste Stück, das er von Goethe las, evozierte.

Indem er die Wegbahnung des eigenen Denkens spätestens seit den »Beiträgen« als Rückgang in die überlieferte Metaphysik begriff, dürfte Heidegger immer klarer gesehen haben, dass die Wahrheit des Seienden als solchen die Hinsichten der metaphysischen Leitfrage (essentia-existentia; Geschichte-Menschenwesen) in einer erdichteten Metaphysik in eins füge und nicht in das »nihil negativum« planetarischer Technik verschlossen bleibe. Jene »Wahrheit des Seienden im Ganzen« verweist in den Bereich der »Grundfrage der Metaphysik« (1929–1930/31) zurück: Warum ist Seiendes und nicht vielmehr Nichts?, die Heidegger später als Übergangsfrage kennzeichnete. Doch auch dies ist geschichtlich nota bene nur eine vorläufige Bestimmung. Denn einer Ausarbeitung zur »Überwindung der Metaphysik« aus den vierziger Jahren stellt er den Leitsatz voran: »›Übergang‹ und ›Überwindung‹ sind unzureichende Bestimmungen der Geschichte des Seyns.«

Die Herausgeber der Heidegger-Gesamtausgabe haben das Kolleg »Nietzsches Metaphysik«, einer Anweisung Heideggers folgend, mit der nach zwei Kollegstunden abgebrochenen »Einleitung in die Philosophie« – Denken und Dichten aus dem Wintersemester 1944/45 – in einem Band versammelt. Dies ist berechtigt und in einer spezifischen Hinsicht aufschlussreich. Denn jenes Kolleg ist ein geklärter Rückblick auf die Auseinandersetzung mit Nietzsche, die in die Bahn des Hörens auf die Dichtung und des Rückgangs in den zwiefachen Anfang abendländischen Denkens (Parmenides, Heraklit) zurückgebogen wird.

Es scheint so, als wäre damit eine neue Nietzsche-Spur erkennbar geworden: Nietzsche, der Übergang, wird als der »wartende Denker« verstehbar, der »andenkend« sich auf das bezieht, was ist, »gewesen ist und kommen wird« (ibid., S. 90f.). Die Denken–Dichten-Vorlesung wendet sich deshalb gerade den »geringen Dingen« zu – im Zusammenhang einer Neubelichtung der Phänomenologie, die Nietzsches Denkfiguren in die »Verhaltenheit« zurückgründet und die Präposition »über« variiert, die, wie Nietzsche in einem frühen Notat vermerkt, zeigt, wie nicht »in den Dingen«, sondern jenseits von ihnen ein Ort zu finden sei. Heidegger geht es um die Wegbahnung eines Denkens der Gelassenheit, das erstmals in den »Feldweggesprächen« 1945/46 seinen »Fund« artikuliert (vgl. GA Band 77). Es ist das Denken eines »Aufenthalts« bei den nächsten Dingen, den Heidegger in seiner ersten Begriffsschöpfung der »Kategorien der Existenz« – in den Freiburger Privatdozentenjahren nach dem Ersten Weltkrieg zuallererst berührt hatte. In der Zeit um das Ende des Ersten Weltkriegs heißt es: »Vielmehr ist die Philosophie als das eigentliche Denken die allerdings weithin und immerfort unbekannte Gegend, in der das gewöhnliche Denken sich ständig aufhält, ohne in ihr bewandert und heimisch zu sein« (GA Band 50, S. 92). Jenes Ethos, als Aufenthalt in der vergehenden Zeitlichkeit, war in Heideggers frühem Entwurf einer Ontologie als »Hermeneutik der Faktizität«, das meint: des Da-seins als am-Leben-Sein, das sein Sein zu sein hat (vgl. GA Band 60–63, Vorlesungen der Jahre 1920/21–23), maßgeblich für die Gewinnung eines Ortes, von dem aus der Husserl'schen Begründung einer transzendentalen Urwissenschaft entgegnet werden konnte.

Wie man weiß, orientierte er sich in der ersten Zeit nach 1945 an seiner eigenen frühen Zwiesprache mit Aristoteles, als er das VI. Buch der »Nikomachischen Ethik« wieder aufnahm. Allerdings griff er nicht auf die phronesis-Analyse, sondern auf den Leitfaden der »techné« zurück, die er nun als »Unverborgenseinlassen dessen, was anwest und als Anwesendes sich zeigt« (Feldweggespräche, GA Band 77, S. 14), deutet; eine Spur, die in der Kunstwerk-Abhandlung zwar vorgezeichnet ist, sich aber dort noch in einem »hohen Ton« artikuliert, während sie in der späten Zwiesprache zu dreien in den Zusammenhang des »Geringen« einbezogen wird.

Manfred Riedel hat wohl Recht, wenn er ausgehend von den »Feldweg«-Gesprächen darauf verweist, dass die Hölderlin- und die Nietzsche-Spur Heideggers »getrennt« verlaufen seien.[27] Methodisch und sachlich hat diese Trennung ihr tiefes Recht darin, dass Heidegger zufolge bei Nietzsche (sehr modern übrigens!) die Differenz zwischen Denken und Dichten thematisch bleibt,[28] während Hölderlin das »Wesen des Dichters dichtet«, sich damit aber immer schon im Medium des Dichtens bewegt (vgl. dazu schon Heidegger GA Band 39). Ein Faktum, das jüngere philosophische Hölderlinexegese dadurch zu umgehen sucht, dass sie Hölderlins Reflexionsfragmente weitgehend abgetrennt von der Dichtung behandelt. Heidegger hat sich jedenfalls niemals Georges Klagelied auf Nietzsche »sie hätte singen sollen, diese Seele, und nicht reden« angeschlossen.

(4) Im bereits angezeigten Zusammenhang der Tektonik jener Probleme, die Heideggers Zwiesprache mit Nietzsche begleiten, kann ich nur Weniges her-

vorheben. Ich tue es in einer Staffelung, die immer weiter an das Innere der Zwiesprache heranreicht. Die beiden Logik-Kollegs, die den Gang der Nietzsche-Auslegung unterbrechen, könnten unterschiedlicher nicht sein. Das erste (GA Band 45, WS 1937/38) ist eine Exposition der »Frage nach der Wahrheit als der Grundfrage«, die den »anderen Anfang« als Rückgang in den ersten Anfang, in das Gefüge der Leitfrage, zu deuten versucht. Dieser Rückgang ist formgebend für den anderen Anfang, weil seit der Grundlegung der Metaphysik bei Platon und Aristoteles die logoshaft eidetische Bestimmung des Seins den verborgenen Grund der »aletheia« übersprungen hätte. Das zweite Logik-Kolleg »Grundbegriffe« (SS 1941, GA Band 51) übt in den Aufenthalt bei der offenen Seinsfrage ein: Ein Denken, das sich im meditierenden Hin- und Herschwingen zwischen entgegengesetzte Bestimmungen einzuschwingen hat.

Im Zug seiner »Auseinandersetzung« mit Nietzsche und wohl nicht unabhängig von ihr dürfte Heidegger eingesehen haben, dass die Seinsfrage als Frage nach der Wahrheit expliziert werden kann. Den formalen Vorentwurf dazu hatte er bereits im Sommersemester, in seiner »Einführung in die Metaphysik« vorgelegt (GA Band 40). Er bedurfte der geschichtlichen Entfaltung, die der Konfrontation mit dem Ende der überlieferten Metaphysik: also mit Nietzsche vorbehalten war. Die »Einführung in die Metaphysik« widmet sich, fünf Jahre nach der Freiburger Antrittsvorlesung, der Explikation der seinerzeit exponierten »Grundfrage der Metaphysik«: »Warum ist überhaupt Seiendes und nicht vielmehr Nichts?« Vor allem im vierten Hauptteil des Vorlesungstextes wird dieser Problemaufriss entfaltet. Denn der Ausgangspunkt ist, dass die Frage nach dem Sein innerhalb der Wegbahnen der Metaphysik immer nur in Beschränkung, das heißt: in Alteritäten und als Masken vor Augen geführt werden kann. Die Konjunktion »Sein und« indiziert, dass der Sinn von Sein nur ex negativo an der Grenze der Seinserfahrung, gegenüber anderem als Sein zu denken ist. Aus dieser Schwebelage heraus führt Heidegger in die Seinsfrage ein: in der Kontrastierung von Sein und Werden, Sein und Schein, Sein und Denken (was den die geschichtliche Rückfrage begleitenden Logik-Vorlesungen erst ihren systematischen Ort zuweist) und schließlich Sein und Sollen, wobei im Zusammenhang des Sollens die Seinsideation ebenso im Blick steht wie die tragische Seinserfahrung, das Schreckliche des unhintergehbaren Gebotes in vorphilosophischen Beschwörungen des Ungeheuren (»deinon«), etwa in der Sophokleischen »Antigone«.

Diese Viergliederung der Seinsfrage, die in der Disposition des von Heidegger 1953 publizierten Kollegtextes akzentuiert wurde, macht Scheidungen offensichtlich, die Heidegger zufolge erst sichtbar werden, nachdem Sein *als* »Anwesendheit« ausgelegt ist. Der erste Anfang der Philosophie ist also unumgänglich, wenn die Seinsfrage gefragt werden soll. Es ließe sich in Einzelheiten zeigen, dass die Eckpfeiler des Metaphysik-Kollegs in der Zwiesprache mit Nietzsche geschichtlich »verflüssigt« wiederkehren. In unserem Zusammenhang muss es mit einigen grundsätzlichen Bemerkungen sein Bewenden haben: Das Grundverhältnis von Sein und Werden, Sein und Schein bezeichnet den schwersten, abgründigsten Gedanken ewiger Wiederkehr des Gleichen, die Figuration von Sein und Schein führt auf die Frage nach der Kunst, die sich in Heideggers zweitem Nietzsche-Kolleg öffnete und deren ontologische Struktur er im weiteren Verlauf der Zwiesprache freilegt – in dem für die Anfangsgenesis des Nihilismus entscheidenden Problem der »Herausdrehung« aus dem Platonismus durch die mit der wahren Welt zugleich der Schein »abgeschafft« wird und sich der Chorismos auf das Verhältnis von »Welt« und »Nichts« öffnet. »Sein« und »Denken«: damit ist ohne Zweifel eine für Heidegger besonders eminente Frage berührt, die auf den Parmenideischen Grundsatz, wonach Sein und Denken dasselbe seien: (to gar auto estin noein te kai einai) zurückverweist. In der von Nietzsche explizierten »letzten Metaphysik« ist der Perspektivismus, das infinite monadische Interpretationsgeschehen in der Gestalt des »Willens zur Macht als Erkenntnis« die Version, in der dieser morgendliche Gedanke das letzte Mal aufscheint. *Sind* doch die »Willen zur Macht«-Quanten nur, insofern sie zugleich »interpretieren«.

Die Urstiftung der ideativen und apriorischen Setzung eines schlechthin Guten wird von Heidegger in der Platonischen Idee des Guten, die »Epekeina tēc ousias« ist, aufgefunden. Erst später, am Ende seiner Zwiesprache mit Nietzsche, wird er den Übergang von der schaffenden Gerechtigkeit zu einer Verhaltenheit jenseits des »Geistes der Rache« freilegen, der Nietzsche jenseits des Platonischen seinen Denkort finden lässt.

Bereits in der »Einführung in die Metaphysik« liegt Heidegger daran, die vier Scheidungen als »innigsten Zusammenhang mit der maßgebenden, abendländischen Prägung des Seins« (Einleitung in die Metaphysik, hier E.A., S. 153) zu begreifen. Im Sinne der »Destruktion« ist dabei beabsichtigt, gleichsam in Eckhartianisch neuplatonischem Sinn die Differenz in eine In-differenz zurückzunehmen, so dass »zuletzt« »das anscheinend Fraglose und weiter nicht mehr Befragbare »*als das Fragwürdigste*« denkbar wird. (ibid., S. 153). Heidegger entwickelt seinen Gedankengang in einer Zwiesprache mit dem griechischen Sprachsinn, den er an dem Punkt aufsucht, an dem er in Begriffsprägung überging. Und er konfrontiert den Anfang mit dem Ende: mit Nietzsche. Zwischen beidem, dem Anfang und dem Ende, muss sich die geschichtliche Dimension der Seinsfrage langsam entfalten, in dem Sinn, den Heidegger am Ende der Metaphysik-Vorlesung mit den Hölderlin-Versen aus dem Motivkreis der »Titanen« umschrieben hat. »Denn es hasset / Der sinnende Gott / Unzeitiges Wachstum«. (Hellingrath IV, S. 218)

Dass die Nietzsche-Vorlesungen auf die »Einführung in die Metaphysik« bezogen sind, kann auch dem in strenger Sachorientierung entwickelten Ursinn von »Auseinandersetzung« in der »Einführung« entnommen werden, jenem Topos, der den Bezug zu Nietzsche beschreiben wird. »Auseinandersetzung« wird von Heidegger mit »pólemos« in Zusammenhang gebracht. Geht man so explizit vom »Streit« aus, den Heidegger später nicht mehr in das Zentrum der »Auseinandersetzung« rückt, so gibt das exoterische Zwiegespräch dem esoterischen, der Notwendigkeit, die die Zwiesprache mit Nietzsche für Heidegger bedeutet haben muss, seine Richtung vor: »Auseinandersetzung ist allem (Anwesenden) zwar Erzeuger (der aufgehen lässt), allem aber (auch) waltender Bewahrer. Sie lässt nämlich die einen als Götter erscheinen, die anderen als Menschen, die einen stellt sie her(aus) als Knechte, die anderen aber als Freie« (ibid., S. 47) – so gibt Heidegger Heraklits Fragment B 53 wieder – und er erläutert dies damit, dass der von Heraklit als Polemos gefasste Urwiderstreit »im Gegeneinander das Wesende aller erst auseinandertreten« lasse (ibid., S. 47). »In solchem Auseinandertreten eröffnen sich Klüfte, Abstände, Weiten und Fugen. In der Auseinandersetzung wird Welt« (ibid.) – mithin ist die Auseinandersetzung (pólemos) in ihrer Strukturverfassung eins mit dem sammelnden Logos. Denn sie bildet »Einheit« aus. Mit der Entfaltung des polemisch-logoshaften Sinns der »gegenstrebigen« Denkart Heraklits kommen Heideggers Denkwege zwischen erstem und anderem Anfang in den vierziger Jahren zu ihrem einen, keineswegs nur kontingenten Ende, wie sich von hier her zeigen ließe. Mit einer großen Parmenides-Auslegung wird jener Denkweg an sein zweites Ziel gebracht – Das Eine des Parmenides begreift Heidegger als Lichtung, nämlich: als (göttlichen) Hereinblick (theia) des Seins in das Offene, das von ihm gelichtet ist. Die Fahrt des Denkers zum Haus der Göttin Wahrheit ist ein »Hindenken« auf diesen Anfang, der dem Menschentum seinen Welt-Ort in der »ungeheuren Ortschaft der entziehenden Verbergung« zuweist (vgl. GA Band 54, S. 192ff.).

Den Denkort der Lethe zu ergründen, ehe sie in der Evidenz der A-lethea als Orthotes (Richtigkeit) verschüttet wurde, dies ist der Grundzug jener Deutung, in der der Übergang in den anderen Anfang und der Rückgang in den un-gedachten Grund des ersten Anfangs konvergieren können. Jene Zusammenstimmung wäre allerdings kaum möglich ohne die Zwiesprache mit dem Denker, der die Vollendung der Metaphysik vorgezeichnet hat. Unter ihrer Signatur, der Seinsverlassenheit, die Nietzsches Wort »Gott ist tot«, ein Leitfaden in Heideggers langem Nietzsche-Gespräch, zuspielt, ist die Seinsfrage erst zu exponieren. Heidegger hat festgehalten: »Die Seinsverlassenheit des Seienden ist der letzte Widerschein des Seins als Verbergung der Entbergung, darin alles Seiende jeglicher Art als ein solches zu erscheinen vermag« (Nietzsche II, S. 471): in dieser Gestalt, und einzig in ihr, »zeigt sich« ein letztes Mal die theia-hafte Eröffnung des Seins.

Den Gedankenweg, den Heidegger in der »Auseinandersetzung« mit Nietzsche ging, hat er selbst 1961 in seinem zweibändigen Nietzsche-Werk dokumentiert. Es war Heideggers umfänglichste Veröffentlichung nach »Sein und Zeit« – und sollte dies bis zu seinem Lebensende bleiben. Einzig für die Zwiesprache mit Nietzsche existieren die Vorlesungsgestalt und die Werkform nebeneinander, was sehr zu Recht in der »Ausgabe« letzter Hand beibehalten wurde. In dem Vorwort von 1961 verweist Heidegger bekanntlich darauf, dass die Veröffentlichung, »als Ganzes nachgedacht, zugleich einen Blick auf den Denkweg verschaffen« möchte, den er von 1930 bis zum »Brief über den Humanismus« zurückgelegt habe. Diese Verfugung zwischen der »Auseinandersetzung« mit Nietzsche und der Wegbahnung eigenen Denkens gibt den Rechtsgrund für das Unterfangen, Heideggers Nietzsche-Problem als Ligatur zwischen erstem und anderem Anfang zu deuten.[29] In dem zweibändigen Nietzsche-Werk, um davon nur noch in aller Kürze zu handeln, ist dem auch dadurch Rechnung getragen, dass den Vorlesungen vier der – esoterischen – Ausarbeitungen »nach« den »Beiträgen« beigegeben sind, die – fragmentarisch – über die Geschichte des Seins unterrichten. Bemerkenswert dabei ist zum einen die zentrale Rolle, die dem europäischen Nihilismus zukommt, sodann die Fokussierung eines doppelten Wesensbeginns der Metaphysik bei der Platonischen idea (die hier als Urgestalt des Was-seins gedeutet ist) und der Aristotelischen »energeia« (die als Urgestalt des Dass-seins interpretiert wird), womit ein Grundtenor der Zwiesprache mit Nietzsche aufgenommen wird. Das wohlkomponierte Nietzsche-Werk schließt, ähnlich wie die Metaphysik-Vorlesung von 1935, mit einer »Erinnerung« an die lange Wegbahn der Metaphysik, wobei das Sigel auf das ganze Unterfangen am Ende des ersten Nietzsche-Bandes in der folgenden Weise umschrieben ist: »Doch, indem wir diesen Schatten *als* Schatten erblicken, stehen wir schon in einem anderen Licht, ohne das Feuer zu finden, dem sein Leuchten entstammt. Der Schatten selbst ist so schon anderes und keine Verdüsterung« (I, S. 657).

II.

(1) Tektonisch systematische Zusammenhänge, die in das Innere der beiden in Rede und gegeneinanderstehenden Denkwege führen, machen es erforderlich, sich vom Buchstaben einer philosophischen Problemlage zu lösen. Dazu autorisiert Heideggers Einsicht, dass Nietzsche ein »Gegner« sei, mit dem die »Aus-

einandersetzung« »notwendig« ist – und der gleichsam von seinem äußersten Gipfel her zu begreifen ist.

An den Schnittstellen des 19. Jahrhunderts erkannte Heidegger eine »verborgene Geschichte« und ein »Bewegungsgesetz des Künftigen« (GA Band 65, S. 204), das nicht zuletzt in der Konfrontierung Nietzsches mit dem deutschen Idealismus sichtbar wird; scheint Heidegger doch davon ausgegangen zu sein, dass in der Sache – allenfalls – Nietzsche dessen Denken gewachsen gewesen sei.[30] Heidegger fragte mit einem Tiefenblick, der sowohl auf Nietzsche als auch auf den deutschen Idealismus gerichtet ist: »Müssen wir [...] nicht in ganz andere Bezirke und Maßstäbe und Weisen zu sein, umdenken, um noch Zugehörige der hier anbrechenden Notwendigkeiten zu werden? Oder bleibt uns diese Geschichte unzugänglich als Grund des Daseins, nicht weil sie vergangen, sondern noch zu zukünftig für uns ist?« (ibid., S. 204).

Die Notwendigkeit des Denkgesprächs mit Nietzsche mag zunächst durch Heideggers Trauma von 1933 angestoßen worden sein. Die Atmosphäre, die jene »Auseinandersetzung« umgibt, ist indes – von wenigen Markierungen zum Zeit-Ort abgesehen, die nur Verachtung für die »Verhunzungen« des Nazismus zu erkennen geben – von einer strengen Sachlichkeit bestimmt, in die kaum etwas von den Zeitumständen eingeht. Diese Klarheit, die ähnlich eindrücklich vielleicht noch in Gründgens' großen Inszenierungen im Berliner Theater am Gendarmenmarkt präsent gewesen ist, macht das Denkgespräch zu einem Exempel. Es zeigt, dass einzig Geschichte, nicht aber die bloß geschehende Historie, so blutig, irrational, scheußlich sie sein mag, »Notwendigkeit« beanspruchen kann.

Hegels System bleibe, alles andere sei dagegen zurückgesunken, einschließlich Nietzsche, so führt er seine Überlegung in einem späten Brief an Gadamer weiter.[31]

Heidegger verstand – ähnlich übrigens wie Dilthey – in seiner Konfrontierung den deutschen Idealismus als einen weiträumigen Phänomenzusammenhang, der mit Giordano Brunos Abschiedsvorlesung an der Universität Halle-Wittenberg und mit Melanchthons Instauratio am selben Ort begann, eine seiner »Hoch-Zeiten« mit dem Spinozismus zwischen dem alten Lessing, Moses Mendelssohn und Jacobi, sodann in den großen Anfangsjahren deutscher Philosophie um 1794 hatte und dem Nietzsche durchaus als letzter Exponent deutschen Denkens von europäischem Welt-Rang zuzurechnen ist.[32] Bei der Sachnotwendigkeit der Zwiesprache einzusetzen, verweist auf den Angelpunkt in Heideggers Nietzsche-Interpretation, dass einerseits der »verwirrende Facettenreichtum [....] (von) Nietzsches kühnen Denkwagnissen« ins Auge zu fassen ist, um andrerseits zu fragen, was das »Spiel dieses Wagnisses« bedeute. (Vgl. Gadamer, Gesammelte Werke Band 2, S. 372).

1. Der kommende und der letzte Gott

In dem esoterischen, niemals ausdrücklich gewordenen Denkgespräch Heideggers mit Nietzsche markiert der Tod Gottes einen bleibenden systematischen Anstoß, der in der ausdrücklich geführten Zwiesprache immer wieder umkreist wird.

Nur am Ende eines seiner Nietzsche-Kollegs hat Heidegger das zu Denkende angerissen, als er die Zusammengehörigkeit von Dionysos und Christus, einen dunklen Zusammenhang zwischen Nietzsche und Hölderlin, zur Sprache brachte. In den »Beiträgen« entspricht dem eine weitausschwingende Erörterung des »letzten Gottes«, die über jede mythologische Gestaltgebung hinausweist. Heideggers letzter Gott ist nicht mehr unter eine Namensmaske einzuschließen: auch nicht jene des Dionysos.[33] Der letzte Gott geht – und er geht zugleich vorbei. Er weist auf das Grundverhältnis zwischen Mensch und Sein hin. Gemäß der Privationsstruktur der Aletheia versagt er sich, indem er »wartet«. Heidegger benennt ihn mit einem unüberhörbar eschatologischen *und* archaiologisch protologischen Doppelklang als das »Eschaton Gott«, in dessen Zeichen auf den (ersten Anfang) zurückzukommen sei. Daher sei der letzte Gott »kein Ende, sondern das Insicheinschwingen des Anfangs und somit die höchste Gestalt der Verweigerung« (GA Band 65, S. 416). Er ist auch als ein »Da-gründer« zu erkennen, als die Grundgestalt des Heiligen, kraft deren das Da-sein in das Sein verfugt ist.

Im Dasein gründet sich, wie Heideggers Denken der »Kehre« einschärft, die Wahrheit des Seins (vgl. u.a. GA 65, S. 170f.): Eben dies zeigt der letzte Gott an. Die Schwierigkeit, ihm nachzudenken, besteht wohl darin, dass er ein rein logoshafter Inbegriff des Göttlichen ist, abgelöst vom Namen eines Gottes, der seinerseits stets nur eine Maske sein kann. Dies mag an Schellings Erlanger »Initia«-Vorlesung erinnern: an die Bestimmung des Absoluten als eines lebendigen, sich fortgesetzt weiter bildenden Systems, das allem Positiven abgestorben ist.[34] Mit dem formal anzeigenden Topos des »Heiligen« hat Heidegger diesen Gedanken schon früh vorgezeichnet.[35] Dass Nietzsche solche Erwägungen nicht fremd sind, dies verdeutlicht sein Vorwort zur Tragödienschrift nach sechzehn Jahren mit der Destruktion der Gottes-Namen als »Philologengedanken«, ebenso wie die zeitlich und sachlich benachbarte Eindeutung des Apollinischen in die Figur des »Dionysos philosophos«.[36]

Das Wort »Gott ist tot« wird von Heidegger und von Nietzsche gleichermaßen als Problematon begriffen, wobei eben hier zur Entscheidung steht, ob der alte Gott nur eine Häutung erfahren hat oder »abgelebt« ist. Dies scheint bei aller perspektivischen, Schreibweisen durchmusternden Zettelkastenarbeit an Nietzsches »Antichrist«, die ihrerseits den Ausgang von einer zentralen Gnome zu diskreditieren sucht, nach wie vor unabdingbar, um das Sachproblem in den Blick zu nehmen.[37]

Vielleicht ist nur einmal zuvor auf dem Höhenweg neuzeitlicher abendländischer Philosophie auf dem Grund der christlichen Überlieferung der Versuch einer denkenden Annäherung des Gottes geglückt: in Hegels radikalisierter Theologie der Kenose und in Schellings Abzirkelungen der Grenze zwischen positiver und negativer Philosophie. Dass der spekulative Aufweis des Verborgen-seins Gottes gerade Züge aus jener Überlieferung aufnimmt, die Heidegger voraussetzt, ohne ihre Spur freizulegen, sei zumindest angemerkt: Sie entstammen namentlich dem jüdischen Theologoumenon von der Namenlosigkeit Gottes und spitzen sich zur »negativen Theologie« zu; letzteres ist ein neuplatonisches Erbe, so dass sich in der Verborgenheit Gottes Platonismus und Christentum berühren könnten, deren Divergenz abstruserweise immer wieder festgehalten wird.

Mir scheint, dass das Geheimnis des letzten Gottes bei Heidegger vor dem bezeichneten Hintergrund aussagt, was am Grund der Antithetik von Dionysos und Christus bei Nietzsche angedeutet ist; und was für Nietzsche die »Häutung des Gottes« ist, als die sich seine »Selbstzersetzung« bei näherem Hinblick erweist. »Ihr sollt ihn bald wieder sehn, jenseits von gut und böse« (KSA 10/105). Erst im vierten Teil der »Zarathustra«-Dichtung, in den Passagen, mit denen diese ihre Crisis erfährt, hat Nietzsche die Wiederkehr des Gottes thematisch gemacht, die Heidegger in die weitesten Raumtiefen der abendländischen Denk- und Wahrheitsgeschichte überführt, wenn er den letzten Gott auf den Anfang der fragwürdigen und zugleich verborgenen Arche bezieht. Die Zwiesprache unter Abwesenden hätte an jenem vierten Teil des »Zarathustra« anzusetzen, wo die Conditio sine qua non des Todes Gottes in der Aussage des »hässlichsten Menschen« kenntlich gemacht wird, wonach »Tod« bei Göttern immer ein »Vorurtheil« sei.[38] In der Rede des hässlichsten Menschen zeigt sich eine über-menschliche, auf ihre höchsten Ziele hinausschießende Überwindung des »Geistes der Rache«, wenn er eingesteht, der »Mörder Gottes« zu sein, da er Gott, jenes Okular, das ohne Scham alles sieht, nicht ertragen konnte:

»Ich warne dich auch vor mir. Du errichtest mein bestes, schlimmstes Räthsel, mich selber und was ich that. Ich kenne die Axt, die dich fällt. Aber er – musste sterben: er sah mit Augen, welche Alles sahn, – er sah des Menschen Tiefen und Gründe, alle seine verhehlte Schmach und Hässlichkeit [...]. Der Gott, der Alles sah, auch den Menschen: dieser Gott musste sterben! Der Mensch erträgt es nicht, dass solch ein Zeuge lebt.« (ibid., S. 331)

Damit – und mit der »Wiederkehr« des Gottes – ist nicht nur dem bekannten Aphorismus 125 der »Fröhlichen Wissenschaft« sein inneres Motiv gegeben; es ist nicht nur der Zeit-Punkt angezeigt, an dem das unerhörte Ereignis des Todes Gottes das Menschentum eingeholt hat; vielmehr wird auch die Konvergenz zwischen Zarathustras schwerstem und abgründlichstem Gedanken und der Aufdeckung (apokalypsis) des Wesens des Todes Gottes erkennbar gemacht; ein Zusammenhang, der in Heideggers Nietzsche-Vorlesungen immer wieder zum Durchscheinen kommt, aber nicht expliziert ist. Heidegger und Nietzsche, der Erste vermittels seines frühen Augustin- und Luther-Studiums, kommen zur Theologie des sich entziehenden letzten Gottes als Kreuzestheologen, so meine diese Überlegungen abschließende These. Es ist eine »meditatio crucis«, die notwendigerweise die Kenose mit vollzieht – auch am Übergang zu einem Gottesgedanken jenseits des Christentums.[39]

2. Wahrheit: Aletheia

Ein implizites, esoterisches Zwiegespräch zwischen Heidegger und Nietzsche wird man auch im Blick auf den Anfangssinn der Wahrheit – bei Heidegger: Aletheia – finden können; wobei ich in diesem komplexen Zusammenhang zwei eigenständige Spuren unterscheiden möchte: Heidegger fand, je länger je mehr, bei Nietzsche eine Verweigerung der Seinsfrage nach der Wahrheit vor. Der Nietzsche'sche Wahrheitssinn ginge in dem punktierenden Fürwahr-halten des Perspektivismus auf. Er verschließe sich in den Quanten des Willens zur Macht. Eine Weise des aletheiologischen Grundsinns dürfte indes bereits der ganz junge Heidegger bei Nietzsche gefunden haben, wenn er mit der Sentenz »vom Trieb, der philosophiert«, das veritative Sigel auf den Zusammenhang von Entdeckung und Wahrheit gibt[40]: Eine Einsicht, die geradewegs auf das Verständnis von Wahrheit *als Entdeckendsein* des Daseins in »Sein und Zeit« hinführt.[41]

Eben hier hätte es zu einer Zwiesprache an der kristallin hellen Oberfläche beider Denkformen kommen können, die ausblieb, was Heideggers Nietzsche-Deutung mitunter das Odium der Amusikalität gibt. Die »Genealogie der Moral«, Nietzsches Aufriss einer »Psychologie« als einer Moralphilosophie der genealogischen Durchdringung unwahrhaftiger Seinsgestalten, die sublime Erkundung von Lebensformen wie des Klerikers oder des Gelehrten in ihrer ganzen Ambivalenz, ist Heidegger fremd geblieben – nicht anders als der Zusammenhang von Philosophie und Rhetorik: Dies mag nicht verwundern, sind jene ernsten Denkspiele doch eher auf lateinischem Grund und im Horizont der französischen Moralistik verankert als auf dem metaphysischen Höhenweg, auf dem sich Heidegger bewegte. Zwingend ist jene Verfehlung aber keinesfalls, wie man spätestens seit der

Edition von Heideggers Vorlesung über die Aristotelische Rhetorik aus dem Sommersemester 1924 (Grundbegriffe der aristotelischen Philosophie, Hrsg. Mark Michalski 2002) erkennen kann.[42] Dort entwickelte Heidegger seine Deutung menschlichen Daseins am Leitfaden der Grundmöglichkeiten des Miteinandersprechens: eines sowohl handelnden als erleidenden Wechselverhältnisses; und er griff auf diesem Weg die kriteriologische Leitbestimmung der Rhetorik, die Pistis, auf: Die Rhetorik wird gleichsam zum Feld, in dem sich Wahrheit als Entdeckung betätigt, da sie zu verstehen zu geben hat, was jeweils für eine Sache spricht.

Auch dem Pathos widmete Heidegger seinerzeit eingehende Überlegungen. Er versteht es, in seiner Interpretation der Affektenlehre in der Aristotelischen Rhetorik, als »Mitgenommenwerden des menschlichen Daseins in seine vollen leiblichen In-der-Welt-sein« (GA Band 18, S. 197). Im Zusammenhang der Pathemata- und Affektenlehre der Rhetorik nähert er sich auch dem »Leitfaden des Leibes«. Aller Lógos beruht auf dem Pathos, so wird signalisiert: wobei der Ursinn der Aletheia auf das ihm genuine Pathos der Grundstimmungen befragt wird; ein Moment, das noch im Zusammenhang der »Grundfrage der Metaphysik« wiederkehrt, die doch in eine Schwebelage, in das Nichts inmitten des Seienden im Ganzen, versetzt.[43] Wenn schließlich, und dies scheint mir die systematische Pointe von Heideggers Aristoteles-Deutung zu sein, gezeigt wird, dass die Kategorien eine aus dem bewegten Leben geschöpfte arché-Forschung entwerfen und dass in der Urstiftung der Metaphysik die Unterscheidung nach Hinsichten des »pros ti« die maßgebliche Rolle spielt, so kann im nächsten Schritt das Grundverhältnis von poiesis und pathemata (dem Leiden) als eigentlicher Wesensbegriff des Seienden freigelegt werden.[44]

Nicht weniger aufschlussreich ist es, dass sich Heidegger in derselben frühen Vorlesung eingehend mit Aristoteles' Aufriss der Gestalt des »Physikos« in der »Rhetorik« auseinandersetzt und zeigt, worin die Begrenztheit von dessen Erkenntnisart besteht. An der reduktionistischen Deutung, die der Kenner den physischen Dinge widmet (der Arzt etwa dem Erröten), zeigt sich, dass ein philosophisch bewahrheiteter Rückgang in den Anfang nicht auf einen Naturalismus zurückführen darf: Die auf die »Natur der Dinge« orientierte Wesensforschung kann legitimerweise immer nur eine schon ausgelegte Natur in den Blick bringen. Es ist dieses Problem, das Heidegger in seinen Nietzsche-Vorlesungen wiederholt thematisch machen wird, um den frühen Anfang abendländischen Denkens von Nietzsches Einbildung des Ursinns von Physis in das »biotische« Leben und das – immer nur in Kontrast zum Sein des Seienden zu denkenden – Werden in Abhebung zu bringen. Das Instrumentarium dieser Grenzsetzung wäre indes in der Affekten-Phänomenologie am Leitfaden der Aristotelischen Rhetorik aufzufinden gewesen, hätte sich Heidegger seines eigenen lange Jahre zurückliegenden Kollegs erinnert. Dabei wären Züge zutage getreten, die Nietzsche keineswegs fern sind.

Die sublime Rücksicht, die Heidegger seinerzeit auf die Leiblichkeit als mögliche Leitgestalt »wahrheitlichen« Philosophierens nahm, hat er erst sehr spät, in den zwischen 1959 und 1969 gemeinsam mit dem Schweizer Arzt und Psychiater Medard Boss abgehaltenen »Zollikoner Seminaren« und den sie begleitenden Gesprächen unter anderem am Nietzsche-Ort Lenzerheide wiederaufgenommen.[45]

Die Zwiesprache über den Ursinn von Wahrheit hätte allerdings neben dieser, noch kaum beachteten rhetorisch moralgenealogischen Vorderseite auch auf einer tieferen Ebene anzusetzen, die der junge Heidegger fürs Erste nur in der verbalen Umschreibung von »aletheuein« denken konnte und die später von ihm als die Unverborgenheit gefasst wird, die in ihrer Verbergung (Lethe) gründet. Heidegger wies wiederholt darauf hin, dass »aletheia« ein Name für »Sein« (esse) sei, nicht für »veritas« im Sinn einer – wie auch immer näherbestimmten – propositionalen Wahrheit. Heidegger müsste in einer esoterischen Zwiesprache offen legen, dass der sich zeigende verborgene Grund der Aletheia bei Nietzsche in Masken und Interpretationen umspielt wird.

Diese beziehen sich freilich nicht nur auf den Text der Überlieferung, sondern auf den Text der Natur selbst. In dem »neuen Interpretations-Unendlichen«, zu dem die Welt in ihrer Deutung aus den »Willen zur Macht« wird, muss die Wahrheit, als ein Grundgeschehen beschwiegen werden. Sie ist kein Substrat, das aus den perspektivischen Hinsichten, den pros ti-Bezügen, ans Licht zu bringen wäre.

Der frühe Nietzsche belehrt darüber, dass Wahrheit das Erste nicht sei. Dies zeigt gerade das Vergessen:

> »Und was war die Heraklitische ›Wahrheit‹! Und wo ist sie hin? Ein verflogener Traum, weggewischt aus den Mienen der Menschheit, mit anderen Träumen!
> – « (KSA 1/759)

Nur die erreichbare Wahrheit, so ein Grundton von der Vorrede an Cosima Wagner bis zur Zwiesprache von Weisheit und Leben im anderen »Tanzlied« (KSA 4/284), ziemt dem Menschen, die

> »zutrauensvoll sich nahende Illusion. Lebt er nicht eigentlich durch ein fortwährendes Getäuschtwerden? Verschweigt ihm die Natur nicht das Allermeiste, ja gerade das Allernächste, z.B. seinen eigenen Leib [....]?« (KSA 1/760).

Hier ist es die Lethe – mit der Entdeckungs-Wahrheit versöhnt, im Platonischen Licht des maßvollen Trinkens aus dem Fluss, der diesseitige und jenseitige Welt in einem Chorismos voneinander trennt. Und es ist zugleich eine Differenz aufgedeckt, die Heidegger als den in sich verborgenen Grund alles Sagens von Seiendem freilegte. Denn der Nietzsche'sche Philosoph in jener Vorrede möchte aufgrund seiner »Neubegierde« in die Spalte aus dem Bewusstseinszimmer »hinaus und hinab« sehen.

> »Vielleicht ahnt er dann, wie auf dem Gierigen, dem Unersättlichen, dem Ekelhaften, dem Erbarmungslosen, dem Mörderischen der Mensch ruht, in der Gleichgültigkeit seines Nichtwissens und gleichsam auf dem Rücken eines Tigers in Träumen hängend.« (ibid., S. 760)

Darin ließe sich eine spielerisch archäologische kleine Geschichte erkennen, die Heideggers Hinweis auf die anfängliche Entzogenheit der Seins-Wahrheit ausdeutet und den Entsetzen erregenden Zwiespalt sichtbar macht, wie ihn die Maxime maßvollen Trinkens aus dem Lethestrom verdecken konnte:

> »›Weckt ihn auf‹ ruft der Philosoph, im Pathos der Wahrheit. Doch er selbst versinkt, während er den Schlafenden zu rütteln glaubt, in einen noch tieferen magischen Schlummer – vielleicht träumt er dann von den ›Ideen‹ oder von der Unsterblichkeit.« (ibid., S. 760)

Heidegger wies denselben Grundzug auf, als er festhielt, dass bei Platon der aletheia-hafte Ursinn der Wahrheit in die »idea« zurück gegründet werde, dass dies aber heißt, dass die idea am Ursinn der aletheia noch Anteil habe. Die aletheia gerät, wie Heidegger im anspielungsreichen Blick auf das Höhlengleichnis bemerkt, unter das Joch (zygon) der Idee, sie wird auf den Grundzug der idea (Gesichtetheit) und des Seiendes erkennen lassenden Lichtes (phos) orientiert; also auf den Grundzug der Offenbarkeit (deloúmenon). Dass sich ein Offenbarungsbegriff denken lässt, der nicht in dieser Sichtbahn ist, wäre an Schelling zu demonstrieren.[46]

Um den Umbruch in der Geschichte der Wahrheit zu verdeutlichen, die mit der Platonischen Ideation nicht mehr auf den Grund des Sichzeigens, die Revelatio des Verborgenen hin durchsichtig ist, hat Heidegger in seiner Abhandlung »Platons Lehre von der Wahrheit« sehr pointiert festgehalten:

> »Die idea ist [sc. in der Platonischen Grundstellung H.S.] nicht ein darstellender Vordergrund der aletheia, sondern der sie ermöglichende Grund. Aber auch so nimmt die idea noch etwas vom anfänglichen, aber unbekannten Wesen der aletheia in Anspruch.« (GA Band 9, S. 234)

3. Kunst

In der Form der Seinsfuge sagt das Grundwort Aletheia, was im bewegten (kinetischen) Lebenszusammenhang durch Wesen und Begriff der Physis indiziert ist: den Aufgang des Verborgenen. Die Frage danach ist, wie spätestens seit der großen Abhandlung des Jahres 1935 evident wird, bei Heidegger eng mit der Frage der Kunst verknüpft. Die Kunst gibt der Gegenhaltsstruktur der Aletheia erst eine Gestalt. Sie fügt das Aufgehen des Da! und die Verschlossenheit der Lethe zueinander. Der »Ursprung des Kunstwerkes« ist in der Seinsfuge vorgezeichnet, deren sich das Denken am Werk versichern kann. Heidegger hat zur näheren Erläuterung in den »Beiträgen« notiert: Der aufzusuchende andere Anfang der Kunst weise in eine »Geschichte der Verschweigung einer abgründigen Entgegnung der Götter und des Menschen« ein (GA Band 65, S. 506). Wenn die von Heidegger intendierte Abstoßung von jedweder Ästhetik aus der Zweiheit von Schaffen und Bewahren heraus denkt[47] und daher dem originären Kunst-Sinn Nietzsches nahe ist, die Fokussierung auf die »Artisten«-Metaphysik aber hinter sich lässt, ist mit dem Verständnis der Kunst als Anfang des Wahrheitsgeschehens auf eine Entgegnung von Menschen und Göttern hingewiesen, die der junge Nietzsche unter dem Philologen-Namen für Kunst-Natur-Gewalten, Dionysos und Apoll, summierte. Man mag sich an dieser Stelle, auch vor dem Hintergrund der etwa von Schelling ausgedeuteten Dionysos-Zagreus-Figur, daran erinnern, dass das Stammwort in Da-sein Da sich aus dem indogermanischen »dā«: »teilen, zerschneiden, zerreißen« herleiten mag, was Heidegger allerdings wohl erst nach »Sein und Zeit« deutlich wurde.

Ich erinnere an den Schlusspunkt von Nietzsches »Geburt der Tragödie«, wo die Gegengewichte in einer contrapostischen Stimmenführung ins Spiel gebracht werden. Aus seiner traumwandlerischen Intuition würde ein Moderner, den von Nietzsche angezeigten Ursprung der Tragödie vor Augen, sagen:

> »›Seliges Volk der Hellenen! Wie gross muss unter euch Dionysus sein, wenn der delische Gott solche Zauber für nöthig hält, um euren dithyrambischen Wahnsinn zu heilen!‹ – Einem so Gestimmten dürfte aber ein greiser Athener, mit dem erhabenen Auge des Aeschylos zu ihm aufblickend, entgegnen: ›Sage aber auch dies, du wunderlicher Fremdling: wie viel musste dies Volk leiden, um so schön werden zu können! Jetzt aber folge mir zur Tragödie und opfere mit mir im Tempel beider Gottheiten!‹«. (KSA 1/156)

Jene mythische Doppelbewegung klingt bei Heidegger nur mehr in reinen Denkabbreviaturen nach: Das ins-Werk-Setzen der Wahrheit ist Her-Stellen dessen, was sich entzieht, in eine Un-verborgenheit, welche die Verbergung

– wie eine komponierte Pause – in die Fuge des Werkes einbezieht. In einem der dichtesten Texte im Umkreis der Kunstwerk-Abhandlung rückt Heidegger ganz zu Recht das griechische Wort für Grenze in den Vordergrund:

> »Die Grenze im griechischen Sinne riegelt nicht ab, sondern bringt als hervorgebrachte selber das Anwesende erst zum Scheinen. Grenze gibt frei ins Unverborgene; durch seinen Umriss im griechischen Licht steht der Berg in seinem Ragen und Ruhen. Die festigende Grenze ist das Ruhende – nämlich in der Fülle der Bewegtheit – dies alles gilt vom Werk im griechischen Sinne des Ergon, dessen ›Sein‹ [...] die Energeia« (ist).

Und jene Grenze denkt Heidegger als den auf Kunst und Philosophie bezogenen Ursinn des »Ge-Stells« (in den späten Erkundungen des Wesens der Technik ist also nur ein derivierter Begriff des Gestells mit im Spiel),[48] was zugleich mit der zeigenden, »Vorliegen lassenden« Kraft des lógos, sowohl in der Gestalt begründungsfähiger Rechenschaft bei Sokrates (als lógon didónai) wie auch der Poiesis – verbunden wird. Von hier her hat Heidegger festgehalten, dass alle »Kunst im Wesen Dichtung ist« (Ursprung des Kunstwerkes, E.A., S. 74), eine Bestimmung, die sich auch in der Zwiesprache mit Hölderlin und den späten Ergründungen zum Wesen der Sprache durchhält.

An dieser Stelle dürfte eine Differenz markiert sein, die einer unvermittelten esoterischen Zwiesprache entgegensteht: denn originär schöpft Nietzsches Kunst-Phänomenologie aus der Musik und – nahezu gleichgewichtig – aus der Architektur, wobei er den Sprachsinn qua Übertragung aus jenen Sphären fasst (man denke nur an die Abhandlung »Ueber Wahrheit und Lüge im aussermoralischen Sinne«). Er setzt bei der verflüssigten, metaphorischen Sprache ein, Heidegger aber bei der »zeigenden«, den verborgenen Seinsgrund eröffnenden Sprache. In den »Beiträgen« ist dem im 18. Jahrhundert vielfach erörterten Topos vom Ursprung der Sprache nicht umsonst die letzte Eintragung gewidmet – so dass deutlich wird: die Sprache selbst, dieses Grundverhältnis, das sich nur um sich selbst bekümmert und eben dadurch dem um sich selbst bekümmerten Dasein Organon seiner Auslegung ist, kann im genuinen Sinn Poiesis sein: »Wenn die Götter die Erde rufen und im Ruf eine Welt widerhallt und so der Ruf anklingt als Da-sein des Menschen, dann ist Sprache als geschichtliches, Geschichte gründendes Wort. *Sprache und Ereignis*. Aufklang der Erde, Widerklang der Welt. *Streit*, die ursprüngliche Bergung [...], weil der innigste *Riss*. Die *offene Stelle*.« (GA Band 65, S. 510). Wie Gadamer einmal treffend bemerkt hat, kommt das seinserschließende Selbstverhältnis, als das Heidegger die Sprache begreift, den Differenzen der aus Worten gebildeten Sätze zuvor (ibid., S. 371).[49]

Indessen scheint Heidegger damit ein letztes Mal die Hegel'sche »Mimesis des Absoluten« als Bestimmung der Kunst zu variieren. In einem Grundsatz der Kunstwerk-Abhandlung heißt es: »Dann ist die Kunst ein Werden und Geschehen der Wahrheit« (E.A., S. 73), und Heidegger erläutert dies fragend:

> »Dann entsteht die Wahrheit aus dem Nichts? In der Tat, wenn mit dem Nichts das bloße Nicht des Seienden gemeint und wenn dabei das Seiende als jenes gewöhnlich Vorhandene vorgestellt ist.« (ibid.)

Das meint, die Kunst setze das Seiende in jene ex-zentrische Schwebe, die bei der Grundfrage der Metaphysik »Warum ist Seiendes und nicht vielmehr nichts?« verweilen lässt, sie erwägt, und den Akzent auf das in sich schwingende Grundverhältnis von Sein und nichts verlegt.

4. Europäischer Nihilismus

(1) Auf einen tiefdringenden Zusammenhang zwischen Heidegger und Nietzsche trifft man mit dem Topos des »europäischen Nihilismus«. Bei Nietzsche ist er eng mit dem vieldeutig ambivalenten Zeit-Phänomen der *Décadence* verknüpft.[50] Der Befund der Décadence-Spätzeit, von Paul Bourget und Baudelaire her bekannt und von Nietzsche gleichermaßen als kritisches Instrument und als Selbstbeschreibung verwendet, weitet sich in die Anzeige des Grundcharakters der abendländischen philosophischen Überlieferung. Jedwede Ansetzung von Hinterwelten, also die Strukturform des Christentums nicht anders als des Platonismus, ist in diesem Sinn *nihilistisch*. Damit allein wäre der europäische Nihilismus aber noch nicht als der »unheimlichste aller Gäste« begriffen, als den Nietzsche ihn sah. Als solcher erweist er sich erst aufgrund des Modus, in dem er den »schwersten«, »abgründlichsten« Gedanken aussprechen muss. Dabei erscheint das »größte Schwergewicht« als der »lähmendste Gedanke« – man ist an den lahmfüßigen Geist der Schwere in »Vom Gesicht und Räthsel« erinnert.

> »Denken wir diesen Gedanken in seiner furchtbarsten Form: das Dasein, so wie es ist, ohne Sinn und Ziel, aber unvermeidlich wiederkehrend, ohne ein Finale ins Nichts: ›die ewige Wiederkehr‹. Das ist die extremste Form des Nihilismus: das Nichts (das ›Sinnlose‹ ewig)« (KSA 12/213).

Der von Nietzsche immer wieder erwogene »europäische Buddhismus« gibt den Hinweis, dass die europäische Denkart jenem extremen Nihil gar nicht standhalten könnte. Sie wendete die Einsicht in das große Umsonst wider sich selbst – in Akten des »Nein-Thun(s), nachdem alles Dasein seinen ›Sinn‹ verloren hat« (ibid., S. 216). Die Erfahrung des Nichts wird nicht ausgelotet, sie soll ausgelöscht werden. Golgatha und Kalvarienberg des Vergangenen – um mit Hegels »Phänomenologie des Geistes« zu sprechen – werden auf dem Gang europäischer Philosophie und Wissenschaft nicht bewahrt. Daher muss die »Wiederkehr des Gleichen« von dem auf Progression drängenden Europäer als ein Fluch empfunden werden. Als »pantheistische Ja-stellung zu allen Dingen«, die in Form seiner großartigen All-Einheits-Hypothese der (von Heidegger wenig beachtete) Spinoza vorgezeichnet habe, deutet Nietzsche das allenfalls mögliche Gegengewicht an. Auch für Heidegger war – in Konvergenz mit diesen Überlegungen – die Vermeidung des Buddhismus ein Schibboleth: Obgleich die Blickwendung auf das Sein selbst, die Abkehr von Seiendem, eine Reduktion ist, teilt sich doch erst in ihr das Seinsgeschehen mit. Um die Grenzen klar zu ziehen, wird in einer Eintragung der »Beiträge« zu diesem Zusammenhang (wobei eine neuplatonische Henosis, die über das Sein hinausginge, für Heidegger gerade nicht denkbar ist!) notiert: »Kein Buddhismus! Das Gegenteil«. (GA 65, S. 171)

Für Heidegger erweist sich der europäische Nihilismus zusehends als anderer Name für die Geschichte der abendländischen Metaphysik. In den unterschiedlichen Gewichtungen, die sein Urteil über Nietzsches Denken erfuhr, wiederholt sich indessen, dass Nietzsche als Voraus-Denker zu begreifen sei, als »Wahrsage-Vogel Geist«, der die Heraufkunft des europäischen Nihilismus gesehen hat, dessen letzte Metaphysik des »Willens zur Macht« als einer unbedingten Selbstermächtigung des Willens jedoch auch das »Gestell« vorausdenkt. Es ist, wie Heidegger in seiner »Seinsgeschichtlichen Bestimmung des europäischen Nihilismus« in den mittleren vierziger Jahren festgehalten hat, das »Ausbleiben des Seins als solchen«, das im Nihilismus west (Nietzsche Band II, S. 383), und sehr viel später ,1962, hat er in dem Vortrag »Zeit und Sein« eine aus dem Nihilismus schöpfende Deutung der »Epochen der Seinsgeschichte« gegeben.

»An sich halten heißt griechisch epoché. Daher die Rede von Epochen des Seinsgeschickes. Epoche meint hier nicht einen Zeitabschnitt im Geschehen, sondern den Grundzug des Schickens, das jeweilige An-sich-halten-seinerselbst zugunsten der Vernehmbarkeit der Gabe, d.h. des Seins im Hinblick auf die Ergründung des Seienden.« (Zur Sache des Denkens, E.A., S. 9)

Der europäische Nihilismus hat also nicht nur eine vordergründige Verankerung in der Gegenwart, es ist zugleich der Fußpunkt der Seinsgeschichte. Denn die Differenz zwischen erstem und anderem Anfang kann erst in der Epoche der »planetarischen Technik« oder – wie Heidegger in Variierung der

Gestalt des »letzten Menschen« auch wiederholt schrieb – der »Not der Notlosigkeit« entfaltet werden. In Parenthese ist an dieser Stelle zu vermerken, dass Heidegger spät – in den vierziger Jahren – Nietzsches »Übermenschen« sogar als »Hüter des Seins« prädizierte, als eine Gestalt, die aus dem europäischen Nihilismus kommt, in ihm jedoch in die Gelassenheit des Selben zurückfindet – eine Ineinander-Spiegelung, die Nietzsches großem Sinnbild seinen unzeitgemäßen, hohen Sinn wiedergibt. Wolfgang Müller-Lauter hat darauf zu Recht hingewiesen.[51]

Von hier her zeigt sich auch, dass das Wesen der Technik eine Weise des Seinsgeschehens ist, freilich eine, in der die Verdunkelung der Seinsfrage »total« geworden ist. Später, in den fünfziger Jahren, als Heidegger den Anfang des Denkens, der anzubahnen sei, dem »Ende der Philosophie« offen kontrastierte – deren Wegbahnen mit Nietzsche in das Ende ihrer Möglichkeit gekommen seien – nahm er Nietzsches »Die Wüste wächst, weh dem der Wüsten birgt« als Anzeige des europäischen Nihilismus auf. Der diagnostizierende Blick konvergiert hier mit einer weiteren Blickbahn, auf der die Hieroglyphenschrift des europäischen Nihilismus zu erschließen ist.

Dass es mit der Frage nach dem Sein *nichts* ist, diese Einsicht eröffnet erst den metaphysischen Hallraum des Nihilismus. Präziser gefasst meint dies, dass sich der Grund der Ontologie dort, wo nicht bestimmend in den Bahnen einer Leitfrage fortzugehen sondern in die Grundfrage zurückzugreifen ist, immer schon entzieht: Mit der Parmenideischen Ontologie sollte die Grunderfahrung des Nichts eröffnet und die Durchmischung von Sein und Nichts abgewehrt werden. In Wahrheit manifestiert sich bei Parmenides aber die Urstiftung des Nihilismus als ein Fatum; und aufgrund des übersprungenen Nichts zeigt sich in jeder metaphysischen Grundstellung die Differenz zwischen Sein und Seiendem, ohne dass das Sein selbst fraglich werden könnte. Nietzsches Lenzerheide-Fragment scheint zeitweise eine leichtere Tonart zu favorisieren – zumal wenn im Abschnitt 3 Gott als eine »viel zu extreme Hypothese« begriffen wird (KSA 12/212). Schon die Moderation der »starken Gegen-Begriffe« erfordert aber im Sinn desselben Erörterungszusammenhangs, dass die Extremalform des Nihilismus mit in den Blick genommen wird.

In dem Kolleg, das Nietzsches europäischem Nihilismus gewidmet ist, hat Heidegger eine bemerkenswerte Spur gelegt, indem er die Differenz zwischen Sein und Seiendem in ein Selbiges, eine In-Differenz, zurücknimmt. Er spricht dort von jenem

»Selbe(n), aus dem alle Metaphysik entspringt, dem sie freilich auch zugleich im Entspringen entgeht, jenes Selbe, das sie hinter sich lässt und außerhalb ihres Bezirkes als solches lässt, was sie nicht eigens mehr bedenkt und zu bedenken braucht.« (GA Band 48, S. 284)

Diese In-Differenz ist strictu sensu zu unterscheiden von der Differenzvergessenheit. Sie ist es aber, die – vor allem in der »Grundbegriffe«-Vorlesung des Sommers 1941 – Heidegger zur Grundform eines Nicht-Denkens kommen lässt: Heideggers Frage nach der Logik mündet in das fernöstliche Koan, das in Gegensätzen das Seinsrätsel umkreist; wobei keine dialektische Fortbestimmung des Seinssinns gegeben werden kann, sondern nur in dessen Viel-sinnigkeit eingeführt werden soll. So sind die analogischen, mit ihrer Exposition zugleich zurückgenommenen Bestimmungen zu verstehen, denen zufolge Sein »reich« und »arm«, bekannt und gänzlich unbekannt in einem sei.

(2) An dieser Stelle halten wir inne und fragen: Warum blieb die esoterische Zwiesprache zwischen Heidegger und Nietzsche explizit aus, die hier in einigen wenigen schwachen Konturen umrissen werden sollte? Ein Grund dafür ist gewiss, dass Heideggers Schreibart in einer ganz spezifischen Weise darauf zielte, Spuren unkenntlich zu machen. Namentlich an »Sein und Zeit« ließe sich zeigen, dass Zitationen nur Punktierungen für einen ganzen Strom der Prägungen sind: über Kierkegaard, Augustin, zurück zu Aristoteles. (Hier liegt auch die Berechtigung einer auf das Textgehäuse konzentrierten Heidegger-Interpretation).[52] Sodann – und damit nähert man sich über die je spezifische Physiognomik der philosophischen Sachproblematik – zeigt der Einblick in die esoterische Zwiesprache erst recht, dass die Denkarten Heideggers und Nietzsches sich einer unmittelbaren Vergleichbarkeit entziehen. Nietzsches Wort »Verwechselt mich vor Allem nicht« kann, auf beide bezogen, für diese grundlegende Differenz sensibilisieren. Nur wenige unschwer erkennbaren Vordergrundansichten seien ins Gedächtnis gerufen, um diese meines Erachtens unter dem Gesichtspunkt eines zwiefachen Endes der Metaphysik bei Nietzsche und Heidegger vernachlässigte radikale »Unterschiedenheit« zu akzentuieren:

Heidegger geht die membranhaft sensitive Biegsamkeit des Denkstils Nietzsches nahezu vollständig ab, der für dessen »psychologisch genealogische« Moralistik konstitutiv ist. Seine Denkart ist vielmehr von einer Eruptivität und Statuarik des Fragens bestimmt und in den Kollegtexten von einer Übertreibungskunst, die nicht wie die Nietzsche'sche ihre Leuchtkraft aus den starken Gegen-Begriffen bezieht. Sie differenziert sich gerade nicht, ausgehend von den Extrema, immer weiter aus, vielmehr bohrt sie von einem Fragepunkt aus kontinuierlich tiefer, darin eher dem sprichwörtlichen Hegel'schen Maulwurf verwandt. Anders als Nietzsche, lebt Heidegger nicht genuin mit dem Höhenweg der deutschen Klassik, mit Goethes Eckermann-Gesprächen oder einer Novelle. Sein Denken hat für sich genommen nichts von der sprachlichen Welthaftigkeit von Weimar an sich – Goethe wurde Heidegger erst sehr spät kostbar, als er u.a. bei ihm mit dem Wort vom »Eräugnis« eine wundervolle Prägung für den Seinsblick des Ereignisses fand, der ihm freilich schon zuvor am Blick der Göttin Sein bei Parmenides (Parmenides-Vorlesung, GA Band 54, WS 1942/43) selbst aufgegangen war.

Und in der weitesten Denkbahn, die – wie mir scheint – eine sachliche Grunddifferenz morphologisch zu fassen erlaubt, steht Nietzsche in einer genuinen Beziehung zum Platonischen Philosophieren. Heidegger dagegen bewegt sich in den Bahnen der – zunächst durch neuscholastische Systembildung, dann durch Brentano vermittelten – Aristotelischen Arche-Forschung. Aristoteles bleibt ihm, wie sich besonders prägnant in der großen »Sophistes«-Vorlesung vom Wintersemester 1924/25 zeigt (GA Band 19), der vertrautere Zusammenhang, von dem – nach dem bekannten hermeneutischen Grundsatz – in das Dunkel, die Platonische Dialektik, weiterzugehen sei. Von hier her blickt Heidegger freilich unmittelbar in die vor-sokratische Exposition der Physis als Sein, mit einer zugreifenden »Macht des Denkens«, die Walter Schulz einmal in die schöne Reminiszenz gebracht hat: »Hier ist einer, der unmittelbar etwas sieht«, was die großen Denker der philosophischen Überlieferung auch gesehen haben.[53] Und Schulz berichtet weiter, Heidegger habe ihm gelegentlich gesagt: »Wenn ich nachdenke, dann ist es manchmal so, als ob Heraklit daneben steht.«[54] Bedürfte es für Nietzsches hintergründigen »Platonismus« irgend eines Beweises über die Anlage und Selbstbeurteilung der Zarathustra-Dichtung hinaus und abgesehen von den Platon-Deutungen des jungen klassischen Philologen, so wäre ein schlagender Beleg im Motiv der Scham zu finden, das Nietzsches Moralgenealogien durchzieht. Die Scham – aischyné – ist es, an welcher der Naturgrund der Gerechtigkeit (und mit ihr der Tugend) gegenüber der Pseudo-logie der Sophistik fixiert wird. Man vergegenwärtige sich diese Zusammenhänge nur am Platonischen »Gorgias«.

Tastend könnte man hier vielleicht sogar noch einen Schritt weiter in die unmittelbare Konkretion des »Triebes, der philosophiert«, tun, und sich auf die unterschiedlich kontingenten Weisen beziehen, in denen das denkende Dasein sich vorfindet (auch wenn man über solche Arkana tunlich schweigt). Manfred Riedel mag Recht haben, wenn er das Ensemble von Kirche und Stadt als den gemeinsamen alteuropäischen Zug von Messkirch und Röcken erkennt.[55] Dennoch liegen Welten zwischen dem dem Süddeutschen immer unerfreulich bleibenden mitteldeutschen Flachland, über das sibirischer Festlandswind weht, das aber auch Welten aus Wolkengebilden zeichnen kann, und dem alemannischen Landschaftstableau über dem Bodensee.

Wie dem auch sei: Ein Grundton in Heideggers Auseinandersetzung mit Nietzsche ist das Wort, dass Nietzsche ein »Übergang« sei, das »Höchste«, was von einem Denker gesagt werden könne. Ist, so mag man bei der Auslotung der inneren Differenz weiter fragen, auch Heidegger ein »Übergang«? Wenn man sich auf den Denkweg der »Kehre« bezieht, in dessen Mitte das Nietzsche-Gespräch verankert ist: so wird man dies bejahen können. Die vertiefte Rückfrage in den ersten – also metaphysischen Anfang – soll den Übergang in den anderen Anfang anbahnen. Jener Übergang wird durch einen »Bruch« ergänzt, denn der andere Anfang selbst stellt sich erst über einen Hiatus hinweg ein, denn der »übergängige« Denker ist ein Letzter: hieraus rührt die Divergenz der »Urteile«.

Methodisch forderte die »vertiefte Rückfrage« in den ersten Anfang, die weitgehend am Organon Nietzsche'scher Begriffe entlangging, von Heidegger eine Art von »Metabasis eis allos genos«: Nietzsches Denkwege kommen als Labyrinth zur Kenntlichkeit. Das Labyrinth und der Ariadnefaden, der sich in ihm verliert, verschlingt, verdoppelt, sind ganz gewiss keine geeigneten Figurierungen von Heideggers Denkweg. Als Emblem seines Denkstils will ich vielmehr die »Lichtung« deuten; streng verfugt in Weisen der Verborgenheit, »zeigt sich« Sein als jene Selbstevidenz, mit der phänomenologische Sacharbeit ihr Ende findet. Der Holzweg sagt dasselbe in einem anderen Rätselbild: »Im Holz sind Wege, die meist verwachsen jäh im Unbegangenen aufhören. – Sie heißen Holzwege« (Heidegger, Holzwege, Frontispiz-Eintrag). Es sind, wenn der Versuch weiterer Verbildlichung erlaubt wäre, harte, vertikale Schnitte, die das Denken der Lichtung konstituieren. Das Labyrinth erschließt sich nur im Gehen und im Irren. Heidegger hat zwar selbst über sein Oeuvre die Maxime »Wege, nicht Werke« gesetzt. Er hat aber – paradoxerweise – gerade vom Gipfel- und Endpunkt Nietzsche aus versucht, in die Wegbahnen der Metaphysik wie in einen geschossenen Kristall Einblick zu gewinnen. Er suchte – mit Hölderlin gesprochen – nach der »kürzesten Bahn«, auf der sich die Seinsfrage einstelle: Dies wäre jene Bahn, die Heraklits Wort bestätigt, dass Hinweg und Rückweg dasselbe sind. Heidegger weiß aber zugleich, dass die »kürzeste Bahn« von langeher, in einer seinsgeschichtlichen Inkubationszeit, vorbereitet werden muss.

Diese Tektonik berührt sich keineswegs mit dem Rätselfaden, der weitere Rätsel erzeugt (»sei mein Labyrinth!«), jenem Ariadne-Motiv, dem Karl Reinhardt eine tiefdringende Deutung gewidmet hat.[56] Dabei hat Reinhardt das Labyrinth als den Urgrund gedeutet, in dem auch allererst der Gott begegnet: In »Jenseits von Gut und Böse« hält Nietzsche fest (Nummer 29):

> »Er begiebt sich in ein Labyrinth, er vertausendfältigt die Gefahren, welche das Leben an sich schon mit sich bringt; von denen es nicht die kleinste ist, dass Keiner mit Augen sieht, wie und wo er sich verirrt, vereinsamt und stückweise von irgend einem Höhlen-Minotaurus des Gewissens zerrissen wird.« (KSA 5/48)

In dem Labyrinth begegnet sich der Mensch selbst, die Klugheit als ein inneres Hören formt sich aus, dies deutlichste Antidotum zum Eselsbacchanal im vierten Teil des »Zarathustra«:

»Sei klug, Ariadne! ...
Du hast kleine Ohren, du hast meine Ohren:
steck ein kluges Wort hinein! –«

heißt es in der »Klage der Ariadne« (KSA 6/401) – und in »Ecce homo« gibt Nietzsche diesem Motiv seinen Hintergrund:

»Wohlan, ich wage zu behaupten, dass ich die kleinsten Ohren habe. ... Ich bin der Anti-Esel par excellence und damit ein welthistorisches Untier.«

Reinhardt, ein Meister in der Kunst des Lesens, hat daraus hermeneutische Folgerungen gezogen, die bis heute im Blick auf Gänge und Irrgänge der Nietzsche-Interpretation erinnernswert bleiben:

»man müsste [...] das ganze ardiadnisch verwickelte Problem der Maske, die sich selbst als Maske schaut, des Textes, der sich selbst als Interpretation interpretiert, des Fadens, der hinausführt in die eigene Hand, kurz, man müsste das ganze Spät-Problem des ›circulus vitiosus deus‹ ausbreiten, um den Sinn des Mysteriums zu entziffern.«[57]

Schließlich trifft man, bei der Auslotung der esoterischen Zwiesprache, unweigerlich auf den Umstand, dass Heidegger mit dem früh-griechischen Denken in eine Zwiesprache trat, die sich in keiner Weise von Nietzsche leiten ließ. Der Nietzsche'schen Heraklit-Deutung widmete Heidegger in seinem eigenen Heraklit-Kolleg immerhin einige Bemerkungen, wobei er sie aber den »vordergründigen« Deutungen zuwies. Das Anekdotische in Nietzsches Philosophen-Buch, die Profilierung des Grundzugs, an dem die Physiognomik von Heraklit oder Parmenides ans Licht kommen, die aus Diogenes Laertius geschöpft werden kann,[58] fehlt bei Heidegger völlig. Bei ihm ist die Ek-stasis des einzelnen Fragments vielmehr vollständig von der Legende des Urhebers abgetrennt – so, als hätte es diesen nicht gegeben. Heidegger scheint seine fundamentale Abgrenzung von Nietzsches Rückgang auf das tragische Zeitalter der Philosophie vor allem im Blick auf die kosmogonische Fixierung des Tragödienbuches vollzogen zu haben: Die »physis« schien ihm hier zu sehr als vergehendes und verfließendes Leben, nicht aber als sich zeigende Wahrheit, gedacht. Fasst doch bei Nietzsche jeder der frühen Denker die Allheit des Seienden nach einer Hinsicht. Andrerseits ist die vor-*sokra-*

tische Problematik Heideggers Frage niemals gewesen, weil er die entscheidende Zäsur am Grund abendländischer Metaphysik nicht mit der gelebten Fragebewegung des Sokrates bezeichnet sah, sondern mit der eidetischen Sichtbarmachung der Aletheia in der Platonischen Idee. Die Sokratische Methodik bleibt bei Heidegger bezeichnenderweise unbefragt, wobei er die a-topische Positionierung des frühen Denkers ebenso wie seine zitterrochenartige Frageinsistenz in den Gestus der Seinsfrage einbezog und insofern selbst sokratisch philosophierte – ein Moment, das immer wieder übersehen wird. Ein darüber gelagertes Problem führt noch tiefer: Denn für Nietzsche sind die frühen Denker zugleich (und zuerst) Zuschauer der sie umgebenden Tragödie. Ihre Fragmente sind Antworten auf den gemeinsinnig aufbrechenden Elementaraffekt. Heidegger brachte ihre Stimmen eher als Individuationen des großen epischen Okulars Homers und der erfahrenen Seinsduplizität bei Hesiod zur Sprache. Und der Tragödie widmete er sich, sofern sie wie im Schicksalslied der »Antigone« noch mit jener »Weithallenden Stimme« des Epos spricht. Die Tragödie ist in Heideggers Deutung, wie mir scheint, insofern aus der exzentrischen Mitte gerückt, die sie bei Hölderlin und Nietzsche innehatte, als sie auch eine politische Kunst der Teilhabe ist; ein Zug, der Heidegger fremd bleibt.

Obgleich das Seinsdenken vom Untergang spricht, ist er nicht kathartisch tragisch, sondern eher aus jener Versenkung in die Sache selbst zu verstehen, die Husserls Phänomenologie als Sachversenkung ihr großartiges, über neuzeitliche Szientifik hinausweisendes Profil gibt und die letztlich auch zu der »Gediegenheit« der Sache im Hegel'schen Sinn tiefliegende Affinitäten aufweist.

(3) Damit kommen wir abschließend zur Crux des sachlichen Problemtitels »Heidegger und Nietzsche«: Er betrifft den Ansatzpunkt bei der »Metaphysik«. Vielfach ist angemerkt worden, dass Heidegger Nietzsche habe verfehlen müssen, indem er ihn als Metaphysiker begreift. Dem möchte ich deutlich widersprechen; und mir scheint, dass viele der enagiert a-metaphysischen Nietzsche-Deutungen sich gerade in einem unverflüssigten Blick auf »die« Metaphysik halten (für so unterschiedliche Denker wie Georg Picht[59] und den frühen Jacques Derrida[60] ließe sich dies gleichermaßen zeigen).

Gadamer hat in seiner Kritik am Gestus französischer Nietzsche-Interpretationen dargelegt, dass sie Gefahr liefen, den ernsten, versucherischen Gestus von Nietzsches Fragebewegung zu übersehen und deshalb Heideggers Denkgespräch allzu leicht die Legitimation entziehen könnten. Heidegger folgt, so Gadamer weiter, Nietzsche bis in das letzte Extrem hinein, sieht aber gerade dort das »Un-wesen der Metaphysik« am Werk (GW 2, S. 334). Die »Notwendigkeit« der Auseinandersetzung mit Nietzsche sehe Heidegger also gerade darin, dass Nietzsche vorzeichnet, wie »hinter die Metaphysik« zurückzugehen ist, »ohne in dem Extrem ihrer Selbstauflösung Genüge zu finden« (ibid., S. 334). Daran ist etwas Wahres. Mir scheint aber, dass Gadamer die hinter Nietzsches perspektivischer Weisheit verborgene vielfach versuchte Rückkehr in eine Einheit zu gering gewichtet.[61] Heidegger sieht selbst, zumindest gegen Ende seines Denkgesprächs mit Nietzsche, klarer: wenn er den Heimwehschmerz (nostalgia) des Genesenden, die Rückkehr zum Anfang, als das Grundmotiv der »Zarathustra«-Dichtung begriff, die auf den Übermenschen hin-blickt.

An der Verzeichnung haben allerdings, dies ist die Kehrseite meines Einwandes, Heideggers Nietzsche-Vorlesungen ihre Schuld. Wird doch dort »Metaphysik« von ihrem äußerlichen Gestänge und Bauzeug her aufgefasst, ohne dass letztlich bis zu ihrem »Anfangspunkt« hindurchgedrungen würde. Die arché der Metaphysik hat Heidegger als deren »Grundfrage« umschrieben. Sie ist noch eine »Begründungsfrage«: »Warum ist überhaupt Seiendes und nicht vielmehr Nichts?« – In die in ihr angelegte Schwebe und Schwingung versetzt, vollzieht diese Frage den Übergang in ein Standhalten gegenüber dem Sein als Nichts. Die »Grundfrage der Metaphysik«, von der Heidegger in der entfalteten »Kehre« bezeichnenderweise nicht mehr spricht, wird damit zur Frage des Übergangs, in der sich der Grundsinn von Sein und von Wahrheit ineinander spiegeln.

Hier deutet sich eine Tendenz an, die »Warumfrage« nicht aufzulösen, – dass dies in der Philosophie der letzten zweihundert Jahre vielfach geschah, hat Wiebke Schrader schlagend gezeigt!,[62] – sondern ihr ihrerseits auf den Grund zu gehen. Die Grundfrage der Metaphysik richtet sich als Warumfrage, wie Heidegger im Zusammenhang der »Kehre« vermerkt hat, auf das Sein selbst. Wird sie meditiert, so versetzt sie indes in »die Schwebung des Seyns« (GA Band 65, S. 509) – sie verweist also nicht auf Seiendes zurück. Heidegger notierte die Fokussierungen einer solchen Fragebewegung: »Und das Nichts? Sein Bestand? Und das Warum? Sein Grund? Und die Frage selbst? Als Denken ›des‹ Seyns« (ibid.).

An dem Anfangspunkt, den Heidegger mit seiner Exposition der Seinsfrage erreicht hatte und den Nietzsche, auch in der Gestalt des erdichteten Denkers Zarathustra, immer wieder suchte – man wird ihn mit dem »abgründigsten Gedanken« gleichzusetzen haben –, wird das »Zuspiel« der metaphysischen Frage unausweichlich. Dies greift in die Verfassung des Denkens ein, das sich nur selbst kastriert oder betrügt, wenn es sich leichtfüßig selbst als »schwach« ausruft, Abschied vom Prinzipiellen nimmt, zu Metaphern des Handwerks greift.

Heidegger wie Nietzsche in ihrer Sach-differenz liegt dies gleichermaßen fern. Mit dem Problem des Anfangs ist bei beiden das des Aufhören-könnens verflochten. Heidegger versuchte die Seinsfrage in eine Verhaltenheit des Endens zurückzugründen: eines Denkens, das ins Hören übergehen kann, ohne vielleicht in einer großen Implosion seiner Begründungen zu »verenden«.

Unhintergehbar scheint mir die »metaphysische« Frage auch, da sie ein unabdingbarer Grenzbegriff bleibt, wenn die Deutung des Seins als Physis nicht biologisch reduziert werden soll; eine Tendenz, der nicht nur eine lange vergangene Nietzsche-Deutung zu erliegen scheint, sondern die sich wieder vermehrter Beliebtheit erfreut;[63] womit aber der »homo natura«, in dessen Schriftzüge Nietzsche in der Tat die Moraltradition übersetzen wollte, aus seiner Verankerung im »Reich der zwiefachen Interpretation« herausgerissen ist und auf die Malthusische Empirie verkürzt wird.[64] Jenes Nietzsche'sche Unterscheidungsvermögen, auf dem Heidegger gegen alle Zeittendenzen insistierte, scheint gerade im Säkulum möglicher biomorpher Experimentierkunst am Menschen dringend geboten.

Damit rückt der Erfahrungsraum der Metaphysik in den Horizont der Sehnsucht: Dies hat Heidegger in seiner späten Interpretation des Zarathustra-Abschnitts »Der Genesende« gesehen. Die Denkbewegung, die hinter die eigene Naturverfasstheit hinausfragt, ist ihrer besten Möglichkeit nach Rückkehr in sich selbst – auf einen ihr entzogenen Anfang. Dieser Grundzug lässt sich nicht auslöschen, ihm kann das Denken keinen anderen entgegensetzen, wie sehr es auch die metaphysischen Begründungsformen im Einzelnen einer Epoché bzw. einer Kritik unterzogen werden mögen.

Nietzsche hat in einer Überlegung, die ihre Beispiele aus Architektur und Malerei schöpft, Bernini, Raffael und Michelangelo und vor allem den Petersdom vor Augen hat, von einer Kunst gesprochen, die »im großen wie im kleinen, auf eine vollkommene Weise das Ende zu finden« wisse (FW, 4. Buch Aphorismus 281, KSA 3/525). Daran erkennt man die Meister der ersten Stufe. Andere werden »immer gegen das Ende hin unruhig und fallen nicht in so stolzem, ruhigem Gleichmaße in's Meer ab, wie zum Beispiel das Gebirge bei Porto fino – dort, wo die Bucht von Genua ihre Melodie zu Ende singt«. Dies ist nicht nur ein Hinweis auf Probleme artistischer Faktur. Es ist eine Frage an die Verfassung eigenen Denkens. Die »Vorspiele einer Philosophie der Zukunft« gewinnen bei Heidegger, und ebenso schon im Zug von Nietzsches Abschied von seiner »Philosophie des Vormittags«, janusköpfigen Charakter. Es ist nicht mehr der neu anbrechende Morgen und die ihm folgenden Stunden (ces heures exquises et matinales): Es ist die Spiegelung von Mittag und Mitternacht – in einer Geschichtlichkeit, die ihre Vergangenheit nicht ablegen kann, die als Denkstunde ausgezeichnet wird.

Dass sich Nietzsche und Heidegger derart in der Typik ihrer Denkweisen bei aller Differenz doch berühren, scheint das Strukturverhältnis zu treffen, das auf dem Frontispiz der »Holzwege« angezeigt ist. Heidegger hat dort festgehalten: »Jeder [sc. der Holzwege] verläuft gesondert, aber im selben Wald. Oft scheint es, als gleiche einer dem anderen. Doch es scheint nur so«. Heidegger und Nietzsche begegnen sich, was Heidegger wohl erst nach »Sein und Zeit« deutlich wurde und was das Vorurteil über ihr Denkgespräch bis heute tunlich ignoriert, darin, Denker des Anfangs und des Endes zu sein: und einen Übergang zu vollziehen.

Das metaphysische Problematon auf dem Übergang in eine Philosophie der Zukunft sei am Ende nicht in problemgeschichtlicher Weise thematisch gemacht, es sei auf das genuine Wort der Dichtung zurückgeführt, an dem sich die Spekulation, im Sinne der Philosophie der Zukunft immer wieder zu brechen und vor dem sie zu schweigen hat:

Paul Celans Gedicht »Largo« nennt eine Beziehung notwendiger Liebe, in seinem Fall zu Ingeborg Bachmann, und verortet sie auf der Heide; vielleicht, so hat man mit guten Gründen vermutet, ist damit auf die Lenzerheide angespielt, den Gebirgssattel, auf dem Nietzsche seinen denkwürdigen Sommer 1887 verbrachte – und auf dem Heidegger, ohne um Nietzsches Präsenz zu wissen, seit Ende der Vierziger Jahre Gast von Medard Boss war: Dort könnte das verborgene, verhaltene Totengespräch zwischen Heidegger und Nietzsche sich abspielen, nicht auf der übermächtigen Höhe von Sils, in einem Zwischen, das dem Tiefland aber schon einigermaßen entzogen ist.

>»Gleichsinnige du, heidegängerisch Nahe:// über- / sterbens / groß liegen / wir beieinander, die Zeit- / lose wimmelt dir unter den atmenden Lidern«.[65]

In solcher Notwendigkeit der »Zeitlose« bleibt die Denk-Zwiesprache zwischen Heidegger und Nietzsche aufgegeben, wobei man etwas wissen muss, was der Jude Paul Celan von Heidegger lernte: dass nämlich zitelosa ursprünglich den Krokus meint: der zu früh, nicht zur Blütezeit blüht. Erst später sprach man in Analogiebildung dazu von der Herbstzeitlosen. Die Philosophie ist beides: unzeitig, aber in jedem Fall und darin notwendigerweise wiederkehrend. Dies zu wissen, muss »Vorspiele« einer Philosophie der Zukunft in jedem Fall auszeichnen.

(28.10.2002)

Anmerkungen

1. G. Vattimo, Heideggers Nihilismus: Nietzsche als Interpret Heideggers, in: W. Biemel und F.-W. v. Herrmann (Hrsg.), Kunst und Technik. Gedächtnisschrift zum 100. Geburtstag von Martin Heidegger. Frankfurt/Main 1989, S. 141ff. Vattimo bezeichnet seinen eigenen Ansatz als »schwaches Denken«, weshalb darauf hier im Sinn einer Abgrenzung Bezug genommen wird.
2. Vgl. H. Seubert, Zwischen erstem und anderem Anfang. Heideggers Auseinandersetzung mit Nietzsche und die Sache seines Denkens. Köln, Weimar, Wien 2000.
3. Vgl. dazu in methodischer Hinsicht W. Köller, Philosophie der Grammatik. Vom Sinn grammatischen Wissens. Stuttgart 1988.
4. Vgl. M. Heidegger, Vorwort, in: ders., Frühe Schriften. Frankfurt/Main 1972, S. X.
5. Vgl. zu den Einzelheiten: Seubert, Zwischen erstem und anderem Anfang, a.a.O., S. 37ff.
6. Ibid., S. 35ff.
7. Ibid., S. 54ff.
8. Vgl. dazu Heidegger, Der Ursprung des Kunstwerkes, in: ders., Holzwege, GA Band 5. Frankfurt/Main 1977, S. 1ff. (Der »Holzwege«-Abdruck trägt die Jahreszahlen 1933/36). Siehe auch die aufschlussreiche Vorfassung: Vom Ursprung des Kunstwerkes: Erste Ausarbeitung, in: Heidegger Studies 5 (1989), S. 5–23. Vgl. dazu die verschiedenen Beiträge des Sammelbandes Chr. Jamme und K. Harries (Hrsg.), Martin Heidegger. Kunst – Politik – Technik. München 1992.
9. Vgl. besonders instruktiv für diese Präferenz für Aristoteles die Vorlesung GA Band 19: Platon: Sophistes (WS 1924/25), hrsg. von Ingeborg Schüßler. Frankfurt/Main 1992.
10. Zu nennen sind hier insbesondere die Arbeiten von Dieter Henrich, vgl. vor allem ders., Konstellationen. Probleme und Debatten am Ursprung der idealistischen Philosophie (1789-1795). Stuttgart 1991, insbesondere S. 7ff. und S. 27ff. und zur Durchführung exemplarisch: Der Grund im Bewusstsein. Untersuchungen zu Hölderlins Denken (1794-1795). Stuttgart 1992. Auch M. Frank, »Unendliche Annäherung«. Die Anfänge der philosophischen Frühromantik. Frankfurt/Main 1997 hat die Konstellationenforschung nicht nur in Einzelerörterungen, sondern auch im Grundsätzlichen erweitert.
11. Vgl. dazu I. Schüßler, Das Strittige in den Systemen des deutschen Idealismus, in: H. Seubert (Hrsg.), Heideggers Zwiegespräch mit dem deutschen Idealismus. Köln, Weimar, Wien 2003 (Reihe Collegium hermeneuticum Band 7), S. 25ff. und in demselben Band den Beitrag von P. David, Heideggers Deutung von Schellings Freiheitsschrift als Gipfel der Metaphysik des deutschen Idealismus, S. 125ff.
12. Diese Frage stellte sich Heidegger gerade in der Zwiesprache mit Hegel: Vgl. Heidegger GA Band 32: Hegel, Phänomenologie des Geistes (WS 1930/31). Frankfurt/Main ³1997, S. 139ff. Dazu in dem in FN 11 genannten von mir herausgegebenen Sammelband C. Strube, Die ontologische Wiederentdeckung des deutschen Idealismus, S. 93ff. und: E. Mazzarella, Heidegger und Hegel: Die Vorlesung zur *Phänomenologie des Geistes* (1930/31), S. 141ff.

13 Kierkegaard wird in solchen Zusammenhängen von Heidegger immer wieder genannt, obwohl er ihn eher für einen Schriftsteller denn einen Denker von genuinem Rang hält. Die Kierkegaard-Spur hat mit Heideggers Auffassung zu tun, dass das 19. Jahrhundert für die Umbrüche der Seinsgeschichte und das zu Denkende von außergewöhnlicher Bedeutung sei; sie verweist aber sicher auch auf die nachhaltige Bedeutung Kierkegaards für die Denkbewegung von »Sein und Zeit«. Es ließe sich wohl eine doppelte Gewichtung des 19. Jahrhunderts aus Heideggers Texten herauslesen, die er selbst nur angedeutet hat.

14 En passant findet sich auch bei Walter Benjamin im Briefwechsel der Exiljahre der Hinweis auf die lanthanontische, also: verborgene Existenz, vgl. dazu den Briefwechsel Adorno-Benjamin 1928–1940, hrsg. von Henri Lonitz. Frankfurt/Main 1994.

15 Vgl. dazu u.a. den Aufsatz von Uvo Hölscher, »Die Wiedergewinnung des antiken Bodens« – Nietzsches Rückgriff auf Heraklit, in: ders., Das nächste Fremde. Von Texten der griechischen Frühzeit und ihrem Reflex in der Moderne, hrsg. von J. Latacz und M. Kraus. München 1994, S. 348ff.

16 Heidegger, Vom Wesen des Grundes (1929), in: ders., Wegmarken. GA Band 9. Frankfurt/Main 1976, S. 123–177. Im Folgenden wird bei klassischen Texten jeweils der Seitenumfang präzise angegeben.

17 Das Wie-Sein ist schon bei Schelling ein Zug des Absoluten, das sich in den »essentia«- und »existentia«-Bestimmungen nicht fassen lässt.

18 Vgl. dazu den berühmten Beginn von Nietzsches »Ueber Wahrheit und Lüge im aussermoralischen Sinne«, in: KSA (Kritische Studienausgabe, hrsg. von G. Colli und M. Montinari. München ²1988) 1/875ff. Im Folgenden werden Nietzsches Texte durchgehend nach dieser Ausgabe zitiert.

19 In diesem Zusammenhang wäre zu bedenken, dass Aristoteles dem Werk (ergon) im Modalgefüge von energeia und entelecheia einen genuinen Ort einräumt (Aristoteles Met. 1051a 34f.). Vgl. dazu die tiefdringenden Erwägungen: M. Müller, Macht und Gewalt. Prolegomena einer politischen Philosophie. Herausgegeben und kommentiert von Anton Bösl. Freiburg, München 1999.

20 Dies unterscheidet den Rang solcher Interpretationen selbst dort, wo sie, wie jene Baeumlers, ein hohes erkenntnistheoretisches Niveau aufweisen, fundamental von Heideggers Nietzsche-Deutung. Damit soll keineswegs gesagt werden, dass Baeumler nicht philosophiehistorischer Beachtung, etwa im Zusammenhang einer Gesamtausgabe, für wert befunden werden sollte. Die Konfundierung solcher Ansätze mit Heideggers »Auseinandersetzung« ist aber höchst ärgerlich und nicht aus philosophischen, sondern einzig aus ideologischen »Verlesungen« zu erklären: Vgl. als ein besonders sprechendes Beispiel E. Kiss, Die Stellung der Nietzsche-Deutung bei der Beurteilung der Rolle und des Schicksals Martin Heideggers im Dritten Reich, in: D. Papenfuss und O. Pöggeler (Hrsg.), Zur philosophischen Aktualität Heideggers. Symposion der Alexander von Humboldt-Stiftung vom 24.–28. April 1989 in Bonn-Bad Godesberg. Frankfurt/Main 1991, S. 425ff.

21 So die Behauptung in den ansonsten verdienstvollen Arbeiten Wolfgang Müller-Lauters, Heidegger und Nietzsche. Nietzsche-Interpretationen Band III. Berlin 2000, S. 194f.

22 Vgl. den Brief von Heidegger an Jaspers vom 16. Mai 1936: »Nun Ihr Werk

vorliegt, brauche ich diesen Versuch (sc. einer Vorlesung über Nietzsches »Willen zur Macht«) nicht zu machen; denn eben dies war meine Absicht, was Sie im Vorwort klar und einfach sagen: zu zeigen, dass es an der Zeit sei, vom Nietzsche-lesen zur Arbeit überzugehen. Nun kann ich in der nächsten Stunde einfach auf Ihr Werk, das zudem für die Studenten erschwinglich ist, hinweisen. Und für den Winter werde ich eine andere Vorlesung wählen«. Martin Heidegger-Karl Jaspers, Briefwechsel 1920–1963, hrsg. von W. Biemel und H. Sahner. Frankfurt/Main, München, Zürich 1990, S. 160.

23 In der vielberufenen Davoser Disputation hatte Heidegger »interpretari« als »die Dinge auf den Kopf stellen« gedacht, jedenfalls wenn man den Berichten über die Disputation und ihre Parodie zu Rate zieht. Vgl. dazu: K. Gründer, Cassirer und Heidegger in Davos 1929, in: H.-J. Braun, H. Holzhey und E.W. Orth (Hrsg.), Über Ernst Cassirers Philosophie der symbolischen Formen. Frankfurt/Main 1988, S. 290ff. Siehe auch D. Kaegi (Hrsg.), Cassirer-Heidegger. 70 Jahre Davoser Disputation. Hamburg 2002.

24 So die Aussage von Heidegger in dem Brief an Jaspers vom 25. Juni 1929 über sein Studium der Philosophie des deutschen Idealismus, wo er dieses Urteil auch mit der Aussage verbindet, dass er nicht andere für sich lesen lassen könne (Briefwechsel Jaspers-Heidegger, hrsg. von Biemel und Sahner, a.a.O., S. 123).

25 Weiter unten wird namhaft gemacht, dass Heidegger hier der östlichen Form des »Koan« verpflichtet sei, vgl. M. Riedel, Denken und Deuten im Wort. Über die »Feldweggespräche«, in: D. Thomä (Hrsg.), Heidegger-Handbuch, Stuttgart 2003, f. 239–247.

26 Vgl. M. Heidegger, Wer ist Nietzsches Zarathustra, in: Vorträge und Aufsätze. Pfullingen 1954, ⁶1990, S. 97–123.

27 Vgl. die unter FN 25 genannte Arbeit.

28 Vgl. dazu die tiefsinnigen Überlegungen bei Peter Pütz, Das Spannungsverhältnis von Kunst und Erkenntnis bei Nietzsche, in: H. Seubert (Hrsg.), Natur und Kunst in Nietzsches Denken. Köln, Weimar, Wien 2002, S. 23ff.

29 Dies eine Grundauffassung meines Buches: Zwischen erstem und anderem Anfang. Heideggers Auseinandersetzung mit Nietzsche und die Sache seines Denkens, a.a.O.

30 Vgl. dazu auch die Erörterungen und Quellenzeugnisse in dem Band H. Seubert (Hrsg.), Heideggers Zwiegespräch mit dem deutschen Idealismus a.a.O.

31 Es handelt sich um einen Brief vom 2.12.1971: »Ich weiß selber noch nicht hinreichend deutlich, wie meine ›Position‹ gegenüber Hegel zu bestimmen ist – als ›Gegenposition‹ wäre zu wenig; die ›Positions‹-Bestimmung hängt mit der Frage nach dem Geheimnis des ›Anfangs‹ zusammen; sie ist weit schwieriger, weil einfacher, als die Erläuterung, die Hegel darüber gibt *vor* dem Beginn der ›Bewegung‹ in seiner ›Logik‹. Immer wieder habe ich mich gegen die Rede vom ›Zusammenbruch des Hegelschen Systems‹ gewendet. Zusammengebrochen, das heißt herabgesunken ist, was folgte – Nietzsche mit einbezogen«. Zit. nach Gadamer, Hegel und Heidegger, in: ders., Gesammelte Werke Band 3. Neuere Philosophie 1. Hegel-Husserl-Heidegger. Tübingen 1987, S. 87ff., hier S. 100. In einer ähnlichen Weise hat Heidegger, wie Georg Picht berichtet, sich zu Platon geäußert. Das Wesen der Platonischen Philosophie sei ihm, so hielt er seinerzeit fest, niemals aufgegangen. Vgl. Picht, Die Macht des Denkens, in: G. Neske

und E. Kettering (Hrsg.), Antwort. Martin Heidegger im Gespräch. Pfullingen 1988, S. 175ff.

32 Vgl. zu dem für die Urstiftung idealistischer Philosophie ausschlaggebenden Spinozismus-Streit: H. Scholz (Hrsg.), Die Hauptschriften zum Pantheismustreit zwischen Jacobi und Mendelssohn. Berlin 1916. Den im Blick auf solche Zeugnisse gewonnenen weiteren Begriff des deutschen Idealismus, der den Intentionen Diltheys folgt, erprobe ich erstmals in meinen Studien: Spekulation und Metaphysik. Hamburg 2003. Vgl. auch meine Einleitung in dem Sammelband H. Seubert (Hrsg.), Heideggers Zwiegespräch mit dem deutschen Idealismus, a.a.O., S. 1ff., sowie den Beitrag von M. Riedel, in: ibid., S. 15ff.

33 Vgl. GA Band 65, Fuge VII, S. 405ff. Siehe dazu auch G. Figal, Philosophie als hermeneutische Theologie. Letzte Götter bei Nietzsche und Heidegger, in: H.-H. Gander (Hrsg.), »Verwechselt mich vor Allem nicht!«. Heidegger und Nietzsche. Frankfurt/Main 1994 (Martin-Heidegger-Gesellschaft. Schriftenreihe Band 3), S. 89ff. und die diversen Beiträge P.-L. Coriando (Hrsg.), »Herkunft aber bleibt stets Zukunft«. Martin Heidegger und die Gottesfrage. Frankfurt/Main 1998 (Martin-Heidegger-Gesellschaft-Schriftenreihe Band 5).

34 Vgl. F.W.J. Schelling, Initia Philosophiae Universae. Erlanger Vorlesung WS 1820/21, herausgegeben und kommentiert von Horst Fuhrmans. Bonn 1969.

35 Siehe dazu schon Heideggers Vortrag 1927 vor der Marburger Theologenschaft: Phänomenologie und Theologie, in: GA Band 9. Wegmarken. Frankfurt/Main 1976, S. 45–79.

36 Vgl. zu dieser Figur beim späten Nietzsche: M. Djurič, Nietzsche und die Metaphysik. Berlin 1985, S. 209ff. Siehe auch die sehr anregenden Hinweise bei G. Picht, Nietzsche. Mit einem Vorwort von Enno Rudolph. Stuttgart 1988, zum »Dionysos philosophos«, S. 135ff.

37 Diese Tendenz begegnet jederzeit in Andreas Urs Sommers quellengeschichtlich sehr differenzierter Untersuchung: Der Antichrist. Ein philologisch-historischer Kommentar. Basel 2000 (Reihe: Beiträge zu Friedrich Nietzsche Band 2). Vgl. demgegenüber die hermeneutisch nach wie vor wichtigen Hinweise und Überlegungen von Eugen Biser, Nietzsche – Zerstörer oder Erneuerer des Christentums? Darmstadt 2002.

38 Vgl. dazu die Rede des Papstes »Ausser Dienst«, Zarathustra IV (KSA 4/321–326) und die darauf folgende Rede des »hässlichsten Menschen« KSA 4/327–332, sowie schließlich den Zusammenhang der beiden Texte »Die Erweckung« und »Das Eselsfest«, ibid., S. 386–395.

39 Man vergegenwärtige sich das Luther-Wort, dass die »theologia gloriae« betrügen könne und nur die »theologia crucis« die Dinge so aussagt, wie sie in Wahrheit sind. Sie verweist darauf, dass der Glaube sich in den Sachen gefangen gibt, die wir nicht sehen. Vgl. auch Heideggers Rückgriff auf Luther in Phänomenologie und Theologie, GA Band 9, S. 53.

40 Vgl. dazu Heidegger, Frühe Schriften. Einzelausgabe. Frankfurt/Main 1972, S. 138 im Rückgriff auf Otto Frhrr. von der Pfordten, Die Grundurteile der Philosophen. Eine Ergänzung zur Geschichte der Philosophie. Band 1. Heidelberg 1913. Zur Deutung: Seubert, Zwischen erstem und anderem Anfang, a.a.O., S. 30ff.

41 Vgl. Heidegger, Sein und Zeit, a.a.O. E.A., S. 226ff. u.ö.

42 Vgl. Heidegger, Grundbegriffe der aristotelischen Philosophie. Vorlesung SS 1924. Gesamtausgabe Band 18, hrsg. von M. Michalski. Frankfurt/Main 2002.
43 Vgl. Heidegger, Vom Wesen des Grundes (1929), in: Wegmarken, GA Band 9. Frankfurt/Main 1976, S. 13–177.
44 Diese Hinweise beziehen sich auf GA Band 18 (FN 42), die konsequent Heideggers frühe Aristoteles-Interpretation GA Band 61 und Phänomenologische Interpretationen zu Aristoteles (Anzeige der hermeneutischen Situation), in: Dilthey-Jahrbuch Band 6 (1989), S. 235–277 fortschreibt – freilich im Licht der Affektenlehre der Rhetorik.
45 Dazu M. Riedel, Nietzsches Lenzerheide-Fragment über den Europäischen Nihilismus. Entstehungsgeschichte und Wirkung. Zürich 2000. Vgl. auch den Sammelband Manfred Riedel, Hanspeter Padrutt und H. Seubert (Hrsg.), Zwischen Philosophie, Medizin und Psychologie. Heidegger im Dialog mit Medard Boss. Köln, Weimar, Wien 2003.
47 Vgl. dazu die einschlägigen Beiträge in meinen Sammelbänden: H. Seubert, Spekulation und Subjektivität. Hamburg 2003 und Beiträge zur Religionsphilosophie. Hamburg 2004.
48 Vgl. dazu P. Gendotta, Die Einrichtung der Zeit, in: Chr. W. Thomsen und H. Holländer (Hrsg.), Augenblick und Zeitpunkt. Studien zur Zeitstruktur und Zeitmetaphorik in Kunst und Wissenschaft. Darmstadt 1984, S. 52, vgl. auch die Hinweise auf diese Zusammenhänge bei Riedel, Nietzsches Lenzerheide Fragment, a.a.O., S. 42.
49 Vgl. zu diesem Zusammenhang Heidegger, Bremer und Freiburger Vorträge, hrsg. von P. Jaeger. Frankfurt/Main 1994. GA Band 79.
50 Vgl. Gadamer, Destruktion und Dekonstruktion (1985), in: ders., Hermeneutik Band II. Wahrheit und Methode. Tübingen 1986, S. 361ff., hier insbesondere S. 371.
51 Über die Verortung dieses Begriffs bei Nietzsche unterrichtet D. Borchmeyer, Doppelgesichtige Passion Nietzsches Wagner-Kritik, in: ders., Richard Wagner. Ahasvers Wandlungen. Frankfurt/Main 2002, S. 445ff.
52 Vgl. seine Abhandlung: Über den Nihilismus und die Möglichkeit seiner Überwindung, in: H.-H. Gander (Hrsg.), »Verwechselt mich vor Allem nicht!«. Heidegger und Nietzsche, a.a.O., S. 43ff.
53 Vgl. dazu vor allem, mit den sehr kritischen Akzenten des einstigen Meisterschülers, R. Marten, Denkkunst. Zur Kritik der Ontologie. Paderborn 1989 und ders., Heidegger lesen. München 1991.
54 Vgl. dazu die Erinnerung von W. Schulz, »... als ob Heraklit danebensteht«, in: G. Neske (Hrsg.), Erinnerung an Martin Heidegger. Pfullingen 1977, S. 223ff.
55 Ibid., S. 228.
56 Vgl. M. Riedel, Frömmigkeit im Denken, in: P.-L. Coriando (Hrsg.) »Herkunft aber bleibt stets Zukunft«, S. 17ff., hier insbes. S. 20ff.
57 Siehe dazu K. Reinhardt, Nietzsches Klage der Ariadne, in: ders., Vermächtnis der Antike. Gesammelte Essays zur Philosophie und Geschichtsschreibung, hrsg. von C. Becker. Göttingen 1960, S. 310ff., hier insbes. S. 330.
58 Ibid.
59 Zur Bedeutung des Diogenes Laertius für den jungen Philologen Nietzsche vgl. M. Gigante, Nietzsche und die klassische Philologie, in: M. Riedel (Hrsg.), »Je-

des Wort ist ein Vorurteil«. Philologie und Philosophie in Nietzsches Denken. Köln, Weimar, Wien 1999 (Collegium hermeneuticum Band 1), S. 151ff.

60 Vgl. insbesondere G. Picht, Nietzsche, a.a.O., S. 226ff. und S. 279ff.

61 Vgl. im Blick auf Derrida, Esperons. Les styles de Nietzsche. Paris 1978, S. 110ff., siehe auch die deutschsprachig erschienene Teildokumentation bei W. Hammacher (Hrsg.), Nietzsche aus Frankreich. Frankfurt/Main 1986, S. 129ff.

62 Vgl. dazu unter Anwendung der von Werner Beierwaltes in vielfältigen Arbeiten gewonnenen Strukturen des Denkens des Einen den Aufweis des Einen in Nietzsches Denken: H. Seubert, Einheit und Vielheit. Zu einem verborgenen Leitmotiv auf Nietzsches Denkweg, in: B. Vogel (Hrsg.), Mit Nietzsche denken. Band 1. München 1999, S. 357ff.

63 W. Schrader, Die Auflösung der Warumfrage. Amsterdam 1978.

64 Vgl. P. Sloterdijk, Regeln für den Menschenpark. Ein Antwortschreiben zu Heideggers Brief über den Humanismus. Frankfurt/Main 1999: Es geht dabei freilich, ebenso wie in Sloterdijks Blick auf Platon, weniger um eine Deutung als um eine Aneignung, mit durchaus politischen Implikationen. Vgl. meine grundsätzliche Kritik. Homo natura und homo artista. Alteuropäische Reflexionen zur »Bestimmung des Menschen«, in: Scheideweg 2003.

65 Vgl. dazu den Aufsatz von H. Schmid, Homo natura und homo artista im Reich der zwiefachen Interpretation, in: H. Seubert (Hrsg.), Natur und Kunst in Nietzsches Denken, a.a.O., S. 187ff.

66 Treffende Hinweise auf diese Zusammenhänge gibt Riedel, Nietzsches Lenzerheide-Fragment über den Europäischen Nihilismus, a.a.O., S. 53f.

Im Labyrinth des Zwischenmenschlichen

Nietzsches negative Dialektik der Anerkennung

Edith Düsing

Von seinem Erstling »Die Geburt der Tragödie« bis zum Spätwerk »Jenseits von Gut und Böse« wandelt sich Nietzsches Modellvorstellung der Intersubjektivität von einem Harmonie-Modell allumfassender Sympathie zu einem kaum noch radikalisierbaren Konflikt-Modell unaufhebbarer Antagonismen. Das frühe Harmonie-Modell mit dem Zielbild einer »höchsten Versöhnung« nach bitterem Streit geht auf Hölderlin zurück, den der Schüler Nietzsche als seinen Lieblingsdichter preist.[1] Bei Hölderlin beantwortet Hyperion Diotimas »liebes Wort aus heil'gem Munde«, das ihn einer über den Tod hinausreichenden Gemeinschaft versichert hatte, am Ende seines langen Läuterungsweges:
»Wie der Zwist der Liebenden, sind die Dissonanzen der Welt. Versöhnung ist mitten im Streit und alles Getrennte findet sich wieder«.[2] Nietzsche vergegenwärtigt sich noch zur Zeit der Umbruchsphase zum Freigeist 1877 diesen krönenden Schluss des »Hyperion«, indem er frei paraphrasiert: »So geht alle Zwietracht, alles Widerstrebende in Eintracht und Einklang zusammen.« (KSA 8/397)
Das Zielbild der Versöhnung, das der junge Nietzsche mit Hölderlin so hoch schätzt, wandelt sich ihm jedoch in einem Vierteljahrhundert weiteren Fortdenkens bis zur Unkenntlichkeit, zuletzt sogar zu der diametral entgegengesetzten Annahme, die gleichsam lautet: Wie die Dissonanzen der Welt ist auch die Liebe der Liebenden; alle Wesen sind in sich selbst und wider einander dissonant; die Widerstreitenden finden niemals wahrhaft zueinander. – Bejahend nimmt Nietzsche Hegels »realdialektischen Grundsatz« auf, dass der »Widerspruch« die Welt bewegt und alle endlichen Dinge »sich selbst widersprechend« sind (KSA 3/15), er verwirft aber Hegels An-

nahme, dass mitten im Widerspruch des Endlichen das Göttliche, Ewige oder Unendliche anwesend ist. Eine Art negativer Dialektik des unversöhnt bleibenden Widerspruchs muss deshalb für Nietzsche die Konsequenz sein, die an Problemen der Wesensentfaltung des Ich und der Intersubjektivität nicht spurlos vorübergeht, wie sich zeigen wird.

Bevor in Nietzsches nihilistischem Denken in der zweiten Hälfte der achtziger Jahre kein versöhnendes Prinzip mehr erwogen wird und die Spur des Anderen ganz aus seinem Blickfeld gerät, hat die Frage möglichen wahren Mitseins ihn lebhaft immer neu beunruhigt – intellektuell ebenso wie persönlich. Der jugendliche Nietzsche entwickelt Charakterschilderungen historischer und literarischer Gestalten; bestürzt ist er über den »fürchterlichen« Übergang von Liebe in Hass und Rache. Er errät eine »dämonische Gewalt« in solchen Leidenschaften, die den Menschen »durch Himmel und Hölle, durch die Abgründe von Liebe und Haß fortreißt« und in »grellen Gegensätzen« hinstürmend Erhabenstes zertrümmert oder Kühnstes verwirklicht (BAW 2, 129f.). Nietzsches Empedokles-Sicht ist wohl von Hölderlin beeinflusst, da dem Wechsel von Weltaltern des Hasses und der Liebe eine Teleologie auf Liebe hin übergeordnet wird: »Aufgabe« menschlichen Daseins ist, das wieder gut zu machen, was Neid, Streit, Kampf und Krieg zerstört haben, ja »innerhalb der Welt *des eikos* den Gedanken von der Einheit in der Liebe zu verkündigen« und gerade dort zu helfen, wo man das Leiden als Folge des Streits findet. Als Wanderprophet sei Empedokles ausgezogen, um »die Allherrschaft der Liebe« zu begründen. In der Welt der »Zwietracht« findet er nur ein einziges Prinzip, das eine ganz andere Weltordnung ihm verbürgt: »er findet die Aphrodite, jeder kennt sie, aber niemand als kosmisches Princip.« Die Liebe der Geschlechter, symbolisiert durch die anmutige Göttin weiblicher Schönheit, bildet den Gegensatz gegen eine ganze Welt der Entzweiung (KGW II/4, 317f, 321f.) – so entwickelt der junge Baseler Professor, der als Schüler Platons Symposion zum Wahlthema erkor, mit Sympathie die Lehre des Empedokles. – Der Baseler Nietzsche entwirft, an Hölderlin und an Schopenhauer anknüpfend, Umrisse einer pantheisierenden Metaphysik der Liebe.[3]

Tugenden der Güte, Liebe und überströmenden Mitleids gelten in ihr als »Offenbarungen einer höheren Ordnung« und moralisch-»praktische Weltcorrektionstriebe«. Korrigiert werden soll, indem das »Dogma« der Liebe als »Brücke« über Klüfte und Auseinandersetzungen hinweg »in die Tat« umgesetzt wird (KSB 3, 226f.), die Wirksamkeit und Geltung von Darwins Parole vom »Kampf ums Dasein«. Kunstmetaphysisch vermag der Mensch dem »wilden Existenzkampfe entrückt« zu werden durch Erfahrung von Schönheit (KSA 7/112, S. 142ff.); ethisch-religiös vermag er den die Welt durchherrschenden blindwütig egoistischen Willen zu überwinden durch kühnes, selbstloses Lieben über sich hinaus (KSA 8/44ff.). An jedem Menschen, so lautet der idealistische Imperativ, ist »das Gute und Große anzuerkennen«! (KSA 7/258). Nietzsche kennzeichnet überaus kritisch die moderne Gesellschaft als »System miteinander kämpfender Egoismen« oder, mit einem Epikur-Anklang, als »Atomenwirbel der Egoismen«; denn kein höherer »Zweck« liege in dem durch Zufall erwirkten Aggregat, in dem ferner »Particular- und Collectiv-Egoismen« gegeneinander kämpfen. Mythologisch ausgedrückt ist der »Teufel der Regent« der Welt (KSA 7/646, S. 661). Das Johannesevangelium bildet für Nietzsche als Kontrast zu solchem Kampfe eine der schönsten Manifestationen des »Regenbogens der mitleidigen Liebe und des Friedens«. Dieser Regenbogen Johanneischer Liebe geht mit dem geschichtlichen Hervortreten des Christentums über dem »Entsetzlichen und Raubthierartigen der Sphinx Natur« auf, über dem gesellschaftlichen bellum omnium contra omnes und über dem Völker-Krieg als »fressender Fackel des Menschengeschlechts« (KSA 7/339f., S. 343f.). Jesus wird, da er völlig frei vom Geist der Rache und des Ressentiments ist, von Nietzsche später als »der beste Liebende« charakterisiert, als das »leibhaftige Evangelium der Liebe« und als existierende »Gerechtigkeit«, die ineins Liebe ist »mit sehenden Augen« (KSA 10/159; KSA 4/88) – das ist ein Sein und Schein sonderndes wahres Verstehen.

In der »Geburt der Tragödie« hält Nietzsche am Ideal der Versöhnung fest, indem er graecophil ein »Evangelium der Weltenharmonie« verkündet, kraft dessen jeder sich, sogar über feindselige Abgrenzungen hinweg, mit seinem Nächsten »vereinigt« und »versöhnt« fühlen kann (KSA 1/29f.). Allerdings steht dieses Harmonie-Ideal im Horizont tragischer Weltansicht, die das tragische Scheitern und den Untergang des heroisch Handelnden sowie die Notwendigkeit der Illusionsbildung annimmt. Die Versöhnung des Ich mit sich und der – an ihrem Einzelsein leidenden – Individuen untereinander findet eigentlich nur im Medium des schönen Scheins statt, sie ist insofern nur eine ästhetisch-illusionäre Versöhnung. In beträchtlicher Spannung steht sie zur objektiven Weltwirklichkeit und deren Schrecken. Nur durch Erzeugung faszinierender Fiktionen des schönen Scheins ist nach Nietzsches Konzeption die schlechteste Welt und die »Menschwerdung der Dissonanz«, also der dissonante Mensch, ewig gerechtfertigt. Der olympische »Zauberberg« ruht auf den Abgründen des Tartaros.

In der mittleren Schaffensphase wiegen milde sanfte Töne vor, z.B. über eine soziale »Symbolik gegenseitiger Wertschätzung und persönlicher Zusammengehörigkeit« oder das Zwiegespräch als das »vollkommene Gespräch« (KSA 2/683, S. 261). In seiner Charakteristik der Freundschaft nimmt Nietzsche Anleihen bei Aristoteles, für den die beste Freundschaft das gemeinsame Streben nach einem Tugendideal einschließt[4] und zu deren

Ethos die Scheu gehört, den Freund allzu intensiv an eigenem Ungemach mitleiden zu lassen, zumal dieser auch ungerufen zum Zwecke der Anteilnahme herbeikommen wird. Die gute Freundschaft entsteht, so Nietzsches abgeklärte Auffassung, »wenn man den anderen sehr achtet, und zwar mehr als sich selbst, wenn man ebenfalls ihn liebt, jedoch nicht so sehr als sich, und wenn man endlich ... den zarten Anstrich und Flaum der Intimität hinzuzutun versteht, zugleich aber sich der wirklichen und eigentlichen Intimität und der Verwechslung von Ich und Du weislich enthält« (KSA 2/487). Viele schöne Phänome im Umkreis der Anerkennungsthematik würdigt Nietzsche: »Lichtwellen« des Wohlwollens, »Höflichkeit des Herzens«, soziale Phantasie der Mitempfindung (KSA 2/69f., S. 95). Diese werden aber zugleich in desillusionierender Absicht auf ihre verborgenen Motive hin durchleuchtet, und zwar wird, was für Nietzsche typisch ist, das Hässlichste, Negativste als das vielleicht Reale hervorgehoben. Dabei wird ein Sich-im-Anderen-Anschauen und -Finden oder Bei-sich-selbst-Sein im Anderssein als unaufhebbare Egozentrik bloßgestellt. Für die starke Persönlichkeit ist der Andere nur »Satellit«, für die schwache ist das scheinbar altruistische Aufgehen im Anderen ihre Rettung vor sich selbst; paradoxerweise ist nur das in sich selbst reiche, nahezu autarke Selbst liebesfähig, das des Anderen bedürftige im Grunde nicht. Letztlich sind es variierende Gestalten von Eigenliebe, die nach Nietzsches moralistischer Skepsis die Suche des Ich nach dem Anderen bestimmen. Eitelkeit und Ehrsucht sind Varianten jener Eigenliebe, die vermittels der Anderen nur Selbstbestätigung sucht, wobei dem Menschen am Schein durchweg mehr als am Sein seines Selbst gelegen ist: Nicht das, was jemand ist, sondern das, was er anderen »gilt«, ist es, »was ihn trägt oder niederwirft«.[5] Und verletzte Ehre treibt ihn, »die Verwundbarkeit und Leidensfähigkeit« des Übeltäters ausfindig zu machen, um ihn darin treffen zu können: »man will wehetun« (KSA 2/630, S. 565).

In der Zeit vor dem »Zarathustra« durchleuchtet Nietzsche noch mit durchaus kritischer Emphase den bald danach von ihm dogmatisierten »Willen zur Macht«, und zwar in seiner Ausprägung als Herrschbegierde. Er skizziert eine negative Dialektik des Anerkennens ohne versöhnendes Resultat. »Das Streben nach Auszeichnung« achtet unablässig auf den Anderen um zu wissen, wie ihm zumute ist; aber dieses Mitwissenwollen ist »weit davon entfernt, harmlos oder mitleidig oder gütig zu sein«. Vielmehr will man »erraten, wie der Nächste an uns [...] leidet, wie er die Gewalt über sich verliert und dem Eindrucke nachgibt«, den wir auf ihn machen; und selbst wenn der nach Auszeichnung Strebende einen erhebenden oder erfreuenden Eindruck machen wollte, genießt er dies doch nicht, insofern er den Anderen erhob oder erfreute, sondern »insofern er sich der fremden Seele eindrückte [...] und nach seinem Willen über ihr waltete«.

Im Labyrinth des Zwischenmenschlichen

Das Streben nach Auszeichnung ist, so heißt es entlarvend, im Grunde »das Streben nach Überwältigung des Nächsten«, sei es auch eine »nur gefühlte oder gar erträumte«. Es gibt eine lange Reihe von Graden solcher »heimlich begehrten Überwältigung«, deren vollständige Auflistung beinahe einer Geschichte der Kultur gleich käme, von der ersten »fratzenhaften Barbarei« an bis zur erkünstelten Überfeinerung. Für das Gegenüber bringt das Streben nach Auszeichnung Martern, Schläge, Entsetzen, Angst mit sich. Am Ende der Skala domestizierter Herrschsucht steht für Nietzsche der Asket, der durch Errichtung eines inneren Herrschaftsverhältnisses, durch eine nach innen gerichtete Grausamkeit, allein sich selbst tyrannisiert – so lautet Nietzsches Erklärung zum Ursprung des Gewissens durch Aggressions-Umkehr (KSA 3/102f.). – Als leitende Frage bestimmt er: Wie kann das Gefühl von Macht immer »mehr substantiell und nicht illusionär« gemacht und seiner hässlichen Wirkungen, die »schädigen, unterdrücken, geringschätzen«, entkleidet werden? (KSA 9/154). Erhebt jemand sich über seine »Erbärmlichkeit«, indem er ohnmächtige Andere anherrscht oder vergewaltigt, um zum Gefühl eigener »Würde und Wichtigkeit« zu gelangen, so bleibt er in derselben Sphäre des Erbärmlichen; der eine gebraucht hierzu seinen Hund, der andere seine Frau (KSA 3/244).

Die Eitelkeit des Menschen bestimmt ihn dazu, an sich selbst höchstes Interesse zu hegen und mehr oder weniger rücksichtslos gegen Andere zu sein; gleichwohl stellt er seinen Wert oder Unwert durch das Urteil Anderer für sich fest (vgl. KSA 3/92f.). Sphären des »objektiven Geistes«: Nation, Staat, Gesellschaft, Gemeinde oder Familie kommen aber für Nietzsche als Vermittlung authentischer Selbstkonstitution nicht in Betracht. Denn alle diese Allgemeinheiten, erklärt er, »entfremden dich dir selbst«! (KSA 7/802).[6] Unser Urteil und Bild von uns selbst ist Fortzeugung kombinierter fremder Urteile;[7] dabei darf es nicht bleiben. So formuliert Nietzsche eine Moral des individuellen Gesetzes, deren Realisation »selbsteigene Wesen« bildet, einen »Individualismus des Ideals« durch den Imperativ: Jeder sei möglichst anders als alle Übrigen (KSA 9/119, 73)! Zielvorstellung ist das »vollkommene ego: nur erst dies ego hat Liebe« nach dem Durchgang durch hohe Einsamkeit und indem es »Selbstherrlichkeit« für sich errungen hat (KSA 9/209, 520). Nietzsche nähert sich einmal dem Gedanken F.H.Jacobis, ohne Du sei das Ich unmöglich: das »Du« ist als »älter« im Vergleich zum bewussten Ich und auch »im Ich noch fortlebend«; das Ich aber ist nur »Hilfs-Hypothese« zum Zwecke der Denkbarkeit der Welt, heißt es mit quasi-transzendental-philosophischer Reminiszenz (KSA 10/127). Insgesamt überwiegen sarkastische Aussagen, die Fluchtbewegungen vor der Last eigenen Selbstseins diagnostizieren: »Kein Altruismus. – Ich sehe an vielen Menschen eine überschüssige Kraft und Lust, Funktion sein zu wollen; sie drängen sich dorthin und haben die feinste Witterung für alle jene Stellen, wo gerade sie Funktion sein können [...]; gelingt es ihnen nicht, so werden sie ärgerlich, gereizt und fressen sich selber auf« (KSA 3/476). So wird die Selbstaufhebung im Anderen als glücklicher Selbstverlust erlebt, das Bei-sich-bleiben-Müssen als Qual. Nietzsche nimmt den später von Sartre als unentrinnbar behaupteten Wechsel von Masochismus und Sadismus, wiewohl in Rollenverteilung, voraus: »In der Einsamkeit frißt sich der Einsame selbst auf, in der Vielsamkeit fressen ihn die Vielen. Nun wähle« (KSA 10/386).

Seinen Briefpartnern teilt Nietzsche in bemerkenswerter Rückhaltlosigkeit sein Denken, Fühlen, Hoffen und Leiden mit; er schenkt Vertrauen, indem er sich auch in die besondere Lage des Adressaten hineindenkt; der Intensität der Selbsterschließung entspricht verständlicherweise der hohe Erwartungsgrad, verstanden zu werden und ein sinnentsprechendes Echo zu erfahren. Briefzeugnisse der siebziger Jahren zeigen, wie Nietzsche, der Filigrankünstler im Verstehen geistig-seelischer Regungen, Fichtes und Hegels Einsicht in die grundkonstituierende Bedeutung der Anerkennung für die Bildung des Selbstbewusstseins intuitiv teilt. »Eigentlich lebe ich ja durch Euch«, schreibt er an seinen vertrautesten Freund E. Rohde. Da sein Selbstgefühl durch Melancholie gezeichnet ist, bittet er ihn im Sinne einer hochdifferenzierten Dialogik des Anerkennens: »Ihr müsst mir immer wieder mich mir selber gewährleisten. Dazu seid Ihr mir die besten Vorbilder ...« (KSB 4, 262). In Hinblick auf die Verheiratung seines Freundes, durch die dieser ihm schmerzlich entrissen wird, schreibt Nietzsche einfühlsam: »Du hattest die ganz vertrauende Seele so nöthig und hast sie und damit Dich selbst auf einer höheren Stufe gefunden. Mir geht es anders, der Himmel weiss es oder weiss es nicht ...« (KSB 5, 176). Nietzsches Wille zu existenzieller Kommunikation ist von früh an nachdrücklich; gleichwohl eskaliert ab 1876 seine Vereinsamung; verzweifelt sucht er neue Anfänge; – es ist, so Jaspers, wie ein Kampf um Freundschaft »am Abgrunde endgültigen Verlassenseins«.[8] Fatal erscheint die überschwängliche Hingabe und Huldigung Nietzsches an seinen »Ersatzvater« Wagner: »Mich schaudert immer bei dem Gedanken, ich könnte vielleicht abseits von Ihnen liegen geblieben sein.« Und was wäre ich dann »anderes (was ich jeden Augenblick empfinde) als ein todtgeborenes Wesen!« (KSB 4, 153). Die musikästhetische Selbsterfahrung versteht er so, dass sein Hören Wagnerischer Musik »eine jubelnde Intuition, ja ein staunendes Sichselbstfinden ist« (KSA 2/352f.). Wagners Musikdramen rühmt Nietzsche wegen des »Durchfigurierens« des ethischen Grundmotivs der »selbstlosen Treue« (KSA 8/215f.). Die Hegelsche Charakteristik der ersten Phase im Anerkennungsprozeß: Das ganz Sich-im-Anderen-Finden, das ineins ein Sichverlieren ist, fächert sich in Nietzsches Erleben in zwei Entdeckungsstadien auf. Im Rückblick beurteilt er seinen Enthusiasmus für

Im Labyrinth des Zwischenmenschlichen

Wagner als Selbstverlust bzw. Flucht vor seiner eigentlichen Aufgabe. Das Zu-sich-Zurückkehren vollzieht er durch Selbstkonstitution als freier Geist.

Dieses für ihn wahre Zu-sich-Finden im Rückgang auf die Leidenschaft der Erkenntnis, die ihn von Jugend auf beseelt, ist für ihn allerdings erneut nur eine Durchgangsphase, die der Überwindung bedarf, und zwar auf ein positiv erfülltes Wollen hin, das die interpersonale Dimension einschließt. Zur Überwindung solipsistischer Freigeisterei bestimmt er sich selbst, und er fordert Lou Salomé mit Pindar-Anklang zu einer analogen Selbstentwicklung auf: »Zuletzt, meine liebe Lou, die alte tiefe herzliche Bitte: werden Sie, die sie sind! Erst hat man Noth, sich von seinen Ketten zu emancipiren« und schließlich muss man sich »von dieser Emancipation emancipiren!«. »Ich liebe«, so der Verliebte, bevor seine große Liebe ihm zerbricht, »auch in Ihnen meine Hoffnungen« (KSB 6, 247f.), – nämlich dass sie allezeit Durchbrecherin seiner Einsamkeit, die Fortdenkerin seiner Gedanken sein und ihm helfen möchte an sich selbst »glauben« zu können. – In dem Gedicht: »Aus hohen Bergen. Nachgesang«, das die verzweifelte Suche nach Wiederbringung verlorener Freundschaft thematisiert, klingt auch der Schmerz um Lou nach: »Weß' wart und wart ich noch? Ich weiß es nicht –«. »Oh Jugend-Sehnen, das sich missverstand!« »Dies Lied ist aus, – der Sehnsucht süsser Schrei / Erstarb im Munde« (KSA 5/423).[9]

Zum Sehnen der Jugend gehört für Nietzsche sittliches Anerkennen, das die Individualität ebenso wie die Idealität des je anderen Selbst in Freundschaft mitumfasst – dieses hohe Gut ist ihm nun ins Illusionäre entschwunden. Vielsagend ist auch Nietzsches Brief vom Sommer 1880 über das Nicht-Recht-haben-Wollen »um den Preis von Liebe.«. Später spricht er von Dante und Spinoza, deren Not der Einsamkeit sich im Unterschied zur seinigen ertragen ließ, da sie einen »Gott« »zur Gesellschaft« hatten. Nur einige Tage bevor der Wahnsinn ihn jeder weiteren Kontaktsuche entreißt, schreibt er über sich das erschütternde Wort nieder: »ich bin die Einsamkeit als Mensch« (KSA 13/641).

Das Misslingen von Anerkennung in Nietzsches Spätphilosophie ist nicht lediglich Spiegel persönlichen tragischen Scheiterns; es gibt mehrere systematische Gründe für das Brüchigwerden von Intersubjektivität: Vor allem ist es Nietzsches Darwinismus, in dessen Gefälle freie geistige Subjektivität hinstürzt, sowie der Nihilismus als Folgelast des »Todes Gottes«, der den Verfall der europäischen Moral und der Fundamente der Sozietät mit sich führt. Im Feuer der Freigeisterei, deren zündendes Motiv der Darwinismus ist, findet eine »peinliche Inquisition« statt gegen die Vernunft und deren »Lügnerei«, da sie nur ein Epiphänomen der Triebe ist; dabei »verbrennt« die Annahme eines mit sich identischen, vernunftbegabten Ichs und die Annahme realer Tugend bzw. einer den Eigennutzen transzendierenden Liebe. Alles in allem folgt daraus: Religiöse Anerkennung wird mit dem »Tode« des Gottes der Liebe und mit der Destruktion sittlich-religiöser Vorbildhaftigkeit von Jesu Leben hinfällig; sittliche Anerkennung als Achtung des Anderen verfällt ineins mit dem Selbstzweck-Sein von Personen der Nichtigkeit; rechtliche Anerkennung wird durch Nietzsches These der Ungleichheit der Menschen obsolet, womit auch allgemeine Menschenrechte fraglich werden.[10] In Spannung zu solcher Destruktion möglichen Anerkennens steht Nietzsches noch in seiner mittleren Periode aufrecht erhaltene, latent christliche Maxime der Überwindung des Geistes der Rache und sein Ideal »schenkender Tugend«, das der Augustinischen Bestimmung der Liebe nahe kommt: sich mitzuteilen, ja sich selbst zu schenken, so sehr man kann.

Ist Darwins Abstammungslehre wahr, und das nimmt Nietzsche zuerst nur hypothetisch, ab 1882 dogmatisch an, so gibt es keine einzigartigen Personen von unbedingtem Wert; dann ist der Mensch aufgrund seines nunmehr fraglichen Wesens in die Gleichnislosigkeit geworfen und steht überall im Weltall nur noch sich selbst als Zufallsprodukt anonymer Natur gegenüber. Im Horizont der Prämisse, dass wir Menschen fremd im Weltall sind, erfährt Nietzsche eine kosmisch ausgeweitete Du-losigkeit, eine furchtbare Einsamkeit des »letzten« Philosophen, der Metaphysik und Teleologie als vergangene glaubt begraben zu müssen; antlitzlos »umstarrt« ihn die Natur. Das Universum antwortet nicht, es gibt kein göttliches Du für den Fragenden. Diese Erfahrung ist so durchgreifend, dass in ihrem Gefälle auch Mitmenschen nicht mehr als authentisch Antwortenkönnende erscheinen. Nietzsche fällt es seit jener Entdeckung schwer zu verstehen, dass wir wissen und sehen, dass die Welt – den Menschen einbeschlossen – kein Herz hat, ohne dass uns darüber das eigne Herz erstarrt: »Welt – ist von Erz:/ Ein glühender Stier, – der hört kein Schrein./ Mit fliegenden Dolchen schreibt der Schmerz/ Mir in's Gebein: ›Welt hat kein Herz …‹« (KSA 3/647). Ist der Urgrund des Seins und das Worumwillen aller Dinge nicht göttliche Liebe, so sind gemäß Nietzsches unerbittlich radikalem Entweder/Oder die »Eingeweide« der Welt hohl und die Sterne anonym »mitleidslos«, alles Geschehen ist blindes Fatum (KSA 7/461). Sich in eine Illusion von Liebe hineinzuspiegeln, um vor sich ein Todes- und Sinnlosigkeits-Bewusstsein zu verschleiern, dies erklärt Nietzsche als den unheimlichen Umstand prinzipieller menschlicher Illusionsbedürftigkeit. In den Ordnungsfunktionen des Bewusstseins spielt sich nur eine Vereinfachung und Verharmlosung grausamer Realität ab. Innerseelisch und kosmisch ruht der Mensch wie träumend auf dem Erbarmungslosen, in oft unbewusster Selbstbehütung bemüht, dieser seiner Seinslage nicht inne werden zu müssen.

Für Nietzsche markiert die Annahme des »Tier-geworden«-Seins des Menschen eine bedeutsame Prämisse für den mächtig anwachsenden Schatten des europäischen Nihilismus. Darwins Lehre impliziert ein metaphysisches Vakuum und eine nachhaltige Erschütterung des Selbstgefühls des Menschen, der sich durch seine eigenen Theorien aus der Mitte des Seins ausgestoßen findet. »Wo finden wir, wir Einsamsten der Einsamen, wir Menschen – denn das werden wir durch die Nachwirkung der Wissenschaft sein – ein wahres Gegenüber für den Menschen?« Bald nach dieser Verstoßung wird der »mythenbildende Trieb« statt auf Gott auf den Freund ausgehen (KSA 9/625). Wie »tief-fremd« ist uns die durch die Wissenschaft eröffnete Welt! »Irren wir nicht im öden All umher?« (KSA 9/580, 609). Die Menschen, so fingiert Nietzsche, schossen einen »Pfeil glühender Liebe« ins All. Doch es verharrt, da es bloß – er zwingt sich aus intellektueller Redlichkeit stets dazu, die dem menschlichen Herzen feindseligste Erklärungsmöglichkeit als zutreffende anzunehmen – Wurf unbelebter Gestirne ist, in ehernem Schweigen; niemals wird das All »Weisheit oder Güte oder Liebe« sein (KSA 10/123); dies sind die christlichen Gottesprädikate,[11] die Nietzsche als verloren betrauert. Sehr früh und sehr klar hat er das Ende alteuropäischer Geistmetaphysik und einen schwer abwendbaren ethischen Werteverfall als Folge von Darwins Evolutionismus gesehen.

Nietzsches Theorem vom Willen zur Macht besitzt genuin moralphilosophische Ursprünge, nämlich in der Entlarvungspsychologie der Morgenröte, die zwischen Sarkasmus und Trauer schwebt, wovon bei Ergründung aller Motive nichts Lauteres, Liebevolles, Uneigennütziges übrig bleibt. Von 1882 an schlägt jedoch die frühere Trauer über den Mangel an Güte um in Hohn gegen die von der Güte Träumenden, die der »Allgewalt des Glaubens […] an die Moral […] trotz Kenntniß der Thierwelt […]« (KSA 12/149) nachhängen und die Moralität noch als einen Weg zum Himmel erhoffen. Der Egoismus der Selbststeigerung wird nicht mehr, wie von 1865 bis 1882, als geheimes, verwerfliches Movens bloßgestellt, sondern als Leben fördernd rehabilitiert. In konsequenter Einseitigkeit identifiziert Nietzsche »Wertreichtum« im Sinne von »Lebensfülle« mit »Machtreichtum«. Gegen das Mitleid wird nun die Macht zur neuen Kardinaltugend erhoben. Ist das Dasein für Schopenhauer verfehlt, wenn es den drängenden Lebenswillen realisiert, so setzt Nietzsche in seiner »Umwertung der Werte« gegen Schopenhauers sittlichen Urakt der Selbstverneinung des Lebenswillens dessen unbedingte Selbstbejahung. Als schlechthin »gut« wird prädiziert, was den Willen zur Macht erhöht, was seine Selbstermächtigung zu ungemessenem Streben und Sicherweitern fördert. Wenn Leben selbst Wille zur Macht ist, d.h. auf ein Sich-Durchsetzen orientiert, so gibt es nichts mehr am Leben, das Wert hat, außer dem Grade der Macht. Rangbestimmend für Wert oder Unwert eines Seienden ist sonach nurmehr dessen Machtquantität.

Mit der Zarathustra-Dichtung bricht die Frage nach dem alter ego geradezu ab, und zwar mittels einer polemischen Suggestion: »Ihr haltet es mit euch selber nicht aus .../ Der eine geht zum Nächsten, weil er sich sucht, und der andre, weil er sich verlieren möchte« (KSA 4/77f.). Mit der folgenden Schlüsselthese stürzt Nietzsche sein eigenes Jugendideal der »höchsten Versöhnung« auf für ihn schmerzliche Weise um; sie lautet: »Höheres als Versöhnung muss der Wille wollen, welcher der Wille zur Macht ist!« (KSA 4/181). So sehr der junge Nietzsche Künder eines »Evangeliums der Weltenharmonie« war, so sehr wird er am Ende zum Lehrer des »Pathos« jener »Distanz«, dergemäß schroffe Abgrenzungen, ja das Aufreißen von »Klüften« zwischen Menschen nötig ist zur Überwindung nivellierender »Herdentier-Moral« und zur Ermächtigung des souveränen, wertschöpferischen Selbst. Nietzsche brandmarkt im Herbst 1888 ängstliche »Fürsorge« für sich und Andere, »Demokratismus« und den naiven Traum einer Versöhnung von Egoismus und Altruismus, der Herbert Spencer vorschwebte. Die Soziologen, moniert er, kennen nur zeitgenössische »Verfalls-Gebilde der Societät«,[12] in denen die Spannweite zwischen den Extremen sich immer weiter verringert und schließlich zur Ähnlichkeit aller Individuen untereinander verwischt. Sie entwerfen nach den allgemeinen Nivellierungs-Tendenzen und nach ihren eigenen Verfalls-Instinkten als unbefragter Norm soziologischen Urteilens die soziale Ordnung: Das Ideal bildet dabei der »mittlere«, durchschnittliche, durch seine Nützlichkeit optimal an den utilitarischen Zeitgeist angepasste Mensch, den Nietzsche im Zarathustra als den »letzten Menschen« karikiert. Der Instinkt der Herde schätzt nach Nietzsches kritischer Diagnose »die Mitte und das Mittlere als das Höchste und Werthvollste ab«, die Region, in der die Mehrzahl sich befindet. In jener Mitte herrscht, durch ein Sich-ähnlich-Fühlen mit den Meisten, Geborgen- und Anerkanntsein, denn hier ist niemand »mit nichts allein«, so dass auch die Furcht aufhört; hier gibt es die ersehnte Gleichheit, die keinen Raum für Missverstehen lässt; keines Menschen »eignes Sein« muss hier als »Vorwurf« des Anderssein-Sollens empfunden werden, wie es für Außenseiter gilt (KSA 12/474). Über das »hölzerne Eisen« der ersehnten »freien Gesellschaft« ohne Gott und irgendeinen Herrn und Meister spottet Nietzsche (KSA 3/597), da für ihn Freiheit nur über Einsamkeit, Vergesellschaftung nur um den Preis der Anpassung realisierbar ist. Später persifliert er die Sehnsucht nach der »autonomen Herde«, man glaubt, so deutet er es tiefenpsychologisch, an die Gemeinschaft als Erlöserin und betet sie an.

Ein »Grundirrtum« der Vernunft, so erklärt Nietzsche 1881, also in der Übergangsphase vom sozialen Harmonie- zum Konflikt-Modell, ist »der Glaube an die Eintracht und das Fehlen des Kampfes«. Ein falscher Begriff von »Eintracht und Frieden« als fruchtbarstem Zustand spuke in den Köpfen. Kants naturteleologische Würdigung des Wettstreits der Kräfte[13] verabsolutierend, erklärt Nietzsche, in Wahrheit gehöre »überall«, in Ehe, Freundschaft und Staat, »ein starker Antagonismus hinein«, damit durch die einander widerstrebenden Kräfte »etwas Rechtes wachse« (KSA 9/490, 558). Die Idealisierung der »Eintracht« verwirft Nietzsche aufgrund seiner Rezeption von Hobbes' machtzentrierter Anthropologie und Darwins Prinzip des »struggle for existence«, das alles Lebendige, dessen Erhaltung und Fortzeugung, reguliert. Bei Heraklit findet er den Kampf der Gegensätze als oberstes Weltprinzip ausgesprochen: »Krieg ist Allvater und Allkönig« (DK Frg. B 53). Insofern Nietzsche seit der Niederschrift des Zarathustra Machtgewinn als den alle Motive zutiefst durchwaltenden »Dämon« des Menschen bestimmt und darüber hinaus immoralistisch die Mehrung des Grades der Macht zum Einzigen, das in der Welt überhaupt Wert hat, um- und aufwertet, muss »Versöhnung« nun als ein aufgebbarer, minderer Wert erscheinen. Schärfste Zuspitzung verleiht Nietzsche seiner skeptischen Soziallehre, die im Theorem über den Willen-zur-Macht fundiert ist, durch die Behauptung, ein abgründiger »Antagonismus«, die fatale »Notwendigkeit einer ewig-feindseligen Spannung«, trenne die Menschen voneinander. Im Geschlechterverhältnis besitze jener Antagonismus seine »abgründlichste« Form (KSA 5/175). Der späte Nietzsche versteigt sich in die sarkastische, ja zynische »Definition«: »Liebe – in ihren Mitteln der Krieg, in ihrem Grunde der Todhass der Geschlechter« (KSA 6/306).[14] Dem Prinzip, das die Menschen einander entfremdet, dem Willen zur Macht, steht kein alternatives und versöhnendes Prinzip mehr gegenüber. Die Machtgelüste manifestieren sich in mehr oder minder gut maskierten Bestrebungen, in denen »wir Alle nach Auszeichnung dürsten« als höchstem Gut (KSA 12/279). In knapper Dialog-Sentenz fasst Nietzsche den latent waltenden Kampf um Anerkennung zusammen: »›Er mißfällt mir.‹ – Warum? ›Ich bin ihm nicht gewachsen.‹ – Hat je ein Mensch so geantwortet?« (KSA 5/104). –

Die Möglichkeit wechselseitigen Anerkennens wird insbesondere durch Nietzsches Destruktion des idealistischen Subjektbegriffs aufgehoben. Er polemisiert gegen eine »Überschätzung des Bewußtseins«, dem man überdies »Einheit« und Wesenhaftigkeit zugesprochen habe: – etwas, das »fühlt, denkt und will«; energisch weist er zurück, eine »wahre Welt« existiere und sei in »Bewusstseins-Tatsachen« zugänglich (KSA 13/330; vgl. 3/382f.).[15] Nietzsche hinterfragt a) die innere Einheit des Bewusstseins, b) den Realitätscharakter des Bewusstseins, c) dessen in der Epoche von Kant bis Hegel grundlegende objektkonstituierende Bedeutung, d) die handlungsleitende Relevanz des Bewusstseins: ist »das hellste Bewußtsein«, das »kälteste Denken« ein Bewusstsein »ersten Ranges?« (KSA 12/210) Und er hinterfragte das Bewusste als Oberfläche, da das Vorbewusste in größere Seinstiefen reicht. – Die Einheit des selbstbewussten Ich und – ihm korrelierend – ein

Unbedingtes, worauf das endliche Ich sich bezogen weiß, sind Urideen des deutschen Idealismus, die für Nietzsche nur Phantasmagorien einer anderen höheren Welt bzw. eines anderen besseren Lebens darstellen. Nietzsche bezweifelt v.a. die Tragfähigkeit des Ich: Das Ich ist »perspektivische Illusion«, eine »scheinbare Einheit«, in der wie in einer Horizontlinie alles sich zusammenschließt (KSA 12/106). Das Ich und seine »innere Welt«, sie sind für ihn »voller Trugbilder und Irrlichter« – ja, das Ich ist »zur Fabel geworden, zur Fiktion, zum Wortspiel ...« (KSA 6/91). Entgangen ist Nietzsche bei seiner Idealismus-Kritik, dass Kant, Fichte und Hegel das empirische Ich abheben vom reinen Ich, das Nietzsche in seiner Kritik gar nicht eigens apperzipiert. Innerhalb seiner pan-tragischen Weltansicht, in der Nietzsche keine tröstliche Ausdeutung des Weltlaufs für zulässig erachtet, entspricht der Tragik des Interpersonalen die Tragödie der Selbsterkenntnis (exemplarisch in der Ödipus-Gestalt). Ein Wesen, das wegen seines inneren Labyrinths sich kaum versteht, vermag umso weniger durch sein Verstehen ein fremdes Labyrinth zu erhellen oder von jenem erhellt zu werden. Sind wir uns selbst nicht ebenso fremd und nah wie der Nächste? Der Andere als Sinngebungs-Instanz für das desolate Ich, da er, wie das Ich, mit sich selbst überlastet ist, kann für Nietzsche keine Lösung sein. Der erlittenen »ewigen Ferne« zwischen dem Ich und dem Anderem liegt Nietzsche zufolge der Zweifel an der Mitteilbarkeit des Herzens zugrunde.

Nietzsches Nicht-zur-Kenntnis-Nehmen idealistischer Anerkennungstheorien kann wohl kaum als deren Widerlegung gelten. Sein Denken soll nicht an einem ihm fremden Maßstab gemessen, sondern an etwas zurückgebunden werden, das er ursprünglich gesucht, aber dann wegen seines Paradigmen-Wechsels zum Darwinismus und Nihilismus geleugnet hat. – Fichtes Modell reiner Wechselseitigkeit in der Beziehung von ego und alter ego, die auf keine vorausliegende Substantialität rekurriert, und Hegels spekulative Verbindung von Widerstreit und Versöhnung, also eines Modells des Kampfes um Anerkennung, das mit einem herben Realismus von absolutem Selbstseinwollen und »selbstsüchtigem Zerstören« gesättigt ist, und eines Modells der Liebe, das auf christlicher Versöhnung gründet, dürften Nietzsches ureigenen Intentionen gar nicht so fern gelegen sein. Das freie Selbst gewinnt Realität, so lautet die Einsicht der Idealisten, in der eigenen Bewusstseinssphäre ebenso wie in der Bewusstseinssphäre des Anderen. Allein durch Anerkennung kann eine Relation des Selbstbewusstseins auf ein außer ihm Seiendes gedacht werden, die es ihm erlaubt, trotz und bei aller Selbständigkeit dieses Anderen in dem Sein bei diesem Anderen zugleich ganz für sich zu sein. Denn das anerkennende alter ego ermöglicht es dem Selbstbewusstsein, das den Anderen ebenso anerkennt, in der Hinwendung zu dem ihm Anderen völlig auf sich selbst zurückzukommen – da es sich als vom

Anderen anerkanntes freies Ich weiß; dasselbe gilt von dem anerkennenden und selbst anerkannten Anderen. Jedem Individuum kommt in seiner Selbstvorstellung wesentlich die Beziehung auf ein anderes Ich als notwendiges Moment des Bewusstseins seiner selbst zu. Die »spröde Getrenntheit« der Individuen wird überwunden, wenn jedes sich im freien Anderen anerkannt weiß, indem es den Anderen als freies Selbst anerkennt: »Sie anerkennen sich als gegenseitig sich anerkennend.«[16] Die Ungetrenntheit der einzelnen drückt sich, so der junge Hegel, in ungetrübtem Verstehen des je anderen aus: »Du hast mein Wesen verstanden, es hat in dem deinigen wiedergetönt«; gemahnend an Fichtes Rede von der Suche des Ich nach einem »gleichgestimmten Gegenbilde« seiner selbst, heißt es in einem Entwurf Hegels von 1797 gemäß dem Versöhnungsmodell, dass Liebe nur stattfinden kann »gegen den Spiegel, gegen das Echo unseres Wesens«.[17] Der Mensch muss, so erklärt der späte Hegel eindrücklich die Zielperspektive des Anerkennens, in seiner »ganzen Existenz anerkannt werden«.[18] – Solches Verlangen bildet bei Nietzsche, hört man auf die leiseren Zwischentöne inmitten seiner ekstatischen Einsamkeit und Polemik gegen »sympathetische« Empfindungen, immer noch den latenten Grundton: Dem Klagegesang auf den »Tod Gottes« korrespondiert die poetische Mythenbildung um die Wiederkunft des Freundes, um dem Kältetod, der drohenden Armut an Güte, Geist und Liebe einer atheistisch-ideallosen Menschheit im wachsenden Schatten der Gottesfinsternis zu entrinnen. Noch für den Nietzsche der späten Immoralismus-Schriften erscheint das Leiden am Mangel der großen Liebe als das größtmögliche Leid; daraus lässt sich ex negativo schließen, dass sein frühes Harmonie-Ideal als verborgener Hintergrund noch immer gegenwärtig ist.

(29.11.2002)

Anmerkungen

1 BAW 2, 198. Nietzsches Schriften werden zitiert nach *BAW*: 5 Bände Jugendschriften (1854–1869) der unvollständig gebliebenen Ausgabe, hrsg. von H. J. Mette, München 1933ff.; *KGW*: Kritische Gesamtausgabe von Nietzsches Werken, hrsg. von G. Colli und M. Montinari, Berlin 1967–2000; *KSA*: Kritische Studienausgabe des Gesamtwerks von Nietzsche in 15 Bänden, hrsg. von denselben, Berlin 1967–1977; *KSB*: Kritische Studienausgabe sämtlicher Briefe Nietzsches in 8 Bänden, hrsg. von denselben, München 1986.

2 Hölderlin, Sämtliche Werke. Kleine Stuttgarter Ausgabe, hrsg. von F. Beißner, Bd. 3, 166. – Auch der junge Hegel hat, angeregt durch Hölderlin, eine Philosophie der Liebe und vollendeten Harmonie als Aufhebung von Trennung sowohl

im Ich als auch zwischen Personen entworfen, des näheren Jesus als Genie der Versöhnlichkeit begriffen. »In der Liebe hat der Mensch sich selbst in einem andern wiedergefunden.« (»Hegels theologische Jugendschriften«, hrsg. von H. Nohl, Tübingen 1907, Nachdruck: Frankfurt a.M. 1966, 322).

3   Nietzsches spätes Konflikt-Modell der Intersubjektivität empfängt seine besondere polemische Schärfe wohl aus der Verneinung seines eigenen früheren Harmonie-Ideals. So setzt Nietzsche die bei ihm nur zwei Mal vorkommende Formulierung: »Metaphysik der Liebe« (KSA 8/204; KSA 13/207) in der Spätzeit in ironisch distanzierende Anführungszeichen; Nietzsche sucht die Metamorphose der christlichen Moral in Schopenhauers Kardinaltugend des Mitleids aufzuweisen und sucht beide: Schopenhauers Ethik und das christliche Liebesgebot als das Leben schwächend zu desavouieren.

4   Vorzüglich zur Seite stehen sollte man dem, der durch uns an »Geist, Selbstüberwindung und Erfindung neuer Aufgaben« zunimmt (KSA 10/214; vgl. KSA 3/387).

5   Vgl. dazu W. Müller-Lauter, Über Stolz und Eitelkeit bei Kant, Schopenhauer und Nietzsche, in: Denken der Individualität (Festschrift für J. Simon), hrsg. von Th.S. Hoffmann, St. Majetschak, Berlin/New York 1995, S. 253–274.

6   In »Ecce Homo« erklärt Nietzsche rückblickend, er habe die »Entselbstungs-Moral« anprangern wollen und eine um sich greifende »Entpersönlichung« des Geistes, die sich ihres moralischen Edelsinns rühmt und anstelle der verpönten »Selbstsucht« sich das Surrogat der »Nächstensucht« verschafft hat (KSA 6/331f., 372).

7   Nietzsche beachtet, G.H. Meads sozialen Behaviorismus vorwegnehmend, dass die Genese des Selbstgefühls soziale Beziehungskomponenten enthält. Der Mensch lernt, aus der Perspektive Anderer »auf sich zurückzublicken« und mit Hilfe solcher Verobjektivierung seinen »Grad von Selbsterkenntnis« zu erhöhen (M § 26). Unser Verhältnis zu uns selbst ist durch verinnerlichte soziale Triebe modifiziert, ja »alteriert«: Wir verstellen uns, bekämpfen uns, überfallen uns, versetzen uns in Angst, machen Parteiungen, führen Gerichtsszenen mit uns auf, verherrlichen uns etc. Experimentell erwägt er, dass ein Sich-Zurückziehen aus der Gesellschaft auf sich selbst womöglich gar kein Entrinnen von ihr, sondern ein »peinliches *Fortträumen und Ausdeuten*« unserer Erlebnisse gemäß dem Schema der sozialen Beziehungen ist, in die wir verwickelt sind. »Nicht nur Gott, sondern alle Wesen, die wir anerkennen, nehmen wir, selbst ohne Namen, in uns hinein« – wobei wir selbst »der Kosmos« sind (KSA 9/211f., 215f.), der seine innerliche Polyphonie durch die von uns anerkannten Wesen gewinnt. Nietzsche erwägt eine »Geschichte des Ichgefühls« und Ich-Bewusstseins bzw. eine »Morphologie« des Selbstgefühls, das sich u.a. auch herausbildet aus Gemeinschaftsgefühlen. Das »Personal-Selbstgefühl« und die »Initiative der Wertsetzung« gelingt dem Einzelnen nach zeitweiligem Versenktgewesensein in Mitgefühl. »Collectiv-Selbstgefühle« sind die große Vorschule zum Individuellwerden und für persönliche Souveränität (KSA 9/450; 13, 111f.).

8   K. Jaspers, Nietzsche. Einführung in das Verständnis seines Philosophierens, 2. Aufl. Berlin 1947, 58, 72.

9   Die wohl eindrücklichste Selbstmitteilung der Suche nach dem Freunde findet sich im späten Nachlass. Diese *Suche* wird zum Tagtraum vom »Zuwurf des Himmels«, sie eignet sich ein schäbiges Surrogat für das Entbehren zu und kehrt

ohne Echo zum sich fremdgewordenen Selbst zurück. »*Inter pares*: ein Wort, das trunken macht« vor Glück, vor allem den, der ein ganzes Leben lang allein war, gesucht und doch »Niemanden« gefunden hat, der in Wahrheit zu ihm gehört, der »jene gefährlichen herzzerreißenden Ausbrüche aller verhehlten Unseligkeit« kennt, »aller aufgestauten und wild gewordenen Ströme der Liebe, – den plötzlichen Wahnsinn jener Stunde, wo der Einsame einen Beliebigen umarmt und als Freund und Zuwurf des Himmels und kostbarstes Geschenk behandelt, um ihn eine Stunde später mit Ekel von sich zu stoßen, – mit Ekel nunmehr vor sich selber, [...] wie erniedrigt, wie sich selbst entfremdet, wie an seiner eignen Gesellschaft krank« (KSA 12/71). – Hobbes' wenig beachtete erste, wiewohl utopische Hälfte in seinem Wort zu Anfang von *De Cive*: »Homo homini Deus & Homo homini Lupus« findet in Nietzsches Hoffen auf den Zuwurf des Himmels seine Wiederholung, das Hoffen einer tief verwundeten Seele auf ein sonnenähnliches Du.

10 Manche hier vorgebrachten Thesen können nicht im Einzelnen begründet werden. Erlaubt sei der Hinweis auf das Buch der Verf., Theologie – Darwinismus – Nihilismus. Nietzsches Denkweg. Stuttgart-Neuhausen 2001.

11 Zur Begründung des Christentums im transzendentalphilosophischen Horizont einer Unterscheidung von Vernunft- und Offenbarungsreligion siehe die wohlfundierte Darstellung von Hans-Dieter Klein, Vernunft und Wirklichkeit. Bd 2: Beiträge zur Realphilosophie, Wien/München 1975, S. 351–400.

12 KSA 6/138ff.; KSA 3/625; KSA 9/426. – Soziologie kann für den späten Nietzsche nur eine Lehre von den »sozialen Herrschaftsgebilden« sein (KSA 12/208). Nietzsches Aristokratismus ist seine gezielt abwehrende Antwort auf den Sozialismus. Vgl. Horst Baier, Die Gesellschaft – ein langer Schatten des toten Gottes. Friedrich Nietzsche und die Entstehung der Soziologie aus dem Geist der décadence, in: Nietzsche-Studien Bd. 10/11 (1981/82), S. 6–22.

13 Kant spricht eindrücklich von der »ungeselligen Geselligkeit« des Menschen; seine »Herrsch-« und »Ehrsucht« verhindern ein idyllisch-friedliches Schäferleben in »vollkommener Eintracht«. Alles Gute jedoch, das nicht auf moralisch guter Gesinnung beruht, z.B. nur vom antagonistischen Spiel der Kräfte herrührt, ist für Kant »nichts als lauter Schein und schimmernds Elend« (AA VIII, 20f, 26).

14 J. Köhler (in: Zarathustras Geheimnis, Hamburg 1992, S. 118–122) weist auf Nietzsches Anleihen bei L. von Sacher-Masoch: Venus im Pelz, Leipzig 1870, hin, der zu wissen meint, dass Mann und Weib »von Natur Feinde« sind, nur durch die Liebe kurzzeitig vereint werden, um sich danach zu »unterjochen«, und zwar derart, dass ein Weib nur entweder des Mannes Sklavin oder seine Despotin, nie aber seine Gefährtin sein kann. – Seine Verzweiflung über die gescheiterte Freundschaft und Liebe zu Lou Salomé dürfte von 1882 an Nietzsches Anti-Feminismus angefacht und v.a. der Frauen-Emanzipation eine Sündenbock- und Erklärungsfunktion für sein Unglück verliehen haben. Abgesehen von Ausfälligkeiten wie z.B., das Weib sei zur Dienstbarkeit vorbestimmt und sollte »gleich einem zarteren [...] Haustiere erhalten« werden, bekümmert ihn eine historisch vielleicht unwiederbringliche »*Entzauberung*« der Sphäre des Weiblichen (KSA 5/170–178). Während der Freundschaft mit Lou schwärmt Nietzsche, zwar sei den meisten Männern Liebe eine Art »Habsucht« der Besitzergreifung, den selteneren aber »die Anbetung einer leidenden und verhüllten

Gottheit« (KSB 6/243). In früheren Aphorismen: »Die Quelle der großen Liebe« (KSA 2/498) zeichnet er einfühlsam die Adressatin ritterlicher Liebe, in »Die Herrinnen der Herren« (KSA 3/428) weibliche Seelengröße als mögliche Inkarnation des männlichen Ideals.

15 Siehe zur stichhaltigen Begründung des vernünftigen Ich und seiner synthetischen Einheit Hans-Dieter Klein, Vernunft und Wirklichkeit. Band 1: Untersuchungen zur Kritik der Vernunft, Wien/München 1973, S. 89–113, S. 250f. – Typische Einwände gegen den klassischen Subjektbegriff entkräftet K. Düsing, Selbstbewußtseinsmodelle. Moderne Kritiken und systematische Entwürfe zur konkreten Subjektivität, München 1997.

16 Hegel: Phänomenologie des Geistes, in: Gesammelte Werke, hrsg. im Auftrag der Rheinisch-Westfälischen Akademie der Wissenschaften, Bd. 9, 110.

17 Hegels theologische Jugendschriften (s. Anm. 2), 313f., 377.

18 Hegels Philosophie des subjektiven Geistes/Hegel's Philosophy of Subjective Spirit, hrsg. und übers. von M. J. Petry, 3 Bd. Dordrecht/Boston 1978. Bd. 3, 336.

Thomas Manns Nietzsche-Deutungen[1]

Norbert Rath

»Die Tabus, die den geistigen Rang eines Menschen ausmachen, oftmals sedimentierte Erfahrungen und unartikulierte Erkenntnisse, richten sich stets gegen eigene Regungen, die er verdammen lernte«.[2]

Thomas Mann kommt in der Gemengelage der deutschen Nietzsche-Interpretationen eine besondere Rolle zu. Er ist einer der wenigen, der das ganze Spektrum möglicher Nietzsche-Deutungen selbst durchmessen, und vielleicht der Einzige, der seine einander widerstreitenden Deutungen nach und nach selbst öffentlich vertreten hat. Thomas Mann hat auf verschiedenen Stufen seines Denkwegs Nietzsche rezipiert und in Anspruch genommen: als Wagnerianer und Wagnerkritiker, Immoralisten und Moralisten, Metaphysiker und Antimetaphysiker, unpolitischen und politischen Denker, Antimodernisten und Philosophen der Moderne, zum Schluss, gegen Nietzsches ausdrückliches Selbstverständnis, sogar als Vertreter eines humanen Sozialismus. Immer vorbildlich geblieben ist Nietzsche für ihn als Stilist, Aphoristiker, Sprachmeister.

Der Versuch, etwas zu den miteinander in Widerspruch stehenden Nietzsche-Bildern Thomas Manns zu sagen, setzt sich leicht dem Verdacht aus, ein bereits vielfach behandeltes Feld der Forschung noch einmal zu durchgraben.[3] Zum Thema »Nietzsche im Werke Thomas Manns«, auch zu »Nietzsche und der Faustus-Roman« ist bereits eine Reihe von Publikationen erschienen.[4] Weniger im Zentrum der Forschung steht bislang die Frage, in welchem Zusammenhang der Wandel politischer Optionen bei Thomas Mann mit Veränderungen seines Nietzsche-Bildes steht.[5]

Thomas Mann selbst hat sich offen oder versteckt vielfach und durchaus uneinheitlich zu Nietzsche geäußert. Die wirkliche Schwierigkeit aber liegt nicht in der Fülle oder Verschiedenartigkeit des Materials, sondern in der Frage nach seiner Bedeutung. Was bedeutet Nietzsche für den Schriftsteller, Essayisten, Briefe- und Tagebuchschreiber, für den Politiker Thomas Mann? Etwas anderes für die schonungslose Selbstverständigung des Denkenden und Schreibenden als für die auf Außenwirkung bedachte Rolle des Repräsentanten und Nationalpädagogen? Inwiefern wandelt sich mit dem Jahr 1933 sein Bild von Nietzsche? Welche Rolle spielt der Philosoph für die Auseinandersetzung des 1933 emigrierten Schriftstellers mit Deutschland, mit dem Nationalsozialismus, mit seiner eigenen intellektuellen Biographie? Ist der Faustus-Roman, ein Dokument der tiefsten Affinität zu Nietzsche, zugleich das Dokument einer Abwendung von ihm?

Pate Bertram/Bruder Nietzsche

Ernst Bertram wird 1918 der Pate des fünften Kindes von Katia und Thomas Mann, Elisabeth. Ebenso gerechtfertigt wäre es gewesen, Thomas Mann hätte in das Widmungsexemplar der »Betrachtungen eines Unpolitischen«, das Bertram 1918 erhielt, hineingeschrieben: »Dem Paten«. Bertram hatte durch Zitate, Verweise und Interpretationsanregungen das Gerüst für Thomas Manns Nietzsche-Deutung in den »Betrachtungen eines Unpolitischen« geliefert.[6] 1918 empfindet Thomas Mann Bertrams Nietzsche-Buch im Verhältnis zu den »Betrachtungen« »nicht nur als seine Ergänzung, sondern geradezu als seine Erlösung, – wie denn auch umgekehrt die Wahrheit Ihrer Legende [Nietzsches] durch meine stammelnden Konfessionen gewissermaßen beglaubigt werden mag.« Bertram, meint Thomas Mann, hätte sein Buch so nicht schreiben können, »wenn Sie den großen Gegenstand [Nietzsche] nicht, gewissermaßen, in gewissem Umfange, im Kleinen noch einmal erlebt hätten.«[7] Ganz unverhohlen wird hier die Selbstparallelisierung mit Nietzsche deutlich. Nietzsche ist für Thomas Mann nicht, wie für Bertram, Vorläufer Stefan Georges, sondern ein Identifikationsobjekt, noch mehr als Goethe und Schopenhauer. Thomas Mann findet in ihm »den großen einsamen Bruder«,[8] während der wirkliche (seinerzeit politisch erheblich weitsichtigere) Bruder Heinrich von ihm als »Zivilisationsliterat« enttarnt wird und für harmonische intellektuelle Brüderlichkeit in den Kriegsjahren des Ersten Weltkriegs nicht zur Verfügung steht.[9]

Noch 1919 vertritt Thomas Mann Vorstellungen, die dem Satz »Am deutschen Wesen soll die Welt genesen« bedenklich nahe kommen.[10] Erklärungsbedürftig bleibt, dass er sich nie auf eine selbstkritische Prüfung der »Betrachtungen« eingelassen hat, obwohl sich Anfang der zwanziger Jahre und noch einmal 1933 sein politisches Koordinatensystem grundlegend verschoben hatte. Er selbst hat an einer – philologisch kaum haltbaren – Kontinuitätsthese festgehalten, unter Verweis auf einen »Humanismus«, der seinem Gesamtwerk innewohne und alles von ihm Geschriebene präge.[11]

Am Beispiel von Ernst Bertram konnte Thomas Mann erkennen, wie verführbar ein feinsinniger Nietzscheaner war, ein Mann seines eigenen intellektuellen Zuschnitts, ein Ästhet, Literatur- und Musikkenner von hohen Graden, zur Zeit der »Betrachtungen« sogar eine Art Mentor für ihn.[12] Bildung und Kultur bewahrten offenbar nicht vor dem Nationalsozialismus, auch Nietzsche-Kenner und -verehrer waren nicht davor gefeit, trotz – oder gerade wegen? – ihres Nietzscheanismus. Wenn Freund Bertram Hitler-Anhänger wurde – was schützte Thomas Mann selbst davor?

Wagner, Nietzsche, Thomas Mann: Die Ausstoßung aus München und der Bruch mit Hitler-Deutschland 1933

Im Frühjahr 1933 muss Thomas Mann sich entscheiden zwischen einem Deutschland, dessen »Führer« Nietzsche feiern und zum Parteiphilosophen »erheben«, und seiner eigenen Version, Nietzsche nachzudenken. Den äußeren Anlass für die Emigration gibt dabei ein Pamphlet, der sogenannte »Protest der Richard-Wagner-Stadt München«.

Thomas Mann hatte seinen Vortrag »Leiden und Größe Richard Wagners«, entstanden in der Zeit der letzten Agonie der demokratischen Republik zwischen Mitte Dezember 1932 und Ende Januar 1933, zunächst zum 50. Todestag Wagners am 10.2.1933 in München gehalten und (leicht verändert) in Amsterdam, Brüssel und Paris wiederholt. Am 16./17.4.1933 erscheint daraufhin ein »Protest der Richard-Wagner-Stadt München«, unterzeichnet vom musikalischen Establishment Münchens, unter anderem von Hans Pfitzner und Richard Strauss, mit den Kern- und Schlusssätzen:

»Wir lassen uns eine solche Herabsetzung unseres großen deutschen Musikgenies von keinem Menschen gefallen, ganz sicher aber nicht von Herrn Thomas Mann, der sich selbst am besten dadurch kritisiert und offenbart hat, daß er die ›Gedanken eines Unpolitischen‹ nach seiner Bekehrung zum republikanischen System umgearbeitet und an den wichtigsten Stellen in ihr Gegenteil verkehrt hat. Wer sich selbst als dermaßen unzuverlässig und unsachverständig in seinen Werken offenbart, hat kein Recht auf Kritik wertbeständiger deutscher Geistesriesen.«[13]

Zu den »Geistesriesen«, zu denen Thomas Mann sich in diesem Vortrag geäußert hatte und zu denen er selbst jetzt jedenfalls nicht mehr zählen sollte, gehörte neben Wagner auch Nietzsche, den er – ganz unzeitgemäß – als Vorläufer Freuds gerühmt hatte.[14]

»Der Fall Wagner« war das erste Werk Nietzsches, das Thomas Mann – ausweislich seiner Notizbücher – erworben und gelesen hatte, gefolgt wohl von »Jenseits von Gut und Böse«.[15] Durch Nietzsche war Thomas Mann schon vor der Jahrhundertwende zum *kritischen* Wagnerianer geworden; genau dies führt 1933 zu seiner nationalen Exkommunikation durch die Bayreuth-Fraktion in München. Vorgehalten wird ihm im Grunde nationale Unzuverlässigkeit: Der Verteidiger der Weimarer Republik gilt strammen, 1933 Morgenluft witternden Wagnerianern als Renegat. Hatte er nicht noch 1918, mit den »Betrachtungen eines Unpolitischen«, die Trommel für die Sache des Reiches gerührt? Wie kann sich dieser Thomas Mann nur erfrechen, jetzt, Anfang 1933, als Wagner-Kritiker aufzutreten, zu einem Zeitpunkt, als der neue Reichskanzler höchstselbst dem Wagner-Kult die politischen Weihen erteilt (und sich anschickt, den Wagnerschen Antisemitismus in die Tat umzusetzen)![16]

Hitler pilgert nach Bayreuth und Weimar, er besetzt symbolisch die Stätten deutscher Kultur, beansprucht die Namen Wagners und Nietzsches für sich und sein »neues Reich«, und Thomas Mann kann auswandern. Mit dem »Protest« der Verteidiger der »wertbeständigen deutschen Geistesriesen« wird *ihm* deutlich gemacht, dass er nun, nach der »Machtergreifung«, nicht mehr dazugehört, dass er jetzt Außenseiter ist und bleiben wird. Er zieht daraus mit Recht den Schluss, dass er gefährdet sein könnte und dass es das Beste sei, außerhalb der Reichsgrenzen zu bleiben. Schon im Juni 1933 stellt Heydrich einen seinerzeit geheimgehaltenen »Schutzhaftbefehl« gegen Thomas Mann aus. Wäre dieser im Vertrauen auf seinen nationalen und internationalen Ruhm nach Deutschland zurückgekehrt, so wäre er nach Dachau verschickt worden. Mit der Wagner-Rede beginnt die Zeit der Emigration, anfangs mehr eine »Ausstoßung« als ein eindeutiger eigener Entschluss Thomas Manns. Aus einer Vortragsreise ins Ausland wird ein Exil von mehr als sechzehn Jahren. Erst 1949 kehrt der 1936 Ausgebürgerte als US-amerikanischer Staatsbürger zurück, und auch dann nur zu kurzen Vortragsbesuchen in Frankfurt und Weimar mit Zwischenstation in München.[17] Seine kritische Sicht auf Wagner verschärft sich durch die Erfahrung des Nationalsozialismus: »Grausiges Gefühl davon, wie viel dieser als Charakter abscheuliche Kleinbürger tatsächlich vom Nationalsozialismus antizipiert« – ein Urteil, das die neuere Wagner-Forschung bestätigen und untermauern wird.[18]

Veränderungen im Nietzsche-Bild von Thomas Mann nach 1933

Philologisch betrachtet war Bertram ein weitaus besserer Nietzsche-Kenner als Thomas Mann. Philosophisch ist der Nietzsche Heideggers, selbst der Baeumlers, radikaler gedacht – »tiefer«, so hätte Heidegger für sich beansprucht –, berücksichtigen jene Deutungen eher den Anspruch Nietzsches, er sei ein epochaler Denker, ein Wendepunkt in der Geschichte nicht nur der Philosophie, sondern des Abendlandes überhaupt.[19] Mit Blick auf die Zeitgeschichte der dreißiger und vierziger Jahre aber erscheint heute das Nietzsche-Bild des ausgestoßenen Emigranten Thomas Mann als viel ein- und weitsichtiger als die Nietzsche-Konstrukte der NS-Mandarine. Es gibt eine Reihe bedeutender deutscher Intellektueller, die sich vor 1933 besonders intensiv auf Nietzsche eingelassen hatten und sich (spätestens) 1933 zum Nationalsozialismus »bekannten«. Dazu gehören Ernst Bertram, Alfred Baeumler, Oswald Spengler, Martin Heidegger und Ludwig Klages, um nur einige bekannte Namen zu nennen. Wenn Georg Lukács[20] Nietzsche als einen Zerstörer der Vernunft und Stichwortgeber der Faschisten angreift, so mag diese Verurteilung in ihrer Härte und Einseitigkeit auch durch die Enttäuschung über die zeitgenössische Nietzscheanische Intelligenz Deutschlands und ihr sacrificium intellectus, das sie zum Nationalsozialismus überlaufen ließ, begründet sein.

Die Wirkung Nietzsches auf Faschismus und Nationalsozialismus erschöpft sich bei weitem nicht darin, dass sich etwa Mussolini, Goebbels, Himmler und Hans Frank auf ihn beriefen und sein Denken dabei vereinseitigten und verfälschten. Aus der intellektuellen Option für einen als Heros gedeuteten Nietzsche wird in der Endkrise der Weimarer Republik nicht selten die politische Option für den Nationalsozialismus. Eines der aufschlussreichsten Beispiele dieser Wendung gibt Gottfried Benn.[21] Schon bei Nietzsche selbst (nicht erst bei seinen Epigonen) tauchen Motive auf, die unmittelbar vom Faschismus und Nationalsozialismus angeeignet werden können: Macht- und Kriegsphantasien, das Ideal des »gefährlich Lebens«, Elite- und Auslesegedanken, die rücksichtslose Rebellion gegen Christentum und Moderne, nicht zuletzt antiaufklärerische, antidemokratische, antisozialistische und antifeministische Akzente.[22] Nietzsche war *der* Philosoph für zahlreiche Anhänger der bürgerlichen Oppositions- und Reformbewegungen nach der Jahrhundertwende; und auch Faschisten und Nationalsozialisten sind ursprünglich als Außenseiter der bürgerlichen Gesellschaft angetreten.[23]

Thomas Manns Auseinandersetzung mit dem Nationalsozialismus – und den seinen Aufstieg begleitenden, fördernden und schließlich gut heißenden

»zehntausend Dozenten des Irrationalen, die in seinem [Nietzsches] Schatten, über ganz Deutschland hin, wie Pilze aus dem Boden wuchsen«,²⁴ ist immer auch (assoziativ verkettet) eine Auseinandersetzung mit Nietzsche, mit *seinem* inneren Bild Nietzsches, mit dem Einfluss der Lehren und der Person Nietzsches auf ihn selbst. Schließlich ist er in den Anfangsjahrzehnten des 20. Jahrhunderts, sicherlich noch 1918, mit immerhin 43 Jahren, so etwas wie ein orthodoxer Nietzscheaner.²⁵ Im Stillen muss sich Thomas Mann die Frage beantworten, was ihn selbst davor bewahrt, in die Untergangsmusik der intellektuellen Eliten einzustimmen. Es dürfte nicht zuletzt eine ästhetische Einstellung sein, die selbst wieder von Nietzsches Ästhetizismus und seinem Widerwillen gegen geistige Unredlichkeit beeinflusst ist, welche ihn auf Dauer gegen die faschistische »Versuchung« immun macht: Abscheu, Ekel, Verachtung sind darin. Das Stichwort der »Verhunzung« Nietzsches durch seine unrettbaren Anhänger fällt immer wieder. Thomas Mann ist ein Nietzscheaner, der es nicht erträgt, dass sein Zentralgestirn für die Propaganda einer terroristischen Partei- und Staatsmaschinerie ausgeschlachtet wird – etwas, woran er sich im Gegensatz zu den Baeumler, Bertram, Härtle²⁶ um keinen Preis beteiligen würde. Statt von Nietzsche mit fliegenden Fahnen zu Hitler überzugehen, schöpft er vielmehr aus Nietzsches unbeirrter Ressentimentkritik, aus seiner gewollten Dissidenz die Kraft zur eigenen.

Streit um Nietzsche und die Nietzsche-Deutung heißt im Deutschland des 20. Jahrhunderts immer: intellektuelle Selbstverständigung, Streit um die Richtung, in die Kultur, Moral, Politik, Theorie sich bewegen oder bewegen sollen. Wenn sich nach 1933 Intellektuelle im Exil an der Debatte um Nietzsche und die Nietzsche-Deutung beteiligen, melden sie damit ein Mitspracherecht an in Bezug auf die »deutschen Dinge«, auf Fragen nach der Gegenwart und Zukunft Deutschlands und der Deutschen. Ein solches Mitspracherecht, nicht allein zu Nietzsche, sondern zu Fragen, die auf der Tagesordnung der Zeitgeschichte stehen, möchten Hitler und Goebbels Regimekritikern und Emigranten verwehren, und sie tun es überall, wo sie die Macht dazu haben. Thomas Mann muss Ende 1938 darauf verzichten, einen Vortrag, wie vorgesehen, öffentlich zu halten, weil sein Verleger Bermann-Fischer Repressalien gegen den Fischer-Verlag befürchtet.

In der Gemengelage der Nietzsche-Interpretationen der Emigration kommt jener von Thomas Mann ein besonderes Gewicht zu. Thomas Mann gehört – ebenso wie Georg Lukács, Menno ter Braak und (nach 1945) Wolfgang Harich – zu den Intellektuellen, die in verschiedenen Etappen ihres Werdegangs ein breites Spektrum möglicher Nietzsche-Deutungen durchmessen haben. Die »Betrachtungen eines Unpolitischen« von 1918 hatten, unter dem Einfluss Bertrams, ein heroisierendes Bild des Denkers gezeichnet, mit allzu zeitgemäß nationalpädagogischer Ausrichtung. Die Essays der 1930er Jahre bieten eine vorsichtigere, reflektiertere und distanziertere Befassung mit Gedanken Nietzsches, der seine absolute Vorbildfunktion für Thomas Mann nun verliert. Die Götterdämmerung findet statt: Im »Faustus«-Roman wird die Figur des Adrian Leverkühn in vielen Aspekten nach der Biographie und Krankheitsgeschichte Nietzsches gezeichnet.

Der »Faustus«-Roman: Adornos Zusammenarbeit mit Thomas Mann

Im »Faustus«-Roman (entstanden 1943 bis 1947) vertieft sich die Auseinandersetzung mit Nietzsche und dem Nationalsozialismus zu einer Rechenschaftslegung Thomas Manns über die Stellung des Intellektuellen in der modernen deutschen Kultur, und zwar ohne dass der Name Nietzsches überhaupt fiele. Man könnte sagen, der Roman sei auf diesen Namen hin verzaubert. Die Biographie Nietzsches ist für die fiktive Biographie des Adrian Leverkühn das wichtigste Modell.

Nietzsche hat sich selbst – nicht nur im »Ecce homo« – als eine Christus-Figur in Zeiten nach dem »Tode Gottes« stilisiert, als »Antichrist« und »der Gekreuzigte« in einer Person.[27] Es gibt bei ihm – wie bei Thomas Mann – ein Spiegelkabinett von Bildern, in das der Leser einbezogen, hineingesogen wird. Thomas Mann stilisiert das Bild des Künstlers Leverkühn zum Bilde Nietzsches, wobei Leverkühn-Nietzsche zugleich als Figuration des leidenden Christus erscheinen kann.

Eine Parallele zur Christus-Dimension des »Faustus«-Helden gibt es in Adornos »Philosophie der neuen Musik«. Für Adorno tritt die »neue Musik« Schönbergs die imitatio Christi an; sie nimmt stellvertretend das Leiden der Welt auf sich.[28] Der Einfluss des »Schönberg«-Kapitels der »Philosophie der neuen Musik« auf die kunstphilosophischen Konzeptionen des Faustus-Romans kann kaum überschätzt werden.[29] In Adornos Schriften trat Thomas Mann eine an Nietzsche orientierte und zugleich auf Hervorbringungen der modernen Kunst (Schönberg, Berg) bezogene Ästhetik entgegen, die Klassizismus ebenso wie Romantizismus samt ihren problematischen Gegensätzen (wie Kunst versus Leben, Künstler versus Bürger) hinter sich ließ. Zum Dank hat er in seine Roman-Adaptation von Beethovens op. 111 den Namen »Wiesengrund« (den Vaternamen von Theodor W[iesengrund] Adorno, der sich erst als Erwachsener nach dem Namen seiner Mutter nannte) eingearbeitet und zugleich – sei es nun zu Dank oder Undank – Adorno als »werkfeindlichem Teufel« einen Auftritt im Roman verschafft.[30]

Möglich wird die – von Thomas Mann in »Die Entstehung des Doktor Faustus« dokumentierte produktive Zusammenarbeit – nicht zuletzt, weil Adornos Nietzsche-Bild (wie übrigens auch sein Wagner-Bild) dem Thomas Manns zu dieser Zeit weitgehend entspricht.[31] Auch für Adorno ist Nietzsche vor allem Ästhetizist (und nicht Philosoph des »Willens zur Macht«), Ressentiment- und Vorurteilskritiker (und nicht Propagandist der »blonden Bestie« und des »Übermenschen«), scharfsichtiger Psychologe (und nicht Lehrer einer »ewigen Wiederkehr«), als Immoralist noch Moralist, als Gegenaufklärer noch Aufklärer. Für Thomas Mann wie für Adorno ist Nietzsche vor aller Philosophie – wie sie beide selbst – der ehemals glühende Anhänger und später scharfsichtige Kritiker Wagners, der sachverständige Künstler, dem Musik und das Nachdenken darüber gleichermaßen essentiell sind. Er ist für sie der Sprachkünstler, der ihre Prosa bis in Nuancen hinein beeinflusst. Ambivalent stehen sie zum »Zarathustra«, von dessen Pathos beide eher peinlich berührt sind.[32] Nietzsche ist für sie der bewunderte Verfasser von Aphorismen, nicht der Propagator eines Systems, nicht der Philosoph mit dem Hammer, nicht der Rhetoriker der Gewaltverherrlichung. Selbst in einem von der Gedankenwelt Nietzsches her eher skurrilen Aspekt gehen beide zusammen: Beide versuchen über Stock und Stein, Nietzsche für ihre jeweilige Version eines humanen Sozialismus in Anspruch zu nehmen; Thomas Mann, indem er unermüdlich den Zarathustra-Imperativ »Bleibt der Erde treu« zitiert,[33] der mehr mit beschwörender Rhetorik zu tun haben mag als mit Sozialismus.

Der Einfluss Adornos auf die Entstehung des »Faustus«-Romans beschränkt sich nicht auf musikalische und kompositionstechnische Beratung, er führt darüber hinaus – bis hin zu einer veränderten poetischen und ästhetischen Grundlegung des Romans.[34] Ebenso wie es Listen gibt, die Nietzsche-Zitate und Passagen des Faustus-Romans nebeneinanderstellen,[35] könnte man eine lange Liste von Parallelstellen aus dem »Doktor Faustus« und aus Adornos »Philosophie der neuen Musik« aufführen.

Der »Faustus«-Roman bleibt das Werk, mit dem Thomas Mann sich vom Nietzsche-Kult seiner eigenen Vergangenheit freigeschrieben hat, so wie er sich im »Zauberberg« von romantischer Ironie zu kritischer Ironie freischreiben konnte. Die dichterische Anspielung auf die eigene Jugend, deren Neu-Montage im Roman, umschließt auch den Nietzscheanismus dieser Jugend, der gedoppelt und damit verfremdet in den beiden Gestalten Zeitblom und Leverkühn wiederkehrt, wobei Leverkühn für die ästhetizistische, Zeitblom für die humanistische Lektüreperspektive stehen mag.

Thomas Manns Nietzsche-Essay von 1947[36]

Thomas Mann gibt im Vortrag von 1947 eine Summe seiner lebenslangen Auseinandersetzung mit Nietzsche. Er stellt Warnungstafeln vor Nietzsches Darstellungskunst auf: »Eine Kunst ist es auch, ihn zu lesen, und keinerlei Plumpheit und Geradheit ist zulässig, jederlei Verschlagenheit, Ironie, Reserve erforderlich bei seiner Lektüre. Wer Nietzsche ›eigentlich‹ nimmt, wörtlich nimmt, wer ihm glaubt, ist verloren.« »Ich glaubte ihm nichts«, heißt es schon in einer frühen Selbstaussage über die eigene Nietzsche-Lektüre.[37]

Im einleitenden Vergleich Nietzsches mit Hamlet liegt ein verhüllter Selbstvergleich mit beiden.[38] Es folgt Biographisches zu Nietzsche, seiner Krankheit und seinem Zusammenbruch. Thomas Mann sieht ein System in Nietzsches Antisystem und will dessen paradoxen »Grundgedanken« vom Vorrang des Lebens innerhalb der Kultur transparent machen, wobei »Nietzsches Geschichte die Verfallsgeschichte dieses Gedankens« sei (S. 66). Zu den Grundirrtümern Nietzsches zähle »das ganz und gar falsche Verhältnis, in das er Leben und Moral zu einander bringt, wenn er sie als Gegensätze behandelt. Die Wahrheit ist, daß sie zusammen gehören« (S. 77).

Nietzsche ist für Thomas Mann »der vollkommenste und rettungsloseste Ästhet, den die Geschichte des Geistes kennt«; ebenso wenig wie seine Zeitgenossen habe er allerdings eine Nachbarschaft gesehen, die sich im 20. Jahrhundert geradezu aufdränge: die »unheimliche Nähe« von »Ästhetizismus und Barbarei« (S. 87). Nach den Erfahrungen der ersten Hälfte des 20. Jahrhunderts sei es ausgeschlossen, weiterhin einem an Nietzsche orientierten Irrationalismus zu folgen.

> »Die einfachste Generosität sollte dazu anhalten, das schwache Flämmchen der Vernunft, des Geistes, der Gerechtigkeit zu hüten und zu schützen, statt sich auf die Seite der Macht und des instinkthaften Lebens zu schlagen und sich in einer korybantischen Überschätzung seiner ›verneinten‹ Seiten, des Verbrechens zu gefallen, – dessen Schwachsinn wir Heutigen erlebt haben. Nietzsche tut – und hat damit viel Unheil angerichtet –, als sei es das moralische Bewußtsein, das dem Leben, wie Mephistopheles, die kalte Teufelsfaust entgegenstrecke« (S. 76f.).

Thomas Mann glaubt die Wirkung »nietzscheanisch«-amoralischer Verantwortungslosigkeit in der Heraufkunft des italienischen und deutschen Faschismus erlebt zu haben. Zu den Grundirrtümern Nietzsches zählen für ihn die Verherrlichung des Krieges und ein infantiler Sadismus:

»Alles, was er in letzter Überreiztheit gegen Moral, Humanität, Mitleid, Christentum und für die schöne Ruchlosigkeit, den Krieg, das Böse gesagt hat, war leider geeignet, in der Schund-Ideologie des Fascismus seinen Platz zu finden, und Verirrungen wie seine ›Moral für Ärzte‹ mit der Vorschrift der Krankentötung und Kastrierung der Minderwertigen, seine Einprägung von der Notwendigkeit der Sklaverei, dazu manche seiner rassehygienischen Auslese-, Züchtungs-, Ehevorschriften sind tatsächlich, wenn auch vielleicht ohne wissentliche Bezugnahme auf ihn, in die Theorie und Praxis des Nationalsozialismus übergegangen« (S. 83).

Er zitiert kritisch Nietzsches rücksichtslose Ansichten zu Zucht und Züchtung – Ansichten, die neuerdings bei Befürwortern einer gentechnisch aufgerüsteten »Anthropotechnik« wieder auftauchen.[39] Und doch, Nietzsche wird immer wieder entlastet, Thomas Mann kann sich nicht völlig von ihm distanzieren, weil er sich sonst von Grundmustern des eigenen Denkens distanzieren müsste: »Wir haben ein Hamletschicksal vor uns, ein tragisches Schicksal über die Kraft gehender Erkenntnis, das Ehrfurcht einflößt und Erbarmen« (S. 81).

Beim Problemkomplex »Nietzsche und der Faschismus« vollzieht Thomas Mann schließlich eine überraschende Wendung, die über die Frage nach Nietzsches Schuld oder Mitschuld hinausführen soll. Er relativiert die These,

»daß sein Übermensch nichts anderes ist als die Idealisierung des fascistischen Führers, und daß er selbst mit seinem ganzen Philosophieren ein Schrittmacher, Mitschöpfer und Ideensouffleur des europäischen –, des Welt-Fascismus gewesen ist. Unterderhand bin ich geneigt, hier Ursache und Wirkung umzukehren und nicht zu glauben, daß Nietzsche den Fascismus gemacht hat, sondern der Fascismus ihn, – will sagen: politikfern im Grunde und unschuldig-geistig, hat er als sensibelstes Ausdrucks- und Registrierinstrument mit seinem Macht-Philosophem den heraufsteigenden Imperialismus vorempfunden und die fascistische Epoche des Abendlandes, in der wir leben und trotz dem militärischen Sieg über den Fascismus noch lange leben werden, als zitternde Nadel angekündigt« (S. 82).

Nietzsche wäre demnach nicht als Anstifter, sondern als erster Seismograph der Epoche des Faschismus einzuschätzen.

Thomas Mann bewundert den Prognostiker Nietzsche:

»Er sieht, über annähernd ein Jahrhundert hinweg, ungefähr was wir Heutigen sehen. Denn die Welt, ein neu sich bildendes Weltbild, ist eine Einheit, und wohin,

Thomas Manns Nietzsche-Deutungen

nach welcher Seite immer eine so ungeheure Reizbarkeit sich wendet und vortastet, erfühlt sie das Neue, das Kommende und zeigt es an« (S. 85f.).

In der deutschen Politik aber habe der letzten Endes verantwortungslose Ästhetizismus Nietzschescher Prägung verhängnisvolle Auswirkungen gehabt.

Zum »Deutschsein« Nietzsches hatten die »Betrachtungen eines Unpolitischen« eine Reihe rhetorischer Fragen aufgeworfen:

> »Die ungeheure Männlichkeit seiner Seele, sein Antifeminismus, Antidemokratismus, – was wäre deutscher? Was wäre deutscher als seine Verachtung der ›modernen Ideen‹, der ›Ideen des achtzehnten Jahrhunderts‹ [...].«[40]

Der Essay von 1947 varriiert das Thema »Nietzsche und die Deutschen« mit veränderter Bewertung:

> »Aber wer, zuletzt, war deutscher als er, wer hat den Deutschen alles noch einmal exemplarisch vorgemacht, wodurch sie der Welt eine Not und ein Schrecken geworden sind und sich zugrunde gerichtet haben: die romantische Leidenschaft, den Drang zur ewigen Ich-Entfaltung ins Grenzenlose ohne festen Gegenstand, den Willen, der frei ist, weil er kein Ziel hat und ins Unendliche geht?« (S. 90).

Hier zeigt sich, dass der Nietzsche-Essay den gleichen Hintergrund hat wie der »Faustus«-Roman; unmittelbar nach dessen Abschluss hat Thomas Mann ihn geschrieben, im Sinne einer theoretischen Sicherung des poetisch bereits Geleisteten. Die Nietzsche-Deutung bildet im Roman wie im Essay die Grundlage für die Selbstdeutung Thomas Manns und die Deutung der deutschen Katastrophe. Das Resümee bleibt ambivalent: Thomas Mann kann und will dem »Gott seiner Jugend« nicht abschwören, aber er hält dessen immoralistische Rhetorik für letzten Endes unhaltbar. Im verantwortungslosen Hinausschreien einer paradoxen Vernunft-, Moral-, Christentums- und Modernekritik liege auch ein Teil Mitverantwortung des Philosophen für seine fatale Wirkungsgeschichte:

> »nie hat er [Nietzsche] sich die geringste Sorge darum gemacht, wie seine Lehren sich in praktischer, politischer Wirklichkeit ausnehmen würden« (S. 89).

Wie von der politischen Geschichte Deutschlands in der ersten Hälfte des 20. Jahrhunderts überhaupt, so scheint auch von der Wirkung Nietzsches ein eher negativer Saldo zu bleiben:

»In mehr als einem Sinn ist Nietzsche historisch geworden. Er hat Geschichte gemacht, fürchterliche Geschichte, und übertrieb nicht, wenn er sich ›ein Verhängnis‹ nannte« (S. 90).

Die Schlusssätze des Essays nehmen gleichwohl noch einmal Partei für die *Person* Nietzsches als eine Gestalt, die übergroß in die Nachwelt hineinrage:

»Daß Philosophie nicht kalte Abstraktion, sondern Erleben, Erleiden und Opfertat für die Menschheit ist, war Nietzsches Wissen und Beispiel. Er ist dabei zu den Firnen grotesken Irrtums emporgetrieben worden, aber die Zukunft war in Wahrheit das Land seiner Liebe, und den Kommenden, wie uns, deren Jugend ihm Unendliches dankt, wird er als eine Gestalt von zarter und ehrwürdiger Tragik, umloht vom Wetterleuchten dieser Zeitenwende, vor Augen stehen« (S. 92).

Dieses Schlussbild erinnert unwillkürlich an eine Zeichnung von Alfred Soder.[41] Auch der zum politischen Menschen, zum scharfsichtigen Demokraten und Weltbürger gewordene Thomas Mann hat sich nicht ganz von der kultischen Aufladung Nietzsches, von dessen Sicht als tragischer, janusköpfiger Riese der »Zeitenwende« freimachen wollen und können.

Politische Neuorientierungen Thomas Manns – neue Nietzsche-Deutungen

Thomas Mann spricht politische Neuorientierungen *auch* in veränderten Nietzsche-Deutungen aus, bei einem unveränderten Grundbestand an maßgeblich bleibenden Motiven, Perspektiven, Ideen und Zitaten, die je nach Kontext und zeitgeschichtlich wechselndem Bedürfnis anders gewichtet und gefärbt werden. Die Heterogenität seiner Nietzsche-Interpretationen reicht nachgerade an die Widersprüchlichkeit der Selbstbilder und Selbst-Maskeraden Nietzsches heran.[42] Im Ersten Weltkrieg (»Betrachtungen eines Unpolitischen«) wird Nietzsche in einen Kontext eingespannt, innerhalb dessen der Griff eines imperialen Nationalstaats nach der Vorherrschaft in Europa subtil gerechtfertigt wird. Der antidemokratisch-ästhetizistische Nietzsche der »Betrachtungen«, das Gegenbild zum bitter kritisierten »Zivilisationsliteraten«, verwandelt sich in den zwanziger Jahren in die Imago eines mit der Demokratie Vereinbarungen treffenden Romantikkritikers und Modernetheoretikers, mit dem gleichen Tempo und in dem gleichen Maß, in dem der »unpolitische« Deutsche Thomas Mann zu einem politisch und demokratisch denkenden Festredner der Weimarer Republik wird.[43]

> »Bloße vier Jahre nach dem Erscheinen der ›Betrachtungen‹ fand ich mich als Verteidiger der demokratischen Republik, dieses schwachen Geschöpfes der Niederlage, und als Anti-Nationalist, ohne daß ich irgend eines Bruches in meiner Existenz gewahr geworden wäre, ohne das leiseste Gefühl, daß ich irgend etwas abzuschwören gehabt hätte. Gerade der Antihumanismus der Zeit machte mir klar, daß ich nie etwas getan hatte – oder doch hatte tun wollen –, als die Humanität verteidigen. Ich werde nie etwas anderes tun. Meine Zeit – sie war wechselvoll, aber mein Leben in ihr ist eine Einheit.«[44]

Mit zunehmender Bedrohung der Weimarer Demokratie wird Nietzsche von Thomas Mann nach 1930 zum Sozialisten ehrenhalber ernannt. Seine abgründigen, demokratie- und modernefeindlichen Seiten werden erst nach 1933 entschiedener in den Blick genommen. Aber sie gelten nur als eine Seite einer Medaille, deren andere sich glänzender ausnimmt. Wie in Bezug auf Nietzsche, besteht Thomas Mann auch in Bezug auf Deutschland darauf, dass das fragwürdige (dem Nationalsozialismus zujubelnde und in seinem Namen halb Europa unterjochende) Deutschland nur die Kehrseite des besseren ist. Eine eindimensionale Verwerfung und Verdammung wird damit unmöglich, sowohl für Deutschland wie für Nietzsche: »Ich kann Nietzschen nicht böse sein, weil er ›mir meine Deutschen verdorben hat‹. Wenn sie so dumm waren, auf seinen Diabolism hereinzufallen, so ist das ihre Sache, und wenn sie ihre großen Männer nicht vertragen können, so sollen sie keine mehr hervorbringen.«[45] Mit einem Nietzscheschen Topos – große Männer handeln nun einmal groß, darauf haben die kleinen Leute sich einzustellen, ihr Unglück ist es, wenn sie zertrampelt werden – wird Nietzsche hier exkulpiert.[46]

Thomas Manns Nietzsche-Deutungen entsprechen immer – meist mit ein wenig Verspätung – einer jeweiligen »Forderung des Tages«: 1918 vielen der »Ideen von 1914«, nach 1923 den Grundsätzen der liberaldemokratischen Weimarer Republik, 1930 der Parteinahme für sozialdemokratische Positionen, 1933 und in den Folgejahren der Selbstbehauptung gegen Lüge, Gewalt und Gewäsch des Hitler-Regimes. »Meine Zeit – [...] indem ich sie ausdrückte, war ich ihr meistens entgegen, und wenn ich Stellung bezog, geschah es regelmäßig im unvorteilhaftesten Augenblick.«[47] Im »Faustus«-Roman wird der Weg Deutschlands in den Nationalsozialismus als Teufelspakt gedeutet, als Zusammengehen von (nietzscheanischem) Ästhetizismus und dämonisch faszinierender Barbarei.

Norbert Rath

Nietzsche-Rezeption und Gegnerschaft zum Nationalsozialismus bei Thomas Mann und Menno ter Braak

Viele der politischen Stellungnahmen Thomas Manns zeigen – von heute aus gesehen – Weitblick und prognostische Kraft. Schon vor 1933 steht für Thomas Mann fest, dass der Nationalsozialismus ein Unglück für Deutschland wird, wenn er die politische Macht erobern kann. Seit dem Jahr 1933 sieht er Deutschland und Europa auf den Krieg zutreiben. Seine Analyse des Münchner Abkommens 1938 gehört zu den beeindruckendsten und klarsichtigsten Zeugnissen jener Epoche. Mit Recht heißt der entsprechende Aufsatz »Die Höhe des Augenblicks«.[48] Die politischen Neueinsätze Thomas Manns nach 1923 erscheinen – von heute aus gesehen – als überaus weitsichtig, vergleicht man sie mit politischen Optionen anderer Nietzscheaner, die den »Ideen von 1914« angehangen haben.

Der inneren Entwicklung nach ist die Nietzsche-Rezeption des holländischen Kritikers und Schriftstellers Menno ter Braak (1902–1940), eines Freundes von Klaus Mann und Mitherausgebers von dessen Zeitschrift »Die Sammlung«, mit der Thomas Manns zu vergleichen.[49] Beide stammen aus großbürgerlichem Milieu; für beide bedeutet Nietzsche das entscheidende geistige Erlebnis ihrer Jugend; für beide ist anfangs ein elitär-ästhetizistisch gelesener Nietzsche maßgebend. Für beide ist es der Psychologe und Ressentiment-Analytiker Nietzsche, der ihre Gegnerschaft zum Nationalsozialismus von Anfang an unzweifelhaft und unzweideutig werden lässt. Beide haben zudem einen ausgeprägten – wenn man will: ästhetischen – Abscheu vor der Vulgarität und Primitivität der NS-Propaganda und der Brutalität des diktatorischen Systems. Beiden geht es um die Auslotung der Möglichkeit eines nichtfaschistischen Nietzscheanismus und zugleich einer an Nietzsche orientierten Kritik am nationalsozialistischen Herrschaftssystem. Damit stehen beide nicht nur in Opposition zur faschistischen und nationalsozialistischen Vereinnahmung Nietzsches als Vorläufer und Prophet, sondern auch in Opposition zu vielen liberal oder sozialistisch orientierten zeitgenössischen Kritikern, die ihre Gegnerschaft zum Nationalsozialismus zugleich als eine Gegnerschaft gegenüber Nietzsche formulieren zu müssen glauben. Thomas Mann wie Menno ter Braak haben sich angesichts der unaustilgbaren Bedeutung Nietzsches für ihr eigenes Denken damit auseinanderzusetzen, dass Nietzsche offensichtlich von zentralen Figuren des europäischen Faschismus als Galionsfigur oder Stichwortlieferant geschätzt wird.

»Beide Autoren [...] schufen jeweils ein privates Nietzsche-Bild nach ihrem Selbstbild«, was bei beiden mit einer selektiven Rezeption Nietzsches einherging; beide geben zu, dass »Ähnlichkeiten bestehen zwischen Nietzsches Lehre und der faschistischen Ideologie«, verneinen aber die Frage, »ob Nietzsche dem Faschismus zugestimmt hätte, wenn er ihn in seinem Leben erlebt hätte.«[50]

Thomas Mann hat in Menno ter Braak einen Geistesverwandten gesehen. Er hat ihm in einem Gedenkartikel von 1947 und in einer Briefpassage ein Denkmal gesetzt:

»Wieviele wertvolle Opfer hat dieses entsetzliche Regime gefordert! Mich hat es auch Freunde gekostet, die Zierden meines Lebens waren, so [...] den bedeutenden Kritiker Menno ter Braak in Holland, der sich in der Nacht erschoß, als die Deutschen in Amsterdam einrueckten.«[51]

Thomas Mann – repräsentativ für den Nietzscheanismus?

Thomas Mann begreift sich nach 1933 in seinen Äußerungen zum NS-Regime nicht in erster Linie als Einzelperson, sondern als Sprecher eines kulturellen, höher stehenden Deutschlands – durchaus mit Recht, kann man aus dem Abstand von sieben Jahrzehnten sagen. So sagt er (1938): »wir – und dies ›wir‹ bedeutet immer die deutsche Opposition *extra et intra muros*«. Zwei Versuche von ihm, ein gemeinsames Manifest der Intellektuellen gegen Hitler zuwege zu bringen, schlagen allerdings fehl. Auch seine Nietzsche-Bilder sind in gewisser Weise repräsentativ, und zwar gerade in ihrer Spannweite. Wie wir schon sahen: zahlreiche Nietzsche-Bilder sind bei Thomas Mann präsent: das romantisch-ästhetizistische Bild von Nietzsche als einem Exponenten romantischer Sehnsucht (E. Bertram), die Interpretation Nietzsches als sich selbst verkennender Aufklärer, Demokrat, guter Europäer (W. Kaufmann), seine Deutung als Kritiker der modernen Gesellschaft, versöhnbar mit einem humanen Sozialismus (Th. W. Adorno), als Ressentiment-Genealoge, Psychologe und Vorurteilskritiker (so M. Horkheimer, E. Fromm, M. ter Braak), schließlich als Anti-Antisemit, Antinationalist und Germanismus-Kritiker (so Karl Kraus).

Während Hitler-Deutschland im Zweiten Weltkrieg besiegt wird, resümiert Thomas Mann seine bleibende Nähe zu Nietzsche und seine Distanz zum deutschen mainstream-Nietzscheanismus. Der »Doktor Faustus« ist in diesem Sinne das Werk seiner größten Nietzsche-Nähe und zugleich das seiner größten Distanz zu einem faschistoid fortgeschriebenen und umgemünzten Nietzscheanismus, zum Nietzsche-Kult der deutschen Rechten und des von der Schwester beherrschten Weimarer Archivs, in dem Hitler der »ersehnte« neue Gast war.

Über die Kontinuität seiner inneren Beziehung zu Nietzsche – trotz und gerade wegen dessen »Verhunzung« im Hitler- und Goebbels-Reich – hat Thomas Mann sich nicht getäuscht. Nietzsche war für ihn ein Selbstobjekt, das er nicht aufgeben konnte. Die Selbstanalyse als Nietzsche-Darstellung, die er im »Doktor Faustus« leistet, führt ihn zu der erschütternden Einsicht, wie nahe er einem in den Faschismus einmündenden Ästhetizismus einmal gestanden hatte – bei allen Unterschieden des Niveaus und Ranges. Thomas Manns Nietzscheanismus hatte ein Damaskus-Erlebnis, den Übergang Ernst Bertrams zum Nationalsozialismus. Er musste sich sagen, dass er selbst um Haaresbreite dem Autodafé entronnen war. Noch schwerer hätte gewogen, wenn er zur Partei der Bücherverbrenner gestoßen wäre. Ein Teil der Wut, die er den Nationalsozialisten gegenüber aufbringt, mag sich so erklären lassen: Sie sind mit ihren Thesen und Taten manchem in ihm so nahe, dass er sie und ihre inneren Beweggründe in sich selbst findet. Der Aufsatz »Bruder Hitler« hat nicht nur eine nach außen gerichtete polemische, er hat auch eine selbstanalytische, selbstkritische Spitze.

Adorno zum Thema »Nietzsche, Thomas Mann und die Deutschen«

Adorno hat im Oktober 1952 eine Begrüßungsadresse für Thomas Mann konzipiert, als Redeentwurf für den damaligen Rektor der Frankfurter Universität, Max Horkheimer. Adorno schreibt in seiner imaginären Begrüßung:

> »Die deutsche Philosophie hat an Nietzsche alles wiedergutzumachen. Auf die Periode der subalternen akademischen Mißachtung [...] folgte die kaum tröstlichere seiner Absorption in Schriften, die ihn entweder zum Spießbürger machten und jeglichen Stachel aus seinem Denken entfernten, oder ihn für einen Faschismus reklamierten, vor dem er schon in die Emigration ging, als Hitler noch nicht geboren war. Sie, Thomas Mann, haben viel von diesem Unrecht wiedergutgemacht. Dabei denke ich nicht sowohl an Ihre Würdigung Nietzsches als an das, was Sie als Künstler freisetzten vom Wahrheitsgehalt seiner Gedanken [...]. Sie haben nicht durch den Inhalt sondern das Wie Ihres Oeuvres Nietzsche der Humanität gerettet, und das heißt nicht weniger, als daß Sie eine Idee von der Humanität gestaltet haben, die rein ist von der Ideologie und die mit aller Behutsamkeit, ja mit aller Selbstvergessenheit des Artisten hinzielt auf das Reale.«[52]

Festredenrhetorik und nietzscheanische Motive mischen sich in diesem Text, wobei es sich zum Teil allerdings eher um Leitmotive der Nietzsche-Interpretation Adornos als jener Thomas Manns handelt (Sehnsucht, Überwindung der Rache, Kritik an der Tauschgesellschaft). Max Horkheimer mag seine Gründe gehabt haben, diesen Entwurf dann doch nicht für seine offizielle Begrüßung zu übernehmen. – Ein langer Weg der Nietzsche-Lektüre, Nietzsche-Deutung, des Nietzscheanismus und der Kritik an ihm liegt hinter Thomas Mann, bevor Adorno diese Summe für den 77-Jährigen zu ziehen versucht.

Zehn Jahre später, lange nach dem Tode Thomas Manns, hat Adorno dessen Werk und Ausstrahlung im Begriff der Humanität zusammenzufassen gesucht (und damit etwas gesagt, das auch für ihn selbst Geltung haben könnte): »Was man Thomas Mann als Dekadenz vorhält, war ihr Gegenteil, die Kraft der Natur zum Eingedenken ihrer selbst als hinfälliger. Nichts anderes aber heißt Humanität.«[53]

Fazit

Chamäleonhaft gleicht sich die Farbe der Nietzsche-Bilder Thomas Manns an das ihm jeweils politisch gebotenen Erscheinende an. Schwarz-weiß-rot erscheint das Bild Nietzsches in den nationalpädagogisch ambitionierten »Betrachtungen eines Unpolitischen«, dieser Frucht des Ersten Weltkriegs, schwarz-rot-gold in den Essays seit 1923, mit leichtem Rotstich nach 1930, changierend zwischen rot und braun nach 1933 und besonders 1947. Thomas Manns Nietzsche-Deutungen folgen 1918 vielen der »Ideen von 1914«, nach 1923 dem demokratischen Grundkonsens des Weimarer Verfassungsstaates. Nach 1933 reagieren sie auf die peinliche Tatsache, dass sich Hitler und seine intellektuellen Vasallen auf Nietzsche berufen, nach 1945 stellen sie sich der Reflexion auf Ursachen der deutschen Katastrophe. »Faustus«-Roman und Nietzsche-Vortrag (beide 1947 publiziert) sind Ausdruck der durch leidvolle menschliche und politische Erfahrungen gewachsenen tiefen Ambivalenz Thomas Manns gegenüber dem Heros seiner Jugend. Wie in Bezug auf Nietzsche, besteht Thomas Mann auch in Bezug auf Deutschland darauf, dass das fragwürdige (dem Nationalsozialismus zujubelnde) Deutschland nur die Kehrseite des besseren ist.

(28.04.2000)

Anmerkungen:

1. Vortrag, auf Einladung des Nietzsche-Forums München am 28.4.2000 in München gehalten. Unter dem Titel: »Lebte er, – er wäre heute in Amerika« – Thomas Manns Nietzsche-Bild 1933 bis 1947, erschien eine erste Fassung in: Rüdiger Schmidt-Grépály und Steffen Dietzsch (Hrsg.), Nietzsche im Exil, Weimar 2001, S. 64–83.
2. Th. W. Adorno, Minima Moralia, Frankfurt 1970, S. 26.
3. Schon 1962 mokiert sich Adorno: »Nicht daß ich wähnte, verhindern zu können, daß unermüdlich weiter Dissertationen über den Einfluß von Schopenhauer und Nietzsche [auf Thomas Mann] [...] den Fakultäten unterbreitet werden« (Zu einem Porträt Thomas Manns, in: Noten zur Literatur III, Frankfurt 1969, S. 20).
4. Eine ganz unvollständige Auswahl: Elrud Kunne-Ibsch, Die Nietzsche-Gestalt in Thomas Manns »Doktor Faustus«, in: Neophilologus 53 (1969) S. 176–189; Peter Pütz, Thomas Mann und Nietzsche, in: P. Pütz (Hrsg.), Thomas Mann und die Tradition, Frankfurt/M. 1971, S. 235–249; Liisa Saariluoma, Nietzsche als Roman. Über die Sinnkonstituierung in Thomas Manns »Doktor Faustus«, Tübingen 1996; Christoph Schmidt, Ehrfurcht und Erbarmen«. Thomas Manns Nietzsche-Rezeption 1914 bis 1947, Trier 1997 (Dissertation Wuppertal 1996).
5. Eine erhellende und differenzierte Behandlung dieses Themas bietet: Sung-Hyun Jang, Nietzsche-Rezeption im Lichte des Faschismus: Thomas Mann und Menno ter Braak, Hildesheim usw. 1994.
6. Vgl. Ernst Bertram, Nietzsche. Versuch einer Mythologie, Berlin ⁴1920. – Vgl. zum Einfluss Bertrams: Inge und Walter Jens, Betrachtungen eines Unpolitischen: Thomas Mann und Friedrich Nietzsche, in: Konrad Gaiser (Hrsg.), Das Altertum und jedes neue Gute, [Festschrift] für Wolfgang Schadewaldt, Stuttgart 1970, S. 237–256, besonders 239–241. – Zur mythisierenden und zugleich aktualisierenden Nietzsche-Deutung Bertrams und Thomas Manns 1918 vgl. Aschheim (1996), S. 151–156.
7. Brief Thomas Manns vom 21.9.1918 an Ernst Bertram, in: Thomas Mann an Ernst Bertram. Briefe aus den Jahren 1910–1955, hrsg., kommentiert u. mit einem Nachwort versehen von Inge Jens, Pfullingen 1960, S. 76f. – Alfred Kerr hatte vor 1914 in einer Rezension zu »Fiorenza« spöttisch von Thomas Mann als »Nietzschelchen« gesprochen. Noch 1933 rechnet Thomas Mann in einer Tagebucheintragung die Vertreibung Kerrs – der etwa 30 Jahre früher sein Konkurrent bei der Werbung um Katia Pringsheim gewesen war – zu den positiven Wirkungen des Nationalsozialismus. (Tagebücher von 1933/1934, Frankfurt 1977, S. 46; vgl. Aschheim, S. 152f.).
8. Inge und Walter Jens (1970), S. 243. – Zur Bedeutung des Bertramschen Nietzschebuches noch für den »Faustus«-Roman vgl. Bernhard Böschenstein, Ernst Bertrams »Nietzsche«: Eine Quelle für Thomas Manns »Doktor Faustus«, Euphorion 72 (1978) S. 68–83.
9. Eckhard Heftrich betont: »der Kampf gegen den Zivilisationsliteraten wird vor allem mit Hilfe Nietzsches geführt [...]. Selbst die Statistik bestätigt die Konstellation: »Zivilisationsliterat« und »Nietzsche« sind die am häufigsten auftauchenden Namen.« (Auf deinen Namen werden die Buben schwören, in: Frankfurter Allgemeine Zeitung, Nr. 217 vom 17.9.1996, S. 40.).

10 Vgl. Friedrich Wilhelm Graf, Genug aber jetzt der Flitterwochen! Ein verschollener Text von Thomas Mann aus dem Jahre 1919, in: Frankfurter Allgemeine Zeitung, Nr. 16 vom 20.1.1994, S. 29; vgl. dort etwa den Satz Manns: »Es ist gegenwärtig Aufgabe des deutschen Volkes, die Gefahren abzuwenden, die nicht nur seiner eigenen Zukunft, sondern der Zukunft der ganzen Welt aus dem triumphalen und unbegrenzten Sieg seiner Feinde erwachsen.«
11 Zur Kritik an der vermiedenen Auseinandersetzung vgl. I. und W. Jens (1970), S. 255f.
12 Am 19.11.1933 wirft Th. Mann Bertram vor, »daß Sie das mir von Grund aus Abscheuliche bejahen und verherrlichen«. Gerade als Ästhet hat Th. Mann die brutale NS-Diktatur, ihre Phrasen, ihren Pomp und Terror abgelehnt. Dies wird fünfzehn Jahre später noch einmal deutlich in einem Brief an einen Bertram-Schüler, der nach 1945 zu vermitteln suchte: »Er [Bertram] sah Rosen und Marmor, wo ich nichts sah als Teufelsdreck, Giftfusel fürs Volk, eingeborene Mordlust und das sichere Verderben Deutschlands und Europas. Es war keine Verständigung mehr möglich.« (Brief vom 30.7.1948; die Zitate nach: Thomas Mann an Ernst Bertram: Briefe aus den Jahren 1910-1955, hrsg. v. Inge Jens (1960), S. 177, 195).
13 Zitiert nach Thomas Mann, Essays, Bd. 4: Achtung, Europa! 1933-1938, hrsg. von Hermann Kurzke und Stephan Stachorski, Frankfurt am Main 1995, S. 342f. – Zum Hintergrund dieser Vorgänge vgl. Hans Rudolf Vaget, Präludium in München. Bruno Walter und die Vertreibung Thomas Manns, in: Frankfurter Allgemeine Zeitung, Nr. 111 vom 14.5.1994: »Thomas Mann selbst [...] empfand die Aktion der Münchner Wagnerianer als ›nationale Exkommunikation‹.«
14 »Freud, dessen seelische Radikalforschung und Tiefenkunde bei Nietzsche in großem Stil vorweggenommen ist« (Essays, Bd. 4, S. 18). Die Werke dieses Freud befanden die politisch Mächtigen im Mai 1933 als hervorragend geeignet, öffentlich verbrannt zu werden. Auch die Passage vom »›Reich‹ [von 1871], für das Nietzsche nicht genug Worte leidenschaftlicher Vermaledeiung fand« (Essays, Bd. 4, S. 66), wurde im Februar 1933 in »nationalen Kreisen« Münchens sicherlich nicht sehr geschätzt.
15 Vgl. Jürgen Hillesheim, Die Welt als Artefakt. Zur Bedeutung von Nietzsches »Der Fall Wagner« im Werk Thomas Manns, Frankfurt/M. 1989 (Diss. Mainz 1989), S. 3. Hillesheim macht deutlich, dass Thomas Mann immer wieder den »Fall Wagner« als »Zitatsteinbruch« nutzt und dass in Roman-Kontexte montierte Kategorien aus dieser Schrift ihm zur »epischen Integration der Philosophie Arthur Schopenhauers« dienen (S. 187).
16 Symbolischer Ausdruck der Wagner- und Nietzsche-Aneignung durch die Exponenten des »Dritten Reiches«: Hitler besucht am 50. Todestag Wagners im Weimarer Nationaltheater eine Aufführung des »Tristan« und sucht dabei Nietzsches Schwester eigens in ihrer Loge auf (vgl. Heftrich 1996, S. 40).
17 Vgl. Heinz Winfried Sabais, Thomas Mann in Weimar. Ein Bericht, in: Sabais, Fazit. Gedichte und Prosa, ausgewählt von K. Krolow und E. Born, Darmstadt 1982, S. 94-120.
18 Tagebucheintragung vom 13.2.1935; vgl. H. R. Vaget, »Im Schatten Wagners«. Thomas Mann über Richard Wagner. Texte und Zeugnisse 1895-1955, Frank-

furt 1999; dazu D. Borchmeyer, Der doppelte Segen Jakobs. Enthusiastische Ambivalenz: Thomas Mann über Richard Wagner, in: FAZ vom 3.9.1999, Nr. 204, S. 42. – Vgl. weiter Heinz Gockel u. a. (Hrsg.), Wagner – Nietzsche – Thomas Mann: Festschrift für Eckhard Heftrich, Frankfurt 1993.

19 Vgl. Alfred Baeumler, Nietzsche, der Philosoph und Politiker, Leipzig ³1937 (¹1931). – Zur wachsenden Distanz zwischen Baeumler und Thomas Mann vgl. die Einleitung von Marianne Baeumler in: M. Baeumler/H. Brunträger/H. Kurzke, Thomas Mann und Alfred Baeumler. Eine Dokumentation, Würzburg 1989. – Jang urteilt, dass Baeumler die Philosophie Nietzsches »zu einem der nationalsozialistischen Weltanschauung dienenden Mythos umdeutete.« (S. 61).

20 Georg Lukács, Nietzsche als Vorläufer der faschistischen Ästhetik (1934), in: Beiträge zur Geschichte der Ästhetik, Berlin 1954, S. 314: »Es gibt kein einziges Motiv der faschistischen Philosophie und Ästhetik, deren Quelle nicht in erster Linie bei Nietzsche zu finden wäre.«

21 Vgl. zu Benns Wendemanövern 1933/34 die aufschlussreiche Darstellung von Klaus Theweleit, Buch der Könige, Band 2: Orpheus am Machtpol, Basel/Frankfurt 1994, S. 434ff. – Gesondert zu untersuchen wäre das Verhältnis von Nietzscheanismus und bedenklichen politischen Stellungnahmen bei Ernst Jünger, Carl Schmitt und Carl Gustav Jung.

22 Vgl. zur Kritik Max Horkheimer: »Das, wozu er [Nietzsche] absichtlich Mut macht, ist jedoch bloß das abstrakte Selbstbewußtsein antiker Sklavenhalter und unabsichtlich das gute Gewissen moderner Gewaltherren« (Egoismus und Freiheitsbewegung (1936), in: Max Horkheimer, Kritische Theorie. Eine Dokumentation, hrsg. von Alfred Schmidt, S. 68.)

23 Vgl. Steven E. Aschheim, Nietzsche und die Deutschen. Karriere eines Kults, Stuttgart – Weimar 1996, S. 51ff., 168ff.

24 Thomas Mann, Essays, Bd. 6 (11947), S. 89.

25 Das Attribut »orthodox« scheint nicht recht zum Bezugswort »Nietzscheaner« zu passen. Nietzsche selbst ist sicherlich kein orthodoxer Nietzscheaner gewesen, so wenig wie Marx ein orthodoxer Marxist war.

26 Vgl. Heinrich Härtle, Nietzsche und der Nationalsozialismus, München (Zentralverlag der NSDAP) 1937. – Sehr informativ zur Thematik insgesamt Aschheim (1996), Kap. 8: »Nietzsche im Dritten Reich«, S. 251-291, und Kap. 9: Der Nationalsozialismus und die Debatte um Nietzsche – Kulturkritik, Ideologie und Geschichte, S. 292-328; dort zu Härtle, 272.

27 Vgl. Eugen Biser, Gottsucher oder Antichrist? Nietzsches provokative Kritik des Christentums, Salzburg 1982.

28 Vgl. Th. W. Adorno, Philosophie der neuen Musik, Frankfurt – Berlin – Wien 1972, S. 119.

29 Dies Kapitel, entstanden 1940/41, gab Adorno Thomas Mann im Manuskript zur Lektüre; vgl. Thomas Mann, Die Entstehung des Doktor Faustus, Roman eines Romans (1949), Frankfurt/M. – Hamburg 1968, S. 108: »Hier war in der Tat etwas ›Wichtiges‹. Ich fand eine artistisch-soziologische Situationskritik von größter Fortgeschrittenheit, Feinheit und Tiefe, welche die eigentümlichste Affinität zur Idee meines Werkes, zu der ›Komposition‹ hatte, in der ich lebte, an der ich webte. In mir entschied es sich: ›Das ist mein Mann.‹« – Vgl. auch Hansjörg Dörr, Thomas Mann und Adorno: Ein Beitrag zur Entwicklung des »Doktor

Faustus«, in: Rudolf Wolff (Hrsg.), Thomas Manns »Doktor Faustus« und die Wirkung, 2. Teil, Bonn 1983, S. 48–91; Angelika Abel, Musikästhetik der Klassischen Moderne. Thomas Mann – Theodor W. Adorno – Arnold Schönberg, München 2002.

30 Vgl. Doktor Faustus. Das Leben des deutschen Tonsetzers Adrian Leverkühn erzählt von einem Freunde, Frankfurt/M. und Hamburg 1967, S. 238ff., wo eine der Teufelsgestalten in der Gestalt Adornos erscheint als »ein Intelligenzler, der über Kunst, über Musik, für die gemeinen Zeitungen schreibt, ein Theoretiker und Kritiker, der selbst komponiert, soweit eben das Denken es ihm erlaubt« (S. 239). Auf die Ähnlichkeiten mit Adornos Thesen hat als einer der ersten Hans Mayer (Thomas Mann. Werk und Entwicklung, Berlin 1950) hingewiesen. Vgl. auch N. Rath, Adornos Kritische Theorie, Paderborn 1982, S. 80–83.

31 Vgl. zur Nietzsche-Rezeption in der Kritischen Theorie: Norbert Rath, Zur Nietzsche-Rezeption Horkheimers und Adornos, in: W. van Reijen/G. Schmid Noerr: Vierzig Jahre Flaschenpost: »Dialektik der Aufklärung« 1947 bis 1987, Frankfurt/M. 1987, S. 73–110.

32 Vgl. Thomas Mann (1947): »Dieser gesicht- und gestaltlose Unhold und Flügelmann Zarathustra mit der Rosenkrone des Lachens auf dem unkenntlichen Haupt, seinem ›Werdet hart!‹ und seinen Tänzerbeinen ist keine Schöpfung, er ist Rhetorik, erregter Wortwitz, gequälte Stimme und zweifelhafte Prophetie, ein Schemen von hilfloser Grandezza, oft rührend und allermeist peinlich – eine an der Grenze des Lächerlichen schwankende Unfigur.« (Essays, Bd. 6, S. 64).

33 Vgl. z. B. Essays, Bd. 6, S. 84.

34 Vgl. Ehrhard Bahr, Identität des Nichtidentischen: Zur Dialektik der Kunst in Thomas Manns »Doktor Faustus« im Lichte von Theodor W. Adornos »Ästhetischer Theorie«, in: Thomas Mann-Jahrbuch 2 (1989) S. 102–120, mit der These, dass Thomas Mann im »Doktor Faustus« seine nietzscheanische Entgegensetzung von Kunst und Leben unter dem Einfluss Adornos zu einem eher dialektischen Kunstbegriff erweitert habe. Vgl. auch (im Anschluss an Bahr) Jang (1994), S. 146.

35 Vgl. z.B. Jürgen Jung, Altes und Neues zu Thomas Manns Roman »Doktor Faustus«, Frankfurt usw. 1985, S. 132, 138f. und öfter.

36 Nietzsches Philosophie im Lichte unserer Erfahrung (1947), in: Essays, Bd. 6: Meine Zeit, 1945–1955, hrsg. v. H. Kurzke u. St. Stachorski, Frankfurt/M. 1997, S. 56–92 (entstanden Mitte Februar bis Mitte März 1947). Seitenzahlen bei Zitaten im Text im Folgenden nach dieser Ausgabe.

37 Vgl. Thomas Mann, Gesammelte Werke, Bd. 11, S. 110 (Lebensabriß, 1930): »ich nahm nichts wörtlich bei ihm [Nietzsche], ich glaubte ihm fast nichts, und gerade dies gab meiner Liebe zu ihm das Doppelschichtig-Passionierte, gab ihr die Tiefe«.

38 Essays, Bd. 6, S. 56f. Vgl. die eigene frühe Selbstdeutung als Hamlet: »Hamlet [...] --- ecce ego!« (Eintrag des 7. Notizbuchs, ca. 1902/03, hier zit. n.: Kommentar d. Hrsg. zu Th. Mann, Essays, Bd. 6, S. 405).

39 Essays, Bd. 6, S. 78, mit Bezug auf einen Satz aus dem Nachlass (KSA 11/98, Frühjahr 1884), wo Nietzsche von der »ungeheure[n] *Energie der Größe*« spricht, »um, durch Züchtung und anderseits durch Vernichtung von Millionen Mißrathener, den zukünftigen Menschen zu gestalten und *nicht zu Grunde* zu

gehen an dem Leid, das man *schafft*, und dessen Gleichen noch nie da war!« Himmler und seine SS haben solchen Schreibtisch-Sprüchen ganz ungeahnte Realisierungschancen beschert; man vergleiche seine Posener Rede vor SS-Führern. Solche Assoziationen kommen auch Thomas Mann; er kommentiert: »Wer hat jüngst die Kraft zu dieser Verantwortung besessen, diese Größe frech sich zugemutet und die hohe Pflicht, Menschen hekatombenweise zu opfern, ohne Wanken erfüllt? Eine *crapule* größenwahnsinniger Kleinbürger [...].«

40 Thomas Mann, Betrachtungen eines Unpolitischen (1918). Politische Schriften und Reden, hrsg. v. Hans Bürgin, Bd. 1, Frankfurt /M. – Hamburg 1968, S. 61.
41 Soders Zeichnung des nackten Nietzsche in den Bergen (Ex libris von F. B. Sutter, 1907) wurde von St. E. Aschheim als Titelbild seiner monumentalen Studie »Nietzsche und die Deutschen« (1996) verwendet.
42 Einen Nietzsche-Philologen muss es überraschen, wenn Thomas Mann noch 1947 die »vollkommene Einheitlichkeit und Geschlossenheit von Nietzsches Lebenswerk« behauptet (Essays, Bd. 6 [1997], S. 66). »Ich konstruiere mir die innere Einheitlichkeit der Äußerungen meines Kronzeugen entsprechend meinem Bedürfnis nach Einheitlichkeit für mein eigenes Lebenswerk zurecht«, mag das Motto sein, das hinter solch kühnen Einheitsbehauptungen steckt.
43 Vgl. aus einer Rede vom 15.10.1924 zu Nietzsches 80. Geburtstag die Passage: »Dies ist er uns: ein Freund des Lebens, ein Seher höheren Menschentums, ein Führer in die Zukunft, ein Lehrer der Überwindung all dessen in uns, was dem Leben und der Zukunft entgegensteht, das heißt des Romantischen.« (Vorspruch zu einer musikalischen Nietzschefeier, in: Schriften und Reden zur Literatur, Kunst und Philosophie, hrsg. v. Hans Bürgin, Bd. 1, Frankfurt/M. – Hamburg 1968, S. 236).
44 Meine Zeit (1950), in: Essays, Bd. 6, 172; das folgende Zitat ebd., S. 173. – Zur Kontinuitätsthese vgl. den Gedanken des niederländischen Kritikers und Essayisten Menno ter Braak, nicht Thomas Mann habe sich gewandelt, sondern die Zeitumstände, vgl. Sung-Hyun Jang (1994), S. 172.
45 Brief an Maximilian Brantl vom 26.12.1947, zit. nach: J. Jung, Altes und Neues zu Thomas Manns Roman »Doktor Faustus«, Frankfurt usw. 1985, S. 141 (= Briefe, Bd. 2, 1937–1947, hrsg. v. E. Mann, Frankfurt 1963, S. 581).
46 Vgl. dazu Nietzsches Fabel »Der Riese«, April 1888, zit. bei Aschheim, S. 207.
47 Meine Zeit (Mai 1950), in: Essays, Bd. 6 (1997), S. 160ff., hier: 171f.
48 Geschrieben in der ersten Oktoberhälfte 1938, Essays, Bd. 5, 1938–1945, S. 11–27.
49 Vgl. zum Folgenden Jang (1994). Ich folge in meiner Darstellung der Positionen Menno ter Braaks Frau Jangs ausgezeichneter Dissertation.
50 Jang, S. 204.
51 Thomas Mann, Brief vom 16.6.1952 an Nino Erné, zit. nach Jang, S. 56; vgl. auch Essays, Bd. 6, S. 95, 430 (Vorwort zu einem Buch F. Lions über Thomas Mann).
52 Theodor W. Adorno, Gesammelte Schriften, hrsg. von R. Tiedemann u.a., Bd. 20.2, Frankfurt 1986, S. 467–472, zit. 471f.
53 Theodor W. Adorno, Zu einem Porträt Thomas Manns, in: Noten zur Literatur III, Frankfurt 1969, S. 29

Ecce homo?

Nietzsches »Übermensch« im Zwielicht unserer Erfahrung

Heinz Friedrich (†)

Meine sehr verehrten Damen und Herren!

Ecce homo. Fragezeichen.
 Was ist der Mensch? Was kann er, was soll er, was will er? Seit der Mensch Mensch ist, bedrängen diese Fragen sein Hirn. So viele Fragen, so viele Antworten. Sie sind seines Bewusstseins Erbteil.

Der Versuch eines weiteren Nachdenkens über eine Antwort soll hier gewagt werden, im Zeichen Nietzsches und herausgefordert durch Nietzsche am Ende des Jahrhunderts nach Nietzsche. Dieses Nachdenken erhebt keinen wissenschaftlichen Anspruch. Es versteht sich im Sinne Jacob Burckhardts und Egon Friedells als »dilettantisch«. Ein pointillistisches Bild wird skizziert, das, in Einzelheiten vielleicht unscharf, insgesamt jedoch möglicherweise andeutet, was es sein könnte: ein Bild. Soviel der Vorrede.

Ecce homo – Fragezeichen. Fangen wir mit der Bibel an: Und Gott schuf den Menschen nach seinem Bilde ... Mehr noch als der Biss in den Apfel der Erkenntnis hat die Menschheit oder besser gesagt: hat die Menschen der auf das Buch der Bücher eingeschworenen Welt diese lapidare Aussage der Schöpfungsgeschichte beflügelt und verunsichert zugleich. Der Mensch als Ebenbild der Gottheit: welch ein Triumph des Menschseins, welch eine Gnade und Auszeichnung durch die höchste Instanz des Universums! Unter solchen Vorzeichen sich die Erde Untertan zu machen, versüßt selbst das schlechte Gewissen und veredelt noch die gemeinsten Mord-Instinkte. Der göttliche Auftrag deckt vieles und vergibt alles. Die Reue macht's möglich.

Dennoch frisst sich der Wurm aus dem Apfel der Erkenntnis Jahrhundert für Jahrhundert und Jahrtausend für Jahrtausend tiefer in die Hirne der Menschen ein und attackiert sie mit dem Schmerz des Zweifels an der Welt und an sich selbst bis zur Selbstzerstörung. Die Göttlichkeit macht ihnen zu schaffen.

Jetzt da die europäische Menschheit, die vor fünfhundert Jahren noch einmal so hoffnungsvoll unter dem Vorzeichen der Renaissance antikischer Welt- und Daseins-Vorstellungen in die Zukunft ihrer »Neuzeit« aufgebrochen war – jetzt, da sie sich ihrer Hoffnungen verhängnisvoll beraubt sieht, ist es Zeit für den anthropologischen Kassensturz. Dabei ist es notwendig, den Menschen tatsächlich auch an seiner Realität zu messen und nicht an der Proklamation dessen, was er sein möchte, aber nicht sein kann: das Ebenbild Gottes. Zu dieser anthropologischen Realität gehört nicht zuletzt die Frage nach dem Staat.

Der Staat. Was ist der Staat? Man kann die Frage am ehesten dadurch beantworten, dass man zu sagen versucht, was der Staat *nicht* sei. Was ist er nicht? Er ist keine dem Menschen eingeborene Gesellschaftsform. Er widerspricht sogar dem ursprünglichen Sozialverhalten des Homo sapiens, das sich auf Familie und kleine Gruppierungen beschränkt. Diese Form der Geselligkeit räumt der individuellen Ausprägung des Einzelnen in der Gruppe einen weitaus größeren Spiel- und Entfaltungsraum ein als z.B. die Herde oder das Rudel ihren Individuen einzuräumen in der genetischen Lage ist. Dennoch sind Herde und Rudel noch weit entfernt von dem, was wir Staat nennen.

Werfen wir, um die Sachlage zu verdeutlichen, einen Blick auf genuine Staatenbildungen in der Natur, etwa bei Ameisen. Die einzelne Ameise, genetisch auf ihre Stellung im Gemeinwesen programmiert, hat zwar auch Individualität; aber diese ist relativ eng begrenzt durch die jeweilige Einordnung in das Staatsgefüge. Eine solche Form des absoluten Staates, in dem das einzelne Individuum a priori den ihm zugewiesenen Platz akzeptiert, gibt es nur bei wenigen Insektenarten: bei den Ameisen, bei den Termiten oder den Bienen. Herden, Meuten oder Horden hingegen bilden im biologischen, aber auch im staatswissenschaftlichen Sinn keinen Staat. Sie sind Zweckgemeinschaften ohne das strenge Prinzip der Aufgaben- und Arbeitsteilung, das den Insektenstaat charakterisiert. Gewiss, auch in anderen biologischen Gemeinschaften wird in unterschiedlichem Umfang Zusammenarbeit beobachtet – aber nie in einem so streng organisierten System der Arbeitsteilung wie dies bei Bienen oder Ameisen der Fall ist. Das staatliche Sozialverhalten verlangt eine individuelle Selbstentäußerung und damit einen Verzicht auf individuelle Entfaltung, der fast schon an sklavische Unterwerfung grenzt (oder in unseren Augen sklavischer Unterwerfung gleichkommt). Dass die Ameise dennoch nicht zum sklavischen Funktionsträger herabsinkt, sondern noch Individuum bleibt und sich auch durchaus individuell verhält, bewies der Würzburger Zoologe Hölldobler in seinem ebenso an- wie aufregenden Forschungsbericht über »The Mints«. Zusammen mit seinem Mitarbeiter erhielt er für sein außerordentliches Werk den in Amerika angesehenen Pulitzer-Preis.

Im großen Unterschied zur Ameise ist der Homo sapiens genetisch weder auf Staat programmiert noch verfügt er über »Herdeninstinkte«. Er musste und muss die Einordnung in eine größere Gemeinschaft mühsam erlernen und sich in sie nicht minder mühsam einüben. Vor allem aber: Diese Einordnung ist nicht stabil. Er muss ständig auf der Hut sein, dass die erreichte Ordnung nicht in Unordnung, in Anarchie umkippt. Das heißt: Selbstdomestikation und Selbstdisziplin sind notwendig als Vorstufen zur Zivilisation, zur Verbürgerlichung des Menschen. Der Homo sapiens wird durch seinen Taten- und Erfindungsdrang und seine unersättliche Lebens-Neugier einerseits zur Freiheit ermächtigt und andererseits zur Politik gezwungen. Dass er, diesem Zwang folgend, unbewusst, auf Grundstrukturen des Insektenstaates zurückgreift und sie mit seinem eigenen Staatsleben erfüllt, ist eine jener großen Merkwürdigkeiten der Menschheitsgeschichte zwischen Natur und Selbst-Bestimmung, die uns immer wieder in höchstes Erstaunen versetzen.

Mit anderen Worten: ein »zoon politikon«, wie Aristoteles meinte, ist der Mensch sui generis nicht; er hat sich erst a posteriori dazu gemacht. Ob zu seinem Vorteil, bleibe dahingestellt. Der Nietzsche-Adept Gottfried Benn meinte sogar recht schnoddrig, der Begriff des zoon politikon sei »ein griechischer Missgriff«, eine »Balkanidee«. Nietzsche vermutet, der »Staat« sei das Produkt menschlicher Feigheit, weil der »große Mensch« fehle.

Der große Mensch und der Staat, der Mensch und die Vielen; der Mensch und die Menschheit; das nach höchstmöglicher, was besagt: göttlicher Selbstverwirklichung drängende Ebenbild Gottes und die irdischen Grenzen, an die es stößt: dies ist die immerwährende Geschichte der zivilisierten Menschheit, die Politik braucht, um zu überleben, und die zugleich die Politik verflucht, weil sie das Sozialheil, das sie verspricht, durch das Unheil ihrer kriegerischen Aggressivität ebenso in Frage stellt wie durch die Gewalt, die anzuwenden sie gezwungen ist, um die Freiheit des Einzelnen einzuschränken um der Gemeinschaft willen.

»Der Staat«, sagt Jacob Burckhardt in den »Notizen zu den weltgeschichtlichen Betrachtungen«, »ist die Angleichung der Egoismen und soll froh sein, wenn er es zu einem allgemeinen Pflichtgefühl bringt, nicht aber das Göttliche auf Erden verwirklichen wollen.« Hier irrt der große Geschichtsrealist Burckhardt zwar nicht, aber er hat auch nur zum Teil Recht. Denn genau dies, die Vergöttlichung des Staates, strebt das menschliche Kunstgebilde Staat unentwegt an, um seinen Willen durchsetzen zu können: nämlich eine göttlich-gerechte Ordnung zu stiften und Allmacht im Namen seiner Bürger zu demonstrieren – Allmacht nach innen und Allmacht nach außen. Er verstrickt sich dabei jahrhundertein, jahrhundertaus in Widersprüche, weil er dazu verdammt ist, sich und seinen Gliedern die Illusion vorzugaukeln, dass er die beste aller menschlichen Lebenswelten darstelle, indes er de facto doch nur der Notbehelf einer gefährdeten Species ist. Ihrer natürlichen Sicherungen beraubt und aus ihrem genetisch programmierten Sozialbezug herausgetreten, kämpft diese Species dadurch ums Überleben, dass sie ihre enormen geistigen und seelischen Energien vornehmlich darauf konzentriert, orthopädische Hilfsmittel zu konstruieren. »Der Staat«, lässt sich Nietzsche im »Zarathustra« vernehmen, »lügt in allen Zungen des Guten und Bösen.« Er *muss* lügen und sich belügen, sei hinzugefügt; spräche er die Wahrheit, dann wäre er gezwungen, seine Unvollkommenheit zuzugeben und damit sich selbst in Frage zu stellen.

Kaum ein Denker hat dieses Dilemma in seiner erbarmungslosen Härte und Schärfe so klar erkannt und aus dieser Erkenntnis so harsch die philosophischen Konsequenzen gezogen wie Friedrich Nietzsche. Schon in den Gedanken über den »Griechischen Staat«, die er im Zusammenhang mit der Arbeit an der »Geburt der Tragödie« notierte, verwies er auf den grotesken Widerspruch von staatlichem Geltungsanspruch und geschichtlicher Wirklichkeit. »Man sollte doch denken«, schreibt er, »dass ein Wesen, welches in die Entstehung des Staates hineinschaut, fürderhin nur in schaudervoller Entfernung von ihm sein Heil suchen werde, und wo kann man nicht die Denkmale seiner Entstehung sehen, verwüstete Länder, zerstörte Städte, verwilderte Menschen, verzehrenden Völkerhaß! Der Staat, von schmählicher Geburt für die meisten Menschen, eine fortwährend fließende Quelle der Mühsal, in häufig vorkommenden Perioden die fressende Fackel des Menschengeschlechts«. »Aber«, fügt Nietzsche hinzu, die Ambivalenz des Problems genial diagnostizierend, »aber dennoch ein Klang, bei dem wir uns vergessen, ein Schlachtruf, der zu zahllosen wahrhaft heroischen Taten begeistert hat, vielleicht der höchste und ehrwürdigste Gegenstand für die blinde und egoistische Masse, die auch nur in den ungeheuren Momenten des Staatslebens den befremdlichen Ausdruck von Größe auf ihrem Gesichte hat.«
Die Versammlung und Organisation von Massen zum Zweck des Staates kann nach Meinung des jungen Nietzsche nur dann einen Sinn gewinnen, wenn dieser Staat, »seinem letzten Zwecke nach eine Schutz- und Pflegean-

Ecce homo?

stalt für einzelne, für den Genius« darstelle – »so wenig auch der grausame Ursprung und das barbarische Gebaren desselben auf solche Ziele hindeutet.« Fragmente des Nachlasses bezeugen, dass diese Einsicht nicht nur ein jugendlicher Gedankenblitz war; sie artikuliert bereits ein denkerisches Programm.

»Alles was der Mensch im Dienste des Staates tut«, sagt Nietzsche, »geht wider seine Natur.« Für die Antike habe gegolten, dass die Gewalt »das erste Recht« gebe, und kein Recht sei, »das nicht in seinem Fundamente Anmaßung, Usurpation und Gewalt« berge. An diesem Faktum könne abgelesen werden, »mit welcher mitleidlosen Starrheit die Natur, um zur Gesellschaft zu kommen, sich das grausame Werkzeug des Staates schmiedet« (»Der griechische Staat«).

Das grausame Werkzeug des Staates – nicht die Natur schmiedet es, wie Nietzsche meint. Aber die Natur zwingt den Menschen, sobald er sich zusammenrottet mit seinesgleichen, dieses Werkzeug aus eigenem Entschluss zu schmieden. Dennoch sollte nach Nietzsche, »der Sinn des Staates nicht der Staat, noch weniger die Gesellschaft sein: sondern einzelne.« Dieser Nachlass-Notiz korrespondiert im »Zarathustra« der kühne Satz: »Wo der Staat aufhört, sind die Brücken zum Übermenschen.« Das heißt: Nicht nur der Mensch ist, folgen wir Nietzsche, etwas, das überwunden werden muss, sondern auch der Staat. Er ist ein notwendiges Übel, um den Menschen, den er organisiert und reglementiert, überwinden zu helfen zugunsten eines neuen Typus Mensch. Dieser neue Typus Mensch soll mehr repräsentieren als nur den »mündigen Bürger« Kants, den Nietzsche als die »höchste Formel für den Staatsbeamten« karikiert – wie er überhaupt Kant vorwirft, dass er »die Griechen noch nicht entdeckt« habe und daher »plumpe philosophische Pedanterie und Kleinstädterei« betreibe.

Der Staat ist etwas, das überwunden werden muss ... Es ist eigenartig, aber vielleicht auch geistesgeschichtlich konsequent, dass sich hier Tendenzen des 19. Jahrhunderts beggenen, die, obwohl diametral verschieden, in ihrem Kern gemeinsamen Ursprungs sind. Dieser gemeinsame Ursprung heißt: das Unbehagen am real existierenden Menschen der Neuzeit. Die Therapie gegen dieses Unbehagen wird gesucht in der Erlösung des Menschen vom Menschen.

Diese Tendenzen sind verbunden mit Schicksalsentwürfen für die menschliche Zukunft. Einer dieser Schicksalsentwürfe ist Nietzsches Vision vom Übermenschen, ein anderer ist niedergelegt im Kommunistischen Manifest. Er stammt von Karl Marx und Friedrich Engels. Das Heilsversprechen von Karl Marx proklamiert die proletarische Weltrevolution mit dem Ziel einer klassenlosen Gesellschaft, in der die altruistische Idee der französischen Revolution: »Freiheit, Gleichheit, Brüderlichkeit« ebenso radikale wie endgültige Wirklichkeit werden soll.

Lenin, als Vollstrecker dieser kommunistischen Verheißung im Geiste Hegels, verkündet späterhin konsequent die Liquidation des Staates durch den Staat. Wo alle gleich und glücklich seien, so lautet seine primitive Formel, habe der Staat sein Recht verloren.

»Alles, was der Mensch im Dienste des Staates tut, geht wider seine Natur.« Dieser Satz stammt nicht von Lenin. Er stammt von Nietzsche. Er bekundet, wie nahe sich die Einschätzungen dessen, was Staat genannt wird, durch diese beiden unheimlichen Weltzertrümmerer der europäischen Gesellschaft kommen. *Der* neue Mensch, *die* neuen Menschen – das ist hier die utopische Projektion. Allerdings: Der eine sieht in den Massen lediglich nur die Brücke, die sie mit ihren Rücken für den Übergang des Menschen zum Übermenschen bilden. Der andere vermutet gerade in den Massen die Zukunft der Menschheit. Befreit die Revolution sie, dann befreit sie auch den Menschen vom Menschen und damit von mitmenschlicher Willkür.

Marx und Nietzsche sehen im Staat einen möglichen Nothelfer der menschlichen Gesellschaft, aber zugleich auch deren potentiellen Feind. »Die geistige Aristokratie muss sich auch Freiheit vom Staat« verschaffen, argumentiert Nietzsche. Und er plädiert für »so wenig Staat als möglich« mit Ausrufezeichen.

Die andere Seite: In den Thesen über Feuerbach schreibt Marx: »Der Standpunkt des alten Materialismus ist die bürgerliche Gesellschaft, der Standpunkt des neuen die menschliche Gesellschaft oder die gesellschaftliche Menschheit.« Der eine setzt den Übermenschen an die Stelle des Staates, der andere die gesellschaftliche Menschheit. Der eine, also Nietzsche, sagt: Du musst dein Leben ändern, um ein höherer Mensch zu werden. Der andere sagt: Du musst dein Bewusstsein verändern, um die Welt aus einer anderen, nämlich der sozialen, brüderlichen, antibürgerlichen Perspektive zu sehen mit der erklärten Absicht, sie grundlegend umzugestalten.

Für Marx ist die Wirklichkeit des Menschen unbeschadet seiner anthropologischen Realität derart veränderbar, dass sie seinen Entwürfen zu entsprechen vermag. Als letzte der Thesen über Feuerbach formuliert Karl Marx den berühmten Satz: »Die Philosophen haben die Welt nur verschieden *interpretiert*; es kömmt darauf an, sie zu verändern.« Mit anderen Worten: Die Welt wird zum materialistischen Ebenbild des Menschen erhoben. Welche religiös-menschheitsbeglückenden, Erlösung versprechenden Züge diese materialistische Heilslehre annimmt, kann noch ein Zitat aus den ökonomisch-philosophischen Manuskripten (1844) von Karl Marx signalisieren.

Ecce homo?

»Der Kommunismus als positive Aufhebung des Privateigentums als menschlicher Selbstentfremdung und darum als wirkliche Aneignung des menschlichen Wesens durch und für den Menschen; darum als vollständige, bewusst und innerhalb des ganzen Reichtums der bisherigen Entwicklung gewordene Rückkehr des Menschen zu sich als eines gesellschaftlichen, d.h. menschlichen Menschen. Dieser Kommunismus ist als vollendeter Naturalismus = Humanismus, als vollendeter Humanismus = Naturalismus, er ist die wahrhafte Auflösung des Widerstreites zwischen dem Menschen mit der Natur und mit dem Menschen, die wahre Auflösung des Streits zwischen Existenz und Wesen, zwischen Vergegenständlichung und Selbstbestätigung, zwischen Freiheit und Notwendigkeit, zwischen Individuum und Gattung. Er ist das aufgelöste Rätsel der Geschichte und weiß sich als diese Lösung.«

Und Nietzsche? Er ruft den Einzelnen auf zum *Entwurf* seiner eigenen Persönlichkeit über sich hinaus. Denn, so lautet eine Nachlass-Notiz, »der Mensch ist kein Fortschritt gegen das Tier, der Kultur-Zärtling ist eine Mißgeburt ...«

Der europäische »Kultur-Zärtling« der späten Neuzeit repräsentiert für Nietzsche die décadence schlechthin. Dazu eine weitere Nachlass-Notiz:

»Die Menschheit avanciert nicht, sie existiert nicht einmal. Der Gesamt-Aspekt ist der einer ungeheuren Experimentier-Werkstätte, wo einiges gelingt, zerstreut durch alle Zeiten, und Unsägliches mißrät, wo alle Ordnung, Logik, Verbindung und Verbindlichkeit fehlt. Wie dürften wir verkennen, daß die Heraufkunft des Christentums eine décadence-Bewegung ist?... Daß die deutsche Reformation eine Rekrudeszenz der christlichen Barbarei ist?... Daß die Revolution den Instinkt zur großen Organisation der Gesellschaft zerstört hat?...«

Weil dem so ist, wie es stets war, bleibt nach Nietzsches Meinung der einzelne, der »große« Mensch sozusagen immer wieder in der Menschheit stecken. Er wird von ihr, und das heißt, von ihrer Durchschnittlichkeit daran gehindert, zu sich selbst zu finden und ein »höherer« Mensch zu werden – ein Mensch, der sich seiner selbst sicher wird im Bewusstsein dessen, was in ihm über den Menschen hinaus angelegt ist.

Nietzsche richtet den Blick zurück auf die frühen Griechen, auf die, wie er sagt »ewigen Kinder«, die ebenso naiv wie genial, ebenso rücksichtslos wie nobel, ebenso leidenschaftlich wie schönheitsbesessen und ebenso klug wie ruhmsüchtig eine »vollkommene Form der Kultur« schufen. Seither haben sie »unsere und jegliche Kultur als Wagenlenker in den Händen.« Deshalb, ich zitiere immer noch Nietzsche, hat »das Griechentum für uns den Wert wie die Heiligen für die Katholiken« (1885). Und warum haben die Griechen diesen Wert? Nietzsche gibt die Antwort durch sein antikisches Credo. »Die Griechen sind wichtig«, sagt er, »weil sie eine solche Menge von Einzelnen haben.« Nicht zuletzt um dieses Vorzugs willen hält Nietzsche die Griechen für das »einzig geniale Volk der Weltgeschichte.« Zu dessen größten Genie-Taten zählt zweifellos, dass es die Götter seiner Mythen nach dem eigenen Ebenbild entwarf anstatt sich als Ebenbild der Götter zu empfehlen.

Nietzsche, der große und genaue Kenner der Antike, weiß selbstverständlich, dass die freie Entfaltung einer »solchen Menge von Einzelnen« in der griechischen Gesellschaft ihren Preis hatte. Er heißt Sklaverei. Sie aber irritiert ihn, der den großen Menschen um jeden sozialen Preis im Blick hat, ebenso wenig wie die Griechen. Sie hielten das Sklaventum für selbstverständlich und das heißt: für sozial gerechtfertigt. »Der Sklavendienst, der großen Masse ist eine Notwendigkeit« steht bereits in Nietzsches Notizen zum »Griechischen Staat«. Dazu ergänzend ein Satz aus der »Fröhlichen Wissenschaft«: »Denn zu jeder Erhöhung des Typus Mensch gehört auch eine Art Versklavung hinzu.« Und: »Zum Wesen einer Kultur gehört das Sklaventum.« (»Gedanken über den griechischen Staat«).

Mit anderen Worten: Die Gesellschaft und damit der Staat, in dem sie sich organisiert, sind aus Nietzsches Gedankenperspektive nur dazu da, dem herausragenden Einzelnen das Herausragen zu ermöglichen – weil nur er Höhe, Rang und Glanz der Sozietät garantiert. Der mitmenschliche Preis spielt eine untergeordnete Rolle. Der Einzelne adelt die Vielen. Sie überdauern durch ihn im Gedächtnis der Menschheit.

In der Geschichte des Abendlandes ereignet sich jedoch genau das Gegenteil von dem, was die »geniale« griechische Kultur zu versprechen schien. Nicht der höhere Mensch überragte und bestimmte die auf die Griechen folgenden Jahrhunderte und Jahrtausende, sondern es pochte und pocht, um weiterhin Nietzsches Argumenten zu folgen, die »Sklavenmoral« auf ihr Recht nach Erlösung von allem Unterdrückungsübel. Sie probt nicht nur den immerwährenden Sklavenaufstand, sondern sie verwirklicht ihn auch. Nicht zuletzt das Christentum zerstörte den Traum vom »großen Menschen« und ersetzte ihn durch das demütig-stolze Ebenbild Gottes, das in Christus seinen Erlöser findet und durch ihn aus dem Staub, in den es sich selbst stößt, sich wieder zum Ebenbild Gottes erhebt. Ob mächtig oder gering: Vor Gott sind alle Menschen gleich klein und gleich groß.

Anstelle des Sklavenstaates wird nun der Gottesstaat proklamiert. Augustinus entwirft ihn antagonistisch zum weltlichen Staat, sozusagen als dessen andere Seite – zu ihm gehörig, aber dennoch von ihm verschieden. »Zweierlei Liebe«, so heißt es bei Augustinus,

»hat die beiden Staaten gegründet: den irdischen die Selbstliebe, die bis zur Verachtung Gottes geht, den himmlischen die Liebe Gottes, die bis zur Selbstverachtung führt. Jener rühmt sich in sich selbst, dieser im Herrn. Der eine sucht Ruhm bei den Menschen, dem andern ist der höchste Ruhm Gott, der Zeuge des Gewissens. Voll Stolzes erhebt der eine in seinem Ruhm das Haupt, der andere spricht zu seinem Gott: ›Du bist mein Ruhm und hebst mein Haupt empor.‹ Jenen beherrscht in seinen Fürsten die Herrschsucht, über unterjochte Völker zu herrschen; in diesem dienen beide einander in Liebe, die Fürsten in der Sorge für die Völker, die Völker aber durch Gehorsam. Jener liebt in seinen Mächtigen seine eigene Stärke. Dieser spricht zu seinem Gott: ›Lieben will ich dich, Herr, meine Stärke.‹«

Dass die Epochen nach Christus die Mission des Paulus und derer, die ihm folgten, so mächtig ergriff und den Glanz der griechischen Götter und Heroen ebenso zum Erlöschen brachte wie den imperialen Pragmatismus Roms, liegt nicht etwa, wie Nietzsche meint, vornehmlich in der Stärkung und Herausforderung der Sklavenmoral, sondern in dem anthropologisch immanenten Wunsch nach persönlicher Freiheit, der sich auf Dauer dem Zwang des Sklavenstaates widersetzt, weil er sich ihm naturnotwendig widersetzen muss. Der Mensch ist nicht zum Sklaven geboren und taugt deshalb auch nicht zum Sklaven. Will und soll er gemeinsame Sache mit seinen Mitmenschen machen, dann muss ihn eine Idee beflügeln und eine Aura derart fesseln, dass sein Sklavendienst nicht mehr als Sklavendienst, sondern als Dienst an der Sache erscheint. Das heißt: der Staat muss ihm mehr bedeuten als ein Notbehelf; er muss für ihn einen »höheren« Sinn gewinnen, dem er willig zu dienen bereit ist.

Womit wir wieder beim Ameisenhaufen und seinen staatlichen Strukturen angelangt wären. Gewiss: der Mensch ist kein Insekt, und schon gar nicht eine Ameise. Paradoxerweise ist aber genau dieses Faktum sein (staatliches) Problem. Denn angesichts der staatlichen Menschenproblematik verblüffen die Parallelen staatlicher Strukturen und Funktionsabläufe bei Ameisen und Menschen, zumal im Hinblick auf den »Sinn« oder die »Aura« des Gemeinwesens einerseits und auf die Arbeitsteilung, die ihn garantiert, andererseits – allerdings mit dem Unterschied, dass im Ameisenstaat keine Revolutionen stattfinden und keine Erlösungshoffnungen genährt werden. Allein durch ihren Duft hält die Königin Ordnung in ihrem Staat; ihr Duft weist den einzelnen Klassen, den Arbeitern, den Kriegern, dem Hofstaat, ihre Aufgaben zu; er bedient sozusagen die Tasten des genetischen Programmierers, der das Staatsganze steuert. Er verleiht ihm »Sinn«: Lebens- und Überlebens-Sinn.

Der mittelalterliche Kampf zwischen Kaiser und Papst um die Übereinkunft zwischen Weltstaat und Gottesstaat ist auch ein Kampf um die göttliche Aura (anstelle des »Duftes«), die dem Weltstaat erst jene Anziehungskraft verleiht, die seine Untertanen bei der Sache hält und sie auf diese einschwört. »Von Gottes Gnaden«, »unmittelbar zu Gott«, »Statthalter Gottes auf Erden« und ähnliche Formeln – Titel, die mehr sind als Titel: Sie verbürgen überirdischen Glanz und Auftrag. Und sie vermitteln den befreiten Sklaven, die sich als »ausgezeichnete« Untertanen wiederfinden, das erhebende Gefühl, mit allen anderen Menschen vor Gott gleich zu sein als Glieder eines gottbegnadeten Ganzen. Nur so werden Sozietäten zu »Reichen«.

Ernst Kantorowicz hat in seinem Geschichtswerk »Die zwei Körper des Königs« die aufregende Aura der gottbegnadeten Staatsautorität, verkörpert durch die Institution des Königs, am mittelalterlichen Beispiel dokumentiert und interpretiert. Der Monarch, der oberste Herrscher im Staat (bezeichnenderweise sträubte sich noch im 18. Jahrhundert der Volksmund dagegen, eine Bienen*königin* oder Ameisen*königin* zu akzeptieren; es fiel schwer, sich den Herrscher eines Staates, und sei er auch nur der eines Insekten-Staates, als Königin und nicht als König vorzustellen) – der Monarch also, durch Gott begnadet, verkörpert, nach Kantorowicz, zum einen die Institution König, zum anderen seine eigene, vergängliche Existenz. Die Institution, da göttlich, ist unvergänglich; der irdische Leib hingegen, allen Sünden und Gebresten der Physis ausgesetzt, ist sterblich wie jedermann. Die Würde des Königs wird vornehmlich garantiert durch die Würde und Weihe seines Amtes; der Staat bräche sonst unter schwachen Herrschern sofort zusammen.

Unter solchen Vorzeichen wird die »Sklavenmoral« als Untertanen-Moral staatlich zumindest so weit moderiert, dass sie eine sozial erträgliche und verträgliche Art des Zusammenlebens gewährleistet, ohne sich selbst zum anarchischen Problem zu werden. Der Sklave, der Arbeiter, der Untertan avancieren zu Gliedern des Staats, der Einzelne wird Teil von dessen Organismus.

Der Appell an das Pflichtgefühl allein reicht also ebenso wenig aus, um den Staat zusammenzuhalten, wie die Beschwörung des mündigen Bürgers. Hier überschätzten Burckhardt und Kant gleichermaßen die staatlichen Kräfte der Selbstgestaltung. Ohne die Aura des Göttlichen und nur gestützt auf Vernunft und Einsicht, ist die »Sklavenmoral« des funktionierenden Ameisenstaates auf die Organisation größerer menschlicher Gemeinschaften ohne Beunruhigung der Individuen nicht übertragbar. Dies macht die Sache der Demokratie so ungemein schwierig. Und es erleichtert leider die Sache der Demagogen und Diktatoren ...

In die Krise geriet die mittelalterliche Staatsordnung (als Koordination von Gottes-Staat und Säkular-Staat) in der Epoche nach Friedrich dem Zweiten von Hohenstaufen, dem stupor mundi, dem Verwandler der Welt. Die alten Ordnungen zerbrachen und neue umstürzlerische Kräfte meldeten sich zu

Ecce homo?

Wort – zunächst auflösend, zerstörend und verwirrend, später konkreten Zielen zustrebend: die Vorboten der sich über ein halbes Jahrtausend hinweg verweltlichenden Neuzeit, an deren vorläufigem Ende wir derzeit die chaotische Entwertung aller Werte und damit die Auflösung unserer Gesellschaft mitzuerleben gezwungen sind. Das Individuum Mensch begann im 14. und 15. europäischen Jahrhundert just im Zeichen jener Religion, die ihm angeraten hatte, in Demut und Nächstenliebe aus der Sklavenmoral das beste Menschenmögliche zu machen, aufzubegehren und auf sein Selbstbestimmungsrecht zu pochen.

Im Zeichen des ICH trat nun der europäische Mensch seinen langen Weg zur Selbstbehauptung und Selbstverwirklichung an – und beschwor damit jenes Dilemma herauf, das im 20. Jahrhundert seinen chaotischen Orgelpunkt erreicht: das Dilemma des europäischen Nihilismus. »Hier stehe ich«, rief Luther. »Ich kann nicht anders. Gott helfe mir. Amen.«

Im Zeichen des Ich, sagt Gottfried Benn, seien wir seit über fünfhundert Jahren damit beschäftigt, unseren Nihilismus zu bekämpfen. Denn dort, wo das Ich seine eigenen Realitäten entwirft, droht es, in diesen Realitäten, die sich als höchst unbeständig erweisen, umzukommen.

Die Stationen dieses Kampfes gegen den Nihilismus des europäischen ICH sind beeindruckend. Durch ihre Bedeutung markieren sie tragisch die lange Wegstrecke, auf der sich der europäische Geist gegen seine Selbstzerstörung aufzulehnen versuchte. Kepler, Spinoza, Descartes, Montaigne und Bacon, Leibniz, Lessing, Goethe und Schiller, Kant, Rousseau und Hegel (um nur einige Namen zu nennen) – sie lieferten mit tragischer, teils beschwörend-altruistischer Inbrunst Entwürfe einer menschlichen Verfassung, die den Homo sapiens europaeensis zur Selbstverantwortung ebenso ermächtigen wie verpflichten sollte. Das egozentrische ICH wird aufgefordert, den Preis für seine Befreiung aus dem Sklavenstand durch Verzicht auf Egoismus zu entrichten, um dadurch wieder sich selbst und somit auch dem Staat jene Aura zu schaffen, die ihm durch die neuzeitliche Säkularisation abhanden gekommen war. Freiheit, Gleichheit, Brüderlichkeit – das war die Parole der Französischen Revolution, mit der die zweite Etappe (nach Luther) der individuellen Emanzipation des europäischen Menschen eingeleitet wurde. Obwohl der Traum in wenigen Jahren auf den Blutgerüsten Robespierres und im Schall der imperialen Trompeten Napoleons zerstob, wurde er weiter geträumt.

Er schien in der Märzrevolution Frankreichs sowie im Jahr 1848 in Deutschland und Österreich doch noch eine, wenn auch reduzierte Erfüllung zu finden. Sie trog ebenso wie die mächtig den Osten überflutende und auch den Westen ergreifende Oktoberrevolution im 20. Jahrhundert. Die neue Gesellschaft formierte sich nicht, weil sie sich unter den historisch-anthropologisch vorgegebenen Umständen gar nicht formieren kann. Sie ist zur hybriden Deformation umso heftiger gezwungen, je mehr der Einzelne in ihr unter dem Vorzeichen der Gleichheit, Freiheit und Brüderlichkeit nach Selbstverwirklichung lechzt. Die Demokratie macht sich und ihren Bürgern etwas vor, wenn sie feierlich deklariert, alle Macht ginge vom Volk aus. Sie versucht, die göttliche Aura durch die Chimäre »Volk« oder »Gesellschaft« zu ersetzen, und sie verbirgt die Macht, die sie ausüben muss, hinter einer nur scheinbar Gerechtigkeit verheißenden Bürokratie. Letztlich wird sie durch den Ernstfall ebenso zur Disziplinierung durch staatliche Gewalt gezwungen wie jede andere Staatsform auch.

Was bleibt, ist der Katzenjammer des Homo sapiens.

Das »gezeichnete Ich«, um ein weiteres Mal Benn zu zitieren, wird am Ende der Neuzeit mit den Trümmern einer Zivilisation konfrontiert, die sich fragwürdig geworden ist, und deshalb folgerichtig auch andauernd Fragen stellt, um nicht handeln zu müssen, wo sie nicht mehr handeln kann. Die menschliche Zivilisation weiß sich angesichts der zu globalen Ameisen-Populationen anschwellenden Massenhaftigkeit ihrer Individuen keinen anderen Rat mehr als den einer grotesken Folge von absurden Übersprungbewegungen – von der Subkultur bis zum gigantischen Kultur-Verbrauch, vom Konsumrausch bis zum Produktionsrausch, vom Weltraumflug bis zur Genmanipulation –, um sich von den drängenden Existenz-Problemen ab- und läppischen Zeitvertreiben und der Ausbeutung des Planeten zuzuwenden. Nur durch Heben der Wohlstandsschwelle lässt sich der Einzelne vorerst noch dazu überreden, gemeinsame Sache mit anderen, und das heißt: mit dem Staat zu machen. Aber was werden die emanzipierten ratlosen Massen im sozialen Ernstfall tun? Das ist hier die Frage ...

Obwohl Nietzsche die moderne Demokratie in ihrer hypertrophen sozialkapitalistischen Phase am Ende des 20. Jahrhunderts nur ahnen konnte, sah er deren Realitäten in allen makabren Einzelheiten voraus. »Europa ist eine untergehende Welt«, lautet eine Notiz im Nachlass. Und, setzt Nietzsche kurzerhand hinzu, »Demokratie ist die Verfallsform des Staates.«

Nietzsche ist bereits in den achtziger Jahren des 19. Jahrhunderts davon überzeugt, dass sich »unsere ganz europäische Kultur« seit langem schon »mit einer Tortur der Spannung« bewege, »die von Jahrzehnt zu Jahrzehnt wächst, wie auf eine Katastrophe los: unruhig, gewaltsam, überstürzt: wie ein Strom, der ans Ende will, der sich nicht mehr besinnt, der Furcht davor hat, sich zu besinnen.«

Wenn aber eine Kultur sich nicht mehr besinnt, also ihren Weg nicht mehr weiß, und sogar Furcht davor hat, sich zu besinnen, verliert sie auch das ein-

Ecce homo?

zige Ziel aus den Augen, das sie nach Nietzsche haben muss, um sich selbst zu rechtfertigen. »Andere Ziele als große Menschen und große Werke hat die Menschheit nicht«, sagt er.

Entsprechend heftig macht er Front gegen den Sozialismus, dem er vorwirft, die »zu Ende gedachte Herdentier-Moral« und ein »tölpelhaftes Missverständnis des christlichen Moral-Ideals« zu sein.

In der Tat: es sind die widerstreitendsten Perspektiven, Vorstellungen und Forderungen sowie Herausforderungen, die im 19. Jahrhundert aufeinander treffen und einander auszuschließen scheinen, obwohl sie doch alle, ob Fichte und Hegel, Schopenhauer oder Marx, Kierkegaard oder Nietzsche drohendes Unheil durch denkerische Menetekel abzuwenden hoffen: das Unheil eines europäischen Werte-Zusammenbruchs. Die anlaufende Industrialisierung mit ihrem Bedarf an Arbeitssklaven kündigte dieses Unheil ebenso an wie die imperialistischen Ausbeutungs-Feldzüge, der Verlust an metaphysischer Bindung des Menschen ebenso wie das Anwachsen seiner materiellen Begehrlichkeiten.

Es ist der Ruf nach dem »Neuen Menschen«, der angesichts dieser Erscheinungen gegen Ende des 19. Jahrhunderts mit Leidenschaft erhoben wird. Er verschafft den Ideologen wie den Demagogen in dem Ausmaß Zulauf, in dem die décadence, die kulturelle Auflösung, den europäischen Gesellschaftskörper erfasst.

Jedoch – ob Übermensch, ob Sozialismus oder christliche Beschwörung des Abendlandes: in der Abwehr *einer* Perspektive sind sich die Wortführer dieser denkerischen Zukunftsentwürfe und Zukunftskritik alle einig, nämlich in der Abwehr einer nüchtern-realistischen Einschätzung des Verhältnisses Mensch – Natur. Diese Abwehr findet ihren säkularen Ausdruck in der Polemik gegen Charles Darwin.

Die christlichen Theologen lehnten den Gedanken einer Entwicklung der Lebewesen von einfachen zu höheren Formen durch Anpassung, Selektion und Optimierung vitaler Möglichkeiten ab, weil er einerseits der biblischen Schöpfungsgeschichte zu widersprechen schien (was er bei genauerem Hinsehen nicht tut), und andererseits das Ebenbild Gottes, das für seine Handlungen eigenverantwortlich zeichnet, seiner Gottähnlichkeit zu berauben drohte. Dass Darwin selbst ein gläubiger Christ war und dies zu sein auch immer wieder beteuerte, half ihm in der zum Teil inquisitorisch geführten Auseinandersetzung mit seinen Forschungsergebnissen wenig.

Die Sozialisten ihrerseits, obwohl Materialisten, misstrauten Darwin nicht minder, weil er nach ihren Begriffen das Selbstbestimmungsrecht des mündig gewordenen Proletariers erneut in Frage zu stellen schien zu Gunsten einer natürlichen Bestimmung, die dem menschlichen Wirken und Wollen

Grenzen setzt. Dass nicht das Bewusstsein sondern die »natürliche Auslese« Veränderungen im menschlichen Dasein herbeiführen sollte, passte ganz und gar nicht in die marxistische Anthropologie. Insbesondere der *struggle of life*, nicht sehr glücklich als »Kampf ums Dasein« ins Deutsche übersetzt, missfiel den Klassenkämpfern, weil er, nach Darwin, Entscheidungen zu Gunsten der Starken gegen die Schwachen fällt.

Und Nietzsche? Er, der den »Übermenschen« in die Zukunft projizierte – musste er nicht fasziniert sein von der Vorstellung, durch Zucht und Züchtung jenes höhere Wesen zu ermöglichen, das er als Ziel der Menschheit proklamierte? Darwin, so sagte Nietzsche jedoch, repräsentiere den Geist »achtbarer, aber mittelmäßiger Engländer.« Dieses harte, geringschätzige Urteil hinderte ihn nicht, sich dennoch eingehend mit Darwin zu beschäftigen. Im Gegensatz zu den Theologen und Marxisten nahm er Darwin allerdings nicht beim Vor-Urteil, sondern beim biologischen Wort mit der erklärten Absicht, über ihn hinauszudenken. Denn über Darwin hinauszudenken sei notwendig, meint Nietzsche, weil dieser »den Geist vergessen habe – was typisch englisch sei«. Entgegen der »geistlosen« Schöpfungs-Erklärung versucht Nietzsche, Evolution nicht als nüchterne Feststellung von Fakten hinzunehmen, sondern sie zum Gegenstand philosophischer Reflexion zu machen. Dabei entfaltet er bedeutenden naturwissenschaftlichen Sachverstand, gestützt auf erstaunliche naturwissenschaftliche Kenntnisse. Seine Auseinandersetzung mit Darwin spitzt sich auf die Kernfrage zu, ob die Erhaltung der Art oberstes Lebensprinzip sei oder ob der Erwerb von Lebens-Mehrwert durch Einzelne, das »Stärkerwerden« der Individuen, wie Nietzsche sagt, dem Dasein der Lebewesen und nicht zuletzt dem der Menschen einen Sinn gebe und dessen Höherentwicklung initiiere. Oder, mit anderen Worten und im Sinne Nietzsches gesagt, geht es um die Rechtfertigung des Willens zur Macht und dessen höchster Verkörperung im Übermenschen gegenüber einer Vorstellung von Selektion, die letztlich nur Species-Durchschnitt als Summa garantiert.

Darwins Theorie erscheint Nietzsche deshalb als bieder und gedankenlos, weil sie das anvisierte Ziel des neuen Menschen, der durch sein herausragendes Exempel die Menschheit verändert, ignoriert. Nietzsche wirft Darwin vor, dass er die Art dem Individuum, insbesondere dem großen Individuum vorziehe und diesem somit den Status vorenthalte, zu dem sich hinaufzuentwickeln seine höchste Aufgabe sei.

»Gegen den Darwinismus« ist eine Eintragung in das Notizbuch überschrieben, das Materialien zum Thema »Wille zur Macht« enthält (wie ja ohnehin das geplante Hauptwerk eine Art Manifest gegen Darwin genannt werden könnte). Unter diesem Stichwort notiert Nietzsche:

Ecce homo?

»Der Nutzen eines Organs erklärt nicht seine Entstehung, im Gegenteil! Die längste Zeit, während deren eine Eigenschaft sich bildet, erhält sie das Individuum nicht und nützt ihm nicht, am wenigsten im Kampf mit äußeren Umständen und Feinden.
Was ist zuletzt ›nützlich‹? Man muss fragen ›in bezug worauf nützlich?‹ Z.B. was der Dauer des Individuums nützt, könnte seiner Stärke und Pracht ungünstig sein; was das Individuum erhält, könnte es zugleich festhalten und stilllegen in der Entwicklung. Andererseits kann ein M a n g e l, eine E n t a r t u n g vom höchsten Nutzen sein, insofern sie als Stimulans anderer Organe wirkt. Ebenso kann eine N o t l a g e Existenzbedingung sein, insofern sie ein Individuum auf das Maß heruntergeschraubt, bei dem es zusammen h ä l t und sich nicht vergeudet. – Das Individuum selbst als Kampf der Teile (um Nahrung, Raum usw.): seine Entwicklung geknüpft an ein S i e g e n, V o r h e r r s c h e n einzelner Teile, an ein V e r k ü m m e r n, ›O r g a n - w e r d e n‹ anderer Teile.
Der Einfluß der ›äußeren Umstände‹ ist bei Darwin ins Unsinnige ü b e r s c h ä t z t: Das Wesentliche am Lebensprozeß ist gerade die ungeheure gestaltende, von innen her formenschaffende Gewalt, welche die ›äußeren Umstände‹ a u s n ü t z t, a u s b e u t e t –. Die von innen her gebildeten n e u e n Formen sind n i c h t auf einen Zweck hin geformt; aber im Kampf der Teile wird eine neue Form nicht lange o h n e Beziehung zu einem partiellen Nutzen stehen und dann, dem G e b r a u c h nach, sich immer vollkommener ausgestalten.«

Hier eröffnet Nietzsche Perspektiven weit über Darwin hinaus, denen die moderne Biologie zumindest partiell beizupflichten nicht zögern würde. Denn in der Tat sind es nicht nur die äußeren Umstände allein, die eine genetische Veränderung bewirken. Es muss der Wille zum Verändern, zum Leben, zum Überleben dazu kommen. Aber was macht der Mensch de facto aus seinen inneren Umständen? Wozu nützt er den Willen zur Macht? Nutzt er ihn zum Ausgriff auf den Übermenschen oder zur Nivellierung der eigenen Existenz durch luxurierendes Wohlstandsverhalten? In seiner Schrift »Die acht Todsünden der zivilisierten Menschheit« stellt, hundert Jahre nach Nietzsche, Konrad Lorenz lapidar fest:

»Der Mensch als einziger die weitere Entwicklung seiner eigenen Art bestimmender Selektionsfaktor wirkt leider keineswegs so harmlos wie ein Raubtier, und sei es das gefährlichste. Der Wettbewerb des Menschen mit dem Menschen wirkt, wie kein biologischer Faktor es vor ihm je getan hat, ›der ewig regen, der heilsam schaffenden Gewalt‹ direkt entgegen und zerstört so ziemlich alle Werte, die sie schuf, mit kalter Teufelsfaust, deren Tun ausschließlich von wertblinden, kommerziellen Erwägungen bestimmt ist. Was für die Menschheit als Ganzes, ja selbst, was für den Einzelmenschen gut und nützlich ist, wurde unter dem Druck zwischenmenschlichen Wettbewerbs bereits völlig vergessen.«

Heinz Friedrich

Das Dilemma, das Nietzsches geniale Interpretation der biologischen Entwicklungsvorgänge und deren energetischer Aufladung überdeutlich hervortreten lässt, liegt darin, dass die Un-Natur des Menschen dessen Natur unentwegt in Frage stellt – und umgekehrt. So entsteht ein fataler Teufelskreis. Denn ebenso wenig, wie das »zoon politikon« die Idealform des Ameisenstaates nachzuahmen oder gar menschlich-vernünftig neu zu gestalten imstande war, ebenso wenig kann der Homo sapiens von sich aus die *grundsätzlichen* Voraussetzungen seiner Existenz verändern. Mit seinem Erbgut ist er dem Gesetz verpflichtet, nach dem er genetisch antrat, so sehr er auch übermenschliche Anstrengungen unternehmen mag, sich von diesem Gesetz zu befreien. Von »Natur aus« hat eben der Mensch vielleicht doch andere Ziele als jenes, sich als Gottes Ebenbild zu gerieren, oder, nach Nietzsche, »große Menschen und große Werke« hervorzubringen – so banal dies auch klingen mag. Das Ziel der Menschheit ist zuvörderst kein anderes als das Ziel des Regenwurms, nämlich: für die Species da zu sein. Verändern sich seine Lebensumstände, gibt es für den Regenwurm nur zwei Möglichkeiten: Entweder er versucht sich anzupassen und fordert somit eine Mutation heraus, die dieser Anpassung Dauer verleiht – oder er stirbt als Art aus. Der Mensch hat ebenfalls nur diese beiden Möglichkeiten – aber er verfügt über eine selbstgeschaffene dritte: Er kann die Umstände, die seine Anpassung herausfordern, zu seinen Gunsten zumindest auf eine erdgeschichtlich allerdings verhältnismäßig kurze Zeit, beeinflussen. Er kann zum Beispiel einen Staat bilden, obwohl er nicht als staatliches Wesen geboren wurde, und er kann in einer Population und Artenfülle überleben, die seiner Species überhaupt nicht vorgegeben ist. Ja, er kann es sich sogar leisten, trotz insektenhafter Massenhaftigkeit einen Individual-Kult zu pflegen, dem er sich eigentlich nur in seiner urtümlichen Erscheinungsform hätte ungestraft hingeben können. Mit anderen Worten: Das genial *begabte* Wesen Mensch ermöglicht sich eine selbstgeschaffene Welt und macht sie sich untertan. Der Mensch baute sich sozusagen seine eigene Intensivstation, in der er nun am Tropf hängt, den sein Erfindungsgeist unentwegt mit immer neuen Medikamenten versorgen muss.

Auf die Dauer wird der Naturwissenschaftler Darwin wohl doch Recht behalten, so sehr wir uns auch gegen die Einsicht wehren mögen, der höhere Mensch sei nicht Ziel der menschlichen Daseinsform, sondern deren Ausnahme. Dass sich die Menschheit dennoch an »höheren Menschen« orientiert, sie bewundert oder verketzert, ihnen nachfolgt (im Guten wie im Bösen), sie vergöttert oder stürzt, steht auf einem anderen Blatt zum Thema Sozialverhalten. Es lässt, wenn auch in Grenzen, immer wieder hoffen, dass, solange es Exempel gibt, die statuiert werden können, die Menschheit und die Menschen über sich hinauszudenken imstande seien und zur Sicherung ihres Medikamentennachschubs beitragen könnten.

Ecce homo?

Weder die Antike noch das Christentum noch die Ideologien des 20. Jahrhunderts waren in der Lage, das Dilemma gänzlich aufzuheben oder mehr als nur auf Zeit zu entkrampfen, von dem unsere Betrachtung ausging: das Dilemma von Individuum und Gesellschaft, von geistig-seelischem Höhenflug und Sklaven-Existenz, von genetischem Muss und persönlicher Selbstverwirklichung, von Idealität und Realität. Dieses Dilemma ist ein Erbteil, an dessen Mehrung die Menschheit von Jahrhundert zu Jahrhundert, von Jahrtausend zu Jahrtausend schwerer zu tragen hat. Je stärker die Menschheit anwächst, um so größer wird dieses Dilemma, und umso geringer werden die Chancen des Einzelnen, sich als höherer Mensch zu empfehlen. Keine Mutation kommt ihm zu Hilfe, seine Mängel zu überwinden. Denn die Mutation begünstigt nie den Einzelnen, sie begünstigt nur die Art. Der Einzelne ist ihr gleichgültig, denn »unfühlend ist die Natur« (Goethe). So muss das »Gezeichnete Ich« sein Schicksal auf sich nehmen und, wie Gottfried Benn schreibt, »schweigend die Verwandlung erwarten.« Diese Verwandlung braucht Zeit. Bevor die Natur eine Art durch Mutation zu einer »höheren« oder auch nur zu einer anderen Art erhebt, wägt sie mehr als nur Jahrtausende ab. Erzwingen kann sie kein lebendes Wesen, auch nicht der Mensch, mag er genetisch noch so virtuos herummanipulieren.

»Alle praktischen Menschen«, sagt Goethe (»Maximen und Reflexionen«), »suchen sich die Welt handrecht zu machen; alle Denker wollen sie kopfrecht haben. Wie weit es jedem gelingt, mögen sie zusehen.« Und sehr gelassen rät er, sich tätig in den menschlich-allzumenschlichen Verhältnissen einzurichten und jeden Tag aufs Neue zu »probieren«, was er »ist und was er war / was er kann und was er mag«.

Von Goethe zu Benn. Ein säkularer Schritt über ein Jahrhundert hinweg, der den Bruch der Zeit ebenso heftig dem Bewusstsein aufdrängt wie Nietzsches heroische Geste, diesem Bruch Perspektiven in die Zukunft abzugewinnen.

Nietzsche, dieser größte und tiefste Menschen-Optimist des 19. Jahrhunderts, der an die Neugeburt des Menschen dadurch glaubt, dass er mit dem fortschrittlich drapierten Alten Adam ins Jahrtausendgericht ging und ihm seine Torheiten und Lügen, seine Verwerflichkeiten und Feigheiten wie kaum ein anderer Philosoph rücksichtslos vorhielt …

Nietzsche, der sich nicht mit kleinen Glücken und sozialen oder politischen Notbehelfen, also mit anthropologischen Kompromissen zufrieden geben wollte, aber auch keine kategorischen Imperative und keine kommunistischen Umarmungen empfahl, sondern stattdessen das antike Menschenbild beschwor …

Friedrich Nietzsche fand im 20. Jahrhundert viele Bewunderer und Epigonen, kritische und euphorische, angemessene und unangemessene. Er wurde ideologisch missbraucht und philosophisch geplündert – und er wurde und wird in jeder Generation neu entdeckt und aufpoliert. Aber er fand in diesem 20. Jahrhundert nur einen einzigen ebenbürtigen Nachfolger: Gottfried Benn. Benn dachte den europäischen Nihilismus, den Nietzsche heraufdämmern sah, konsequent zu Ende. Was er jenseits dieses Nihilismus entdeckte, das war allerdings nicht der Übermensch, sondern »die Leere und das gezeichnete Ich«. Er teilt Nietzsches Optimismus nicht. Was er mit ihm teilt, ist jedoch die Überzeugung, dass »die Welt« sich nur »ästhetisch rechtfertigen« lasse – wobei er auch die Verbindung von Biologie und Kunst akzeptiert, auf die Nietzsche verweist. »Die biologische Spannung endet in Kunst«, schreibt Benn im »Doppelleben«. »Kunst aber hat keine geschichtlichen Ansatzkräfte, sie hebt die Zeit und die Geschichte auf, ihre Wirkung geht auf die Gene, auf die innere Erbmasse, die Substanz – ein langer innerer Weg.« Nur durch Kunst und damit durch den »höheren« Entwurf seiner selbst kann der Mensch in seinen höchsten Augenblicken Mensch werden und damit über sich selbst hinauswachsen.

Fünfzehn Jahre zuvor, Mitte der dreißiger Jahre, hatte Benn in dem Aufsatz »Dorische Welt« geschrieben:

> »Die Zeitalter enden mit Kunst, und das Menschengeschlecht wird mit Kunst enden. Erst die Saurier, die Echsen, dann die Art mit Kunst. Hunger und Liebe, das ist Paläontologie, auch jede Art von Herrschaft und Arbeitsteilung gibt es bei den Insekten, hier diese machten Götter und Kunst, dann nur Kunst. Eine späte Welt, untermauert von Vorstufen, Frühformen des Daseins, alles reift in ihr. Alle Dinge wenden sich um, alle Begriffe und Kategorien verändern ihren Charakter in dem Augenblick, wo sie unter Kunst betrachtet werden, wo sie sie stellt, wo sie sich ihr stellen. Der Mensch, die Mischgestalt, der Minotauros, als Natur ewig im Labyrinth und in feiner Fassung kannibalisch, hier ist *er* akkordisch rein und in Höhen monolithisch und windet die Schöpfung jenem anderen aus der Hand.«

Das ästhetische Bekenntnis zur Welt ist – nach Benn – auch die einzige Waffe gegen den Nihilismus, der das europäische Menschengeschlecht ergriffen hat und den es unentwegt zu überspringen oder zu verbergen sucht durch Taten, die sich als sinnlos erweisen und die durch ihre Sinnlosigkeit den Nihilismus nur noch vergrößern. Sich dem Nichts stellen, seine »formfordernde Gewalt« akzeptieren und durch Kunst das Gegenglück des Geistes proklamieren – dies ist die Botschaft des gezeichneten Ichs in einer sich selbst abhanden gekommenen Menschenwelt. Durch Kunst allein kann der Mensch

Ecce homo?

beweisen, dass er Mensch ist: Sie ist die Ingredienz der idealen Humanität, die zugleich real ist. Schiller sprach in seiner Schrift »Über die ästhetische Erziehung des Menschen« am Beginn des bürgerlichen Zeitalters ähnliche Gedanken aus.

Benn leidet an der selbstverschuldeten Problematik der Menschheit; dennoch akzeptiert er sie. Im Optimisten Nietzsche und dessen Übermenschen-Vision entdeckt er, der ihn verehrt und der ihm so viel verdankt, Züge, die ihm, ebenfalls Pfarrerssohn, vielleicht gerade deshalb verdächtig erscheinen. An seinen Briefpartner Oelze (Brief vom 5.3.1937) schreibt er:

> »Ich komme endlich dahinter, dass alle großen Geister der weißen Rasse seit fünfhundert Jahren die eigentliche innere Aufgabe darin erblicken, ihren Nihilismus zu bekämpfen und zu verschleiern. Dürer, Goethe, Beethoven, Balzac, alle! Was für ein positiver Jüngling ist eigentlich dieser Nietzsche darunter! Wie treudeutsch noch der Zarathustra und alle diese Züchtungsphantasmagorien! Doch evangelisches Pfarrhaus!
> Das war sein Zusammenbruch, dass er endlich nicht mehr konnte und sah, was los war.«

… als er sah, was los war. Was war los? Der Konflikt zwischen dem Einzelnen und der Gesellschaft erweist sich als unaufhebbar und in seiner Zuspitzung als unabwendbar. Die Unnatur des Menschen lässt sich nicht mehr durch Kunst und nicht mehr durch Religion beschwören. Der Notbehelf des Staates, seiner Aura entkleidet, verkommt zum verspotteten und bespuckten Verwaltungs- und Verteilungsapparat. Der Nihilismus wird nicht einmal mehr bekämpft. Er avanciert paradoxer- und absurderweise selbst zum »Wert«, zum Goldenen Kalb einer Intelligenz, die sich an der Verneinung berauscht. Was bleibt, sind, nach Beckett, »Endspiele«.

Wie notiert Schopenhauer in den »*Parerga und den Paralipomena*« (2/§147)? »Am richtigsten werden wir das Leben fassen als einen desurengano, eine Enttäuschung: darauf ist, sichtbarlich genug, alles abgesehen.« Gottfried Benn accompagniert ihm 100 Jahre später, indem er schreibt:

> »Die Welt zerdacht. Und Raum und Zeiten /
> Und was die Menschheit wob und wog, /
> Funktion nur von Unendlichkeiten – die Mythe log.«

Was bleibt, ist Sisyphos, der dennoch das Schwert der Menschheit hält, tragisch, ein »Hirnhund, schwer mit Gott behangen« (Benn).

Heinz Friedrich

Die Mythe log. Am Ende des 19. Jahrhunderts: die Vision der großen Hoffnung auf den neuen Menschen, der wie ein Phoenix aus der Asche von zweieinhalb Jahrtausenden steigen sollte. Fünfzig Jahre später der einsame Abgesang des treuesten aller philosophischen Nietzsche-Jünger auf den Übermenschen:

»Der soziologische Nenner
der hinter Jahrtausenden schlief,
heißt: ein paar große Männer,
und die litten tief.«

Einer von ihnen hieß: Friedrich Nietzsche. Müssen wir uns nun von seiner Vision des Übermenschen für immer verabschieden? Von seiner Vision vielleicht nicht, von deren anvisierter Realität wahrscheinlich jedoch: ja. Uns bleibt nichts anderes übrig, als uns nach wie vor mit der Species, der wir entstammen und angehören, so abzufinden, wie sie ist, aber mit dem Blick nach oben zu den Sternen, die wir (frei nach einem Wort von Joseph Conrad) zwar nicht ergreifen, an denen wir uns jedoch orientieren können in dieser (nach Novalis) »leidigen Sache«, die Mensch heißt und Menschheit – und mit der wir nur dann partiell und auf Zeit ins Reine kommen, wenn wir die Vision des großen Menschen im Auge behalten – ohne die Realität des Menschen aus den Augen zu verlieren.

(02.11.2000)

Der Sieg über den Panther
Karl Mays Auseinandersetzung mit Nietzsche

Hans-Rüdiger Schwab

> Mit Nietzsche scheint er sich viel beschäftigt zu haben.
> Das mit dem Übermenschen, sagt er, ist ein Mißverständnis,
> es ginge vielmehr um den Edelmenschen.
> »Franz Kafka« in: Peter Henisch, Vom Wunsch, Indianer zu werden[1]

I.

Sie sind nur zwei Jahre auseinander, stammen beide aus Sachsen und stiegen um 1900 zu Mega-Identifikations-, für die Deutung dieser Zeit also zentralen Schlüsselfiguren auf, deren Ausstrahlung bis in die Gegenwart hinein reicht. Wobei die Beschäftigung mit beiden in jüngerer Vergangenheit fast parallel einen neuen perspektivischen Schub erhielt, 1967 beginnt die Kritische Nietzsche-Ausgabe Collis und Montinaris zu erscheinen, zwei Jahre später erfolgt die Gründung der Karl-May-Gesellschaft, deren Dynamik ihren Namensgeber inzwischen zu einem der meistinterpretierten Autoren der Jahrhundertwende machte.[2]

Dass es jenseits solcher äußeren Gemeinsamkeiten zu direkten Wechselbezügen zwischen Karl May und Friedrich Nietzsche gekommen sein könnte, erscheint angesichts der höchst unterschiedlichen intellektuellen Voraussetzungen des abenteuernden Träumers auf der einen und des gegen die alten Gewissheiten »mit dem Hammer« (VI, S. 55)[3] wütenden Philosophen auf der anderen Seite von vornherein ganz unwahrscheinlich, ja eine bizarre Idee. Und doch hat sich ausgerechnet May intensiv für das Denken (wie er ihn einmal nennt) »eine(s) der größten Weltweisen in Dschermanistan«[4] (Silb. III, S. 484) interessiert. Im Subtext seiner späten Werke kommt dem Landsmann eine gewichtige Rolle zu. Mit diesem weithin unbekannten Kapitel der frühen Nietzsche-Rezeption beschäftigt sich mein Vortrag.[5]

Irrlichternde Hinweise finden sich allerdings sehr früh schon, und zwar von Seiten der Karl-May-Leser, die die beiden Autoren assoziativ zueinander in Bezug setzen, wobei die Vorzeichen höchst unterschiedliche sind. Das beginnt 1909/10, also noch zu Lebzeiten Mays, in Schriften von Adolf Droop und Franz Sättler, wobei der letztere Mays »echte«, »wahre« und »heilige«, kurz, seine »christliche Kunst« enthusiastisch gegen Nietzsche und eine »zweifelhafte Moderne« ausspielt. May als eine Art Exorzist der »Wirkungen« des Philosophen also.[6] Droop hingegen schränkt relativierend ein, May habe keine »so erhabene oder neue Werte zu bieten wie [...] Nietzsche«.[7] Unter diesem Maßstab jedoch tut man es beide Male nicht.

Eine Art Charaktervergleich stellt 1919 der Reformpädagoge Ludwig Gurlitt an.

> »In ihm [d. h. Karl May, für den er um »Gerechtigkeit« plädiert] lebt eine Willensenergie, kaum minder stark als die Friedrich Nietzsches. Was dieser auf dem Wege strengster geistiger Zucht erreicht hat, das bietet sich dem Naturkinde May wie von selbst dar. Was Nietzsche erforscht hat, das hat May erträumt [...] All das lässt sich nur andeuten, aber ich stelle das Thema zur Bearbeitung, ›Welche Berührungspunkte bestehen zwischen May und Nietzsche?‹«[8]

Ausgehend davon unternimmt Werner von Krenski 1925 im Karl-May-Jahrbuch eine Gegenüberstellung »Friedrich Nietzsche – Karl May«, spricht allgemein von einer »tiefergehenden Verwandtschaft«, hebt einige vage

> »gemeinschaftliche[n] Züge« hervor und vermutet einen »Einfluß [...] zumal des Zarathustra« im Zusammenhang der späten Metamorphose des Mayschen Werks vom »bloß romantisch eingestimmten Reiseroman zum Symbolismus und Mystizismus«.[9]

Ich werde darauf zurückkommen. – Bei anderer Gelegenheit postuliert der gleiche Autor eine utopische Trias Goethe – Nietzsche – May, »›Ardistan und Dschinnistan‹ gehört in eine Reihe mit dem ›Faust‹ und ›Also sprach Zarathustra‹, Werke, die man nicht lesen darf, sondern erleben muss.« Auch wenn May »an Symbolismen zwar vom ›Zarathustra‹, vom ›esprit‹ Nietzsches übertroffen« werde, trotzdem schäme ich mich der majestätsverbrecherischen Zusammenstellung Goethe – Nietzsche – May nicht. Alle drei kommen zur selben Forderung, Mensch sein heißt, Aufgehen in Arbeit für kommende Geschlechter, für die Zukunft der Menschheit. Und Nietzsche und May gehen noch weiter, darüber hinaus fordern und prophezeien sie den Aufstieg des Einzelnen zum Edelmenschentum.[10]

Umgekehrt, also von Nietzsche her argumentierend, sind derlei In-Beziehung-Setzungen hingegen selten. Mir jedenfalls ist nur eine einzige bekannt, die des Journalisten Bernard Guillemin im »Berliner Tagblatt« vom 6. Oktober 1932. Rudolf Thiel, dessen Buch »Die Generation ohne Männer« mit Parolen hantiert wie, »[...] wir müssen höhere Menschen werden. Der Feind heißt Mittelmäßigkeit«, wird dort von seinem Rezensenten vorgeworfen, Nietzsche so falsch zu beanspruchen, dass »hinter dem Mißverständnis nicht mehr« der Philosoph »selbst, sondern nur noch – Karl May zu erkennen ist.« Dass derlei in den aktuellen Zeitläuften überhaupt habe erscheinen können, nennt der Kritiker hellsichtig »ein gefährliches Anzeichen drohender Barbarei«.[11] (Für uns heute klingt damit eine weitere posthume Gemeinsamkeit an, May wie Nietzsche nämlich gehörten zu den Lieblingsautoren Hitlers, der allerdings, um es bei dieser knappen Andeutung zu belassen, beide nicht differenziert genug gelesen zu haben scheint.[12]) Der puren Kuriosität halber sei immerhin noch auf die »Meißner« Volkstums-Psychologie des zeitgenössischen Literaturwissenschaftlers Josef Nadler hingewiesen, der zufolge Richard Wagner, Nietzsche »und was nach dem Abzug bleibt, Karl May [...], unbekümmert um Rang und Abstand, wesentliches gemein« haben sollen,

> »die krankhafte Übersteigerung des Selbstbewußtseins, Bedürfnis nach einem Dasein auf gestellter Szene, Flucht aus der Wirklichkeit in ein Traumreich des Ichs und der Zukunft, Gedankenspiel mit einem ins Halbgöttliche überhöhten Menschentum und den hochgetragenen Ton nationaler Leidenschaft [...]«[13]

Dem gegenüber entschieden positiv gewendet, zieht sich auf Seiten der Karl-May-Leser die Praxis der vergleichenden Assoziation durch bis in die Gegenwart. So rückt etwa Dieter Sudhoff 1988 die »archaische Bilderwelt« und »imaginative Radikalität« der Traumhandlung des vierten Bandes von Mays Roman »Im Reiche des silbernen Löwen« in die Nähe zu den Visionen Dantes und Nietzsches,[14] und Hans Wollschläger wird 1994 in anderer Hinsicht grundsätzlich, indem er einen großen kulturgeschichtlichen Horizont entwirft, vor dem sich beide Gestalten als Pioniere der Moderne erneut aufs schönste zusammenfinden.

Nietzsche war der erste Autor, der die von Darwin aufgelegte Kausal-Statistik zur großen Perspektive aufriss, zum Blick in die unerschöpfliche Grund-Energie der Schöpfung, einem »Ziel« zuzustreben, einer für unser Stadium noch völlig unausdenkbar reichen Formen-Gestalt; – Karl May war der zweite.[15]

II.

Jenseits solcher Aperçus hatte Arno Schmidt 1958 erstmals versucht, den Nachweis konkreter Einflüsse Nietzsches auf Karl May zu erbringen.[16] In der Wissenschaft werden sie seither immer wieder einmal angetippt – ab und an bei Sudhoff und Hermann Wohlgschaft, teilweise mit hochgradig spekulativem Einschlag bei Jürgen Hahn, am umfassendsten bisher (auf vier Seiten) bei Wolfgang Wagner –,[17] zum Gegenstand systematischer Erörterungen hat man sie bisher allerdings noch nie gemacht, auch nicht Claudia Marra, die sich (wie zu zeigen sein wird, unnötigerweise), auf den »Zarathustra« beschränkt, ausführlicher Nietzsches Einfluss hinsichtlich »Im Reiche des silbernen Löwen III/IV« erörtert.[18]

Gibt es nun eindeutige Belege für eine Beschäftigung des Autors mit Nietzsche? Das ist sehr wohl der Fall, und sie lassen sich in fünf Punkte gliedern,

1. Aus Mays von ihm selbst angelegten Verzeichnis seiner Bibliothek geht hervor, dass er acht Bände der »Gesammelten Werke« Nietzsches bis 1899 besaß – alle Schriften, die dieser selbst zum Druck gegeben hatte –, dazu einen Band »Gedichte und Sprüche«. Hinzu kamen, was selbst angesichts der zeitgenössischen Nietzsche-Euphorie höchst bemerkenswert ist, nicht weniger als sieben Bücher über den Philosophen.[19] Und dabei besteht nur im Hinblick auf die bis 1905 erstandenen Titel Sicherheit – der danach angeschaffte Bestand ist erst für einen noch nicht erschienenen Band der Historisch-kritischen Werkausgabe vorgesehen.[20]

Im Einzelnen handelt es sich um Henri Lichtenbergers »Friedrich Nietzsche. Ein Abriss seines Lebens und seiner Lehre« (1900), um die anonym erschienene Schrift »Zarathustra's Versöhnung« (1901), in der der Protagonist am Ende seine Lehre in Einklang mit freimaurerischer Gedankenwelt bringt (die übrigens, gerade mit dem Ziel, eine Elite von Menschen tugendhafter Gesinnung zu bilden, ihrerseits auch nicht ohne Ausstrahlung auf May war); ferner um Engelbert Lorenz Fischers »Friedrich Nietzsche, Der ›Antichrist‹ in der neuesten Philosophie« (1901), um Otto Stocks »Friedrich Nietzsche, der Philosoph und Prophet« (1901), um Ernst Horneffers »Nietzsche-Vorträge« (1903), um Raoul Richters Leipziger Vorlesungen »Friedrich Nietzsche, sein Leben und sein Werk« (1903) sowie um Paul Kuehns »Das Nietzsche-Archiv in Weimar« (1904). Insgesamt sind also 16 Bände von und über Nietzsche in Mays privatem Bestand nachweisbar, was desto signifikanter erscheint, als die Rubrik »Philosophie« bei ihm ansonsten, gelinde gesagt, recht dünn besetzt ist. Sieht man von solchen ab, die eher der (christlichen und fernöstlichen) Religion zuzuordnen sind, bleiben eigentlich nurmehr ein knappes halbes Dutzend Werke, das eine oder andere Handbuch, dazu je ein Titel von Schopenhauer (»Parerga und Paralipomena«), Chamberlain (»Grundlagen des 19. Jahrhunderts«) und Giordano Bruno.[21]

Die Nietzsche-Darstellungen, die May besaß, arbeiten höchst unterschiedliche Aspekte heraus. So setzt sich Lichtenberger besonders mit dem Begriff des Übermenschen auseinander und Horneffer, als Vertreter der neuheidnischen »Geistesaristokraten« der Jahrhundertwende, sehr zustimmend mit Elitevorstellungen, der Lehre von der ewigen Wiederkehr und dem Willen zur Macht.[22] Monsignore Dr. Fischer hingegen[23] (dessen Buch schon 1906 in zweiter Auflage erschien), der Verfasserangabe entsprechend »Geheimer Kammerherr Sr. Heiligkeit des Papstes« und »Stadtpfarrer in Würzburg«, arbeitete besonders die Gefährlichkeit Nietzsches als gegen den alten Glauben gerichtetes Epochenphänomen heraus. Niemals zuvor, schreibt er, sei das Christentum »in so leidenschaftlicher, so gehässiger, so excessiver Weise angegriffen« worden als durch den Philosophen.[24] Damit schlägt er jene Saite an, für die, wie sich zeigen wird, May am empfänglichsten ist. Richter schließlich bietet eine kritisch differenzierende Darstellung der »Persönlichkeit«[25] sowie, auf hohem Niveau, insbesondere der Entwicklung von Nietzsches Grundgedanken, mit denen May also unter verschiedenen Perspektiven vertraut sein konnte.

Und während das Erzähler-Ich in »Old Surehand I« (1894) noch voller Stolz vermerkt hatte, dass

> »die Werke unserer ›großen Philosophen‹ ... noch heut in meiner Bibliothek ›glänzen‹, weil ich sie außerordentlich schone, indem ich sie fast nie in die Hand nehme«

– pure Hochstapelei, waren sie, wie man weiß, doch überhaupt nicht vorhanden –, scheint es sich im Falle Nietzsche anders verhalten zu haben, ohne dass dieser seinen im erwähnten Roman der Philosophie entgegengesetzten, entschieden christlich grundierten und »durch zahlreiche Prüfungen« bewährten »Kinderglaube(n)« zu unterminieren vermochte, der ihm »darum doppelt unerschütterlich im Herzen« wohne.[26] Kurzum, nach alledem ist es eine schlüssige Hypothese, dass der Autor Nietzsche vor dem Hintergrund seiner eigenen Weltanschauung las und als deren Herausforderung begriff.

2. Wie sehr May gerade zu der Zeit, als er an den beiden letzten Bänden von »Im Reiche des silbernen Löwen« arbeitete (pikanterweise in Riva am Gardasee, einem der Aufenthaltsorte Nietzsches), die Texte des Philosophen präsent waren, insinuiert ein (allerdings unsicher überlieferter) Brief vom 14. Oktober 1902, wo er diesen harsch kritisiert. Er fragt hier:

»Können Sie Jemanden bewundern, der es fertig bringt, zu schreiben, ›Die Naturwissenschaft der Tiere bietet ein Mittel, diesen Satz wahrscheinlich zu machen‹? Statt ›Naturwissenschaft der Tiere‹ müßte es doch wohl zumindest ›Naturwissenschaft von den Tieren‹ heißen; aber selbst so, wo lebt der Mensch, dem dafür nicht ›Zoologie‹ einfiele? Dann weiter; sie ›bietet ein Mittel‹?, er meint wohl, ›sie bietet Material dar‹? Auf gut Deutsch jedenfalls hieße Nietzsches Schwulst, ›Die Zoologie könnte vielleicht Beweismaterial liefern‹ – und das ist Einer, der von sich rühmt, ›an einer Seite Prosa zu arbeiten wie an einer Bildsäule‹?!«[27]

Im Gestus an die Häme gegenüber dem Sprachgebrauch von David Friedrich Strauß aus den »Unzeitgemässen Betrachtungen« gemahnend (I, S. 230), kontaminiert dieser Rüffel ausgerechnet des in der frühen Rezeption so vielbewunderten Sprach-Virtuosen zwei Passagen von Nietzsche: den Aphorismus 377 (»Das vollkommene Weib«) aus dem ersten Band von »Menschliches, Allzumenschliches« (II, S. 265) mit Nummer 95 aus dem zweiten Band, »Der Wanderer und sein Schatten, Unsere Prosa« (II, S. 595).

3. Dass May Nietzsche tatsächlich gelesen hat (und zwar auf breitgefächerter Grundlage), erhellt ferner aus einer Stelle des dritten Bandes von »Im Reiche des silbernen Löwen«, wo Kara Ben Nemsi im Gespräch mit dem Chodj-y-Dschuna (dem Lehrer des Gesangs und Kriegsminister der Dschamikun, in deren Tal die Handlung spielt), »der Ausspruch eines neueren deutschen Philosophen« einfällt, der die Musik als »tönende Weltidee« bezeichnet habe, »einer der größten Weltweisen in Dschermanistan« (Silb. III, S. 484). Die Assoziation bezieht sich hier auf Nietzsches »Die Geburt der Tragödie aus dem Geist der Musik«, wo es im 21. Abschnitt heißt, »die Musik ist die eigentliche Idee der Welt« (I, S. 138), welche also der bestehenden vorausgehe.[28]
Allerdings zeigt der Verlauf des Gesprächs sofort den Abstand der Kunsttheorie Nietzsches von der Mays, bei dem der Gedanke des Philosophen umgepolt wird. In durchaus skeptischer Absicht macht der Chodj-y-Dschuna Verständnisschwierigkeiten bezüglich dessen geltend, was »unter ›Weltidee‹« zu verstehen sei. Für sich selbst stellt er jedenfalls unmissverständlich klar, dass die tönenden »Schöpfungsworte Gottes« sich

> »alle ... zum Klange des einen großen Wortes« vereinen, »welches vom Mund Chodehs [= Gottes] ausging und wieder zu ihm zurückkehrt. Das ist das Wort der Liebe. Und diese Liebe ist der Grundton und Urquell jeder wahren Kunst und jeder wahren Musik.« (Silb. III, S. 484f.)

Das »Herz der Welt« (I, S. 138), von dem die Musik Kunde gibt, wird bei May demnach mit Gottes Liebe identifiziert. Derlei ist natürlich der absolute

Gegenpol zu Ideen »dionysischer Welt-Spiegel(ungen)« (I, S. 126) durch die Musik oder gar der Rechtfertigung »des Daseins« als eines »aesthetischen Phänomens« (I, S. 152), wie der zentrale Gedanke in Nietzsches »Tragödien«-Schrift lautet. Entsprechend steigt in dem Roman beim Gottesdienst der Dschamikun eine »himmlische Musik der großen Harmonie ... betend aufwärts ..., um als Lob und Dank zu dem zurückzukehren, aus dessen Mund sie einst als erster Ton erklang« (Silb. III, S. 537; vgl. S. 540f.). Und bezeichnenderweise ist sie damit überhaupt nicht nach dem Geschmack des Ahriman Mirza, einer Figur, die (wie noch eingehender zu zeigen sein wird), manches mit Nietzsche gemeinsam hat. »Dieses Geplärr«, giftet er, »ist mir zuwider!« (Silb. III, S. 605)

4. Aber auch positive Rückbezüge auf Nietzsche sind ausdrücklich nachweisbar. Ein Tagebucheintrag von Mays zweiter Frau Klara vom 31.1.1903 setzt die Bestrebungen ihres Mannes in Parallele zu einem ungenau, womöglich frei zitierten Gedanken aus der Schlusspassage der »Morgenröthe« (»Wir Luft-Schiffahrer des Geistes«),

> »Mir fällt hier Nietzsches Aphorisme ein, ›Alle diese Vögel, die in die Weite fliegen, irgendwo werden sie nicht mehr weiter können, werden ausruhen, sei es auch nur auf einem Maste oder auf einer Klippe. Aber wer will daraus schließen, dass es vor ihnen keine weite Bahn mehr gäbe? Alle unsere großen Vorläufer sind stehen geblieben vor Müdigkeit, und so werden auch wir stehen bleiben müssen. Aber andere Vögel werden weiter fliegen. Unsere Einsicht fliegt mit ihnen.‹ – – – So wird es dem guten Karl auch ergehen ...«[29]

Nietzsches Werke standen in der Radebeuler Villa Shatterhand also durchaus nicht nur zur Dekoration herum. Auffällig ist die Breite und relative Entlegenheit der dingfest zu machenden Stellen sowie ihre Ausweitung ins persönliche Umfeld hinein. Als identifikatorischer Bezug von Trost und Verheißung zumal kehren Sätze des Philosophen dort wieder. Willy Einsle, seit dem Spätjahr 1902 einer der engen jugendlichen Vertrauten des Ehepaars, schrieb seiner »Tante« Klara am 27.6.1912, gut drei Monate nach dem Tod ihres Mannes, aus München,

> »Unsere heutige Moral ist eine Moral der Besitzenden, aber geistig Armen. Wenn die sich umdreht, wenn Nietzsche siegt mit seinem Wort, dass Reinheit alles sei, dann siegt Karl May. Eher nicht!«[30]

Und noch sieben Jahre später verteidigte Klara May ihn gegen Angriffe ausgerechnet mit einem vermeintlichen Nietzsche-Wort, das sie wie folgt wiedergibt: »Der Dichter hat eine Nachbarschaft zum Verbrecher.«[31] Auch dies ist frei erinnert. Entweder handelt es sich hierbei um die kühne Bilanz von Nietzsches Auseinandersetzung mit einer naturwüchsigen Anrüchigkeit der Dichter, die »zu viel lügen«, »Betrüger« sind, »das Böse nicht völlig verneinen« oder die Wirklichkeit »zurechtfälschen« (IV, S. 110, 163f.; II, S. 394, 462, auch 14 u. 474). Möglicherweise fasst sie ihrem Verständnis entsprechend aber auch nur einen Gedanken aus »Zarathustras Vorrede« zusammen, wo der Zerbrecher »ihrer Tafeln der Werthe« für »die Guten und Gerechten« zum »Verbrecher« wird, »– das aber ist der Schaffende« (IV, S. 26).

5. Zwar hörte May bereits am 18. Januar 1902 einen Vortrag des auch aufgrund persönlicher Kontakte darüber bestens informierten Rudolf Steiner zum Thema »Nietzsches Leben und Leiden«,[32] der eigentliche Impuls zur Beschäftigung mit dem Philosophen (wenigstens einer qualifizierteren) wurde ihm indes mit hoher Wahrscheinlichkeit über den Maler Sascha Schneider vermittelt, einen Max-Klinger-Schüler, der zu den führenden ästhetischen Propagandisten der »Nietzsche-Bewegung« gehörte.[33] Den 28 Jahre älteren Erfolgsschriftsteller verehrte Schneider als »Künstler« und »Propheten«.[34] Zu einer seit 1904 erscheinenden Neuausgabe von dessen Werken gestaltete er die symbolistischen Titelbilder.

Höchstwahrscheinlich am 5. März 1902 – er hatte in diesen Tagen das Kapitel »Am Tode« für den dritten Band des »Silberlöwen« beendet und stand jetzt vor der Ausarbeitung des Weiteren – besuchte May in Begleitung seiner ersten Frau Emma und von Klara Plöhn, die er wenig später heiratete, »Richters Kunstausstellung« in Dresden und sah Schneiders altarartiges Monumentalgemälde »Um die Wahrheit«. Auf einem dieser Teile figuriert (symmetrisch zur Fürstin der Sinne) ein prunkvoll gewandeter Geisteskönig, der unverkennbar Nietzsches Züge trägt, umgeben von den Inschriften »Also sprach Zarathustra« und »Jenseits von Gut und Böse«.[35] Vieles deutet darauf hin, dass just dieses Erlebnis für May zum Anlass für eine vertiefte Auseinandersetzung mit Nietzsche wurde.[36] Wie nachhaltig sie ausfiel, zeigen verschiedene Motive der Fortsetzung des Romans, auf die ich noch kommen werde.

Auch im Dialog zwischen den beiden Freunden spielte der Philosoph eine Rolle. Schneiders Brief an den »lieben Old Shatterhand« vom 7.4.1905 zeugt davon:

> »Wir sind Fleisch u. werden es bleiben u. sollen es bleiben, darüber hinaus ist unmöglich. Wollen wir es bleiben! sagt Nietzsche, aber er spricht nur zu Wenigen! Dieser große Zertrümmerer! Wir aber wollen aufbauen! Doch mit neuen Steinen, die wir erst zu brechen haben. Ich sehe aber schon das schöne, neue Marmorgebirge.«[37]

In der Korrespondenz mit Schneider reibt sich May an einigen von dessen Lieblingsgedanken. Aufgrund seiner Überzeugung von der Existenz einer jenseitigen Sphäre, auf die Wesen und Zweck des menschlichen Daseins ausgerichtet sei, vermutet er nicht zu Unrecht: »... ich bin in Ihren Augen ein Idealist, ... ein Ueber-Erden-Ober-Himmels-Schwärmer ...«[38] Aus diesem Geist wendet er sich gegen Ideologeme, die Schneider offensichtlich aus seiner Nietzsche-Lektüre bezog, die moralische Skepsis etwa oder den Tragismus, die diesseitsfixierte Anti-Christlichkeit[39] und nicht zuletzt das Denken in Kategorien der Stärke.

> »Sie sagen, die Menschheit brauche den Krieg, damit wir wieder ein Geschlecht von Männern bekommen? Wo sind die Männer, die durch die letzten Kriege entstanden sind? Ich sehe sie nicht!!! Ich meine vielmehr, dass wir auf den Krieg eingingen, weil wir Männer hatten, ihn zu führen. Wehe und tausendmal wehe dem Volke, welches das Blut und das Leben von Hunderttausenden vergießt, um anderthalb Schock Ritter des eisernen Kreuzes erster Klasse dekorieren zu können! Wir brauchen M ä n n e r d e s G e i s t e s , M ä n n e r d e s W i s s e n s u n d d e r K u n s t . Die wachsen aber nicht bei Wagram oder Waterloo! Und unsere Schlachten werden nicht mehr von sogenannten ›M ä n n e r n u n d H e l d e n ‹ entschieden, sondern durch gute Stiefelsohlen und chemische Teufeleien, durch Druck und Drill, durch Hunger und Fieber, durch wohlberechneten Transport, durch Riesenanleihen und andere sehr unrühmliche Dinge, bei denen von ›M a n n h e i t ‹ keine Rede ist!«[40]

Politisch, daran lassen diese Äußerungen keinen Zweifel, sieht er um vieles klarer als sein Nietzsche-enthusiasmierter Freund, der »in der Verkürzung der Idee vom Übermenschen zu einem aggressiven Kraftathletentum [...] ein Anzeichen für die Gesundung der deutschen Nation« erblickte, die »vor allen anderen berufen scheint, der Welt Licht und Klarheit zu bringen.«[41]

Soweit die (wie ich finde, weitreichenden) direkten Verweise auf eine Beschäftigung Mays mit Nietzsche. Darüber hinausgehende Wirkungen des Philosophen auf ihn können durch Interpretation seiner Texte erschlossen werden. Es erscheint jedoch ratsam, zunächst einige grundsätzliche Bemerkungen über die Eigenart von Mays Spätwerk vorauszuschicken.

III.

Selbst bei literarisch Gebildeten betreffen gängige Assoziationen zu Karl May noch immer fast ausschließlich seine Jugend- und Abenteuergeschichten, die unverwüstlich in der Erinnerung haften. Berühmt wurde er durch jene »Reiseerzählungen«, die seit 1892 in Buchform erschienen und ihm in den folgenden Jahren eine nach Millionen zählende Lesergemeinde eintrugen. Das Spätwerk, mit dem wir es vor dem Hintergrund unserer Fragestellung zu tun haben, ist demgegenüber ganz anders geartet. Seit seiner Entdeckung durch Arno Schmidt Ende der 50er und Anfang der 60er Jahre wird es zunehmend ästhetisch und intellektuell ernstgenommen. Heute gilt es bei vielen seiner Bewunderer als Gipfel Mayschen Schaffens. In ihm dokumentiert sich der Anspruch eines Qualitätssprungs vom Abenteuerschriftsteller zum wegweisenden dichterischen Visionär.[42]

Gemeint sind damit die Arbeiten, die nach dem lebensgeschichtlichen Einschnitt 1899/1900 entstanden, in dem sich Eindrücke der großen Orientreise (seiner ersten wirklichen) mit der Notwendigkeit verbanden, auf eine zeitgleich einsetzende Pressekampagne zu reagieren, wo man nicht nur ihn persönlich angriff, sondern auch seinen Büchern jeglichen Wert bestritt. May machte jetzt ernst mit der Einsicht, dass »jeder wirkliche Künstler ... ein immerfort ›Werdender‹« ist[43] und reklamierte einen »höheren Stil« für sich. Er verwahrte sich dagegen, sein »ernstes Wollen dadurch lächerlich zu machen, dass man mich für ein Unterhaltungskarnickel der dummen Jungens und Mädels erklärt«.[44] Noch bis kurz vor seinem Tod artikuliert sich wiederholt das euphorische Bewusstsein einer Art Neu-Erschaffung seiner selbst: »Ich habe mich bisher ja nur geübt, und meine Arbeit soll nun erst beginnen. Ich lernte schreiben, einen neuen Ductus, den es bisher noch nicht gegeben hat.«[45]

Mit dieser Gebärde wendet er sich einer neuen Form zu, deren vieldimensionale Bedeutungsräume Hans Wollschläger zufolge in einem »psychodramatischen Mysterienspiel« gipfeln.[46] Partout setzt er seinen Ehrgeiz darein, zur Lösung der letzten Probleme der Menschheit mit beizutragen und legt seine Ansichten »in Werken nieder, die er selbst« – nicht untypisch für die Zeit – »als Offenbarungs- und Erlösungsschriften empfand«.[47]

Vorgeblich aus Rücksicht auf seine Leser, geht er den Kompromiss ein, ohne radikale Verwerfung des *Alten* nun *Neues* zu bieten.[48] Was dabei herauskommt, ist irritierend, kurios und, in der Absicht mehr noch als der stilistisch-formalen Durchführung, respektabel zugleich, eine Umdeutung der alten Abenteuer-Sujets, die er nun, unter dem Druck der Selbst-Rechtfertigung nach den öffentlichen Angriffen auf ihn, mit allegorischer Bedeutung ausstattet. In Erfüllung der

> »Aufgabe ..., der Monograph der ›Menschheitsseele‹ zu werden ... durchwandere und beschreibe er alle ihre Gebiete in Form von symbolischen ›Reiseerzählungen‹«.[49]

Als Rekonstruktion der »ewigen Liebe und Gerechtigkeit« (Silb. III, S. 32) weisen diese Arbeiten der »Menschheitsfrage«,[50] zu der die erzählende Ich-

Instanz, Kara Ben Nemsi, rückblickend erklärt wird, den Weg auf die Rückkehr der Seele zu ihrem Ursprung. Recht eigentlich seien sie daher, wie es im »Silberlöwen III« heißt, »Predigten der Gottes- und der Nächstenliebe« (Silb. III, S. 32) eines Initiierten.[51]

All das hat Konsequenzen für die verwendeten Darstellungsmittel. Inhaltliche Muster, Personal und Positionen des früheren Werks werden, wenn auch nicht bruchlos, im Sinne einer Privatmythologie neu definiert, wobei, wie es für den weitverbreiteten Synkretismus um 1900 typisch ist, eine Gemengelage unterschiedlicher (teils auch einander widersprechender) Einflüsse besteht, von denen einer, ein wichtiger freilich, eben von Nietzsche ausgeht. Nach Emerson sei »der größte Genius zugleich auch der größte Entlehner«, verteidigt May dieses Vorgehen.[52]

Ihr spezifisches Gepräge empfangen die jetzt entstehenden Texte durch eine eigenartige Verschlüsselungstechnik, auf die der Autor selbst aufmerksam macht. Teils schwer erschließbare Symbolsysteme und kryptisch-enigmatische Fabeln überlagern einander, psycho-biographische Spiegelungen verbinden sich mit weltanschaulicher Programmatik und schematisierten Handlungsstrukturen jenseits eines Abbild-Realismus. Dabei sind Doppelt- oder gar Mehrfach-Codierungen keine Seltenheit. Die *Gleichnisse* des *Hakawati*, des Märchenerzählers, als der sich May im Alter verstand,[53] werden auf diese Weise zu verwirrend uneindeutigen Gebilden aufgeladen (was sich als ein wahres Paradiesgärtlein für kundig ambitionierte Spurenleser erwiesen hat). In diesem Rahmen haben wir auch die Anverwandlungen seiner Nietzsche-Rezeption zu suchen.

IV.

Zunächst einmal fällt dabei vielfach eine begriffliche Nähe zu dem Philosophen auf, eine Art Setzen von Assoziationsmarken, die einen eher oberflächlichen Wiedererkennungseffekt provozieren (sollen). Dabei gilt es sich vor Augen zu halten, dass, dem singulären Ausmaß entsprechend, in dem Nietzsche zur öffentlichen Figur geworden war, für zahlreiche seiner suggestiven Leitbegriffe nicht nur in intellektuellen Zirkeln, sondern auch der »gebildeten Mittelschicht« allgemeine Verbreitung vorausgesetzt werden konnte. Ja, wie man weiß, wurden bestimmte seiner Wendungen zu bedeutungsoffenen »Schlagworten«, die sich verselbständigen konnten. Dass sie damit in Gefahr standen, nicht nur banalisiert und trivialisiert, sondern grob missdeutet, ja verfälscht zu werden, versteht sich (wie May sagen würde) von selbst.[54] (Ebenso freilich auch, dass in Nietzsches Werken selbst die Bricolage seiner Rezeption angelegt ist!)

Welche Anklänge im Einzelnen sind es nun, die sich bei May finden lassen?

1. Die großen seiner spätesten Werke seit 1906 (das Drama »Babel und Bibel«, die Romane »Ardistan und Dschinnistan« sowie »Winnetou IV«) folgen einem bestimmten geschichtsphilosophischen Schema, das er in seinem auf Einladung des »Akademischen Verbands für Literatur und Musik« eine Woche vor seinem Tod am 22. März 1912 gehaltenen Wiener Vortrag umfassend erläutert, der Überwindung des *Gewalt- und Egoismusmenschen*, des niedern *Sinnenmenschen*[55] oder *Anima-*(d. h. Trieb-)*Menschen*[56] durch den alle rassischen, nationalen und kulturellen Schranken aufhebenden, eben deshalb wahrhaft christlichen *Edelmenschen*[57] (*auf dem Wege der Kunst*[58]). »Empor ins Reich der Edelmenschen!« ist die Rede vor einem »stürmisch akklamier(enden)« Publikum im »bis auf das letzte Plätzchen gefüllt(en)« Sofiensaal[59] der österreichischen Hauptstadt programmatisch betitelt.

In diesem Konzept besteht Mays Beitrag zum Nach-Jahrhundertwende-Chiliasmus vom bevorstehenden Kommen des »*neuen Menschen*« (Ard. I, S. 19)[60] als einer Art Epiphanie des göttlichen Willens in der Geschichte, die die »Schöpfung ... vollende(n) und das Paradies ...« von neuem öffnen werde.[61] Führer und identifikatorischer Weggefährte dorthin ist das imaginäre »Ich«, das nicht

> »imaginär zu bleiben, sondern sich zu realisieren hat, und zwar in meinem Leser, der innerlich Alles mit erlebt und darum gleich meinen Gestalten emporsteigt und sich veredelt.«[62]

Im *Edelmenschen* (als dessen erste beispielhafte Verkörperung der Apatschenhäuptling schon in einem Vortrag von 1898 aufscheint),[63] wird der Zustand der bisherigen Gattung geistig und sittlich überwunden. Aus diesem Grunde hat man hierin auch schon früh eine Replik auf Nietzsches Typus der größtmöglichen Vollkommenheit[64] erkennen wollen. »Mays Edelmensch«, fragte von Krenski,

> »ist sein Sinn ein andrer als der des Uebermenschen? Ziehen wir den letzten Schluß aus dem Hohen Lied des Uebermenschen aus ›Ardistan und Dschinnistan‹, befreien wir es von der Schale des Christentums, so behalten wir in den Händen das Gebot – noch mehr, die Prophezeiung der Veredelung, Vergöttlichung des Menschen.«[65]

Handelt es sich bei Mays wichtigstem Leitbild also, unter anderem, um eine Nietzsche-Kontrafaktur? Um einen religiös-moralisch grundierten Gegenentwurf zur zentralen Botschaft Zarathustras, dem (so schon Raoul Richter) »bestbekannten und schlechtest verstandenen Schlagwort der Nietzscheschen Philosophie«[66] (die ihrerseits von der ebenso breiten wie heterogenen Strömung eines evolutionistischen Denkens im Gefolge Darwins nicht zu trennen ist)?[67] Innerhalb der May-Forschung hat man jedenfalls viel über die Herkunft des Begriffs gerätselt, für den sich im Grimmschen Wörterbuch (1862) noch kein Nachweis findet, und dabei verschiedene Hypothesen entwickelt, die Entlehnung aus Texten Bertha von Suttners Roman etwa, aus Goethe, aus freimaurerischem Denken oder eben auch aus Nietzsche.[68] Letzteren bei der Kombination unterschiedlicher Einflüsse, mit der man es insgesamt wohl zu tun haben dürfte, sehr nachdrücklich in Erwägung zu ziehen, erscheint jedenfalls nicht unplausibel.

Sicher ist, dass eine entsprechende Semantik schon vor May typologisch im Umlauf war. Dies trifft nicht nur für die geisteswissenschaftliche Argumentation zu. Im weiten Umfeld der zumal neureligiös inspirierten Lebensreform bediente man sich des Topos vom »Edelmenschen« ebenso gern wie in dem der völkischen Bewegung.[69] So schillernd er jeweils auch aufgeladen zu werden vermag, gemeinsam ist allen Rückgriffen die Idee der Selbstüberschreitung des Menschen hin zu einem »besseren« Seinszustand. Mit Bezug darauf heißt es etwa in Karl Lorys Entwurf einer »evolutionistischen Ethik« von 1900: »Dieses Streben nach dem Edelmenschen, wenn man sich so ausdrücken will, ist der Inhalt der Kulturgeschichte der Menschheitsentwicklung [...]«, ein den Menschen »gleichsam überschattender Trieb«.[70] Unmittelbar nach dem Ersten Weltkrieg systematisiert der Bonner Philosoph Johannes Maria Verweyen dann das »Edelmenschentum« noch einmal zum Leitbild einer weitverbreiteten »Charakterlehre neuer Prägung«, die sich im idealistischen »Adlerwillen zum Aufstieg aus allen Niederungen des gegebenen Daseins« erfüllt.[71] Unverkennbar hat May eine ganz ähnliche Vorstellung von Progression, »*die Menschheit*, schreibt er an Sascha Schneider, *wird im Vorwärtsschreiten von immer neuen und höheren Culturpotenzen beseelt*«, hieraus entstehe »*die Menschheitsseele der ›Edelmenschen‹*«.[72]

Höchst aufschlussreich (doch bisher, soweit ich sehe, nirgends wahrgenommen) ist nun aber, dass just dieser Begriff, und zwar bevor Karl May ihn übernahm, von den Zeitgenossen, geradezu topisch sogar, auch mit Nietzsche in Verbindung gebracht wurde (bei dem selbst nur einmal vom »veredelten Menschen« die Rede ist, II, S. 702). Dessen Bekannte Meta von Salis-Marschlins stellt ihren 1897 erschienenen »Beitrag« zu seiner »Charakteristik« unter die Überschrift, »Philosoph und Edelmensch«.[73] Gleichlautend liest man in einem Artikel von Ferdinand Avenarius (der wenig später eine heftige Polemik gegen May verfasste), zum Tode des Philosophen:

»Er war [...] ein Edelmensch, wenn einer.«[74] Ähnlich ein von Paul Ernst verfasster Nachruf, der von der zentralen Denkfigur Nietzsches implizit die Nähe zu derjenigen Mays herstellt, »[...]er lehrt, [...] dass dieses Ziel der ›Übermensch‹ sein müsse, die fortschreitende Veredelung des Menschen.«[75] Für die Geläufigkeit solcher Zuschreibung[76] von Belang sein mag auch, dass Hermann Hesse 1909 Nietzsche im selben Sinne versteht: »Edeltum und Überwindung des Niederen zum Höheren, des Menschen zum Übermenschen, ist das Gesetz, das er dir auferlegt.«[77] Anders, doch ebenfalls im Mayschen Assoziationsfeld, Karl Kraus, der in einer Summe von Würdigungen zu Nietzsches Tod (wie vorher schon Franz Mehring) die »Anpreisung des als Uebermenschen bezeichneten nackten Gewaltmenschen« kritisiert.[78]

Mays Zeitungs- und Zeitschriftenlektüre kann nicht exakt rekonstruiert, darf aber ohne Zweifel vorausgesetzt werden. Ausgeschlossen ist es jedenfalls nicht, dass ihm die Verbindung von »Über-« und »Edelmensch«[79] in der frühen Nietzsche-Rezeption bekannt war und er dieses Muster gegen den Philosophen (zu dem sich jeder »geistige Führer« oder »Verkünder« der für Messianismen verschiedenster Provenienz weithin empfänglichen Zeit irgend verhalten musste) mit neuen Inhalt versah.

Der Schlüsselbegriff von Zarathustras Verkündigung selbst wird von Karl May, soweit mir bekannt, viermal verwendet, und zwar bis auf eine Ausnahme pejorativ. Zunächst in dem Roman »Und Friede auf Erden!« (1904), der in seiner Erstfassung vor seiner Bekanntschaft mit Sascha Schneider entstand, also jene öffentliche »Schlagwort«-Verbreitung Nietzsches, der man sich gar nicht entziehen konnte, zu belegen scheint. »Es kann mir doch nicht einfallen«, reflektiert der Ich-Erzähler hier,

> »aus dem Grunde, dass einzelne Personen sich für Uebermenschen halten, deren ganzes Volk als Uebernation zu betrachten, sondern ich weiß, dass sie wie jede andere und auch die unserige ein Recht auf Nachsicht und Verzeihung hat, und pflege diese Milde besonders gern an ihren Uebermenschen auszuüben, weil sie ihrer am bedürftigsten sind.«[80]

Wie ein Echo legt May später dem Chinesen Tsi selbstbewusste Worte in den Mund. »Die Weißen«, läßt er ihn sagen, »sind für uns weder Götter noch Uebermenschen. Wir wissen uns ihnen vollständig ebenbürtig ...«[81]

Aufmerksamkeit gebührt diesen Passagen, weil sie zugleich die imperialistische Konnotierung aufzeigen, die schon früh mit Nietzsches Terminus verbunden werden konnte (und die der Autor strikt zurückweist, der in diesem Text vielmehr das Bild einer versöhnten Menschheitsfamilie aus gleichberechtigten Nationen entwirft). Auch vom »Nihilismus«, der die »staatliche(n) Konstitutionen« des vermeintlich zivilisierten Europa ebenso

»zerfressen« habe wie der »Anarchismus, ... Sozialdemokratismus und andere Krankheiten«, ist hier übrigens die Rede. Außerdem davon, das die »angebetete Weltweisheit nicht weitergekommen ist, als nur zu der Behauptung, daß kein Gott die Welt regiere«,[82] was May jederzeit übel vermerkt. Eine Gemengelage von Aspekten also, die zur öffentlichen Wahrnehmung Nietzsches durchaus passen.

Die zweite Belegstelle aus dem gleichen Jahr, ebenfalls noch vor der begründeteren Bekanntschaft mit dem Philosophen via Sascha Schneider, mobilisiert Nietzsches Parole gegen die journalistischen Kritiker Mays. Bei den Redaktionen gewisser Blätter, schreibt er in der anonym erschienenen Broschüre mit dem Bandwurm-Titel »›Karl May als Erzieher‹ und ›Die Wahrheit über Karl May‹ oder Die Gegner Karl Mays in ihrem eigenen Lichte – von einem dankbaren May-Leser« (1902), dort also herrsche eine Atmosphäre

> »jener geistigen Großmannssucht, in welcher sich jeder als Uebermensch und Uebergeist erscheint, während er selbst sich nicht als solchen betrachte.«[83]

Ganz im Einklang damit polemisiert der vierte Band des »Silberlöwen« gegen die »wohl schon ganz übermenschlich(en)« Kritiker, die einen Menschen nicht mehr »begreifen« wollen (Silb. IV, S. 160).[84] Unter den an ihn gerichteten Briefen, die der bedrängte Autor im Anhang der apologetischen Schrift dokumentiert, befindet sich die eines Pfarrers L., welcher sich wünscht, dass der ihm bisher unbekannt gebliebene Roman »Am Jenseits« (1899) »auch denen zugänglich« gemacht werden solle, »die alles positiven Glaubens bar und ledig in Nietzsche's Uebermenschen ihr Ideal erblicken«,[85] – von dem May zu diesem Zeitpunkt also mindestens eine ungefähre Vorstellung gehabt haben muss.

Nicht ohne Grund vielleicht erst im Jahr der expliziten Manifestation seiner Konkurrenzidee (des »Edelmenschen«) erscheint das bisher für ihn verpönte Wort in einem freundlicheren Licht, in Mays (ansonsten arg epigonalen) »Briefen über die Kunst« (1906)[86] nämlich. Dort artikuliert er sein

> »Verlangen nach führenden Persönlichkeiten, nach Uebermenschen, nach Propheten, nach – sagen wir es deutlicher – nach Heilanden, nach Erlösern.«

In dieser Semantik wird dann die Konvergenz mit dem Edelmenschen möglich (die übrigens, wie bewusst damit einhergehend auch immer, von Mays wenigstens partieller Rücknahme des früheren »Übermenschenzuschnitt(s)«[87] seines Helden-Ichs flankiert wird, dessen Omnipotenz nun eine Spiritualisierung im Hinblick auf die Funktionen eines Propheten und Erlösers durchläuft. Retrospektiv wird es als eine »Idealgestalt des kommende(n) Edelmenschen« identifiziert, als Vorwegnahme einer utopischen Figur der Überwindung bestehender Grenzen, welcher

> »von dem Dichter alle Kenntnisse und Fertigkeiten, alle Vorzüge und Fähigkeiten der zukünftigen Geschlechter gegeben worden sei.«[88]

2. Eng verwandt mit dem bisher diskutierten Wortumfeld ist das des »höheren Menschen«, nach dem bekanntlich Zarathustra auf der Suche ist (IV, S. 302f., 347, 356ff.; vgl. III, S. 366, 373). Auch bei May findet sich diese Wendung, und sie verbindet sich dort, seiner universalistischen Menschheitsidee widersprechend,[89] mit einem handfesten Aristokratismus, in dem dann wiederum die verwandte Tonart Nietzsches mitzuklingen scheint, zu dem May eine gewisse Wahlverwandtschaft empfunden haben muss (von »Geisteskönig« zu »Geisteskönig« sozusagen).

Obwohl es also eigentlich um die »Gesundung, Erstarkung und Veredelung der ganzen Menschheit« geht (Ard. II, S. 395), werden die »edlen«, die »große(n)« (ebd., S. 49, 68) oder »hochstehenden, seltenen Menschen« (ebd., S. 183) notorisch den »gewöhnliche(n)« entgegengesetzt (Silb. IV, S. 2). Das Lob der Ungleichheit als Bedingung des Lebens läuft dabei nicht nur auf die evidente Distinktion »höchsten Adel(s)« (ebd., S. 524) oder wahrer »vornehme(r) Art« (Ard. II, S. 34) hinaus, sondern gefällt sich zuweilen in heroisch-imperatorischer Gebärde: »Es zuckt Einem der Fuß, sie hinabzustoßen, so oft sie kommen, gleich tausend auf einen Tritt«, ekelt sich der Mir von Ardistan über die »Kriecher«, »Würmer«, »Läuse, Wanzen und Flöhe«, womit er seine Untertanen meint – und er wird dabei von Kara Ben Nemsi, dem Gesandten der »Menschheitsseele«, ausdrücklich sekundiert. »Wieviel Hunderttausende von ihnen«, geht er geistaristokratisch zur »*Masse*« auf Abstand, »werden geboren, um nur wieder zu sterben und zu verfaulen, ohne daß es auch nur einem Einzigen von ihnen gelingt, auf sie gestützt, über sie emporzusteigen.« (Ard. II, S. 111f.)[90] Fast wörtlich findet man im »Zarathustra« eine Analogie dazu: »Ihr bedeutet Stufen, so zürnt Dem nicht, der über euch hinweg in seine Höhe steigt!« (IV, S. 351; vgl. III, S. 358).

Diese Spielart eines forschen Elitarismus macht sich auch in den Briefen Mays an Sascha Schneider geltend. »Sie [May meint Schneider] sollen herrschen, nichts als herrschen, heißt es da etwa, ›Wer Pack ist, hat zu parieren ...‹[91] oder, Erstens soll und muss das Genie herrschen!« Oder schließlich, »wie kann der Hamster es wagen, den Adler zu belästigen.« May konnte sehr überzeugt davon sein, im Bewusstsein eigener Sendung weit über den anderen zu stehen – ein ausersehener Höhenmensch eben.

3. Und das in einem fast penetrant wiederkehrenden metaphorischen Sinne, der sich gleichfalls an eine Haltung Nietzsches anzuschließen scheint (ohne sich ausschließlich von ihr her zu bestimmen). In seiner Abwehr dessen, was er als sogenannte Kultur des 19. Jahrhunderts verabscheute, strebte Nietzsche ja mit Nachdruck den Gipfeln zu. Seine Philosophie entwarf er als einen Gang in ebenso klare wie eisige Höhen, den er parallel bis in seine äußeren Lebensumstände hinein vollzog. Der Übermensch ist eine Inkarnation dieses Steilwand-Denkens: »Aufwärts geht unser Weg, von der Art hinüber zur Über-Art«[92] (IV, S. 98, vgl. 130). Zarathustra pflegt den Abstand zu »allen Niederungen« (IV, S. 126f.). Nur gelegentlich begibt er sich vom »Gebirge« (IV, S. 11) zum gemeinen Volk herab, um es von seinem überlegenen Standpunkt aus zu belehren.

Auch Mays Vorbildfiguren suchen immer wieder »die Höhe« (Ard. I, S. 560), steigen zu den »höchsten Bergen« empor oder blicken zu ihnen auf (ebd., S. 30; Vgl. Silb. III, S. 286, 318). Derlei ist natürlich keineswegs (nur) »geographisch« gemeint, wie der Text selbst zu erkennen gibt (Silb. III, S. 558). Vielmehr (und hier verwandelt der Autor die zeitgenössisch grassierende Attitüde Nietzsches, die ihrerseits eine altvertraute Symbolik beerbt, seinem eigenen Wertesystem an) ist der Weg nach oben in die »*freien, lichten Höhen*« (Silb. III, S. 66)[93] eine sittlich-religiöse Erhebung,[94] die Läuterungsprozesse voraussetzt,[95] wie ja auch die Berge dezidiert als »Berge Gottes« (Ard. I, S. 335) bezeichnet werden. Schon viele der frühen Reiseerzählungen beginnen in Ebenen und enden im Hochland. Diese Eigentümlichkeit überhöht das Spätwerk dann zum allegorischen Prinzip.[96]

»Wir stehen hier auf sturmumheulter Höhe. Wir haben freier und reiner und edler zu handeln als die da unten im Tale« (Ard. II, S. 70f.), dem »geistige(n) Tiefland« (Silb. IV, S. 34). Oder: »Such auf den Bergen Schutz, und steige nie zur Fläche nieder ...« (Silb. III, S. 556), schärft der Ustad, der weise Meister der Dschamikun (dessen Seele »hoch oben auf dem Berge« wohnt, Silb. III, S. 466),[97] im »Silbernen Löwen III/IV« Kara Ben Nemsi ein. Seine Berg- und Felsenpredigt (Silb. III, S. 514) ist ein vielleicht sehr bewusst resakralisierendes Gegenstück zu der blasphemischen Zarathustras.

Zur Höhenexistenz gehört (wie schon erwähnt) freilich das Stigma des Solitärs. »Den Weg, auf dem ich mich befinde, ist noch kein Anderer gegangen«[98], stilisiert sich May, möglicherweise wahlverwandt das Rollenangebot Nietzsches übernehmend, in seiner Autobiographie zum großen Einsamen – und »Einsamkeit« ist ja nachgerade auch die »Heimat« Zarathustras (IV, S. 231). Erst später werden sich »Manche, vielleicht sogar Viele von dem großen Haufen absondern ..., um sich mir zuzugesellen«, hoffte May, der Ausgestoßene.[99]

Nicht vergessen werden darf in diesem Kontext der Motivzusammenhang des Höhenflugs, mit dem der Autor erneut auffällige Ähnlichkeiten zu Nietzsche aufweist. Von den »Luft-Schiffahrern des Geistes« am Schluss der »Morgenröthe« war anlässlich des Tagebucheintrags seiner Frau bereits die Rede. Wieder einmal wäre außerdem an den »Zarathustra« zu erinnern: »Wer die Menschen einst fliegen lehrt, der hat alle Grenzsteine verrückt [...]« (II, S. 440; vgl. 349). Diesem »Symbol eigener Elevation«[100] kommt zumal in »Winnetou IV« eine Schlüsselbedeutung zu. May, der für sich selbst in Anspruch nahm, zu den ersten *geistigen Aviatikern* zu gehören,[101] lässt dort den »jungen Adler« als Pionier seines Volkes mit einer selbstgebauten Maschine emporsteigen, nicht unter dem Vorzeichen menschlicher Selbstermächtigung allerdings, sondern, jesusähnlich durch ein vierzigtägiges Fasten in der Wüste initiiert,[102] im Geiste Winnetous, zu dessen Clan er gehört und dessen innere Bewegung zu Gott hin er äußerlich wiederholt.[103] Das Instrument des Fortschritts wird so zu einem spirituellen Symbol für den Aufstieg des Menschen über »das kleine Volk der Gegenwart« hinaus,[104] in dem er sich selbst transzendiert und damit erst in seiner wahren Bestimmung erscheint.[105]

4. Zwei weitere Leitbegriffe Nietzsches schließlich seien noch erwähnt, die Karl May aufgreift. Da ist zunächst die *Umwertung* aller (May schreibt *der*) *Werte* – Nietzsches Untertitel für sein »Zukunfts-Evangelium« (XIII, S. 190, vgl. V, S. 126, 409, VI, S. 57, 89, 365) –, mit der in der Verteidigungsschrift »Ein Schundverlag« von 1905 auch May ausdrücklich »den Uebergang aus der bisherigen Weltanschauung in eine neue, lichtere beginnen läßt.«[106] Nietzsche zufolge sind es die »freien Geister«, die eine solche »Umwerthung« bereits vornehmen (VI, S. 179). Auf just diesen anderen Ausdruck trifft man bei May daher gleichfalls kaum zufällig, wo er für seine eigene Konzeption eines »neuen Menschen« (vgl. Ard. I, S. 19) beansprucht wird.

Bei dem Experimental-Philosophen bedeutet der »freie Geist« (II, S. 15ff., V, S. 40ff.) eine Selbstauszeichnung ebenso wie die wünschenswerte Haltung eines »souverainen Individuums« (V, S. 293), das ohne Tugenden wie Redlichkeit und Wahrhaftigkeit, Mut und Tapferkeit, Gerechtigkeit und tragische Weisheit nicht gedacht werden kann.[107] Entsprechend kommt der Autor dort, wo er (im Gespräch des Ustad mit Kara Ben Nemsi zu Beginn des letzten »Silberlöwen«-Bandes) das Verhalten eines »hohen, freien Geistes« (Silb. IV, S. 42) als Ziel ausgibt, auf solche Anforderungen zu sprechen. Die »intellektuelle Selbstständigkeit« erst sei es, die »zur vollen Selbstbestimmung und Selbstbewegung« führe (ebd., S. 40), welche den »edlen, freien Geist« ausmache (ebd., S. 65). Ohnehin gilt grundsätzlich, »Unfreie Geister gibt es nicht. Wer in Fesseln liegt, ist ... niemals Geist!« (ebd., S. 162).

V.

Damit verlassen wir diese Ebene der mehr oder weniger geheimen leitbegrifflichen Korrespondenz Mays mit Nietzsche,[108] um in einem letzten Schritt noch die Spiegelung des Philosophen selbst im Personal der späten Romane seines Landsmanns zu beleuchten, also das Verfahren der Figuration (oder Transfiguration), in dem fiktive Gestalten des Textes mit (partiellen) Parallelen zu realgeschichtlichen Vorbildern ausgestattet werden. Dabei ist zu bedenken, dass angesichts der mehrdimensionalen Technik der Synchronisation in Mays Spätwerk nicht nur die Handlungsebenen, sondern auch die Personen (oft auf engstem Raum) in Bedeutungselemente aufsplittern, die sich nur schwer oder überhaupt nicht zur Deckung bringen lassen (allenfalls vielleicht über äußerst subtile Theorien psychischer »Reaktionsauslösung«[109]). Die gleichen Figuren stehen indes nicht durchweg für das Gleiche. Vielmehr herrscht ein Nebeneinander unterschiedlicher Teilreferenzen vor. Dies gilt es im Folgenden zu berücksichtigen.

Der Roman »Im Reiche des silbernen Löwen III/IV« (1902/03) berichtet (als Fortsetzung zweier, wenige Jahre zuvor entstandener Abenteuer-Bücher) von der Reise des typhuskranken Ich-Erzählers Kara Ben Nemsi in das Gebirgsland Persiens und seinem Aufenthalt im Tal der Dschamikun, einer Art religiöser Landkommune unter der Führung eines gelehrten Patriarchen namens Ustad, d. h. »Meister«. Hier befindet sich eine Tempelruine, die im Lauf der Geschichte von verschiedenen Religionsgemeinschaften Stockwerk für Stockwerk aufgetürmt wurde. In ihrer innersten Tiefe verbirgt sie eine Beter-Statue. Am Ende der den weit ausgreifenden Gesprächen über alle möglichen Gegenstände nachgeordneten Handlung, nachdem die Feinde der Gemeinschaft besiegt worden sind, stürzt der Bau zusammen und setzt die Statue frei.

May selbst hat darauf hingewiesen, er erzähle hier »rein deutsche Begebenheiten im persischen Gewande.«[110] So seien etwa »Alle Personen aus den Beleidigungsprozessen nach seiner Ehescheidung geschildert.«[111] Richtet man den Blick auf eine mögliche Präsenz Nietzsches in diesem Ensemble, dann findet sie insbesondere um Mays großes Thema der Hinordnung des Menschen auf Gott statt, und zwar in drei Ansätzen.

Da ist zum einen die »alte Sage« von »›Chodeh, dem Eingemauerten‹« (Silb. IV, S. 211ff.) als Variation der zu Gottesgräbern gewordenen Kirchen aus der »Fröhlichen Wissenschaft« (III, S. 482). Wie bei Nietzsche gebärden sich gerade die Kirchenfrommen (auf der Ebene der Romanhandlung der Scheik ul Islam und der Taki-Orden), die hier, freilich vergebens, als »Baumeister« tätig waren – »eine Ewigkeit vor Zoroasters Zeit« (Silb. IV,

S. 485) –, aus rein »herrschaft(s)«-strategischen Gründen als »sanftmütig und von Herzen demütig« (Silb. IV, S. 489). Die machtversessene religiöse Institution errichtet ein Gottesgrab. Anders als bei Nietzsche ist Gott jedoch nicht »todt« (III, S. 467, 573; IV, S. 14, 115),[112] sondern lediglich die Verbindung zu ihm im Exklusivbesitz des Dogmatismus »versteinert« – bis am Ende ihre konvergenztheologische Befreiung symbolisch inszeniert wird.

Sodann verdient der Rundgang Kara Ben Nemsis durch das Kellergewölbe der Ruine in einem großen Traum Beachtung, wo er namentlich einen Bau, »der ... an Altiranisches, an Zarathustra mahnte« (Silb. IV, S. 316), durchqueren muss. Hier stößt er auf Skelette, die in unbestimmter Weise mit »Zerstörung«, »Fluch« (Silb. IV, S. 334f.) und »Wahnsinn« in Verbindung gebracht werden. Für »so erhab(en)« dünken sie sich, dass sie »nicht einmal mehr mit Gott, dem Höchsten, rede(n)!« Aus der Perspektive des Protagonisten handelt es sich dabei um »Ueberhebung« und »selbstbewundernde Vermessenheit«. Der »Irrsinn« eines autonomen a-theistischen Denkens, hält er ihnen vor, sei es, der zum »Sturz in dieses Geistesdunkel« geführt habe (Silb. IV, S. 337). Da May als Phänotyp einer solchen Haltung zur Zeit der Entstehung des Romans nachdrücklich auf Nietzsche aufmerksam geworden war, ist die Vermutung nicht von der Hand zu weisen, dass in dieser Unterweltsszene zumal auf dessen Philosophie angespielt wird.[113]

Zutiefst erlösungsbedürftig erscheinen ihre Vertreter, die »Schwachheitshassenden« (Silb. IV, S. 324) – ein Begriff, mit dem der Verfasser zumal des »Zarathustra« und der »Genealogie der Moral« nicht übel getroffen ist.[114] Tatsächlich gelingt es Kara Ben Nemsi, die Bewegung der Gerippe auf Gott hin neu anzustoßen. Ihm, dem »einzig Einen«, versprechen die Gefallenen, dass sie »wieder beten werden« (Silb. IV, S. 348, vgl. S. 342ff.), was sich wie eine polemische Replik auf jene Stellen in Nietzsches »Buch für Alle und Keinen« (IV, S. 9) ausnimmt, wo vom Infantilismus und der »Schmach« des Händefaltens die Rede ist oder wo es von den »Abtrünnigen« (IV, S. 226), die der Versuchung des Rückfalls in Trost spendende Irrtümer erliegen, heißt: »Sie sind alle wieder fromm geworden, sie beten, sie sind toll [...]« (IV, S. 388; vgl. 227f., 393; III, S. 527).[115]

Bedroht wird die Kommunität der Dschamikun insbesondere durch den Geheimbund der »Schatten«, an deren Spitze Ahriman Mirza steht, der Ämir-y-Sillan (*Fürst der Schatten*, den man schon im so ganz anders gearteten zweiten Band des Zyklus erwähnt findet). Auch wenn die Bezeichnung also schon in die Zeit vor Mays Nietzsche-Lektüre zurückreicht, könnte ihr durch jene gleichwohl weitere Relevanz zugewachsen sein. »Des Übermenschen Schönheit«, lesen wir im »Zarathustra«, »kam zu mir als Schatten« (IV, S. 112). Derlei kommt einer nahezu perfekten Visitenkarte der Romanfigur gleich!

Der Sieg über den Panther. Karl Mays Auseinandersetzung mit Nietzsche

Unabhängig davon ist seit Arno Schmidts Hinweis in der May-Forschung wenigstens als ungefährer Topos akzeptiert, dass Ahriman Mirza teilweise ein Echo auf Nietzsche enthält.[116] Genau betrachtet kreuzen sich in dieser Figur vier teilweise einander widersprechende Bedeutungsebenen, a) ist er eine Person im Romangeschehen mit ihrer eigenen Handlungslogik, b) dient er als Inkarnation des mythisch Bösen, c) hat May ihn mit Zügen eines seiner journalistischen Hauptwidersacher versehen, Fedor Mamroths, des Feuilleton-Redakteurs der »Frankfurter Zeitung«,[117] und d) besonders in den weltanschaulichen Gesprächen, aber keineswegs dort allein, sind ihm (wie ich finde, recht eindeutige) Verweise auf Nietzsche unterlegt. Nur diese sollen im Folgenden herausgefiltert werden.

Schon rein äußerlich wird Ahriman Mirza zu einer Art Antichrist stilisiert. Sein Schmuck ist zwar falsch, gleichwohl stattet ihn May mit einer »dämonisch verführende(n) Schönheit aus, welche Seligkeit verspricht und doch aber nur Verderben giebt« (Silb. III, S. 587, vgl. 593). Eine luziferische Aura also, die ja auch einen der arbiträren Topoi innerhalb der Nietzsche-Rezeption tangiert.[118] Der implizite Texthinweis auf ein *Bild* Sascha Schneiders erhärtet diesen Verdacht. Auf ihm ist *Loki* dargestellt (Silb. III, S. 587), der sich in der germanischen Mythologie »vom Gott zum ›Gegengott‹« wandelt und damit selbst »aus der göttlichen Ordnung« entfernt.[119]

Ganz unverkennbar eignet Ahrimans Kritik am Christentum eine andere Qualität als der Gottesleugnung früherer Figuren im Werk des Autors, von Klekih-petras Aufsässigkeit (in »Winnetou I«) und dem Rationalismus Old Wabbles (in »Old Surehand«) über die Verzweiflung des schuldig gewordenen Sennor Perdido (in »Christ ist erstanden!«), den Hochmut Hillers (in »Weihnacht!«) und Dozorcas moralische Gekränktheit bis hin zur Verblendung des Säfir (beide im zweiten Band des »Silbernen Löwen«). Vor allem bedient sie sich einiger Argumente, die May durch seine Nietzsche-Lektüre (und die über den Philosophen) vertraut sein mussten. So läßt der »Prinz der Finsternis« etwa keinen Zweifel daran, dass er das christliche Bekenntnis für verlogen hält (Silb. III, S. 599),[120] dass dieser Glaube letztlich nur ein »Vorwand« sei, »hinter dem die Instinkte« sich austoben (II, S. 387; vgl. Silb. III, S. 591), zumal im Hinblick auf das Schindluder, das mit dem Begriff »Nächstenliebe« getrieben werde. Durch die Lebenspraxis würden die christlichen Werte diskreditiert, diese (wie für Nietzsche) »Religion des in der Liebe versteckten Hasses« (Silb. III, S. 591f., vgl. 619f.)[121] entfaltet somit eine Art nihilistischer Wirkung, insofern die Christen nämlich, deren »Erlöser« sie eben **nicht** zu »verwandeln« (ebd., S. 591) vermochte,[122] wie Ahriman sagt, zu den »allerbesten und brauchbarsten« Helfern der »Schatten« werden (ebd., S. 601).

Weitere Argumente kommen hinzu, die ein Nietzsche-Leser ebenfalls ganz vertraut finden wird. Beispielsweise lehnt Ahriman die für ihn »so kindisch(e) und zugleich so altersschwach(e) ... sogenannte Frömmigkeit« höhnisch ab, »Sie ist« – noch einmal! – »die alt und schwach gewordene, lächerliche Tante aller der augenverdrehenden Seelen«, die »ihre Bettlerarmut und Begehrlichkeit hinter dem nur allzu durchsichtigen Schleier des sogenannten Segens« verberge (Silb. III, S. 598). »[...] alters- und tugendschwach«, spottet Zarathustra analog, seien die »Kirchen« geworden (IV, S. 169).

Religion dieser Art depraviere («verarm(e)«) den Menschen. Sie sauge seine ganze Existenz («Mich selbst mit allem, was ich bin und was ich habe«) für ein »leeres Wort« auf (Silb. III, S. 598), während an denjenigen, der ihr die Gefolgschaft aufkündige (Nietzsche gemäß »der Erde treu« bleibe; IV, S. 15, 99), fern jeder Metaphysik (was May kurzerhand mit der »Hölle« gleichsetzt) »ohne Unterlaß ... die ganze Fülle der Glückseligkeit« ausgeteilt werde, »und will nichts, nichts von ihm dafür, als daß er sie genieße!« (Silb. III, S. 598f.) Es mag sein, dass hier eine spezielle Lesart der Ausführungen des Philosophen vom »Selbstgenuss« als dem »einzigen Verlangen des Individuums« (II, S. 104) überblendet ist. In diesem besteht jedenfalls Ahrimans gegen-christliche Verheißung. »Schlag nach bei Nietzsche!«; nicht minder ist das für die Unterstellung anzuraten, »Liebe« sei bloße »Hilflosigkeit«, etwas für »Schwächling(e)« (Silb. III, S. 600, vgl. 603), ressentimentgeladener »Sklavenaufstand in der Moral« also, Verrat der »vornehmen« aggressiven Instinkte (V, S. 270ff.).[123]

May unterzieht diesen beredten Antichristen, der Gott (im Roman, den Schah) wie ein Putschist stürzen und statt seiner selbst herrschen will (Silb. IV, S. 447, 479, 496, 620) – man denke an das »grosse ferne Menschen-Reich, das Zarathustra-Reich von tausend Jahren« (IV, S. 298) –, der (mit einem seiner Lieblingsworte im Spätwerk) »psychologischen«[124] Diagnose. Letztlich, so gibt er zu erkennen, seien Ahrimans Blasphemien Ausdruck eines tiefen religiösen Leidens in zweifacher Hinsicht. Zum einen wurzelt seine Rebellion im Hass auf einen Größeren, um dessen Vorhandensein er »*weiß*«, wie auch darum, dass er ihm nie gleichen wird. Deshalb möchte der Mirza in seiner »entsetzlichste(n)«, weil niemals endenden »Qual« die Heilige Schrift (die ihn daran erinnert) restlos vernichten (Silb. III, S. 606). Möglicherweise leitet sich diese Deutung vom Satz Zarathustras her, »wenn es Götter gäbe, wie hielte ich's aus, kein Gott zu sein! Also giebt es keine Götter.« (IV, S. 110) Zum anderen sehnt sich der Spötter über die religiöse Doppelmoral gerade nach einer Falsifizierung seines Wissens. Seine Verneinung erweist sich als geheimes Warten auf die erlösende Liebe eines »ganz Unmöglichen, Undenkbaren«, der »mitten in der Hölle unter Teufeln sitzt und für die betet, die ihn da hinabgerissen haben!« (Silb. III, S. 594f., vgl. S. 597). Theologisch umgewertet wird auf diese Weise Nietzsches Hoffnung auf »einen Menschen, der den Menschen rechtfertigt, auf einen [...] erlösenden Glücksfall des Menschen, um desswillen man **den Glauben an den Menschen** festhalten darf!« (V, S. 278). Ebenso könnte das zeitgenössisch vielfach bezeugte Deutungsmuster Nietzsches als eines klandestinen Gottsuchers Pate gestanden haben.[125] Wie dem auch sei, Ahriman jedenfalls fordert eine Art Theodizee des »*einzigen wahrhaft Liebenden*« (Silb. III, S. 597): »Zeige ihn mir, so bin ich dein!« (Silb. III, S. 595), hält er dem Ustad entgegen.

Da er dessen angebotene Liebe und Segen jedoch ablehnt, verfällt der »Fürst der Schatten« dem Gericht, in dem er, wie sein Widerpart prophezeit, die Wahrheit der christlichen Verheißung an sich selbst erfahren (und sie damit bestätigen) werde, er sei dazu verurteilt, »der Erlösung stumm ins Auge zu schauen« und so selbst die Antwort auf seine Herausforderung sein zu müssen (Silb. III, S. 600). Den Mirza ficht derlei indes nicht an. »Es giebt ja gar kein Ende!« (Silb. III, S. 622), trumpft er höhnisch auf. Auch wenn dies für ihn nicht unbedingt ein fröhlicher Gedanke ist, scheint er mithin (wie Nietzsche) davon überzeugt zu sein, »dass alle Dinge ewig wiederkehren und wir selber mit« (IV, S. 276).

Noch weitere Details der Figur rücken sie auf verblüffende Weise in die Nähe des Philosophen. Ahrimans aristokratische Moral zählt dazu. »Ich will Edles erreichen«, eröffnet er dem Scheik ul Islam, »indem ich das Gemeine knechte.« (Silb. IV, S. 483). Ganz ähnlich postuliert Zarathustra ja einen »neuen Adel, der allem Pöbel [...] Widersacher ist und auf neue Tafeln neu das Wort schreibt ›edel‹« (IV, S. 254, vgl. S. 357f.). Zweimal wird er indes – eine besonders maliziöse Pointe Mays – von Hanneh, der Gattin Halefs, düpiert. Die Zurückweisung seiner Intrige gegen die Dschamikun muss sich »der selbstbewußte, überstolze Mann« ausgerechnet »von Frauen« ins Gesicht sagen lassen (Silb. III, S. 615). Ein Schelm, wer Nietzsche kennt und sich dabei nichts denkt! Zumal es noch dicker kommt. Nachdem sie beim Wettrennen mit dem Reitkamel ihren Gegner von den »Schatten« geschlagen hat, tritt sie mit kühler Genugtuung vor Ahriman hin: »Ihr lachtet über das Weib; das Weib lacht nicht, aber es siegt!« (Silb. IV, S. 589).[126]

Noch in Äußerlichkeiten öffnet sich die Bedeutungsebene von der Romanfigur auf den Philosophen hin. So wird etwa die Reitpeitsche, mit der Ahriman »schwippt« oder »herumfuchtel(t)«, leitmotivisch als das ihm zugehörige Utensil erwähnt (Silb. IV, S. 492, 556; vgl. 480, 526, 535, 537, 552, 596, 599). Freilich läuft es nicht ab wie im »anderen Tanzlied« aus dem »Zarathustra«: »Nach dem Takt meiner Peitsche sollst du mir tanzen und schrein!« (IV, S. 284). Vielmehr geht am Ende »infolge der Hiebe mit der Peitsche« das von Kara Ben Nemsi bezwungene Pferd des Mirza – mit (dem für Nietzsche positiv besetzten) Namen »Teufel«[127] – durch und verletzt sterbend sein »Gehirn« mit den Zähnen, ohnmächtig fällt der Widersacher – wem fällt dabei der Zusammenbruch des Philosophen in Turin ein? – auf das Tier nieder (Silb. IV, S. 599–601).

Zu diesem Zeitpunkt ist er ohnehin bereits fast ganz in die Verrücktheit abgedriftet (ebd., S. 540). Als Perser nämlich glaubt er an die Lehre vom *Chodem* des Menschen, einer Art »Doppelgänger« des Ich, »aber in viel höherem, edlerem Sinne, einem Geiste aus höheren Regionen«, der den des Menschen zu »seine(r) Bestimmung« leite. Jener Geist besitzt die Fähigkeit, seinem Schützling in dessen eigener Gestalt zu erscheinen. Wenn dies geschieht, »so sei das ein sicheres Zeichen, dass er ihn für immer verlassen werde, also entweder des nahenden Wahnsinns oder des zu erwartenden Todes« (ebd., S. 537f.) – eben weil er dem wesentlichen Anspruch« seiner Existenz untreu geworden ist.[128] Diesen Glauben macht sich der Ustad zunutze. Er legt die Maske seines Gegenspielers an, erscheint ihm bei Nacht und treibt ihn stadienweise in den Irrsinn, bis er nurmehr stumpf die Wahrheit seines Endes vor sich hin *leiert* (Silb. IV, S. 632).

All dies zusammengenommen, liefert Mays Ahriman Mirza einerseits einen weiteren Beleg für das Bild vom unheilsträchtigen Nietzsche in der populären Literatur der Jahrhundertwende.[129] Andererseits darf man nicht übersehen, dass die Figur, ihrer dualistischen Stilisierungen ungeachtet, keineswegs durchgängig der Ablehnung oder gar der Satire preisgegeben wird. Der suggestiven Kraft (damit auch einer gewissen Legitimität) seiner Gedanken trägt May in verschiedenen Kommentaren des Erzählers Rechnung, die zugestehen, es handle sich um »einen ungewöhnlichen Mann«, der ahnungslos in der »*Tiefe*« schlummernde, gefährliche Gedanken auch beim Erzähler-Ich aufzurühren vermag (Silb. III, S. 604, vgl. S. 622). Letztlich aber ist er, zwischen »(e)rnst und lächerlich« schwankend, »ein Besessener oder leidet jedenfalls an einer Monomanie, die ihn um die Kenntnis seiner selbst gebracht hatte« (ebd., S. 595).

VI.

Ein verwandtes Deutungsmuster legt May auch bei der zweiten Nietzsche-Figuration in seinem Spätwerk an, die sich in dem Roman »Ardistan und Dschinnistan« (1909) findet. Hier, in dieser mystagogischen Initiationsreise der Menschheit durch den Sumpf zu den Höhen eines dauernden Friedensreiches, ist es keine zentrale, sondern lediglich eine Episodenfigur, in der sich Nietzsche-Ligaturen verdichten.

Unterwegs nach dem Engpaß von Chatar, wo es zur Schlacht zwischen den Völkern der Ussul und der Tschoban kommen soll, belauscht Kara Ben Nemsi einen merkwürdigen intellektuellen Mandarin (um eine neuere Metapher zu verwenden), den Maha-Lama von Dschunubistan. In dem, was er dabei hört, sind Momente der Travestie von Nietzsche-Themen intensiviert. Dies gilt zumal für die dezidierte Moral der Stärke, die der »Großpriester« vertritt:

> »Diese niedrig stehende Menschheit mag an Liebe glauben, an Humanität, Barmherzigkeit und Frieden auf der Erde. Sie ist nicht reif. Sie würde sich entsetzen, wenn sie die Wahrheit hörte. Die Liebe ist die größte Lüge, die es gibt; nur der Haß allein ist wahr. Jedes lebende Wesen trachtet nach sich selbst, ist Egoist. ... Je größer ein Wesen ist, desto gewaltiger ist seine Selbstsucht« (Ard. I, S. 448f.).

Natürlich lässt dies an jene Aussagen des Philosophen denken, wo er, ob in »Menschliches, Allzumenschliches«, »Jenseits von Gut und Böse«, »Also sprach Zarathustra« oder anderen Schriften den »Egoismus« (II, S. 98) bzw. »die heile, gesunde Selbstsucht« nobilitiert, »die aus mächtiger Seele quillt« (IV, S. 283). Wenn Nietzsche in diesem Zusammenhang schreibt: »[...] der Egoismus gehört zum Wesen der vornehmen Seele«, der »andre Wesen von Natur unterthan sein müssen« (V, S. 219), übersetzt Mays Roman dies parodistisch in die Konstellation des Kastendünkels, als dessen strikter Befürworter sich der Maha-Lama zu erkennen gibt (Ard. I, S. 441, 443).[130] Derlei Prätention von »Vornehmheit« wird bloßgestellt, als er seine Mahlzeit gierig und schmatzend verschlingt wie ein »Ferkel«, in betonter Absonderung von den »Niedrigstehenden, den Verachteten« selbstverständlich, die aber (wie der Erzähler findet), »einen viel besseren Eindruck« machen (Ard. I, S. 443f.).
Die Selbstapotheose des »höchste(n) aller Priester, die es gibt« (Ard. I, S. 443f., 448) – bei Nietzsche beginnt sie bekanntlich mit dem »Zarathustra« –, kennt buchstäblich keine Grenzen. Er okkupiert die Stelle Gottes, den er in ewiger Wiederkehr des Gleichen selbst zu repräsentieren vermeint:

> »Ich bin Gott! Ich werde, wenn ich in dem einen Leibe sterbe, in dem andern immer wieder von Neuem als Gott geboren.« (Ard. I, S. 443)[131]

Sein letztes Ziel ist es freilich, »die Menschheit von den Leiden des irdischen Kreislaufes« zu »befrei(en)« (Ard. I, S. 447), weil Gott, um sich als solcher »wiederherzustellen, ... den Stoff in Geist zurückverwandeln«, also »die Schöpfung wieder vernichten« müsse. So bleibt als Konsequenz »unsere Seligkeit, ... unser einziges und höchstes Ziel, ist – – Nirwana!« (Ard. I, S. 449).

553

Solche Sätze muss man nicht unbedingt als Spiel mit buddhistischer Begrifflichkeit lesen.[132] Nietzsche bemerkt einmal, »Gott« sei ein Name für die »Ruhe im Nichts« (V, S. 339). Überdies versteht er dieses ja als komplementäres Merkmal zur Totalität des Lebens.[133] Mag sein, dass May hier seine höchst eigene Interpretation des »Nihilismus« gibt. Sicher ist jedenfalls, dass der Anspruch der selbstverliehenen Gotteswürde durch die reale Erscheinung des Maha-Lama kräftig konterkariert wird.

»Müssen wir nicht selber zu Göttern werden,« fragt Nietzsches »toller Mensch«, wenn wir »Gott [...] getödtet haben?« (III, S. 481) Die »Wollust der Selbstvergötterung«[134] lobt auch der »Zarathustra« als Kriterium des »guten Geschmacks« in der »Frömmigkeit« (IV, S. 324). So abwegig ist Mays Anverwandlung des metaphysischen Anspruchs, der hinter Nietzsches Philosophie steht, in sein eigenes geistiges Koordinatensystem also keineswegs. Für abwegig allerdings hält er selbst diesen Anspruch.

Trotz seiner »Diamantenbrille« (Ard. I, S. 443) »schielt« der Maha-Lama nämlich (Ard. I, S. 450; vgl. S. 441), wie auch schon Ahriman Mirza schielte (Silb. III, S. 587) – neben Abdahn Effendi (aus der gleichnamigen Erzählung von 1908), der Allegorie des rein diesseitigen Leibesmenschen,[135] übrigens die beiden einzigen Personen in Mays Spätwerk, die mit diesem »Naturfehler«[136] behaftet sind, dessen unmittelbare Bedeutung natürlich evident ist. Angesichts der vertrackten Art Mayscher Transformationsprozesse von Realität sollte man es jedoch nicht für ausgeschlossen halten, dass hierbei mehr als nur ein Zeichen gestörter Wahrnehmung vorliegt, deren fundamentum in re nicht nur Nietzsches bekannt extremer Kurzsichtigkeit geschuldet sein könnte, sondern gleichermaßen volkstümlicher Etymologie. Just in der sogenannten Weimarer »Villa Silberblick« nämlich hatte die Schwester des Philosophen Mitte 1899 ein Nietzsche-Archiv eingerichtet. Über die enthusiasmierte Geselligkeit dort dürfte May jedenfalls durch die Bücher Henri Lichtenbergers und Paul Kuehns, die er besaß, ausführlich unterrichtet gewesen sein, vor allem aber durch eine persönliche Quelle, gehörte doch Sascha Schneider seit Herbst 1904, während seiner etwa vierjährigen Lehrtätigkeit an der örtlichen Kunstakademie, zum inneren Zirkel der Gedächtnisstätte,[137] wo man die Mythenbildung um den Philosophen gleichsam zu institutionalisieren bestrebt war.[138]

Jedenfalls werden die »Lamagläubige(n)« in »Ardistan und Dschinnistan« als »geistlose, indolente Menschen« bezeichnet (Ard. II, S. 61). Wenn man diese Spur weiterverfolgt, ist es nicht unplausibel, das »Getöse« der Verehrung, das seine Begleiter dem vermeintlichen Gott entgegenbringen (Ard. I, S. 452), als eine Spitze gegen den zeitgenössischen Nietzsche-Kult[139] zu dechiffrieren. Und sie würde ergänzt durch die weitere, dass derlei untrennbar zu der »décadence« der in Dschunubistan herrschenden Zustände gehöre, der der Maha-Lama selbst wie seine Verehrer entstammen. Von den Bewohnern dort nämlich wird berichtet, sie seien infolge ihrer günstigen kulturellen Bedingungen »entnervt« und »entkräftet« (Ard. II, S. 72). Auf »das Milieu« aber, »in dem er aufgewachsen und unterrichtet worden war«, führt der Ich-Erzähler »die religiöse Ueberspanntheit« des Maha-Lama zurück (Ard. I, S. 450).[140] Nietzsches Ideen wären demnach selbst das Produkt dessen, was sie bekämpfen.[141]

Wenn in dieser Figuration also auch die Art der Abrechnung Mays mit dem Philosophen an Schärfe gewonnen hat, unterliegt die Bewertung des Maha-Lama gleichwohl wieder einer gewissen Ambivalenz, die auch Fasziniertheit mit einschließt. Hat er einerseits »ein schönes, beinahe ehrwürdiges, geistreiches Männergesicht, ist er überhaupt kein gewöhnlicher Mensch«, so scheint er sich andererseits doch »über die Grenzen, welche den Gedanken der Sterblichen gezogen sind, hinausgewagt zu haben.« Als »puren Wahnsinn« mag Kara Ben Nemsi seine Ansichten aber nicht herunterspielen; vielmehr ist er »geneigt, sie einstweilen als die allerdings höchst seltsame Uebertreibung einer an sich ganz gesunden Idee zu betrachten ...« (Ard. I, S. 450)

Der Auftritt des Maha-Lama von Dschunubistan bleibt, wie gesagt, nur episodisch. Hauptfigur des Romans ist hingegen der Mir von Ardistan, der, als die Menschheitsfrage an ihn herantritt, eine zum Teil qualvolle Läuterung vom grausamen Despoten zu seiner wahren Bestimmung durchläuft. »Werde Mensch; du bist noch keiner!« (Ard. I, S. 232) Diesen, fast will es scheinen, direkt von Nietzsche entliehenen Imperativ,[142] den May im Hinblick auf seine eigenen Intentionen übernimmt und ihn einer der Erlöserfiguren des Romans zuordnet – dem Dschirbani, der deswegen lange als Aussätziger eingesperrt war –, verbindet er jedoch mit einem gegen den Philosophen gerichteten Erziehungsprogramm, der Abtötung der inneren »Bestie« (Ard. II, S. 527), die »in jedem Menschen gleich von Geburt an ... stecke«, »ein Tier, ... welches man entweder totschlagen oder verhungern lassen müsse, wobei der von ihm befreite, gute, edle Mensch dann übrig bleibe.« (Ard. I, S. 232, vgl. S. 235).[143] Völlig gegenteilige Konnotationen hat die Rede von der »Bestie in uns« (II, S. 64) bekanntlich bei Nietzsche, der nicht nur vor deren Domestizierung warnt (VI, S. 189), sondern den Menschen provozierend »das beste Raubthier« nennt, der als solches immer noch »besser [...] werden« solle (IV, S. 263).[144] In Analogie zu dessen Begrifflichkeit stellt May mithin ein Gegenprogramm zu dem Philosophen auf, das sich aus traditionellen Werten speist. Er tritt nachgerade dafür ein, was jener in seiner genealogischen Dekonstruktion vehement bestreitet, »dass es eben der Sinn aller Cultur sei, aus dem Raubthiere ›Mensch‹ ein zahmes und civilisirtes Thier« zu machen (V, S. 276). Für den ungebrochen idealistisch gestimmten Schriftsteller ist die Ethik kein fragwürdiges Hemmnis ursprünglicher Instinkte, vielmehr unhintergehbare Grundlage höherer Entwicklung. Der Roman veranschaulicht dies in einer antithetischen Personenkonstellation.

Während der Mir von Ardistan auf dem Wege einer *éducation religieuse* lernt, seine vital aggressiven Impulse abzulegen und die damit verbundene Herrenmoral zu kritisieren (Ard. II, S. 273), bleibt eine andere Figur exemplarisch in der *eigenen niedrigen Anima* (Ard. II, S. 145) befangen. Obwohl eigentlich ein »reichbegabt(er)« Mensch (Ard. II, S. 45), tobt »das Naturell [...] wie ein wildes Tier in seinem Innern; es hieß wie er selbst auch – – – Panther!« (Ard. II, S. 67) – der bei Nietzsche übrigens passenderweise ein Tier des Dionysos ist (I, S. 29).[145]

Eine entsprechende Bildlichkeit alles Rohen, Gemeinen und Grausamen wird reichlich mit ihm in Verbindung gebracht. Der »Panther« ist der schwarze Prinz, dessen gute Anlagen ganz von der Obsession zu herrschen aufgerieben werden,[146] der Überantwortung an einen bösen, rauschhaften Trieb, kurz, den »Willen zur Macht« (in einer allerdings verkürzenden Nietzsche-Lesart, die unter den Rezeptionsbedingungen Mays jedoch eher die Regel als die Ausnahme war).[147] Sich jenseits allen Schuldbewusstseins befindend, ist er der skrupellose »Gewaltmensch« (Ard. I, S. 23; vgl. Ard. II, S. 527, 544), der Störer der gesellschaftlichen und metaphysischen Ordnung, der »gegen seinen eigenen Bruder wütet und stündlich auf der Lauer liegt, seine Wohltäter zu zerfleischen!« (Ard. II, S. 527)

Als er mit seinen Truppen gegen Dschinnistan marschiert, greift der »Panther« schließlich Gott selbst an, nach dessen Hilfe für ihn »nur Schwache und Unfähige lechzen« (Ard. II, S. 564, vgl. 575). Er hingegen ist im Nietzscheschen Sinne ein »Furchtloser« (III, S. 573ff.) – und das mit katastrophalen Folgen. In einer Art heiligem Krieg wird er, unter massivem Eingreifen einer höheren Gewalt,[148] am Dschebel Allah besiegt, ohne deswegen jedoch bis zum Schluss vom »Wahngedanke(n) seines ganzen Lebens« zu lassen, nämlich Dominanz über andere auszuüben (Ard. II, S. 619). Obwohl er den Tod nicht zu fürchten vorgibt – »sondern ich lache über ihn« –, schreit er, als es so weit ist, dann wohl doch »jammernd« und »angstvoll« (Ard. II, S. 620, 643). Der notwendige Sieg über den Panther in uns selbst aber, über das »niedere Leben«, hatte der Ich-Erzähler schon lange vorher eingeschärft, gelinge nur mit göttlicher Unterstützung (Ard. II, S. 544). So kulminiert das Buch folgerichtig in einem pathetischen Appell zur Verkündigung christlicher Liebesmoral (Ard. II, S. 646), dem, was Nietzsche als »das Lebensfeindliche« bezeichnet (I, S. 18; vgl. III, S. 485; V, S. 342; VI, S. 189, 230f.). Und während Zarathustra am Ende des ersten Teils vom »letzten Willen [...] einst am grossen Mittage« sprach, »dass der Übermensch lebe«, nun, nachdem »alle Götter [...] todt sind« (IV, S. 102), ist die chiliastische

Zuversicht Mays auf eine andere Zeit gerichtet: »Mitternacht ist vorüber, wirklich vorüber! Ja, es wird Tag; es wird Tag!« (Ard. II, S. 474)

Damit bin ich am Ende meines gedrängten Streifzugs durch zwei Werkkomplexe, die, wie deutlich geworden sein sollte, so beziehungslos eben doch nicht nebeneinander stehen. Was vordergründig zunächst vielleicht bloß als Ausgeburt einer skurrilen Laune anmuten mochte, vermag en détail tatsächlich einen Beitrag zur Erhellung aufeinander bezogener Gleichzeitigkeit des Ungleichzeitigen innerhalb der geistigen Situation um die Jahrhundertwende zu leisten. May erkannte bei Nietzsche, soweit er ihn verstand, suggestive Denkmöglichkeiten, die dennoch zu Konkurrenz im Hinblick auf den eigenen geistigen Führungsanspruch und Widerlegung vom Standpunkt seines »unerschütterlichen Glauben(s) an Gott und die Menschheit« herausforderten, dessen »Glück er so gern auch anderen Menschen bereiten« wollte.[149] In der Imago dessen, der (mit dem Beginn des ursprünglich vielleicht einmal geplanten Schlussgedichts im »Silberlöwen IV«) zu sagen berechtigt ist, *Ich ging voran ...*,[150] sah er wohl durchaus eine gewisse Verwandtschaft zu Nietzsche, die ihn nicht nur inhaltlich affizierte. Denn letztlich duldet ja kein Mystagoge des Neuen einen anderen neben sich. Zumal wenn dieser tatsächlich fundamental Andersartiges propagiert.

Diese Studie ist das überarbeitete Manuskript eines Vortrags auf einer Veranstaltung des Nietzsche-Forums München in der Schwabinger Seidlvilla vom 22. Februar 2000. Der Gestus mündlicher Rede wurde beibehalten.

Anmerkungen

[1] Peter Henisch, Vom Wunsch, Indianer zu werden. Wie Franz Kafka Karl May traf und trotzdem nicht in Amerika landete, Salzburg/Wien 1994, S. 101, dort, im Roman, aus einem Bericht »Kafkas« an Max Brod über seine sonderbare Bekanntschaft. Auch anderen Schriftstellern der Gegenwart ist diese Affinität nicht entgangen. So spricht Günter de Bruyn in einem Essay über seine Sozialisation als Leser 1972 von »vulgarisiertem Nietzsche« bei May (ders., Lesefreuden. Über Bücher und Menschen, Frankfurt a. M. 1986, S. 289), und mit ähnlicher Distanz behandelt zuletzt Albert von Schirnding die eigene Jugendlektüre, »diese aus Dante- und Nietzsche-Elementen trüb legierte Führerfigur [...] eines Mystagogen« (ders., Alphabet meines Lebens, München 2000, S. 144f.).

[2] Eine aktuelle Stichprobe in der Bibliographie der deutschen Sprach- und Literaturwissenschaft, hrsg. von Wilhelm R. Schmidt, Bd. 36–38 [1996–98]. Frankfurt a. M. 1997–99, weist aus, dass Karl May unter der Rubrik »Jahrhundertwende 1880–1914« nach Thomas Mann, Nietzsche und Rilke erstaunli-

cherweise der Autor mit den meisten Referenzen ist, damit also quantitativ eine höhere Aufmerksamkeit erfährt als Berühmtheiten wie Stefan George, Gerhart Hauptmann, Hermann Hesse, Hugo von Hofmannsthal, Karl Kraus, Else Lasker-Schüler, Heinrich Mann, Arthur Schnitzler, Carl Sternheim, Georg Trakl, Robert Walser oder Frank Wedekind.

3   Nietzsche-Zitate nach, Friedrich Nietzsche, Sämtliche Werke. Kritische Studienausgabe. 15 Bde, hrsg. von Giorgio Colli u. Mazzino Montinari, München 1980 (römische Ziffer für den jeweiligen Band).

4   Die Mehrzahl der May-Zitate nach, Karl May, Gesammelte Reiseerzählungen Bd. XXVIII, Im Reiche des silbernen Löwen III, Freiburg 1902; Reprint Bamberg 1984 (Kürzel im folgenden, Silb. III); Gesammelte Reiseerzählungen Bd. XXIX, Im Reiche des silbernen Löwen IV, Freiburg 1903; Reprint Bamberg 1984 (Kürzel, Silb. IV); Gesammelte Reiseerzählungen Bd. XXXI, Ardistan und Dschinnistan I, Freiburg 1909; Reprint Bamberg 1984 (Kürzel, Ard. I); Gesammelte Reiseerzählungen Bd. XXXII, Ardistan und Dschinnistan II, Freiburg 1909; Reprint Bamberg 1984 (Kürzel, Ard. II).

5   Was die Nietzsche-Forschung betrifft, ist es sogar völlig unbekannt, weder bei Bruno Hillebrand (Hrsg.), Nietzsche und die deutsche Literatur (2 Bde), München/Tübingen 1978, und Bruno Hillebrand, Nietzsche. Wie ihn die Dichter sahen, Göttingen 2000, noch bei Steven E. Aschheim, Nietzsche und die Deutschen. Karriere eines Kults, Stuttgart 1996, wird May an irgendeiner Stelle auch nur erwähnt; weder bei Ernst Nolte, Nietzsche und der Nietzscheanismus. Mit einem Nachwort, Nietzsche in der deutschen Gegenwart, München 2000, noch bei Peter Köster, Der verbotene Philosoph. Studien zu den Anfängen der katholischen Nietzsche-Rezeption in Deutschland (1890–1918), Berlin/New York 1998; auch nicht bei Theo Meyer, Nietzsche und die Kunst, Tübingen/Basel 1993, Richard Frank Krummel, Nietzsche und der deutscher Geist. 3 Bde., Berlin/New York 1974–1998, oder, Widersprüche. Zur frühen Nietzsche-Rezeption, hrsg. von Andreas Schirmer/Rüdiger Schmidt, Weimar 2000.

6   Franz Sättler, Ardistân und Dschinnistân. In: Karl Mays »Ardistan und Dschinnistan«, hrsg. von Dieter Sudhoff/Hartmut Vollmer, Paderborn 1997, S. 34–36 (36) (Text von 1910).

7   A. Droop, Karl May. Eine Analyse seiner Reise-Erzählungen, Cöln-Weiden 1909, S. 81; Auszug in: Karl Mays »Im Reiche des silbernen Löwen«, hrsg. von Dieter Sudhoff/Hartmut Vollmer, Paderborn 1993, S. 37–49 (40)

8   Ludwig Gurlitt, Gerechtigkeit für Karl May! Radebeul 1919, S. 103; vgl. S. 156. Zu der Nietzsche-Verehrung des »führenden Theoretikers der völkischen Schulreformbewegung und [...] Ersten Vorsitzenden des Beirats des Wandervogels« (Aschheim, wie Anm. 5, S. 118) vgl. bei Hubert Cancik/Hildegard Cancik-Lindemaier, Philolog und Kultfigur. Friedrich Nietzsche und seine Antike in Deutschland, Stuttgart/Weimar 1999, S. 216ff.; mit Bezug auf May auch Rainer Jeglin, Neumünster – Waldheim, Hans Falladas Karl-May-Lektüre. In: Jahrbuch der Karl-May-Gesellschaft (Jb-KMG) 1996. Husum 1996, S. 346–364 (insbes. 352ff.). Den weiteren Kontext beleuchtet Thomas Herfurth, Zarathustras Adler im Wandervogelnest. Formen und Phasen der Nietzsche-Rezeption in der deutschen Jugendbewegung. In: Jahrbuch des Archivs der deutschen Jugendbewegung 16 (1986/87), S. 79ff.

9 Werner von Krenski, Friedrich Nietzsche – Karl May. In: Karl-May-Jahrbuch (KMJb) 1925, Radebeul bei Dresden 1924, S. 198–237 (202f. u. 235).
10 Werner von Krenski, Der Weg nach Dschinnistan. In: Sudhoff/Vollmer, Ardistan und Dschinnistan, wie Anm. 6, S. 43–49 (43); zuerst in, KMJb 1928, Radebeul bei Dresden 1928, S. 419–428.
11 Zit. nach Krummel, wie Anm. 5, Bd. 3, S. 389 u. 440.
12 Im Falle Mays dazu Günter Scholdt, Hitler, Karl May und die Emigranten. In: Jb-KMG 1984, Husum 1984, S. 60–91; Christiane Reuter-Boysen, Im Widerstreit, Karl May. In: Handbuch zur »Völkischen Bewegung« 1871–1918, hrsg. von Uwe Puschner/Walter Schmitz/Justus H. Ulbricht, München/New Providence/London/Paris ²1999, S. 699–710. Nietzsche betreffend zuletzt Martha Zapata Galindo, Triumph des Willens zur Macht. Zur Nietzsche-Rezeption im NS-Staat. Hamburg 1999; Bernhard H. F. Taureck, Nietzsche und der Faschismus. Ein Politikum, Leipzig 2000; Manfred Riedel, Nietzsche in Weimar. Ein deutsches Drama, Leipzig 2000, S. 86–148.
13 Josef Nadler, Literaturgeschichte des deutschen Volkes. Dichtung und Schrifttum der deutschen Stämme und Landschaften. Bd. 3, Staat (1814–1914), Berlin ⁴1938, S. 568.
14 Dieter Sudhoff, Karl Mays Großer Traum. Erneute Annäherung an den »Silbernen Löwen«. In: Jb-KMG 1988, Husum 1988, S. 117–183 (175)
15 Hans Wollschläger, Menschheitsproblem im Singular. In: die horen 178 (1995), S. 104–124 (119).
16 Siehe Arno Schmidt, Abu Kital. Vom neuen Großmystiker. In: Ders., Dya Na Sore. Gespräche in einer Bibliothek, Karlsruhe 1958, S. 150–193 (177ff.); auch in: Karl May, hrsg. von Helmut Schmiedt, Frankfurt a. M. 1983, S. 45–74 (63ff.) – Es handelt sich hierbei um eine Überarbeitung des Funk-Essays, gesendet am 25. Mai 1956, Arno Schmidt, Vom neuen Großmystiker (Karl May). In: Ders., Bargfelder Ausgabe. Werkgruppe II, Dialoge. Bd. 1, Bargfeld/Zürich 1989, S. 207–233 (223ff.).
17 Vgl. etwa Dieter Sudhoff, Der beflügelte Mensch. Traumflug, Aviatik und Höhenflug bei Karl May. In: Jb-KMG 1986, Husum 1986, S. 110–154 (124, 129ff., 137 u. 152); Sudhoff, Karl Mays Großer Traum, wie Anm. 14, S. 157, 164f., 169 u. 181; Hermann Wohlgschaft, Große Karl May Biographie. Leben und Werk, Paderborn 1994, S. 120, 439f., 445, 491, 627, 635, 637, 642, 647 u. 654; Jürgen Hahn, Nekyia und Anabasis. Spurensuche auf subterranen Itineraren im Werke Karl Mays. Ein Brief. In: Jb-KMG 1993, Husum 1993, S. 229–280 (S. 243ff., 256); ders., Old Shatterhands Berceuse oder die Ballade vom dozierenden Säugling in Rondoform. Ein Versuch über die Tücken der Banalität. In: Jb-KMG 1995, Husum 1995, S. 330–369 (354f.); ders., »aber ich kenne die Schrift und das geheime Zeichen des letzten Wortes«. Prolegomena zu einer Sprache der Zeichen und Bilder in Karl Mays Roman »Ardistan und Dschinnistan«, in: Sudhoff/Vollmer, Ardistan und Dschinnistan, wie Anm. 6, S. 205–249 (S. 218); ders., »Verschroben und privat« – Panoptikum und Schamanenspiel. Karl Mays Roman »Ardistan und Dschinnistan« als groteskes Modell kaleidoskopischer Permutation des Zeitgeistes oder eines »Dinosauriers in schwieriger Zeit«. In: Jb-KMG 1998, Husum 1998, S. 321–388 (327, 345 u. 370); ders., Die Kelchallegorie aus »Ardistan und Dschinnistan«. Ein Bericht von den Lichtspielen am Dschebel Allah

»im Bild« die Zeit der Kraft und That zu schildern« in: http://karlmay.uni-bielefeld.de/80/kmg/seklit/diverse/hahn/kelch.htm (1999), S. 1–26 (14ff.); Wolfgang Wagner, Der Eklektizismus in Karl Mays Spätwerk. Sonderheft der Karl-May-Gesellschaft Nr. 16/1979, S. 39–43. Vgl. ferner Hansotto Hatzig, Karl May und Sascha Schneider. Dokumente einer Freundschaft, Bamberg 1967, S. 49; Klaus Jeziorkowski, Empor ins Licht. Gnostizismus und Licht-Symbolik in Deutschland um 1900. In: The Turn of the Century. German Literature and Art, 1890–1915. Ed. by Gerald Chapple/Hans H. Schulte, Bonn 1981, S. 171–196 (178, 182 u. 193); Gert Ueding, Der Traum des Gefangenen. Geschichte und Geschichten im Werk Karl Mays. In: Schmiedt, wie Anm. 16, S. 160–187 (179 u. 182f.); Joachim Kalka, Werkartikel »Im Reiche des silbernen Löwen III/IV«. In: Karl-May-Handbuch, hrsg. von Gert Ueding in Zusammenarbeit mit Klaus Rettner. Würzburg ²2001, S. 240–249 (246); Heinz Stolte/Martin Lowsky, Werkartikel »Ardistan und Dschinnistan I/II«. In: Ebd., S. 255–265 (256); Martin Lowsky, Karl May. Stuttgart 1987, S. 107, 110, 116 u. 128; zuletzt auch Günter Scholdt, »Empor ins Reich der Edelmenschen«. Eine Menschheitsidee im Kontext der Zeit. In: Jb-KMG 2000, Husum 2000, S. 94–111 (104ff.).

18 Claudia Marra, Der Einfluß von Nietzsches »Zarathustra« auf Karl Mays »Im Reiche des silbernen Löwen«. In: Nietzscheforschung 5/6 (2000), S. 539–551. Im Bezug auf diesen Roman ergeben sich zwischen ihrer Studie (die zum Zeitpunkt meines Vortrags noch nicht erschienen war) und der vorliegenden manche Berührungspunkte. Es treten aber auch deutliche Unterschiede zutage. Insbesondere lässt sich Mays Auseinandersetzung mit Nietzsche, auch wenn man ausschließlich den »Silberlöwen« betrachtet, nicht auf eine bloße »Abfuhr« (ebd., S. 541) oder »Warnung« (ebd., S. 551) reduzieren.

19 Vgl. Karl Mays Werke. Historisch-kritische Ausgabe. Supplemente Bd. 2, Katalog der Bibiliothek, hrsg. von Hermann Wiedenroth und Hans Wollschläger, Bargfeld 1995, Bl. 57f. Es handelt sich also um mehr Bände als Schmidt (Abu Kital, wie Anm. 16, S. 179) und Wagner (wie Anm. 17, S. 39) behaupten.

20 Vgl. May, Katalog der Bibliothek, wie Anm. 19, S. 135.

21 Vgl. ebd., Bl. 57f.

22 Vgl. Aschheim, wie Anm. 5, S. 242ff.; auch Wagner, wie Anm. 17, S. 34.

23 Zu dessen Einfluß auf May vgl. auch Wagner, wie Anm. 17, S. 17–21.

24 Zit. nach Köster, wie Anm. 5, S. 76; ausführlicher siehe ebd. S. 66ff. Wichtige Aspekte bei Fischer, die May aufgreift, sind ferner die (im Bewusstsein gemeinsamer Gegnerschaft zur Demokratie positiv konnotierte) »aristokratische Vornehmheit« als »höchstes Ideal« (zit. nach ebd., S. 277; vgl. S. 72f., 76, 79) und die vermeintlich auf »gemeinste Brutalität« hinauslaufende Vorstellung des »Willens zur Macht« (zit. nach ebd., S. 80).

25 Raoul Richter, Friedrich Nietzsche. Sein Leben und sein Werk. Fünfzehn Vorlesungen gehalten an der Universität zu Leipzig, Leipzig 1903, S. 65.

26 Karl May, Gesammelte Reiseromane Bd. XIV, Old Surehand I, Freiburg 1894, S. 408; Reprint Bamberg 1983.

27 Zit. nach Schmidt, Abu Kital, wie Anm. 16, S. 179f.; Schmidts eingefügte Regieanweisungen für diesen Funk-Essay sind hier weggelassen. (Soweit mir bekannt, ist der Brief ausschließlich dort nachgewiesen. Wenn sich weitere Bezugnahmen in Mays der Forschung noch immer nicht vollständig zugänglicher

Korrespondenz finden ließen, wäre dies keine Überraschung.) Hans Wollschläger hält diesen Brief »für eine Erfindung Schmidts, der mir auf Fragen nach der Quelle immer ausweichend antwortete; er hat ja auch ganz ähnlich einen Brief Nietzsches fingiert und liebte solche Fiktionen. In seinem Nachlass ist jedenfalls keine Spur davon zu finden, wie er an ein solches Schriftstück gekommen sein könnte.« (Brief an den Verf. v. 21.1.2001). Wenn dies tatsächlich so sein sollte, verwundert es immerhin, dass der sonst so akribische Schmidt damit auf sein bestes strategisches Argument freiwillig verzichtet hätte; spricht er doch ausdrücklich nur von einer einzigen in dem Brief erwähnten Nietzsche-»Stelle« (Schmidt, Abu Kital, wie Anm. 16, S. 180) statt von zweien, was zur Stützung seiner Aussageabsicht ungleich eindrucksvoller gewesen wäre.

28 Vgl. dazu auch Friedrich Nietzsche, Die Geburt der Tragödie. Schriften zu Literatur und Philosophie der Griechen, hrsg. u. erläutert von Manfred Landfester, Frankfurt a. M./Leipzig 1994, S. 619. »Von May gemeint ist aber wohl doch das seinerzeit vieldiskutierte musikphilosophische Werk von Kurt Mey (1864–1912), »Die Musik als tönende Weltidee (Band I [nur dieser erschienen] Leipzig 1901)«, gibt Hans Wollschläger (Brief, wie Anm. 27) zu bedenken, »Karl May hat es – und vielleicht sogar den Verfasser, der in Dresden lebte und zum Kreis um den Sascha-Schneider-Freund Kuno von Hardenberg gehörte – gekannt und es auch besessen [...].« Der »Silberlöwen«-Text jedoch gibt ausdrücklich »*einen der größten Weltweisen in Dschermanistan*« (Silb. III, S. 484) als Urheber des Zitats an. Damit kann, bei allem Respekt, Kurt Mey nun wirklich nicht gemeint sein. Sehr wohl aber mag sein Buch eine weitere Vermittlungsinstanz bezeichnen, die Karl May zum Zwecke der Aneignung Nietzschescher Gedanken nutzte.

29 Zit. nach Hatzig, May und Schneider, wie Anm. 17, S. 235; vgl. I, S. 1279

30 Klara May und »Karl May's Kinder«. I. Briefwechsel 1912. In: Jb-KMG 1993. Husum 1993, S. 12–40 (31); lt. Angabe Einsles, ebd. S. 30, zitiert er hier die etwa gleichaltrige May-Verehrerin Lu Fritsch.

31 Klara May, Das Geburtshaus meines Mannes. In: KMJb 1919, Breslau 1918, S. 330–338 (334).

32 Volker Griese, Karl May. Chronik seines Lebens, Husum 2001, S. 110. Über Steiners Beschäftigung mit Nietzsche und den Beziehungen zu dessen Schwester informiert ausführlich David Marc Hoffmann, Zur Geschichte des Nietzsche-Archivs, Berlin 1991.

33 Dazu mehr bei Jürgen Krause, »Märtyrer« und »Prophet«. Studien zum Nietzsche-Kult in der bildenden Kunst der Jahrhundertwende, Berlin/New York 1984, bes. S. 30, 125 u. 197f. Schon Georg Tantzscher, Friedrich Nietzsche und die Neuromantik. Eine Zeitstudie, Jurjew (Dorpat) 1900, bezog Schneider mit ein. Nur oberflächlich sind demgegenüber Nietzsche-Bezüge anzitiert bei Annelore Range, Zwischen Max Klinger und Karl May. Studien zum zeichnerischen und malerischen Werk von Sascha Schneider (1870–1927), Bamberg 1999, S. 22, 41f., 51f. u. 76. Gleiches gilt für Rolf Günther/Klaus Hoffmann, Sascha Schneider & Karl May. Eine Künstlerfreundschaft, Radebeul/Freital 1989, S. 15 u. 36.

34 Brief vom 9.8.1904; zit. nach Hatzig, May und Schneider, wie Anm. 17, S. 66.

35 Bei Krause, wie Anm. 33, Abb. 15; vgl. ebd., S. 197.

36 Vgl. Hatzig, May und Schneider, wie Anm. 17, S. 36f. u. 49. Erst danach, im Juli

1902, war das »Ahriman Mirza«-Kapitel fertiggestellt (vgl. Sudhoff, Karl Mays Großer Traum, wie Anm. 14, S. 119).

37 Zit. nach Hatzig, May und Schneider, wie Anm. 17, S. 76.
38 Brief vom 16.9.1906, zit. nach ebd., S. 129.
39 Vgl. Zitate ebd., S. 159, 148, 109 u. 120.
40 Ebd., S. 126.
41 Krause, wie Anm. 33, S. 197.
42 »*Der Dichter*«, heißt es in »Und Friede auf Erden«, »*ist ... zugleich auch Seher*«, was er schreibt mithin den »*Reden der Propheten*« vergleichbar (Karl May, Gesammelte Reiseerzählungen Bd. XXX, Und Friede auf Erden! Freiburg 1904, S. 396f.; Reprint Bamberg 1984). In seinem »Edelmenschen«-Vortrag von 1912 (vgl. Ekkehard Bartsch, Karl Mays Wiener Rede. Eine Dokumentation. In: Jb-KMG 1970. Hamburg 1970, S. 47–80) zitiert May dieses Diktum, zumindest lt. Karl May's Gesammelte Werke Bd. 34, »Ich«, Bamberg ³⁹1995, S. 287f. Vgl. auch die Beschreibung des Dichters in »Merhameh«, Karl May, Marhameh [d. i. Merhameh]. In: Eichsfelder Marien-Kalender. 34. Jg. (1910); Reprint in, Christus oder Muhammed. Marienkalender-Geschichten von Karl May, hrsg. von Herbert Meier, Hamburg 1979, S. 212–219 (216). Die Erzählung »Merhameh« ist – nicht zuverlässig – wiedergegeben in: Karl May's Gesammelte Werke Bd. 81, Abdahn Effendi. Reiseerzählungen und Texte aus dem Spätwerk. Bamberg/Radebeul 2000, S. 85–107 (96).
43 An Sascha Schneider, ohne Datum; zit. nach Hatzig, May und Sascha Schneider, wie Anm. 17, S. 110.
44 An Sascha Schneider, ohne Datum; zit. nach ebd., S. 122.
45 Mays gedruckter Geburtstagsantwortbrief 1906, in, ebd., S. 233; vgl. auch die Briefe Mays an seinen Verleger Friedrich Ernst Fehsenfeld vom 13.3.1899 bis zum 18.1.1912 (über den Beginn seines *eigentlichen Werks*), zit. in: Roland Schmid, Nachwort (zu »Am Jenseits«). In: Karl May, Freiburger Erstausgaben Bd. XXV, hrsg. von Roland Schmid, Bamberg 1984, N 18; und in ders., Anhang (zu »Im Reiche des silbernen Löwen IV«). In: Karl May, Freiburger Erstausgaben Bd. XXIX, hrsg. von Roland Schmid, Bamberg 1984, A 5f., A 8, A10; ferner Griese, wie Anm. 32), S. 105ff., und Hans Wollschläger, Karl May. Grundriß eines gebrochenen Lebens, Zürich 1976, S. 110, 118, 122.
46 Wollschläger, Karl May, wie Anm. 45, S. 118.
47 Gurlitt, wie Anm. 8, S. 128.
48 Karl May, Mein Leben und Streben, Freiburg o. J. (1910), S. 142; Reprint Hildesheim-New York 1975; hrsg. von Hainer Plaul.
49 Karl May, Meine Beichte. Zit. nach: Rudolf Lebius. Die Zeugen Karl May und Klara May. Ein Beitrag zur Kriminalgeschichte unserer Zeit, Berlin-Charlottenburg 1910, S. 4–7 (6). Vgl. die (nicht zuverlässige) Wiedergabe in: May, »Ich«, wie Anm. 42, S. 15–22 (20).
50 May, Meine Beichte, wie Anm. 49, S. 6; vgl. ders., Mein Leben und Streben, wie Anm. 48, S. 144f., 209.
51 Vgl. auch bei Wollschläger, Karl May, wie Anm. 45, S. 73 u. 75.
52 May, Mein Leben und Streben, wie Anm. 48, S. 223; vgl. ebd., S. 222 u. 226. Grundlegend dazu Wagner, wie Anm. 17, auch Sudhoff, Karl Mays Großer Traum, wie Anm. 14, S. 165.

53 May, Mein Leben und Streben, wie Anm. 48, S. 137 u. 35, siehe auch S. 211; vgl. auch die Wiener Rede, Bartsch, wie Anm. 42, S. 54 u. 66.
54 Dazu bes. Aschheim, wie Anm. 5, S. 19 u. 12, auch 29f. (Nietzsches »rasende Popularisierung« durch die Presse), »In Form von Slogans drangen Anspielungen auf (ihn) in das prosaische Alltagsleben vor [...]« Siehe auch Köster, wie Anm. 5, S. 24. Zur trivialen Aneignung Nietzschescher Gedanken in der zeitgenössischen Literatur vgl. Hillebrand, Wie ihn die Dichter sahen, wie Anm. 5, S. 48–67.
55 May, Mein Leben und Streben, wie Anm. 48, S. 2, 143.
56 Ebd., S. 209.
57 Ebd., S. 2.
58 Zit. nach Bartsch, wie Anm. 42, S. 53; siehe auch Mays »Droschkengleichnis« (Fassungen wiedergegeben in: Hermann Wohlgschaft, Mays Droschkenparabel und das Enneagramm oder Die Gottesgeburt in der Seele des Menschen. In: Jb-KMG 1999, Husum 1999, S. 297–359 (298–301); vgl. in May, »Ich«, wie Anm. 42, S. 399f.) Siehe ferner Ard. I, S. 23, 344; Ard. II, S. 422, 527 u. 544; 33, S. 67, 285, 339, 617; Karl May's Gesammelte Werke Bd. 49, Lichte Höhen. Lyrik und Drama, Bamberg/Radebeul 1998, S. 288, 305f., 435, 470f., 473, 475, 480 u. 482. Besonders in der »Skizze zu Babel und Bibel« (in: ebd., S. 455–484) wird deutlich, inwiefern Christus und dem Christentum eine tragende Rolle bei der *Erziehung zum Edelmenschen zukommt*. Zur Funktion der Kunst in diesem Zusammenhang vgl. ebd., S. 269 u. 466 sowie Mays »Briefe über Kunst«. In: Der Kunstfreund 22 (1906), bes. Nr. 8, S. 154 (Brief I) u. 23 (1907), H. 1, S. 10 (Brief III); als Faksimile in: Karl May. Leben – Werk – Wirkung. Eine Archiv-Edition, hrsg. von Ekkehard Bartsch. Abt. I, Leben. Gruppe a (Biographische Selbstzeugnisse; vgl. die (nicht zuverlässige) Wiedergabe in: Karl May's Gesammelte Werke Bd. 81, wie Anm. 42, S. 418–444. (Siehe auch Griese, wie Anm. 32, S. 129f., und Karl May, Gesammelte Reiseerzählungen Bd. XXVI, Im Reiche des silbernen Löwen I, Freiburg 1898, S. 453; Reprint Bamberg 1984).
59 Pressezitate nach Bartsch, wie Anm. 42, S. 78, 76.
60 Robert Müller spricht 1912 in seinem Aufsatz »Das Drama Karl Mays« von der »Heilandsgestalt eines neuen Menschen« (in: Jb-KMG 1970, Hamburg 1970, S. 98–105 [103]). Vgl. Aschheim, wie Anm. 5, S. 14, »das obsessive Interesse der Zeit an einem neuen Menschen«. »Dieser Mensch der Zukunft [...] – er muss einst kommen«, heißt es bei Nietzsche (II, S. 837). Vgl. auch Mays Briefe vom 21.3.1905 an Leopold Gheri, *Wir gehen einer großen Zeit entgegen .... Es wird eine Zeit der Erlösung sein ....* (zit. nach: Mitteilungen der Karl-May-Gesellschaft 59/1984, S. 2; siehe auch, Griese, wie Anm. 32, S. 127), und Brief vom 26.6.1906 an Sascha Schneider, *Wir stehen vor großen Geburten«* (zit. nach Hatzig, May und Schneider, wie Anm. 17, S. 119; vgl. ebd. S. 172f.). Eine geistesgeschichtliche Einbettung versucht Scholdt, Empor, wie Anm. 17, der Nietzsche (S. 104f.) lediglich sehr allgemein als den Paten der Suche nach einem »neuen Menschen« um die Jahrhundertwende erwähnt. Dazu mehr bei Gottfried Küenzlen, Der Neue Mensch. Zur säkularen Religionsgeschichte der Moderne, München 1994, S. 121–138.
61 Karl May, Gesammelte Reiseerzählungen Bd. XXXIII, Winnetou IV, Freiburg 1910, S. 3; Reprint Bamberg 1984.

[62] May, Mein Leben und Streben, wie Anm. 48, S. 145
[63] Am 22. Februar 1898 bereits hielt May im Theatersaal des Konvikts Kalksburg (Wien) einen Vortrag über das Thema »Winnetou, der Edelmensch« (Griese, wie Anm. 32, S. 69). Zu Beginn der »Silberlöwen«-Tetralogie (Erstdruck 1897 im »Deutschen Hausschatz«) war Old Shatterhands Freund noch lediglich der *edelste Indianer* gewesen (May, Im Reiche des silbernen Löwen I, wie Anm. 58, S. 1). Vgl. etwa zu derselben Zeit auch Karl May, Gesammelte Reiseerzählungen Bd. XXIV, »Weihnacht!« Freiburg 1897; Reprint Bamberg 1984, Winnetou als Gottes *herrlichstes Ebenbild* (S. 527; s. auch S. 117, 277). Diese Ansätze werden in »Winnetou IV« quasi-soteriologisch überhöht, May, Winnetou IV, wie Anm. 61, S. 285, 422, 617. Vgl. Dieter Sudhoff, Karl Mays »Winnetou IV«. Studien zur Thematik und Struktur. Materialien zur Karl-May-Forschung Bd. 6, Ubstadt 1981, S. 100ff.; ferner Peter Uwe Hohendahl, Von der Rothaut zum Edelmenschen. Karl Mays Amerikaromane. In: Amerika in der deutschen Literatur. Neue Welt – Nordamerika – USA, hrsg. von Sigrid Bauschinger/Horst Denkler/Siegfried Malsch, Stuttgart 1975, S. 229–245; Horst Wolf Müller, Winnetou. Vom Skalpjäger zum roten Heiland. In: Karl Mays »Winnetou«. Studien zu einem Mythos, hrsg. von Dieter Sudhoff/Hartmut Vollmer, Frankfurt a. M. 1989, S. 196–213; Otto Brunken, Der rote Edelmensch. Karl Mays »Winnetou«. In: Klassiker der Kinder- und Jugendliteratur, hrsg. von Bettina Hurrelmann, Frankfurt a. M. 1995, S. 293–318. In »Ardistan und Dschinnistan« gleicht mit dem Dschirbani (Ard. II, S. 34) dann bereits ein anderer Archetyp des *Edelmenschen* Winnetou.
[64] Als der »Sinn der Erde« (IV, S. 14). Vgl. May, Winnetou IV, wie Anm. 61, S. 520 (»*zur irdisch möglichsten Vollkommenheit*«).
[65] Von Krenski, Friedrich Nietzsche, wie Anm. 9, S. 219.
[66] Richter, wie Anm. 25, S. 201; vgl. z. B. auch Riedel, wie Anm. 12, S. 39.
[67] Zum komplexen Verhältnis Nietzsches zu Darwin vgl. Küenzlen, wie Anm. 60, S. 124f.
[68] Dazu die Übersicht bei Wagner, wie Anm. 17, S. 42f.; auch Lowsky, wie Anm. 17, S. 128, und Wohlgschaft, Große Karl May Biographie, wie Anm. 17, S. 491. Zu der bisher am besten begründeten These vgl. Hansotto Hatzig, Bertha von Suttner und Karl May. In: Jb-KMG 1971, Hamburg 1971, S. 246–258 (bes. 250f.).
[69] Die Forschung fände hier ein reiches Feld vor. Aus der geistes- und lebensreformerischen Bewegung seien immerhin genannt: Julius Bernard Staub, Ein Edelmensch im schlichtesten Gewande. Briefe eines philosophischen Schuhmachers. Bearbeitet und hrsg. von Helene Morsch, Leipzig ²1903; Carl Huter, Menschenkenntnis durch Körper-, Lebens-, Seelen- und Gesichts-Ausdruckskunde auf neuen wissenschaftlichen Grundlagen. Fünf Unterrichts-Briefe zur Einführung in die Elementarlehren der Huterschen Psycho-Physiognomik, die Lehre von der natürlichen Offenbarung des organischen Lebens [1904-1906], Althofnass b. Breslau ²1929, z. B. S. 23; oder der liberale Theologe Heinrich Wilhelm Heydorn mit seinen 1911 erschienenen »100 Thesen«, deren 62. lautet, falsch sei, »daß der Mensch nicht ohne besonderen Mittler oder Heiland zu Gott gelangen und Edelmensch sein kann«. (Zit. nach Biographisch-Bibliographisches Kirchenlexikon, hrsg. von Traugott Bautz. Bd. 16, Herzberg 1999, Sp.

679f.) Zur Verwendung des Begriffs bei den Protagonisten des völkischen Denkens vgl. Uwe Puschner, Die völkische Bewegung im wilhelminischen Kaiserreich. Sprache – Rasse – Religion, Darmstadt 2001, bes. S. 127, auch S. 68, 71, 82, 131; Brigitte Hamann, Hitlers Wien. Lehrjahre eines Diktators, München ²1996, S. 287, 290, mit besonderem Bezug auf den einflussreichen Rassentheoretiker Guido von List ebd., S. 296ff., 304ff. Willibald Hentschel, ein Pionier der »Mittgard-Siedlungen«, betonte 1916, dass »jenes viel mißbrauchte Wort vom Edelmenschen« erst dann »noch einmal einen guten Klang bekommen würde«, wenn man es »auf den artkräftigen Vertreter der arischen Rasse« anwende. (Zit. nach Puschner, S. 191) Zu Hitlers Begeisterung für Karl May und seiner Anwesenheit bei dessen Wiener Sofiensaal-Rede vgl. Hamann, S. 544–548, auch S. 21, 238, 334. Dass der künftige Diktator sich hier leitbegriffliche Inspirationen holte, ist ein wichtiges Motiv in dem 1997 uraufgeführten Stück von Daniel Call, »Tumult auf Villa Shatterhand. Eine Karl Mayade in fünf Akten« (vgl. das Bühnenmanuskript ([Berlin] o. J.), S. 15, 28, 55): »Mein Karl«, sagt Klara May, »entwirft da seit geraumer Zeit ein Reich ohne nationale Unterschiede, einen Hort der Edelmenschen.« Worauf der fremde Besucher antwortet: »Derlei schwebt mir auch vor.« (S. 25) Als er am Ende des Stücks zur Macht gelangt ist, fordert Hitler von Mays Witwe einige signifikante Korrekturen in dessen Werk: »Es müßte hier und da manches klarer umrissen sein, zum Beispiel, wo er denn nun wahrhaftig sitzt, der Edelmensch, also, daß in seinen Adern eindeutig deutsches Blut fließt, und soweiter, und daß er sich ein bißchen stärker abgrenzt zum Mulatten oder sonstwas für Untermenschen.« (S. 75) Übrigens stellt Call auch einen Bezug zwischen Mays Großtraumwelt und Nietzsche her, der hier von einem Radebeuler als Leiche in der Villa Shatterhand dargestellt wird, um dem literarischen Visionär »eine willfährige Gesellschaft zu mimen.« (S. 44, vgl. S. 28, 43, 55).

70 Karl Lory, Edelmensch und Kampf ums Dasein. Ein Programm, Hannover 1900, S. 37, 30f. u. 44.
71 J. M. Verweyen, Der Edelmensch und seine Werte, München 1919, S. 9 u. 14.
72 1906 an Schneider, zit. nach Hatzig, May und Schneider, wie Anm. 17, S. 125.
73 Meta von Salis-Marschlins, Philosoph und Edelmensch. Ein Beitrag zur Charakteristik Friedrich Nietzsches, Leipzig 1897.
74 Zit. nach Hillebrand, Nietzsche und die deutsche Literatur, wie Anm. 5, Bd. 1, S. 126.
75 Ebda.
76 Dazu auch Ursula Pia Jauch, »Nietzsche-Narren« und »Edelmenschen«. Weibliche Blüten des Nietzsche-Kults. In: Du 1998, H. 6, S. 68–70. Dass Nietzsche »edel« war, konzediert, dem verbreiteten Topos folgend, selbst sein katholischer Gegner Engelbert Lorenz Fischer (zit. nach Köster, wie Anm. 5, S. 61).
77 Zit. nach Hillebrand, Nietzsche und die deutsche Literatur, wie Anm. 5, Bd. 1, S. 155. Im von Avenarius herausgegebenen »Kunstwart« war ohnehin »häufig von Nietzsche die Rede« (Nolte, wie Anm. 5, S. 270).
78 Hillebrand, Nietzsche und die deutsche Literatur, wie Anm. 5, Bd. 1, S. 129. Zu Franz Mehring vgl. Riedel, wie Anm. 12, S. 40. Den Ausdruck »Gewaltmensch« gebraucht (wie May) Nietzsche übrigens auch (III, S. 356, vgl. S. 397, 413).
79 Oder »Idealmensch«; z. B. Richter, wie Anm. 25, S. 77. Vgl. ebd.: »ein ethisches

Ideal von hoher Bedeutung, das an Kraft der Wirkung (bei hochstrebenden Menschen) [...] gewinnen wird [...]« (S. 264), und dem »anarchischen Gewaltmenschen« entgegengesetzt ist (S. 273). Auch Horneffer hebt Nietzsches Willen zu einem neuen, »höheren [...] Menschentum« hervor (zit. nach Nolte, wie Anm. 5, S. 239).

80 May, Und Friede auf Erden!, wie Anm. 42, S. 151.
81 Ebd., S. 436.
82 Ebd., S. 172.
83 »Karl May als Erzieher« und »Die Wahrheit über Karl May« oder Die Gegner Karl Mays in ihrem eigenen Lichte – von einem dankbaren May-Leser, Freiburg i. Br. 1902, S. 53; Reprint, Karl May, Der dankbare Leser. Materialien zur Karl-May-Forschung Bd. 1, Ubstadt ³1992.
84 Bezeichnenderweise gegen Ghulam el Multasim gerichtet, den *Henker*, dem auf der biographischen Ebene Hermann Cardauns, Chefredakteur der »Kölnischen Volkszeitung«, entspricht, der May im Sommer 1899 erstmals heftig angegriffen hatte.
85 Karl May als Erzieher, wie Anm. 83, S. 128; die Verehrerbriefe wurden Ende September 1901 zusammengestellt (vgl. Griese, wie Anm. 32, S. 108).
86 Wie Anm. 58, das folgende Zitat in: Der Kunstfreund 23 (1907), H. 1, S. 10.
87 Volker Klotz, Durch die Wüste und so weiter. In: Schmiedt, wie Anm. 16, S. 75-100 (83). Schon Hermann Cardauns bezeichnet in seiner Polemik »Herr Karl May von der anderen Seite« (1902) Mays Helden-Ego als den »reinste(n) Übermensch(en)« (In: Schmiedt, wie Anm. 16, S. 19).
88 Karl May, Ein Schundverlag und seine Helfershelfer. In: Ders., Ein Schundverlag. Ein Schundverlag und seine Helfershelfer. Prozeß-Schriften Bd. 2, hrsg. von Roland Schmid, Bamberg 1982, S. 83 (vgl. die – nicht zuverlässige – Wiedergabe in, Karl May's Gesammelte Werke. Bd. 83, Am Marterpfahl. Karl Mays Leidensweg. Autobiografische Schriften, Bamberg/Radebeul 2001, S. 207). Vgl. den »Übermenschen« als Ergebnis der Überwindung des gegenwärtigen Menschheitszustands bei Nietzsche (IV, S. 14ff.).
89 Die zuweilen auch national gebrochen ist: Dass der *beginnende Edelmensch ... ein Deutscher zu sein hatte, verstand sich* – für May jedenfalls – *ganz von selbst* (May, Mein Leben und Streben, wie Anm. 48, S. 144).
90 Vgl. Ard. I, S. 22f., auch May, Winnetou IV, wie Anm. 61, S. 424, »*die Herdenmenge*« – ein Begriff, der bei Nietzsche besonders in »Jenseits von Gut und Böse« eine große Rolle spielt (V, S. 61, 119, 122f., 126 u. ö.).
91 Brief vom 13.1.1906, zit. nach Hatzig, May und Schneider, wie Anm. 17, S. 103; die folgenden Zitate, Briefe von Anfang 1906 und vom 26.6.1906, zit. nach ebd., S. 106, 117. Wagners (wie Anm. 17, S. 36 u. 40) Verbindung zwischen Nietzsches Gedanken einer »Herren-Rasse« (aus der Ausgabe des »Willens zur Macht« von 1906, XII, S. 426) und Mays auf seiner Amerikareise im Herbst 1908 entwickelter Theorie vom *sicheren Entstehen einer neuen germanisch-indianischen Rasse jenseits des Atlantic, deren Prototyp Winnetou ist* (zit. nach Wollschläger, Karl May, wie Anm. 45, S. 159; vgl. May, Ein Schundverlag und seine Helfershelfer, wie Anm. 88, S. 81), halte ich für wenig wahrscheinlich, wenngleich nicht von vornherein ausgeschlossen. Wobei Mays Idee freilich gegen Nietzsches Hoffnung auf eine »Reinigung der Rasse« und dessen

Abwertung »gekreuzter Rassen« (III, S. 213) gerichtet wäre, auch wenn diese in seinem eigenen Spätwerk randständig auch noch vorhanden ist (May, Winnetou IV, wie Anm. 61, S. 306). Insgesamt gilt Mays Perspektive eindeutig einer übernationalen *geistige(n) und ethische(n) Aristokratie* (May, Skizze zu Babel und Bibel, wie Anm. 58, S. 470), der Verwandlung eines *Staat(s) der Gewalt in den Staat der Humanität* (zit. nach Wollschläger, Karl May, wie Anm. 45, S. 161). Betreffs der *alle Stämme, Völker, Nationen und Rassen* einbegreifenden Solidarität auf dem Weg *zur Bildung des einen, einzigen, großen, über alles Animalische hoch erhabenen Edelmenschen* (May, Winnetou IV, wie Anm. 61, S. 3) als Ziel der Geschichte vgl. weiter ebd. S. 397, 423 u. 428. Imperialistische Ansprüche einer einzigen Rasse weist May bereits in »Und Friede auf Erden!« zurück (May, Und Friede auf Erden!, wie Anm. 42, S. 307, 320f.).

92 Zur Verbreitung dieses »Höhen-[...]Gnostizismus« um die Jahrhundertwende vgl. Jeziorkowski, wie Anm. 17, S. 173. Auch die 1903 von Karl Muth gegründete katholische Kulturzeitschrift »Hochland« gehört in sein topisches Umfeld.

93 Weitere Belegstellen, Silb. VI, S. 38, 156f.; Ard. II, S. 632; 33, S. 391, 516, 581, 610; Karl May, Abdahn Effendi. In: Grazer Volksblatt. 41. Jg. (1908); Reprint in: Karl May, Der Krumir. Seltene Originaltexte Bd. 1, hrsg. von Herbert Meier, Hamburg/Gelsenkirchen 1985, S. 280 u. 303 (»Abdahn Effendi« ist – nicht zuverlässig – wiedergegeben in, Karl May's Gesammelte Werke Bd. 81, wie Anm. 42, S. 10–84 [16 u. 81]). Die Gedichtsammlung »Himmelsgedanken« bezeugt insbesondere die Herkunft des Motivs aus der alten Metapher des religiösen Aufblicks (in: May, Lichte Höhen, wie Anm. 58, S. 25–282 [70f., auch 30, 35f., 42ff.; vgl. dazu Ard. II, S. 166 u. 30, S. 320]).

94 Vgl. dazu auch Karl Mays Fragment »Abu Kital« in: Roland Schmid, Nachwort (zu »Ardistan und Dschinnistan I«). In: Karl May, Freiburger Erstausgaben Bd. XXXI, hrsg. von Roland Schmid, Bamberg 1984, N 6, sowie May, Mein Leben und Streben, wie Anm. 48, S. 227, *Denn Berge müssen wir haben, Ideale, hochgelegene Haltepunkte und Ziele.*

95 Für Nietzsche hat allein »die Zucht [...] des grossen Leidens [...] alle Erhöhungen des Menschen bisher geschaffen« (V, S. 161, vgl. S. 255). Analog zu der Märtyrer-, ja »Heilands-Glorie« des Kults um ihn (Hillebrand, Nietzsche und die deutsche Literatur, wie Anm. 5, Bd. 1, S. 10; vgl. Aschheim, wie Anm. 5, S. 33; Nolte, wie Anm. 5, S. 237; auch Krause, wie Anm. 33), ist der Aufstieg zum »Edelmenschen« ein Leidensweg, auf dem die Standhaften von allen niederen Anteilen gereinigt werden. Mays quasi-mythologische Chiffre dafür ist die Folter in der »*Geisterschmiede*« von Märdistan (zuerst in »Babel und Bibel«, Freiburg 1906. Auch in: May, Lichte Höhen, wie Anm. 58, S. 284–453 [346f.], dann im »Märchen von Sitara«, das »Mein Leben und Streben«, [wie Anm. 48, S. 4ff.] einleitet.) Vgl. auch Silb. III, S. 563; Ard. I, S. 338ff., 861; Ard. II, S. 455f., sowie die Wiener Rede (Bartsch, wie Anm. 42, S. 56).

96 Programmatisch für die entsprechende Selbstdeutung Mays ist, neben dem Vorwort zu den »Erzgebirgischen Dorfgeschichten« (1903), das Nachwort zur 8. Auflage von »Winnetou III« (1904), *Wir versammeln uns zunächst. Nämlich in den Wüsten und Steppen der einen und in den Prärien und Savannen der andern Hemisphäre. Das sind die Niederungen des Lebens, aus denen sich der*

Mensch nur dadurch retten kann, daß er aus ihnen empor zur Höhe steigt. Und das, das wollen wir jetzt tun! Wir wollen »durch die Wüste« und »durch das wilde Kurdistan« hinauf zum Berg des Alabasterzeltes und zu dem Dschebel Marah Durimeh. Und wir wollen durch die niedrige Mapimi und den tödlichen Llano estaccado bergaufwärts nach der Zinne des Mount Winnetou. Wer Mut hat, gehe mit; der Schwache aber bleibe! (Wiedergabe des Nachworts bei Roland Schmid, Anhang (zu »Winnetou III«). In: Karl May, Freiburger Erstausgaben Bd. IX, hrsg. von Roland Schmid, Bamberg 1982, unpag. [S. 638]). Vgl. auch May, Mein Leben und Streben, wie Anm. 48, S. 209, und Adolf Gerber/Wilhelm Nhil/Paul Wilhelm, Karl May in Wien. Letzte Interviews (1912). In: Jb-KMG 1970, Hamburg 1970, S. 81–91 (90). Zu der »Ethisierung von Bewegungen im Raum« beim späten May vgl. Klotz, wie Anm. 87, S. 78. Eine kulturgeschichtliche und biographische Deutung dieses Phänomens nimmt Ueding, Traum, wie Anm. 17, S. 175ff., vor. Gertrud Oel-Willenborg, Von deutschen Helden. Eine Inhaltsanalyse der Karl-May-Romane, Weinheim/Basel 1973, S. 131f. u. 144, argumentiert hingegen mit einem aller »Trivialliteratur« innewohnenden »Sendungsbewußtsein«, dessen Klischees vom »Gesunden«, »Heilen« und »Lichten« im Bild der »Höhe« geronnen seien und letztlich eine »Machtideologie« transportierten, die sie in die Nähe des Nationalsozialismus rücke. Ähnlich lautet das Fazit Jeziorkowskis (wie Anm. 17).

[97] Genau wie die von Tatellah-Satah, seines Pendants aus »Winnetou IV« (May, Winnetou IV, wie Anm. 61, S. 22; vgl. S. 415, 420, 508).

[98] May, Mein Leben und Streben, wie Anm. 48, S. 313, vgl. S. 150.

[99] Ebd., S. 313f. Mit geistesaristokratischer Attitüde schon in einem Brief an Heinrich Kirsch vom 21.1.1906: »Meine Ideale und meine Ziele sind nur auf einsamen Wegen zu erreichen, und ich habe bisher noch keinem Schwächling zugemuthet, mit zitternden Knieen hinter mir her zu kommen.« (Karl-May-Autographika Heft 1 (1995). Materialien aus dem Autographenarchiv der Karl-May-Gesellschaft, hrsg. von Volker Griese, S. 19).

[100] Sudhoff, Der beflügelte Mensch, wie Anm. 17, S. 110.

[101] Zit. nach Bartsch, wie Anm. 42, S. 55.

[102] May, Winnetou IV, wie Anm. 61, S. 452.

[103] Vgl. ebd., S. 417, 424, 453, 458, 577, 580, 604, 608. Nicht völlig nebensächlich könnte in diesem Zusammenhang sein, dass es sich beim Adler um einen der beiden Tiergefährten Zarathustras handelt, der für den pathetischen Anspruch seiner Botschaft steht (IV, S. 27).

[104] May, Winnetou IV, wie Anm. 61, S. 416.

[105] *Wir müssen hoch steigen. Wir müssen groß werden. … wir alle alle, die wir auf Erden sind, die wir uns Menschen nennen, noch ohne es wirklich zu sein!* (Aus Karl Mays Texten der Nachlassmappe »Winnetou«. In: Karl May, Winnetou Band IV. In: Lueginsland. Beilage zur »Augsburger Postzeitung« (1909/1910); Reprint der Karl-May-Gesellschaft, Hamburg ²1998, S. 312 – zit. auch bei Sudhoff, Der beflügelte Mensch, wie Anm. 17, S. 135).

[106] Karl May, Ein Schundverlag. In: May, Schundverlag/Helfershelfer, wie Anm. 88, S. 416 (vgl. May, Am Marterpfahl, wie Anm. 88, S. 204); siehe ebd., *das Wort von der Umwertung der Werte …*

[107] Vgl. Volker Gerhardt, Friedrich Nietzsche, München 1992, S. 206f.

108 Zu der sich noch das eine oder andere Detail nachtragen ließe, wie etwa die Substantialität der »*Flamme*« für die Aufzeichnungen (und damit »*Geist*« und »*Seele*«) des Ustad (Silb. VI, S. 166) in möglicher Analogie zum »Ecce homo«-Gedicht Nietzsches (III, S. 367, vgl. auch S. 350).
109 Hans Wollschläger, Erste Annäherung an den »Silbernen Löwen«. Zur Symbolik und Entstehung. In: Jb-KMG 1979, Hamburg 1979, S. 99–136 (108); vgl. Wollschläger, Karl May, wie Anm. 45, S. 117f.
110 May, Mein Leben und Streben, wie Anm. 48, S. 211.
111 Zit. nach Gerber u. a., wie Anm. 96, S. 89.
112 Grundlegendes dazu immer noch bei Eugen Biser, »Gott ist tot«. Nietzsches Destruktion des christlichen Bewußtseins, München 1962. Vgl. auch Dieter Henke, Gott und Grammatik. Nietzsches Kritik der Religion, Pfullingen 1981.
113 Zu diesen Passagen in Bezug auf Nietzsche vgl. Sudhoff, Karl Mays Großer Traum, wie Anm. 14, S. 157, Wohlgschaft, Große Karl May Biographie, wie Anm. 17, S. 635 u. 641f., und Marra, wie Anm. 18, S. 546ff. Eine weitere Nietzsche-Analogie im Roman sieht Wohlgschaft S. 639 u. 656, zwischen der allegorischen Erzählung des Ustad von der Dressur zum permanenten Ja-Sagen (Silb. VI, S. 28f.) und der Esel-Litanei im »Zarathustra« (IV, S. 388ff.). Mit weitaus mehr Recht wäre diese jedoch auf das Thema des Gebets zu beziehen (bes. IV, S. 393).
114 Eine Travestie von Nietzsches Ressentiment gegen alles Schwache (z. B. VI, S. 170) findet sich später in der *Ussulistan*-Handlung aus »Ardistan und Dschinnistan«, wo das beschränkte Bewusstsein des Urmenschen ironisch auf solche regressiven Denkmuster bezogen wird: »*Alles, was zu klein ist und was krank ist, steht dem Großen, dem Gesunden im Wege. Es hat zu verschwinden.*« (Ard. I, S. 79).
115 Dies ist natürlich auch ein Verrat am »intellektualen Gewissen«, von dem an anderer Stelle gehandelt wird (II, S. 109; III, S. 373).
116 Schmidt, Abu Kital, wie Anm. 16, S. 177; ders., Sitara und der Weg dorthin. Eine Studie über Wesen, Werk & Wirkung Karl May's. Karlsruhe 1953, S. 329; Wollschläger, Karl May, wie Anm. 45, S. 118; Wollschläger, Erste Annäherung, wie Anm. 109, S. 108f.; Hatzig, May und Schneider, wie Anm. 17, S. 49; Wagner, wie Anm. 17, S. 39ff.; Kalka, wie Anm. 17, S. 245; Lowsky, wie Anm. 17, S. 107; Sudhoff, Karl Mays Großer Traum, wie Anm. 14, S. 181; Wohlgschaft, Große Karl May Biographie, wie Anm. 17, S. 120; Marra, wie Anm. 18, S. 544f., 548ff.
117 Gerade auf dieser Ebene finden sich Bedeutungszuweisungen, die nicht auf Nietzsche passen, so insbesondere die des »*wohlgesinnten Schmeicheldemokraten*«, der »*mit dem niederen Sinn der blinden Masse kost, um alles ihm Verhaßte zu vernichten.*« (Silb. VI, S. 115).
118 Z. B. bei Prälat Fischer (vgl. Köster, wie Anm. 5, S. 70, auch S. 74, 85).
119 Hans-Peter Hasenfratz, Die religiöse Welt der Germanen. Ritual, Magie, Kult, Mythus, Freiburg i. Br. 1992, S. 103.
120 Vgl. IV, S. 169f.
121 Bei Nietzsche maskiert sich »die unsterbliche Tschandala-Rache als Religion der Liebe« (VI, S. 102; vgl. V, S. 283f., 286; auch VI, S. 212 u. IV, S. 242).
122 Vgl. IV, S. 118, »erlöster müssten mir seine Jünger aussehen!«

¹²³ Mit ähnlichem Gestus zieht schon im »Silbernen Löwen II« der Pischkhidmät Baschi über die »*unmännliche Lehre*« der christlichen Feindesliebe her, die er »*stets verachtet*« habe (Karl May, Gesammelte Reiseerzählungen Bd. XXVII, Im Reiche des silbernen Löwen II, Freiburg 1898, S. 193; Reprint Bamberg 1984).

¹²⁴ Auf den Charakter seiner Werke als *Anschauungsunterricht für neue Psychologie* (Brief an Friedrich Ernst Fehsenfeld, Ende Juli 1905; zit. nach: Schmid, Anhang [zu »Im Reiche des silbernen Löwen IV«], wie Anm. 45, A 7) weist er verschiedentlich selbst hin: *Meine Erzählungen enthalten psychologische Untersuchungen und Feststellungen.* (Ard. I, S. 111) Oder: *Meine Werke beruhen auf psychologischer Grundlage, wie ich die Psychologie überhaupt für die tiefste aller Wissenschaften halte.* (Zit. nach Gerber u. a., wie Anm. 96, S. 89.) Vgl. auch Brief vom 11.8.1907 bei Griese, wie Anm. 32, S. 134, sowie Hans Wollschläger, »Die sogenannte Spaltung des menschlichen Innern, ein Bild der Menschheitsspaltung überhaupt.« Materialien zu einer Charakteranalyse Karl Mays. In: Jb-KMG 1972/73. Hamburg 1973, S. 11–92 (14f., 82f.). Natürlich besteht auch in diesem Punkt eine Verwandtschaft zu Nietzsche, vgl. V, S. 39, VI, S. 305; auch V, S. 385, VI, S. 64.

¹²⁵ Dazu Aschheim, wie Anm. 5, S. 223f.

¹²⁶ Auch sonst unterscheidet sich Mays Weiblichkeitskonzept von dem Nietzsches. Siehe jetzt Gudrun Keindorf, Weibliche Seele – Männlicher Geist? Zur Rollenverteilung im Spätwerk Karl Mays. In: Jahrbuch der Karl-May-Gesellschaft, Husum 2002. Gewisse Ansätze finden sich auch bei Werner Tippel/Hartmut Wörner, Frauen in Karl Mays Werk. Sonderheft der Karl-May-Gesellschaft Nr. 29/1981. – Jeder Frau, fordert Hanneh in »Am Jenseits«, komme eine individuelle »*Seele*« zu (Karl May, Gesammelte Reiseerzählungen Bd. XXV, Am Jenseits, Freiburg 1899, S. 85; Reprint Bamberg 1984; vgl. May, Im Reiche des silbernen Löwen I, wie Anm. 58, S. 371ff.). Damit unvereinbar ist es, sie als »*willenlose Spielpuppe ihres Mannes*« anzusehen, vielmehr gebühren ihr »*ganz dieselben Rechte*« (May, Am Jenseits, S. 28f.). Dass dies nicht auf die Verteidigung von »*Suffragettenreden*« (May, Winnetou IV, Anm. 61, S. 320) hinausläuft, müsste der Autor allerdings nicht eigens betonen. Solche widersprechen eindeutig der Klugheit, die er sonst gelegentlich an Frauen rühmt (May, Und Friede auf Erden, wie Anm. 42, S. 215, 238; vgl. Ard. I, S. 128). Vielsagend ist die Formulierung, mit der im dritten Band des »Silberlöwen« das Auftreten der Prinzessin Gul kommentiert wird, diese nämlich – deren Gestaltung übrigens von der Königin der Sinne auf Sascha Schneiders Monumentalgemälde inspiriert sein dürfte (vgl. Anm. 35) – *hatte sich ... von der in ihrem Kreise gebotenen, schamhaften Zurückhaltung emanzipiert.* (Silb. IV, S. 551, vgl. S. 553f.). Schon beim Gewahrwerden ihres Bildes ist von einem gewissen *goût hétérogène* die Rede, der einer »*emanzipierten Frau*« anhafte (May, Im Reiche des silbernen Löwen II, wie Anm. 123, S. 385). Einen Sonderfall stellt Mays *psychologische Studie* »Frau Pollmer« von 1907 dar, in der ein veritabler Weibsteufel exorziert wird, der jenes Ergänzungsverhältnis von göttlicher »*Allmacht*« und »*Liebe*«, das Männern und Frauen abzubilden aufgegeben ist (May, Am Jenseits, S. 3; vgl. May, Im Reiche des silbernen Löwen I, S. 372), zerstört haben soll. Zu der Position des Philosophen vgl. Nietzsche über die Frauen, hrsg. von Klaus Goch,

Frankfurt a. M./Leipzig 1992. Zu Mays »Frau Pollmer, eine psychologische Studie«, siehe jetzt Gabriele Wolff, Ermittlungen in Sachen Frau Pollmer. In: Jb-KMG 2001, Husum 2001, S. 11–352; insbes. S. 300 und S. 259–277 (Abschnitt »Quellen«).

127 Diesen würden die vordergründig »Guten und Gerechten«, die zur »Grösse« Unfähigen, »meinem Übermenschen« geben (VI, S. 370; vgl. IV, S. 185). Außerdem ist der »Teufel« für Nietzsche »der älteste Freund der Erkenntnis« (V, S. 95).

128 Marra, wie Anm. 18, S. 548, sieht hier eine Parallele zu Zarathustras Davonlaufen vor seinem »Schatten« (IV, S. 338).

129 Vgl. Aschheim, wie Anm. 5, S. 25f. u. 29.

130 Vgl. Nietzsches Plädoyer für eine »Rangordnung« der »Kasten« im Interesse des Lebens (VI, S. 243). Ähnlich V, S. 205, auch S. 83 u. 165. Mit dem Hinweis auf seine Inspiration durch »insbesondere altindische Formen« des Staatsdenkens mehr dazu bei Taureck, wie Anm. 12, S. 201ff.

131 Auch Dionysos wird Nachlass-Notizen Nietzsches zufolge, die bereits Richter, wie Anm. 25, zitiert, »ewig wiedergeboren«.

132 Wie Wagner, wie Anm. 17, S. 41, dies tut. Eine partielle Kontinuität besteht freilich darin, dass May schon über zwei Jahrzehnte früher davon überzeugt ist, für einen *Dalai-Lama* seien *andere Menschen ... verächtliche Geschöpfe* (Karl May, Gesammelte Reiseromane Bd. IV, In den Schluchten des Balkan, Freiburg 1892, S. 536; Reprint Bamberg 1982).

133 Vgl. Eckhart Heftrich, Nietzsches Philosophie. Identität von Welt und Nichts, Frankfurt a. M. 1962, S. 263ff.

134 Eine Eigentümlichkeit, die Lou Andreas-Salomé an Nietzsche hervorhob (zit. nach Hillebrand, Nietzsche und die deutsche Literatur, wie Anm. 5, Bd. 1, S. 73), »[...] lieber selber Gott sein!« lautet die entsprechende Option im »Zarathustra« (IV, S. 325).

135 Vgl. May, Abdahn Effendi, wie Anm. 93, S. 279 (siehe auch die Hinweise der Herausgeber in Karl May's Gesammelte Werke Bd. 81, wie Anm. 42, S. 83f.). Anders als Ahriman und der Maha-Lama erscheint der Wirt der Schmugglerschenke jedoch gänzlich ungebrochen als hässliche Gestalt.

136 May, In den Schluchten des Balkan, wie Anm. 132, S. 349.

137 Vgl. Krause, wie Anm. 33, S. 197.

138 Aschheim, wie Anm. 5, S. 46, gebraucht dafür Ausdrücke wie »Liturgie«, »Rituale« und »Zeremonien«.

139 Vgl. ebd., S. 23 u. 45; eingehender dazu Hubert Cancik, Der Nietzsche-Kult in Weimar. Ein Beitrag zur Religionsgeschichte der Wilhelminischen Ära. In: Nietzsche-Studien 16 (1987), S. 405–429.

140 Fast gleichlautend führt Engelbert Lorenz Fischer das Scheitern Nietzsches auf »geistige Über-Spannung« (und »Titanismus«) zurück (vgl. Köster, wie Anm. 5, S. 78).

141 Seiner späten Selbstdiagnose zufolge empfand er selbst sich hingegen als »décadent zugleich und Anfang« (VI, S. 264, auch S. 11).

142 »Werde, der du bist!« (IV, S. 297; vgl. auch III, S. 519, 563.) Fast wortgleich schon Karl Mays Gedicht »Die Ehe« (1900), *Betrachte dich und werde, was du bist!* (May, Himmelsgedanken, wie Anm. 93, S. 195) Hier dürfte allerdings ein

Bezug auf Nietzsches im »Zarathustra« und der »Fröhlichen Wissenschaft« verschwiegene Quelle vorliegen, Pindar. (Vgl. Friedrich Nietzsche, Briefwechsel. Kritische Gesamtausgabe, hrsg. von Giorgio Colli/Mazzino Montinari, Berlin/ New York 1975. Bd. III.1, S. 203.) Das Zitat aus dessen zweiter Phythischer Ode war zeitgenössisch durchaus beliebt. So erscheint es etwa im 16. Kapitel von Theodor Fontanes 1892 erschienenen Roman »Frau Jenny Treibel« (freundlicher Hinweis von Martin Lowsky) und gibt einer Novelle Hedwig Dohms den Titel (»Werde, die du bist«, 1894).

[143] Vgl. auch Ard. II, S. 544 sowie May, Mein Leben und Streben, wie Anm. 48, S. 114, es kämpfte in ihm, May, selbst die eingeborene menschliche Bestie gegen die Wiedergeburt, nach der jeder Sterbliche zu streben hat, um zum Edelmenschen zu werden.

[144] Vgl. ferner IV, S. 253; V, S. 117, 332f., 384. Nietzsches Evokation des »Raubthiers« als des »höchsten« und »herrschaftlichen« Repräsentanten der »spontanen, angreifenden, übergreifenden, neu-auslegenden, neu-richtenden und gestaltenden Kräfte« (V, S. 316) brachte für zahlreiche Künstler der Zeit die Hoffnung auf einen neuen Menschentyp zum Ausdruck, der sich im Einklang mit der ewigen Naturgewalt schöpferisch verwirklicht. Am Beispiel von Franz Marc zeichnet Sigrid von Strachwitz diese Faszination paradigmatisch nach (Sigrid von Strachwitz, Franz Marc und Friedrich Nietzsche. Zur Nietzsche-Rezeption in der bildenden Kunst, Bonn 1997; vgl. hier zumal die Interpretation des berühmten »Tiger«-Bilds von 1912, S. 164–172).

[145] Im Werk Mays gibt es jedoch durchaus eine eigene konnotative Tradition im Hinblick auf jenes *»schrecklichste der Tiere«* (Karl May, Gesammelte Reiseromane Bd. X, Orangen und Datteln, Freiburg 1894, S. 340; Reprint Bamberg 1982). Auch Menschen werden damit vereinzelt schon früh in Verbindung gebracht, so etwa Kapitän Richemonte in »Die Liebe des Ulanen« oder der sterbende Mübarek (*er brüllte wie ein wildes Tier*) in Karl May, Gesammelte Reiseromane Bd. VI, Der Schut, Freiburg 1893, S. 118; Reprint Bamberg 1982.

[146] Man denke hierbei an das ausdrückliche Lob der »Herrschsucht« im »Zarathustra« (II, S. 236ff.).

[147] Dazu etwa Riedel, wie Anm. 12, S. 88ff. Joachim Biermann, Das »wilde Tier«. Überlegungen zur Darstellung des Bösen bei Karl May. In: Sudhoff/Vollmer, Ardistan und Dschinnistan, wie Anm. 6, S. 142–180, sind bei seiner Interpretation der »Bedeutungsvielfalt« (144) der Figur die Nietzsche-Analogien des *»Panthers«* leider völlig verborgen geblieben (der übrigens ansatzweise im Safir aus dem zweiten »Silberlöwen«-Band präfiguriert ist, von diesem wird berichtet, dass er sich am Ende *wie ein grimmes Raubtier* gebärdete; May, Im Reiche des silbernen Löwen II, wie Anm. 123, S. 429.

[148] Das geradezu aufdringlich stilisiert wird, Ard. II, S. 561, 564ff., 569, 575, 577ff., 581, 589f, 595.

[149] Zit. nach Bartsch, wie Anm. 42, S. 57.

[150] Karl May, Zum Alabasterzerzelt, in: Karl May's Gesammelte Werke Bd. 29, Die Schatten des Ahriman, Bamberg 1957, S. 577.

Anhang

Personenregister

A
Abel, A. 507
Abel, G. 95, 104, 108
Abraham 80, 128, 174
Abraham, F. 205f.
Adler, M. 203
Adorno, Th. W. 37, 45, 180, 192, 423, 466, 493f., 501–508
Adriaanse, H. J. 76
Aeschylos 279, 452
Alexander d. Große 112, 134, 356
Amos 129
Ampère, A. M. 90
Andler, Ch. 210
Andreas-Salomé, L. 85, 103–105
Ansell Pearson, K. 87f., 91f., 101, 103–106, 108
Aragon, L. 315, 331
Aristoteles 21, 77, 168, 440f., 449, 457f., 465f., 469, 473, 511
Arndt, A. 75
Arndt, M. 308
Ascher, S. 196
Aschheim, S. E. 504, 506, 508, 558, 560, 563, 567, 570f.
Assel, H. 78
Assmann, J. 130, 132
Auerbach, F. 96f.
Augustinus, Aurelius 52, 55f., 516
Aurobindo 27, 133, 142–145, 238, 240f., 244–261, 267
Averroes 38

B
Bachmann, I. 464
Bacon, F. 519
Baedecker, K. F. 376
Baeumler, A. 370–372, 376, 427, 432, 466, 491f., 506
Bahr, E. 507
Baier, H. 485
Baier, L. 333
Balzac, H. de 527
Barner, W. 131
Barnouw, D. 287
Barrett, W. 145
Barth, U. 32, 75f.
Bartuschat, W. 77
Basch, V. 209–211
Bataille, G. 29, 397f., 402–404, 406, 410–424
Baudelaire, Ch. 311, 393, 454
Baudrillard, J. 16, 19
Bauer, B. 297f., 309
Bauer, M. 106
Baumgartner, H. M. 32, 103
Bauschinger, S. 374, 564
Beck, U. 16
Becker, C. 469
Becker, H.-J. 27, 195, 204, 584
Beethoven, L. van 272, 274f., 493, 527
Beierwaltes, W. 470
Beißner, F. 483
Benjamin, W. 363, 374, 393, 434, 466
Benn, G. 31, 191, 353, 362, 374, 491, 506, 511, 519f., 525–527
Bergengruen, W. 184
Bergfleth, G. 421, 423
Bergmann, H. S. 205
Berlinger, R. 56, 75–77
Bermann-Fischer, G. 492
Bernhardi, J. Chr. 201
Bernini, G. L. 463
Bernoulli, C. A. 308f.
Bernstein, E. 203
Bertram, E. 271, 368, 375, 427, 488f., 491f., 501f., 504f.
Berzelius 90
Biemel, W. 465, 467
Bischof, R. 421
Biser, E. 468, 506, 569
Blanchot, M. 82
Bloch, E. 37, 45, 76f., 130, 196, 212
Blondel, E. 108
Bloom, H. 74
Bluhm, L. 29, 349, 373f., 376
Blumenberg, H. 73, 80
Böhme, H. 79
Böschenstein, B. 504
Bösl, A. 466
Boethius 21
Borchmeyer, D. 28, 30, 268, 285–287, 469, 506, 584
Boscovich, R. G. 89, 90–92, 105, 107
Boss, M. 450, 464, 469
Bouillon, G. von 117
Boutroux, É. 210f.
Bovillus, C. 79
ter Braak, M. 492, 500f., 504, 508
Brandom, R. 64f., 78
Brändle, R. 309
Brantl, M. 508
Braun, H.-J. 467
Brecht, B. 353
Brentano, Cl. 201, 458
Brentano, F. 78
Breton, A. 312–314, 318, 329–333
Brinkmann, R. D 75
Brück, M. von 25, 147, 584
Bruno, G. 65–67, 75, 445, 533
Brunschvicg, L. 210
Bruyn, G. de 557
Buber, M. 205–207, 241

Bucher, R. 131
Buddha 143, 146, 148–150, 155, 160, 360f.
Burckhardt, J. 31, 140, 308, 509, 511f., 518
Burdach, K. 80

C
Calderon de la Barca, P. 279
Calvary, M. 205
Calvin, J. 118
Cancik, H. 308–310, 558, 571
Cancik-Lindemaier, H. 309f., 558
Carnot, L. Graf 91f., 101
Cartwright, D.E. 419
Cassirer, E. 79, 467
Cassirer, P. 373
Celan, P. 51, 464
Chamberlain, H. St. 533
Chamisso, A. v. 180
Chandra, P. 163f.
Chang, C. C. C. 165
Chatterjee, A. K. 164
Chopin, F. 105
Cicero 21
Clausius, R 91f., 101, 106, 108
Clermont-Tonnere 196
Clemens von Alexandrien 292, 294–296, 301
Cohn, E. B. 189
Colli, G. 19, 31, 74, 85, 102f., 105, 107, 258f., 307, 330, 348, 393, 418, 466, 483, 528, 572, 558
Conze, E. 151, 164
Copernicus, N. 89, 107
Cramer, K. 75f.
Cramer, W. 76

D
Dalí, S. 314, 316, 318, 320, 330–333
Dante Alighieri 242, 283f., 477, 531, 557
Darwin, Ch. 87f., 95, 104, 244, 249, 472, 477–479, 481f., 485, 521–524, 531, 541, 564
David, P. 465
Davids, R. 151, 153
De Groot, J. J. M. 145
Delacroix, E. 311
Demokrit 103
Derleth, L. 186f.
Derrida, J 63, 77, 422–424, 461, 470
Descartes, R. 21, 63, 82, 211, 437, 519
Deussen, P. 240, 419, 422
Dick, R. 373–375
Diels, H. 237
Dietzsch, St. 504
Dilthey, W. 445, 468f.
Djurič, M. 468
Döblin, A. 29, 351, 356–358, 360, 373
Döllinger, I. von 309
Dörr, H. 506
Dohm, Chr. W. von 197, 572
Dostojevskij, F. M. 427
Dotzler, B. J. 395
Drechsler, J. 74
Driesch, H. 368
Droop, A. 530, 558
Dürer, A. 72, 79, 190, 527
Düsing, E. 30, 471f., 474, 476, 480, 482, 484, 486, 584
Düsing, K. 486
Dumoulin, H. 164
Dutt, N. 164

E
Ebeling, H. 421
Eberlein, H.-P. 309
Eckermann, J. P. 272, 276, 280, 283, 457
Einsle, W. 535, 561
Eisenstein, L. S. 200
Eisler, R. 107f.
Eisner, K. 203
Emerson, R. W. 539
Emmelius, J.-Chr. 310
Empedokles 105, 472
Engelmann, P. 419
Engels, F. 513
Enskat, R. 76
Epikur 59, 420, 473
Erné, N. 508
Ernst, P. 542
Esper, E. 419
Ezechiel 129, 200, 205

F
Falk, J. D. 270
Fallmerayer, J. Ph. 297f., 309
Fann, K. T. 145
Fechner, G. Th. 91, 105
Fehsenfeld, F. E. 562, 570
Fellmann, F. 419
Fichte, I. H. 200
Fichte, J. G. 24, 27, 37, 41, 49, 52, 74–76, 122f., 131, 195–213
Fiedler, T. 395
Figal, G. 468
Fink, E. 421
Fischer, E. L. 532f., 560, 565, 569, 571
Fischer, H. 368, 375
Fischer, M. 193
Förster-Nietzsche, E. 354, 362–367, 374–376, 434
Foucault, M. 68, 79
Fouqué, Friedrich Baron de la Motte-F. 201
Fourny, J.-F. 422–424
Franck, A. 209
Frank, M. 465
Frenzel, I. 421
Freud, S. 74, 95, 147, 190f., 490, 505
Friedell, E. 31, 509
Friedrich II, d. Große 199
Friedrich II. von Hohenstaufen 518
Friedrich, H. 17, 30f., 269, 509f., 512, 514, 516, 518, 520, 522, 524, 526, 528, 584
Friedrich, M. 269

Personenregister

Fritsch, Th. 203f.
Fromm, E. 419, 501
Früchtel, L. 309
Fuchs, O. 131
Fuhrmans, H. 469
Funk, W. 79
Furtwängler, W. 181

G
Gabler, N. 383, 392, 394f.
Gadamer, H.-G. 445, 453, 461f., 467, 469
Gaitanis, V. 79
Gajek, B. 375
Gander, H.-H. 76, 468f.
Gast, P. 92, 105, 107, 286, 367
Gay-Lussac, J. L. 90
Gehlen, A. 419
Gendotta P. 469
George, S. 29, 58, 186f., 488, 558
Gerhardt, V. 102, 568
Ghose, A. 27, 133, 142–145, 239–241, 244–254, 256–261, 267
Gibbon, E. 297
Gilberti 105
Gildenhard, I. 308
Glasenapp, H. von 151
Gluck, W. Ritter von 181
Gockel, H. 506
Goebbels, J. 182, 491f., 502
Göbel, H. 131
Gödde, Chr. 192
Goedert, G. 310, 419
Görg, M. 26, 80, 121f., 132, 589
Goethe, J. W. von 28, 30, 85, 241f., 264, 269–287, 357, 359–361, 374, 385, 439, 457, 488, 519, 525, 527, 530, 541
Goldberg, O. 191, 193
Goldmann, N. 196, 208
Goldscheider, M. 363
Goldstein, J. 204

Graetz, H. 196
Grätzel, St. 419
Graf, F. W. 308, 505
Grasmück, E. L. 131
Grillparzer, F. 271, 285
Grimm, G. 151
Grosser, J. F. G. 192
Gründer, K. 467
Gurlitt, L. 530, 558, 562
Guzzoni, A. 421

H
Haecker, Th. 184
Härtle, H. 492, 506
Hahn, J. 532, 559
Hahn, K. 24f., 111, 118, 584
Hallich, O. 419
Hamann, B. 192, 565
Hammacher, W. 470
Hardenberg, K. A. Fürst von 39, 561
Harich, W. 492
Harries, K. 465
Hartmann, E. v. 107
Hausenstein, W. 184, 193
Heftrich, E. 271, 285f., 504–506, 571
Hegel, G.W.F. 23f., 30, 37, 41, 53f., 60–65, 73, 75, 77f., 91, 136, 138, 140, 147, 173, 196, 202, 208, 210f., 262, 281, 420, 422–424, 427, 429, 437, 445, 447, 454f., 457, 461, 465, 467, 471, 476, 481–484, 486, 514, 519, 521
Hehn, V. 286
Heidegger, M. 23, 27, 29, 37, 46, 50, 63f., 71, 73f., 76, 78–80, 135, 170, 215, 236, 389, 394, 421, 425–470
Heine, H. 201f., 280f., 361, 373
Henisch, P. 529, 557
Hennings, A. 529, 557
Henrich, D. 132

Henry, M. 74
Heraklit 79, 249, 267, 430, 439, 443, 450, 458–460, 466, 469, 481
Herder, J. G. 274
Hermann, R. 67, 78
Herrmann, F.-W. von 465
Herz, H. 268
Herzl, Th. 208
Hesiod 46
Heß, M. 201–203
Hesse, H. 353–357, 360f., 373, 542, 558
Heumann, K. 373
Heydrich, R. 490
Heym, G. 358, 373
Hille, P. 361f., 364–366, 374f., 549
Hillebrand, B. 373f., 558, 563, 565, 567, 571, 573
Hillesheim, J. 505
Hiob 129
Hirth, G. 96, 101
Hitler, A. 181–184, 192, 195, 376, 489–492, 499, 501–503, 505, 531, 559, 565
Hitzig, E.J. 198
Hobbes, Th. 104, 481, 485
Hölderlin, F. 30, 53, 170, 357, 429, 440, 442, 446, 453, 459, 461, 465, 471, 483
Hölldobler 511
Hölscher, U. 466
Hölzer, M. 333
Hoffmann, D. M. 376, 561
Hoffmann, E. T. A. 59
Hoffmann, P. Th. 419
Hoffmann, Th. S. 484
Hofmannsthal, H. von 66, 188, 191, 193, 358, 558
Hofmiller, J. 376,
Holbach, P. Th. Baron d' 196
Holl, K. 78
Holländer, H. 469
Holzhey, H. 467
Homer 137, 279, 461

577

Horkheimer, M. 419, 501–503, 506f.
Horneffer, E. 532f., 566
Horstmann, R.-P. 77
Hosea 129
Huber, M. 27, 29, 215, 558
Huch, R. 189
Huchzermeyer, W. 145, 244f., 247f., 252, 267
Hübscher, A. 183, 418–422
Hülshörster, Chr. 193
Huizinga, J. 421
Humboldt, W. von 39, 466
Hume, D. 104
Huntington, S. 119
Husserl, E. 21, 25, 52, 59, 76f., 427, 440, 461, 467
Hygin 73

I

Ingenkamp, G. 420
Iqbal, M. 27, 239–244, 247, 258, 267
Isaac 174
Itzig, D. 198
Itzig, M. 200

J

Jacobi, F. H. 286, 445, 468, 475
Jaeger, P. 469
Jahnn, H. H. 29
Jamme, Chr. 465
Jang Sung-Hyun 504, 506–508
Janssen, P. 420
Janz, C. P. 85, 87, 102f., 105
Jaspers, K. 427, 434, 438, 466f., 476, 484
Jauss, H. R. 79
Jean Paul 24, 49f., 53, 59, 68, 74
Jens, I. 504f.
Jens, W. 504f.
Jeremia 129
Jesaja 129
Jesus Christus 301
Johannes 69, 309, 356, 473

Joyce, J. 74, 173
Jünger, E. 351, 354, 367–373, 375f., 435, 506, 528
Jung, C. G. 360, 506
Jung, J. 507f.
Justinus 140

K

Kaegi, D. 467
Kalisch, E. W. 200, 203
Kant, I. 12, 23, 37, 40f., 54f., 60, 68, 70, 76, 87, 90, 122, 138, 143, 196, 210, 241, 258, 262, 406, 408, 420, 422, 427, 431, 481f., 484f., 513, 518f.
Kantorowicz, E. 518
Karajan, H. von 182
Karl der Große 114
Katz, J. 196
Kaufmann, W. 131, 501
Keenan, J. P. 165
Kekulé von Stradonitz, A. 91
Keller, G. 253, 280
Kemp, F. 331, 374
Kemper, P. 19
Kepler, J. 519
Kermode, F. 74
Kern, H. 151
Kerr, A. 183, 504
Kettering, E. 468
Kierkegaard, S. 121, 174, 261, 427, 429, 457, 466, 521
Kimmerle, H. 75
Kirschnick, S. 374
Kittsteiner, H.-D. 145
Klages, L. 186, 189, 491
Klamp, G. 420
Klein, H.-D. 485f.
Kleinschmidt, E. 373
Kleist, H. von 198, 201
Klemperer, O. 179f.
Klinger, M. 536, 561
Kloesel, Chr. 78
Klopstock, F. G. 274
Kluxen, W. 421

Knodt, R. 102
Koch, H.-J. 27, 239, 267, 584
Köller, J. 465
Kohn, H. 204, 206
Kopp, H. 105
Krämer, S. 75f., 78
Kranz, W. 237
Kraus, K. 361f., 373f., 501, 542, 558
Kraus, M. 466, 560
Krenski, W. von 530, 540, 559, 564
Krings, H. 102
Krummel, R. F. 558f.
Kügler, J. 131
Kuehn, P. 532, 554
Kues, N. von 69
Kunne-Ibsch, E. 504
Kurzweil, R. 381, 394

L

Lacan, J. 313, 331
Lagarde, P. de 289, 309
Lampl, H.-E. 247, 250, 267
Landauer, G. 203
Lange, D. 75, 106
Lange, F. A. 87–91, 101, 104f., 107, 241
Lasker-Schüler, E. 75, 354, 360–367, 373–375, 558
Lassalle, F. 196, 203, 394
Latacz, J. 466
Laube, J. 250
Lehmann, S. 206f.
Leibniz, G. W. 52, 210, 426, 519
Lenk, E. 333
Lenin, W. I. 514
Léon, X. 209–211
Leonardo da Vinci 233, 318
Leonhard Wooley, C. 72, 191
Leopardi, G. 276
Lessing, G. E. 69, 79, 123–125, 131f., 269, 276, 356, 445, 519
Lessing, Th. 183, 189

Lethen, H. 373
Levin, R. 196f.
Levy, I. 203
Levy, S. 197f.
Lichtenberger, H. 209, 532f., 554
Lion, F. 508
Litzmann, B. 285
Locke, J. 104
Löwith, K. 141, 145
Lonitz, H. 466
Lorenz, K. 523, 532, 565, 571
Lory, K. 541, 565
Loyola, I. de 118
Lucrez 105
Lütkehaus, L. 74, 420–422
Lukács, G. 30, 491f., 506
Luther, M. 32, 78, 118, 237, 448, 468, 519
Lyotard, J.-F. 384f., 394
Lypp, B. 420

M

Mach, E. 17, 59, 76
Mädler, J. H. 105
Maier, H. 421
Maimon, S. 196f., 204
Maine de Biran 74
Majetschak, St. 484
Mall, R. A. 25, 28, 133, 144, 584
Malter, R. 420
Mann, E. 192, 508
Mann, H. 558
Mann, K. 182, 500
Mann, Th. 29f., 179–193, 283–285, 287, 349, 351, 354, 367–372, 375f., 487–508, 557
Marmande, F. 422–424
Marquardt, U. 375
Marra, C. 532, 560, 569, 571
Marx, F. 373
Marx, K. 138, 262, 398, 421, 506, 513f., 521f.
Matthes, A. 331

Maury, Abbé 196
Mauss, M. 416, 421
Mauthner, F. 96, 108
May, K. 31, 529–572
Mayer, F. 331
Mayer, H. 507
Mayer, J. R. 91–93, 106
Mazzarella, E. 465
Mead, G. H. 484
Mehlig, J. 164
Mehring, F. 542, 565
Meier, A. 373f.
Mendelssohn, M. 123–127, 131f., 197, 445, 468
Metken, G. 331f.
Mette, H.J. 483
Meyer, A. E. 376
Meyer, F. 333
Meyer, Th. 373, 558
Meyerson, E. 210
Michalski, M. 449, 469
Michelangelo Buonarroti 233, 463
Mill, J. St. 104
Mirandola, P. de 79
Mittasch, A. 106
Mohammed 69, 114
Mohr, C. V. F. 105
Mohr, J. 102
Mollowitz, G. 420
Molo, W. von 181–184
Montaigne, M. de 51, 519
Montinari, M. 19, 31, 74, 102, 105, 107, 259, 271, 285, 307, 330, 348, 393, 418, 466, 483, 529, 558, 572
Moses 69, 123, 126, 131, 197, 201f., 205, 234, 445
Most, O. J. 421
Mozart, W. A. 286
Müller, E. 395
Müller, M. 103, 466
Müller-Lauter, W. 76, 103, 456, 466, 484
Murti, T. R. V. 164
Mushacke, H. 87
Musil, R. 173
Mussolini, B. 190f.

N

Nadler, J. 190f., 531, 559
Nadolny, St. 384, 394
Nagarjuna 137
Nakamura, H. 164
Napoléon Bonaparte 39, 119, 198, 200, 203, 208–211, 271, 281f., 519
Nehamas, A. 103
Neimann, C. 361
Neschke, A. 76
Neske, G. 333, 467, 469
Newton, I. 89, 92
Neymeyr, B. 420
Niewöhner, F. 79
Nishida, K. 261f.
Nohl, H. 484
Nolte, E. 558, 565–567
Novalis 24, 360, 528

O

Odebrecht, R. 75
Oelze, F. W. 527
Offenbach, J. 388, 394
Ommeln, M. 28, 311, 332, 588
Oppenheimer, J. F. 132
Origenes 140
Orth, E. W. 467
Osthövener, C.-D. 76
Ottmann, H. 104f.
Otto, S. 66f., 78
Otto, V. 286
Otto, W. F. 248
Overbeck, F. 28, 286, 289, 310
Ovid 215–217, 226, 236

P

Padrutt, H. 469
Pässler, E. 373
Pannenberg, W. 77
Pannwitz, R. 259, 266, 268
Pape, H. 78
Papenfuss, D. 466
Parmenides 237, 430, 439, 443, 456, 458, 460
Pascal, B. 62, 68, 79, 290
Paulus 70, 113, 291, 517

Pauvert, J.-J. 331, 333
Peirce, Ch. S. 65, 78
Peiter, H. 75
Penzoldt, E. 184
Peter, N. 308f.
Petrus 69, 291, 364–366
Petry, M. J. 486
Petzoldt, H. 421
Peukert, D. 359
Pfeiffer, A. 309
Pfeiffer, E. 104f., 107
Pfordten, O. Frhrr. von der 468
Philostratos 224, 237
Picht, G. 461, 467f., 470
Pieper, A. 11, 29, 32, 335f., 338, 340, 342, 344, 346, 348, 584
Pindar 53, 477, 573
Pinel, Ph. 312
Pirsich, V. 374
Pisa, K. 420
Platner, E. A. 24, 50
Platon 18, 21f., 24, 27, 29, 50f., 53, 55f., 71, 103, 109, 215, 219f., 227–232, 236f., 245, 309, 338–344, 347, 420f., 428, 431–433, 437, 441f., 444, 447, 451, 454, 455, 458, 461, 465, 467, 470, 472
Pleister, W. 420
Plutarch 356
Pöggeler, O. 394, 466
Postman, N. 391, 395
Pothast, U. 420
Pound, E. 51
Preetorius, E. 180, 186, 190, 192f.
Proust, M. 60, 173
Pütz, P. 467, 504

R
Radziwil, A. H. Fürst 201
Raffael 233, 463
Rappeport, E. E. 207
Rath, N. 30, 506, 588
Redeker, M. 75

Redmann, J. E. 375
Rée, P. 70, 88f., 91, 104, 203
Reibnitz, B. von 308f.
Reimarus, H. S. 131
Reinhardt, K. 459f., 469
Reinharz, J. 207
Reinhold, K. L. 184, 196
Reisiger, H. 179f.
Reiß-Suckow, Chr. 375
Renaut, A. 200
Rennert, H. H. 193
Reschke, R. 17f., 29, 102, 377, 394, 585
Reuter, H.-R. 75, 559
Richter, K. 287
Richter, L. G. 72, 79
Richter, R. 532, 536, 541, 560, 564f., 571
Ricken, U. 62–64, 74, 77, 131
Ricoeur, P. 62–64, 74, 77
Riedel, M. 30, 76, 440, 458, 467–470, 559, 564f., 572
Riemerschmid, R. 190
Rieusset, I. 422
Rilke, R. M. 29, 51, 184, 356, 427, 557
Rösch, E. 236
Rohde, E. 87, 476
Rohls, J. 77
Rombach, H. 29, 67f., 78f.
Romundt, H. 88
Roosevelt, F. D. 192
Ross, W. 421
Rousseau, J.-J. 85, 275f., 278, 281, 519
Rudolph, E. 468
Ruehl, M. 308
Rumi 241–243

S
Sabais, H. W. 505
Sacher, P. 179
Sacher-Masoch, L. von 485
Sättler, F. 530, 558
Sahner, H. 467
Salaquarda, J. 87, 103,

130, 285, 418, 420
Salis-Marschlins, M. von 541, 565
Sartre, J.-P. 52, 60, 63, 75, 77, 476
Sauer, A. 285
Scheler, M. 143, 191, 193
Schelling, F. W. J. 23, 37, 41, 121, 429, 446f., 451f., 464, 466, 468
Schennis, H. F. E. von 363, 374
Schiller, F. 83, 142, 269, 273–278, 283, 285, 356, 362, 373f., 519, 527, 541
Schilson, A. 131
Schimmel, A. 267
Schirmacher, W. 419–422
Schirnding, A. von 26, 179–180, 584
Schlechta, K. 31, 90, 105, 331
Schleiermacher, F. D. E. 24, 49, 52–57, 60, 75f., 78, 201
Schlegel, F. 197, 286
Schmid, H. 470
Schmidt, A. 506, 532, 559, 561, 569f.
Schmidt, Chr. 367, 504, 538, 549
Schmidt, J. 131, 560
Schmidt-Grépály, R. 504
Schmitt, C. 506
Schmitz, H. 59f., 75–78, 559
Schneider, R. 184, 389, 536f.
Schneider, S. 536, 541–544, 549, 554, 560–563, 565f., 569f.
Schneider, W. 421
Schönberg, A. 493, 507
Schönberger, O. 237
Schöndorf, H. 420
Schöne, A. 287
Scholdt, G. 559f., 563
Schopenhauer, A. 29, 85, 87, 102f., 109, 121,

136f., 141, 143, 151, 241, 272, 275–277, 281, 303, 310, 341, 357, 377, 393, 397, 399–415, 417–419, 421, 423, 472, 479, 484, 488, 504f., 521, 527, 533,
Schott, M. 164
Schrader, O. 164
Schrader, W. 77, 79, 462, 470
Schramm, H. 395
Schröder, A. 394
Schüßler, I. 465
Schulz, W. 420, 458, 469
Schuster, P.-K. 79
Schwab, H-R. 31, 74, 529f., 584
Segovia, J. von 69
Seel, G. 77
Seidl, A. 27, 235, 375, 557
Selge, K.-V. 75
Seneca 66
Sennett, R. 17
Serres, M. 92, 101, 107f.
Seubert, H. 19, 21, 32, 49, 285, 425, 465, 467f., 470
Shakespeare, W. 74, 277, 279, 283f.
Shimizu, M. 164
Simon, J. 131, 484
Simons, E. 23f., 27, 35f., 38, 40, 42, 46, 61, 77, 79, 111, 115f., 584
Sinisgalli, R. 237
Sirhindi, A. 243
Skirl, M. 308, 373
Skrodzki, K. J. 374
Sloterdijk, P. 391, 395, 470
Smith, A. 398
Sokrates 15, 18, 71, 338, 342, 453, 461
Sommer, A. U. 28, 289, 308–310, 584
Sophokles 235, 279
Sorel, G. 189f.
Spencer, H. 104, 480
Spengler, O. 491
Spierling, V. 421

Spinoza, B. de 51, 63, 77, 104, 106f., 210, 455, 477, 519
Spir, A. 90
Sprecher, Th. 192, 145, 501
Stack, G. J. 87, 104
Staegemann, F. A. von 201
Stamm, M. 78
Stegemann, E. W. 308f.
Stegmann, T. D. 331
Steherbatsky 151, 164
Stehl, J. 421
Steiner, M. 374
Steiner, R. 363f., 366, 374, 376, 536, 561
Sternheim, C. 558
Stierle, K. 79
Stock, O. 532
Stöblein, R. 19
Stolzenberg, J. 75
Strauss, D. F. 84, 386, 393f., 489
Strepp, J. Ph. 32, 73
Strohschneider-Kohrs, I. 131f.
Strube, C. 465
Sudhoff, D. 531f., 558f., 562, 564, 568, 569, 572
Suhrkamp, P. 180
Suttner, B. von 541, 564
Suzuki, D. T. 145, 158, 164f.
Szöllösi, I. 29, 397, 585

T
Tanabe, H. 27, 261–266
Taureck, B. 375f., 559, 571
Taylor, Ch. 49, 75
Teilhard de Chardin, P. 241
Tetz, M. 309
Theokrit 279
Theweleit, K. 506
Thiel, R. 278, 531
Thomä, D. 467
Thomas, G. M. 309, 349
Thomsen, W. 469
Tibi, B. 113, 118
Tietjen, H. 181f.
Trakl, G. 426, 559

U
Ueding, G. 560, 568
Ullsperger, A. 387

V
Vaget, H. R. 287, 376, 505
Varnhagen, R. 201, 286
Varnhagen von Ense, K. A. 197
Vattimo, G. 26, 80, 95, 97, 102, 107–110, 167, 174, 585
Veit, D. 196f., 202–204, 286
Verweyen, J. M. 541, 565
Vico, G. 37
Vogel, B. 15, 19, 31f., 111, 425, 470, 585
Vogt, J. 106
Voigtländer, H.-D. 420
Voltaire 196, 278, 394
Vossenkuhl, W. 103

W
Wachendorff, E. 24, 81f., 102f., 107–110, 175, 584
Waetzoldt, W. 190
Wagner, C. 450
Wagner, F. 76
Wagner, H. 76
Wagner, R. 28, 84f., 109, 181, 273–277, 280–282, 284–287, 289, 311, 385, 389, 393, 419, 469, 476f., 487, 489f., 494, 505f., 531, 560, 562, 564, 566, 569, 571
Wagner, W. 182, 206, 248, 505
Walden, H. 356, 361, 363, 367, 373, 375
Walser, R. 558
Walter, B. 181, 206, 248, 505
Warning, R. 79
Weber, H. von 180
Weber, M. 118
Wedekind, F. 558
Weidmann, B. 331

Welsch, W. 395
Weltsch, R. 206
Wenz, G. 77
Werle, J. 144f.
Wesendonck, M. 276
Wieland, Chr. M. 182, 356
Wilamowitz-Moellendorff, U. von 308
Wilczek, R. 367, 373, 376
Wild, Chr. 103

Willms, H. 237
Windelband, W. 198
Windisch, E. 103
Wittgenstein, L. 22, 65, 145
Wohlgschaft, H. 532, 559, 563f., 569
Wolf, F. A. 56, 76
Wollschläger, H. 531, 539, 559–562, 566, 569f.

Wysling, H. 192f.

X
Xenophanes 237

Z
Zac, S. 77
Zelter, C. F. 201, 286
Zittel, C. 105–107
Zöllner, J. C. F. 90, 105

Sachregister

A

Abbild 63, 217–222, 224–234, 236f., 252, 258, 275, 314, 335, 347, 431, 539, 63, 217
Abendland 111, 113f., 116, 368, 437, 491, 496, 516, 521
Absolutes 239, 262
Ästhetik 6, 28, 49, 68, 74, 102, 187, 273, 279, 286, 311, 313–315, 318, 324, 327, 420, 452, 493, 506, 507, 585
ALETHEIA 79, 219, 227, 427, 430, 436, 441, 446, 448, 452, 461
Amor fati 25, 250, 258, 263, 266, 434
Anarchismus 543
Anatta 148, 150, 155
Anerkennung 41, 175, 306, 471, 474, 476–478, 481f.
Anthropologie 19, 93, 133f., 139, 147, 170, 325, 342, 438, 481, 510, 514, 517, 520, 522, 525
Anthroposophie 363
Antisemitismus 189, 195, 200, 204, 211, 490
Apokryphen 293f.
Apoll 22, 279, 282f., 305, 313f., 317f., 323, 330, 342f., 345, 347f., 463, 452
Arché-Forschung 449
Artistenmetaphysik 340, 359
Asien 24, 112, 119, 266
Atheismusstreit 197
Aufenthalt 88, 105, 274, 338, 440f., 553, 547
Aufklärung 40, 44–47, 67, 69, 86, 122, 131, 191, 195f., 261, 285, 297, 339, 434, 507
Augenblick 51, 57, 64, 67, 149, 153, 155, 175, 219, 241, 258, 266, 283f., 293, 318, 321, 327, 329, 345, 350, 378, 382–385, 404, 410, 434f., 469, 476, 499f., 526
Aura 186, 517–520, 527, 549

B

Bann 44, 46f., 59, 71, 338, 340, 413, 417, 427
Barbarei 74, 124, 187, 369, 376
Bewusstsein 12, 16f., 24f., 52–57, 60, 63, 66, 75–79, 86, 101, 111, 143, 149–151, 153–164, 173, 209, 216, 222, 245f., 249f., 252, 255, 257, 262, 264, 266, 305, 321, 338, 344, 359, 371f., 383, 386f., 394, 415, 430, 451, 465, 478, 481–484, 509, 514f., 522, 525, 538, 544, 560, 569
Bewusstseinsphilosophie 162
Bhagavat Gita 244
Bilanz 23, 101, 284, 536
Bild 12, 17, 19, 27, 36, 51, 66, 67, 72, 74, 77, 79, 84, 90, 121f., 124–128, 136, 157, 162, 167, 170, 189, 191, 215–237, 246f., 258, 265, 269, 271–275, 279f., 283f., 286, 299, 317, 320f., 332, 338, 340, 345, 349, 363, 370–372, 378f., 384, 386, 391f., 402, 422, 475, 487f., 491–494, 500f., 503f., 509, 536, 542, 549, 552, 559f., 564, 568, 570, 572
Bildung 113, 118, 136, 159, 163, 198, 205, 207, 273, 275–277, 302, 355f., 358, 379f., 348f., 390, 394, 476, 489, 567
Biologismus 436
Bricolage 539
Buddhismus 25, 76, 143f., 147, 153, 155, 158, 161f., 164, 261–263, 303, 407, 422, 454f.
Bürger 70, 94, 116, 147, 183, 192, 196f., 204, 273, 286, 297, 357, 372, 409, 490f., 493, 498, 500, 502, 508, 512–514, 520 527
Byzanz 113f., 117

C

Caritas 175
Central-Verein 204
Charakter 26, 57f., 65, 85f., 97, 99, 123, 125, 128, 149, 153, 155, 160, 170f., 179, 184, 189, 192, 202, 260, 265, 280, 292, 304, 313, 316, 321, 323, 329, 339, 343, 350, 357, 360, 377, 388, 411, 420, 430f., 454, 463, 472f., 476, 490, 510, 526, 530, 541, 565, 570,
Christentum 22, 28, 44f., 75, 83, 94, 111, 113, 140f., 143, 164, 198, 234, 290, 292f., 301, 306–309, 340, 410, 447f., 454, 468, 473, 485, 491, 496f., 506, 515f., 525, 533, 540, 549, 563

Christliche Kunst 530
Computer 380f., 387, 392, 394
Computeranimation 387
Crisis 51, 75, 400, 447
Cultur 84, 86, 97–101, 190, 269, 277, 281, 283, 302, 377f., 394, 418, 555
Cyberspace 29, 381, 387

D
Dämon 265, 473, 481, 499, 549
Darwinismus 81f., 104, 477, 482, 485, 522
Décadence 28, 281f., 287, 454, 485, 515, 521, 554
Delphi 44
Demokratie 23, 40, 139, 173, 189, 498f., 518, 520, 560
Denken 12, 18f., 22–32, 39, 41f., 45f., 52–54, 59, 61–63, 65, 76–78, 83–88, 90, 95, 101, 105, 107, 113, 118, 121–123, 135, 139, 141–143, 145, 149f., 155, 159f., 162, 169, 171–174, 177, 180f., 205, 207f., 210, 218–222, 224, 227–231, 235f., 241, 245–247, 249, 255f., 261, 263f., 266, 281f., 285, 305, 316, 339, 342, 344, 346, 350–352, 361, 380, 383, 388, 398f., 415, 419–421, 423, 425f., 428, 430f., 433f., 437–452, 454–463, 465–470, 472, 476, 481f., 484, 491, 496, 499f., 502, 507, 512, 529, 537, 541, 545, 548, 553, 565, 585
Dialektik 5, 24, 30, 36, 45, 49, 51, 54, 68, 75–77, 134, 219, 261f., 423, 434, 458, 472, 507
Dialektik des Anerkennens 471, 474

Dialektik der Aufklärung 23, 42, 507
Dichten 27, 58, 428f., 439f.
Differenz 16, 22, 24, 53, 563 59, 62, 64, 66, 68, 71, 79, 91, 94, 98, 111f., 114–116, 118, 158, 162, 183, 249, 259, 292, 301, 304, 306, 351, 378, 420, 422, 430, 435f., 439f., 442, 451, 453, 445–459, 464
Differenzparadigma 25, 111, 114f.
Dionysos 15, 22, 243, 250, 257, 263, 265, 267, 282, 284, 290, 313, 315f., 346f., 421, 446f., 452, 468, 556, 571
Dynamis 101, 432

E
Edelmensch 529, 531, 540–544, 560, 562–567, 572
Ego (›ego cogito‹) 21, 62, 65, 226, 241, 255, 330, 475, 482, 507
Eikon 217, 224, 228, 231, 234, 237
Einbildungskraft 336, 344–346, 401, 413
Einheitsparadigma 24, 111
Einverleibung 264, 315f., 368
Ektropie 94, 96, 108f.
Empfindungen 76, 326f., 329, 483
Energie 92, 95f., 98f., 108, 116, 150–152, 154, 159, 240, 255, 412f., 416, 432, 507, 512
Entelecheia 432, 466
Entropie 24, 91f., 96, 107f.
Epihanie 49, 51, 74, 360, 540
Erkennen 29, 31, 53, 56, 58, 124, 149, 155, 160, 162, 218, 221, 226f., 229–231, 234–237, 239, 246f., 263, 266, 290, 293, 313, 321f., 324, 326, 338, 342, 351, 401, 406, 415, 428, 434, 445f., 449, 451, 489, 531, 540, 545, 550, 553
Erkenntnistheorie 94, 254
Erlösung 137, 139, 141–143, 158, 240, 261, 265, 268, 419f., 488, 513f., 516, 551, 563
Erscheinung 51, 68, 91, 99, 117, 136, 148, 150, 160, 162, 186, 221f., 224, 228–230, 232, 234, 236, 257, 260, 279, 298, 302f., 306, 341, 343, 347, 353, 355, 415, 429, 431, 521, 554
Essenz 168, 209, 294
Ethos 24, 51, 64, 116, 405, 408, 421, 440, 474
Europa 21–22, 24f., 27, 33, 39f., 50, 61, 68, 70f., 73, 112, 115f., 118f., 134, 188, 199, 202, 240f., 243f., 266, 272f., 281, 370, 395, 407, 410, 498–500, 505, 520, 542
Evolution 88, 143, 161, 244, 246, 252f., 267, 341, 343, 479, 522, 541
Ewige Wiederkehr 102, 102, 104, 133, 135, 138f., 141, 143f., 265, 330, 428, 432f., 435, 454
Expressionismus 359

F
Faschismus 211, 368, 375, 419, 491, 495f., 500–502, 504, 559
Fluch 23, 44–46, 54, 307, 340, 383, 393, 455, 548
Fortschritt 41–43, 83, 90,

123, 189–191, 277, 359, 515, 525, 546
Französische Revolution 270, 388, 515, 519
Für-sich-(sein) 61, 263

G

Gefühl 52–57, 78, 82, 148, 168, 181, 185, 210f., 236, 264, 270, 282, 315, 388, 399, 411, 430, 475, 490, 518
Genealogie 22, 70f., 94, 106f., 138, 240, 267, 289, 304–307, 358, 397, 418, 422f., 448, 548
Glaube 41f., 44, 53f., 69, 75–77, 86, 102, 106, 114, 131, 135, 140, 149, 171, 173, 183, 189f., 195, 197, 204, 210, 241, 244, 262f., 266, 282, 286, 289f., 293, 312, 331, 340, 342, 373, 387–389, 393f., 394, 403, 468, 477, 479f., 496, 500, 533, 543, 549, 551–553
Gott 12, 16, 23, 41, 50f., 54f., 60, 69f., 72–74, 76, 91, 121, 123–132, 135f., 139–141, 143, 170f., 173–175, 191, 202, 233–235, 242–244, 248, 251, 254, 260, 265, 317, 336, 338, 346f., 360, 362, 393, 398, 401, 404, 407, 410, 433f., 442f., 446–448, 452, 456, 459, 477, 480, 484, 497, 509–511, 516–519, 521, 524, 527, 534, 539, 543, 545–551, 553f., 556f., 564, 569, 571
Gottesbegriff 77
Griechenlandtraum 283

H

Hasard objectif 313, 316, 329

Heilige Allianz 40,
Hermetik 62, 67, 79
Höhlengleichnis 237, 338–340, 451
Homo sapiens 381, 394, 510f., 519f., 524
Horde 510
Horizont 12f., 16, 22, 24, 28, 50, 55, 58, 61, 64f., 68, 70, 83, 131, 173, 190, 279–281, 350–353, 361f., 381, 426, 448, 463, 473, 478, 485
Humanismus 15, 185, 444, 470, 489, 499, 515
Hybris 17
Hypnose 312
Hypothese 82–84, 86, 94f., 97, 119, 171, 428, 455f., 475, 533, 541

I

Ich-Identität 25, 147, 163
Idealismus 23, 30, 37, 59, 89, 91, 136, 202, 209f., 346, 429f., 438, 445, 465, 467f., 482
Ideologie 16, 47, 83, 170, 336, 415, 501f., 506, 525
Individualität 16, 18, 26, 74, 86, 121f., 124, 127f., 129f., 132, 149, 159, 163, 241, 344, 361, 385, 477, 484, 510
Informationsgesellschaft 380, 391
Instrumentalisierung 36f., 38, 41
Intrige 23, 27, 551
Islam 39, 69, 113f., 117, 241f., 547, 551

J

Jena 76, 96, 196–198, 200 204, 584
Judentum 27, 45, 124f., 132, 183, 195f., 200, 204f., 208, 212f., 293

K

Kaiser 40, 112, 114–117, 186, 202, 234, 297, 415, 517, 565
Kampf ums Dasein 104, 472, 522, 565
Kapital 381, 398
Kapitalismus 117f.
Karlsbader Beschlüsse 201
Kastenwesen 136
Kausalität 95, 152, 306, 319, 327, 329
Klassik 31, 195, 457
Klassiker 271, 358, 361, 564
Klassische Moderne 354, 356, 372
Kommunikationsgesellschaft 171, 391
Kommunitarismus 116
Kosmologie 228–231, 236
Kosmos 12, 25, 79, 133, 138, 140, 142, 145, 191, 228, 484
Kraft 25, 28f., 54, 69, 86f., 89–96, 98–100, 104–106, 108f., 117, 123, 148, 150, 154, 194, 235, 244, 247, 254, 263, 266, 269, 275f., 278, 280, 283, 299f., 319, 321, 324, 341, 343, 345, 347, 387f., 405, 432, 446, 453, 475, 492, 496, 500, 503, 508, 552, 560, 566
Kreuzzug (IV.) 112, 117
Kultur 15, 17–19, 22, 27f., 37, 45, 94f., 97, 112–114, 119, 145, 155, 163, 167–171, 173f., 181, 183, 185, 198, 205, 208, 240, 244f., 251, 259, 272, 275, 297, 301f., 305f., 321, 323, 325, 357, 377–381, 383–386, 388–395, 407, 410, 421, 475, 489f., 492, 495, 501, 515f., 520f., 540, 545, 555

Kulturkritik 17, 29, 74f., 378, 380f., 383, 390, 394, 506
Kunst 7, 22, 29f., 39, 72, 82, 167f., 180–183, 185, 193, 215, 217, 222–227, 230–235, 273, 277–280, 282, 284f., 287, 302f., 309, 313–315, 317, 323, 325f., 335, 340f., 344, 347f., 350f., 359f., 362, 364, 372f., 389, 410, 418, 420f., 427, 430–432, 434, 442, 452–454, 460f., 463, 465, 467, 469f., 493, 495, 507f., 526–528, 530, 534, 537, 540, 543, 558, 561, 563, 572
Kunstwerk 233, 280, 305, 313, 337f., 340–345, 347, 427, 431, 440, 452–454, 465

L

Labyrinth 30, 52, 57, 79, 217, 317f., 320, 415, 459f., 471, 482, 526
Lebensethos 32, 52, 57, 79, 217, 317f., 320, 415, 459f., 471, 482, 526
Lebensökonomie 397, 411–415, 417
Lebensumwertung 397, 408, 410
Lebenswelt 512
Leib 22, 26, 37f., 62, 102, 107, 188, 216, 247, 254, 256, 258, 267, 313–316, 343, 347, 365, 398, 401, 405, 407, 410f., 419–421, 436, 449f., 518, 553
Lethe 227, 434, 436, 443, 448–452
Liberalismus 116
Licht 26f.
Liebe 19, 69, 105, 140, 163, 181, 209, 215, 242f., 248, 250, 258, 262, 265f., 277, 408, 427, 464, 471–473, 475, 477–479, 481–487, 498, 507, 516f., 526, 534, 538, 549f., 553, 569f., 572
Logosdenken 220f.

M

Macht 25, 97, 104, 115–119, 122f., 131, 143, 174f., 233f., 249f., 253, 280, 289, 292, 298, 303, 305, 315, 388f., 392, 432, 435, 458, 466f., 475, 479f., 490–492, 495, 500, 506, 520, 565
Manu-Gesetz 25
Markt 337
Maske 62, 70, 99, 173, 236, 240, 265, 278, 315, 317, 320, 427f., 436, 441, 446, 450, 460, 552
Masochismus 476
Masse 42, 173f., 189, 254, 277, 316, 381, 385, 388f., 512, 514, 516, 520, 544
Materialismus 89–91, 104f., 346, 514
Materie 90, 106–108, 161f., 255, 326, 340, 412
Melancholie 72, 476
Metamorphose 216, 236, 264, 317f., 320, 323, 329, 485, 530
Metaphysik 15, 28f., 55, 70f., 75–78, 102, 135, 170f., 195, 215, 236, 240, 250, 254, 258, 302f., 336, 339–341, 420, 425–433, 436–439, 441–449, 452, 454–457, 459, 461–463, 465, 468, 472, 478, 484, 487, 550
Methode 28, 84, 133, 143, 169, 219, 245, 289, 303, 305, 311, 314, 316, 318f., 330, 333, 469
Mitleid 136, 310, 408, 419, 472, 474, 479, 484, 496

Mittelmäßigkeit 531
Mode 29, 81, 290, 377f., 385–389
Moderne 17f., 22f., 29, 35–37, 39f., 43, 45, 49, 51, 72, 75, 79, 81, 88f., 92, 104, 104, 113, 116, 118, 133, 142, 168, 171, 173, 196, 199, 207, 227, 230, 241, 277f., 284, 287, 290, 294, 298, 301, 306, 309, 349, 351–359, 364, 367, 372–374, 377–389, 391, 395, 466, 487, 491, 507, 530f., 562,
Modernekritik 497f.
Modernisierung 16
Moral 51, 57, 69–71, 94f., 100, 107, 123, 125, 137f., 140, 143, 170, 172, 187, 206, 210, 240, 247, 251, 254, 262, 267, 302–307, 315, 323, 325, 327, 336, 341f., 358, 397, 408–410, 416, 418–420, 422f., 433, 448, 453, 466, 472, 474f., 477, 479–481, 484f., 492, 495–497, 521, 525, 527, 540, 548–551, 553
München 18, 26f., 31, 73–75, 78f., 88, 102f., 106, 121, 145, 179–181, 184, 186, 206, 210, 240, 247, 251, 254, 262, 265, 267, 302–307, 315, 323, 325, 327, 336, 341f., 358, 397, 408–414, 416, 418–420, 422f., 433, 448, 453, 466, 472, 474f., 477, 479–481, 484f., 492, 495–497, 521, 525, 537, 540, 548–551, 553

N

Narcissus (Mythos von N.) 217, 279, 221, 226, 330
Nationalsozialismus 46, 184, 212, 376, 488–

Sachregister

491, 493, 496, 499f.,
502–504, 506, 568
Nietzscheanismus 254f.,
368, 372, 489, 494,
500–503, 506, 558
Nietzsche-Kult 365, 494,
501, 554, 561, 564, 571
Nihilismus (europäischer
N.) 137, 170, 172f., 259,
432f., 436–438, 444,
454, 456, 469f., 479,
519, 526f.
Nirvana 137, 143, 161,
164f.

O

Objekt 17, 22, 26, 35f.,
57, 59, 66, 82f., 95, 108,
125, 153, 156–158, 185,
220f., 281, 312f., 322,
329, 414
Ödipus 315
Ökonomie 96f., 98, 109,
381, 398, 411–419,
421–424
Oikonomia 398
Optik 11, 88, 90, 189,
226–228, 230, 232f.,
327, 329, 337, 340, 379,
432
Orient 111–114, 116f., 119
Ornament 318
Orthodoxie 45, 196
Ousia 432, 442

P

Paläontologie (des Christentums) 306, 526
Papst 39, 113–116, 468, 517
Patriotismus 199, 204, 209
Perspektive 12, 16, 22,
25, 29f., 51, 58f., 62, 65,
69f., 76, 79f., 82–86, 96,
130, 135, 142, 227, 240,
245, 258f., 266, 274, 306,
312, 315f., 324, 337–340,
343, 345, 375, 388, 391,
394, 413, 418f., 421, 423,
430, 435, 439, 484, 498,
514, 521, 523, 525, 533,
548, 567
Pflicht 86, 101
Phänomenologie 63, 65,
68, 74, 77–79, 427, 429,
439, 449, 453, 455, 461,
465, 468, 486
Phonozentrismus 295
Pluralismus 149, 155, 171
Pluralität 175, 112, 116
Poiesis 449, 453
Polis 52, 199, 340
Postmoderne 11f., 16, 26,
77, 92, 115, 130, 170,
359, 384, 420
Presse 204, 206, 379f.,
382, 385–387, 563
Principium individuationis 317
Projektion 84, 135, 138,
160, 221, 380, 514
Prometheus 283
Prophetie (A. Testament) 129, 188, 507
Pygmalion (Mythos von
P.) 27, 215–217, 226

R

Raum 21, 51, 56, 127,
188, 218, 231f., 251,
259, 293, 300, 319, 325,
327f., 330, 351, 375,
400, 425, 480, 523, 527,
547, 568
Realität 12, 16f., 29, 44,
50,57, 66, 88, 95, 131f.,
155, 159, 169, 171, 188,
254, 258, 312, 319, 326,
344, 380, 382, 392, 400,
403, 478, 482, 510, 514,
519f., 525, 528, 554
Redekunst 224f.
Reich (Heiliges Römisches
Reich Deutscher Nation) 112, 202, 298
Reich (Imperium
Romanum) 112f., 116
Religionsgespräch 69, 79
Renaissance, Ital. R. 37f.,
66, 79, 145, 187, 232,
277, 281, 410, 510
Ressentiment 95, 97, 117,
380, 388, 409, 473, 492,
494, 500f., 569
Rezeption 18, 27, 29, 37,
87f., 103, 118, 167, 187,
209, 211, 239, 240,
244, 259, 267, 276, 287,
309f., 322, 344, 349f.,
352–354, 358, 364f.,
372–374, 376, 421, 481,
500, 504, 507, 530,
534, 539, 542, 549, 556,
558f., 572
Rhetoren 224
Ringparabel 69
Rom 112–115, 186, 202,
237, 297, 584
Romantik 41, 274, 311,
355, 359, 465, 498, 561

S

Sadismus 476, 495
Sansara 137, 143
Savitri 248, 251f., 267
Schein 179f.,185, 215,217–
219, 223f., 226f.,
235–237, 250, 317, 326f.,
340, 389, 431, 436,
441f., 473f., 485
Schisma 24, 111f., 114–116
Schöpfung 86, 92, 109,
207, 242, 250, 507, 522,
526, 531, 540, 553
Segen 23, 44, 47, 506,
550f.
Sehnsucht 243, 252, 267,
346, 348, 358, 463, 477,
480, 501f.
Seismograph (Schriftsteller als S.) 185, 192,
369–372, 496
Selbstbewusstsein 241,
262, 414, 476, 482
Selektion 95, 521f.
Sitte 55, 70 94, 169, 187,
297
Sittlichkeit 430

Skandhas 151, 159
Sklave (Sklaverei) 29, 136, 173, 183, 199, 173, 183, 199, 211, 258, 298f., 336, 377-381, 384f., 388f., 392, 409, 496, 516-518, 525
Sklavenstaat 516f.
Sonnengott 127, 130
Sonnenökonomie 29, 411
Sorbonne 39, 115, 209f.
Sorge 37, 73, 80, 403f., 497, 517
Sozialdemokratismus 189, 389
Spiegelbild 217, 219, 227, 234f., 314
Staat 30, 39f., 93f., 115f., 118, 125, 147, 183, 192, 196, 198-200, 202, 207f., 240, 259, 298f., 359, 368, 377, 475, 481, 510-514, 516-520, 524, 527, 542, 559, 567
»Sturm«-Kreis 360-363, 373
Subjekt 11-13, 15f., 18, 22-24, 26, 33, 35-38, 42, 49, 51f., 54, 56f., 60-62, 64, 68, 73, 77f., 81-83, 90, 94, 96, 102, 108, 123, 127, 130, 133f., 138, 152, 157f., 162, 172-175, 258, 262-265, 312, 322, 324, 326, 328, 377, 381, 383, 389, 403, 419, 429, 486
Subjektivität 21-25, 36f., 41, 49, 51f., 59-62, 66-68, 73-78, 82, 84, 95, 121f., 127-130, 147, 266, 319, 437f., 469, 477, 486
Substanz 19, 73, 79, 90, 122,0 148, 150, 152, 154, 159, 162, 294, 297, 306, 388, 526
Sunyata 155, 159-162, 165
Supra-Mental (Übergeist) 142f.

Surrealismus 28, 311, 313, 316-319, 330-332
Surrealität 312

T
Täuschung 216-218, 220, 232, 234, 320-322, 325f., 340, 343
Theologia crucis 468
Thermodynamik (Gesetze der Th.) 90-92
Tischgesellschaft (christlich-deutsche T.) 201
Tod (Tod Gottes; Tod des Subjekts) 15, 17, 22, 50, 68, 70, 135f., 141, 256, 424, 428, 446, 448, 477f., 483, 493, 569
Totalbild 222f.
Tragödie (Tragisches) 22, 28, 87, 93, 98, 134, 134, 141, 145, 167, 190, 193, 235, 254, 273, 279, 283f., 289f., 296, 305-308, 314, 323, 393, 434, 441, 452, 460f., 471, 473, 477, 482, 512, 519, 527, 534f., 537, 546, 561
Traum 50, 74, 312f., 331, 450, 480, 516, 519, 5487, 559f., 562, 568f.
Typus 53, 86, 95-97, 100f., 191, 208, 259, 275-277284, 342, 513, 516

U
Übermensch 13, 18, 25f., 30, 97, 103, 133-139, 141-145, 147, 167-170, 172-174, 244-247, 250f., 253f., 256, 258f., 263f., 267, 347, 358f., 408, 410f., 438, 456, 462, 494, 496, 509, 513f., 521-524, 526-529, 533, 537, 542f., 545, 548, 556, 571
Übermensch-Typus 254

Unbewusstes 312, 319
Universalismus 111, 133
Upanishaden (Upanischaden) 244f., 256
Urchristentum 28, 290, 299, 301
Urgeschichte 74, 290, 295, 299-301, 305
Urliteratur (christl.) 292-296, 299, 305
Ursprünge 289-292, 295, 299-307, 309, 410, 430, 479

V
Vergessen (Vergessenheit) 23, 27, 42-46, 65, 94, 111, 113, 204, 222, 257, 272, 276, 314, 320, 324, 398, 414, 450, 457, 512, 522f., 546
Vérités de faits 426
Vérités éternelles 426

W
Wahrheit 12, 21, 27, 55, 68-71, 79, 83, 137, 155, 172f., 189, 198, 217, 219-229, 231, 233, 236, 239, 243, 246f., 249, 254-256, 259, 262, 265f., 287, 295, 303, 312, 314, 321, 324, 327, 341, 374, 402, 407, 420, 427, 431f., 434-439, 441, 443, 446, 448-454, 456, 460 462, 466, 468f., 481, 485, 488, 495, 498, 512, 536, 543, 551-553, 566
Weisheit 11, 24, 26, 28, 70, 98, 131, 140, 142f., 157, 164, 167-169, 172, 239f., 248, 258, 265, 284, 417, 430, 450, 462, 479, 546

Sachregister

Weltentstehung 228, 230, 236
Weltkriege (I. und II.) 23, 117, 185, 198, 203–208, 210f., 349, 368, 370, 402, 413, 440, 480, 498, 501, 503, 541
Weltstoff 257
Wert 15, 23, 38f., 70, 94, 96, 105, 121, 125, 140, 168f., 172f., 189, 200 209, 212, 236, 240, 252, 256, 312, 316, 320, 322, 324, 329, 337, 385, 389, 406, 408, 413, 416, 423, 437, 466, 475, 478f., 481, 515f., 519, 521, 527, 530, 536, 538, 546, 549, 555, 565, 568
Wiederkehr des Gleichen 25, 139, 142, 145, 329, 427, 430f., 433, 442, 455, 553
Wiener Kongress 39f.
Wille zur Macht 25, 58, 93, 96, 98, 101, 109, 133, 135–139, 141f., 144f., 169, 172, 174, 247f., 260, 263, 265f., 313, 315, 317, 320, 323, 327, 329, 333, 347, 358, 373, 427f., 430,, 433–438, 442, 448, 450, 455, 467, 474, 479f., 494, 544f., 533, 556, 559f., 566
Wirklichkeit 12, 17 50, 61, 68, 79, 105, 126, 130, 147, 154f., 159–163, 170, 191, 193 216–227, 229, 231–233, 236f., 241, 246, 256, 263, 265, 279, 312, 322, 328, 335f., 361, 391, 394, 405, 419, 485f., 497, 512, 514, 531, 536,
Wissenschaftskritik 190

Y

Yoga (integraler Y.) 133, 143, 245, 252
Yoga-Philosophie 246
Yoga-Praxis 244

Z

Zionismus 200, 204–206, 208
Zivilisation (griechisch-römisch) 296, 511, 520

Die Autoren

BECKER. HANS-JOACHIM, Dr., Fortbildungsreferent der Carl-Duisberg-Gesellschaft, Landesstelle Bayern; Elisabethstr. 13; 80796 München; *hans. becker@inwent.org*

BLUHM, LOTHAR, Prof. Dr., Professor für germanistische Philologie an der Universität Oulu, Finnland; *lothar.bluhm@oulu.fi*

BORCHMEYER, DIETER, Prof. Dr., Ordinarius für neuere deutsche Literatur- und Theaterwissenschaft an der Universität Heidelberg; Osterwaldstr. 53; 80637 München; *dieter@borchmeyer.de*

BRÜCK, MICHAEL VON, Prof. Dr., Vorstand des Instituts für Religionswissenschaft der Ludwig-Maximilians-Universität München; Ludwigstr. 31/II; 80539 München; *relwiss@evtheol.uni-muenchen.de*

DÜSING, EDITH, Prof. Dr., Professorin an der Philosophischen Fakultät der Universität Köln; Postfach 1252; 57271 Hilchenbach

GÖRG, MANFRED, Prof. Dr. Dr., Professor (em.) für Alttestamentliche Theologie an der Ludwig-Maximilians-Universität München; Jenaer Str. 4; 80992 München; *manfred.goerg@web.de*

HAHN, KARL, Prof. Dr., Professor (em.) für politische Theorie und Ideengeschichte an der Wilhelms-Universität Münster; Im Drostebusch 6 d; 48155 Münster; *karlhahn@uni-muenster.de*

FRIEDRICH, HEINZ, Prof. Dr. h.c., Verleger, Autor, Präsident der Bayerischen Akademie der Schönen Künste (†)

HUBER, MAGARETHA, Dr., Philosophin, Autorin; Via Dei Leutari, 35; I-00186 Roma. Und: Fendstr. 4, 80802 München

KOCH, HANS-JOACHIM, Dr., Physiker, Philosoph, Autor; Auf der Ziehmark 13; 35075 Gladenbach-Sinkershausen

MALL, RAM ADHAR, Prof. Dr., Professor für interkulturelle Philosophie an der Ludwig-Maximilians-Universität München; Blumenstr. 18; 56070 Koblenz; *mall-hubig@gmx.de*

OMMELN, MIRIAM, PD Dr. habil., Institut für Philosophie der Universität Karlsruhe; Striederstr. 15; 76131 Karlsruhe; *miriam.ommeln @philosophie.uni-karlsruhe.de*

PIEPER, ANNEMARIE, Prof. Dr., Professorin (em.) für Philosophie der Universität Basel; Carl-Güntert-Str. 13b; CH-4310 Rheinfelden (AG)

RATH, NORBERT, Prof. Dr., Professor für Erziehungswissenschaft im Fachbereich Sozialwesen der Fachhochschule Münster, Privatdozent für Philosophie der Ruhr-Universität Bochum und Lehrbeauftragter für Philosophie an der Universität Münster; Am Hornbach 7; 48157 Münster; *rath@fh-muenster.de*

RESCHKE, RENATE, Prof. Dr., Professorin für Geschichte des ästhetischen Denkens am Seminar für Ästhetik der Humboldt-Universität, Berlin; Schmollerstr. 9; 12435 Berlin; *renate.reschke@rz.hu-berlin.de*

SCHIRNDING, ALBERT VON, Schriftsteller, Literaturkritiker, Essayist; Harmating 6; 82544 Harmating/Egling 2

SCHWAB, HANS-RÜDIGER, Prof. Dr., Professor für Medien- und Kulturwissenschaft an der Katholischen Fachhochschule in Münster; Piusallee 181; 48147 Münster; *hr.schwab@kfhnw.de*

SEUBERT, HARALD, Prof. Dr., Professor der Philosophie an der Universität Halle-Wittenberg, der Religionsphilosophie an der Universität Erlangen-Nürnberg und der vergleichenden Kulturtheorie an der Adam-Mickiewicz-Universität Poznan/Polen; Siedlerstrasse 151; 90480 Nürnberg; *haraldseubert@aol.com*

SIMONS, EBERHARD, Prof. Dr. Dr., Professor für Philosophie an der Ludwig-Maximilian-Universität München (†)

SOMMER, ANDREAS URS, PD Dr. habil., Institut für Philosophie der Ernst-Moritz-Arndt-Universität; Baderstr. 6–7; 17487 Greifswald; *asommer@uni-greifswald.de*

SZÖLLÖSI, INGEBORG, Dr., Philosophin, Autorin, Fachzeitschriftenredakteurin; Flössergasse 11; 81369 München; *ingeborg.szöllösi@gmx.de*

VATTIMO, GIANNI, Prof. Dr., Università degli Studi di Torino, Facoltà di Lettere e Filosofica; Via Po, 17; I-10124 Torino; *gvattimo@giannivattimo.it*

VOGEL, BEATRIX, Dr., Diplompsychologin, Übersetzerin; Orionstraße 8; 83624 Otterfing; *beatrix.vogel@t-online.de*

WACHENDORFF, ELKE, Dr., Philosophin, Autorin; Am Zehentstadel 1; 82205 Gilching; *ew@art-svk.de*